民法典
担保制度适用
实务全书

史国政 / 主编

中国法制出版社
CHINA LEGAL PUBLISHING HOUSE

编委会成员及分工

主编

史国政

（第一章担保的一般原理第一节、第二节、第三节；第四章抵押权第八节、第九节；第八章非典型担保第五节、第六节、第七节。全书通篇的校稿、定稿。）

编委会成员

王卫国

（参与撰写第二章保证；第四章抵押权第九节）

赵风军

（参与撰写第三章担保物权；第四章抵押权第一节、第二节、第三节）

廉建中

（参与撰写第四章抵押权第四节、第五节、第六节；第九章多人担保与混合担保）

秦　萌

（参与撰写第一章担保的一般原理第四节；第八章非典型担保第三节第四节）

张晓峰

（参与撰写第五章质权第一节、第二节）

张延涛

（参与撰写第五章质权第三节；第八章非典型担保第一节　、第二节）

吴记彬

（参与撰写第四章抵押权第七节；第六章留置权；第七章定金）

董军芳

（参与撰写第四章抵押权第九节）

序言

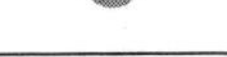

Preface

中国的担保制度是民商法的重要组成部分，对促进资金融通和商品流通，保障债权的实现具有重要作用。债权担保制度是确保债权人的债权能够实现的一项重要制度，它与资金借贷息息相关。实行债权担保制度的直接目的和意义是，如果债务人不能如期清偿所借债务，债权人则可以通过债权担保制度顺利取得债务的清偿，这样可以在相当程度上防止或者避免债权实现不能所引发的债务危机。担保制度是经济发展的产物，如果没有担保，那么市场和信用的发展都将成为空话。债权担保制度，特别是担保物权制度，在很大程度上是对不能够即时清结的交易、商业信用以及银行信用的拓展。

中国设立债权担保制度的直接目的在于确保债权的履行。债权担保制度的存在，使得债权人的债权受偿或者超出了债务人的财产支配范围，或者取得对债务人的财产的“间接”支配，这样就弥补了债权人对债务人的财产没有追及力的缺陷。

有了担保制度以后，债务人必须拿出相应的财产作为担保才能借到资金或者取得利益，一旦债务人不能或不愿偿还债务时，其作为担保的财物便可以由债权人支配使用，这在很大程度上保护了债权人的利益，同时也促使债务人积极履行债务，从而促进市场资金的顺利流通，从而有效弥补了债权本身属性上的缺陷。

救济债权损失是债权担保的最基本的作用。任何一种债权担保措施都或多或少地具有这种作用，其中以人的担保和物的担保最为突出。

总之，债权担保制度的实施，不仅保障了债权人的合法权益，同时，也使资本借贷得以顺利实现，从而加快了社会经济的货币流通周转速度，促进了社会经济的快速发展。

基于上述立法理由，中国逐步建立起比较完善的债权担保制度，并对社会经济发展发挥了良好的推动作用。因此，中国法律体系的先进性，特别是中国特色社会主义法治体系的先进性已经凸显出来。中国在四十多年来的改革开放过程中，法治建设所取得的成就是有目共睹的，特别是在立法方面。

在法治建设的进程中，民法的作用已经非常具体、明显地表现出来，民法对社会经济生活的影响巨大，担保制度在整个中国经济生活中的影响也同样重要。经济行为需要协调地发展，但是经济行为离不开担保，担保法律制度是民法的重要组成部分，它的作用不言而喻。正是因为担保制度的良好作用，所以本书的主编史国政律师经过多年的研习，结合自己近30年的律师执业经验，与其他作者一起，笔耕不辍，把有关担保法律制度历年积累下来的相关理念、原理，包括有关担保制度新的司法解释和国务院及各部委最新出台的有关担保的政策、法规、规章的立法原理进行了总结，特别是对中国近四年来在担保方面取得的新成就作出了相应论述。

针对适应社会进步、社会发展的担保财产，相关机构已经作出了一些新的规定。比如说，最典型的抵押是不动产抵押，具有代表性的不动产抵押是建筑物和其他土地附着物抵押以及土地抵押，其他种类的财产抵押都是逐步形成的新的担保财产种类。本书对相关的担保财产及其财产制度进行了比较全面的分析、比较，包括海域使用权抵押、土地承包经营权抵押、采矿权抵押、在建工程抵押、预购商品房抵押、动产抵押、浮动抵押、最高额担保、权利质押等，这些担保形式都是对立法成果的总结与概括，当然这一过程具有一定的渐进性，所以本书对这些成果进行了固定。特别是目前农村宅基地、房屋的抵押、流转，农村土地的经营权、建设用地使用权的转让和抵押问题已经取得了一定的经验。这些有关担保方面的立法以及在立法前所做出的改革试验都取得了一些成果，本书就是将这些实验的成果、立法的成果从理论与实践两个方面进行深入论述与论证。在质权方面，本书着重在动产质押、权利质押方面，尤其对应收账款质押进行详尽的论证和论述。此外，其他有关担保制度的著作对这一内容鲜有论述，其认定和实现也是长期困惑一线律师和法官的疑难问题，本书对此类法定抵押权的性质、法定抵押权的构成、法定抵押权的效力范围、法定抵押权的实现等方面进行了较为详尽的论述，旨在解决一线律师和法官在司法实践中所遇到的法定抵押权的难题。我们的目标是把目前国内新的担保方面的立法、司法成果在本书中予以体现。

2020年5月28日颁布的《中华人民共和国民法典》（以下简称《民法

典》），整合了《中华人民共和国物权法》（以下简称《物权法》[1]）与《中华人民共和国担保法》（以下简称《担保法》）等规定的内容。由于《民法典》采取了债权与物权二分的立法方式，故其分别在第二编物权编的第四分编规定了担保物权，第三编合同编的第二分编典型合同第十三章规定了保证合同。这些是传统的、典型的担保形式。另外，《民法典》合同编还规定了其他具有担保功能的合同，如融资租赁合同、保理合同、所有权保留买卖等，此即所谓的非典型担保。《民法典》不仅明确了这些合同本身具有的担保功能，而且规定了相应的公示方式及其法律效力，这是相较于《担保法》和《物权法》的重大变化。

担保制度是《民法典》的重要内容，对于巩固和完善社会主义基本经济制度、推动经济高质量发展，具有极其重要的作用。考虑《民法典》对担保制度作出了重大完善和发展，最高人民法院在清理以往与担保有关的司法解释的基础上，根据《民法典》关于担保制度的新规定，制定了《最高人民法院关于适用〈中华人民共和国民法典〉有关担保制度的解释》（以下简称《民法典担保制度司法解释》），共有71个条款。担保制度的完善对优化营商环境发挥了至关重要的作用，本书在阐述《民法典》《民法典担保制度司法解释》担保制度一般规则的同时，一并探讨了非典型担保的特别规则与适用范围。

本书作者根据从事担保业务律师实务的经验，结合其他法律实践，力求全面、系统地介绍担保制度的基本理论，并反映担保制度研究的最新成果，本书使用了部分案例进行论证，使之尽量符合一线律师、法官的需要，并对其他读者学习担保制度提供指导。本书参照我国《民法典》中对担保制度的体系组建章节架构，共分为九章，分别为担保的一般原理、保证、担保物权、抵押权、质权、留置权、定金、非典型担保、多人担保与混合担保。

本书的作者是一个团队，均为金博大律师事务所从事民商事业务十年以上的执业律师，在担保领域积累了丰富的实践经验。全书通篇的校稿、定稿是由史国政律师完成，经过几年的努力我们这个写作团队终于完成了此书的撰写，其中每个成员都作出了巨大的贡献，为本书的写作付出了很多的心血

[1] 《中华人民共和国民法典》于2021年1月1日起实施，《中华人民共和国婚姻法》《中华人民共和国继承法》《中华人民共和国民法通则》《中华人民共和国收养法》《中华人民共和国担保法》《中华人民共和国合同法》《中华人民共和国物权法》《中华人民共和国侵权责任法》《中华人民共和国民法总则》同时废止。下文不再对上述法律的效力进行特别说明。

与汗水，在此对我们的写作团队和校对人员、对关心本书出版的田土城教授、申惠文教授等学者表示衷心的感谢。

史国政

2022年10月于中国郑州

目录

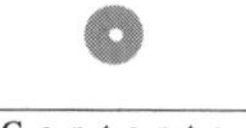

Contents

绪　论

第一章　担保的一般原理

第二章 保 证

第八章　非典型担保

绪 论

担保制度的产生是经济和法律互动的结果。强化债的信用、便于资金融通、发挥物的效用，是担保制度得以产生、发展的直接动因。随着社会经济的发展，担保制度的立法价值日趋多元化、担保的方式和类型日益多样化。为满足担保制度发展的客观需要，我国的担保制度无论在立法体例还是制度设计上，需要更深入的、体系化的研究，需要进一步健全和完善。《民法典》对担保制度进行了规定。下面的观点是经过长期研究担保制度形成的独立观点，仅以此文作为本书绪论[1]，抛砖引玉，期许引起更加热烈的讨论。

传统担保理论认为，担保物权是物权，保证是债权。《民法典》将担保人作为上位概念，将保证人、抵押人、出质人作为下位概念，同时抽象出抵押权、质权、留置权作为下位概念，担保物权作为上位概念。担保制度的内容庞杂，《民法典》使用“担保”“担保人”作为属概念，但没有使用或者抽象出“担保权”“担保权人”作为属概念。很多学者认同将“担保权”作为与“担保”“担保人”对等的属概念。《民法典》上的担保是债权担保，通常认为是督促债务人履行债务、保障债权实现的一种法律手段。具体地说，债权担保是指债权人与债务人或第三人根据法律规定或相互间的约定，以债务人或第三人的特定财产或一般财产（包括信誉）担保债务履行、债权清偿的法律制度。担保权是指债权人根据法律规定或者合同约定请求债务人或第三人履行担保义务、清偿被担保债权的权利。

就《民法典》担保制度规范进行剖析，担保权并非物权，也并非债权，而是一种救济权。民事救济权是指民事权利受到侵害或侵害之虞时，旨在确保民事权利的利益状态圆满与实现，体现民事权利所固有之保护效力的外在化权利形式，其虽依法律的直接规定而产生，但却依存于本权（即受到侵害或侵害之虞的民事权利，也称为原权、固有权）而存在。担保权（包括人保权和物保权）系被担保债权不能及时实现时对债权人的救济权，因此属于救济权范畴。

一、担保权并非物权

（一）担保权不具有物权的独立性

担保权不具有物权的独立性，法律明确规定其具有从属性、依附性和不

[1] 绪论中观点引自田土城教授在2021年河南省法学会民法学研究会“担保制度疑难问题及法律适用研讨会”上的学术报告。田土城，郑州大学法学院教授，法学博士、博士研究生导师，享受国务院政府特殊津贴专家，兼任中国法学会理事，中国民法学研究会常务理事，河南省法学会民法学研究会会长等学术职务。

可转让性。例如，《民法典》第388条规定，担保合同是主债权债务合同的从合同，体现了担保权的从属性。《民法典》第407条规定，抵押权不得与债权分离而单独转让或者作为其他债权的担保，体现了担保权的依附性。《民法典》第434条规定，质权人在质权存续期间，未经出质人同意转质，造成质押财产毁损、灭失的，应当承担赔偿责任，体现了担保权的不可转让性。

担保合同是主债权债务合同的从合同。其产生、效力、转让、消灭等，均依附于主债权债务合同。其不具有独立性，不具有可交易性，因而也不可能具有完整的物权属性。

（二）担保权不具有物权的支配性

担保权人对权利客体不具有支配权，权利人不仅不能支配权利客体，甚至也没有直接的变价权。所谓的担保物权只是一种优先受偿权，并非物权。例如《民法典》第404条规定，以动产抵押的，不得对抗正常经营活动中已经支付合理价款并取得抵押财产的买受人。《民法典》第405条规定，抵押权设立前，抵押财产已经出租并转移占有的，原租赁关系不受该抵押权的影响。《民法典》第406条第1款规定，抵押期间抵押人可转让抵押财产。当事人另有约定的，按照其约定。抵押财产转让的，抵押权不受影响。《民法典》第410条第1款、第2款规定，债务人不履行到期债务或者发生当事人约定的实现抵押权的情形，抵押权人可以与抵押人协议以抵押财产折价或者以拍卖、变卖该抵押财产所得的价款优先受偿。协议损害其他债权人利益的，其他债权人可以请求人民法院撤销该协议。抵押权人与抵押人未就抵押权实现方式达成协议的，抵押权人可以请求人民法院拍卖、变卖抵押财产。从《民法典》的上述规定可以看出，担保权人对担保物并不具有物权性的管控权、支配权，甚至没有变价权，不能请求占有人返还财产。如果认为优先受偿权就是担保权人控制担保物的交换价值，控制交换价值就是控制物的处分权，此谓对担保物交换价值的支配权，这实际上是一种理论上的错误理解。在实现担保物权的过程中，如果对担保物折价、拍卖、变卖，对于担保物的价格担保权人无决定权，对超出担保物价格部分，该部分价值的所有权仍应归担保人。

（三）担保权不具有物权的排他性

担保物权中规定抵押物可以重复抵押；当同一物存在多个担保物权时，权利人有可能按比例受偿，不能排除其他担保物权人同时受偿。例如，《民法典》第414条规定，同一财产向两个以上债权人抵押的，拍卖、变卖抵押财产所得的价款依照下列规定清偿：（1）抵押权已经登记的，按照登记的时间先后确定清偿顺序；（2）抵押权已经登记的先于未登记的受偿；（3）抵押权未登记的，按照债权比例清偿。其他可以登记的担保物权，清偿顺序参照适用前款规定。《民法典》第456条规定，同一动产上已经设立抵押权或者质权，该动产又被留置的，留置权人优先受偿。根据《民法典》的上述规定，可以看出由于担保物可以出租、转让，还可以重复抵押，所以担保权并不具有真正的排他性。即使对担保物变价，担保权人也不具有真正的排他性权利，有时可能会与其他担保权人按比例受偿。

（四）担保权不具有物权性追及力

物权的追及性表现为权利人可以请求返还财产。担保权虽规定了追及性，但其不能请求返还财产，只能对担保物的变价优先受偿。例如，《民法典》第235条规定，无权占有不动产或者动产的，权利人可以请求返还原物。《民法典》第386条规定，担保物权人在债务人不履行到期债务或者发生当事人约定的实现担保物权的情形，依法享有就担保财产优先受偿的权利，但是法律另有规定的除外。《民法典》第404条规定，以动产抵押的，不得对抗正常经营活动中已经支付合理价款并取得抵押财产的买受人。《民法典》第410条第1款、第2款规定，债务人不履行到期债务或者发生当事人约定的实现抵押权的情形，抵押权人可以与抵押人协议以抵押财产折价或者以拍卖、变卖该抵押财产所得的价款优先受偿。协议损害其他债权人利益的，其他债权人可以请求人民法院撤销该协议。抵押权人与抵押人未就抵押权实现方式达成协议的，抵押权人可以请求人民法院拍卖、变卖抵押财产。从《民法典》的上述规定中可以看出，担保权人只能依法就担保财产优先受偿，不能要求返还财产，除非占有人构成侵权。因此，担保权不具有物权性追及力。

二、担保权并非债权

（一）担保权不具有债权的相对性

保证担保，特别是物权担保虽然均依担保合同而确立，但其并不具有债权的相对性，反而具有对抗善意第三人的外部效力。因此，其并非真正的债权。例如，《民法典》第386条规定，担保物权人在债务人不履行到期债务或者发生当事人约定的实现担保物权的情形，依法享有就担保财产优先受偿的权利，但是法律另有规定的除外。《民法典》第410条第1款、第2款规定，债务人不履行到期债务或者发生当事人约定的实现抵押权的情形，抵押权人可以与抵押人协议以抵押财产折价或者以拍卖、变卖该抵押财产所得的价款优先受偿。协议损害其他债权人利益的，其他债权人可以请求人民法院撤销该协议。抵押权人与抵押人未就抵押权实现方式达成协议的，抵押权人可以请求人民法院拍卖、变卖抵押财产。《民法典》第436条第2款规定，债务人不履行到期债务或者发生当事人约定的实现质权的情形，质权人可以与出质人协议以质押财产折价，也可以就拍卖、变卖质押财产所得的价款优先受偿。《民法典》上述规定中的"优先受偿"，即相对于第三人优先受偿。因此，担保合同虽由担保人与担保权人签订，但担保物权的效力往往及于当事人之外的第三人。

（二）担保权不具有债权的约定性

担保权虽依担保合同而确立，但其内容并不完全具有约定性，反而具有法定性。例如，流押的规定、流质的规定、营业财产抵押的规定、超级优先权的规定等，均充分体现了担保权内容的法定性。例如，《民法典》第401条规定，抵押权人在债务履行期限届满前，与抵押人约定债务人不履行到期债务时抵押财产归债权人所有的，只能依法就抵押财产优先受偿。《民法典》第404条规定，以动产抵押的，不得对抗正常经营活动中已经支付合理价款并取得抵押财产的买受人。《民法典》第416条规定，动产抵押担保的主债权是抵押物的价款，标的物交付后十日内办理抵押登记的，该抵押权人优先于抵押物买受人的其他担保物权人受偿，但是留置权人除外。《民法典》第428条规定，质权人在债务履行期限届满前，与出质人约定债务人不履行到期债务时质押财产归债权人所有的，只能依法就质押财产优先受偿。根据《民法典》的上述规定，当事人约定债务人不履行到期债务时抵押财产或者质押财产归债权人所有的，并不能依据其约定，而是依据法律规定。债权人只能就抵押财产或者质押财产的变价优先受偿。这充分表明了担保权内容的法定性，不具有债权的约定性特征。

三、担保权属于救济权

（一）担保权的从属性

我国的担保权均具有从属性、依附性和不可转让性。例如，《民法典》第388条第1款规定，设立担保物权，应当依照本法和其他法律的规定订立担保合同。担保合同包括抵押合同、质押合同和其他具有担保功能的合同。担保合同是主债权债务合同的从合同。主债权债务合同无效的，担保合同无效，但是法律另有规定的除外。《民法典》第393条规定，有下列情形之一的，担保物权消灭：（1）主债权消灭；（2）担保物权实现；（3）债权人放弃担保物权；（4）法律规定担保物权消灭的其他情形。《民法典》第 407 条规定，抵押权不得与债权分离而单独转让或者作为其他债权的担保。债权转让的，担保债权的抵押权一并转让，但是法律另有规定或者当事人另有约定的除外。《民法典》第 682 条第 1 款规定，保证合同是主债权债务合同的从合同。主债权债务合同无效的，保证合同无效，但是法律另有规定的除外。从上述《民法典》的规定可以看出，担保合同是主债权合同的从合同。担保权随着主债权的产生而产生、有效而有效、转让而转让、消灭而消灭，因而担保权具有从属性。

（二）担保权的预设性

我国的担保权均具有预设性，其应于债务履行期限届满前设立。否则即不属于担保权，而可能是约定债务加入。例如，《民法典》第 394 条第 1 款规定，为担保债务的履行，债务人或者第三人不转移财产的占有，将该财产抵押给债权人的，债务人不履行到期债务或者发生当事人约定的实现抵押权的情形，债权人有权就该财产优先受偿。《民法典》第 396 条规定，企业、个体工商户、农业生产经营者可以将现有的以及将有的生产设备、原材料、半成品、产品抵押，债务人不履行到期债务或者发生当事人约定的实现抵押权的情形，债权人有权就抵押财产确定时的动产优先受偿。《民法典》第 420 条第 1 款规定，为担保债务的履行，债务人或者第三人对一定期间内将要连续发生的债权提供担保财产的，债务人不履行到期债务或者发生当事人约定的实现抵押权的情形，抵押权人有权在最高债权额限度内就该担保财产优先受偿。《民法典》第 425 条第 1 款规定，为担保债务的履行，债务人或者第三人将其动产出质给债权人占有的，债务人不履行到期债务或者发生当事人约定的实现质权的情形，债权人有权就该动产优先受偿。《民法典》第 641 条第 1 款规定，当事人可以在买卖合同中约定买受人未履行支付价款或者其他义务的，标的物的所有权属于出卖人。从《民法典》上述规定可以看出，担保权均为保障主债权为目的而预先设定，具有先定性和预防性。

（三）担保权的增信性

我国的担保权具有增加债务人财产信用的增信功能。例如《民法典》第 387 条规定，债权人在借贷、买卖等民事活动中，为保障实现其债权，需要担保的，可以依照本法和其他法律的规定设立担保物权。第三人为债务人向债权人提供担保的，可以要求债务人提供反担保。反担保适用本法和其他法律的规定。《民法典》第681条规定，保证合同是为保障债权的实现，保证人和债权人约定，当债务人不履行到期债务或者发生当事人约定的情形时，保证人履行债务或者承担责任的合同。从《民法典》的上述规定可以看出，担保权的设立具有增加债务人信用的功能，主要以保障债权人的债权实现为目的而设立，因此担保权具有增信性。

（四）担保权的或然性

担保权具有或然性，只有发生了法律规定或者当事人约定的情形时，担保权人才可以依法行使优先受偿权或者以其他方式实现担保权，否则担保权将形同虚设。例如，《民法典》第393条规定，有下列情形之一的，担保物权消灭：（1）主债权消灭；（2）担保物权实现；（3）债权人放弃担保物权；（4）法律规定担保物权消灭的其他情形。《民法典》第394条第1款规定，为担保债务的履行，债务人或者第三人不转移财产的占有，将该财产抵押给债权人的，债务人不履行到期债务或者发生当事人约定的实现抵押权的情形，债权人有权就该财产优先受偿。《民法典》第396条规定，企业、个体工商户、农业生产经营者可以将现有的以及将有的生产设备、原材料、半成品、产品抵押，债务人不履行到期债务或者发生当事人约定的实现抵押权的情形，债权人有权就抵押财产确定时的动产优先受偿。《民法典》第425条第1款规定，为担保债务的履行，债务人或者第三人将其动产出质给债权人占有的，债务人不履行到期债务或者发生当事人约定的实现质权的情形，债权人有权就该动产优先受偿。从《民法典》的上述规定可以看出，担保权的行使具有条件性和或然性，并非必然行使，有时是形同虚设，如债权人放弃担保物权。再如股权让与担保中的担保权人并非真正的股东，不能真正行使股东权。一方面，其主观上不想成为股东，而是为了担保债权的实现；另一方面，其客观上没有支付任何股权对价，仅有股东的外观，不能成为真正的股东，依据法律的规定，其只能就价款优先受偿，也不能自然成为真正股东。

（五）担保权的救济性

担保权的共性在于优先受偿权，具有救济性、保障性和补充性。其追及性亦与物权的追及性（返还财产）不同。例如，《民法典》第386条规定，担保物权人在债务人不履行到期债务或者发生当事人约定的实现担保物权的情形，依法享有就担保财产优先受偿的权利，但是法律另有规定的除外。《民法典》第410条第1款、第2款规定，债务人不履行到期债务或者发生当事人约定的实现抵押权的情形，抵押权人可以与抵押人协议以抵押财产折价或者以拍卖、变卖该抵押财产所得的价款优先受偿。协议损害其他债权人利益的，其他债权人可以请求人民法院撤销该协议。抵押权人与抵押人未就抵押权实现方式达成协议的，抵押权人可以请求人民法院拍卖、变卖抵押财产。《民法典》第 436 条第 2 款规定，债务人不履行到期债务或者发生当事人约定的实现质权的情形，质权人可以与出质人协议以质押财产折价，也可以就拍卖、变卖质押财产所得的价款优先受偿。从《民法典》的上述规定可以看出，担保权只有在债务人不履行或者不完全履行债务，侵害债权人利益时才可能发挥作用，具有明显的救济性、补充性和保障性。除所有权保留买卖、融资租赁等非典型担保外，担保权人不能请求返还原物，只能享有优先受偿权。

综上，担保权不具有物权的独立性、支配性、排他性和追及力，也不具有债权的相对性和约定性，因此担保权既不是物权也不是债权。由于担保权具有从属性、预设性、增信性、或然性、救济性等特点，担保权的行使具有法定性、程序性、期限性等特征，因此担保权应属救济权的范畴。

本部分对担保权的性质进行简要介绍，是因其为担保制度的理论基础，这里先行抛出，以飨读者。

第一章

担保的一般原理

第一节　担保概述

一、担保的概念

担保在现代汉语中的含义是指对某一事项所做的承诺或保证。在法律意义上则是指为保障债权人的债权得以实现，根据法律规定或当事人的约定，以第三人的一般财产（包括信誉）或以债务人或第三人的特定财产保障债务履行、债权清偿的法律制度或法律手段。在人类文明进化的过程中，生产力是社会发展的基本动力。因此，整个人类社会的发展史，在很大程度上是社会生产力水平和社会经济水平的发展史。当社会生产力水平发展到一定阶段，由于商品交换的逐步频繁、社会经济的相对繁荣，人们自然产生了保障交易安全的制度需求。因此，早在公元前7世纪，古希腊各城邦国家就产生了担保制度的雏形。[1] 而后，随着社会经济模式由古典商品经济向自由商品经济的转型，绝大多数经济交往均需依据契约而完成，因此债法取得了重要地位。如何在日常经济交往中实现对商业信用的切实保障、如何在资源稀缺的情况下实现对物的多重利用，势必成为社会密切关注的立法重心。由此，担保制度不仅在近代真正得以确立，而且还以前所未有的方式扩展了自身容量。显而易见，由单个的商品交换到全社会的商品交换、由简单的经济运行模式到复杂的经济运行模式、由对物的单纯利用到对物的综合利用，成为担保制度形成发展的根本原因。由于存在债务人可能有意无意不履行债务的风险，民法上设计了多种确保债权安全的担保制度，构建了完整的担保体系，广义的担保还包括债的保全，也即一般担保，指以债务人的全部财产（一般财产）作为对所有债权人债权实现的责任财产，主要形式为代位权与撤销权。

在经济与法律互动的基础上，担保制度随着社会经济模式的转换和生产力水平的不断提高，开始呈现出担保方式逐渐增加的规律和趋势。在古代社会，由于商品经济不发达，经济模式处于简单状态，担保制度自然不发达，

[1] 何勤华：《外国法制史》，法律出版社1997年版，第60~70页。

担保方式也比较单一。同时，由于生产力水平不高，能够作为担保标的物的种类也不多，除却土地和房屋，较少有担保价值者。所以，当时的担保物权多以不动产为标的物。因此，在罗马法中先后出现的三种物权担保类型仅仅是信托、质权（占有质物）和抵押（非占有质物）[1]；在日耳曼法中也仅存在所有质、古质（占有质物）和新质（非占有质物）三种[2]；而古代中国的物权担保形式也只有“典”和“当”两种形式。本书主要从狭义上对债的特别担保进行阐述。

根据“担保”的概念，可以从以下三个方面理解其含义：

（1）债的担保是以确保特定债权人的债权实现为目的的，这是其与债的保全最根本的区别。债的保全的标的仅限于债务人的一般财产或信用，且保障的是所有债权人的全部债权，各个债权之间在法律效力上并无优劣之分，债权的实现面临着清偿比例降低或不能清偿的风险。担保制度设立的根本目的即为确保某个特定债权能优先于其他债权得以清偿。

（2）债的担保的标的是第三人的信用以及第三人或债务人的特定财产，债务人的一般财产或信用是债的保全的标的，其存在财产减少或信用缺失的风险，故不能作为担保的标的。

（3）债的效力指债务人承担的债的履行不能的责任。由于债务人责任的有限性及各债权人地位的平等性，对特定债权人的债权来说没有完全的保障，而担保制度的设定使债的效力得以进一步加强和补充，从此意义上来讲，债权人享有的担保权利相对于债权人的债权这个主权利而言为从权利。

我国的担保制度经历了一个相对缓慢的发展历程。改革开放使商品经济日趋繁荣，客观上产生了对旨在保障交易安全的担保的迫切需要。1981年颁布的《中华人民共和国经济合同法》（以下简称《经济合同法》，已失效）首次对“担保物权”进行了相关规定，是中国担保制度迈出的重要一步。但这部法律仅规定了特定范围、特定对象的留置权，而未对抵押权、质权以及普遍意义上的留置权作出具体的规定。1986年颁布实施的《中华人民共和国民法通则》（以下简称《民法通则》）在《经济合同法》的基础上，不仅对留置权的适用范围、适用条件、适用对象作出了进一步的扩大，还增加了对“抵押权”的规定。但《民法通则》将抵押权、留置权归入了“债权”

---

〔1〕 周楠：《罗马法原论》，商务印书馆1994年版，第391~395页。

〔2〕 郭明瑞：《担保法》，中国政法大学出版社1998年版，第99页。

部分，对“物权”并未予以明确承认，关于这两种担保物权的法律地位与性质引起了一系列讨论。

社会的需求催化法律的诞生，1995 年 6 月第八届全国人民代表大会常务委员会第十四次会议通过了《担保法》，具体补充并完善了在《民法通则》的基础上所形成的三大担保物权——质权、抵押权以及留置权，建构了中国物权担保制度的基本体系，最高人民法院于 2000 年 12 月 8 日发布了《最高人民法院关于适用〈中华人民共和国担保法〉若干问题的解释》（以下简称《担保法司法解释》），共 134 条，对《担保法》在社会生活中的具体适用起了重要的作用，规定了保证、定金、抵押、质押与留置五种担保形式，初步建立了较为完备的担保法律制度。随着实践中出现的新情况、新问题，在《担保法》的基础上，中华人民共和国第十届全国人民代表大会第五次会议于 2007 年 3 月通过了《物权法》，将《担保法》中关于抵押、质押与留置等物保方式的制度规定进行了吸收、补充与修改，并明确将其定性为担保物权，其物权性表现在以下三个方面：首先，其效力是对担保物本身交换价值的支配性。其次，担保物权也具有对抗第三人的效力，具有物权绝对性的特征。最后，其受到侵害时可以行使物上请求权等物权的救济手段，且物权实现时无须借助债务人的给付行为而是通过拍卖等形式直接优先受偿。

《物权法》使担保物权制度得以进一步完善，为了适应市场经济发展的需要，还进行了一些制度创新，比如规定了动产浮动抵押及可转让基金份额与应收账款质押等制度，扩大了担保财产的范围，增加了发生当事人约定的可以实现担保物权的情形，完善了最高额抵押规则以及转质权制度等。但是有限的担保物权种类还是无法满足社会主义市场经济的发展对担保方式多样化的迫切需求。如今，所有权保留、让与担保、融资租赁、保付代理等非典型担保如雨后春笋般出现，并以它们独特的优势获得了市场主体的欢迎，不可避免地引起了理论界和司法实务界的关注。

2020 年 5 月 28 日发布的《民法典》，整合了《物权法》与《担保法》规定的内容。由于《民法典》采取了债权与物权二分的立法方式，故分别在第二编物权编的第四分编规定了担保物权，第三编合同编的第二分编规定了典型合同，第十三章规定了保证合同。这些是传统的、典型的担保形式。另外，《民法典》合同编还规定了其他具有担保功能的合同，如融资租赁合同、保理合同、所有权保留买卖等，此即所谓的非典型担保。《民法典》不仅明确了这些合同本身具有的担保功能，而且规定了相应的公示方式及其法律效力，这是相较于《担保法》和《物权法》的重大变化。

担保制度是《民法典》的重要内容，对于巩固和完善社会主义基本经济制度、推动经济高质量发展，具有极其重要的作用。考虑到《民法典》对担保制度作出了重大完善和发展，最高人民法院在清理以往与担保有关的司法解释的基础上，根据《民法典》关于担保制度的新规定，最高人民法院2020年制定的《民法典担保制度司法解释》，共有71个条款。对改善营商环境至关重要，其主要内容包括：

一是着力破解中小微企业融资难、融资贵的情况。中小微企业往往缺乏不动产，而都有一定的动产。过去由于没有统一的动产登记制度，动产担保的安全性较低，银行等债权人一般不愿接受动产担保。《民法典》为动产统一登记留下制度空间，国务院依据《民法典》发布了动产和权利担保统一登记制度，《民法典担保制度司法解释》根据立法的重大变化，对人民法院认定动产担保效力、权利顺位问题以及司法救济问题作了具体规定，使动产担保与不动产担保在保障债权实现方面发挥同样的功能和可靠性，解除债权人的后顾之忧，进而提高了动产资源的利用效率，为中小微企业以动产融资疏通道路，解决了堵点难点，更好地将《民法典》的有关精神落到实处。

二是着力拓宽企业融资渠道。保证、抵押、质押等传统的典型担保已不能完全适应经济社会发展的需要，《民法典》扩大了担保合同的范围，增加规定了所有权保留、融资租赁、保理等具有担保功能的合同。《民法典担保制度司法解释》对这些非典型担保在司法实践中可能出现的问题一一明确了相应的解决方案，与《民法典》拓宽企业融资渠道、提高企业融资能力的立法目的高度契合。比如，《民法典》第401条、第428条对《物权法》《担保法》关于流押、流质的规定作了重大修改，《民法典担保制度司法解释》依据这一修改，明确了以财产让与形式进行担保的优先受偿效力；再比如，《民法典担保制度司法解释》依据《民法典》关于应收账款可以质押的规定，明确了公路、桥梁、公园等收费权质押的物权效力及实现方式。

三是着力平衡担保关系各方当事人的合法权益。《民法典》针对过去存在的过度保护债权人问题、隐形担保影响交易安全问题，以及实践中存在的过度担保等问题，设计了许多新的担保制度。《民法典担保制度司法解释》根据立法的重大变化，致力于平衡各方当事人的利益，消除隐形担保、过度担保。比如，弱化未进行登记的动产抵押的物权效力，规定动产抵押未经登记在破产程序中不享有优先权；又如，认可抵押预告登记在一定条件下具有顺位上的优先性；再如，明确规定在诉讼中对一般保证人先诉抗辩权的保障程序等等。[1]

本书在阐述《民法典》《民法典担保制度司法解释》中担保制度一般规则的同时，一并探讨了非典型担保的有关特别规定。

二、担保的特征

担保制度是以保障债权实现为目的的法律手段或措施，总是与债密不可分，其一般特征包括以下几个方面：

（一）从属性

担保合同的从属性，又称附随性、伴随性，是指担保合同的成立和存在必须以一定的合同关系的存在为前提。被担保的合同关系是一种主法律关系，为之而设立的担保关系是一种从法律关系。《民法典》第 682 条第 1 款规定："保证合同是主债权债务合同的从合同……"担保合同的订立目的是保障所担保的债务履行，保护交易安全和债权人利益。

担保合同的从属性主要表现在以下四个方面：一是成立上的从属性，即担保合同的成立应以相应的主合同关系的发生和存在为前提，而且担保合同所担保的债务范围不得超过主合同债权的范围；二是处分上的从属性，即担保合同应随主合同债权的转移而转移；三是消灭上的从属性，即主合同关系消灭，为其所设定的担保合同关系也随之消灭；四是效力上的从属性，担保合同的效力依主合同而定。担保合同的订立时间，可以是与主合同同时订立，也可以是主合同订立在先，担保合同随后订立。

从属性主要指担保之债与被担保之主债的主从关系，其在效力上从属于主债。例如，主债不成立，担保无从谈起；主合同债权发生转移，担保也随之转移；主债务人变更，经担保人书面同意，即对之发生担保转移的效力；主债权无效，担保也随之无效；又如主债权内容变更、主债权消灭及当事人之间发生诉讼等情形，在效力上都会对担保造成直接影响。

《民法典》第 682 条规定："……主债权债务合同无效的，保证合同无效，但是法律另有规定的除外。保证合同被确认无效后，债务人、保证人、

---

[1] 参见《刘贵祥就民法典担保制度司法解释回答记者提问》，载最高人民法院网站，https：//www. court. gov. cn/zixun-xiangqing-282421. html，2021 年 12 月 20 日访问。

债权人有过错的，应当根据其过错各自承担相应的民事责任。”《民法典》第690条和第420条也明确规定了最高额保证和最高额抵押，允许为将来存在的债权预先设定保证或者抵押权。

（二）自愿性

担保合同的自愿性，是指担保除少数情况如留置权由法律直接规定外，一般由债权人、债务人、担保人三方自愿设定，如担保是否设定、采用何种形式以及被担保债务的范围等均由当事人自主决定。如果担保人是在被欺骗、被胁迫等不正当手段的情况下提供担保的，则担保合同无效。

（三）相对独立性

担保合同的相对独立性，是指担保合同尽管属于从合同，但也具有相对独立的地位，即担保合同能够相对独立于被担保的合同债权而发生或者存在。担保合同的相对独立性主要表现在以下两个方面：一是发生或存在的相对独立性，即担保合同也是一种独立的法律关系。担保合同的成立，和其他合同的成立一样，须有当事人的合意，或者依照法律的规定而发生，与被担保的合同债权的成立或者发生分属于两个不同的法律关系，受不同的法律调整。二是效力的相对独立性，即依照法律的规定或者当事人的约定，担保合同可以不依附于被担保的合同债权而单独发生效力，此时，被担保的合同债权不成立、无效或者失效，对已经成立的担保合同的效力影响不大。此外，担保合同有自己的成立、生效要件和消灭的原因，而且，担保合同不成立、无效或者消灭，对其所担保的合同债权不发生影响。

（四）或然性

担保合同的或然性，是指担保人是否最终承担担保责任具有不确定性，在主合同债务人完全履行合同或者有不履行合同的合法抗辩理由，或者债权人不主动行使甚至放弃行使担保请求权，又或者其没有在担保期间提出行使担保请求权的，担保人不用承担担保责任。

（五）预设性

以案说法

担保权必须以主债权已经依法成立为前提

【案情介绍】[1]

2021年1月13日，周甲向刘某出具了一份保证书，内容为：自2021年1月13日起至2021年12月31日止，周乙向刘某借钱，周甲愿意负责担保，保证方式为连带责任保证。同年3月13日，周乙由时某担保向刘某借款5000元，由尹某担保向刘某借款6600元，均约定借款期限为1年，借款月利率为1.5%。借款一年期满后，因周乙对两笔债务均未偿还，刘某向法院分别起诉，要求周乙归还两笔借款，并均要求周甲承担连带保证责任。对于周甲是否应当承担连带保证责任有两种不同观点。

法理分析

一种观点认为，周甲应当承担连带保证责任。理由是周甲自愿为周乙提供担保，担保是其真实意思表示；周甲具有完全民事行为能力，有一定的履约能力；其出具的书面保证的内容不违法，形式也合法。另外，《民法典》第690条第1款规定："保证人与债权人可以协商订立最高额保证的合同，约定在最高债权额限度内就一定期间连续发生的债权提供保证。"故周甲出具的保证书有效，保证合同成立，对两笔债务周甲均应承担连带保证责任。

另一种观点认为，周甲不应当承担连带保证责任。理由是周甲预先设立的担保并不成立，根据《民法典》第388条的规定，担保合同是主合同的从合同，基于主合同的成立而成立，生效而生效，主合同是担保合同成立和存在的先决条件。周甲出具保证书时，周乙尚未与刘某发生借贷关系，并无主合同存在，因此，周甲出具的保证书无效，其保证不具有法律效力，周甲不应承担连带保证责任。

持第一种观点的人认为，周甲的担保是一种附条件的民事法律行为，保证人的保证责任适用于设想中周乙向刘某的所有借款，即如果周乙向刘某借款，周甲的担保书就生效，周甲就应当承担连带保证责任，但即使周甲的担

---

〔1〕本案例为作者根据实务经验，为具体说明相关法律问题，编辑加工而得，本书如非特别注明来源，均指此类案例，以下不再对此类案例进行标注。

保是附生效条件的担保，所附的生效条件也不明确，它没有确定担保的最高金额。所以，周甲的保证不具有法律效力，周甲不应当承担连带保证责任。

笔者同意第二种观点。第一种观点虽然考虑了保证合同成立的一般条件，但忽略了保证合同的从属性。按照合同法基本原理，保证之债的成立以主债的成立为前提，主债不成立，作为保证之债的从债也不成立。周甲出具保证书后，周乙是否会向刘某借款、刘某是否同意借款给周乙、借款的数额及周甲是否具有代为清偿债务能力都未确定，也即主债不成立，故周甲保证之债也不成立。既然周甲的保证依法不成立，其当然不具有法律约束力。

本案充分体现了担保权的预设性，担保权必须以主债权已经依法成立为前提，担保权一般应在被担保的主债权到期前设立。被担保的主债权到期后设立担保权，其实质是债的加入。《民法典担保制度司法解释》第 16 条规定，主合同当事人协议以新贷偿还旧贷，债权人请求旧贷的担保人承担担保责任的，人民法院不予支持。此规定充分彰显了担保权的预设性。即担保人与被担保人就新贷的担保达成新的合意，若担保权没有预先设定，则旧贷的担保人不承担责任。

（六）补充性

担保合同的补充性，是指合同债权人所享有的担保权或者担保利益对主债权具有补充意义。其主要体现在以下两个方面：

1. 责任财产的补充

即担保合同一经有效成立，就在主合同关系的基础上补充了某种权利义务关系，从而使保障债权实现的责任财产得以扩张，或使债权人就特定财产享有了优先权，增强了债权人的债权得以实现的可能性。

2. 效力的补充

即在主合同关系因适当履行而正常终止时，担保合同中担保人的义务并不实际履行。只有在主债务不履行时，担保合同中担保人的义务才履行，使主债权得以实现。

担保物权作为担保制度的一种方式，除符合担保的一般特征外，还具有以下自己的特点：

（1）物上代位性

担保物权的物上代位性，是指担保物权的效力及于担保财产因毁损、灭失所得的赔偿金等代位物上，由于担保物权设立的目的是支配担保财产的交换价值并优先受偿，对其本身的使用价值或实物形态的改变并不关注，故即使其本身毁损、灭失，只要表现其交换价值的替代物存在，担保物权人即可对之行使权利。《民法典》第390条规定：“担保期间，担保财产毁损、灭失或者被征收等，担保物权人可以就获得的保险金、赔偿金或者补偿金等优先受偿。被担保债权的履行期限未届满的，也可以提存该保险金、赔偿金或者补偿金等。”

（2）不可分性

担保物权的不可分性，是指担保物权所担保的债权之债权人，在其债权未完全受偿之前，有权就担保财产之全部行使优先受偿权，不受担保财产是否被分割或者部分毁损灭失以及所担保的债权是否已部分履行的影响，《民法典担保制度司法解释》对其不可分性作出了明确规定，具体表现在以下四个方面：一是担保物一部分灭失，其余部分仍担保全部债权；二是担保财产被分割或者部分转让，担保物权人主张就分割或者转让后的担保财产行使担保物权的，人民法院应予支持，但是法律或者司法解释另有规定的除外；三是抵押权依法设立后，抵押财产毁损、灭失或者被征收等，抵押权人请求按照原抵押权的顺位就保险金、赔偿金或者补偿金等优先受偿的，人民法院应予支持；四是当担保财产价值上扬时，债务人无权减少担保财产，当担保财产价值下跌时，债务人也无义务再补充担保财产。

（3）优先受偿性

担保物权的优先受偿性，是指债务人不能履行债务时，债权人可协议通过对担保财产进行折价、拍卖、变卖等形式，从所得价金中优先于其他债权人得以受偿，其优先性还表现在当担保财产被查封、被执行时，担保物权人可优先行使担保物权，以其变价优先受偿；在担保人被宣告破产时，其破产财产不包括已设定担保的财产，担保物权人享有别除权，可以不将担保财产列入破产财产。

优先受偿性是担保物权的最主要效力。担保物权的优先受偿性主要体现在两个方面：一是优先于其他不享有担保物权的普通债权；二是有可能优先于其他物权，如后顺位的担保物权。但需要注意的是，担保物权的优先受偿性并不是绝对的，如果本法或者其他法律有特别的规定，担保物权的优先受偿效力则会受到影响，如《中华人民共和国海商法》（以下简称《海商法》）明确规定，船舶优先权人优先于担保物权人受偿；《中华人民共和国企业破产法》（以下简称《企业破产法》）明确规定，一定比例的职工工资优先于担保物权受偿。基于此，《民法典》第 386 条规定，担保物权人在债务人不履行到期债务或者发生当事人约定的实现担保物权的情形，依法享有就担保财产优先受偿的权利，但是法律另有规定的除外。这里的“但法律另有规定的除外”就是指这些特殊情形。

（4）物上请求权

担保物权的物上请求权，是指担保物权设定后，因担保人或第三人的行为致使担保物价值降低或贬损的，担保物权人可请求担保人或第三人停止侵害、恢复原状、消除危险、排除妨害，使担保财产恢复到原来的价值。由于担保物权是设立在债务人或第三人所有的财产基础上且在债务人到期不履行债务等条件成就时才能行使的权利，具有一定的期待性，为了有效维持担保财产的价值安全，保障债权人权利的实现，法律赋予了债权人用类似物权的保护方式来保护担保财产的权利。《民法典》第 408 条规定：“抵押人的行为足以使抵押财产价值减少的，抵押权人有权请求抵押人停止其行为；抵押财产价值减少的，抵押权人有权请求恢复抵押财产的价值，或者提供与减少的价值相应的担保。抵押人不恢复抵押财产的价值，也不提供担保的，抵押权人有权请求债务人提前清偿债务。”

三、担保的类型

根据不同的标准，可将担保的方式做如下分类：

（一）人的担保与物的担保

根据担保物标的的不同，可将担保分为人的担保与物的担保，这是债权担保最为常见的分类。人的担保是指以债务人以外的第三人的一般财产（信用）来为债权提供担保，在《民法典》里主要指保证担保，即由债务人提供同意为其担保的第三人，再由第三人与债权人约定当债务人不履行债务时，由其负责清偿债务人的债务。物的担保又指担保物权，在债务人不履行债务或者发生当事人约定的实现担保物权的情形时，债权人依法享有就担保财产优先受偿的担保类型，担保物权的方式包括抵押、质押、留置、定金等。两者的主要区别是：首先，主体不同，人的担保仅为债务人以外的第三人，而物的担保既可以是第三人也可以是债务人本人；其次，标的不同，人的担保标的为第三人的一般财产，也即信用担保，而物的担保标的为债务人或第三人提供的不动产、动产、权利等特定的财产，物的担保因可以对特定财产变价并优先受偿，比人的担保更加可靠；最后，法律效力不同，人的担保为信用担保，对债权人来讲相当于多了一份保障，其性质依然为债权，而物的担保产生的效力是对特定财产的交换价值进行支配的物权。

（二）约定担保与法定担保

依担保设立的根据和方式的不同，可将之分为约定担保与法定担保。约定担保又称意定担保，是指当事人之间基于一致的意思表示，自行订立担保合同的担保方式，其当事人为债权人与提供担保的第三人或债务人，他们之间可以在法律允许的范围内自由约定是否设立担保以及设立担保的方式、担保的范围与实现等内容。约定担保可充分表达担保关系当事人的真实意思，具有更为广泛的适用余地，《民法典》里规定的约定担保的方式主要有保证担保、抵押担保、质押担保、定金担保、所有权保留买卖合同、融资租赁合同等。法定担保是指为了保护特定债权，由法律直接规定其成立并产生法律效力的担保方式，主要包括两种情形：一是法律直接规定某些特别的债权可就债务人财产优先受偿的担保，如优先权；二是法律直接规定担保成立的条件，待条件成就时该种法定担保就能自动成立，如留置权，但当事人可以事先约定对留置排除适用，《民法典》第 449 条规定，法律规定或者当事人约定不得留置的动产，不得留置。

（三）典型担保与非典型担保

以法律规定的担保适用的类型为标准，可分为典型担保与非典型担保。典型担保指中国相关民事法规已明确规定的担保类型，主要包括保证、抵押、质押、留置、定金及优先权等担保方式。保证是指在债务人不履行债务时，由债务人以外的第三人以其一般财产和信用代为履行债务或承担连带责任的担保方式；抵押是指将债务人或第三人不转移占用的财产抵押给债权人，在债务人不履行到期债务或发生当事人约定的实现抵押权的情形时，债权人可就该财产优先受偿的担保方式；质押是指债务人或第三人将其动产或权利出质给债权人占有，在债务人不履行到期债务或发生当事人约定的实现质权的情形时，债权人可就该财产优先受偿的担保方式；留置是指债权人按照合同约定占有债务人的财产，当债务人不履行债务时，债权人可直接留置该财产，债务人在一定期限内仍不履行债务的，债权人可将该财产折价，或从该财产拍卖、变卖的价款中优先受偿；定金是指合同当事人一方预先支付一定数额的金钱以确保合同履行的担保方式，如预付定金一方违约则无权索回定金，对方违约则须返还两倍的定金；优先权是指法律直接规定某些特别的债权可就债务人的一般或特定财产优先受偿的担保方式，我国法律规定的优先权主要包括职工工资和劳动保险费的优先权、建筑工程承包人的优先权、船舶优先权和民用航空器优先权等。非典型担保主要包括让与担保、所有权保留、融资租赁、保理、保证金等几种方式。非典型担保一般情况下是约定担保。

（四）一般担保与特别担保

以上几种对担保方式的划分其实都是在特别担保的范围内进行的再划分，广义的担保还包括一般担保，也即债的保全，指债务人以其全部财产对全部债权人承担的无限责任。由于债务人在其日后的相关经济活动中其财产会处于不断增减的过程中，特别是不能排除债务人为了逃避债务甚至会恶意转移或处分其财产，或怠于行使对第三人享有的债权，以致其财产不当减少，进而危及债权人债权的情形出现，法律赋予债权人代位权和撤销权以保全债权人的债权，但法律不能限制债务人参与新的债权债务关系，债务人的资信及偿债能力仍处于不断变化之中，且所有债权人地位是平等的，当债务人不履行债务时，各债权人只能按比例受偿，这必然会导致债权人的债权不能得以充分保障。为了充分保障特定债权人的债权得以实现，法律另创设了特别担保制度，就债务人或第三人的特定财产或第三人的信用作为债务履行的保障，目的是强化债务人清偿特定债务的能力，打破债权平等的原则，保障特定债权人优先于其他债权人受偿。

四、反担保

反担保的概念，无论是在罗马法还是在近现代大陆法系或英美法系的担保立法制度中均未见记载，但在今日国际贸易的实践中偶见提及，并将反担保作为与借款担保、保释金担保、票据担保等并列运作的一个担保种类。[1]《担保法》则直接明确地界定了反担保的内涵。《担保法》颁行后，有代表性的著述认为：反担保是指债务人对为自己债权人提供担保的第三人提供的担保，[2] 或指第三人为债务人向债权人提供担保时，债务人应第三人的要

〔1〕张向东：《对外担保》，中国对外经济贸易出版社1992年版，第10~15页。

〔2〕董开军：《担保法原理与条文释义》，中国计划出版社1995年版，第14页。

求为第三人提供的担保。[1] 上述两种定义都一致认为反担保是担保之一种。

通说认为，反担保是指债务人或第三人向担保人作出保证或设定物的担保，在担保人因清偿债务人的债务而遭受损失时，向担保人作出清偿。所谓反担保，又称求偿担保，或者担保之担保，是相对于担保人向债权人提供的本担保而言的。例如，借款人欲向银行贷款，银行要求贷款人提供保证人，保证人可以自己的信用或自己的特定财产来担保，此为本担保。保证人由此要为本担保承担一定的风险，反过来要求贷款人为自己再提供担保，即反担保。反担保实际上是担保人转移或避免其担保行为产生损失风险的一种措施，担保人承担了担保责任后即取得代位求偿权，得以向债务人追偿，但由于追偿权的性质为一般债权，如果债务人没有足够的财产清偿，则其追偿权就会很难实现，为了避免这种风险，担保人就需要采取一定的措施来保障其权利，这一措施就是反担保。从实质上看，反担保的对象是对担保人的追偿权。反担保的方式可以为另外一个第三人提供的保证，也可以是另外一个第三人或债务人本人提供的抵押或质押，定金和留置是不可以成为反担保的方式的。反担保是担保人与反担保人之间的担保合同关系，不受原债权债务关系的影响，如：甲欠银行 100 万元，丙为保证人，丙担心向甲求偿的风险而犹豫不决，丁说如甲不能还你钱由我负责，则丁为反担保人，若后来甲不能归还贷款，丙也没有可供执行的财产，银行是不可以要求丁承担清偿责任的。《民法典》第 387 条第 2 款及《民法典》第 689 条对反担保作出明确规定。《民法典》第 387 条第 2 款规定："第三人为债务人向债权人提供担保的，可以要求债务人提供反担保。反担保适用本法和其他法律的规定。"第 689 条规定："保证人可以要求债务人提供反担保。"

在反担保中，与反担保相对应并作为设定反担保前提的担保称为本担保。反担保只是与本担保相对应的概念。本担保中的担保人称为本担保人，而反担保中的担保人称为反担保人。

反担保的主要功能在于，使担保人的追偿权得以实现，其宗旨在于保障担保人的追偿权。担保人为债务人承担责任之后，其对债务人享有追偿权，为了保障这种追偿权的实现，就有必要设立反担保。反担保可以适用于各种担保形式，不管是物的担保还是人的担保，担保人都可以要求债务人提供反担保。

---

〔1〕 唐德华：《最新担保法实用问答》，人民法院出版社 1995 年版，第 7 页。

反担保的成立需具备下列条件：

（一）反担保是以本担保的存在为前提的

一般认为，反担保是从属于本担保的，反担保依附于本担保而存在，本担保是反担保存在的前提和基础；本担保不成立，反担保也就不成立。但是反担保的责任又具有一定的独立性，不完全依附于本担保。《民法典》第388条规定："设立担保物权，应当依照本法和其他法律的规定订立担保合同。担保合同包括抵押合同、质押合同和其他具有担保功能的合同。担保合同是主债权债务合同的从合同。主债权债务合同无效的，担保合同无效，但是法律另有规定的除外。担保合同被确认无效后，债务人、担保人、债权人有过错的，应当根据其过错各自承担相应的民事责任。"

（二）提供反担保的主体不限于债务人，还包括债务人以外的其他人

反担保方式可以是债务人提供的抵押或者质押，也可以是其他人提供的保证、抵押或者质押，也可以是非典型担保。债务人充任反担保人时，只能提供物的担保，不能将保证作为反担保的形式。如果反担保人是债务人以外的其他人，则不仅可以提供物的担保也可以提供人的担保。

（三）反担保适用的范围

在留置等法定担保物权中，不可能产生反担保，反担保只能在约定担保中产生。因为法定担保是基于特定事实出现而产生的，当事人无法预见其担保责任的承担，所以也不可能以约定反担保的方式对其追偿权的实现作出事先的安排。另外，在法定担保中，担保责任的承担人往往就是债务人，一般不会产生追偿权，也没有必要采取反担保的形式。

（四）符合一定的形式要求

《民法典》第387条规定："债权人在借贷、买卖等民事活动中，为保障实现其债权，需要担保的，可以依照本法和其他法律的规定设立担保物权。第三人为债务人向债权人提供担保的，可以要求债务人提供反担保。反担保适用本法和其他法律的规定。"反担保合同及担保权的设立适用本担保的规则，一般要求书面形式，必要时履行登记手续等。

五、担保制度的基本原则

担保制度的基本原则是贯穿担保活动始终的根本规则，是对担保经济活

动关系的本质和规律以及立法者在担保领域所奉行的立法政策的集中反映，是克服担保法律局限性的工具。担保活动属于民事活动的一种。因此，担保制度的基本原则，事实上也就是中国民法的基本原则。关于“民法基本原则”的概念，有学者认为，它是民事立法的指导方针、解释法律的依据和补充法律漏洞的基础;[1] 也有学者认为，它是民法规范从制定到实施所贯穿始终的根本准则，乃是民法的本质和特征的集中体现;[2] 还有的学者认为，它是民法中最高层次的价值准则，是全部民法的主导思想所在。[3]

民法的基本原则反映民事生活的根本属性。首先，《民法典》总则编是《民法典》的总纲，制定了普遍适用于民商法各个部分的基本规则，是《民法典》中最基础、最原则、最通用的部分。其次，《民法典》总则编确立的基本原则是民事主体从事民事活动和司法机关进行民事司法裁判应当遵循的基本原则。最后，《民法典》总则编第 4 条至第 10 条对我国民法的基本原则作出规定，该基本原则是对民法内容有普遍约束力的原则，是指导民事立法、民事审判和民事活动的基本准则，担保活动应当遵循平等、自愿、公平、诚实信用等原则。

担保制度的基本原则是具有普遍约束力的法律规则，这包含两层意思：任何担保当事人都应当遵循基本原则，按照基本原则从事担保活动，违反了基本原则，当事人要承担相应的法律责任，甚至要受到法律制裁；担保制度的基本原则是有权解释法律的国家机关正确解释担保法律条文含义的准绳，不能离开基本原则去随意地解释担保法律条文及规范。也就是说，担保制度的基本原则是对担保的法律条文进行理解和解释的基准。

需要注意的是，尽管担保法律制度基本原则的地位非常重要，但在司法实践中，如果有具体的法律规定，原则上不能以基本原则作为裁判案件的依据，而必须依据具体的《民法典》担保制度的条文或者其他相关法律的规定来裁判。

民法基本原则的意义在于：

民法的基本原则是民事立法的准则。因为民法基本原则作为整个民法制度的“灵魂”，是民事主体从事各种民事活动的基本准则，渗透到了民法的

---

[1] 梁慧星：《民法总论》，法律出版社 2001 年版，第 48 页。

[2] 李开国：《民法总则研究》，法律出版社 2003 年版，第 65~82 页。

[3] 龙卫球：《民法总论》，中国法制出版社 2002 年版，第 48 页。

各个方面和各种法律状态，[1] 蕴含着民法调控社会生活所欲实现的目标，所欲达致的理想，是我国民法所调整的社会关系本质特征的集中反映，集中体现了民法区别于其他法律，尤其是行政法和经济法的特征。它贯穿于整个民事立法，确定了民事立法的基本价值取向，是制定具体民法制度和规范的基础。

民法的基本原则是从事民事活动的行为准则和处理民事纠纷的依据。[2] 民事主体所进行的各项民事活动，不仅要遵循具体的民法规范，还要遵循民法的基本原则。在现行法上对于民事主体的民事活动欠缺相应的民法规范进行调整时，民事主体应依民法基本原则的要求进行民事活动。

民法的基本原则是解释、理解民事法律的依据和补充法律漏洞的基础[3]，民法的基本原则是法院对民事法律、法规进行解释的基本依据。法院在审理民事案件时，须对所应适用的法律条文进行解释，以阐明法律规范的含义，确定特定法律规范的构成要件和法律效果。法院在对法律条文进行解释时，如有两种相反的含义，应采用其中符合民法基本原则的含义。无论采用何种解释方法，其解释结果均不能违反民法的基本原则。如果法院在审理案件时，在现行法上未能获得据以作出裁判的依据，这就表明在现行法上存在法律漏洞。此时，法院应依据民法的基本原则来进行法律漏洞的补充。

民法的基本原则是解释、研究民法的出发点。学者在对民法进行解释、研究时，应以民法的基本原则作为出发点，无论何种学说，违背了民法的基本原则，就不是妥当的学说。民法的基本原则，同时也是指导、统领担保制度的基本原则，具体包括以下四个方面：

（一）平等原则

民法中的平等，是指主体的身份平等。身份平等是特权的对立物，是指不论其自然条件和社会处境如何，其法律资格亦即权利能力一律平等。《民法典》第4条规定："民事主体在民事活动中的法律地位一律平等。"任何自然人、法人在民事法律关系中平等地享有权利，其权利平等地受到保护。

所谓平等原则，也称为法律地位平等原则。平等原则集中反映了民事法律关系的本质特征，是民事法律关系区别于其他法律关系的主要标志，它是

---

〔1〕 孙国华主编：《法理学》（高等学校法学教材），法律出版社1995年版，第158页。

〔2〕 王利明：《民法总论》，中国人民大学出版社2009年版，第47～59页。

〔3〕 梁慧星：《民法总论》，法律出版社2001年版，第48页。

指民事主体享有独立、平等的法律人格，其中平等以独立为前提，独立以平等为归宿。在具体的民事法律关系中，民事主体互不隶属，各自能独立地表达自己的意志，其合法权益平等地受到法律的保护。平等原则是市场经济的本质特征和内在要求在民法上的具体体现，是民法最基础、最根本的一项原则。现代社会，随着在生活、生产领域保护消费者和劳动者的呼声日高，平等原则的内涵正经历从单纯谋求民事主体抽象的法律人格的平等，到兼顾在特定类型的民事活动中，谋求当事人具体法律地位平等的转变。我国民法明文规定这一原则，强调在民事活动中一切当事人的法律地位平等，任何一方不得把自己的意志强加给对方，意在突出强调民法应反映社会主义市场经济的本质要求和社会主义核心价值观。

（二）自愿原则

自愿原则的实质，就是在民事活动中当事人的意思自治。即当事人可以根据自己的判断，去从事民事活动，国家一般不干预当事人的自由意志，充分尊重当事人的选择。其内容包括自己行为和自己责任两个方面。自己行为，即当事人可以根据自己的意愿决定是否参与民事活动，以及参与的内容、行为方式等；自己责任，即民事主体要对自己参与民事活动所导致的结果承担责任。

自愿原则，是指法律确认民事主体可以自由地基于其意志去进行民事活动的基本准则。《民法典》第 5 条规定："民事主体从事民事活动，应当遵循自愿原则，按照自己的意思设立、变更、终止民事法律关系。"自愿原则的存在和实现，以平等原则的存在和实现为前提。只有在地位独立、平等的基础上，才能保障当事人从事民事活动时的意志自由。自愿原则同样也是市场经济对法律所提出的要求。在市场上，准入的当事人被假定为自身利益的最佳判断者，因此，民事主体自愿进行的各项自由选择，应当受到法律的保障，并排除国家和他人的非法干预。自愿原则的核心是合同（契约）自由原则。虽然有商品经济就有合同自由的观念，但契约自由作为一项法律原则却是迟至近代民法才得以确立。当然，契约自由从来都不是绝对的、无限制的自由。中国特色社会主义市场经济强调社会公平，注重社会公德，维护国家利益和社会公共利益，对合同的自由有诸多限制。

例如，在中国邮政，电信，供用电、水、气、热力，交通运输，医疗等领域所存在的强制缔约义务，在保险、运输等许多领域盛行的格式合同或者格式条款及其特别要求，都是对合同自由的限制。

(三) 公平原则

公平原则是指在民事活动中以利益均衡作为价值判断标准，在民事主体之间发生利益关系摩擦时，以权利和义务是否均衡来平衡双方的利益。因此，公平原则是一条法律适用的原则，即当民法规范缺乏规定时，可以根据公平原则来变动当事人之间的权利和义务；公平原则又是一条司法原则，即法官的司法判决要做到公平合理，当法律缺乏规定时，应根据公平原则作出合理的判决。

公平原则是指民事主体应依据社会公认的公平观念从事民事活动，以维持当事人之间的利益均衡。《民法典》第6条规定："民事主体从事民事活动，应当遵循公平原则，合理确定各方的权利和义务。"公平原则是进步和正义的道德观、社会主义核心价值观在法律上的体现。它对民事主体从事民事活动和国家处理民事纠纷起着指导作用，特别是在立法尚不健全的领域赋予审判机关一定的自由裁量权，对于弥补法律规定的不足和纠正贯彻自愿原则过程中可能出现的一些弊端，有着重要意义。公平原则在民法上主要是针对当事人间的合同关系提出的要求，是当事人缔结合同关系，尤其是确定合同内容时，所应遵循的指导性原则。将它具体化为合同法上的基本原则就是合同正义原则。合同正义系属平均正义，要求维系合同双方当事人之间的利益均衡。作为自愿原则的有益补充，公平原则在市场交易中，为诚实信用原则和显失公平规则树立了判断的基准。但公平原则不能简单地等同于等价有偿原则，因为在民法上就一方给付与对方的对待给付之间是否公平，是否具有等值性，其判断依据是主观等值原则，即当事人主观上愿以此给付换取对等给付，即为公平合理，至于客观上是否等值，在所不问。由此不难看出公平原则的具体运用，必须以自愿原则的具体运用作为基础和前提，如果当事人之间利益关系的不均衡，系自主自愿的产物，就不能谓之有违公平。

(四) 诚实信用原则

民法中的诚实信用原则就是"要求民事主体在民事活动中维持双方的利益平衡，以及当事人利益与社会利益平衡的立法者意志"。[1] 所谓诚实信用，其本意是要求按照市场制度的互惠性行事。在缔约时，诚实并不欺不诈；在缔约后，守信用并自觉履行。如果说任何自由都是受制约的自由，那

[1] 徐国栋：《民法基本原则解释——成文法局限性之克服》，中国政法大学出版社1992年版，第74页、第79~81页。

么诚实信用应是题中之义。然而，市场经济的复杂性和多变性又昭示：一方面，无论法律多么严谨，也无法限制复杂多变的市场制度中暴露出的种种弊端，总会表现出某种局限性。民法规定该原则，使法院在审理具体案件中，能主动干预民事活动，调整当事人利益摩擦，使民事法律关系符合正义的要求；另一方面，法院可根据该原则作出司法解释，在填补法律的漏洞时，由于该原则位阶高、不确定性强，运用不当也可能会成为司法专横的工具，故对该原则的运用，必须与其他原则结合起来统筹考虑。

人类社会进入 20 世纪以后，随着经济的恢复和发展，科学技术突飞猛进，社会关系更趋复杂，各种新型案件层出不穷，立法者疲于应付，不得不更加倚重法官的积极性、能动性、创造性，其结果势必导致诚实信用原则的地位一再提高。日本修订民法典时，其总则编第 1 条第 2 款，明定诚实信用为民法的基本原则。

有学者认为："诚信原则作为大陆法系中独特的一种法律机制，在大陆法系的范围内具有普遍性。"〔1〕 国外有学者断言："英国没有诚信原则这样的一般原理，对契约交涉过程的诚信原则持否定态度。"〔2〕 本书认为，在英美法系国家中，虽说早期并没有通过制定法来确认诚实信用原则，但衡平法和判例法很久以前就确认了诚实信用原则。

在民法上，诚实信用原则是指民事主体进行民事活动必须意图诚实、善意、行使权利不侵害他人与社会的利益，履行义务信守承诺和法律规定，最终达到所有获取民事利益的活动，不仅应使当事人之间的利益得到平衡，而且也必须使当事人与社会之间的利益得到平衡的基本原则。《民法典》第 7 条："民事主体从事民事活动，应当遵循诚信原则，秉持诚实，恪守承诺。"诚实信用原则是市场伦理道德准则在民法上的反映。《民法典》将诚实信用原则规定为民法的一项基本原则，不难看出，诚实信用原则有适用于全部民法领域的效力。第 7 条作为一般条款，一方面对当事人的民事活动起着指导作用，确立了当事人以善意方式行使权利、履行义务的行为规则，要求当事人在进行民事活动时遵循基本的交易道德，以平衡当事人之间的各种利益冲突和矛盾，以及当事人的利益与社会利益之间的冲突和矛盾。另一方面具有

〔1〕 徐国栋：《民法基本原则解释——成文法局限性之克服》，中国政法大学出版社 1992 年版，第 74 页、第 79~81 页。

〔2〕［日］内田贵：《现代契约法的新发展与一般条款》，胡宝海译，载梁慧星：《民商法论丛》（第 2 卷），法律出版社 1994 年版，第 119 页。

填补法律漏洞的功能。当人民法院在司法审判实践中遇到立法当时未预见的新情况、新问题时，可直接依据诚实信用原则行使公平裁量权，调整当事人之间的权利义务关系。因此，诚实信用原则意味着承认司法活动的创造性与能动性。近代以来，作为诚实信用原则的延伸，在各个国家和地区的民法上，又普遍承认了禁止权利滥用原则。该原则要求一切民事权利的行使，不能超过其正当界限，一旦超过，即构成滥用。这个正当界限，就是诚实信用原则。

六、我国有关担保的法律渊源及框架体系

第一个层次：《民法典》等有关担保的内容。

典型担保制度主要规定在《民法典》合同编的通则分编与典型合同分编中，以及物权编的担保物权分编。合同编中的通则部分主要规定违约责任中的定金制度，而典型合同分编中第十三章主要对保证合同进行了规定，该章亦是规定了担保关系的一般规则，属于基础性规定。担保物权分编延续了抵押权、质权、留置权的传统担保物权体系。《民法典》关于担保制度的规制范围还纳入所有权保留买卖、融资租赁、保理等具有担保功能的非典型担保合同，规定在第三编合同编第二分编典型合同、第九章买卖合同、第十五章融资租赁合同和第十六章保理合同之中。

《民法典》生效前，《民法通则》有关债的担保中有对保证、定金、抵押、留置等担保方式的规定。担保合同中的保证合同和抵押合同等就是合同的一种，《中华人民共和国合同法》（以下简称《合同法》）中虽然没有担保合同一节，但担保合同仍然适用《合同法》的基本原则，特别是有些《担保法》中没有规定的，就可以适用《合同法》《中华人民共和国民法总则》（以下简称《民法总则》）的具体规定，《民法典》生效后《合同法》《担保法》《民法通则》不再适用。

第二个层次：《担保法》《物权法》中担保物权部分及《担保法司法解释》等继续适用于《民法典》生效前的担保行为。

第三个层次：最高人民法院有关担保问题的司法解释。

该部分主要是指在《担保法》出台前后，最高人民法院针对司法实践中出现的问题作出的具体答复或规定。最具有代表性的是最高人民法院 1994 年 4 月 15 日发布的《最高人民法院关于审理经济合同纠纷案件有关保证的

若干问题的规定》（法发〔1994〕8号，现已失效），其适用得最为广泛，1995年10月1日《担保法》实施以前发生的担保行为所产生的担保纠纷大都适用这个规定。

考虑到《民法典》对担保制度作出了重大完善和发展，最高人民法院在清理以往与担保有关的司法解释的基础上，根据《民法典》关于担保制度的规定，制定了担保司法解释即《民法典担保制度司法解释》，共有71个条款。自2021年1月1日起施行。

第四个层次：其他法律、法规和行政规章中有关担保内容的规定。

如《中华人民共和国城市房地产管理法》〔1〕（以下简称《房地产管理法》）、《中华人民共和国城镇国有土地使用权出让和转让暂行条例》（以下简称《土地使用权出让和转让暂行条例》）中有关房产抵押和土地使用权抵押的规定，原中华人民共和国建设部制定的《城市房地产抵押管理办法》等都有担保法律内容，以上都是解决担保问题的法律依据。另外，国务院、中华人民共和国财政部、中国人民银行也曾下发过有关担保问题的行政规章和规范性文件。

第五个层次：《中华人民共和国民事诉讼法》（以下简称《民事诉讼法》）等司法程序中的担保规定。

如民事案件执行程序中的担保，其法律适用与《民法典》的规定不一样。民事司法程序中的担保发生在民事诉讼的司法程序中，如诉前财产保全、诉讼保全、先予执行中的担保及民事执行中的执行担保等，设立担保的目的是保证司法程序的正常进行，或为了保证生效判决义务的履行，或是为了保证司法程序的秩序。

第六个层次：中共中央、国务院及相应机关作出的有关担保的政策、法规、规章。

许多过时的、与时代发展不相适应的法律规范，必须进行修改，中共中央、国务院可以在法律规定的范围内或者依照全国人大及其常委会的授权制定试验性规定、政策，即在试验区进行先行先试，实验成功后会再予以推广，然后进行法律修订。

---

〔1〕 根据2019年8月26日第十三届全国人民代表大会常务委员会第十二次会议《关于修改〈中华人民共和国土地管理法〉、〈中华人民共和国城市房地产管理法〉的决定》第三次修正。

七、我国担保制度立法体系

立法体例是指一部法律或一项法律制度的表现形式和结构安排。担保制度应以何种体例构建，直接涉及对担保制度的性质、地位、功能和价值的认识。对各国担保制度的立法体例进行比较分析，有助于合理确定我国担保制度的立法体例。

由于历史、文化和习惯的不同，英美法系和大陆法系的立法体例存在较大差别。大陆法系各国，均将担保制度的基本内容规定于民法典之中，但在具体做法上却有较大区别。除了有关人的担保均规定在民法典的债权编之外，有关物的担保，各国则有不同规定。法国和俄罗斯将其规定在民法典的债权编之中；德国和日本将其规定在民法典的物权编之中；意大利则将其规定在民法典的权利保护编之中。[1] 应当说，上述不同安排均有其历史原因和立法理由。法国将其规定在债权编，不仅因为《法国民法典》中根本未设物权编，而且在人们当时的观念中，担保制度理应是债法的必要组成部分。德国将其规定在物权编，不仅因为《德国民法典》中设立了物权编，而且人们已经将担保制度物权化了。《意大利民法典》之所以将其规定在权利保护编，根本目的在于强调对民事权利的系统保护。

就目前的立法而言，担保制度的立法以民法典为主、单行法为辅；物权编为主、债法为辅。原因如下：（1）担保制度是民法的重要组成部分，其理应放在民法典之中。唯有如此，才能真正确保民事立法的统一性。（2）正如民法典不可能将所有的担保问题囊括其中一样，即使制定一个单行的担保法，亦无法将所有的担保问题都包括其中。所以，单行法的立法体例并不可取。（3）在担保制度中，人的担保主要是一种合同信用担保，其理应放入债编即《民法典》合同编；物的担保则是一种物权担保方式，其理应放入物权编。如果将担保物权放入债权编，虽然使人保和物保置于一处，但否认了担保物权的物权性，降低了担保的效力；如果将担保物权放入权利保护编，虽然强调了对民事权利的保护，但割裂了用益物权和担保物权的内在联系，破坏了《民法典》物权编的统一性。因此，我国《民法典》吸收了部分《担保法》的规定；在总则中对担保制度作出概括性规定；在合同编中具体规定

---

〔1〕 孙鹏、肖厚国：《担保法律制度研究》，法律出版社1998年版，第23页。

保证、定金、所有权保留、保理、融资租赁等担保制度；在物权编中具体规定抵押、质押、留置和让与担保等担保制度。

第二节　担保的设立及有关担保的法律责任

一、担保设立的前提

担保的重要特征之一就是其附随于主债权债务关系，这种附随性不仅体现在担保的转让与消灭上，也体现在担保的产生上，故担保关系必须以主债权债务关系的存在为前提。《民法典》第 387 条第 1 款规定："债权人在借贷、买卖等民事活动中，为保障实现其债权，需要担保的，可以依照本法和其他法律的规定设立担保物权。"虽然本条规定列举了在交易活动中设定担保的比较常见经济活动方式，但绝不意味着设定担保的范围仅限于此，《民法典》第 388 条第 1 款规定："设立担保物权，应当依照本法和其他法律的规定订立担保合同。担保合同包括抵押合同、质押合同和其他具有担保功能的合同……"由此规定可以看出，只要是合法的债权，不仅是合同之债，即使是因不当得利、无因管理甚至因侵权行为产生的债，当事人均可依意思自治原则设定担保。

二、担保设立的方式及担保合同内容

（一）担保设立的方式

担保设立的方式主要有两种，一是根据法律的规定直接产生，称为法定担保，如留置担保；二是基于当事人之间的合意订立担保合同产生，称为约定担保或意定担保，也是产生担保关系的最主要方式。根据《民法典》第 388 条及《民法典担保制度司法解释》的规定，担保合同成立的方式包括如下几种：（1）在主合同之外单独订立书面的担保合同，这是担保合同最主要的成立方式；（2）没有单独订立担保合同，而是在主合同中专门订立了体现设定担保关系与内容的条款；（3）担保人单方向债权人发出的具有担保性质的信函、传真等文件，债权人对此接受的。这几种成立方式适用于保证、抵

押、质押与定金等担保合同的订立，还有一种成立方式单独适用于保证合同，即保证人在主合同中仅以保证人的身份进行了签字行为。同时根据法律法规的要求，所有担保合同都应是要式合同。因口头方式的举证比较困难，为了保障交易安全，现行法律不承认口头担保合同效力。

担保合同作为合同的一种，其成立适用《民法典》关于民事法律行为成立的规定。担保合同的性质为单务、无偿、诺成、要式合同，其主要条款包括以下几个方面：担保关系当事人；被担保的主债权的数额、种类；债务人履行债务的期限；担保的范围；担保物的名称、数量、质量、权属状况等。

关于单方允诺担保的设立。只要担保书中记录了担保人的身份、担保债权的数额和相互之间的关系、自愿担保的意思表示以及用以抵押担保的财产等项，且有担保人亲笔签名、捺指印，内容明确具体。那么这样单方允诺的担保行为便已经设立。即使担保书没有债权人的签字，但其内容明确了是为债务人债务的偿还所进行的担保，那么就是担保人作为欠款合同的第三人单方允诺加入债务的承担之中。单方允诺的核心在于民事主体单方为自己设定义务，使对方获得权利。根据民法的意思自治原则，民事主体在不违反社会公序良俗的前提下，可以任意处分自己的财产或权利，其处分只要不违反法律的禁止性规定，就应当受到法律的承认和保护。民事主体完全可以根据自己物质上或精神上的需要，为自己单方面设定义务，放弃对他方当事人给付对价的请求。单方允诺是表意人单方作出的意思表示，不需要任何人的任何表示，即发生法律效力。单方允诺是债的发生根据之一，在表意人作出意思表示之时，就产生债权债务关系，表意人即负有了其为自己所设定的义务。因此，担保人出具的单方允诺担保书是依法设立的。单方允诺担保是无偿行为。

关于单方允诺行为设立后的担保效力。由于债权人认可担保人担保这一事实，并要求担保人承担担保责任，那么这就是债权人对担保人单方允诺行为的认可，双方已经形成合意，形成了担保合同关系。对于担保人签署的担保书最终由于债权人的认可而形成的担保合同，虽然没有产生担保物权的效力，但担保合同合法有效。债权人虽然不能行使担保物权，以该抵押物优先受偿，但担保人基于存在有效的担保合同，仍应承担担保合同责任，即在合同约定范围内的履约义务、违约责任或者赔偿责任。

（二）担保合同内容

担保合同当事人是指担保权人与担保人。《民法典》第681条规定：“保证合同是为保障债权的实现，保证人和债权人约定，当债务人不履行到期债务或者发生当事人约定的情形时，保证人履行债务或者承担责任的合同。”一般情况下，担保权人指主债权人，在最高额保证中虽然债权尚未发生即产生担保，但最终担保权人都会与债权人合二为一的。担保人即担保财产的所有人，既可以是债务人本人也可以为第三人。国家机关、以公益为目的的非营利法人、非法人组织，一般情况下是不能成为担保人的，国家机关只有经国务院批准为使用外国政府、国际经济组织转贷时才可以成为担保人，以公益为目的的非营利法人、非法人组织的财产设定担保受到严格限制；[1] 企业法人一般可以成为担保人，《中华人民共和国公司法》（以下简称《公司法》）等商法相关法律法规也对其提供担保作了限制性规定；其他经济组织如法人分支机构，在法人授权范围内可以成为担保人，法人职能部门因其没有独立人格绝对不可以成为担保人；具备民事行为能力的自然人、个体工商户和农村承包经营户都可以成为担保人。

对于被担保的主债权的种类、数额，法律没有作限制性规定，不管是合同之债、侵权之债，抑或是不当得利、无因管理之债都可作为主债权被担保。

债务人履行债务的期限，在主合同或担保合同中应作约定，否则会影响担保权的行使，故而，即使双方未约定或约定不明，在债权人请求债务人履行偿还义务时，应当给予债务人合理的履行准备期限。

担保的范围是指担保权人可以优先受偿的范围。应在合同中明确约定担保的范围是主债权的全部还是部分，以及哪些是需要担保的事项，哪些事项不需要担保。合同未作约定则法律规定应当推定担保的范围包括：主债权、利息、违约金、损害赔偿金、保管财产的费用和实现担保的费用等。

担保物的名称、数量、质量、权属状况等，主要是针对抵押与质押担保等的情况。担保物特定化有利于防止担保人以不合约定的财产提供担保进而损害担保权人的利益。

以上条款并非所有担保合同成立的必要条款，一般情况下，担保当事人、主债权种类及担保标的是担保合同的必要条款，如当事人对必要条款约定不明或没有约定也不能简单认定担保合同当然无效，可以通过当事人事后达成合意进行补正或根据担保合同的其他条款以及当事人之间的交易习惯等对当事人的真实意思作出正确解释。

---

〔1〕 参见《最高人民法院关于适用〈中华人民共和国民法典〉有关担保制度的解释》第6条。

（三）概括描述与担保设立

《民法典》关于动产和权利担保的设立允许对担保财产不作具体描述。《民法典》第400条第2款第3项和第427条第2款第3项都容许对担保财产进行概括性描述。担保合同概括描述担保物即属一例。法律对于概括描述担保物持何种立场及态度?《民法典担保制度司法解释》采取区分情形的原则，于第53条规定：“当事人在动产和权利担保合同中对担保财产进行概括描述，该描述能够合理识别担保财产的，人民法院应当认定担保成立。”其中，对“担保财产”的“概括描述”，若描述模糊不清，使人难以把担保财产从担保人的责任财产中区隔出来，即没有满足担保财产的特定性的，则担保未设立；若属于较为具体、明确，能够满足担保财产的特定性的，则担保设立。[1]

担保财产的概括描述是指通过担保财产的通用类型或法定类型加上数量进行的描述，应达到合理识别担保财产的要求。概括描述的充分性至少要明确财产类型和数量，其功能的最大化以声明登记制和区分担保合同与担保登记为前提。担保财产的概括描述未达合理标准时，担保合同和担保物权均不成立。当事人以担保人的“全部财产”描述担保财产的，可将其意思解释为成立保证合同。担保财产概括描述发生严重错误将导致担保财产无法识别。如生产某牌型汽车的某厂以2022年全年生产的某牌型汽车作为担保物，以时间作为判断标准；特定的空间也可作为判断标准，如王某以存放李某仓库中的黄金1吨设立担保；度量衡亦可作为识别担保财产的判断标准，如采矿厂以一定长宽高的原煤作为担保物。前述案例能够满足担保财产的特定性，因此担保合同成立。

三、我国法律规定的有关担保的法律责任类别

担保合同成立并生效后，就意味着担保人即负有一定的义务和责任，整个民法典有关担保的规范主要是围绕担保人的义务和责任来设定的，因此担保合同中的责任主要是担保人的责任。担保有效时，担保人承担担保责任；担保无效时，担保人承担赔偿责任；担保不生效或不成立时，担保人承担缔

[1] 崔建远：《对非典型担保司法解释的解读》，载《法治研究》2021年第4期。

约过失责任。[1] 我们将《民法典》中的担保人的责任分为四种类型：担保责任、赔偿责任、缔约过失责任、违约责任。

（一）担保责任

担保责任比较容易理解，主要是指担保合同有效时担保人的责任，即在主合同和担保合同合法成立生效后，当债务人不履行债务时，担保人应按照合同约定或者法律规定承担担保责任，理论上分为履行责任和维持责任。如果是保证合同的话，那么保证人应承担一般或连带保证责任，若是抵押、质押、留置、所有权保留的，则以抵押物、质押物、留置物折价、变卖或拍卖价款优先受偿债权。《民法典》第 386 条规定，担保物权人在债务人不履行到期债务或者发生当事人约定的实现担保物权的情形，依法享有就担保财产优先受偿的权利，但是法律另有规定的除外。

（二）赔偿责任

赔偿责任是指当担保无效时，担保人因过错承担的对债权人的赔偿责任。依据是《民法典》第 388 条第 2 款的规定："担保合同被确认无效后，债务人、担保人、债权人有过错的，应当根据其过错各自承担相应的民事责任。"赔偿责任的特征是发生在担保无效或不生效之时；责任大小与过错大小有关。担保合同无效又分为以下几种情况：因主合同无效而导致担保合同无效；因担保合同自身原因无效；有主合同和担保合同均因各自原因无效，在上述各种无效的情况下，担保人承担的赔偿责任各不相同。《民法典担保制度司法解释》对此作了细化，后文再作进一步说明。

（三）缔约过失责任

在司法实践中，因提供担保产生的民事责任除担保责任和赔偿责任外，还可以产生《民法典》合同编上规定的缔约过失责任和违约责任。只有正确运用该四种形式的责任，才能全面完整地解决因担保行为所产生的民事责任划分问题，正确解决担保案件中的当事人责任承担问题。

由于担保合同属于合同的一种，适用《民法典》合同编、《民法典》总则编的原则规定，根据《民法典》第 500 条的规定，在订立合同过程中，担保人有违背诚实信用的行为，构成缔约过失责任，应承担赔偿责任。担保产生的缔约过失责任通常发生在担保合同不生效的情况下。担保合同不生效

---

〔1〕 曹士兵：《中国担保制度与担保方法》（第三版），中国法制出版社 2015 年版，第 107 页。

时，如果担保人对合同不生效有过错并给债权人造成损失的，应承担赔偿责任。如抵押人在抵押合同签订后，无正当理由拒绝到批准部门办理批准手续，致使抵押合同不生效，抵押人应对债权人的损失承担赔偿责任。由于不生效区别于无效，故这个赔偿责任应该适用《民法典》合同编第500条规定的缔约过失责任。

（四）违约责任

因担保合同产生的违约责任，通常发生在抵押、质押等设权合同有效，但合同所设权利不能行使的情况下。因设权合同有效，不属于无效，担保人不应承担赔偿责任，但债权人又没有可行使的物权，所以只能以《民法典》合同编规定的违约责任来追究担保人的责任。适用《民法典》合同编第八章违约责任的规定。例如，A公司向银行借款，由B公司以土地使用权抵押，借款到期后，A公司不能清偿贷款，银行行使抵押权时，B公司的土地因在规定的年限内没有开工建设被政府无偿收回，使银行的抵押权利落空。这时银行无法收回贷款，造成了损失，由于银行的损失与担保人的过错有直接的因果关系，担保人应承担违约赔偿责任。再如，A公司向银行借款，B公司以支票向银行出质担保，借款到期后，A公司不能偿还贷款，银行向B公司行使质权，而质物支票系空头支票，不能兑现。此时B公司作为担保人应向银行承担违约赔偿责任。

《民法典》第215条规定："当事人之间订立有关设立、变更、转让和消灭不动产物权的合同，除法律另有规定或者当事人另有约定外，自合同成立时生效；未办理物权登记的，不影响合同效力。"《民法典》对担保合同生效要件与《担保法》规定的生效要件不同，即由登记要件说（认为抵押登记为抵押合同生效要件，未经登记，抵押合同不能生效，抵押权不能成立）转变为登记对抗说（认为抵押权的成立不必以登记为要件，只要当事人之间就设立抵押合同达成合意，便可以产生抵押权，但此种抵押权的效力仅存在于当事人之间，不能对抗第三人）。《担保法》未将原因行为与物权变动行为区别开来，但《民法典》第215条规定抵押合同是担保物权设定的原因行为，其成立和生效只需符合《民法典》总则编、合同编的相关规定即可，抵押登记属于物权变动的范畴，是为保护善意第三人的利益而设定的，是担保物权变动的公示要件，非生效要件。在《物权法》实施前，按照《担保法司法解释》第7条、第56条第2款的规定，抵押人承担未履行抵押登记义务的缔约过失责任（抵押人亦须承担责任，而不是无责任）尚不足以给抵押人构成约束；在《物权法》实施后，因合同已生效，抵押人需要承担的不再是缔约过失责任，而是违约责任。

《民法典》第 215 条明确了抵押合同在性质上属于以设定物权性质的抵押权为目的的债权合同，产生债的效果，其订立完成并不直接导致作为物权的抵押权成立，抵押权的成立必须等到抵押登记完成；抵押登记不再作为抵押合同的生效要件。《民法典》规定，抵押登记一方面是前面的抵押合同的履行行为，另一方面是抵押权的成立要件。债权人可以依有效的抵押合同向抵押人主张违约责任，要求对抵押合同实际履行，完成抵押登记或者要求损害赔偿。据此，合同归合同，物权变动归物权变动，物权抵押合同等原因行为的效力应受《民法典》总则编、合同编调整，物权的设立、变更、转让和消灭等物权变动的效力则受《民法典》物权编调整。

四、有效担保合同、无效担保合同的责任及承担

担保合同与被担保的主债权债务之间为主从关系。担保合同的从属性，决定了担保合同是否有效取决于以下两个方面：主债权债务合同是否有效与担保合同本身是否符合合同的有效要件。

我们先来看主合同是否有效对担保合同的影响，《民法典》第 388 条第 1 款规定："设立担保物权，应当依照本法和其他法律的规定订立担保合同。担保合同包括抵押合同、质押合同和其他具有担保功能的合同。担保合同是主债权债务合同的从合同。主债权债务合同无效的，担保合同无效，但是法律另有规定的除外。"《民法典》中的规定删除了《担保法》中关于担保合同当事人可以约定设立独立担保效力的规定，取消了当事人改变担保合同从属性的权利，规定当事人只能依据法律而不得自行约定设立独立担保合同效力的合同，因此，当主债权债务合同无效时，担保合同原则上应归于无效。

担保合同作为合同的一种，其本身也须符合《民法典》总则编、合同编关于民事法律行为[1]或者合同生效的规定：导致担保合同本身无效的情形有：一是担保合同当事人主体不适格。以公益为目的的非营利性学校、幼儿园、医疗机构、养老机构等以及相关法律法规规定的不具有缔约能力或资格

〔1〕《民法典》第 133 条规定：民事法律行为是民事主体通过意思表示设立、变更、终止民事法律关系的行为。

的自然人及法人职能部门、分支机构等不适格主体。二是超越物保的财产范围及以法律法规禁止流通、不可转让的财产设定担保。《民法典担保制度司法解释》第4条、第5条，《民法典》第399条以及《公司法》等商法中关于不可用于担保的财产标的等都对之作了具体明确的规定。三是《民法典》第146条第1款规定："行为人与相对人以虚假的意思表示实施的民事法律行为无效。"四是第153条规定："违反法律、行政法规的强制性规定的民事法律行为无效。但是，该强制性规定不导致该民事法律行为无效的除外。违背公序良俗的民事法律行为无效。"五是第154条规定："行为人与相对人恶意串通，损害他人合法权益的民事法律行为无效。"以上是导致担保合同无效的几种情形。

无效担保责任实际上就是无效合同的责任，性质上属于广义上的缔约过失责任。《民法典》规定的合同无效后双方当事人之间形成的民事责任主要有两种：返还责任和赔偿责任，那么担保合同无效后当事人之间形成的民事责任也应该是这两种责任。由于担保合同是一种单务合同、无偿合同，担保人没有从债权人（或债务人）处取得对价，因此担保合同无效后不产生返还责任，剩下的只有一种赔偿责任，故无效担保责任就是赔偿责任。

至于赔偿责任的大小，也是根据《民法典》和民法过错责任理论确定的：有过错即承担责任，无过错即不承担责任，过错大承担的责任大，过错小承担的责任也小。过错主要表现为主观状态，在实践中很难认定。

担保合同在被确认为无效的情况下，导致的法律后果是担保合同自始无效，担保人当然不用承担担保合同所载明的担保责任，但担保合同无效的原因肯定是相关当事人存在一定过错，其性质乃属《民法典》规定的缔约过失责任，相关当事人应该为自己的过错承担相应的责任，《民法典》第388条第2款作出相同的规定。关于过错责任的承担，将《民法典》和《民法典担保制度司法解释》中有关担保责任的内容归纳起来，有以下四个层次：

（一）担保人无责任的两种情形

1. 主合同有效而第三人提供的担保合同无效，人民法院应当区分不同情形来确定担保人的赔偿责任：债权人有过错而担保人无过错的，担保人不承担赔偿责任。如甲、乙企业签订进口汽车合同，丙企业为甲提供担保，合同履行时，因标的系走私货被海关没收，乙企业起诉丙企业要求承担保证责任。这种情形下，主合同因以合法形式掩盖非法目的而无效，担保合同系从合同，也属无效，丙企业作为担保人对主合同无效和担保合同无效均无过错，当然不承担担保责任。

2. 主合同无效导致第三人提供的担保合同无效，担保人无过错的，不承担赔偿责任。

（二）担保人承担不超过债务人不能清偿部分的二分之一的责任

当担保合同自身无效，而主合同有效的情况下，债权人和担保人都有过错的，担保人承担债务人不能清偿部分的二分之一的责任。这种情况在实践中比较常见，《民法典担保制度司法解释》第17条第1款规定，主合同有效而第三人提供的担保合同无效，人民法院应当区分不同情形确定担保人的赔偿责任：（1）债权人与担保人均有过错的，担保人承担的赔偿责任不应超过债务人不能清偿部分的二分之一；（2）担保人有过错而债权人无过错的，担保人对债务人不能清偿的部分承担赔偿责任。如：甲欠乙1000万元，丙以一违法建筑提供抵押，乙不知情并予以接受，后该抵押合同被法院宣告无效，甲亦不能偿还债务，则乙可要求甲与丙承担连带赔偿责任，如乙明知抵押物为违法建筑并接受，甲偿还600万元后余债400万元无力清偿，则丙应在200万元内承担赔偿责任。

（三）主合同无效导致担保合同无效的情形

《民法典担保制度司法解释》第17条第2款规定："主合同无效导致第三人提供的担保合同无效，担保人无过错的，不承担赔偿责任；担保人有过错的，其承担的赔偿责任不应超过债务人不能清偿部分的三分之一。"如：乙投资1000万元交予甲经营，条件是甲须保障投资安全且乙享有投资收益，丙为之提供保证，后查明甲、乙之间的合同系名为联营实为借贷而被宣告无效，如丙不知情则无须承担责任；如丙知情则须承担不超过债务人不能清偿部分的三分之一的责任。其原理是主合同无效系因债权人和债务人的过错造成的，如果再加上担保人的过错则三方就都有过错了，故而，担保人须承担不超过债务人不能清偿部分的三分之一的责任。

1. 主合同无效导致担保合同无效，担保人有过错的。

担保人有过错是指担保人明知主合同无效仍然提供担保或明知主合同无效仍促使主合同成立。

根据《民法典担保制度司法解释》第17条的规定，担保人承担的责任为不超过债务人不能清偿部分的三分之一。这里有两个问题值得注意：第一，这个三分之一是上限，不一定非要是三分之一，只要不超过三分之一，具体判多少，根据担保人的过错情况由法官自由裁量。第二，“不能清偿部分”是指债务人在债务到期后清偿债权的剩余部分，比全部债权的三分之一要小。司法实践中对此有不同观点，有观点认为必须等到债务人的全部财产执行完毕或债务人破产后才能执行担保人。

《担保法司法解释》第 131 条对“不能清偿”做了有针对性的规定，“不能清偿”是指债务人方便执行的财产已经执行完毕，债务仍未能得到清偿的状态。不一定要求债务人破产或其全部财产都执行完毕才能执行担保人，这里强调的“方便执行的财产”是指存款、现金、有价证券、成品、半成品、原材料及交通工具等可以执行的动产和其他方便执行的财产。

2. 主合同无效，担保合同无效，债权人、债务人、担保人都有过错，可以裁决担保人承担不超过债务人不能清偿部分的三分之一的责任。

（四）担保人承担全部赔偿责任

主合同有效而第三人提供的担保合同无效，担保人有过错而债权人无过错的，担保人对债务人不能清偿的部分承担赔偿责任。

在这种情况下，债权人对担保合同无效既无过错，也不明知，担保人应负缔约过失的赔偿责任，《民法典担保制度司法解释》支持债权人可以获得相当于担保合同有效时的赔偿。这时担保人的责任与债务人相等。该司法解释对此作了严格的控制，必须是：（1）主合同有效，担保合同因自身原因无效；（2）债权人对担保合同无效没有过错；（3）担保合同无效是担保人或债务人与担保人的过错导致；（4）债权人有实际损失且与担保无效有因果关系。例如，董事、高级管理人员违反《公司法》第 148 条第 1 款第 3 项的规定，即违反公司章程的规定，未经股东会、股东大会或者董事会同意，将公司资金借贷给他人或者以公司财产为他人提供担保而致担保合同无效，债权人不知道或应当不知道的，担保人（公司）对债务人不能清偿的部分承担赔偿责任。担保合同无效的原因是担保人违反了《公司法》的禁止性规定。

五、以表见行为签订的担保合同的效力及法律责任

所谓表见行为是指无权代理或无权代表之人，在其表现出足以使相对人相信其为有权之基础上与相对人所为之行为。表见行为是民法中的一项基本制度，有以下几个方面的特点：（1）行为发生的前提是行为人无代理权或代表权；（2）行为人所表现之特定情形足以令相对人相信其有代理权或足以令

相对人不知也不应知其无代表权；（3）相对人因相信该无权行为人而与之缔约，并相信行为人所代表的企业会承担合同后果。

表见行为分为表见代理和表见代表两种，《民法典》第 172 条规定：“行为人没有代理权、超越代理权或者代理权终止后，仍然实施代理行为，相对人有理由相信行为人有代理权的，代理行为有效。”该条规定的是表见代理。第 504 条规定：“法人的法定代表人或者非法人组织的负责人超越权限订立的合同，除相对人知道或者应当知道其超越权限外，该代表行为有效，订立的合同对法人或者非法人组织发生效力。”该条规定的是表见代表。在担保实践中经常出现表见代表行为的情况，如企业法定代表人、负责人或部门经理向某债权人出具担保函后，在债权人要求该企业承担担保责任时，企业负责人或董事会声称该法定代表人、负责人、部门经理无权对外提供担保，其签订的担保合同系越权行为。这时就要具体分析其负责人、部门经理的行为是否构成表见代表行为，如构成，则企业应该承担担保责任。现举例如下：

（1）甲公司经常要乙公司为其向银行贷款提供担保，乙公司相关业务均由办公室主任办理。某日甲公司又要贷款，请乙公司担保，乙公司办公室主任在担保合同上加盖公章。后因甲公司未按约还款，银行向乙公司主张权利，乙公司声称担保合同无效，理由是办公室主任这次盖章时已被免职，不能代表乙公司对外担保。（2）甲公司向银行贷款，其副总与乙公司财务经理商量要求乙公司为其担保。该财务经理未经领导同意即在担保合同上加盖了财务章。后甲公司未按约还款，银行向乙公司要求承担担保责任，乙公司抗辩称，财务经理未经授权，其盖章行为属利用职务之便，不能代表公司。（3）甲公司法定代表人的远房亲戚乙，系某市税务局中层干部，某日乙趁甲公司法定代表人不在办公室，在 5 张空白的纸上偷盖该公司印章，并以自己是该公司股东受公司委托担保借款为由，分别向五个自然人借款 700 万元，后将该款项挥霍。

上述三个案件中，办公室主任、财务经理和公司法定代表人的远房亲戚都属于无权代理，判断乙（公司）是否承担保证责任的关键在是否构成表见代理，案例（1）构成表见代理，乙公司承担担保责任，银行有理由相信办公室主任能代表乙公司，因为以前每次都是办公室主任盖章经办，这次办公室主任被免职，乙公司没有通知银行，银行对办公室主任被免职一事处于不知情状态。案例（2）不构成表见代理，乙公司不承担担保责任，因为财务部为公司职能部门，银行和甲公司均无证据证明乙公司财务部有权对外提供担保。案例（3）不构成表见代理，甲公司不承担责任，因为乙公开身份系某市税务局中层干部，公司股东是其冒充的身份，相对人作为一个一般理性人完全有能力识别其无权代理行为。

《民法典》第504条规定了包括担保合同在内的表见代表行为，即法人或其他经济组织的法定代表人、负责人超越权限订立担保合同，除了相对人知道或者应当知道其超越权限的以外，该代表行为有效。该条规定的“表见代表”的规定自然适用于担保合同。企业的法定代表人、负责人订立合同一般不发生主体资格问题，但是由于经济活动的复杂性，不排除越权订立合同的可能，为此，表见代表制度规定在特殊情况下，企业的法定代表人、负责人虽然越权订立合同，企业也应该承担相应的民事责任。构成表见代表须符合三个要件：（1）合同的订立者具有法定代表人或负责人的身份；（2）法定代表人、负责人越权订立合同；（3）相对人（在担保合同中即为债权人）不知越权订立合同。如债权人知道越权，仍与之签订合同则属于恶意，企业可以不承担担保责任。如何认定债权人知道还是不知道，应贯彻“谁主张，谁举证”的原则，企业主张其代表人越权应举证；企业主张债权人知道负责人越权签订合同应举证；当企业举出有力证据证明债权人知道代表人越权时，债权人不予承认时，也应予以举证。实践中对知道、不知道这种主观态度很难认定。单位对代表人、负责人授权范围不清的情况很常见，在这种情况下，由于单位不能以其自身授权范围不清为由作抗辩，更不能在自身授权不清时反而指责相对人明知或应知法定代表人、负责人的行为越权，[1] 所以在授权范围不清的情况下，除非有相反证据，代表人、负责人订立合同的行为原则上应作为授权行为对待，[2] 无代表人责任制度适用的必要。

以案说法

应知他人以自己名义贷款而不作否认的，构成表见代理，视为同意

【案情介绍】

2003年，吴某用妻兄李某的身份证、房产证在银行抵押贷款8万元，吴

〔1〕曹士兵：《中国担保制度与担保方法》（第三版），中国法制出版社2015年版，第113页。

〔2〕梁慧星：《民法总论》，法律出版社1996年版，第229~230页。根据梁教授观点：“委托书授权不明时，法律为维护相对人利益及经济流转秩序，使该代理行为对被代理人发生效力……因委托书授权不明，无法判断代理行为是授权范围之内或在授权范围之外时，视为在授权范围之内。”

某承诺承担连带保证责任。2015 年，银行诉请李某偿还贷款本息，吴某连带清偿，银行对抵押房产享有优先受偿权。

法理分析

《民法通则》[1] 第 66 条第 1 款规定：“没有代理权、超越代理权或者代理权终止后的行为，只有经过被代理人的追认，被代理人才承担民事责任。未经追认的行为，由行为人承担民事责任。本人知道他人以本人名义实施民事行为而不作否认表示的，视为同意。”[2] 李某与吴某系亲戚关系，吴某用李某的身份证、房产证在银行贷款并办理房产抵押登记，在与银行所签个人购房借款合同、借款承诺书、抵押承诺函等贷款手续上签名虽非李某本人所签，但李某在该事实发生后，一直未作否认表示。根据《民法通则》第 66 条第 1 款的规定，应视为李某同意该行为。李某辩称其身份证一直在其岳母处，说明对其身份证未尽到妥善保管义务。李某辩称对贷款事实不知情，与常理不相符合，其应知吴某贷款事实，故李某应承担还款责任。吴某在担保承诺函上的签名确认行为，表明其同意给李某上述借款承担连带保证责任，故吴某作为李某担保人应承担连带清偿责任。法院认为李某偿还银行贷款本息，吴某承担连带清偿责任，银行对李某抵押房产享有优先受偿权。[3]

表见代理和表见代表被认定有效后，相应的担保行为有效，依法律规定或者合同约定担保人承担相应法律责任。

其他公司越权担保的论述详见本章第四节“公司越权担保的效力及其法律责任”。

---

〔1〕 本书收录案例部分裁判于《中华人民共和国民法典》生效前，适用的是当时有效的法律法规及司法解释，下文将不再对此进行提示。这类案例仍有一定的借鉴意义，因此选录。

〔2〕《民法典》第 171 条第 1 款：行为人没有代理权、超越代理权或者代理权终止后，仍然实施代理行为，未经被代理人追认的，对被代理人不发生效力。

〔3〕 参见梁珊学：《银行睢县支行诉李某明、吴某建借款合同纠纷案——容忍的表见代理的认定》，载《人民法院案例选》，人民法院出版社 2017 年版，第 108~116 页。

第三节 担保的效力

一、担保效力的概念与内容

担保的效力是指担保合同成立并生效后在当事人之间产生的拘束力，即当事人须承担的相关权利义务。由于担保的方式不同，担保的效力内容肯定会存在差异，后面的章节会进行详细的分析，下面对担保权人及担保人的权利义务做一概括介绍。

（一）担保权人的权利及义务

1. 担保权人的权利

担保合同生效后担保权人对担保物有一定程度的管领、支配的权利，首先是对担保物价值的保全，非因担保权人的原因担保物出现价值贬损进而危害担保权的，担保权人有权要求担保人恢复原价值或补充担保，也可提前变卖、拍卖担保物将价款提存或提前清偿债务，《民法典》里面都有明确规定，此项权利称为担保物权的物上请求权；其次是对担保物的占有权，抵押担保不用转移占有，此处主要指质押与留置；再次是对担保物孳息的收取权，收取孳息的目的在于控制孳息而不是“归为己有”，抵押担保的特点决定了抵押权人原则上不享有孳息收取权，但根据《民法典》第412条的规定，债务人不履行债务或发生当事人约定的实现抵押权的情形，致使抵押财产被人民法院依法扣押的，自扣押之日起，有权收取该抵押财产的天然孳息或者法定孳息；最后是对担保物经折价、变卖、拍卖等清算程序所得价款的优先受偿权。

2. 担保权人的义务

担保权人的义务首先是对担保物的妥善保管，并在占有担保物期间不得擅自使用、出租或处分担保物，因担保权人的过错致使担保物毁损、灭失的，担保权人应承担赔偿责任，抵押权人不占有担保物故无此义务要求；其次是在债务人清偿了债务或担保人提前清偿了所担保的债务时，担保权人应及时返回其占有的担保物；最后是基于诚实信用原则产生的义务，如抵押权人协助抵押人办理抵押物登记的义务，再如担保权人不得怠于行使担保权，对由此造成的损害赔偿的义务。

（二）担保人的权利及义务

1. 担保人的权利

首先，在抵押担保中，由于不转移抵押物，抵押人对抵押物仍享有所有权的三大权能，即占有、使用、收益包括收取孳息，关于抵押物的处分权，主要指转让，根据《民法典》第406条的规定，抵押期间，抵押人可以转让抵押财产。当事人另有约定的，按照其约定。抵押财产转让的，抵押权不受影响。抵押人转让抵押财产的，应当及时通知抵押权人。抵押权人能够证明抵押财产转让可能损害抵押权的，可以请求抵押人将转让所得的价款向抵押权人提前清偿债务或者提存。转让的价款超过债权数额的部分归抵押人所有，不足部分由债务人清偿。其次，当因担保权人的原因致使担保物毁损、灭失时，担保人享有损害赔偿请求权；[1] 最后，在债务人清偿了债务或担保人提前清偿了所担保的债务时，担保人享有担保物返还请求权，这两项权利与担保权人的义务相对应。

2. 担保人的义务

首先是全面履行的义务，担保人应按照法律的规定或与当事人的约定，在担保范围和期限内履行担保义务；其次是正确履行的义务，担保人应以保障债权人的利益实现为出发点，采用正确的方式履行担保人义务，在履行过程中如果出现有害于担保权实现的情况时，如担保物本身具有毁损、贬值的可能危险，以及担保物具有其他瑕疵等，应当及时告知债权人；再次是不得干扰、阻碍担保权人行使担保权的义务，对担保权人行使担保权应积极配合，不得消极懈怠甚至人为设置障碍；最后是诚实信用的义务，如在抵押担保中，抵押物因抵押人自己的过失造成价值贬损或灭失的，应及时通知抵押权人，并积极提供相应的财产来补充担保。

二、主债权债务合同变更对担保效力的影响

担保合同作为主债权债务合同的从合同，虽经法律规定或当事人约定合法成立，但由于主合同因各种原因无效，则担保合同也因此不产生效力，这

---

[1] 《民法典》第390条：担保期间，担保财产毁损、灭失或者被征收等，担保物权人可以就获得的保险金、赔偿金或者补偿金等优先受偿。被担保债权的履行期限未届满的，也可以提存该保险金、赔偿金或者补偿金等。

个问题我们在本章第二节从担保设立的角度进行了论述，也就是在担保没有设立成功的情况下，相关当事人的责任承担问题。如主债权债务合同成立并生效，担保合同也没有因自身原因无效的情况下，担保合同应该是有效的，但如果出现主合同当事人或合同内容发生变更的情况，其对担保合同的效力会产生哪些影响，下面从两个方面进行解读。

（一）主债权债务合同当事人变更对担保效力的影响

1. 主债权让与

《民法典》第547条规定："债权人转让债权的，受让人取得与债权有关的从权利，但是该从权利专属于债权人自身的除外。受让人取得从权利不因该从权利未办理转移登记手续或者未转移占有而受到影响。"第696条第1款规定："债权人转让全部或者部分债权，未通知保证人的，该转让对保证人不发生效力。"此规定也适用于物的担保。因为主债权转移时，担保权作为从权利当然随之转移，这种转移通常不会对担保人造成不利影响，因为不管担保人对谁承担担保义务，对其本身影响都不大，不会因主债权的变更而导致其本身担保义务的增减。三个例外是指在担保当事人约定仅对特定债权人承担担保责任或者明确约定禁止债权转让的情况下，如果主债权转让则担保人可不用承担担保责任。参见《民法典》第545条："债权人可以将债权的全部或者部分转让给第三人，但是有下列情形之一的除外：（1）根据债权性质不得转让；（2）按照当事人约定不得转让；（3）依照法律规定不得转让。当事人约定非金钱债权不得转让的，不得对抗善意第三人。当事人约定金钱债权不得转让的，不得对抗第三人。"

2. 主债务转移

《民法典》《民法典担保制度司法解释》都对在主债务转移的情况下担保责任的承担作了明确的规定，《民法典》第391条规定："第三人提供担保，未经其书面同意，债权人允许债务人转移全部或者部分债务的，担保人不再承担相应的担保责任。"此规定包括如下几个方面的内容：首先，担保设定以后债权人必须经担保人的书面同意才能允许债务人转移全部或部分债务，因为担保人为债务人提供担保在一定程度上是对债务人的履行能力有所信任的，或是基于一定的关系等原因才答应提供担保的，如债务人私自将债务进行转移，新债务人（受让人）的履行债务能力是值得怀疑的，足以影响到担保人是否实际承担担保责任以及承担担保责任范围的大小，同时，不管受让人履行债务能力如何，担保人是否愿意为其承担担保责任也是个问题，所以，法律规定要求债务转移必须经担保人同意，且为了防止发生纷争，保留证据并为了提醒担保人慎重考虑，法律规定必须经担保人书面同意才可以转移债务；其次，我们可以看出，经担保人书面同意可转移债务的情况一定是当担保人是债务人以外的第三人时才能发生的，因为如果担保财产是债务人本人提供的，在债务人转移债务时，并没有因此而加重其责任，也没有须经自己书面同意之说，其完全可以转移债务；再次，未经担保人书面同意转移债务的，不必然导致担保人全部责任的免除，而是“相应”责任的免除，“相应”责任应当根据债务转移的份额来确定，如果发生了全部债务转移的情况，新的债务人完全取代了原来的债务人，则担保人可免除全部的担保责任，而如果仅仅是转移了部分债务，没有经担保人书面同意，则担保人可对该部分债务免除担保责任，对债务人没有转移的其余部分债务仍应承担担保责任。[1] 最后，债务人或者第三人可以催告债权人在合理期限内予以同意，债权人未作表示的，视为不同意。

《民法典》第 555 条规定：“当事人一方经对方同意，可以将自己在合同中的权利和义务一并转让给第三人。”

（二）主债权债务合同内容变更对担保效力的影响

1. 债权数额变更

《民法典》第 695 条第 1 款规定：“债权人和债务人未经保证人书面同意，协商变更主债权债务合同内容，减轻债务的，保证人仍对变更后的债务承担保证责任；加重债务的，保证人对加重的部分不承担保证责任。”此规定也同样适用于物的担保，我们通过举例对此规定进行理解，如甲欠乙 100 万元，丙提供担保，甲、乙私下协议将债务变更为 120 万元，丙不知情，则丙对超过的 20 万元部分不承担担保责任；如甲、乙私下协议将债务变更为 80 万元，丙同样不知情，则丙的担保责任为 80 万元。此案例告诉我们的信息是主合同当事人不经担保人书面同意协议加重担保人负担的，担保人对加重部分不承担责任，同样虽未经担保人书面同意却是减轻担保人负担的，担保人仅就变更后的合同债务承担责任。

2. 履行期限变更

《民法典》第 695 条第 2 款规定：“债权人和债务人变更主债权债务合同

[1] 《民法典》第 551 条：债务人将债务的全部或者部分转移给第三人的，应当经债权人同意。债务人或者第三人可以催告债权人在合理期限内予以同意，债权人未作表示的，视为不同意。

的履行期限，未经保证人书面同意的，保证期间不受影响。”我们同样举例说明，如甲欠乙 100 万元，丙提供担保，约定 2021 年 6 月 1 日前甲须偿还债务，保证期间为 6 个月，后两人又补充协议甲可在 10 月 1 日前偿还，丙对此不知情，则丙的保证期间仍应从 2021 年 6 月 1 日起算至 2021 年 12 月 1 日结束。

3. 新贷偿还旧贷

《民法典担保制度司法解释》第 16 条规定：“主合同当事人协议以新贷偿还旧贷，债权人请求旧贷的担保人承担担保责任的，人民法院不予支持；债权人请求新贷的担保人承担担保责任的，按照下列情形处理：（1）新贷与旧贷的担保人相同的，人民法院应予支持；（2）新贷与旧贷的担保人不同，或者旧贷无担保新贷有担保的，人民法院不予支持，但是债权人有证据证明新贷的担保人提供担保时对以新贷偿还旧贷的事实知道或者应当知道的除外。主合同当事人协议以新贷偿还旧贷，旧贷的物的担保人在登记尚未注销的情形下同意继续为新贷提供担保，在订立新的贷款合同前又以该担保财产为其他债权人设立担保物权，其他债权人主张其担保物权顺位优先于新贷债权人的，人民法院不予支持。”

如甲向银行贷款 100 万元，丙为保证人，甲到期无力偿还，甲与银行双方私下协议由银行再贷款给甲 300 万元，其中 90 万元用于偿还第一笔借款，实际到账 210 万元，因丙不知情且对第二笔贷款没有再提供保证，则丙不承担保证责任；如第一笔贷款没有人保证，第二笔贷款才由丙提供保证，丙对新贷偿还旧贷毫不知情，则丙仅对第二笔的实到账款 210 万元承担保证责任；再如丙为新旧两笔借款的保证人，则丙的保证责任为 300 万元。

三、担保竞存的效力

（一）物保与人保的竞存

物的担保是指在债务人或第三人的特定财产上为债权人的债权实现而设定的担保，在债务人不履行到期债务时债权人可将该特定财产折价、变卖、拍卖并从所得价款中优先受偿。而人的担保则是指以债务人以外的第三人的信用或经济能力来担保债务的履行的担保方式，由于其并不是将担保锁定在其特定财产上，只是凭借其信用或还债能力来满足债权的实现，客观上增加和扩大了可供履行债务的财产范围，实质上将保证人置于了类似债务人的地位，故称人的担保。实践中债权人为强化其债权，经常会在同一债权上要求债务人既提供人保又提供物保，我们下面讨论人保与物保并存时对担保的效力有何影响以及担保人之间责任如何承担的问题。

《民法典》第 392 条规定："被担保的债权既有物的担保又有人的担保的，债务人不履行到期债务或者发生当事人约定的实现担保物权的情形，债权人应当按照约定实现债权；没有约定或者约定不明确，债务人自己提供物的担保的，债权人应当先就该物的担保实现债权；第三人提供物的担保的，债权人可以就物的担保实现债权，也可以请求保证人承担保证责任。提供担保的第三人承担担保责任后，有权向债务人追偿。"当人保与物保并存时，应按照当事人的事先约定来实现债权，两者并无优劣之分。在没有约定或约定不明的情况下，当债务人自己提供的物保与人保并存时，应当先执行债务人提供的物的担保，因为如先执行人保的话会使保证人觉得有不公平之嫌，同时在一般保证中保证人还享有先诉抗辩权，即使保证人代替债务人履行了债务，其最终还可以向债务人求偿，与其让保证人事后向债务人讨要，不如干脆由债务人自己先来承担。第三人提供的物的担保与保证并存的情形相对简单明了，因为两者都是债务人之外的第三人，在担保人的地位上是平等的，都不是本位上的债务承担者，为保障债权的充分实现，故而《民法典》规定债权人有选择权。

《民法典担保制度司法解释》第 13 条对以上求偿规则作了补充规定："同一债务有两个以上第三人提供担保，担保人之间约定相互追偿及分担份额，承担了担保责任的担保人请求其他担保人按照约定分担份额的，人民法院应予支持；担保人之间约定承担连带共同担保，或者约定相互追偿但是未约定分担份额的，各担保人按照比例分担向债务人不能追偿的部分。同一债务有两个以上第三人提供担保，担保人之间未对相互追偿作出约定且未约定承担连带共同担保，但是各担保人在同一份合同书上签字、盖章或者按指印，承担了担保责任的担保人请求其他担保人按照比例分担向债务人不能追偿部分的，人民法院应予支持。除前两款规定的情形外，承担了担保责任的担保人请求其他担保人分担向债务人不能追偿部分的，人民法院不予支持。"

（二）物保与物保的竞存

物保与物保并存于同一债权时包括两种情形：债务人自己提供物保与第三人提供物保并存和债务人之外两个第三人提供的物保并存。《民法典》第 409 条第 2 款规定："债务人以自己的财产设定抵押，抵押权人放弃该抵押权、抵押权顺位或者变更抵押权的，其他担保人在抵押权人丧失优先受偿权益的范围内免除担保责任，但是其他担保人承诺仍然提供担保的除外。”第435条规定：“质权人可以放弃质权。债务人以自己的财产出质，质权人放弃该质权的，其他担保人在质权人丧失优先受偿权益的范围内免除担保责任，但是其他担保人承诺仍然提供担保的除外。”在债务人与当事人提供的物保竞存情况下，首先应执行债务人提供的物保，在不足以清偿债务时再执行第三人提供的物保，因债务人才是债务的最终承担者，如先执行第三人的物保则徒增第三人事后求偿的麻烦。同时，如果债权人放弃执行债务人提供的担保物权、放弃担保物权的顺位或者变更担保物权的，第三人有权在债权人放弃优先受偿权益的范围内免除担保责任，就是说债权人在执行债务人提供的担保物权之前是不可以主张执行第三人提供的担保物权的，否则视为债权人放弃相关权利，第三人可免除全部或部分担保责任。当两个以上担保物权都是由第三人提供的，则第三人在面对债权人时是平等的，被执行顺位不存在先后之分，且所有物的担保人对债权人负连带责任，此谓连带物保。关于其内部份额的分配，如每一个物保人提供的担保物价值都不低于所担保的债务平均数额，推定为各物保人均等，如某一物保人提供的担保物价值低于债务平均数额的，该物保人应承担的担保份额以其提供的担保物实际价值计算，剩余数额不用其另行提供补充担保，而是由其他物保人承担。多人担保与混合担保的构成与法律责任承担参见本书第八章内容。

第四节　公司越权担保的效力及其法律责任

公司越权担保是指公司法定代表人或其他人员未经公司有权决议机构作出有效决议而以公司名义对外提供的担保。就越权担保的效力而言，在2019年11月8日发布的《全国法院民商事审判工作会议纪要》（以下简称《九民纪要》）中谈到，担保行为不是法定代表人所能单独决定的事项，而必须以公司股东（大）会、董事会等公司机关的决议作为授权的基础和来源。法定代表人未经授权擅自为他人提供担保的，构成越权代表。在实践中，经常发生法定代表人之外的“签约代表”使用公司公章、公司法定代表人印章对外违规担保的情形，该“签约代表”如果未得到公司授权，法定代表人之外的“签约代表”未经决议对外担保的效力与公司责任如何，下文将详加讨论。

从1993年至2018年，《公司法》实施多年以来，我国现代公司法人治理结构有待进一步完善，在商业诚信亟需提升、职业经理人的职业伦理有待进一步孵育的商业环境下，公司法定代表人、高管无视《公司法》第 16 条的规定，超越权限以公司名义对外担保的案例时有出现。近年来，上市公司实际控制人利用对上市公司的控制地位，违规让上市公司为自己的债务提供担保的情形也常常发生。

按照传统的审判思路，从《公司法》第 16 条的规范属性入手，如果认可违反《公司法》第 16 条的担保合同之效力，将助长违规担保行为的蔓延，特别是利用上市公司信用违规担保，将严重损害上市公司和广大中小股民的利益，危及证券市场的稳定和发展。故最高人民法院结合以往的司法案例及审判思路，在《九民纪要》中通过第 17 条至第 22 条的规定确立了一套适用“代表权限制说”的规范体系。《民法典担保制度司法解释》第 7 条、第 9 条、第 17 条也沿用了“代表权限制说”，但该规范体系在实践中如何统一适用，特别是针对上市公司这一特殊类型的商事主体如何适用，仍需进一步检讨。

笔者将结合我国现行法律体系《九民纪要》《民法典担保制度司法解释》的审判思路、司法宗旨，探讨公司违规对外担保行为的效力及其法律责任问题。

一、公司对外担保的纠纷表现形态

公司表意人的主体多种多样，主要包括法定代表人、公司经理、公司员工。法定代表人是指以公司的名义代表公司参与民事活动，作出意思表示的人，法定代表人应在法律、公司章程或公司权力机关规定的范围内代表公司参与民事活动，所产生的法律后果由公司承担。法定代表人的代理范围系概括授权，其范围最广泛，除非法律和章程另有规定，否则具有概括授权的公司法定代表人对公司事务原则上均具有代表权。基于为他人提供担保的行为存在风险，为避免法定代表人滥用权力，任意以公司的名义对外担保，签订担保合同，导致公司承担担保责任并遭受损失，最终侵犯股东权益，法定代表人之代表行为必须受到法律的规制。故《公司法》第 16 条规定了公司担保的履行程序及限制。公司是否对外担保并非法定代表人单独决定的事项，必须有公司董事会或股东（大）会之决议作为基础和授权。在为公司股东或关联方担保的情况下，则必须经股东（大）会决议，且上述股东需在决议程序中回避。公司发生与《公司法》第 16 条有关的对外担保纠纷，从实证角度观察，主要表现为如下类型：

（一）法定代表人超越代表权，以公司名义签署担保合同

公司的法定代表人代表公司从事民事活动，其签署行为系在公司授权下的行为，只不过法定代表人的身份具有极强的授权推定的效果。

所谓法定代表人超越代表权签署担保合同，就是指依据法律或者按照公司章程的规定，公司对外担保应当经过公司机关依法定程序作出决议，但法定代表人未取得该等决议的授权，擅自以公司名义签署担保合同的情形。由于《公司法》第16条对公司为其股东、实际控制人提供担保做出了特别规定，因此，实践中法定代表人越权担保的情形可以细分为：（1）“关联担保”中的法定代表人越权代表，即公司法定代表人越权以公司名义为公司股东或者实际控制人提供担保。（2）“非关联担保”中的法定代表人越权代表，即公司法定代表人越权以公司名义为公司股东或者实际控制人之外的他人提供担保。

（二）“签约代表”无相应授权或超越授权，签署担保合同

在实践中，时常发生法定代表人之外的所谓公司“签约代表”使用公司的公章和法定代表人个人名章签署担保合同引发的纠纷。签约代表的行为，从法律关系上分析，存在“代表”和“代理”两种可能性。

如果“签约代表”为公司的工作人员，在公司决议机关已经事先确认了担保内容后，“签约代表”获得公司授权，代表公司相关机构做出签署行为，该签署行为应当认定为公司的意思表示，而非“签约代表”自己的意思表示，该签署行为应当属于“代表”行为。

如果“签约代表”使用公司印章、法定代表人名章的行为并未取得公司明确授权，担保合同的签署系“签约代表”基于自己判断，做出的独立的意思表示，则“签约代表”的签署行为构成“代理”行为。

二、公司法定代表人越权担保效力及法律责任承担的分析

（一）越权担保的效力及法律责任承担的规范体系

1. 与公司对外担保行为有关的法律法规

我国关于公司为他人提供担保的规定，见于《公司法》第16条。《公司法》第16条第1款对公司的“非关联担保”作出规定，要求公司章程明确

公司向其他企业投资或者为他人提供担保时，具体由董事会或者股东会、股东大会决议；第 2 款对公司的“关联担保”作出规定，要求公司为公司股东或者实际控制人提供担保的，必须经股东会或者股东大会决议；同时，第 3 款规定了公司对“关联担保”作出决议的程序要件，即被担保股东或者受第 2 款规定的实际控制人支配的股东应当回避对第 2 款事项的表决。

上市公司作为公众公司，还需遵守一系列监管性的法律法规，包括《中华人民共和国证券法》《上市公司信息披露管理办法》《上市公司监管指引第 8 号——上市公司资金往来、对外担保的监管要求》《深圳证券交易所公司债券上市规则（2022 年修订）》《上海证券交易所股票上市规则（2022 年 1 月修订）》等。

2. 与法定代表人越权代表或签约代表的无权代理、表见代理、表见代表有关的法律法规

关于“代表权及越权代表”问题，依据我国现行法律法规，法人章程或法人权力机构对法定代表人代表权的限制，其不得对抗善意相对人，所涉及的现行法包括《民法典》第 504 条[1]、《民法典担保制度司法解释》第 7 条、第 9 条。

关于“无权代理”问题，根据《民法典》第 171 条第 1 款的规定，行为人没有代理权、超越代理权或者代理权终止后，仍然实施代理行为，未经被代理人追认的，对被代理人不发生效力，且该条第 2 款规定善意相对人有撤销的权利，并在后两款明确了相对人和行为人的责任分配。

关于“表见代理”问题，《民法典》第 172 条规定：“行为人没有代理权、超越代理权或者代理权终止后，仍然实施代理行为，相对人有理由相信行为人有代理权的，代理行为有效。”

关于“表见代表”问题，《民法典》第 170 条规定：“执行法人或者非法人组织工作任务的人员，就其职权范围内的事项，以法人或者非法人组织的名义实施的民事法律行为，对法人或者非法人组织发生效力。法人或者非法人组织对执行其工作任务的人员职权范围的限制，不得对抗善意相对人。”

3. 与公司对外担保民事责任承担有关的法律法规

《九民纪要》第 20 条对公司担保民事责任承担问题确立了较为合理的审

---

〔1〕《民法典》第 504 条：法人的法定代表人或者非法人组织的负责人超越权限订立的合同，除相对人知道或者应当知道其超越权限外，该代表行为有效，订立的合同对法人或者非法人组织发生效力。

判思路。根据《民法典担保制度司法解释》第8条的规定，一方面，若债权人善意或存在《民法典担保制度司法解释》第8条规定的三种情形的，公司应当承担担保责任；另一方面，若债权人非善意导致了公司无须承担担保责任的，人民法院将在审理中按照担保法及有关司法解释判定担保人是否承担担保无效的责任。

所以，若公司违规担保，还应援引《民法典担保制度司法解释》第7条[1]、第9条[2]、第17条[3]等规定对公司是否承担民事责任、承担民事责任的相应比例作出判断。

若法定代表人的越权担保行为给公司造成损失时，根据《九民纪要》第

---

〔1〕《民法典担保制度司法解释》第7条：公司的法定代表人违反公司法关于公司对外担保决议程序的规定，超越权限代表公司与相对人订立担保合同，人民法院应当依照民法典第六十一条和第五百零四条等规定处理：

（一）相对人善意的，担保合同对公司发生效力；相对人请求公司承担担保责任的，人民法院应予支持。

（二）相对人非善意的，担保合同对公司不发生效力；相对人请求公司承担赔偿责任的，参照适用本解释第17条的有关规定。

法定代表人超越权限提供担保造成公司损失，公司请求法定代表人承担赔偿责任的，人民法院应予支持。

第一款所称善意，是指相对人在订立担保合同时不知道且不应当知道法定代表人超越权限。相对人有证据证明已对公司决议进行了合理审查，人民法院应当认定其构成善意，但是公司有证据证明相对人知道或者应当知道决议系伪造、变造的除外。

〔2〕《民法典担保制度司法解释》第9条：相对人根据上市公司公开披露的关于担保事项已经董事会或者股东大会决议通过的信息，与上市公司订立担保合同，相对人主张担保合同对上市公司发生效力，并由上市公司承担担保责任的，人民法院应予支持。

相对人未根据上市公司公开披露的关于担保事项已经董事会或者股东大会决议通过的信息，与上市公司订立担保合同，上市公司主张担保合同对其不发生效力，且不承担担保责任或者赔偿责任的，人民法院应予支持。

相对人与上市公司已公开披露的控股子公司订立的担保合同，或者相对人与股票在国务院批准的其他全国性证券交易场所交易的公司订立的担保合同，适用前两款规定。

〔3〕《民法典担保制度司法解释》第17条：主合同有效而第三人提供的担保合同无效，人民法院应当区分不同情形确定担保人的赔偿责任：

（一）债权人与担保人均有过错的，担保人承担的赔偿责任不应超过债务人不能清偿部分的二分之一；

（二）担保人有过错而债权人无过错的，担保人对债务人不能清偿的部分承担赔偿责任；

（三）债权人有过错而担保人无过错的，担保人不承担赔偿责任。

主合同无效导致第三人提供的担保合同无效，担保人无过错的，不承担赔偿责任；担保人有过错的，其承担的赔偿责任不应超过债务人不能清偿部分的三分之一。

21 条、《民法典担保制度司法解释》第 7 条第 2 款[1]的规定，公司可以请求法定代表人承担赔偿责任。股东亦可以依据《公司法》第 151 条的规定请求法定代表人承担赔偿责任。

（二）《民法典担保制度司法解释》《九民纪要》中法定代表人“越权代表”的理解与审判思路

1. 区分关联担保和非关联担保下债权人的善意，确定有差异的审判思路

《九民纪要》第 17 条规定，违反《公司法》第 16 条构成“越权代表”，若法定代表人未经公司决议机关授权擅自为他人提供担保的，系为越权代表，人民法院司法实践中应当根据《民法典》第 504 条来判断其效力有无，若债权人在签订合同时系善意的，担保合同有效；反之，合同无效。

《公司法》第 16 条对法定代表人代表权的限制存在两种情形，包括：

（1）该条第 1 款项下的意定限制，包括公司章程、公司股东会或股东大会对代表权所作的限制；

（2）该条第 2 款项下的法定限制，即法律对代表权所作的限制。

然而，根据《民法典》第 61 条第 3 款的规定[2]，意定限制仅具有内部效力，不得对抗善意相对人；而法定限制的基础在于，法律一经公布就应当推定所有人都应当知晓并遵守，故法定代表人违反《公司法》第 16 条第 2 款、第 3 款的规定则构成越权代表，并且同时也意味着相对人并非善意。[3]

但即使如此，根据《九民纪要》“代表权限制说”的审判思路，无论是关联担保还是非关联担保，都需要经过公司决议程序来决定公司的真实意思表示，法定代表人未按照《公司法》第 16 条规定擅自对外提供担保的，都构成越权代表。采取“代表权限制说”并结合《民法典》第 504 条用以判断法定代表人“越权担保”效力，解决了囿于规范性质识别裁判思路带来的纠纷与困境。[4]

---

〔1〕《民法典担保制度司法解释》第 7 条第 2 款：法定代表人超越权限提供担保造成公司损失，公司请求法定代表人承担赔偿责任的，人民法院应予支持。

〔2〕《民法典》第 61 条第 3 款：法人章程或者法人权力机构对法定代表人代表权的限制，不得对抗善意相对人。

〔3〕《公司法》第 16 条第 2 款、第 3 款：公司为公司股东或者实际控制人提供担保的，必须经股东会或者股东大会决议。前款规定的股东或者受前款规定的实际控制人支配的股东，不得参加前款规定事项的表决。该项表决由出席会议的其他股东所持表决权的过半数通过。

〔4〕段晓娟：《公司内部人接受未经决议程序公司担保效力探析》，载《法律适用》2019 年第 16 期。

2. 法定代表人越权担保中债权人“善意”的判断与认定

法定代表人越权担保时，如何判断债权人是否为“善意”，是一个基于法官心证的技术性判断过程。“法定代表人越权对外担保”的效力问题一直是理论界及实务界热烈讨论的问题，但近年来普遍倾向于适用《民法典》第504条的规定来认定该担保行为的效力，因此债权人是否“善意”即成为认定该担保行为效力的关键。又因对于债权人的“善意”与否的认定并无统一明确的范围及标准，因而导致审判实践中裁判尺度不统一，严重影响了司法公信力，《九民纪要》对债权人“善意”的认定进行了必要的规范。

《九民纪要》第18条指出“善意”是指“债权人不知道或者不应当知道法定代表人超越权限订立担保合同”，也就是相对人对法定代表人超越代表权限这一事实不知情，否则，构成恶意。[1] 最高人民法院认为，《公司法》第16条对关联担保和非关联担保的决议机关作出了区别规定，相应地，在善意的判断标准上也应当有所区别，而不能仅根据《民法典》第504条的规定望文生义，推定相对人是善意的，从而要求主张合同无效的公司承担举证责任，以证明相对人为恶意。如果相对人善意的，担保合同对公司发生效力；相对人请求公司承担担保责任的，人民法院应予支持。如果相对人非善意的，担保合同对公司不发生效力；相对人请求公司承担赔偿责任的，参照适用《民法典担保制度司法解释》第17条的有关规定。

《民法典担保制度司法解释》第7条第3款规定，第1款所称善意，是指相对人在订立担保合同时不知道且不应当知道法定代表人超越权限。相对人有证据证明已对公司决议进行了合理审查，人民法院应当认定其构成善意，但是公司有证据证明相对人知道或者应当知道决议系伪造、变造的除外。

法定代表人越权担保的第一种情形是，公司为公司股东或者实际控制人提供关联担保。《公司法》第16条第2款明确规定必须由股东（大）会决议，未经股东（大）会决议，构成越权代表。在此情况下，债权人主张担保合同有效，应当提供证据证明其在订立合同时对股东（大）会决议进行了审查，决议的表决程序符合《公司法》第16条第3款的规定，即在排除被担保股东表决权的情况下，该项表决由出席会议的其他股东所持表决权的过半数通过，签字人员也符合公司章程的规定。

〔1〕 参见最高人民法院民事审判第二庭编著：《全国法院民商事审判工作会议纪要理解与适用》，人民法院出版社2019年版，第185页。

第二种情形是，公司为公司股东或者实际控制人以外的人提供非关联担保。根据《公司法》第 16 条第 1 款的规定，此时由公司章程规定具体的决议机关，无论章程是否对决议机关作出规定，也无论章程规定决议机关为董事会还是股东（大）会，根据《民法典》第 61 条第 3 款的规定，只要债权人能够证明其在订立担保合同时对董事会决议或者股东（大）会决议进行了审查，同意决议的人数及签字人员符合公司章程的规定，就应当认定其构成善意。

在第二种情形下，担保合同并非因债权人证明其构成善意而当然有效，若公司能够证明债权人明知公司章程对决议机关有明确规定的，担保合同应认定为无效。当然，实践中可能还存在仅有执行董事的公司是否仍然需要执行董事作出书面决定的实际问题，原则上，应由执行董事作出决定，具体见下表。

关联担保与非关联担保对比表

关联担保	债权人主张担保合同有效，应当提供证据证明其在订立合同时对股东（大）会决议进行了审查，决议的表决程序符合《公司法》第 16 条的规定，即在排除被担保股东表决权的情况下，该项表决由出席会议的其他股东所持表决权的过半数通过，签字人员也符合公司章程的规定。
非关联担保	只要债权人能够证明其在订立担保合同时对董事会决议或者股东（大）会决议进行了审查，同意决议的人数及签字人员符合公司章程的规定，就应当认定其构成善意，但公司能够证明债权人明知公司章程对决议机关有明确规定的除外。

3. 债权人的一般形式审查义务

《九民纪要》第 18 条第 2 款对债权人的审查标准作出了规定，债权人只需尽到必要的注意义务，即只需进行形式审查，标准并不严苛。如果公司以机关决议系法定代表人伪造或者变造、决议程序违法、签章（名）不实、担保金额超过法定限额等事由抗辩债权人非善意的，人民法院一般不予支持。但是，公司有证据证明债权人明知决议系伪造或者变造的，则债权人为非善意相对人。

相对人对公司决议的审查只能是形式审查，基本要求包括：一是审查股东或者董事的身份是否属实；二是在关联担保情况下，应当回避表决的股东是否参与了表决。[1] 虽然对债权人形式审查义务的规定并不严苛，但也并非对其审查义务毫无要求。

---

〔1〕 参见最高人民法院民事审判第二庭编著：《全国法院民商事审判工作会议纪要理解与适用》，人民法院出版社 2019 年版，第 186~187 页。

在司法实践中，人民法院要求债权人应履行的审查义务也限于形式审查。[1] 如有判决书认为，本案二审争议焦点是汽车贸易公司应否对汽车销售公司的涉案债务承担连带清偿责任。汽车贸易公司主张《最高额保证担保合同》并非汽车贸易公司与某银行丰乐支行签订的，该合同尚未发生法律效力，理由是该合同及股东会决议中黎某雄及其他股东的签名虚假。对此，本院认为，首先，上述合同有汽车贸易公司的真实盖章，证明签订该合同为汽车贸易公司的真实意愿，汽车贸易公司应履行承诺承担保证责任。其次，上述合同上法定代表人签名处有“黎某雄”字样的签名，股东会决议中也有汽车贸易公司的真实盖章和股东“黎某雄、李某德、袁某坤”字样的签名，上述合同具备合同成立和生效的全部形式要件，也具备上述合同第 16 条约定的生效形式要件，上述合同成立并有效。至于汽车贸易公司以签名不真实为由作抗辩，本院认为，某银行丰乐支行只需要对上述合同和股东会决议进行形式审查，无需实质审查上述合同及股东会决议中的签名是否真实，汽车贸易公司在上述合同及股东会决议上盖章确认，其应对合同上其法定代表人的签名及股东会决议上的签名负责。据此，上述合同合法有效，对汽车贸易公司有约束力，汽车贸易公司应对汽车销售公司的涉案债务承担连带清偿责任。本院对汽车贸易公司的上述主张不予采纳。[2]

此类案件的裁判要旨是相对人对法定代表人越权对外担保的相关文件仅负有较低的形式审查义务，一般情况下，若担保人已向相对人提供公司决议，即使公司决议不真实或者存在瑕疵，不影响担保行为的效力。

4. 无须公司机关决议的例外情况

在法定代表人“越权代表”的基础上，《民法典担保制度司法解释》第 8 条对公司担保行为效力的有无又规定了三种“无须机关决议的例外情况”，[3]

---

〔1〕 案号：(2017) 最高法民再 258 号，最高人民法院认为，债权人在接受公司为其股东或实际控制人提供担保时，因提供担保的公司未提供相关的股东会决议，亦未得到股东会决议追认则债权人未能尽到基本的形式审查义务，从而支持担保合同对担保公司不发生法律效力，载中国裁判文书网，https：//wenshu. court. gov. cn/website/wenshu/181107ANFZ0BXSK4/index. html？ docId = 8af9f2a-5f620472c8567a858010be194，2022 年 5 月 20 日访问。

〔2〕 案号：(2014) 穗中法金民终字第 257 号，载中国裁判文书网，https：//wenshu. court. gov. cn/website/wenshu/181107ANFZ0BXSK4/index. html？ docId = b4f2c3c994b54dc389d60c116a17693f，2022 年 5 月 20 日访问。

〔3〕 与《九民纪要》第 19 条对比，《民法典担保制度司法解释》第 8 条减少了一种情形，即公司与主债务人之间存在相互担保等商业合作关系，原因是企业间互保增加了债务风险和道德风险。

若出现该例外情形，即便债权人知道或者应当知道没有公司机关决议，也应当认定担保合同有效。关于企业之间相互担保的问题，以往的司法实践倾向于认为，相互担保往往是互惠互利的，因而即便没有进行决议，也应认定担保有效。但《民法典担保制度司法解释》没有采用原来的裁判思路，而是规定，即便是相互担保，也必须由公司进行决议，否则就构成越权担保，担保合同的效力为无效。《民法典担保制度司法解释》的规定，有利于防止法定代表人违规提供相互担保，避免因相互担保引发债务危机连锁反应，有效防范化解金融风险。笔者认为，该条规定的三种情形可以分为两类：

第一类，公司的担保行为属于公司日常经营范围的情形。如《民法典担保制度司法解释》第 8 条第 1 款第 1 项规定的情形。根据该款规定，若担保方为担保公司或开展保函业务的银行、金融机构等特殊主体，由于为他人提供担保属于公司的日常经营范围，并且在我国现行的法律体系中，以担保为业的公司不属于《公司法》第 16 条的调整范围，而应当适用《融资性担保公司管理暂行办法》[1] 的特别法规定，因此在没有公司决议的情况下该类公司对外担保的行为应为有效。

第二类，公司的担保行为系为基于公司商业安排的考量。《民法典担保制度司法解释》第 8 条第 1 款第 2 项、第 3 项均系对于公司商业安排、公司意思多数决的考量。在这两种情形下，公司对外担保符合公司的利益，从理性的经济人角度，公司的决议机关会做出同意担保的决议，因此，法院将推定公司机关会做出同意担保的决议。

综上所述，《九民纪要》第 17 条是有关公司对外担保的一般性规定，根据该条规定判定担保行为的效力。

5. 越权代表行为导致担保合同无效时的民事责任承担

分析《民法典担保制度司法解释》第 7 条可知，一方面，若债权人善意或存在《民法典担保制度司法解释》第 8 条规定的例外情形，担保合同有效的，公司必然应当承担担保责任；另一方面，若债权人非善意导致了担保合同无效的，公司无须承担担保责任，但公司原则上应当承担担保无效的民事责任，人民法院在审理时应当按照《民法典》及有关司法解释关于担保无效的规定处理。

---

〔1〕《融资性担保公司管理暂行办法》第 2 条第 2 款：本办法所称融资性担保公司是指依法设立，经营融资性担保业务的有限责任公司和股份有限公司。

然而，如果公司有证据证明相对人明知决议系伪造或者变造，则公司无须承担任何民事责任。

根据《民法典担保制度司法解释》第 17 条的规定，主合同有效而第三人提供的担保合同不成立、无效、被撤销或者确定不发生效力的，应当区分不同情况确定担保人应否以及如何承担赔偿责任：债权人与担保人均有过错的，担保人承担的赔偿责任不应超过债务人不能清偿部分的二分之一；担保人有过错而债权人无过错的，担保人对债务人不能清偿的部分承担赔偿责任；债权人有过错而担保人无过错的，担保人不承担赔偿责任。主合同无效导致第三人提供的担保合同无效，担保人无过错的，不承担赔偿责任；担保人有过错的，其承担的赔偿责任不应超过债务人不能清偿部分的三分之一。

债权人与依据法律或者司法解释规定不得为保证人的人[1]订立的保证合同被认定无效，债权人请求保证人承担赔偿责任的，人民法院不予支持。司法实践中对法定代表人越权担保，公司不担责的两大要素：（1）看债权人是否善意，例如明知担保需要审查股东会决议的却不审查，债权人即非善意。（2）若债权人非善意，看担保人是否有过错。担保人亦有过错的，如公章保管混乱，法定代表人、公司高级管理人员可以随意支取、使用公章等，则担保人仍应承担债务人不能清偿部分的二分之一的责任。担保人无过错的，债权人有过错的（非善意），担保人不承担赔偿责任。这里的保证人不承担责任有二层意思：（1）保证合同本身对公司不发生效力，即保证合同未生效，保证合同没有生效，保证人当然不承担保证责任。如有过错，仅承担缔约过失责任。（2）依据《民法典担保制度司法解释》第 17 条，在担保合同无效的赔偿制度中，债权人有过错而担保人无过错的，担保人亦不承担合同无效后的赔偿责任。

目前，司法实践中对于在法定代表人越权代表签署担保合同的情况下该如何认定公司是否存在过错并无统一标准。一般而言，人民法院会以公司印章管理不善而判定公司存在过错，并判定公司承担债务人不能清偿部分的二分之一的赔偿责任。[2]

---

〔1〕 指“保证人”主体资格不适格。

〔2〕 案号：（2016）最高法民申 3160 号，载中国裁判文书网，https：//wenshu. court. gov. cn/website/wenshu/181107ANFZ0BXSK4/index. html？docId = 17f5493e547343c280f3a99900aa1049，2022 年 5 月 20 日访问；案号：（2018）最高法民申 5596 号案，载中国裁判文书网，https：//wenshu. court. gov. cn/website/wenshu/181107ANFZ0BXSK4/index. html？docId = 512f8fd5e0b04040ae46a9d6011426eb，2022 年 5 月 20 日访问。

此外，在商业实践中，还应当注意在主合同无效导致担保合同无效的情况下公司的责任承担问题，在该种情况下，若担保人无过错的，担保人不承担民事责任；担保人有过错的，担保人承担不超过债务人不能清偿部分的三分之一的责任。

6. 公司承担责任后的权利救济

《民法典担保制度司法解释》第7条第2款[1]指出，法定代表人的越权担保行为给公司造成损失时，公司可请求法定代表人承担赔偿责任。如果公司没有提起诉讼，股东可以依据《公司法》第151条的规定，提起股东派生诉讼，请求法定代表人承担赔偿责任。

7. 上市公司为他人提供担保的特别制度安排

《九民纪要》第22条对上市公司为他人提供担保的合同效力问题作出了特别规定，认为债权人根据上市公司公开披露的关于担保事项已经董事会或者股东大会决议通过的信息订立的担保合同有效。《民法典担保制度司法解释》第9条规定上市公司的法定代表人超越权限代表公司订立担保合同，相对人未审查上市公司公开披露的关于担保事项的董事会决议或者股东大会决议等信息，其请求上市公司承担民事责任的，人民法院不予支持。[2]

---

〔1〕《民法典担保制度司法解释》第7条第2款：法定代表人超越权限提供担保造成公司损失，公司请求法定代表人承担赔偿责任的，人民法院应予支持。

〔2〕《九民纪要》发布后，最高人民法院在（2019）最高法民终1524号）民事判决书中即详细地阐述了涉案越权担保相对人是否为善意的问题。善意的认定即为判断相对人是否知道或者应当知道法定代表人的行为超越权限。最高人民法院从注意义务分配、利益平衡、交易公平等几个方面说明了本案的相对人并非善意相对人，其应当知道法定代表人的行为超越权限：1. 根据法律规定，对外担保并非法定代表人能够单独作出决定的事项，必须有公司有权决策机关之决议作为基础和授权，而本案无证据证明该担保事项已经股东大会决议。2. 本案中上市公司签约代表系上市公司第一大股东及法定代表人，其以上市公司名义为自己的债务提供担保，系风险较高的关联担保，相对人应具有较高的注意义务。3. 根据《公司法》第16条对公司对外关联担保决议的更高要求，相对人应当审查担保合同是否经公司股东（大）会决议，且决议的表决程序符合规定。4. 本案为上市公司对外提供担保，相对人花费很低的交易成本即可了解到对外披露的相关信息。从交易公平的角度出发，让上市公司中小股东克服信息不对称，防范董监高道德风险的成本更高。5. 案涉担保合同中关于担保人的相关承诺，亦非能在未经股东大会决议的情况下由法定代表人代表公司单独作出。故相对人未提交充分有效的证据证明其对《担保合同》经过股东大会决议进行了审查，未尽到应尽的注意义务，不属于善意相对人，导致了担保合同无效的法律后果。并从公司内控角度认定上市公司在违规担保案件中存在一定过错，进而认定上市公司承担二分之一的担保无效的过错赔偿责任。依据是《民法典担保制度司法解释》第17条，该条认为，债权人与担保人均有过错的，担保人承担民事责任的部分，不应超过债务人不能清偿部分的二分之一。案号：（2019）最高法民终1524号。载中国裁判文书网，https：//wenshu. court. gov. cn/website/wenshu/181107ANFZ0BXSK4/index. html？docId=d9e3844998bf44cd8708ab2c00c1b8c6，2022年5月20日访问。

按照《中华人民共和国证券法》《上市公司信息披露管理办法》《深圳证券交易所公司债券上市规则（2022 年修订）》《上海证券交易所股票上市规则（2022 年 1 月修订）》规定，上市公司股东大会或董事会审议的决议依法均应予以公告。《九民纪要》认为，债权人可以信赖上市公司决议机关通过担保事项的相关公告，只要债权人审查了上市公司公开披露与其拟签订的担保合同的主要内容的，相应的担保合同有效。

8. 对一人公司为他人提供担保的特别制度安排

关于一人公司为其股东提供担保的效力的认定，《民法典担保制度司法解释》第 10 条规定："一人有限责任公司为其股东提供担保，公司以违反公司法关于公司对外担保决议程序的规定为由主张不承担担保责任的，人民法院不予支持。公司因承担担保责任导致无法清偿其他债务，提供担保时的股东不能证明公司财产独立于自己的财产，其他债权人请求该股东承担连带责任的，人民法院应予支持。"

（三）"善意"的直观认定标准

虽然对现有条文存在着不同的理解和适用，但在债权人需要对担保文件进行形式审查的问题上，基本达成了一致。这也是"善意"的直观表达。形式审查的文件如下：

1. 公司章程

如前所述，笔者认为公司章程系债权人应当审核的第一个文件，即使债权人将董事会、股东会或股东大会决议作为主要证据提交时，也应当提交章程以证明相关决议符合公司章程规定。公司章程在市场监督管理部门（即原工商管理部门[1]）有留档备案，但实践中如非委托律师，债权人一般无法直接调阅其公司章程，故笔者认为，如公司法定代表人已经向债权人发送章程的，无论该章程是否签章或是否为合同签订时真实有效的版本，只要担保事项符合该章程规定，均应当视为债权人已经完成"对公司章程"的适当审查义务。

2. 董事会、股东会或股东大会决议

一般认为债权人只需对相关决议进行形式审查。形式审查需要审查以下

[1] 2018 年 3 月 17 日第十三届全国人民代表大会第一次会议通过《第十三届全国人民代表大会第一次会议关于国务院机构改革方案的决定》，不再保留国家工商行政管理局，组建国家市场监督管理总局，原工商行政管理相关职能由新组建的部门承担。

内容：

（1）决议内容是否符合章程或法律规定，表决结论与担保合同约定是否一致。债权人应当审查决议主文记载是否为本次担保事项、参与会议的人员是否满足章程需要、决议通过的比例是否符合章程的约定等。

（2）决议签字人名字、数量是否符合章程及工商登记记载。债权人应当形式审查有关签字名称是否与工商登记一致，但无须确认签字的真伪。

（3）决议文本是否为原件。如果债权人与担保方签订担保合同时，担保方只提供了股东会决议扫描件，债权人要求承担担保责任时，才发现无法证明股东会决议真实性，可能导致证据无法被法院采纳之结果。

3. 上市公司公告

上市公司负有信息披露义务，公司章程需对外披露。首先，作为交易相对方的债权人，在接受上市公司的担保之前，应当意识到担保系对上市公司有重大影响的事项，应对担保合同的授权来源进行审查。其次，债权人需了解相关法律法规、交易所规则及上市公司披露的公司章程。

（1）以股东大会决议为基础的公告

当法律或相关规则明确规定，上市公司的担保决议应当由股东大会作出，以及公司章程明确某些担保亦需经股东大会决议时，因上市公司召开股东大会应当对会议表决程序、表决结果是否合法有效出具法律意见并公告，则债权人只有审查到与担保合同内容相一致的股东大会决议公告才有理由相信拟签订的担保合同存在合理的授权而并非越权担保。在明确了解到担保人为上市公司的情况下，债权人有义务亦无须耗费过多交易成本即可审查上市公司的相关决议。此时若债权人在未对相关决议公告进行审查的情况下即签订担保协议，即不存在被认定为“善意”的空间。

（2）以董事会决议为基础的公告

若债权人以上市公司对外公告的董事会决议为合同签订的基础，则债权人以公告为基础签订的担保合同，自然可认定为担保合同的效力。若在没有公告的前提下，以董事会决议为基础签订的担保合同的效力应该如何认定？有观点认为，此时债权人应当履行的审查义务是实质审查义务。债权人若要证明自己是善意，至少需要履行以下义务：

①董事会决议是否合法有效，章程是否有相关限制。

②董事会决议内容是否符合章程或法律规定，表决结论与担保合同约定是否一致。债权人应当审查决议主文记载是否为本次担保事项、参与会议的

人员是否满足章程需要、决议通过的比例是否符合章程的约定等；决议签字人名字、数量是否符合章程。

（四）上市公司适用越权代表制度的重点与难点

《公司法》第16条及《九民纪要》第17条均为对公司对外担保行为的一般性规定，在判断上市公司违规担保效力有无时，除了依据该一般性规定进行分析外，还应结合案件具体事实，参考对上市公司的特别法律及证券监管规定，作出区别性认定。

1. 债权人是否“善意”的判断

（1）《民法典担保制度司法解释》《九民纪要》中关于“善意”的评判标准

在公司违规担保的审判中，“善意”是指“债权人不知道或者不应当知道法定代表人超越权限订立担保合同”，且对债权人“善意”的判断标准还应依据关联担保或非关联担保而有所不同。

但对于上市公司的担保行为，《九民纪要》第22条、《民法典担保制度司法解释》第9条均作出了特别规定，即债权人可以信赖上市公司决议机关通过担保事项的相关公告，换言之，审查了上市公司同意担保决议的公告的，构成善意。

（2）上市公司法定代表人越权担保时，债权人应推定为“非善意”

结合《公司法》《民法典担保制度司法解释》及《九民纪要》中对公司为他人提供关联担保和非关联担保的不同规定，关于上市公司对外担保时债权人“善意”与否，应作出如下区分：

首先，上市公司的法定代表人或签约代表违规代表公司为公司股东或者实际控制人提供担保的，上市公司不承担责任。根据《公司法》第16条第2款的规定，公司为其股东或者实际控制人提供担保必须要经股东大会决议，股东大会作出的决议必须由上市公司进行公告，该公告信息在证监会指定的网站和报刊上均可公开获得，债权人对于该等信息的取得不存在任何障碍。而在违规担保的情况下，上市公司必然未召开股东大会并披露相关决议。

其次，上市公司的法定代表人或签约代表违规为公司股东或实际控制人之外的人提供担保的，债权人如能证明其已根据法律法规及公司章程审查了相关的公司决议，包括股东大会决议或董事会决议，即能证明自己为“善意”。作为与上市公司签订担保合同的善意担保权人，其理应知道上市公司签订担保合同哪些事项须经董事会决议、哪些事项不仅需要董事会决议并且还必须经过股东大会决议，尽管《民法典》第 61 条第 3 款规定了法人章程对法定代表人代表权的限制不得对抗善意相对人，但因为上市公司是公众公司，所以债权人在与其签订担保合同时，有义务查看公司章程中关于担保的事项。[1]

经过股东大会或董事会审议的决议，上市公司都会按照信息披露制度予以公告。在确定债权人是否善意时，债权人除了证明其对股东大会或董事会是否出具决议、决议内容及决议程序是否合法、签字人数及人员是否合法等进行了审查外，还需要对上市公司关于股东大会、董事会的召集、决议信息是否公告进行核查。换言之，上市公司存在法定的信息公示制度，对于未按法定程序经上市公司做出同意决议的担保行为应为无效，债权人应推定为非“善意”。

如有判决书[2]认为，本案中，化学公司系上市公司，集团公司系化学公司的股东为公开信息，投资公司应当知晓，尽管化学公司承诺“经过了其适当的法定程序，经授权提供本保证”，但根据《公司法》第 16 条第 2 款的规定，公司为股东或者实际控制人提供担保的，必须经股东会或者股东大会决议，化学公司并未向投资公司出具其股东大会同意提供担保的证明文件，投资公司亦未要求化学公司提供股东大会决议，《保证合同》应当无效，故投资公司关于《保证合同》有效的上诉主张依据不足，本院不予支持。

2. 上市公司提供担保的，债权人应尽特殊审查义务

（1）在上市公司对外担保时，债权人应承担更高的审查义务

上市公司是公众公司，相比于非上市公司的对外担保行为，上市公司对外提供担保时，债权人应当承担更高的注意义务及审查义务，对其善意的认定及举证责任也都应施以更高的标准。原因在于：

首先，上市公司的经营者与股东的分离是所有公司类型中最为典型的，因此对内部授权制度体现在外部代表行为上的严格认定，符合公众公司的特点和价值取向。

其次，债权人承担更高的注意义务，并未给债权人带来过重的负担。根

---

〔1〕 参见最高人民法院民事审判第二庭编著：《全国法院民商事审判工作会议纪要理解与适用》，人民法院出版社 2019 年版，第 198 页。

〔2〕 案号：（2013）粤高法民二终字第 35 号，载中国裁判文书网，https://wenshu.court.gov.cn/website/wenshu/181107ANFZ0BXSK4/index.html? docId=69da4ece366740ad8df1fb8a843fdcc2，2022 年 5 月 20 日访问。

据《公司法》第16条的规定，公司为他人提供担保必须要经董事会或股东大会决议通过，并且上市公司的《公司章程》《审计报告》以及董事会、股东大会的召集、会议、决议信息在证监会指定的信息披露网站和报刊上均易于获得。

再次，从交易的商事惯例上来看，涉及法定代表人权限外的商事交易，必然是极为重大的交易[1]，进行该类重大债权担保的债权人要么拥有专业的知识，要么有专业的顾问协助其处理该交易。在商业实践中，相对人一般会要求核查公司决议文件，交易合同中一般也会将交易文件的提供作为合同义务或者交易条件。可见债权人拥有注意的主观意愿和客观审查能力。

最后，从债权人真实的心理状态来看，如果上市公司未曾依据法定及公司章程规定的程序作出决议，认定债权人“明知”法定代表人越权，更加接近事实真相。“明知”包括主观知晓以及放任不管的心理状态。在上市公司对法定代表人权限的规定以及公司机关决议信息全部公开可获得的情形下，债权人仅需上网简单查阅便可知晓上市公司法定代表人是否超越权限，因此，在个案中，即便债权人并不知晓越权事实，其必然存在放任不管的心理状态。

概言之，债权人在与上市公司签订担保合同时，无论从法理还是情理的角度，其都应当承担更高的审查义务，在司法实践中该种观点也得到了法院的支持。[2]

（2）银行业金融机构更应承担高于一般主体的审查义务

对于银行业金融机构等专业的金融机构，我国现有法律规定对其与上市

---

〔1〕如《上海证券交易所股票上市规则（2022年1月修订）》第6.1.10条规定：“上市公司发生“提供担保”交易事项，除应当经全体董事的过半数审议通过外，还应当经出席董事会会议的三分之二以上董事审议通过，并及时披露。担保事项属于下列情形之一的，还应当在董事会审议通过后提交股东大会审议：（一）单笔担保额超过上市公司最近一期经审计净资产10%的担保；（二）上市公司及其控股子公司对外提供的担保总额，超过上市公司最近一期经审计净资产50%以后提供的任何担保；（三）上市公司及其控股子公司对外提供的担保总额，超过上市公司最近一期经审计总资产30%以后提供的任何担保；（四）按照担保金额连续12个月内累计计算原则，超过上市公司最近一期经审计总资产30%的担保；（五）为资产负债率超过70%的担保对象提供的担保；（六）对股东、实际控制人及其关联人提供的担保；（七）本所或者公司章程规定的其他担保。上市公司股东大会审议前款第（四）项担保时，应当经出席会议的股东所持表决权的三分之二以上通过。”

〔2〕案号：（2019）最高法民终1524号，载中国裁判文书网，https://wenshu.court.gov.cn/website/wenshu/181107ANFZ0BXSK4/index.html?docId=d9e3844998bf44cd8708ab2c00c1b8c6，2022年5月22日访问；案号：（2019）沪民终274号，载中国裁判文书网，https://wenshu.court.gov.cn/website/wenshu/181107ANFZ0BXSK4/index.html?docId=794ecee699b64a7488f8aaed00a77f7d，2022年5月22日访问。

公司签署担保合同作出了更为严格的要求。

《上市公司监管指引第 8 号——上市公司资金往来、对外担保的监管要求》第 17 条规定："各银行业金融机构必须依据本指引、上市公司《公司章程》及其他有关规定，认真审核以下事项：（1）由上市公司提供担保的贷款申请的材料齐备性及合法合规性；（2）上市公司对外担保履行董事会或者股东大会审批程序的情况；（3）上市公司对外担保履行信息披露义务的情况；（4）上市公司的担保能力；（5）贷款人的资信、偿还能力等其他事项。"该文件为银行业金融机构确立了远高于一般债权人的审查义务。

前述监管性规定，在法律的效力位阶上虽然属于规范性文件，但银行业金融机构必须遵照执行，至少形成了普遍遵守和实践的商业惯例。人民法院可以商业惯例作为上市公司对外担保纠纷中银行业金融机构的义务来源和裁判依据。

3. 关联担保中"实际控制人"的界定

《公司法》第 16 条第 2 款是对公司为公司股东或实际控制人提供担保的规定。实践中，时常出现公司为其间接股东（主要是间接控股股东）提供担保的情形，《公司法》第 16 条第 2 款所称的"股东"在解释上如包括"间接（控股）股东"，似乎更加合理。但是囿于实证法的限制，"间接（控股）股东"无法纳入第 16 条第 2 款所称的"股东"范畴，因此《公司法》第 3 条对"股东"进行了明确定义，即"有限责任公司的股东以其认缴的出资额为限对公司承担责任；股份有限公司的股东以其认购的股份为限对公司承担责任"。间接持股的主体应当被认定为《公司法》第 16 条第 1 款规定的"他人"。就"实际控制人"的界定，现行法律体系中存在多重认定标准。《公司法》第 216 条第 3 项规定，实际控制人是指"虽不是公司的股东，但通过投资关系、协议或者其他安排，能够实际支配公司行为的人"。

在证券领域，"实际控制人"的标准更加精细化。《上市公司收购管理办法》第 84 条规定了拥有上市公司控制权的五种情形，包括：投资者为上市公司持股 50%以上的控股股东、投资者可以实际支配上市公司股份表决权超过 30%、投资者通过实际支配上市公司股份表决权能够决定公司董事会半数以上成员选任、投资者依其可实际支配的股份表决权足以对公司股东大会的决议产生重大影响、中国证监会认定的其他情形。

《上海证券交易所股票上市规则》第 15.1 条规定，实际控制人指通过投资关系、协议或者其他安排，能够实际支配公司行为的自然人、法人或者其他组织。中国证监会在《〈首次公开发行股票并上市管理办法〉第十二条“实际控制人没有发生变更”的理解和适用——证券期货法律适用意见第1号》第2点规定，基于对公司直接或间接的股权投资关系，能够对股东大会的决议产生重大影响或者能够实际支配公司行为的权力即为“公司控制权”。

《公司法》第16条第2款的立法目的在于避免公司实际控制人利用其对公司的控制地位，任意利用公司为自己债务进行担保，损害公司其他股东权益。通过强制要求股东（大）会决议和回避表决制度，确保公司为实际控制人的担保行为来源于公司基于合理商业决策的真实意思。

结合该立法目的和前述关于实际控制人的界定标准，在上市公司为他人提供担保的纠纷中，不将“实际控制人”确定为穿透至自然人或最终投资主体的某一个特定的主体，而是在穿透的过程中，将任何一个层级的，能够通过“投资关系、协议或者其他安排”实际支配公司的一个或者数个主体认定为《公司法》第16条第2款中规定的“实际控制人”，显然更加合理，也更加符合《公司法》的立法目的。

4. 上市公司举证义务的边界

在上市公司对外进行合法合规担保时，有关股东大会、董事会决议都会予以公告，故债权人对上市公司为其债权提供担保时，应履行更高的审查和注意义务。

在司法实践中，当担保合同订立后，往往是因为公司以法定代表人越权代表为由主张担保行为无效，此时，主张合同有效的相对人大体有两种选择：一是在无决议的情况下，举证证明存在《民法典担保制度司法解释》第8条的例外情形；二是在有决议的情况下，举证证明其已对相关决议进行了形式审查，从而表明其签约时是善意的。

涉及需要上市公司决议的担保事项，必然属于重大事项，相关债权人有能力履行更高的审查义务，又因上市公司的信息公开易获取，债权人在没有上市公司对法定代表人授权的情形下，签署《担保合同》，其心理状态或为明知，或为明知有可能性但放任不管。因此，善意与否的举证责任在债权人而非上市公司，对于上市公司而言，其只要证明未曾作过授权法定代表人签署文件的公司决议，就应认定为完成举证义务。

5. 担保无效后上市公司的责任承担

根据《民法典担保制度司法解释》第7条、《九民纪要》第20条的规定，法定代表人越权代表导致担保合同无效时，公司无须承担担保责任，但公司原则上应承担担保无效的法律（赔偿）责任。

然而，上市公司对违规担保无效时的责任承担是否有别于非上市公司，是否必须依据《民法典担保制度司法解释》第 17 条承担相应的赔偿责任在以往的司法实践中，法院对上市公司违规担保的责任承担存在不同的审判结果。在部分案例中，上市公司法定代表人签署担保合同的行为未经公司决议机关决议通过，法院在结合[1]案情认定担保合同无效的基础上，作出上市公司不承担任何赔偿责任的判决结果。在部分案例中，法院认定上市公司作为担保人为他人提供担保，其对于公司对外担保等事宜也负有注意义务，因此判定上市公司承担债务人不能清偿部分的二分之一的赔偿责任。[2]

在我国现行法律体系中，法律法规及监管机构对上市公司担保行为的限制存在区别于非上市公司的特殊性。笔者认为，在认定上市公司法定代表人越权代表导致担保合同无效后，应当结合具体案情，在上市公司不具备同意相关担保的意思表示的前提下，认定上市公司担保无效不承担任何民事责任，理由有二：

（1）上市公司对外担保必定要经公司决议机关作出同意担保的决议，并按照信息披露制度披露有关决议，并且，债权人获取上市公司对外担保限制条件以及上市公司是否公告等信息极为便利，所以债权人应当履行更高的审查及注意义务，若债权人未能举证证明其尽到了审查义务，说明其对上市公司违规担保的行为系“明知”或“放任”，可直接推定其系“非善意”，且主观恶意大；

（2）鉴于上市公司作为公众公司，其法定代表人越权代表构成违规担保

[1] 上海市高级人民法院认为，按照作为担保人的上市公司科技公司章程的规定，涉案担保应当经过公司股东大会决议，但科技公司的法定代表人未经公司股东大会决议，以法定代表人的名义代表公司对外担保超越了权限，鉴于科技公司是上市公司，债权人可以随时查询并知晓科技公司章程对担保所作的限制性规定，若其主张自己为善意，应当举证证明自己尽到了审查公司是否具备股东大会决议等的审查义务。在该案中，债权人未能举证证明自己系善意，故而担保合同无效，上市公司也无需承担任何赔偿责任。案号：（2019）沪民终 274 号，载中国裁判文书网，https://wenshu.court.gov.cn/website/wenshu/181107ANFZ0BXSK4/index.html?docId=794ecee699b64a7488f8aaed00a77f7d，2022 年 5 月 22 日访问。

[2] 最高人民法院认为，上市公司的法定代表人以公司名义对外提供关联担保的，相对人应当审查该担保是否经过股东大会决议。但债权人未提交充分有效的证据证明……未尽到应尽的注意义务，不属于善意相对人。鉴于担保人内部管理不规范，对于案涉担保合同的无效有重大过错，担保人应对债务人在主合同项下债务的二分之一向债权人承担赔偿责任。案号：（2019）最高法民终 1524 号，载中国裁判文书网，https://wenshu.court.gov.cn/website/wenshu/181107ANFZ0BXSK4/index.html?docId=d9e3844998bf44cd8708ab2c00c1b8c6，2022 年 5 月 22 日访问。

的情形不仅影响公司本身及广大中小股民的利益，更将影响到我国证券市场的稳定和健康发展。

三、法定代表人之外的“签约代表”未经决议对外担保的效力与公司责任

在司法实践中，经常发生法定代表人之外的“签约代表”使用公司公章及公司法定代表人印章对外违规担保的情形，该“签约代表”一般并未得到公司授权，也并未得到法定代表人的授权，并且债权人在“明知”担保违规的情况下，也未必会进一步审查“签约代表”是否有盖章权限。

（一）“签约代表”行为的性质

法定代表人之外的“签约代表”包括公司董事、高管或其他工作人员，当其对外签署担保合同，以公司名义加盖法人章和法定代表人章时，存在下文所述的两种情形：

（1）该种行为构成“表见代表”行为的，“签约代表”应当事先获取公司授权，代表公司作出意思表示；

（2）该种行为构成“表见代理”行为的，“签约代表”是在公司决议机关未作出同意的决议并且未向其授权的情形下签署相关担保合同，系为作出其自己的意思表示。

在审判实务中，若“签约代表”以公司名义签署担保合同，债权人一般会选择主张该行为构成“表见代表”或“表见代理”，从而主张担保合同有效。笔者认为，若该行为不能构成“表见代表”或“表见代理”时，则应当适用“无权代理”制度。

所谓“表见代表”，根据《民法典》第170条的规定，[1] 是指执行法人或者非法人组织工作任务的人员包括法定代表人或者负责人超越权限订立合同，善意相对人基于客观事实有正当理由相信该行为人有权代表公司与其进行交易，该代表行为有效的制度。从文义上来理解，表见代表的构成要件应当包括：行为人实施了超越权限的代表行为、客观上存在让相对人有合理理

---

〔1〕《民法典》第170条：执行法人或者非法人组织工作任务的人员，就其职权范围内的事项，以法人或者非法人组织的名义实施的民事法律行为，对法人或者非法人组织发生效力。法人或者非法人组织对执行其工作任务的人员职权范围的限制，不得对抗善意相对人。

由信赖其有代表权的事实、相对人为善意。

所谓“表见代理”，系为基于交易安全保护思想，对于无权代理之善意第三人提供积极信赖保护的制度[1]，其法律依据包括《民法典》第170条及第172条。[2] 表见代理的构成要件为：（1）代理人实施代理行为时没有代理权；（2）具有让相对人有理由相信的法律外观，如公司员工虽持有公司公章及法定代表人个人名章，但却并未得到公司或法定代表人的授权表示；（3）相对人善意，即相对人不知道也不应当知道代理人无代理权；（4）代理之法律外观归因于被代理人[3]，若构成表见代理，则被代理人即失去了“追认自由”，该代理行为的后果由被代理人当然承受，但若造成法律外观的文件系伪造或盗窃而获得，则该代理行为的法律后果不应由被代理人承受。

所谓“无权代理”，其法律依据为《民法典》第171条，行为人无代理权而以他人名义实施法律行为，若该行为未经他人追认的，该代理行为对他人无效。相比于“表见代理”，该代理行为处于效力待定的状态，被代理人追认的，该代理行为的效果才归属于被代理人。

（二）“签约代表”的签署行为不构成“表见代表”或“表见代理”的外观表现与实质条件

债权人若对上市公司主张“表见代表”或“表见代理”，其理由主要集中在“签约代表”使用上市公司公章和法人章的行为使得债权人产生了对表见代表或表见代理的信赖，但笔者认为这一主张需要有力的证据支撑，否则难予支持。

首先，从法律规定来看，“表见代表”或“表见代理”的要件之一为，债权人有理由相信签约代表拥有代表权或代理权。因为公司除法定代表人以外的主体签订合同的，该签约代表应当获得公司或法定代表人授权，并且债权人也应当审查该签章人员是否具备签章权限。但在实践中，债权人往往明知系上市公司违规担保，从而不会审查签约代表的签署权限。

其次，《九民纪要》第41条指出人民法院“应当主要审查签约人于盖章之时有无代表权或者代理权，从而根据代表或者代理的相关规则来确定合同的效力”，认为“意思表示是否自愿真实，盖章之人有无代表权或代理权等

---

[1] 朱庆育：《民法总论》，北京大学出版社2016年版，第364页。

[2] 《民法典》第172条：行为人没有代理权、超越代理权或者代理权终止后，仍然实施代理行为，相对人有理由相信行为人有代理权的，代理行为有效。

[3] 朱庆育：《民法总论》，北京大学出版社2016年版，第370页。

问题，均不能通过盖章行为本身直接得到确认”，“盖章之人如无代表权或超越代理权的，则即便加盖的是真公章，该合同仍然可能会因为无权代表或无权代理而归于无效”[1]，根据最高人民法院对盖章行为的法律效力的阐述，不难发现最高人民法院意在确立“看人不看章”的裁判思路。

若“签约代表”越权或无权签订担保合同，其行为不存在使得债权人产生对“表见代表”或“表见代理”的信赖基础，则无论债权人主张“表见代表”或“表见代理”，均无法达到主张担保合同有效的目的，公司对此不承担责任。

从担保人的角度考虑，若“签约代表”的行为不能构成“表见代表”或“表见代理”，则应当适用“无权代理”的规定，且上市公司未对该担保行为作出追认的，担保无效，上市公司无须承担责任，最高人民法院也有支持性案例。如有判决认为，关于酒店、油脂厂是否承担担保责任，酒店、油脂厂虽然分别与某银行遵义中北支行签订了《最高额保证合同》，但均为黄某英携带两单位的公章签订，黄某英亦未向银行提交两单位的授权委托书，因此，不能认定酒店、油脂厂签订《最高额保证合同》系其真实意思表示，故两单位不应当承担保证责任。[2]

（三）“签约代表”未经决议对外担保的法律后果及责任承担

签约代表的行为系为越权“代表”或“代理”行为的，笔者已经论证该行为不应认定为构成“表见代表”或“表见代理”，而倾向于认为该行为构成“无权代理”。

“签约代表”的签署行为构成“无权代理”的，根据《民法典》第171条的规定，如果公司未对签约代表违规担保的行为作出追认的，该签署行为的效果则不归属于公司，担保合同无效，公司也不承担任何民事责任，行为人实施的行为未被追认的，善意相对人有权请求行为人履行债务或者就其受到的损害请求行为人赔偿。但是，赔偿的范围不得超过被代理人追认时相对人所能获得的利益。相对人知道或者应当知道行为人无权代理的，相对人和行为人按照各自的过错承担责任。

---

〔1〕参见最高人民法院民事审判第二庭编著：《全国法院民商事审判工作会议纪要理解与适用》，人民法院出版社2019年版，第290页。

〔2〕案号：（2019）最高法民终60号，载中国裁判文书网，https：//wenshu. court. gov. cn/website/wenshu/181107ANFZ0BXSK4/index. html？docId = 16d393d23d174cf599ffaa77010b7633，2022年5月22日访问。

第二章

保　证

第一节　保证概述

一、保证的含义

保证是一项非常古老的担保方式，我国最初在《民法通则》第 89 条对保证的概念进行了规定，随着市场经济的发展，保证担保在经济生活中的重要性不断提升，需要在立法上更进一步的规范，《民法典》第 681 条规定："保证合同是为保障债权的实现，保证人和债权人约定，当债务人不履行到期债务或者发生当事人约定的情形时，保证人履行债务或者承担责任的合同。"根据该条规定，可从以下三个方面来理解其含义：

（一）保证是一种双方民事法律行为

双方民事法律行为指由双方当事人相对应的意思表示一致才能成立的法律行为，仅有单方的意思表示是不能成立的。保证担保的成立是保证人与债权人双方合意的结果，《民法典》第 685 条第 2 款规定："第三人单方以书面形式向债权人作出保证，债权人接收且未提出异议的，保证合同成立。"如果依此认为保证也可以为单方民事法律行为，则忽略了该条关于债权人接受且未提出异议这一条件，接受就意味着对第三人单方出具的担保书内容的认可，也即双方的意思达成了一致，故仍然为双方民事法律行为，同时《民法典》第 685 条第 1 款规定："保证合同可以是单独订立的书面合同，也可以是主债权债务合同中的保证条款。"保证合同鼓励与推荐使用书面形式，明确了其为双方民事法律行为。

（二）保证是以第三人的信用或一般财产为标的的担保

因保证为人的担保方式，所以保证人必须只能是债务人以外的第三人而不可能是债务人本人，债务人以自己的信用或一般财产为其履行债务作出的保证不是《民法典》担保制度意义上的保证。担保的价值取向即为债权的实现提供一份保障，债务人可以以其特定财产为其履行债务提供担保，而这又是物保的范围，债务人以自己的信用或一般财产作保证是不能体现担保的意义的，只有在第三人加入的情况下才可以为债权的实现提供更多的保障。

（三）保证人承担保证责任的前提是债务人不履行债务

保证设立的目的是保障债权人债权的实现，当债务人履行债务后此目的已达到，保证人无须再承担保证责任，所以保证人承担保证责任的前提是债务人不履行债务。如何理解“债务人不履行债务”呢？在一般保证中，保证人享有先诉因抗辩权，即保证人只有在经债权人提起诉讼或仲裁并强制执行债务人财产而未获得全部清偿时才承担保证责任，此时的“债务人不履行债务”实际为债务人已是履行不能；而在连带责任保证中，债权人有选择权，既可以要求债务人履行债务，也可以要求保证人履行保证责任，故而，此时的“债务人不履行债务”的情况不一定是债务人陷入了履行不能，还可能是债务人不予履行债务的行为[1]。

二、保证的特征

（一）从属性

保证的从属性体现在以下几个方面：

1. 保证债务以主债务的存在为前提

保证是为确保债务人履行债务而科以保证人的责任，所以保证债务须以主债务的存在为前提，否则保证之债便成了无源之水、无本之木，一般情况下主债务有效存在后才设立保证，但在最高额保证中也可以先订立保证合同，以将来发生的债务为保证标的的主债可以在以后成立。不管何种情况，只有主债有效存在，保证债务才能有效存在。

2. 保证债务的范围与强度从属于主债务

保证是为了担保主债务的履行，而不是为了单独给保证人设定其他义务，故而保证人的义务范围与强度最多与主债务人相同，或是小于主债务人，保证担保的数额高于主债务的，应减为与之相同的数额；主债务的数额于保证合同成立后减少的，保证债务的数额也相应减少；债权人与债务人约定增加主债务的，保证人的保证债务不随之增加。主债务所附的限制条件对保证债务也同样适用，如债务人对债权人的抗辩权，保证人也一样享有。同样，保证债务的履行期限也不得早于主债务的履行期限，《民法典》第 692 条第 2 款对此进行了明确规定：“债权人与保证人可以约定保证期间，但是

---

〔1〕 邱聪智：《新订债法各论》（下），中国人民大学出版社 2006 年版，第 345 页。

约定的保证期间早于主债务履行期限或者与主债务履行期限同时届满的，视为没有约定；没有约定或者约定不明确的，保证期间为主债务履行期限届满之日起六个月。”

3. 保证债权随主债权的转移而转移

保证债权作为主债权的从权利，一般不应与主债权相分离，是随主债权的转移而转移的，不用当事人另作让与的意思表示。[1]《民法典》第547条第1款“债权人转让债权的，受让人取得与债权有关的从权利，但是该从权利专属于债权人自身的除外。”第696条规定：“债权人转让全部或者部分债权，未通知保证人的，该转让对保证人不发生效力。保证人与债权人约定禁止债权转让，债权人未经保证人书面同意转让债权的，保证人对受让人不再承担保证责任。”主债权发生转移并不会额外增加保证人的负担，其对谁承担保证责任并没有本质区别，除非保证合同约定保证人仅向特定债权人提供担保。保证债务不能随主债务的转移而当然转移，因为保证是保证人对特定债务人履行债务所提供的信用担保，当主债务转移给第三人时，保证人并没有为第三人提供担保的义务。

4. 保证债务随主债务的消灭而消灭

保证债务作为主债务的从债务，如主债务因清偿、提存、抵销、免除、混同等原因消灭的，保证债务也随之当然消灭。在主债务因合同解除而消灭的情况下，如因主债务人不履行债务的原因导致合同解除的，保证债务不因此而消灭，保证人应代为履行；如因当事人双方协商解除合同而使主债务消灭的，保证债务则随之消灭，保证人无须代为履行。

（二）相对独立性

保证债务虽然从属于主债务，但毕竟不是主债务的一部分，而是独立于主债务的单独债务，这使保证与并存的债务承担得以明确的区分，并存的债务承担指债务承担人加入债务关系后与原债务人一起作为连带债务人，而保证人的身份是担保人而不是债务人，且在一般保证中保证人享有先诉抗辩权，而并存的债务承担人不享有此权利。

保证合同也是一个独立完整的合同，而不是主合同的组成部分，其独立性表现在：有独立的成立和生效条件；保证合同无效不影响主合同的效力；保证债务可以另附条件与期限；主合同当事人之间诉讼的判决，其效力不当

[1] 黄立：《民法债编各论》（下），中国政法大学出版社2003年版，第862页。

然及于保证人；基于保证合同发生的抗辩权，由保证人单独享有；债务人放弃对债权人的抗辩权的，保证人仍可以行使；债权人与保证人可协议变更或解除保证合同甚至可以免除保证人的保证债务，而主合同并不因此受到影响。

此外，在国际贸易中运用的“不可撤销的保函”“见单即付的保函”等特殊类型的保证，其独立性还表现在主合同由于各种原因归于无效的，不影响保证的效力，且保证人也不享有债务人对债权人所拥有的抗辩权，债权人与债务人协商变更主合同或是债权人许可债务人转让债务，保证人也不得因此而不负保证责任。另外，最高人民法院对国内企业、银行之间的独立保证持肯定态度，承认其法律效力。《民法典担保制度司法解释》第 2 条第 2 款规定：“因金融机构开立的独立保函发生的纠纷，适用《最高人民法院关于审理独立保函纠纷案件若干问题的规定》。”

（三）补充性

从本质上讲，保证作为担保债务人履行债务的方式，是对债务人信用的补充和加强，主债务人承担的是第一位责任，而保证人承担的则是第二位责任，保证人负保证责任的前提条件是主债务人不履行债务。如果主债务人已经开始履行或者主债务履行期限尚未届满，债权人是不得向保证人请求履行保证责任的。当然，在主债务人不联系主债权人时，债权人也可以将主债务人与保证人同时起诉，《民法典担保制度司法解释》第 26 条规定：“一般保证中，债权人以债务人为被告提起诉讼的，人民法院应予受理。债权人未就主合同纠纷提起诉讼或者申请仲裁，仅起诉一般保证人的，人民法院应当驳回起诉。一般保证中，债权人一并起诉债务人和保证人的，人民法院可以受理，但是在作出判决时，除有《民法典》第 687 条第 2 款但书规定的情形外，应当在判决书主文中明确，保证人仅对债务人财产依法强制执行后仍不能履行的部分承担保证责任。债权人未对债务人的财产申请保全，或者保全的债务人的财产足以清偿债务，债权人申请对一般保证人的财产进行保全的，人民法院不予准许。”此处虽然可以将保证人列为共同被告，但由于保证责任的补充性使得一般保证人享有先诉抗辩权，即只有在对债务人的财产依法执行后仍不能履行债务时才由保证人承担保证责任。而在连带责任保证中，由于保证人放弃了先诉抗辩权而使得保证合同的补充性表现得不太明显，但不能因此而认为其不存在补充性，保证人并非自始至终与债务人处于同一履行顺序，债权人请求一般保证人履行保证责任的前提依然是债务人未履行到期债务。

三、保证的类型

根据保证人承担保证责任方式的不同，可以将其分为一般保证与连带责任保证。

（一）一般保证

一般保证是指保证人仅对债务人不能履行的债务负补充责任的保证。《民法典》第687条第1款、第2款规定："当事人在保证合同中约定，债务人不能履行债务时，由保证人承担保证责任的，为一般保证。一般保证的保证人在主合同纠纷未经审判或者仲裁，并就债务人财产依法强制执行仍不能履行债务前，有权拒绝向债权人承担保证责任……"可见一般保证的保证人享有先诉抗辩权，其履行保证责任的前提条件是债务人履行不能，即债权人经起诉或仲裁并经强制执行债务人财产后仍不能满足其债权的情况下，保证人才承担保证责任。根据《民法典》第687条第2款的规定，先诉抗辩权在下列情况下，将被排除：（1）债务人下落不明，且无财产可供执行；（2）人民法院已经受理债务人破产案件；（3）债权人有证据证明债务人的财产不足以履行全部债务或者丧失履行债务能力；（4）保证人书面表示放弃本款规定的权利。

（二）连带责任保证

连带责任保证是指保证人与债权人在保证合同中约定在债务人不履行债务时与债务人承担连带责任的保证方式。《民法典》第688条规定："当事人在保证合同中约定保证人和债务人对债务承担连带责任的，为连带责任保证。连带责任保证的债务人不履行到期债务或者发生当事人约定的情形时，债权人可以请求债务人履行债务，也可以请求保证人在其保证范围内承担保证责任。"在连带责任保证中，保证人的责任重于一般保证人，只要主债务履行期届满债务人没有履行债务，债权人就有选择权，既可以要求债务人履行债务也可以直接要求保证人承担保证责任，这对债权人是明显有利的，等于无疑为之增加了一个债务人，但对保证人却极为不利，因为其不享有先诉抗辩权。

连带责任保证与连带债务相似，但连带责任保证人与主债务人却不是连带债务关系，二者的区别主要是：首先，连带责任保证是负担他人之债的债务，其债务不丧失从属性，须以主债务的存在为必要，而连带之债负担的对象则为主债务本身；其次，在连带责任保证中，如债权人免除保证人保证责任的，主债务人仍对主债务负责，而在连带债务中，债权人免除部分债务的，对全体连带债务人均有效；再次，在连带责任保证中，保证人可以援引主债务人的抗辩理由，债务人则不能援引保证人自己的抗辩理由，而在连带债务中，债务人一人就分担部分的抗辩，其他债务人也可以主张抗辩；最后，连带责任保证人与主债务人在债务份额上并无内部分担之说，而连带债务人之间的债务份额原则上是债务人内部平均分担。

（三）关于对保证方式约定不明或没有约定时的法律适用

一般情况下，保证方式的选择是由当事人在保证合同中进行约定，因连带责任保证人不享有先诉抗辩权，承担的责任较重，故而在当事人没有约定或约定不明的情况下，推定当事人之间成立一般保证比较合理。而《担保法》第19条规定："当事人对保证方式没有约定或者约定不明确的，按照连带责任保证承担保证责任。"由此可见我国原先对保证方式采取的是以连带责任保证为原则，以一般保证为例外。

对于本条规定，也有观点认为应当将一般保证作为保证方式没有约定或约定不明时承担保证责任的一般原则。根据民商事立法情况来看，确定哪种保证方式为基本保证类型在民法与商法上是不同的，在民法上保证方式的基本类型为一般保证，只有在债权人与保证人明确约定就主债务承担连带履行责任或保证人自愿放弃先诉抗辩权时才成立连带责任保证，这有利于对保证人利益的保护；在商法中则是以连带责任保证为原则而以一般保证为例外。《民法典》第686条第2款："当事人在保证合同中对保证方式没有约定或者约定不明确的，按照一般保证承担保证责任。"该规定修改了《担保法》第19条，减轻了保证人的负担。

根据《民法典》第686条的规定，保证方式没有约定或约定不明确时，推定为一般保证。实务中，应当避免将推定规则与解释规则混为一谈。

《民法典担保制度司法解释》第25条进一步明确在案件中的推定细节："当事人在保证合同中约定了保证人在债务人不能履行债务或者无力偿还债务时才承担保证责任等类似内容，具有债务人应当先承担责任的意思表示的，人民法院应当将其认定为一般保证。当事人在保证合同中约定了保证人在债务人不履行债务或者未偿还债务时即承担保证责任、无条件承担保证责任等类似内容，不具有债务人应当先承担责任的意思表示的，人民法院应当将其认定为连带责任保证。”第36条第1款至第3款再次明确将增信承诺推定为保证或者债务加入的规则，即：“第三人向债权人提供差额补足、流动性支持等类似承诺文件作为增信措施，具有提供担保的意思表示，债权人请求第三人承担保证责任的，人民法院应当依照保证的有关规定处理。第三人向债权人提供的承诺文件，具有加入债务或者与债务人共同承担债务等意思表示的，人民法院应当认定为民法典第552条规定的债务加入。前两款中第三人提供的承诺文件难以确定是保证还是债务加入的，人民法院应当将其认定为保证。”在司法实践中，具体认定为一般保证还是连带责任保证，则视具体合同约定予以认定。

以案说法

一般保证与连带责任保证辨析

【案情介绍】

丙煤矿系刘某创办的煤矿，办理有法定采矿许可证，生产规模为每年9万吨。2011年11月，某省人民政府办公厅下发《关于依法整合关闭有关煤矿及生产系统的通知》，将丙煤矿列为整合关闭对象。此后，丙煤矿根据国家煤矿兼并重组政策及某省相关规定进行兼并重组，胡某遂以丁煤矿（甲方，即受让方）的名义收购刘某的丙煤矿（乙方，即转让方）。为此，双方于2013年10月25日签订《煤矿收购协议书》，甲方向乙方支付200万元定金后，乙方应将甲煤矿相关证照和资料移交给戊公司代甲方保存，随后甲方应及时支付余款1600万元，乙方应积极配合甲方办理各种手续；若因甲方不能及时付款时，由戊公司无条件承担余款的支付责任。合同签订后，甲方如约支付了200万元的定金。2014年7月30日，合同甲方丁煤矿向乙方出具《承诺书》，确认合同乙方即丙煤矿已按照收购协议完全履行了合同义务，丙煤矿于2014年6月5日已变更至戊公司名下，但因甲方出现资金困难未能按协议及时付款，为此承诺力争于2014年12月31日全额支付余款1600万元。同年11月12日，甲方支付了50万元给乙方。同年12月20日，丁煤矿再次向乙方出具《承诺书》，重申此前承诺内容，承诺近日全额支付剩余收购价款。该两份承诺书上，戊公司均加盖其公司公章确认。后甲方一直未支付余款。

法理分析

笔者认为本案协议书没有违反法律的强制性规定，并经行政机关审查批准，应属有效合同，受法律保护，各方当事人均应依法履行合同约定的义务。合同签订后，刘某已经完全履行合同义务，被收购的丙煤矿已经按合同约定变更至戊公司名下。连带责任保证是债务人在主合同规定的债务履行期届满没有履行债务的，债权人可以要求债务人履行债务，也可以要求保证人在其保证范围内承担保证责任，戊公司保证若合同甲方“不能及时付款”，则由其无条件承担余款的付款责任。本案中，“不能及时付款”强调的是履行期限问题即是否按约定时间如期履行，不同于“不能付款”、不能履行债务的一般保证，一般保证是指保证人仅对债务人不能履行的债务负补充责任的保证。故戊公司系本案连带责任保证人，保证方式为连带责任保证，依法应负连带保证责任。

第二节　保证合同

一、保证合同的概念与特征

保证合同是指保证人和债权人订立的在债务人不履行债务时，由保证人履行债务或承担责任的协议。保证合同作为合同的一种，具有以下几个法律特征：

1. 保证合同是无偿、单务合同。无偿性是指债权人不需要向保证人支付对价即可获得保证，虽然债务人可能给予保证人一定报酬作为对价来换取保证人为之提供保证，如担保公司提供的保证，债务人、保证人之间成立有偿合同，但由于债务人并不是保证合同的当事人，不影响保证合同的无偿性。保证合同为单务合同是指仅保证人一方承担债务而债权人并不需要承担对待给付义务，双方的权利义务不具有对等性。

2. 保证合同是诺成合同。保证人与债权人双方意思表示一致即可成立保证合同，并不需要另外交付标的物。

3. 保证合同是要式合同。要式合同是指法律要求必须具备一定形式的合同，《民法典》第685条第1款规定：“保证合同可以是单独订立的书面合同，也可以是主债权债务合同中的保证条款。”这表明了保证合同一般为要式合同。

4. 保证合同是从合同。保证合同是在主合同有效成立或将要成立的前提下才能成立并生效的，主合同无效将导致保证合同无效。

二、保证合同的当事人

根据《民法典》第 681 条的规定，保证合同的当事人为债权人与保证人，保证合同的债权人为主债的债权人，债务人为保证人，下面对双方当事人的资格条件分别作以探讨。

（一）债权人

保证所担保的债权一般为合同债权，非合同之债也可以设定担保。《民法典》第 143 条规定：“具备下列条件的民事法律行为有效：（1）行为人具有相应的民事行为能力；（2）意思表示真实；（3）不违反法律、行政法规的强制性规定，不违背公序良俗。”保证合同只要符合前述规定，则为有效合同。非合同之债包括因侵权行为、不当得利、无因管理等产生的债权，故而债权人并不必然具备完全民事行为能力，无完全民事行为能力的债权人是否可以订立保证合同呢？因为保证合同为无偿合同、单务合同，保证合同的债权人是纯获利益的，所以只要其享有主债权，即使没有完全民事行为能力，也不影响其订立保证合同。

保证合同的债权人一般来讲必须是个别特定的人，在不能特定的情况下要求债权人可得确定亦可。比如在保证人对债券发行人发行债券的行为提供担保时，虽然保证人没有与债券的认购人签订保证合同，但保证人与债券发行人签订合同的行为已表明其愿意为发行债券提供担保的意思表示，该行为可视为其对债券认购人发出的要约，而认购人认购债券的行为表明其已经接受该要约，视为承诺，则保证合同成立并有效。

（二）保证人

保证人是保证合同的债务人，是担保主债务人履行债务的担保人。保证合同即属于特殊的合同类型：并非所有具备民事权利能力和民事行为能力的主体，都有资格签署保证合同。《民法典》大体延续了《担保法》对保证人主体资格的要求。保证人的范围十分广泛，可以为自然人、法人以及非法人组织，但并非任何一个民事主体都可以担任保证人，须具备一定的资格条件，符合担任保证人资格的条件可称为保证人的积极条件，不符合保证人资格的条件可称为保证人的消极条件。

1. 保证人的积极条件即保证人资格

保证人的积极条件包括保证人须具备担任保证人的民事行为能力。

担任保证人的民事行为能力，即保证行为能力。因为保证合同为单务、无偿合同，保证人仅负担义务不享有权利，故而担任保证人须具备一定的民事行为能力，就自然人而言，须具备完全民事行为能力才可以担任保证人，无民事行为能力人不具备担任保证人的资格，关于限制民事行为能力人是否可以担任保证人的问题，《民法典》第 22 条规定："不能完全辨认自己行为的成年人为限制民事行为能力人，实施民事法律行为由其法定代理人代理或者经其法定代理人同意、追认；但是，可以独立实施纯获利益的民事法律行为或者与其智力、精神健康状况相适应的民事法律行为。"第 19 条规定："八周岁以上的未成年人为限制民事行为能力人，实施民事法律行为由其法定代理人代理或者经其法定代理人同意、追认；但是，可以独立实施纯获利益的民事法律行为或者与其年龄、智力相适应的民事法律行为。"因保证合同不属于"纯获利益的合同"或者"与其年龄、智力、精神健康状况相适应而订立的合同"，所以限制民事行为能力人如订立保证合同须经其法定代理人代理，或者事先同意、事后追认才产生法律效力，当然，如法定代理人代理限制民事行为能力人订立保证合同损害了被代理人的利益，其须承担损害赔偿责任。

关于法人与其他组织[1]担任保证人的情况，因为它们均具备以自己的名义对外从事民事活动的"组织体"资格与一定的财产，是具备担任保证人的民事行为能力的，虽然基于保持公司资本恒定、避免关联交易、防止大股东或高级管理人员通过保证抽逃资金等原因在公司法上对公司法人的保证行为能力作了一定的限制，根据《公司法》第 16 条、第 124 条及第 148 条等的规定，董事、高级管理人员以公司财产为他人提供担保须经股东（大）会或董事会同意；公司为股东或实际控制人提供担保须经股东（大）会表决，且该股东或实际控制人不得参加表决等，但公司作为一种营利性社团法人，

〔1〕《民法典》将《民法通则》中的"其他组织"修改为"非法人组织"，参见《民法典》第 102 条。

对外提供担保或接受担保是其不可或缺的经济活动，所以公司如果符合公司章程规定的条件和程序是可以提供担保的。关于公司法定代表人、董事、高级管理人员超越权限以公司财产为他人提供保证的效力与责任参见本书第一章第四节内容。

2. 保证人的消极条件即不符合保证人资格

根据法律法规的相关规定，下列民事主体不具备保证人资格，若其担保行为已作出，则为无效担保：

（1）机关法人

《民法典》第683条第1款规定："机关法人不得为保证人，但是经国务院批准为使用外国政府或者国际经济组织贷款进行转贷的除外。"国家机关虽然可以作为民事主体参加民事活动，但其本职职能是运用政治权力管理国家与社会事务，其参与民事活动的目的只是维持机构的正常运转，绝不可以参与营业性的经济行为，故其不具备保证人的能力资格，同时，其活动经费来自国家财政拨款，是维持其正常的管理活动所必需，不能用于承担保证责任，所以其也不具有代为清偿能力。但是在特定情况下，即"为使用外国政府或者国际经济组织贷款进行转贷"时，因外国政府或国际组织的贷款一般数额巨大，且多用于交通、能源等基础设施建设，一般个人或单位不愿意也没能力提供担保，所以为了确保债务人在使用该贷款中获得国家信用，通过国家机关提供担保更能维护国家偿还外债的信誉，[1] 此处需要强调的是国家机关担任保证人的决定性条件是"经国务院批准"。

（2）以公益为目的的非营利法人、非法人组织

《民法典》第683条第2款规定："以公益为目的的非营利法人、非法人组织不得为保证人。"《民法典担保制度司法解释》第6条规定："以公益为目的的非营利性学校、幼儿园、医疗机构、养老机构等提供担保的，人民法院应当认定担保合同无效，但是有下列情形之一的除外：（一）在购入或者以融资租赁方式承租教育设施、医疗卫生设施、养老服务设施和其他公益设施时，出卖人、出租人为担保价款或者租金实现而在该公益设施上保留所有权；（二）以教育设施、医疗卫生设施、养老服务设施和其他公益设施以外的不动产、动产或者财产权利设立担保物权。登记为营利法人的学校、幼儿

[1] 王利明主编：《中国民法典学者建议稿及立法理由——债法总则编、合同编》，法律出版社2005年版，第750页。

园、医疗机构、养老机构等提供担保，当事人以其不具有担保资格为由主张担保合同无效的，人民法院不予支持。”根据上述规定，事业单位、社会团体能否作为保证人取决于其是否以公益为目的，以公益为目的的事业单位、社会团体其设立的目的是为社会公共利益服务而并非盈利，其虽拥有独立的财产，但如因担保而背负额外债务则会影响其公益服务职能的除外，故其不可以成为保证人。如果是企业化管理的自负盈亏的事业单位或从事一些经营性活动的营利法人，则是可以作为保证人的。

（3）公司的分支机构和职能部门

企业法人的分支机构指由企业法人设立并领取了营业执照，能够在核准登记的经营范围内从事经营活动，但不能独立承担民事责任的组织，如分公司、分厂等，其没有独立的法人资格且不具有自己的责任财产，原则上是不能作为保证人的。但根据《民法典担保制度司法解释》第 11 条第 1 款的规定：“公司的分支机构未经公司股东（大）会或者董事会决议以自己的名义对外提供担保，相对人请求公司或者其分支机构承担担保责任的，人民法院不予支持，但是相对人不知道且不应当知道分支机构对外提供担保未经公司决议程序的除外。”企业法人分支机构经法人书面授权是可以在授权范围内提供保证的。

《民法典担保制度司法解释》第 11 条第 2 款至第 4 款规定：“金融机构的分支机构在其营业执照记载的经营范围内开立保函，或者经有权从事担保业务的上级机构授权开立保函，金融机构或者其分支机构以违反公司法关于公司对外担保决议程序的规定为由主张不承担担保责任的，人民法院不予支持。金融机构的分支机构未经金融机构授权提供保函之外的担保，金融机构或者其分支机构主张不承担担保责任的，人民法院应予支持，但是相对人不知道且不应当知道分支机构对外提供担保未经金融机构授权的除外。担保公司的分支机构未经担保公司授权对外提供担保，担保公司或者其分支机构主张不承担担保责任的，人民法院应予支持，但是相对人不知道且不应当知道分支机构对外提供担保未经担保公司授权的除外。公司的分支机构对外提供担保，相对人非善意，请求公司承担赔偿责任的，参照本解释第 17 条的有关规定处理。”

（4）居民委员会、村民委员会

《民法典担保制度司法解释》第 5 条第 2 款规定：“居民委员会、村民委员会提供担保的，人民法院应当认定担保合同无效，但是依法代行村集体经济组织职能的村民委员会，依照村民委员会组织法规定的讨论决定程序对外提供担保的除外。”

三、保证合同的内容

保证合同的内容即保证合同的条款，《民法典》第684条规定：“保证合同的内容一般包括被保证的主债权的种类、数额，债务人履行债务的期限，保证的方式、范围和期间等条款。”上述条款并不全是保证合同成立的必备条款，保证合同不能因为欠缺以上某些条款或对之约定不明而不成立或没有生效，在保证合同成立后当事人可以通过补充协议或依据法律规定加以补正。《民法典》对保证方式、保证担保范围以及保证期间都规定了明确的补正规则及推定规则。

四、保证合同的形式

保证合同为要式合同，必须满足一定的形式要件，《民法典》第685条规定：“保证合同可以是单独订立的书面合同，也可以是主债权债务合同中的保证条款。第三人单方以书面形式向债权人作出保证，债权人接收且未提出异议的，保证合同成立。”保证人在主合同上以保证人的身份签字或者盖章的，保证合同亦成立。

依据上述规定，保证合同的形式一般有以下几种：

（一）单独的保证合同书

这是保证合同中最典型、最完善的合同形式，其对保证合同的内容作出了明确的约定。它包括合同书、信函与数据电文等可以表现所载内容的合同形式。

（二）作为从条款的保证合同

债权人、债务人与保证人三方共同订立一个包括主合同条款内容的合同，保证合同的内容只作为部分条款出现，其与主合同在形式上无明显的主次之分，但在实质内容上保证合同依然以主合同的存在为前提。

（三）保证人单方出具承诺书的保证合同

保证人制作书面保证承诺书，明确表示为债务人履行债务承担保证义务，并将承诺书交付给债权人，此行为虽然是保证人的单方行为，但保证人出具承诺书的行为可视为要约，债权人接受即具有承诺性质，保证合同成立。债权人接受保证的意思表示可以是口头或书面形式，也可以是其积极行为，如收到承诺书后履行主合同的行为。

（四）以保证人身份签字盖章的保证合同

保证人与债权人之间没有任何保证合同书，保证人仅仅以保证人的身份在主合同中签字或盖章的，也应视为保证合同成立。因为其在主合同上的签字行为足以表明其愿意承担保证责任的意思表示，债权人作为纯受益一方，没有理由不接受，除非其明确表示免除保证人的保证责任。如甲向乙借款 6 万元，丙以“担保人”身份在借条上签字，丙的“担保人”身份为“保证人”，理由为“担保人”是种概念，“保证人”是属概念，“担保人”的种类中包含“保证人”；因没有约定担保方式，故推定为一般保证。

（五）口头的保证合同

虽然《民法典》规定保证合同推荐采取书面形式，但该规定并非强制性、效力性规范，根据民法意志自由的原则精神，当事人之间采取口头形式约定的保证并非一律无效。《民法典》第 469 条第 1 款规定：“当事人订立合同，可以采用书面形式、口头形式或者其他形式。”当事人口头约定保证合同，在保证人自愿履行口头保证合同所约定的保证义务时，债权人接受的，口头保证合同亦受法律保护。这种情况是担保合同的特例。[1] 例如，2013 年 10 月，甲、乙二人买卖车，双方达成口头协议，且由丙作保证，约定由甲出资 13 万元购买乙一台车，在甲支付了 10 万元将车开走并办理过户手续后，甲无力支付剩余款项，丙自愿代为履行。本案系因买卖合同关系产生的口头保证合同，保证人自愿履行保证合同义务时，债权人接受的，该合同未违反法律、法规强制性规定，合法有效。保证人自愿履行保证义务，在保证人履行保证义务后，不得以口头合同无效而请求履行返还。

〔1〕 曹士兵：《中国担保制度与担保方法》（第三版），中国法制出版社 2015 年版，第 135 页。

第三节 保证责任

一、保证责任的方式

保证责任又称保证债务或保证义务，指保证人根据保证合同约定向债权人所承担的义务。《民法典》中的担保人的责任分为四种类型：担保责任、赔偿责任、缔约过失责任、违约责任。本书第一章第二节“担保的设立及有关担保的法律责任”中已有详细论述。本节只论述保证责任。《民法典》第681条规定：“保证合同是为保障债权的实现，保证人和债权人约定，当债务人不履行到期债务或者发生当事人约定的情形时，保证人履行债务或者承担责任的合同。”根据该规定，保证责任包括代为履行责任和损害赔偿责任两种方式：

（一）代为履行责任

代为履行责任是指当事人约定在主债务人不履行债务时由保证人承担并履行原有的给付内容的主债务的责任。为了能够达到实际代为履行主债务的目的，要求主债务必须具有可替代性，如金钱等一般种类物的给付之债，也即非专属性之债。如主债务为以劳务等为给付标的的专属性债务，因其具有相关技能等与人身不可分的要求，事实上不可以由他人代为履行，故，当事人是不能事先约定代为履行的，即使保证合同有此约定也应视为无效。

（二）损害赔偿责任

损害赔偿责任是指在主债务履行期限届满债务人不履行债务，保证人事实上也不能代为履行的情况下，保证人应当承担的赔偿责任。《民法典》第577条规定：“当事人一方不履行合同义务或者履行合同义务不符合约定的，应当承担继续履行、采取补救措施或者赔偿损失等违约责任。”当主债务为专属债务时，因保证人不能代为履行而使债权人遭受损失，被保证人可以根据《民法典》第581条“当事人一方不履行债务或者履行债务不符合约定，根据债务的性质不得强制履行的，对方可以请求其负担由第三人替代履行的费用”的规定，请求保证人承担替代履行的费用，即相当于保证人承担赔偿责任。当主债务为非专属债务时，债务人于履行期限届满没有履行且没有约定由保证人代为履行的，保证人应对债权人的损失承担赔偿责任。

以上是《民法典》规定的两种保证责任承担方式，《民法典担保制度司法解释》第36条第1款规定了一种参照保证责任的赔偿责任，该条规定："第三人向债权人提供差额补足、流动性支持等类似承诺文件作为增信措施，具有提供担保的意思表示，债权人请求第三人承担保证责任的，人民法院应当依照保证的有关规定处理。"

二、保证责任的范围

保证责任的范围又称保证担保的范围或保证债务的范围，也即保证效力所及的范围与限度。《民法典》第691条规定："保证的范围包括主债权及其利息、违约金、损害赔偿金和实现债权的费用。当事人另有约定的，按照其约定。"当事人对保证担保的范围没有约定或者约定不明确的，保证人应当对法定范围内的债务承担责任。保证责任的范围包括约定范围和法定范围。

（一）约定范围

保证债务是独立于主债务的从债务，其债务范围不得大于或强于主债务，最多与主债务相等，法律也并不苛求保证责任的范围一定要等于主债务的范围，所以，当事人可以在保证合同中约定仅对低于主债务的部分债务承担保证责任，如当事人可约定保证人仅担保本债权而对利息等其他债务不负保证责任。

（二）法定范围

在当事人对保证责任范围没有约定或约定不明时，按照保证的从属性，即保证债务的范围不超过主债务的范围，法律推定保证人对全部债务承担责任。根据《民法典》第691条的规定，保证责任的法定范围包括主债权及利息、违约金、损害赔偿金和实现债权的费用。

1. 主债权

主债权是指保证合同成立时或成立之前，债权人对主债务人所享有的全部债权。主债权原则上必须在保证设立时得以确定，若其范围或强度在日后不断增加则保证人的保证范围也依法随之增加的话，对保证人是不公平的，所以，依据《民法典》第695条[1]规定，在保证期间，债权人与债务人对主合同的数量、价款、币种、利率等内容作了变动进而使主债权发生了变动，在未经保证人同意的情况下，如果因债权变动减轻了债务人的负担，保证人对变更后的合同承担保证责任；如果因此加重了债务人的负担，保证人对加重的部分不承担保证责任。当然，最高额保证因其自身特点在规定的期间内主债权是可以变动的。

2. 利息

利息是指主债权所产生的法定孳息。根据保证的从属性，利息作为主债权的扩张性利益，应当作为保证债务的范围。利息是由当事人约定的，保证合同成立之后另行约定增加的利息则不在保证责任的范围之内，同时，对于主合同当事人超出法律规定的利率上限所约定的利息，其超出部分是无效的，保证人对超出部分也无须承担责任。[2]

3. 违约金

违约金是指法律规定或主合同约定，在主债务人违约时应当支付给债权人一定数额的金钱或其他给付。根据《民法典》的规定，违约一方支付违约金后还应履行债务，属于科以违约方具有惩罚性质的负担，为主债务的从债务，当然应包含于保证责任范围内。此处的保证责任应负担的违约金仅指保证合同成立之前或成立之时主合同约定的违约金或依主合同性质而产生的违约金。

4. 损害赔偿金

损害赔偿金是指由于主债务人不履行债务给债权人造成损害而应向债权人偿付的款项。其性质是因作为第一性债务的主债务不被履行进而产生的从债务，也即第二性债务，是主债务的派生物或变形物，理应包括在保证责任范围内。属于保证责任范围内的损害赔偿金仅指因可归责于债务人的事由产生的损害赔偿，不管是因其迟延履行还是不履行，而因主合同项下其他原因产生的损害赔偿则不属于保证责任的范围。

5. 实现债权的费用

实现债权的费用是指因主债务人不履行债务，债权人为实现其债权而必

---

[1] 《民法典》第695条第1款：债权人和债务人未经保证人书面同意，协商变更主债权债务合同内容，减轻债务的，保证人仍对变更后的债务承担保证责任；加重债务的，保证人对加重的部分不承担保证责任。

[2] 高圣平：《担保法新问题与判解研究》，人民法院出版社2001年版，第210页。

须支出的费用，包括诉讼费、通知费用、催告费用及交通费等。实现债权的费用是债权人为实现其债权所必需的，是保证人在设定担保时能够预见到的且应当预见到的，将其归于保证责任范围内是合理的。[1]

三、主合同变更对保证责任的影响

（一）主债权债务合同当事人变更对保证责任的影响

1. 主债权让与

根据《民法典》第696条的规定，在保证期间，主债权依法转移发生变更的，保证人继续承担保证责任，但转让主债权必须通知保证人，未通知保证人的，该转让对保证人不发生效力。此规定也适用于物的担保。因为主债权移转时，担保权作为从权利当然随之转移，这种转移通常不会对担保人造成不利影响，因为不管担保人对谁承担担保义务，对其本身影响不大，不会因主债权的变更而导致其本身担保义务的增减。该条第2款规定："保证人与债权人约定禁止债权转让，债权人未经保证人书面同意转让债权的，保证人对受让人不再承担保证责任。"

2. 主债务转移

《民法典》第697条对主债务转移情况下的担保责任的承担作了明确规定，具体包括如下几个方面的内容：首先，担保设定以后债权人必须经担保人的书面同意才能允许债务人转移全部或部分债务，因为担保人为债务人提供担保在一定程度上是对债务人的履行能力有所信任的，或是基于一定的关系等原因才答应提供担保的，如债务人私自将债务进行转移，新债务人（受让人）的履行债务的能力是值得怀疑的，足以影响到担保人是否实际承担担保责任以及承担担保责任范围的大小，同时，不管受让人履行债务能力如何，担保人是否愿意为其承担担保责任也是个重大问题，所以，法律规定要求债务转移必须经担保人同意，且为了防止发生纷争，保留证据并为了提醒担保人慎重考虑，法律规定必须经担保人书面同意才可以转移债务；其次，我们可以看出，经担保人书面同意可转移债务的情况一定是当担保人是债务人以外的第三人时才能发生的，因为如果担保财产是因债务人本人提供的，在债务人转移债务时，并没有因此而加重其责任，也没有须经自己书面同意

[1] 郭明瑞：《担保法》，中国政法大学出版社1998年版，第50页。

之说，其完全可以转移债务；最后，未经担保人书面同意转移债务的，不必然导致担保人全部责任的免除，而是“相应”责任的免除，“相应”责任应当根据债务转移的份额来确定，如果发生了全部债务转移的情况，新的债务人完全取代了原来的债务人，则担保人可免除全部的担保责任，而如果仅仅是转移了部分债务，没有经担保人书面同意，则担保人可对该部分债务免除担保责任，对债务人没有转移的其余部分债务仍应承担担保责任。第三人加入债务的，依据本条第 2 款的规定，因此种状况没有增加保证人的负担，故保证人的保证责任不受影响。

（二）主债权债务合同内容变更对保证责任的影响

参见第一章第三节“二、主债权债务合同变更对担保效力的影响”，此处不再赘述。

四、保证责任的免除和消灭

保证责任的免除是指保证人因法定事由而不再承担保证责任；保证责任的消灭是指因法定事由而使保证人的保证责任不再存在。两者含义略有不同，保证责任的免除可能是因无效保证或保证被撤销而使保证人不用再承担保证责任，而保证消灭则是在有效保证的前提之下，因法定事由使保证责任不再存在。两者的结果无本质区别，均导致保证权利义务关系的消灭，也称为保证的消灭。

保证消灭的原因可分为一般原因和特别原因。一般原因指债的消灭的通常原因，其适用债法关于债的消灭的一般规则。对于保证责任而言，保证消灭的一般原因有：其一，基于保证的从属性而发生的消灭，即因主债权的消灭而使从属的保证债权消灭，如主债权因债务人完全履行，以及因提存、混同、抵销、解除或被免责等事由而不复存在；其二，基于保证的独立性而发生的消灭，即保证人自己履行了保证义务，或因提存、混同、抵销、被免责或保证合同的解除等事由导致保证责任的消灭。

保证责任消灭的特别原因指基于保证责任的特性，由《民法典》直接规定的消灭原因。主要包括以下几个方面：

（1）保证期间届满而债权人未请求的；根据《民法典》第 693 条的规定，因一般保证的保证人享有先诉抗辩权，如果债权人在保证期间内未对债务人提起诉讼或仲裁且对其财产强制执行的，一般保证人的保证责任得以免除；连带责任保证的债权人在保证期间内未向保证人本人主张要求承担保证责任的，连带责任保证人免责，保证责任归于消灭；

（2）未经保证人同意通过变更主合同内容而加重保证人责任的，《民法典》第695条对此进行了明确规定；

（3）保证人与债权人约定禁止债权转让，债权人未经保证人书面同意转让债权的，保证人对受让人不再承担保证责任；

（4）主债务转让未经保证人书面同意的；

（5）债权人知道或者应当知道债务人破产，既未申报债权也未通知担保人，致使担保人不能预先行使追偿权的，担保人就该债权在破产程序中可能受偿的范围内免除担保责任，但是担保人因自身过错未行使追偿权的除外；〔1〕

（6）主合同当事人协议以新贷偿还旧贷，债权人请求旧贷的担保人承担担保责任的，人民法院不予支持；〔2〕

（7）一般保证的保证人在主债务履行期限届满后，向债权人提供债务人可供执行财产的真实情况，债权人放弃或者怠于行使权利致使该财产不能被执行的，保证人在其提供可供执行财产的价值范围内不再承担保证责任。

第四节　保证期间

一、保证期间的概念与性质

（一）保证期间的概念

1994年4月15日发布的《最高人民法院关于审理经济合同纠纷案件有关保证的若干问题的规定》（法发〔1994〕8号，已失效）第10条、第11

〔1〕《民法典担保制度司法解释》第24条：债权人知道或者应当知道债务人破产，既未申报债权也未通知担保人，致使担保人不能预先行使追偿权的，担保人就该债权在破产程序中可能受偿的范围内免除担保责任，但是担保人因自身过错未行使追偿权的除外。

〔2〕《民法典担保制度司法解释》第16条第1款：主合同当事人协议以新贷偿还旧贷，债权人请求旧贷的担保人承担担保责任的，人民法院不予支持；债权人请求新贷的担保人承担担保责任的，按照下列情形处理：（一）新贷与旧贷的担保人相同的，人民法院应予支持；（二）新贷与旧贷的担保人不同，或者旧贷无担保新贷有担保的，人民法院不予支持，但是债权人有证据证明新贷的担保人提供担保时对以新贷偿还旧贷的事实知道或者应当知道的除外。

条规定了“保证责任期限”。这是中国法律文件中最早出现的类似保证期间的概念，但其并没有明确定义保证期间或保证责任期限的概念。1995 年颁布的《担保法》，正式从法律上确立了保证期间制度，其中涉及“保证期间”的一共有 6 条，即第 15 条、第 22 条、第 23 条、第 25 条、第 26 条、第 27 条，但同样也没有对保证期间作出定义，而仅对保证期间的订立和效力做出原则性规定。《担保法司法解释》中就保证期间作了较为详细的规定。

关于保证期间的概念，大都以描述的方式进行界定，将之限定在一定的主观范围内，没有能够全面准确地揭示其本质，进而导致对之定性不一。本书拟从不同的角度对保证期间的特点进行分析，然后进行抽象归纳，对保证期间的概念加以概括总结。

首先，从保证的功能和目的来看，保证担保是以第三人的信用或一般财产作为担保的标的的。对债权人来说无疑相当于增加了一个债务人，使债权人的债权实现有了更为可靠的保障，同时也有利于社会主义市场经济秩序的稳定和发展，但对保证人来说如果债权人与债务人之间因债务的履行事宜协商未果而进入诉讼程序，诉讼再因各种事由中止或中断，时间被无限期延长，则保证人迟迟不能从保证责任中解脱出来，保不准何时债权人会突然而至要求其承担保证责任，保证人实际上处于无止境地承担保证责任的不确定状态，根本没法对自己今后的经济活动进行合理安排。为了平衡双方利益，敦促债权人尽快行使其权利，法律基于理性选择的思考设置了保证期间制度，体现了合理分担风险的原则。

其次，从相关法律、法规的规定来看，保证期间由当事人双方约定，如没有约定或约定不明由法律规定，不管双方是否进行了约定，债权人对其能够向保证人提出承担保证责任的请求有时间范围的要求是明知的，如其迟迟不提出请求，唯一合理的推定就是弃权。同时，如债务履行期限届满债务人不履行债务，债权人要在保证期间内通过对债务人提起诉讼或仲裁或者向保证人提出承担保证责任的请求的方式来表明其没有放弃保证债权，否则保证期间届满保证人将无须承担保证责任。保证合同其实就是一个附条件的合同，保证人承担保证责任必须基于两个条件的成就，一是债务人不履行债务，二是保证期间内债权人须作出其未放弃保证债权的意思表示，这是债权人与保证人在保证合同诉讼时效范围内所要解决的问题，保证期间的使命此时业已完成。

根据以上分析，我们概括一下保证期间的概念：所谓保证期间，就是指依保证合同当事人的约定或依法律推定，在主债务履行期届满后，保证人能够容许债权人主张权利的最长期限。在保证期间中，债权人应当向债务人提起诉讼或仲裁（在一般保证中）或向保证人（在连带保证中）主张权利，保证期间届满债权人未行使请求权则保证人的保证责任免除。可见，保证期间构成债权人请求保证人承担保证责任的担保权消灭的法律后果。

（二）保证期间的分类及保证期间的性质

1. 保证期间的分类

保证期间因其产生方式不同，可分为约定期间、催告期间和法律推定期间三种。

约定保证期间是指当事人的保证合同中明确约定的保证期间，通常称之为定期保证期间。《民法典》第 684 条规定："保证合同的内容一般包括……保证的方式、范围和期间等条款。"

催告期间是指保证合同当事人没有约定保证期间或有约定但约定不明确或无效的情况下，在主债务履行期届满后，保证人催告债权人对主债务人行使诉讼上的权利而确立的合理期限。《最高人民法院关于审理经济合同纠纷案件有关保证的若干问题的规定》（法发〔1994〕8 号，已失效）第 11 条规定了催告保证期间。

法律推定期间是指当事人在保证合同中没有约定保证期间或约定不明确或约定无效的情况下，根据法律任意性规范加以补正，即依法律规定以主债务履行期届满后的一定时期为保证期间。《民法典》第 692 条第 2 款规定："债权人与保证人可以约定保证期间，但是约定的保证期间早于主债务履行期限或者与主债务履行期限同时届满的，视为没有约定；没有约定或者约定不明确的，保证期间为主债务履行期限届满之日起六个月。"在这种情况下，法律推定保证期间为六个月，始于主债务履行期届满，止于六个月届满之日。该条第 3 款规定："债权人与债务人对主债务履行期限没有约定或者约定不明确的，保证期间自债权人请求债务人履行债务的宽限期届满之日起计算。"

2. 保证期间的性质

由于对保证期间的认识存在理论上的模糊，导致其与诉讼时效和除斥期间相混淆，下面通过将保证期间与二者的特点分别进行比较，以期对保证期间的性质有个准确的认识。

关于其与诉讼时效的联系与区别，两者都表现为一定权利经过一定期间不行使即归于消灭，以避免债务人长期处于权利义务不明确的状态，且都适用于请求权，但两者的区别也很明显：其一，诉讼时效期间[1]是强行法规范，其长度、计算方法及起讫点均由法律规定，不像保证期间作为任意法规范可以由当事人自由约定；其二，诉讼时效中的请求权是权利人享有的请求司法保护的请求权，期间届满，权利人的实体权利并没有丧失，其权利因丧失了国家强制力的保护而转化为自然债权，而保证期间的债权人享有的请求权是针对保证人的，保证期间作为决定保证债权是否发生效力的一种期限条件，如债权人在该期间内没有向保证人提出权利请求，则该期限条件视为未成就，保证责任不产生效力，这意味着债权人的保证债权这一实体权利丧失。

两者的区别有本质上的不同，根据《民法典》第 694 条“一般保证的债权人在保证期间届满前对债务人提起诉讼或者申请仲裁的，从保证人拒绝承担保证责任的权利消灭之日起，开始计算保证债务的诉讼时效。连带责任保证的债权人在保证期间届满前请求保证人承担保证责任的，从债权人请求保证人承担保证责任之日起，开始计算保证债务的诉讼时效”的规定，保证期间可以适用关于诉讼时效中断的规定，将保证期间当作可变期间，会让人误认为保证期间就是诉讼时效。其实该条规定的目的是避免出现因一般保证的债权人对债务人提起诉讼或仲裁并依法申请强制执行债务人财产需经过很长时间，保证期间可能早已届满而使债权人丧失向保证人请求承担保证责任的权利的情况。该条文通过保证期间可以中断的规定来人为延长保证期间，并无意将保证期间定义为时效期间。《民法典》第 692 条规定：“保证期间是确定保证人承担保证责任的期间，不发生中止、中断和延长。”

保证期间也不是除斥期间，除斥期间是指法律规定的某种权利预定存在的期间，期间届满该项权利消灭。二者相同之处为经过一段期间都发生一定权利消灭的法律后果，目的是敦促权利人及时行使权利，且都为不变期间，但二者毕竟属于不同的法律范畴，存在本质的区别：除斥期间是强行法规范，目的在于尽快消除权利义务的不确定状态，期间经过的结果是实体权利的丧失，其适用于如追认权、撤销权等形成权，而保证期间是任意法规范，

---

〔1〕《民法典》第 188 条：向人民法院请求保护民事权利的诉讼时效期间为三年。法律另有规定的，依照其规定。诉讼时效期间自权利人知道或者应当知道权利受到损害以及义务人之日起计算。法律另有规定的，依照其规定。但是自权利受到损害之日起超过二十年的，人民法院不予保护；有特殊情况的，人民法院可以根据权利人的申请决定延长。

当事人可以对期间的时间长短进行约定，保证期间作为保证债权是否发生效力的期限条件，期间届满债权人未行使权利视为该条件未成就，保证责任压根就没有生效，保证责任也无从谈起，保证期间仅适用于债权人请求保证人承担保证责任的请求权。

根据以上分析，保证期间既不是诉讼时效也不是除斥期间，可以说是债权人向保证人请求其承担保证责任的一种提示期间，如保证期间届满债权人没有提示则视为其对保证债权的放弃，保证人不再承担保证责任。在连带责任保证中，债权人可以直接向保证人要求其承担保证责任，只要债权人在保证期间内完成提示义务，即表明其没有放弃其保证债权，保证人不得再以保证期间为由主张免除保证责任，具体保证责任是否承担及承担的范围、大小等最终承担问题是保证合同的履行问题，与保证期间已没有关系。在一般保证中保证人享有先诉抗辩权，债权人不能直接向保证人主张权利，只要债权人在保证期间内依法对债务人提起了诉讼或仲裁，则视为债权人已完成了提示义务，保证人也不得再以此为由主张免除保证责任。

二、保证期间的确定

《民法典》第692条第2款规定："债权人与保证人可以约定保证期间，但是约定的保证期间早于主债务履行期限或者与主债务履行期限同时届满的，视为没有约定；没有约定或者约定不明确的，保证期间为主债务履行期限届满之日起六个月。"不论一般保证还是连带责任保证，保证期间没有约定或者约定不明确的，保证期间均为6个月，保证期间的起算点也均为主债务履行期届满之日，终于6个月的最后一天。例如，甲借乙100万元，约定3月15日还款，丙为一般保证人，甲到期未还款，乙于10月15日起诉甲并胜诉，甲因无可供执行的财产，乙要求丙承担保证责任被拒。本案中，虽然甲起诉了乙（必须是起诉或仲裁的请求方式），但因甲与丙没有约定保证期间，故法律推定为6个月，9月15日应为最后日期，超过后丙的保证责任免除。如为连带责任保证，则甲必须在9月15日前请求（包括起诉及其他权利请求方式）保证人丙承担保证责任，否则即为保证期间经过，保证人免责。

债权人与保证人也可以对保证期间的起讫时间及保证期限进行约定，但约定的保证期间不得早于或等于主债务履行期限，因为这样约定的结果是不能确保保证起到担保的作用，视为没有约定，保证期间均为 6 个月。而且，债权人与保证人也不得约定如“保证人承担保证责任直至主债务本息还清为止”等无法确定到期日的内容，故《民法典担保制度司法解释》第 32 条规定：“保证合同约定保证人承担保证责任直至主债务本息还清时为止等类似内容的，视为约定不明，保证期间为主债务履行期限届满之日起六个月。”如果约定保证期间长于二年的，其约定效力如何？一种观点认为，此种约定无效。如果允许保证合同约定的保证期间长于诉讼时效期间，将导致债权人向债务人提起诉讼或仲裁或者向保证人主张权利的有效期间长于诉讼时效，其实质效果是以约定排斥了诉讼时效的适用。〔1〕另一种观点认为，保证期间多长及是否有利于债权人，纯属当事人意思自治的问题，保证期间并非时效期间，其长度应允许当事人自由约定。〔2〕笔者同意第二种观点。笔者认为，根据学界研究，诉讼时效期间并非不变期间，可因时效中止、中断而变动。〔3〕保证期间为不变期间。而且，保证人有权主张主债务人的抗辩，如果主债务超过诉讼时效的，保证人可以据此抗辩，并不因保证期间而继续承担保证责任。在实践中，很多保证合同约定“保证责任承担至主债务消灭之时”“保证人承担保证责任至借款人全部偿还贷款本息时止”等类似内容，根据《民法典担保制度司法解释》第 32 条的规定，视为约定不明，保证期间为主债务履行期届满之日起 6 个月。

另外，《民法典》第 692 条第 3 款规定：“债权人与债务人对主债务履行期限没有约定或者约定不明确的，保证期间自债权人请求债务人履行债务的宽限期届满之日起计算。”当主合同对主债务履行期限没有约定或约定不明时，保证合同约定的保证期间起算时间无效，由法律直接规定为债务人履行义务的宽限期届满之日，但可以约定具体的保证期限如 8 个月。关于对“宽限期”的理解，在主债务履行期限没有约定或约定不明时，债权人在要求债务人履行债务时可以通过要求债务人出具履行债务的计划等形式给予债务人宽限期以明确债务的履行期限，也可以参照《民法典》第 511 条第 4 项的规定：“履行期限不明确的，债务人可以随时履行，债权人也可以随时请求履行，但是应当给对方必要的准备时间。”如甲于 5 月 1 日向乙借款 10 万元，

---

〔1〕刘保玉、吕文江主编：《债权担保制度研究》，中国民主法制出版社 2000 年版，第 142 页。

〔2〕参见邹海林：《论保证责任期间——我国司法实务和立法的不同立场》，载梁慧星主编：《民商法论丛》（第 14 卷），法律出版社 2000 年版，第 147 页。

〔3〕龚维梁、程勇：《消灭时效制度研究》，载《研究生法学》2003 年第 4 期。

没约定还款期限，乙于 8 月 1 日要求甲还款，甲因经济紧张无力偿还，乙同意甲于 10 月 1 日前还款的请求，此两个月即为债务履行的宽限期。

三、保证期间的意义与价值

在保障债权实现的同时，为促使债权人及时地行使对保证人的权利，以平衡债权人和保证人之间的利益，促使这种担保方式发挥社会经济作用，均需对保证效力作一定的时间限制。具体而言，设定保证期间的意义在于：

第一，保证期间的实质是一项保障保证人利益的制度，这是立法上平衡保证人与债权人利益的结果，是由保证合同的性质所决定的。保证合同的履行，是发挥保证制度社会功能的中心环节。立法者在做出权利分配时，必须依照正义的价值进行判定和取舍，以寻求保证制度中保证人、债权人、主债务人三方之间的权利衡平机制。除债权人的合法权利应予保护外，在公平的理念上，保证人的合法权益也应予保护。保证合同是单务、无偿合同。在保证关系中，只存在保证人承担保证债务，债权人并不负对待给付义务，即保证人对债权人承担保证债务，债权人并不对此提供相应代价。若不对债权人的权利行使加以适当限制，则对保证人在保证关系中的地位极其不利，债权人似乎可以肆无忌惮地行使权利。而债权人及时行使权利对于保证人的利益是至关重要的，因为债务人的财产状况随时可能发生变化，债务随时可能会转嫁给保证人。因此，立法中才设定保证期间制度，以求对保证债务的诉讼时效作进一步限缩。这样，如果债权人在保证期间内及时对债务人提起诉讼或者申请仲裁，可以有效地控制和执行债务人的财产，使保证人免于日后可能承担的责任。即便在连带责任保证中，若债权人及时向保证人主张权利，在保证人履行了保证债务后，也可以及时地向主债务人行使代位追偿权。如果债权人不及时行使权利，一旦债务人的财产发生变化丧失履行能力，保证人在履行了保证责任后，则再也无法行使代位追偿权了。因此，立法上根据诚实信用原则和公平理念设立相应的救济手段，评估当事人各方利益，并在此基础进行平衡。设定保证期间，从立法上向保证人倾斜，将保证人的保证责任限定在一定的期间内，可以避免保证人无止境地处于承担责任的不利状态或是长期处于随时可能承担责任的财产关系不确定状态，同时也可抑制因债权人怠于行使权利而主债务人财产状况可能出现恶化，以致影响到保证人追偿权的情况。综上，保证期间是一项旨在维护保证人利益的期间制度。

第二，敦促权利人积极行使权利。债务及时顺利地得到履行是合同当事人和立法者的共同愿望，同时也可稳定经济秩序和促进社会经济的发展。保证具有单务无偿性，而且保证合同为从合同，根据主从债务的特点，保证债务的诉讼时效往往随着主债务诉讼时效的中断而中断，如果仍只适用对债权人的债权行使进行限制的诉讼时效制度，则显然对保证人过于苛刻。对债务人行使保证债权过于宽容，会对促使债权人行使权利不利。总之，保证期间将保证人的责任承担作出限缩，一旦保证期间届满保证人将免除责任，以免债权人怠于行使权利而增大保证人的风险，从而敦促了债权人及时行使权利。

第三，保证期间是保证合同中当事人意思自治原则和保证制度的信用基础的必然要求。保证合同的订立是当事人意思自治的结果。当事人在保证合同中约定保证期间也正是当事人意思自治的集中体现。另外，保证人之所以同意或愿意提供单务、无偿的保证，是基于相信主债务人有良好的信用和足够的清偿能力，即信任关系。然而这种信任关系是基于保证合同订立前的事实判断，因此，这种信任不应是永久的、无期限的，应有时间限制。

第四，保证期间有助于推动保证制度的发展。保证期间将保证人的保证责任限定于一定的期限内，在很大程度上确认了保证责任的风险范围，有利于减轻保证人的责任，有助于解决“觅保难”的现象。

总之，保证期间通过当事人约定将债权人的权利主张限定在一定的期限内，既增强了债权人及时行使权利的紧迫感，又有助于避免保证人长期处于可能承担债务的不利状态，避免了债权人怠于行使权利而增大保证人的风险，避免因债务人财产状态恶化而危及保证人的利益。这也是保证制度信任基础的内在要求和合同意思自治的集中体现，是立法上利益分配平衡的结果。

四、保证合同的诉讼时效

（一）保证合同诉讼时效的起算

债权人在保证期间内向保证人提出权利请求的法律效果只是使保证合同所附的条件得以成就，并不意味着保证责任能够最终实现，因为债权人对保证人享有的保证债权也只是一个普通债权，也须受诉讼时效的限制，在保证债权可得行使时，债权人向保证人主张保证债权，如保证人拒绝承担保证责任，即视为债权人知道或应当知道自己的权利受到了侵害，保证债务的诉讼时效就开始计算了。[1]

《民法典》第 694 条规定："一般保证的债权人在保证期间届满前对债务人提起诉讼或者申请仲裁的，从保证人拒绝承担保证责任的权利消灭之日起，开始计算保证债务的诉讼时效。连带责任保证的债权人在保证期间届满前请求保证人承担保证责任的，从债权人请求保证人承担保证责任之日起，开始计算保证债务的诉讼时效。"因一般保证的保证人享有先诉抗辩权，对一般保证的诉讼时效依照《民法典担保制度司法解释》第 28 条规定确定："一般保证中，债权人依据生效法律文书对债务人的财产依法申请强制执行，保证债务诉讼时效的起算时间按照下列规则确定：（一）人民法院作出终结本次执行程序裁定，或者依照民事诉讼法第 257 条第 3 项、第 5 项的规定作出终结执行裁定的，自裁定送达债权人之日起开始计算；（二）人民法院自收到申请执行书之日起一年内未作出前项裁定的，自人民法院收到申请执行书满一年之日起开始计算，但是保证人有证据证明债务人仍有财产可供执行的除外。一般保证的债权人在保证期间届满前对债务人提起诉讼或者申请仲裁，债权人举证证明存在民法典第 687 条第 2 款但书规定情形的，保证债务的诉讼时效自债权人知道或者应当知道该情形之日起开始计算。"[2]

（二）保证合同诉讼时效与主合同诉讼时效的关系

保证合同中涉及"保证期间""主合同诉讼时效期间""保证合同诉讼时效期间"三个概念，规制这三个期间的法律、司法解释有《民法典》《民法典担保制度司法解释》。这三个期间区别明显却联系紧密，保证合同与主合同的诉讼时效虽然都是从权利人知道或应当知道其权利受到侵害之日起计算，但两者的具体起算点是不同的。主债务履行期届满债务人不履行债务的，则债权人的债权受到侵害，主合同诉讼时效即开始计算，在保证合同中，在保证责任确定不能免除，债权人要求保证人承担保证责任时保证人拒绝承担，则视为保证债权受到侵害，保证合同的诉讼时效开始起算。

---

[1] 高圣平：《担保法新问题与判解研究》，人民法院出版社 2001 年版，第 231 页。

[2] 《民法典》第 687 条第 2 款：一般保证的保证人在主合同纠纷未经审判或者仲裁，并就债务人财产依法强制执行仍不能履行债务前，有权拒绝向债权人承担保证责任，但是有下列情形之一的除外：（一）债务人下落不明，且无财产可供执行；（二）人民法院已经受理债务人破产案件；（三）债权人有证据证明债务人的财产不足以履行全部债务或者丧失履行债务能力；（四）保证人书面表示放弃本款规定的权利。

主合同诉讼时效与保证合同诉讼时效的另一重要关系是主合同诉讼时效的中止、中断的效力是否当然及于保证合同的诉讼时效。《担保法司法解释》第36条规定："一般保证中，主债务诉讼时效中断，保证债务诉讼时效中断；连带责任保证中，主债务诉讼时效中断，保证债务诉讼时效不中断。一般保证和连带责任保证中，主债务诉讼时效中止的，保证债务的诉讼时效同时中止。"〔1〕在一般保证中，因为保证人享有先诉抗辩权，只有在主债务人的财产经强制执行后仍不能清偿时保证人才承担保证责任，在此之前债权人无权要求其承担保证责任，因此两者的诉讼时效起算点是完全不同的。当主债务诉讼时效中断时一般保证的诉讼时效可能还没有开始计算，根本谈不上诉讼时效期间的中断。《担保法司法解释》是基于这样的考虑，如主债务诉讼时效中断而保证债务诉讼时效不同时中断的话，一旦主债务人无力清偿债务，保证人会以超过保证债务的诉讼时效为由拒绝承担保证义务，从而会使债权人的权利落空，其出发点是好的但是并不合理；在连带责任保证中，保证人虽然可以视为一个共同债务人，但毕竟与共同债务人有本质的不同，其具有相对独立的地位，当主债务诉讼时效中断时，如果债权人不同时为中断时效期间之行为，其中断的效力并不当然及于保证债务。

《民法典》总则编关于诉讼时效中止的规定是指在诉讼时效期间最后6个月，由于不可抗力等客观原因导致权利人不能行使权利时暂停计算诉讼时效期间。《担保法司法解释》规定主债务诉讼时效中止的效力当然及于保证债务的诉讼时效，即同时中止，其认为既然由于不可抗力的客观原因使债权人无法请求债务人履行债务，债权人当然也无法要求保证人承担保证责任，所以保证债务的诉讼时效期间也应同时中止。此规定也是不妥的，如上所述，两者的起算点是不同的，不可能存在同时中止的情形。再有，如果债权人与保证人没有约定保证期间，保证期间依法应为主债务履行期限届满6个月，而主债务诉讼时效中止只能发生在诉讼时效期间的最后6个月内，此时主债务诉讼时效已进行了二年半的时间，如果债权人一直没有向保证人提出

〔1〕 诉讼时效期间中断是指在诉讼时效进行期间，因起诉（权利人向法院提起诉讼）、请求（权利人向义务人提出履行义务的要求）、认诺（义务人承认其义务或履行义务）而中断。诉讼时效期间中断后，原有诉讼期间停止计算，从中断终结时起，诉讼时效期间重新开始计算。诉讼时效中止是指在诉讼时效进行期间，因发生法定事由阻碍权利人行使请求权，诉讼依法暂时停止进行，并在法定事由消失之起继续进行的情况，又称为时效的暂停。对此，《中华人民共和国民法总则》第194条予以规定，在诉讼时效期间的最后六个月内，因下列障碍不能行使请求权的，诉讼时效中止，自中止时效的原因消除之日起满六个月，诉讼时效期间届满。

权利主张，则此时保证期间早已届满，保证人免责，保证合同的使命已经完成，虽然其诉讼时效期间在形式上尚未完成，其实已没有了适用的余地，更谈不上适用诉讼时效中止的问题了。《民法典担保制度司法解释》没有保留该条内容，说明主债务诉讼时效与保证债务诉讼时效应独立起算。

以案说法

保证合同诉讼时效与主合同诉讼时效的关系

【案情介绍】

2021 年 10 月 1 日，甲向乙借款 5 万元，丙为该借款承担连带保证责任，约定 2022 年 10 月 1 日归还，未约定保证期间。

法理分析

本案的保证期间因双方未约定而推定为主债务履行期届满之日起 6 个月，即 2021 年 10 月 2 日至 2022 年 4 月 1 日，借款合同的诉讼时效期间为 2021 年 10 月 2 日至 2024 年 10 月 1 日。如债权人乙在 2021 年 10 月 2 日至 2022 年 4 月 1 日的保证期间内向保证人丙主张权利，则保证期间丧失作用，自债权人主张权利之日起转为计算保证合同的诉讼时效。如债权人乙未在保证期间内向保证人丙主张权利，则保证期间发挥作用，债权人丧失对保证人的实体胜诉权，免除保证人的保证责任。在主债务诉讼时效期间，债权人乙向主债务人甲主张权利，则主债务诉讼时效期间中断，自主张权利之日起重新计算，而连带保证的保证债务的诉讼时效不因主债务诉讼时效期间的中断而中断，保证债务的诉讼时效期间继续计算。此处的立法意图在于，连带责任保证的保证人，承担较重的保证责任，且不享有一般保证人的先诉抗辩权，故应在保证债务的诉讼时效中对债权人予以限制，防止保证人无限期地承担保证责任。

第五节　保证效力

一、保证对保证人与债权人之间的效力

保证对保证人与债权人之间的效力指由于保证合同的成立，在保证合同

当事人即保证人与债权人之间产生的权利义务关系。保证合同为单务合同，在保证之债中仅债权人一方享有请求对方给付的权利而无须承担义务，保证人一方承担给付义务而并不享有对价性的权利，但同时保证人也享有一定的对抗债权人请求权的防御性权利，如先诉抗辩权。下面从债权人的权利与保证人的权利两个方面展开阐述。

（一）债权人的权利

保证合同为附条件的合同，债权人请求保证人履行保证债务的条件是主债务履行期届满主债务人不履行主债务以及保证期间内债权人向保证人主张要求其承担保证责任。主债务清偿期限届满前或者届满时主债务已履行的，或者债权人在保证期间内未行使权利的，债权人要求保证人承担保证责任的请求权对保证人不产生效力。

一般保证中，因保证人享有先诉抗辩权，债权人只有在债务人履行不能时，也就是债权人在就主债务人的财产强制执行仍不能完全受偿的情况下才得请求保证人履行保证债务，如债权人对保证人负有同种类可抵销的债务，在保证人享有先诉抗辩权期间也不得主张以自己对保证人的债务与保证人的保证债务相抵销；在连带责任保证中或一般保证人丧失先诉抗辩权时，债权人在债务人于履行期限届满未履行债务时即可请求保证人履行保证责任。

（二）保证人的权利

保证人享有的权利主要是以抗辩权为主的防御性权利，包括以下三个方面：

1. 主债务人享有的权利

由于保证债务的从属性，即以主债务的存在为前提，主债务人享有的对债权人抗辩权、抵销权以及撤销权等权利，其效力当然及于保证人。

（1）主债务人的抗辩权

《民法典》第701条规定："保证人可以主张债务人对债权人的抗辩。债务人放弃抗辩的，保证人仍有权向债权人主张抗辩。"这里的抗辩权指债务人根据法定事由享有的对抗债权人行使债权请求权的权利，如果债务人放弃了抗辩权将难以确保保证人的利益，故而法律规定当债务人放弃抗辩权时保证人也可以以自己的名义独立行使债务人所有的抗辩权，此乃保证人基于法律规定的地位固有的权利，并非由保证人代债务人主张抗辩。保证人得以主张债务人的抗辩权主要有以下几种情况：

第一，主张债权未发生。如主合同没有成立或者因法律规定无效，保证人可以主张主债权债务没有发生来对抗债权人的请求权。如果保证人明知主合同无效而提供保证担保的，则应对因主合同无效而使债务人应承担的后果负保证责任，不能享有抗辩权。[1]

第二，主张债权已消灭。主债务因清偿、提存、抵销等原因消灭的，或者主债务因不可归责于主债务人的事由而发生给付不能导致主债务消灭的，保证人得行使以之为主债权已消灭的抗辩[2]。主债务未发生或者消灭这两种情况，基于保证债务的从属性，保证债务因不存在保证对象而当然消灭，与其说保证人在行使债务人的抗辩权，不如说其是在行使自己的抗辩权。[3]

第三，拒绝给付的抗辩。如主合同为双务合同，债权人负有对待义务，则债务人因此享有同时履行抗辩权、先履行抗辩权及不安抗辩权等，基于保证合同的从属性，当主债务因上述抗辩权而无须履行时，保证人亦同时享有上述抗辩权而拒绝履行保证债务。又如《民法典担保制度司法解释》第 24 条规定："债权人知道或者应当知道债务人破产，既未申报债权也未通知担保人，致使担保人不能预先行使追偿权的，担保人就该债权在破产程序中可能受偿的范围内免除担保责任，但是担保人因自身过错未行使追偿权的除外。"

第四，时效抗辩。主债权的诉讼时效届满时，债权并未消灭而转化为不完全债权，债务也成了自然债务，债务人得以债务已过诉讼时效拒绝履行，保证人也可以主债务超过诉讼时效的理由进行抗辩。但如果保证人在保证合同成立时已经知道主债务诉讼时效届满而仍提供保证的，不得再以此为理由抗辩，《民法典担保制度司法解释》第 35 条规定："保证人知道或者应当知道主债权诉讼时效期间届满仍然提供保证或者承担保证责任，又以诉讼时效期间届满为由拒绝承担保证责任或者请求返还财产的，人民法院不予支持；保证人承担保证责任后向债务人追偿的，人民法院不予支持，但是债务人放弃诉讼时效抗辩的除外。"同时，保证人因此而承担了保证责任的，也不得向主债务人主张求偿权与代位权。

（2）主债务人的抵销权与撤销权

如主债务人对债权人享有抵销权而未主张抵销时，保证人能否行使主债

---

〔1〕邱聪智：《新订债法各论》（下），中国人民大学出版社 2006 年版，第 378 页。

〔2〕邱聪智：《新订债法各论》（下），中国人民大学出版社 2006 年版，第 378 页。

〔3〕史尚宽：《债法各论》，中国政法大学出版社 2000 年版，第 907 页。

务人的抵销权？我国法律对此没有规定，理论上应予承认，因为如果保证人不享有该抵销权并因此承担了保证责任，保证人接下来再向债务人求偿，就会出现“诉讼循环”的情况，不仅增加了交易成本，又增加了保证人求偿的风险。[1] 同时，如果保证人不能以此理由抗辩，则相当于使债权人的债权强度得到了加强，这对保证人是不公平的，也不符合担保设立的精神，故应允许保证人行使主债务人的抵销权，这是法律对保证人的特别保护，但绝不意味着主债务人也能就债权人欠保证人的债务主张抵销。

当主合同存在可撤销的事由时，主债务人行使了撤销权而使债权债务关系溯及既往无效的，保证人可以债权未发生为由主张抗辩；主债务人没有行使撤销权的保证人可以以主债务人享有撤销权为由主张抗辩，然而当主债务人放弃撤销权时，保证人则不享有拒绝清偿的抗辩权，因为撤销权为主债务人专有的权利，与主债务人放弃抗辩权有不同的法律效果。再者，如果保证人对于发生撤销的事由存在过错或者明知主债务人享有撤销权而履行保证责任的，保证人也不享有抗辩权；如果保证人不知道主债务人有撤销权而履行了保证责任，当主债务人行使撤销权后，其可依不当得利的原则向债权人请求返还其给付。

2. 一般债务人应有的权利

保证之债也是一种债的关系，保证人作为债务人当然也享有一般债务人所享有的权利，如保证合同不成立或无效、保证债务消灭、保证合同存在可撤销事由等情况，保证人得以享有相应的抗辩权。当债权人与保证人之间存在同种类的债权债务时，可以互相主张抵销，但在保证人享有先诉抗辩权期间，债权人不得主张抵销债务。

3. 保证人的专属抗辩权

保证人的专属抗辩权主要包括催告抗辩权和先诉抗辩权，由于连带责任保证人的地位类似于债务人，所以其不享有此两项权利。

（1）催告抗辩权

催告抗辩权是指在债权人请求债务人履行保证债务时，保证人得要求债权人先向债务人催告履行，如债权人未先向债务人催告履行而直接要求保证人履行的，保证人有权拒绝履行。保证责任的内容根据当事人约定可以代为履行责任或者承担赔偿责任，催告抗辩权主要适用于代为履行责任的情况。

---

〔1〕史尚宽：《债法各论》，中国政法大学出版社2000年版，第907页。

《民法典》《民法典担保制度司法解释》没有明确规定保证人的催告抗辩权，今后的司法解释可以考虑设立催告抗辩权。

（2）先诉抗辩权

先诉抗辩权又称检索抗辩权或先索抗辩权，是指保证人在债权人未就主债务人的财产强制执行而无效果前，对于债权人要求其承担保证责任得以拒绝的权利。《民法典》第 693 条第 1 款规定："一般保证的债权人未在保证期间对债务人提起诉讼或者申请仲裁的，保证人不再承担保证责任。"先诉抗辩权作为保证人的一项基本权利，《日本民法典》与《德国民法典》也都对之做了相同的规定。

根据《民法典》的规定，对先诉抗辩权可作如下理解：

第一，先诉抗辩权是一般保证的保证人享有的对抗债权人请求权的权利。根据担保的性质，保证责任其实就是一种补充责任，只有在主债务人履行不能的情况下才可以要求保证人承担保证责任，而连带责任保证的保证人其地位类似于债务人，对主债务人不履行债务负连带责任，所以其不享有先诉抗辩权。《民法典》第 688 条第 2 款规定："连带责任保证的债务人不履行到期债务或者发生当事人约定的情形时，债权人可以请求债务人履行债务，也可以请求保证人在其保证范围内承担保证责任。"先诉抗辩权是防御性的权利，只有在债权人要求保证人承担保证责任时保证人才有行使的必要，如虽然在主债务人未履行债务的情况下债权人有权请求保证人承担保证责任，但债权人并没有向保证人请求，保证人也就没有行使先诉抗辩权的必要。

第二，先诉抗辩权是保证人在主合同纠纷未经审判或者仲裁，并就主债务人财产依法强制执行仍不能履行债务前，对债务人拒绝承担保证责任的权利。保证责任作为一种补充责任，只有在穷尽了对债务人采取的各种措施仍不能满足债权人的债权时才能由保证人承担保证责任，故而其必须经过公权力介入对主合同进行审判或者仲裁，并对债务人财产强制执行，在此之前，保证人对债权人请求其履行保证责任是可以拒绝的。先诉抗辩权从性质上讲属于延缓的抗辩权或一时的抗辩权，不属于灭却的抗辩权或永久的抗辩权，保证人拒绝清偿只是暂时的，只能使债权人的请求权效力延期，不可能使债权永久消灭，一旦债权人就债务人的财产已依法强制执行而仍不能完全受偿时，保证人即应承担保证责任。

一般保证的债权人取得对债务人赋予强制执行效力的公证债权文书后，在保证期间内必须向人民法院申请强制执行，否则视为债权人未在保证期间内对债务人提起诉讼或者申请仲裁。如果已经申请强制执行，保证人以债权人未在保证期间内对债务人提起诉讼或者申请仲裁为由主张不承担保证责任的，人民法院不予支持。[1]

第三，先诉抗辩权是一项实体权利。请求权属于实体性权利，先诉抗辩权作为与债权人请求权对应的权利，当然也属于实体权利。债权人如起诉保证人，保证人以享有先诉抗辩权抗辩的，法院应以实体驳回的形式驳回债权人的诉讼请求，而不是以驳回起诉的程序驳回。[2] 在债权人同时起诉债务人和保证人时，《民法典担保制度司法解释》第 26 条规定："一般保证中，债权人以债务人为被告提起诉讼的，人民法院应予受理。债权人未就主合同纠纷提起诉讼或者申请仲裁，仅起诉一般保证人的，人民法院应当驳回起诉。一般保证中，债权人一并起诉债务人和保证人的，人民法院可以受理，但是在作出判决时，除有《民法典》第 687 条第 2 款但书规定的情形外，应当在判决书主文中明确，保证人仅对债务人财产依法强制执行后仍不能履行的部分承担保证责任。债权人未对债务人的财产申请保全，或者保全的债务人的财产足以清偿债务，债权人申请对一般保证人的财产进行保全的，人民法院不予准许。"由此规定可以看出，债权人一并起诉债务人和保证人的，法院并没有从程序上简单驳回债权人的起诉，而是在确认保证人先诉抗辩权成立的情况下在判决书中明确保证人承担债务人履行不能的补充责任，表明了该规定是肯定其对抗债权人请求权的实体效力的。

《民法典》第 687 条第 2 款规定了几种保证人丧失先诉抗辩权的情形：

第一，债务人下落不明，且无财产可供执行。

第二，人民法院已经受理债务人破产案件的。根据《企业破产法》的相关规定，人民法院受理破产案件后，对债务人财产的其他民事执行程序必须中止。债务人丧失了对自己财产的处分权，债权人也无法对债务人的财产依法强制执行，保证人行使先诉抗辩权的前提也不存在了，所以，在此情形下保证人不得行使先诉抗辩权。《民法典担保制度司法解释》第 22 条规定："人民法院受理债务人破产案件后，债权人请求担保人承担担保责任，担保人主张担保债务自人民法院受理破产申请之日起停止计息的，人民法院对担

---

〔1〕《民法典担保制度司法解释》第 27 条：一般保证的债权人取得对债务人赋予强制执行效力的公证债权文书后，在保证期间内向人民法院申请强制执行，保证人以债权人未在保证期间内对债务人提起诉讼或者申请仲裁为由主张不承担保证责任的，人民法院不予支持。

〔2〕曹士兵：《中国担保诸问题的解决与展望》，中国法制出版社 2001 年版，第 121 页。

保人的主张应予支持。”第 23 条规定：“人民法院受理债务人破产案件，债权人在破产程序中申报债权后又向人民法院提起诉讼，请求担保人承担担保责任的，人民法院依法予以支持。担保人清偿债权人的全部债权后，可以代替债权人在破产程序中受偿；在债权人的债权未获全部清偿前，担保人不得代替债权人在破产程序中受偿，但是有权就债权人通过破产分配和实现担保债权等方式获得清偿总额中超出债权的部分，在其承担担保责任的范围内请求债权人返还。债权人在债务人破产程序中未获全部清偿，请求担保人继续承担担保责任的，人民法院应予支持；担保人承担担保责任后，向和解协议或者重整计划执行完毕后的债务人追偿的，人民法院不予支持。”

根据上述规定，只要法院受理了债务人的破产案件，保证人就不能行使先诉抗辩权。该情况为债务人程序破产，如日后债务人与债权人经破产和解等原因而没有导致实体破产的，保证人也不能要求债权人返还清偿的部分，只能向债务人行使追偿权。

第三，债权人有证据证明债务人的财产不足以履行全部债务或者丧失履行债务能力。

第四，保证人以书面形式放弃先诉抗辩权的。先诉抗辩权作为保证人的一项权利，保证人当然可以放弃。为了更好地保护保证人的利益，法律规定了保证人放弃先诉抗辩权必须以书面的形式为之，也即保证人放弃先诉抗辩权的行为是一种要式行为，否则不产生法律效力，但如果保证人在主合同履行期届满一经债权人请求，甚至未经债权人请求即履行了保证债务的，应视为保证人以默示的方式抛弃了先诉抗辩权，应为有效行为。保证人应以书面的形式明确表示其放弃先诉抗辩权的真实意思，不得模糊不清，比如保证人虽未明确表示放弃，但在合同中约定“债务人清偿期届满，保证人即应清偿”，根据其约定内容可证明其具有放弃先诉抗辩权的意思，也应推定该放弃行为成立。

二、保证对保证人与债务人之间的效力

保证虽然是保证人与债权人之间的关系，但其毕竟是为债务人履行债务提供的担保，因此保证的效力也及于保证人与债务人，两者之间的法律关系可称为保证原因关系，即保证人基于委托、无因管理等原因为债务人提供担保，保证人也因此应对债务人享有相应权利以保障自己的利益，这些权利主

要有求偿权、代位权和免责请求权。

（一）保证人的求偿权

保证人的求偿权又称为追偿权，是指保证人向债权人履行保证责任后享有的向债务人请求偿还的权利。保证人履行保证责任实质上是代替债务人履行了债务，为维护保证人与债务人之间的利益平衡，保证人得享有追偿权以期从债务人处获得补偿。《民法典》第 700 条规定："保证人承担保证责任后，除当事人另有约定外，有权在其承担保证责任的范围内向债务人追偿，享有债权人对债务人的权利，但是不得损害债权人的利益。"

1. 求偿权的成立条件

一般来说，保证人的求偿权应当具备以下条件：

（1）保证人已经承担了保证责任。保证人的求偿权只有在其已经承担保证责任后才会发生。在承担保证责任前保证人对债务人享有的只是将来的求偿权，为期待权而非既得权，法律规定在人民法院受理债务人破产案件后债权人未申报债权的情况下，保证人可通过参加破产分配的方式预先行使追偿权。由于保证债务的强度弱于主债务，所以，《民法典》第 700 条规定："保证人承担保证责任后，除当事人另有约定外，有权在其承担保证责任的范围内向债务人追偿，享有债权人对债务人的权利，但是不得损害债权人的利益。"

（2）因保证人的履行而使债务人免责。债务人免责可以是全部免责也可以是部分免责，因保证人的履行行为而使债务人全部或部分免责的，均可发生保证人的求偿权。但需要注意的是，必须是因保证人的履行行为免责的，如因债务人自己对债权人进行清偿而免责的，即使保证人又履行了保证责任其也没有求偿权，只能以不当得利的法律规定向债权人请求返还。此外，依《民法典》第 530 条的规定，债务人可提前清偿债务，因此如果保证人提前清偿的也应享有求偿权，只是除债务人同意外不得提前行使求偿权[1]。

（3）保证人履行保证责任没有过错。主要是指保证人在债权人请求其承担保证责任时，保证人应对债权人积极行使其享有的债务人对债权人所有抗辩权，若其因没有行使或怠于行使致使其承担的保证责任范围大于债务人应承担责任的范围的，对扩大部分保证人丧失追偿权。《民法典担保制度司法解释》第 35 条规定："保证人知道或者应当知道主债权诉讼时效期间届满仍

---

〔1〕 史尚宽：《债法各论》，中国政法大学出版社 2000 年版，第 921 页。

然提供保证或者承担保证责任，又以诉讼时效期间届满为由拒绝承担保证责任或者请求返还财产的，人民法院不予支持；保证人承担保证责任后向债务人追偿的，人民法院不予支持，但是债务人放弃诉讼时效抗辩的除外。”再者，保证人履行保证责任后应及时通知债务人，以免造成债务人重复履行，如因其怠于通知致使债务人善意再为履行的，丧失追偿权，因债权人的第二次受偿属于法律上的无原因受益行为，保证人可以不当得利为由请求债权人返还。

2. 求偿权的范围

依保证人与债务人之间的保证原因关系不同，保证人的求偿权范围也有所不同。

（1）保证人因受委托而为保证的求偿权范围。保证人受债务人的委托而为其提供担保的，双方成立委托关系，保证人在履行保证责任后，得依委托合同的约定向债务人求偿。若双方对保证担保的范围没有约定或者约定不明确的，则保证人的求偿范围应当包括：保证人所清偿的全部债务的本金及利息、自清偿后所产生的利息、保证人为承担保证责任而支付的必要费用及自支出时的利息、保证人在承担保证责任过程中因不可归责于自己的事由而遭受的损失。因为委托合同除当事人约定外应为无偿合同，同时报酬属于债务人支付给保证人承担保证责任的对价，不属于求偿权的效力范围。所以除当事人在委托合同中特别约定保证报酬外，保证人不得请求债务人支付报酬。

（2）保证人未受委托而为保证的求偿权范围。保证人未受债务人委托而为其提供担保的，保证人履行保证责任的行为是为了使债务人的利益免受损失的“利他”行为，可以构成无因管理，保证人求偿权的范围可以按照无因管理的规则确定。首先，如构成适法的无因管理，则保证人追偿权的范围等同于因受委托进行保证时保证人的求偿权范围；其次，如不构成适法的无因管理，但债务人得享有因保证所得之利益，保证人在债务人享有的所得利益范围内向债务人求偿。[1]

3. 求偿权的行使

《民法典担保制度司法解释》第18条规定：“承担了担保责任或者赔偿责任的担保人，在其承担责任的范围内向债务人追偿的，人民法院应予支持。同一债权既有债务人自己提供的物的担保，又有第三人提供的担保，承

〔1〕林诚二：《民法债编各论》，中国人民大学出版社2007年版，第247页。

担了担保责任或者赔偿责任的第三人，主张行使债权人对债务人享有的担保物权的，人民法院应予支持。”依该条的规定，首先，在债权人将债务人和保证人作为共同被告一并提起诉讼，法院决定合并审理时，才可对保证责任和追偿权一并作出裁判，[1] 否则，保证人行使求偿权可以直接向债务人请求也可另行提起诉讼；其次，判决书中明确保证人享有的追偿权只是“求偿权的期待权”，并非“既得的求偿权”，因为保证人已经履行保证债务这一前提条件还未成就；最后，保证人行使追偿权的诉讼时效应从保证人承担保证责任之日计算。

保证人行使求偿权的目的是使其在承担了保证责任后自己的利益能够不受损失，但求偿权实现的条件是债务人拥有一定财产，如债务人在保证人履行保证责任后已无任何财产可言，则保证人求偿权就无法实现，故而法律规定了事前行使求偿权的制度。求偿权的预先行使仅限于保证人受债务人委托而为其保证的情况，未受债务人委托而为其提供保证的，保证人不享有该权利。关于求偿权预先行使的法定事由，《企业破产法》第 51 条规定：“债务人的保证人或者其他连带债务人已经代替债务人清偿债务的，以其对债务人的求偿权申报债权。债务人的保证人或者其他连带债务人尚未代替债务人清偿债务的，以其对债务人的将来求偿权申报债权。但是，债权人已经向管理人申报全部债权的除外。”

因为在人民法院受理债务人破产案件后，相关执行程序中止，债务人财产即处于冻结状态，且一般保证人既不得行使先诉抗辩权，又须向债权人承担第一位次的清偿责任，如果债权人在规定的时间内既不申报债权又不放弃债权，保证人承担保证责任后债务人的破产财产已分配完毕的，保证人的求偿权便无法实现，所以，在人民法院受理债务人破产案件后债权人没有申报债权的，应准许保证人以其承担的保证债务额申报债权，参与破产分配。同时《企业破产法》第 45 条规定：“人民法院受理破产申请后，应当确定债权人申报债权的期限。债权申报期限自人民法院发布受理破产申请公告之日起计算，最短不得少于三十日，最长不得超过三个月。”

《民法典担保制度司法解释》第 23 条第 1 款、第 2 款规定：“人民法院受理债务人破产案件，债权人在破产程序中申报债权后又向人民法院提起诉讼，请求担保人承担担保责任的，人民法院依法予以支持。担保人清偿债权

[1] 曹士兵：《中国担保诸问题的解决与展望》，中国法制出版社 2001 年版，第 161 页。

人的全部债权后，可以代替债权人在破产程序中受偿；在债权人的债权未获全部清偿前，担保人不得代替债权人在破产程序中受偿，但是有权就债权人通过破产分配和实现担保债权等方式获得清偿总额中超出债权的部分，在其承担担保责任的范围内请求债权人返还。”债权人有选择实现债权方式的自由，但如果债权人明知法院已受理债务人破产案件既不申报债权，又不通知保证人，从而使保证人履行了保证责任后无法求偿而遭受损失，债权人属于违背诚实信用原则，应为此承担相应的法律后果，《民法典担保制度司法解释》第 24 条规定：“债权人知道或者应当知道债务人破产，既未申报债权也未通知担保人，致使担保人不能预先行使追偿权的，担保人就该债权在破产程序中可能受偿的范围内免除担保责任，但是担保人因自身过错未行使追偿权的除外。”

关于数个保证人之间的相互求偿权，参见本书“第九章”及本章“第六节”内容。

（二）保证人的代位权

保证人的代位权是指保证人履行保证责任后，取代债权人的地位对债务人享有的债权。其实质属于债权的法定转移，也即人的代位。不同于债权人的代位权，债权人的代位权属于债的保全措施的一种，是指债权人取代债务人的地位享有的对次债务人的权利，而保证人的代位权则是指保证人在其清偿的限度内，取得原债权人对债务人的权利，包括原债权的附随瑕疵（如债务人对债权人的抗辩权），以自己的名义而非代理行使原债权人的权利。[1]保证人履行了保证义务并使债务人因此而免责的，保证人即取得代位权，如果保证人部分清偿了主债务，除法律另有规定外，保证人即享有对原债权相应部分的代位权。

古罗马法中保证人享有“代位利益”即代位权，当保证人在履行给付之时，他有权请求债权人将其对主债务人和其他保证人的一切权利转让给自己。若债权人拒绝转让时，保证人得提起“欺诈抗辩”诉讼，拒绝履行保证债务。[2]

近现代许多大陆法系国家的民法继受罗马法的规定，承认了保证人的追偿权与代位权。但是，在大陆法系国家民法中对于保证人追偿权与代位权的

---

〔1〕 黄立：《民法债编各论》（下），中国政法大学出版社 2003 年版，第 873 页。

〔2〕 周枏：《罗马法原论》（下册），商务印书馆 1996 年版，第 822 页以下。

规定又有所不同。法国、意大利、日本等国的民法典，对于保证人的追偿权有明文规定，但是关于保证人的代位权则适用一般的清偿人代位的规定，没有特意作出规定。如《法国民法典》第 2028 条第 1 款规定："已为清偿的保证人，不问其提供保证是否为债务人所知悉，得向主债务人请求偿还。"同条第 2 款规定："前项求偿权包括原本、利息及费用；但保证人仅限于将自己被诉的事实告知主债务人以后所支出的费用，始有求偿权。"第 3 款规定："保证人如受有损害时，对损害赔偿亦有求偿权。"至于保证人的代位权，则统一适用一般的清偿人代位，即《法国民法典》第 1252 条。依据该条第 1 句，民法典第 1250 条至第 1251 条等条款所确定的对于债务人的代位权，也适用于保证人。再如，《日本民法典》第 459 条第 1 款规定："保证人受主债务人委托实行保证，无过失而受应向债权人进行清偿的裁判宣告，或代主债务人进行清偿，或以其他形式的个人出捐实施消灭债务的行为后，该保证人对主债务人有求偿权。"第 2 款规定："第 442 条第（2）款（已行清偿的连带债务人求偿权的范围）的规定，准用于前款情形。"第 462 条第 1 款规定："未受主债务人委托而实行保证者，进行清偿债务，或以其他形式个人出捐使主债务人免其债务后，主债务人应于其当时受益限度内予以赔偿。"而对于保证人的代位权则出现在《日本民法典》第 501 条。依据该条规定，当清偿人得到债权人的承诺而为债务人进行清偿时或者清偿人就清偿具有正当利益时，皆因其清偿而当然代位债权，在基于自己权利可以求偿的范围内有权行使债权人所有的、作为债权效力及担保的一切权利。

在普通法系国家，一般也承认保证人履行保证债务之后享有的求偿权与代位权。例如，在英国法中，成文法与判例法均认为，保证人对于债务人享有两项独立的权利：他有权代替债权人，行使债权人的权利，以债权人的名义向债务人追讨欠款，该权利人即保证人的代位权（theguarantor’srightof-subrogation）；他有权向债务人以自己的身份索取补偿，即保证人的补偿权或追偿权（theguarantor’srightofindemnity），该权利独立于保证人的代位权。

保证人的代位权成立后，原债权及其他从权利均应转移给保证人，同时这些权利上的负担及瑕疵也一并转移，如债务人可以时效等抗辩理由对抗保证人，也可以根据法律规定以其对原债权人享有的债权向保证人主张抵销。如果原债权人与债务人之间存在对待给付的也须同时转移，因为如果保证人履行保证责任后向债务人行使代位权，债务人可以对保证人主张其对原债权人的同时履行抗辩，保证人会存在不能受偿的可能，故需将债权人的对待给付交付于保证人，来削减债务人的同时履行抗辩权，即使债权人已经受领给付也不影响。再者，需转移的从权利还包括原债权所附的担保物权，且其权属变动不需要履行登记等公示要件，担保物权的顺位也不受影响。

关于代位权与求偿权的关系，首先，二者的法律基础不同，代位权是为了避免债权人获得不当利益而进行的债权法定转移，求偿权则是基于保证原因的关系而使保证人取得向债务人追偿的权利；其次，二者不是主从关系，更不是担保关系，而是两种性质不同的权利，保证人可以要求债务人为代位权提供担保，也可以在求偿权产生之前要求债务人为之提供反担保；最后，二者存在竞合关系，在保证人为债务人提供保证是基于委托关系时，保证人享有对债务人的求偿权，也可因此取得代位权，此时保证人可自由选择行使此二权利。若保证人选择行使代位权，其有利之处是可取得原债权的从属权利，如担保物权，其不利之处是须适用原债权的消灭时效，且代位权的范围要根据基础法律关系而定，一般会小于求偿权的范围；若保证人选择行使求偿权，其有利之处还包括债务人不得以对债权人的抗辩事由对抗保证人，也不得以对债权人享有的债权向保证人主张抵销。

保证人代位权的设立就是为了确保保证人的追偿权能够得以实现，而代位权优越于追偿权之处就在于：保证人不仅在求偿权的范围内取得债权人的债权，而且取得该债权的担保权，无论是人的担保还是物的担保均一并移转给保证人，因此如果债权人可以任意抛弃此种担保权，必将对保证人造成极大的损害。《民法典》第 524 条规定：“债务人不履行债务，第三人对履行该债务具有合法利益的，第三人有权向债权人代为履行；但是，根据债务性质、按照当事人约定或者依照法律规定只能由债务人履行的除外。债权人接受第三人履行后，其对债务人的债权转让给第三人，但是债务人和第三人另有约定的除外。”《民法典》第 700 条规定：“保证人承担保证责任后，除当事人另有约定外，有权在其承担保证责任的范围内向债务人追偿，享有债权人对债务人的权利，但是不得损害债权人的利益。”笔者认为，从《民法典》的规定来看，我国现行法既承认了保证人的追偿权，又承认了保证人的代位权。但是，首先要尊重当事人的意思自治。

担保人对债权人对债务人享有的担保物权行使求偿权时，享有优先受偿权。对第三人提供的担保物，不享有此权利。《民法典担保制度司法解释》第 18 条第 2 款规定：“同一债权既有债务人自己提供的物的担保，又有第三人提供的担保，承担了担保责任或者赔偿责任的第三人，主张行使债权人对债务人享有的担保物权的，人民法院应予支持。”

（三）保证人的免责请求权

保证人的免责请求权又称保证人的保证责任除去请求权，是指保证人在有法定事由时得请求债务人免去其保证责任的权利。因其相对人为债务人，故其与保证人请求债权人解除保证合同的制度截然不同。保证人的免责请求权与保证人的求偿权的事前行使都是保障保证人利益的事前救济措施，《民法典担保制度司法解释》第24条规定：“债权人知道或者应当知道债务人破产，既未申报债权也未通知担保人，致使担保人不能预先行使追偿权的，担保人就该债权在破产程序中可能受偿的范围内免除担保责任，但是担保人因自身过错未行使追偿权的除外。”

关于保证人免责请求权的成立要件，首先，要求保证原因关系须为委托关系。因在委托关系中，委托人对受托人负有不使其受损害之责任，而在无因管理等保证原因关系中，债务人并不负有相应责任，故基于该保证原因关系而提供保证的保证人不享有责任除去请求权。同时，在委托关系中，保证人为债务人提供保证主要是基于对债务人具备履行能力的考虑，如债务人履行能力明显降低，则等于委托合同订立时的环境发生了重大变化，合同订立的基础已丧失，因此赋予保证人免责请求权即是将不确定的风险在债务人与保证人之间的再分配；其次，须存在一定的法定事由。例如，当债务人因可归责于自己的原因迟延履行债务，导致主债务因利息及其他负担的增加而日益扩张时，对保证人甚为不利，保证人可以享有免责请求权，因债务人财产明显减少时，保证人代为清偿债务后即使获得求偿权与代位权也可能因此而难以达到受偿的目的。再如，当债务人住所变更致使保证人向其求偿发生困难时，因在此情况下一般保证人丧失先诉抗辩权，故为保障其利益，可以请求除去保证责任。

保证人免责请求权的效力仅及于保证人与债务人之间，保证人对债权人的代偿责任原则上不受影响。债务人可通过向债权人清偿债务或者向债权人提供相当担保两种方式使保证人的保证责任免除，如选择提供相当于担保的方式，须经债权人同意以新的担保取代旧的担保，否则不能产生除去保证人责任的效果。

第六节　特殊保证

一、共同保证

（一）共同保证的概念和特点

共同保证是指数人对同一债务的履行所提供的保证。根据该定义，我们对共同保证的特点作以探讨：

首先，共同保证的保证人为“数人”，即二人以上，如保证人为一人则成立单独保证。保证人可以为自然人、法人或其他组织。各共同保证人可以与债权人分别缔结保证合同，也可以与债权人缔结一份共同的保证合同，共同保证不要求各共同保证人之间存在共同提供保证的意思联系，即使不知晓另有其他保证人也不影响共同保证的成立。部分共同保证人的保证合同无效不影响其他保证人的保证责任，如果存在误信无效的保证合同为有效的情况，误信的共同保证人的保证合同也不是当然无效，其可对自己提供的保证合同提起可撤销之诉。另外，由于共同保证与再保证、第二保证的保证人的人数均为“数人”，有类似的地方，故须通过比较来分析它们的不同之处；再保证作为间接保证，是对保证人履行保证债务的行为做担保的，其被保证人为原保证人而非主债务人，而共同保证为直接保证，其被保证人依然为主债务人，是数人为主债务人履行债务提供担保；第二保证是指在保证无效或保证人不能承担保证责任时，由第二保证人代负保证责任的保证，是相当于第一保证的保证人而言的，虽然两者的被保证人均为主债务人，但第二保证承担保证责任的条件为第一保证无效或承担不能，尽管两者均为直接保证，但第二保证人承担的保证责任为补充责任，不同于第一保证人和共同保证人。〔1〕

其次，共同保证的保证人所担保的债务须为“同一债务”，如数个保证人为同一债务人的数个债务分别提供保证或者为同一债务进行分割分别提供保证，则都不属于共同保证。〔2〕所谓“同一债务”，是指该债务为一个不可

---

〔1〕 郭明瑞：《担保法》，中国政法大学出版社 1998 年版，第 69 页。

〔2〕 史尚宽：《债法各论》，中国政法大学出版社 2000 年版，第 941 页。

分割的统一的整体，虽然按份共同保证存在份额的划分，但该份额的约定并不是各共同保证人之间通过协商一致对同一债务进行明确分割且各自与债权人分别订立保证合同，而是按份额对同一债务提供保证。同时，同一债务不要求必须是主债务的全部，主债务的部分也可以作为同一债务成立共同保证。另外，数人对同一债务提供保证，并不要求各共同保证人的保证数额相同，也不要求各共同保证人的保证数额之和正好等于主债务数额：如果小于主债务之和则就主债务的部分成立共同保证；如果大于主债务之和，各共同保证人在重复的部分成立共同保证，如甲、乙、丙三人为某公司的1000万元债务提供保证，甲保证全部债务，乙保证其中的600万元，丙保证其中的300万元，则甲乙两人就600万元部分成立共同保证，甲、乙、丙三人就300万元部分成立共同保证。

（二）共同保证的方式及责任承担

《民法典》第699条规定："同一债务有两个以上保证人的，保证人应当按照保证合同约定的保证份额，承担保证责任；没有约定保证份额的，债权人可以请求任何一个保证人在其保证范围内承担保证责任。"共同保证按照保证人之间承担责任的方式，可以分为按份共同保证和连带共同保证。因为保证的方式有一般保证与连带责任保证两种，所以在共同保证中，各保证人的保证方式可以均为一般保证，也可以均为连带责任保证，还可以有的是一般保证，有的是连带责任保证，即称为混合保证方式的共同保证。在均为一般保证的情况下，无论是按份共同保证还是连带共同保证，各保证人均享有先诉抗辩权；在均为连带责任保证的情况下，各保证人则均不享有先诉抗辩权。在这里需澄清的是连带责任保证与连带共同保证这两个"连带"之间的区别：连带责任保证指保证人与债务人对债权人承担连带责任，而连带共同保证则是指各共同保证人之间对债权人承担连带责任，又称保证连带，如在一般保证方式下债务人与各共同保证人之间是不成立连带关系的。

1. 按份共同保证

按份共同保证是指各保证人在与债权人约定的保证份额内对主债务承担保证责任的共同保证。按份共同保证份额的约定是各保证人与债权人之间确定的，而不是由各保证人之间协商确定的，共同保证的成立不以各保证人之间存在意思上的沟通与联络为前提。如果各保证人之间通过协商一致就保证债务的份额进行了明确划分，进而与债权人分别订立保证合同，则不符合共同保证关于同一债务的要求，其实就是各保证人与债权人之间就不同份额成立的数个单独保证，而不成立共同保证。

依据《民法典》第699条、第700条的规定，按份共同保证的保证人按照保证合同约定的保证份额承担保证责任后，有权在其履行保证责任的范围内对债务人行使追偿权。按份共同保证的各保证人仅就自己负担的份额承担保证责任，债权人无权要求保证人超出其份额外承担保证责任，保证人在承担保证责任后也仅有权就其清偿的份额向主债务人追偿，而不能向其他保证人追偿。同时由于各保证人之间的独立性，如债权人免除其中一个保证人的保证责任，其免除效力并不及于其他保证人，其他保证人仍应就自己的保证份额承担保证责任。[1]

2. 连带共同保证

连带共同保证是指各保证人约定均对全部主债务承担连带保证责任或者没有约定保证份额的共同保证。保证人之间的连带关系可以依明确约定或者依推定成立，按照《民法典》第699条规定："同一债务有两个以上保证人的，保证人应当按照保证合同约定的保证份额，承担保证责任；没有约定保证份额的，债权人可以请求任何一个保证人在其保证范围内承担保证责任。"两个以上保证人对同一债务同时或者分别提供保证时，各保证人与债权人没有约定保证份额的，应当认定为连带共同保证。连带共同保证的保证人以其相互之间约定各自承担的份额对抗债权人的，人民法院不予支持。根据该规定，各保证人与债权人没有约定保证份额的，则推定各保证人与债权人成立连带共同保证，仅各保证人之间约定了保证份额而没有与债权人约定的，也推定为连带共同保证。另外，如果各保证人均与债权人约定对全部债务承担责任的话，就债权人利益而言，由于其可以向任何保证人主张全部清偿责任，因此事实上成立连带责任保证；就各保证人的利益而言，由于各保证人此时均需对全部债务承担责任，而无权要求主债权人先对其他保证人主张清偿责任，为保障各保证人承担保证责任后的清偿权，也应推定各保证人与债权人成立共同保证。[2]

笔者认为，连带共同保证的各保证人都有义务对全部债务承担保证责任，在保证债务未全部清偿前各保证人的保证责任均不能免除。连带共同保证的各保证人是否系连带债务人，实务中存在争议。因此，连带共同保证并

---

〔1〕 郭明瑞：《担保法》，中国政法大学出版社1998年版，第71页。

〔2〕 曹士兵：《中国担保诸问题的解决与展望》，中国法制出版社2001年版，第72页。

不当然适用《民法典》第 519 条："连带债务人之间的份额难以确定的，视为份额相同。实际承担债务超过自己份额的连带债务人，有权就超出部分在其他连带债务人未履行的份额范围内向其追偿，并相应地享有债权人的权利，但是不得损害债权人的利益。其他连带债务人对债权人的抗辩，可以向该债务人主张。被追偿的连带债务人不能履行其应分担份额的，其他连带债务人应当在相应范围内按比例分担。"连带共同保证的保证人向债权人承担保证责任后可以向主债务人追偿。

《民法典担保制度司法解释》第 29 条规定："同一债务有两个以上保证人，债权人以其已经在保证期间内依法向部分保证人行使权利为由，主张已经在保证期间内向其他保证人行使权利的，人民法院不予支持。同一债务有两个以上保证人，保证人之间相互有追偿权，债权人未在保证期间内依法向部分保证人行使权利，导致其他保证人在承担保证责任后丧失追偿权，其他保证人主张在其不能追偿的范围内免除保证责任的，人民法院应予支持。"

（三）共同保证人的相互追偿

《民法典》第 700 条规定："保证人承担保证责任后，除当事人另有约定外，有权在其承担保证责任的范围内向债务人追偿，享有债权人对债务人的权利，但是不得损害债权人的利益。"除当事人明确约定外，排除了共同保证人的相互追偿。

《民法典担保制度司法解释》第 13 条规定："同一债务有两个以上第三人提供担保，担保人之间约定相互追偿及分担份额，承担了担保责任的担保人请求其他担保人按照约定分担份额的，人民法院应予支持；担保人之间约定承担连带共同担保，或者约定相互追偿但是未约定分担份额的，各担保人按照比例分担向债务人不能追偿的部分。同一债务有两个以上第三人提供担保，担保人之间未对相互追偿作出约定且未约定承担连带共同担保，但是各担保人在同一份合同书上签字、盖章或者按指印，承担了担保责任的担保人请求其他担保人按照比例分担向债务人不能追偿部分的，人民法院应予支持。除前两款规定的情形外，承担了担保责任的担保人请求其他担保人分担向债务人不能追偿部分的，人民法院不予支持。"

其他关于"共同保证人的相互追偿"的内容，参阅本书第九章第三节的论述。

二、最高额保证

最高额保证是指保证人对债权人和债务人在一定期间内连续发生的债权，在最高限额内承担保证责任的保证形式。《民法典》第 690 条第 1 款规定：“保证人与债权人可以协商订立最高额保证的合同，约定在最高债权额限度内就一定期间连续发生的债权提供保证。”一般情况下，保证人与债权人订立保证合同设立担保时，所担保的债权是确定的，而最高额保证在保证合同订立时其所担保的债权是不确定的，因此其属于特殊保证，最高额保证的特殊性体现在以下几个方面：

（一）最高额保证所担保的债权是在一定期间内基于若干个合同连续发生的债权

一般情况下，保证所担保的债权是基于一个合同产生的债权，由于债权人与债务人之间可能存在长期的业务关系，在一定期间内会连续产生多个合同债权，所以需要通过设立最高额保证的形式，对这多个合同债权提供担保。《民法典》第 690 条没有要求须为同一种类的债权。

另外，必须是一定期间内连续发生的债权，多为在订立保证合同时没有发生的未确定的债权，对在最高额保证合同生效时已发生的债权也可为保证效力所及，故其保证的债权并不必然是将来发生的债权。

（二）最高额保证所担保的债权为特定范围内的债权

首先，必须是在决算期内产生的债权，决算期指债权人与保证人在最高额保证合同中约定的合同终止的截止日期，如果当事人在合同中没有约定决算期，则依《民法典担保制度司法解释》第 30 条确定。该条规定：“最高额保证合同对保证期间的计算方式、起算时间等有约定的，按照其约定。最高额保证合同对保证期间的计算方式、起算时间等没有约定或者约定不明，被担保债权的履行期限均已届满的，保证期间自债权确定之日起开始计算；被担保债权的履行期限尚未届满的，保证期间自最后到期债权的履行期限届满之日起开始计算。前款所称债权确定之日，依照民法典第 423 条的规定认定。”[1]

---

〔1〕《民法典》第 423 条：有下列情形之一的，抵押权人的债权确定：（一）约定的债权确定期间届满；（二）没有约定债权确定期间或者约定不明确，抵押权人或者抵押人自最高额抵押权设立之日起满二年后请求确定债权；（三）新的债权不可能发生；（四）抵押权人知道或者应当知道抵押财产被查封、扣押；（五）债务人、抵押人被宣告破产或者解散；（六）法律规定债权确定的其他情形。

在最高限额内，超过最高限额的债权不在担保的范围之内，当事人必须在保证合同中约定最高限额，否则该保证只能解释为连续保证而不是最高额保证。[1] 在规定期间届满时，如债权人与债务人之间的债权数额不足最高限额，则保证人仅对实际存在的债权额承担保证责任，如其债权数额超过了最高限额，则保证人仅在约定的最高限额内承担保证责任。另外，最高额保证合同的不特定债权确定后，保证人应当对在最高债权额限度内就一定期间内连续发生的债权余额承担保证责任。当事人约定的最高限额除在合同中有特殊约定外，仅指决算日债权人实际享有的债权余额而不是此前发生的债权的总和，因为在此期间发生的债权可能存在债务人已经清偿的情况，如债务人已经清偿的债权则不应再归入担保的范围。《民法典担保制度司法解释》第 15 条第 1 款规定："最高额担保中的最高债权额，是指包括主债权及其利息、违约金、损害赔偿金、保管担保财产的费用、实现债权或者实现担保物权的费用等在内的全部债权，但是当事人另有约定的除外。登记的最高债权额与当事人约定的最高债权额不一致的，人民法院应当依据登记的最高债权额确定债权人优先受偿的范围。"

以案说法

共同保证及最高额保证的责任承担

【案情介绍】

2014 年 3 月 27 日，裴某因建厂房向工商银行先贷款 50 万元整，双方签订最高额抵押合同，由鞋服公司、蒋某、王某提供连带责任保证。鞋服公司、蒋某、王某在同一份最高额抵押合同上签章。合同明确约定：贷款人同意向借款人发放贷款人民币 50 万元整，最高额担保金额为 100 万元，借款用途为经营周转，借款月利率为 15‰，借款期限自 2014 年 3 月 27 日起至 2014 年 10 月 27 日止；连带责任保证人的保证范围为贷款本金、利息（包括罚息、复息等）、违约金、损害赔偿金和实现债权的费用。合同签订后，工商银行先后向裴某发放贷款 128 万元。借款后裴某仅支付利息至 2014 年 8 月 15 日，余款经原告多次催讨未果。

---

[1] 曹士兵：《中国担保诸问题的解决与展望》，中国法制出版社 2001 年版，第 111 页。

法理分析

决算期指债权人与保证人在最高额保证合同中约定的合同终止的截止日期，如果当事人在合同中没有约定决算期，被担保债权的履行期限均已届满的，保证期间自债权确定之日起开始计算；被担保债权的履行期限尚未届满的，保证期间自最后到期债权的履行期限届满之日起开始计算。本案决算期为2014年10月27日，且只对最高担保数额承担保证责任，保证人仅需对最高额100万元的债务承担责任，本案合同为最高额保证合同。

同一债务有两个以上保证人的，保证人应当按照保证合同约定的保证份额，承担保证责任。没有约定保证份额的，保证人承担连带责任，债权人可以要求任何一个保证人承担全部保证责任，保证人都负有担保全部债权实现的义务。已经承担保证责任的保证人，有权向债务人追偿，或者要求承担连带责任的其他保证人清偿其应当承担的份额，本案鞋服公司、蒋某、王某提供的为连带共同保证，所以本案工商银行可以要求保证人鞋服公司、蒋某及王某任一个人主张还款责任，如王某履行了担保责任可以向裴某主张（追偿）全部债权或向鞋服公司及蒋某追偿要求其承担不超过三分之二的剩余总债权。

第七节　无效保证合同及其法律责任

保证无效主要是因主体资格问题而导致担保无效，前文已经论述，本节简述之。

一、机关法人保证无效

《民法典》第683条规定机关法人不得为保证人，这是法律对国家机关担任保证人的禁止性规定，这是国家机关的性质和职能所决定的。该条同时规定经国务院批准为使用外国政府或者国际经济组织贷款进行转贷的除外。国家机关同样不能作为物上担保人，即国家机关将其财产作抵押、质押属无效。

二、以公益为目的的非营利法人保证无效

《民法典》第683条第2款对此也作了禁止性规定。《民法典担保制度司法解释》第6条规定了两种特殊情况："以公益为目的的非营利性学校、幼儿园、医疗机构、养老机构等提供担保的，人民法院应当认定担保合同无效，但是有下列情形之一的除外：（1）在购入或者以融资租赁方式承租教育设施、医疗卫生设施、养老服务设施和其他公益设施时，出卖人、出租人为担保价款或者租金实现而在该公益设施上保留所有权；（2）以教育设施、医疗卫生设施、养老服务设施和其他公益设施以外的不动产、动产或者财产权利设立担保物权。登记为营利法人的学校、幼儿园、医疗机构、养老机构等提供担保，当事人以其不具有担保资格为由主张担保合同无效的，人民法院不予支持。"

三、非法人组织、企业法人的职能部门保证无效

非法人组织、企业法人的职能部门，如企业法人的办公室、财务科等。

四、分支机构保证原则上无效

分支机构，如分公司、办事处等。

五、自治组织保证无效

自治组织如村民委员会、居民委员会等。《民法典担保制度司法解释》第5条第2款规定："居民委员会、村民委员会提供担保的，人民法院应当认定担保合同无效，但是依法代行村集体经济组织职能的村民委员会，依照村民委员会组织法规定的讨论决定程序对外提供担保的除外。"

第三章

担保物权

一、担保物权的概念

担保物权，是为了担保债务的履行，在债务人或第三人的特定物或权利上所设定的物权。

担保物权的主要功能是担保债权的实现。由于担保人要以一定的物或权利作为担保，这就为债权的实现提供了切实的保障。担保物权制度对于鼓励交易、促进交易的迅速达成起到十分重要的作用。在现代市场经济下，担保物权本身作为社会融资的基本手段，对经济的繁荣有着积极的作用。企业和个人在向金融机构融资时，最有效的手段即提供物的担保。因此，担保物权已经成为成功获得社会融资的重要保障。

担保物权是在私有制条件下形成的古老的民事法律制度。在传统民法中，担保物权包括抵押权、质权、留置权。《民法通则》只规定了抵押权、留置权，未区分出质权。《担保法》则对抵押权和质权进行了区分，并对抵押权、质权、留置权作了具体的规定。《民法典》将《物权法》《担保法》中的担保物权的内容纳入其体系。

二、担保物权的特征

（一）担保物权是为担保主债权的实现而设定的从权利

设定担保物权的目的是以一定的物或权利作为担保来保证债务的履行和债权的实现，而债权人的债权因一定的担保物的存在而得到充分的保障。

（二）担保物权是债务人或第三人提供一定的物或财产权利进行担保的限制物权，或者说是在债务人或第三人的特定财产上设定的权利

1. 担保物权是为担保主债权的实现而设定的从权利

担保物权的设立，是为了保证主债债务的履行，使得债权人对担保财产享有优先受偿权，所以它是对主债权效力的加强和补充。担保物权的本质机能就在于通过对一定的标的物交换价值的控制而确保当事人之间发生的债权债务关系能够得到确实的实现。因此，其以担保债权的实现为目的。[1] 这

---

〔1〕 王利明、尹飞、程啸：《中国物权法教程》，人民法院出版社 2007 年版，第 421 页。

是担保物权与同属于限制物权的用益物权的重要区别之一。

2. 担保物权是债务人或第三人提供一定的物或财产权利进行担保的限制物权，或者说在债务人或第三人的特定财产上设定的权利

担保物权必须存在于债权人以外的人（债务人或第三人）的物或权利上。由于物权是权利人依法对特定的物享有直接支配和排他的权利，所以担保物权的客体即担保财产必须是既存的、特定的。担保物权的标的物，必须是特定物（抵押物可以为不动产、动产，质权、留置权则为动产），否则债权人就无从由其价值中优先受偿。这里的特定，应解释为在担保物权的实行之时是特定的。所以，于将来实行之时为特定的标的物上设定担保物权仍然有效，如以流动仓库中的货物为抵押权的标的物。再如，动产浮动抵押权设定时，其客体并不特定，包括抵押人现有的和将有的动产，但是实现抵押权时该抵押财产必须特定。

（三）以支配担保物的价值为内容的权利

交换价值是一物与他物相交换而表现出来的价值，为什么说担保物权支配一定的交换价值呢？一方面，担保物权是以获取担保物的交换价值为目的而设定的。担保物权注重支配的是物和权利在拍卖、变卖时的价值。正因为如此，同一物之上可以基于对交换价值的分割而设立多个物权，并且担保物权可以实行物上代位。所谓物上代位权一般是指物权担保中（如抵押、质押）担保物因意外损害或其他原因，使担保物消失而换来赔偿金（或受让款等其他财产时），担保权人仍享有的对担保物换来的该赔偿金（或受让款等其他财产）受偿的担保物权。另一方面，担保物权中重要的内容是换价权，所谓换价权是指在债务人不履行债务时，债权人有权将担保物进行拍卖、变卖，并就所得价款优先受偿。交换价值是一个抽象的概念，普遍存在于各种物之上。担保物权人对于物的支配表现在对其交换价值的支配，而一般不是对其使用价值的支配。从这个意义上说，担保物权被称为价值权。担保物权的价值权和换价权是担保物权的本质特征。

（四）担保物权是从物权

设定担保物权是为了确保债务人履行债务。担保物权的存在，是以债权的存在为前提的，并且随着债权的转移而转移，随着债权的消灭而消灭，因此，它是从属于债权的从物权。

（五）担保物权是他物权

担保物权是在他人的所有物上设定的，担保物的所有人是债务人或其他

第三人。对于担保物权人来说，担保物是他人的所有物，因此，又称担保物权为他物权。担保物权人享有排除他人干涉权和追及权。担保物落入他人之手，担保物权人可以追及担保物并主张其权利。同时，在债务人不履行债务时，担保物权人可以行使对担保物的处分权，并取得受偿的权利。

（六）担保物权实现方式的法定性

对其他物权而言，权利人不仅可以直接支配其物，而且可以直接依法享有对物的占有、使用等权能，并可以排除他人的非法干涉。但对担保物权来说，权利人一般不能直接地实现担保物权，必须通过法定的方式，如依据拍卖、变卖程序来实现其担保物权。例如，抵押权的实现，必须由抵押权人在债务人不履行债务时，将抵押物依法交付有关机构，依据一定的程序，进行拍卖或变卖。抵押人不能直接没收抵押物，或擅自拍卖抵押物而从中优先受偿。这就是说，担保物的换价权必须通过一定的程序才能实现。强调担保物权实现的特殊性对保护债务人及一般债权人的合法权益是十分必要的。

（七）具有从属性、不可分性和代位性

担保物权的属性，和一般物权相比较，除具有一般物权所共同具有的支配性、优先性、排他性等特性外，还具有以下特性：

1. 从属性

所谓从属性，是指在一般情况下担保物权是从属于主债权的从权利，其在效力上必须依附于被担保的主债权。不过，担保物权的从权利性质并不影响其可以作为一种物权独立存在。担保物权的从属性主要表现在三个方面：

（1）成立上的从属性。一般情况下，担保物权的成立应当以已经成立并生效的债权的存在为前提。如果债权根本不成立或未生效，则担保物权即使成立也并不生效。如果债权在成立以后被宣告无效或撤销，则担保物权也相应无效。需要注意的是，因担保物权的价值权化，担保物权与其所担保的债权之间的主从关系有转化的倾向，可以预期，在未来的债权的担保中，担保物权可能先于债权成立，而担保物权设立的目的可能在于诱导债权成立。

（2）移转上的从属性。如果债权发生转让，则担保物权也应当相应地转让，因为担保物权不得与债权相分离。担保物权人不得单独将担保物权转让给他人，而自己保留债权，否则转让无效；也不得将债权转让给他人，而自己保留担保物权，更不得将债权和担保物权区别开而分别转让给不同的受让人。

（3）消灭上的从属性。是指担保物权随着债权的消灭而消灭。

2. 不可分性

所谓不可分性，是指担保物权的各个部分应担保债权的全部，享有担保物权的债权人有权就担保物的全部行使担保物权，担保物是否被分割或产生部分的毁损灭失，或担保物权所担保的债权是否已经部分履行，都对担保物权的存在不产生影响。具体地说：

（1）担保物的各个部分担保债权的全部，享有担保物权的债权人可以就担保物的全部行使担保物权。

（2）债权是否被分割对担保物权的存在不产生影响。例如，甲对丙享有10万元的债权，丙以其房产作为抵押，后来，甲将债权分割并分别转让给两人，两人分别享有一部分债权。分割后的债权人就各自的债权对丙的全部房产享有抵押权。

（3）担保物权所担保债权是否已被部分履行，对担保物权的存在不产生影响。例如，甲以其自行车4辆作为质物向乙借款2000元，此后甲清偿了1000元的债务，此时，甲是否可以要求乙返还2辆自行车呢？从担保物权的不可分性而言，即使债务已履行了一部分，但债权人在债务未完全清偿以前，可以就担保物的全部行使权利。

（4）如果担保物发生部分灭失，则未灭失的部分仍应担保全部债权，而不能相应地缩小担保的债务范围。当然，如果担保物因为可归责于担保人的原因发生部分灭失，担保人有义务以其他财产补充担保物所灭失的部分。

3. 物上代位性

所谓物上代位性，是指担保期间，担保财产毁损、灭失或者被征收等，担保物权人可以就获得的保险金、赔偿金或者补偿金等优先受偿。例如，甲为了向乙借款，将其汽车1辆出质给乙，后因为发生火灾，该汽车被烧毁，甲从保险公司获得赔偿，该赔偿金应当成为质押的标的，债权人可以对此赔偿金优先受偿。关于物上代位性，《民法典》已经对此作出了明确规定。担保物毁损灭失之后，担保人获得的赔偿金或者保险金极易被担保人挪作他用，为了保障担保物权人的权利的实现，《民法典》第390条规定：“担保期间，担保财产毁损、灭失或者被征收等，担保物权人可以就获得的保险金、赔偿金或者补偿金等优先受偿。被担保债权的履行期限未届满的，也可以提存该保险金、赔偿金或者补偿金等。”

担保物权形成以后，权利人有权采取必需措施以保全担保物的价值。如果担保物因担保人的原因而发生价值的减少时，担保物权人有权就担保物减少的价值而要求担保人提供相应的担保。《民法典》第 408 条规定：“抵押人的行为足以使抵押财产价值减少的，抵押权人有权请求抵押人停止其行为；抵押财产价值减少的，抵押权人有权请求恢复抵押财产的价值，或者提供与减少的价值相应的担保。抵押人不恢复抵押财产的价值，也不提供担保的，抵押权人有权请求债务人提前清偿债务。”

三、担保物权的取得的基础原因和担保的债权的范围

（一）担保物权的取得的基础原因

取得担保物权的法律事实可以分为两类。

1. 基于民事法律行为而取得担保物权

（1）担保物权的设定。《民法典》第 388 条第 1 款第 1 句规定：“设立担保物权，应当依照本法和其他法律的规定订立担保合同。”理解这一规定应明确：第一，留置权是法定担保，留置权的成立无须订立担保合同，这种情况是特例；第二，担保合同必须采取书面形式。

（2）担保物权的让与。基于担保物权的从属性，除非当事人另有相反的约定，当作为主权利的债权转让时，作为从权利的担保物权将一并转让。

2. 非基于民事法律行为而取得担保物权

（1）因法律规定而直接取得担保物权。如留置权（《民法典》第 447 条）、建筑工程的承包人的建设工程价款优先受偿权（《民法典》第 807 条）、民用航空器优先权（《中华人民共和国民用航空法》（以下简称《民用航空法》）第 18 条至第 25 条）、船舶优先权（《海商法》第 21 条至第 30 条）。

（2）因继承而取得担保物权。

（3）因取得时效而取得担保物权（《民法典》未规定）。

（二）担保物权担保的债权范围

《民法典》第 389 条规定：“担保物权的担保范围包括主债权及其利息、违约金、损害赔偿金、保管担保财产和实现担保物权的费用。当事人另有约定的，按照其约定。”

关于“担保范围包括主债权及其利息、违约金、损害赔偿金”参见第二章第三节“二、保证责任的范围”，内容相同，这里不再赘述。

关于“保管担保财产的费用”。不同类型的担保物权，其担保范围亦不相同。留置等法定担保与抵押等约定担保的担保范围不同，需转移占有的质押担保与无须转移占有的抵押担保的担保范围亦不相同。通常而言，保管担保财产的费用仅发生在转移担保物占有之担保场合，如质押和留置。《民法典》放弃了《担保法》那种“区别对待”的立法方式，转而采用“一般规定”的立法方式，在各担保物权分则中不再另行规定担保物权的被担保债权范围，而是在本条通过概括的方式将各种担保物权的担保范围予以整合规定，统一确立了担保物权的被担保的债权的范围。

关于“实现担保物权的费用”。担保物权的实现有变卖、拍卖等多种方式，其实现途径可以是通过担保物权人自力救济的方式，也可以是通过诉讼的方式。无论担保物权人即债权人通过何种方式实现担保物权，皆会发生诸如拍卖费、变卖费、诉讼费、申请法院强制执行费等，从而构成实现本条所规定的实现担保物权的费用。

本条统一规定担保物权的担保范围，在其确定方面采取当事人意思自治原则，即本条对担保物权的担保范围的规定属于任意性法律规范，在当事人没有特殊约定时，可以直接发生效力；但如果当事人对担保范围另有特殊约定的，则当事人之间的特殊约定条款具有优先的效力。无论当事人特别约定的担保范围是大于法律规定的范围还是小于法律规定的范围，都是法律所允许的。这就是本条但书的含义之所在。

以案说法

执行分配方案异议之诉，审理范围仅限执行方案合理性，执行分配范围限于抵押担保的债权范围

【案情介绍】

2012年，生效判决主文前三项判令李某偿还银行贷款本金、利息、罚息、复利，逾期利息，律师费；第四项确认李某“如未按本判决指定期间履行上述给付义务”，银行有权以抵押物拍卖、变卖价款优先受偿；“如被告未按本案判决指定期间履行，应加倍支付迟延履行期间债务利息”。2014年，就案涉抵押房产拍卖款278万元进行分配，执行法院执行通知书确定银行按抵押登记价值200万元优先受偿，其余40万余元属于未担保债权，与其他执行申请人按比例分配13万余元。

法理分析

银行所持生效判决确定了优先受偿权具体项目及数额或计算方法，并未限制优先受偿权数额，该内容明确具体，具有可执行性，且已发生法律效力，应作为执行依据。[1]《民事诉讼法》（2012年）第253条规定："被执行人未按判决、裁定和其他法律文书指定的期间履行给付金钱义务的，应当加倍支付迟延履行期间的债务利息……"[2] 该条款明确了迟延履行期间，加倍支付债务利息是债务人未履行生效判决确定的义务而产生的法律后果，其立法本意是最大限度地保护权利人合法权益，给迟延履行债务人以惩罚，故，该债务利息具有惩罚性质。而民事判决确定的金钱给付义务中的利息是当事人基于法律关系而产生的，具有补偿损失性质，故两种利息性质明显不同。《物权法》第173条规定："担保物权的担保范围包括主债权及其利息、违约金、损害赔偿金、保管担保财产和实现担保物权的费用。当事人另有约定的，按照约定。"[3] 该条款中的利息应与主债权具有同一性，不应理解为包括迟延履行期间的利息。本案中合同约定担保范围包括：本合同项下借款本金、利息、复利、罚息、违约金、损害赔偿金以及诉讼（仲裁）费、律师费、保管费、处置费、过户费等贷款人实现债权和担保权费用，而银行与李某事先亦未特别约定将迟延履行期间债务利息（加罚部分）纳入抵押担保范围。故银行将迟延履行期间利息（加罚部分）纳入优先受偿范围主张缺乏法律依据，不予支持，二审判决撤销执行通知书，确认执行依据主文"上述给付义务"指该主文前三项。

---

〔1〕参见丁晓雨：《某银行天津经济技术开发区分行诉徐某、孙某煜等执行分配方案异议之诉案——执行分配方案异议之诉的审理范围、裁判依据和处理方式》，载《人民法院案例选》2016年第12期。

〔2〕《民事诉讼法》（2021年）第260条规定：被执行人未按判决、裁定和其他法律文书指定的期间履行给付金钱义务的，应当加倍支付迟延履行期间的债务利息。被执行人未按判决、裁定和其他法律文书指定的期间履行其他义务的，应当支付迟延履行金。

〔3〕《民法典》第389条：担保物权的担保范围包括主债权及其利息、违约金、损害赔偿金、保管担保财产和实现担保物权的费用。当事人另有约定的，按照其约定。

四、流质契约的认定与处理

（一）流质契约的概念和特征

所谓流质契约，又称绝押契约，是指当事人双方在设立抵押或质押时，在担保合同中规定，债务履行期限届满而担保物权人尚未受清偿时，担保物的所有权移转为债权人所有。

流质契约的含义包括：（1）流质契约签订的时间限于债务履行届满前，常见于抵押和质押的担保设定；（2）流质契约的内容为债务人在不能清偿债务时，担保物的所有权为债权人所有；（3）流质契约改变了法定的物权实现方式。

流质契约的特点主要有：

第一，主要在约定担保物权中采用。当事人通过订立抵押或者质押合同设立担保物权时才可能在担保合同中约定流质契约条款。直接根据法律规定产生的物权，一般不会出现流质条款。

第二，流质契约不仅能在担保合同中事先约定，也可以在担保合同之外另行约定。在担保物权实现时，当事人约定担保物折价协议并不属于流质条款。

第三，流质契约通常规定担保物的所有权完全归债权人所有。

（二）流质契约的认定与处理

《民法典》第401条规定："抵押权人在债务履行期限届满前，与抵押人约定债务人不履行到期债务时抵押财产归债权人所有的，只能依法就抵押财产优先受偿。"第428条规定："质权人在债务履行期限届满前，与出质人约定债务人不履行到期债务时质押财产归债权人所有的，只能依法就质押财产优先受偿。"流质契约的立法目的主要表现在：（1）保护债务人；（2）有利于保护担保物权人以外的其他债权人的利益；（3）防止国有资产流失。

当事人关于流质契约的约定，并非指设定担保物权的行为无效，设定行为因符合法律而有效，其无效仅以预先约定担保物所有权移转的部分为限。流质契约无效并不影响整个担保合同的效力。

《民法典》关于流质契约的规定目的在于保护债务人。但凡债务人举债多处于急迫困窘之时，不排除债权人会利用此机会逼迫债务人订立流质契约，以价值甚高的担保物担保小额之债权，希冀债务人不能清偿时不经任何程序径行取得担保物的所有权，谋取非法暴利。即使债务人事后可以显失公平、重大误解为由行使撤销权，但举证存在很大难度，故由法律直接规定流质契约无效，可更有效地达到保护债务人利益的目的。同时，在担保物的价值过分高于被担保的债权额时，担保物归债权人所有后，则又会造成债务人财产的减少，进而降低其偿还其他债权人债权的能力，造成了其他债权人与担保物权人之间的利益失衡。实践中，更不排除存在担保当事人恶意串通，通过流质契约的合法形式逃避对其他债权人的债务的情形。

关于流质契约与折价补偿协议的区别。二者订立的时间要求不同，折价补偿协议必须是在债务履行期限届满后订立的，就是说担保物权实现的条件已具备，双方可以就担保物权的实现方式进行协商，而债务履行期限届满前订立的担保物径直归债权人所有的协议，因为其实际上排除了担保物权实现时对债权债务以及担保财产的清算程序，进而会损害债务人利益，应认定为流质契约并予以禁止。根据《民法典》第 410 条的规定，债务履行期届满，当事人是可以协商以折价的方式将担保财产转移给债权人所有的，所谓折价也就是将担保财产冲抵部分或全部债权，其在性质上仍属于担保物权的实现方式的一种，是对担保物交换价值的确认，而流质契约则是事先规定可以不经清算程序，直接转移担保财产的所有权，其实质是改变了法定的担保物权的实现方式，造成实现程序的不透明性，完全缺乏外部监督，极有可能导致债务人利益受到损害。

关于流质契约的效力。流质契约被认定无效不影响担保合同其他内容的效力，在整个担保合同中，关于流质的约定只是担保实现方式条款部分，其他关于担保设定等内容仍是担保当事人之间真实的意思表示，不能因流质条款的无效而归于无效。

五、担保物权消灭与担保物权诉讼时效

《物权法》规定担保物权的消灭主要包括以下情形：

（一）主债权消灭

担保物权属于从权利，主债权消灭，担保物权亦消灭。《民法典》第 419 条规定："抵押权人应当在主债权诉讼时效期间行使抵押权；未行使的，人民法院不予保护。"可见抵押权与其担保的债权同时存在，债权消灭时，抵押权也消灭。质权与其担保的债权同时存在，债权消灭的，质权也消灭。

第 457 条规定："留置权人对留置财产丧失占有或者留置权人接受债务人另行提供担保的，留置权消灭。"一般来说，被担保主债权消灭的原因主要有五个方面：(1) 清偿，是指债务人或第三人清偿全部主债权，从而使债消灭的行为；(2) 提存，是指由于债权人的原因致使债务人不能按期偿还到期债务，债务人将清偿标的交付给特定提存部门或约定的第三人，从而使主债权消灭的行为；(3) 抵销，是指担保物权人与债务人互负债务，根据法律规定或者合同约定符合抵销条件而导致主债权消灭的行为；(4) 免除，是指担保物权人在不损害第三人合法权益的情况下全部免除债务人的债务而致使主债权消灭的行为；(5) 混同，是指担保物权与债务因婚姻、继承、合并等原因同归于一人，从而使主债权消灭的行为。以上原因均可导致主债权消灭，担保物权保全债权的目的亦不复存在。

（二）担保物权实现

担保物权的实现，是指担保物所担保的债权已届清偿期而债务人不能履行债务时，担保物权人通过行使担保物权而使其债权得到优先受偿。担保物权实现后，担保法律关系消灭。即使其债权未完全受偿，担保物权也消灭。

（三）放弃担保物权

权利既可以行使，也可以放弃，这是权利人的自由。债权人放弃担保物权必须有其明确的意思表示，且其须具备民事行为能力。

（四）担保物权消灭的其他情形

这是法律规定的兜底条款。法律明确规定担保物权消灭的，担保物权依法律的规定而消灭。例如，《民法典》第 393 条规定："有下列情形之一的，担保物权消灭：(1) 主债权消灭；(2) 担保物权实现；(3) 债权人放弃担保物权；(4) 法律规定担保物权消灭的其他情形。"担保物权的消灭既可以基于法律的规定，当事人也可以约定其消灭的情形。

以案说法

抵押权未在主债权诉讼时效期间行使，抵押人可申请确认消灭

【案情介绍】

2000 年，贸易公司以其房产为化工公司向信用社贷款 150 万元提供抵押担保。2013 年，贸易公司以信用社未在主债权诉讼时效期间内行使抵押权为由，诉请确认抵押权消灭，并判令返还其房产证及土地证。

法理分析

《物权法》第202条规定："抵押权人应当在主债权诉讼时效期间行使抵押权；未行使的，人民法院不予保护。"[1] 据此，抵押权人未在抵押权诉讼时效期间行使的，丧失胜诉权，但抵押人自愿履行的除外；抵押人在抵押权人胜诉权丧失后，得请求法院确认抵押权消灭。[2] 本案中，信用社与化工公司所签借款合同约定借款期限为一年，借款债权诉讼时效为二年，信用社作为抵押权人在主张债权诉讼时效期间内未提供证据证明其曾行使过抵押权，其抵押权因已超过主债权诉讼时效未行使而不受法律强制保护，故法院对于贸易公司要求确认信用社抵押权消灭诉请，予以支持。

---

〔1〕《民法典》第419条：抵押权人应当在主债权诉讼时效期间行使抵押权；未行使的，人民法院不予保护。

〔2〕参见张永辉：《贸易公司诉信用社抵押权争议纠纷案——抵押权未在主债权诉讼时效期间行使的法律后果》，载《人民法院案例选》，人民法院出版社2017年版，第109~138页。

第四章

抵押权

第一节　抵押权概述

抵押权，是债权人对于债务人或者第三人提供的担保债的履行的不动产及其他财产不转移占有，在债务人不履行债务时，可以用该财产的价值（折价或者以拍卖、变卖该财产的价款）优先受偿的权利。在抵押权关系中，享有抵押权的债权人称为抵押权人；提供担保财产的债务人或第三人，称为抵押人；抵押人提供的担保财产，称为抵押物或抵押财产。

在抵押权的立法体例上，《民法通则》没有规定质权，仅规定了抵押权。《担保法》则改采了传统民法的立法例，对抵押权与质权分别作了规定，从而也形成了较为科学的抵押概念和制度。《民法典》仍然对抵押权与质权分别作了规定。抵押权的特征有：

一、抵押权是一种物权

抵押权虽然具有债权的属性，但仍然属于物权的范围。一方面，抵押权人对抵押人提供抵押的特定财产享有支配权，抵押物虽不移转占有，但抵押权人可以支配抵押物的价值，即使抵押人转让抵押物的所有权，抵押权也不因此而受到影响。如果在抵押期间，抵押物发生毁损灭失，抵押物将发生物上代位，抵押权的效力及于抵押物变价后的价值。另一方面，抵押权人享有优先受偿的权利。也就是说，当抵押权与普通债权并存时，抵押权人要优先于普通债权人受偿。如果同一物上设定了数个抵押权，则先设定的抵押权要优先于后设定的抵押权。此外，在抵押财产受到他人不法侵害时，抵押权人可以基于抵押请求权除去妨害。这些特点都表明抵押权是一种物权。

二、抵押权是一种担保物权

抵押权是以担保债权为目的，即以确保债务的履行为目的的物权。抵押权的产生与存在必须以一定的债权关系的发生与存在为前提和基础，没有所担保的债权，就不能成立抵押权。抵押权既不能与其所担保的债权相分离而单独转让，也不能与其所担保的债权相分离而作为另一个债的担保。抵押权设定的目的就在于确保主债务的履行。

三、抵押权是在债务人或第三人的财产上设定的物权

抵押权是在债务人或第三人的特定财产上设定的担保物权，债权人无须为了自己债权的清偿而在自己的财产上设定抵押权，抵押权是为担保债权的清偿而设定的，它只能存在于债权人以外的债务人或者愿意提供财产为债务人履行债务作担保的第三人。抵押权制度发展之初，仅能在不动产上设定，而在动产上设定的是质权。因为在早期社会，不动产的价值通常大于动产，移转对不动产的占有往往影响所有权人对该不动产的使用、收益。然而，现代社会生活中许多动产在价值上远远大于不动产，为更有效地保障债权的实现，法律也允许在一些特定的动产上设定抵押权。《民法典》第 395 条第 1 款第 4、5、6 项允许以生产设备、原材料、半成品、产品，正在建造的船舶、正在建造的航空器以及交通运输工具设定抵押权。至于可以作为抵押权客体的权利，主要是指所有权之外的不动产物权或者特许物权。[1]

四、抵押权是不移转标的物占有的担保物权

所谓不移转占有，是指抵押权设定后，抵押物仍留在抵押人手中，由抵押人继续占有抵押物。不移转占有是抵押权与质权的重要区别。由于抵押的设定不移转占有，抵押人能够继续占有和使用抵押财产，从而使物的使用价值得到充分发挥。由于抵押权的设定不需要移转占有，因此，抵押权不能采用占有移转的公示方法，而必须采用登记或其他方法进行公示。这也决定了在实践中，抵押的标的主要为不动产而非动产。

五、抵押权是以抵押财产的变价而优先受偿的权利

所谓优先受偿，是指债务人不履行债务时，债权人有权依照法律规定以抵押财产折价或者以拍卖、变卖该财产的价款优先受偿。抵押权的优先受偿

---

〔1〕 王利明、尹飞、程啸：《中国物权法教程》，人民法院出版社 2007 年版，第 439 页。此处主要指（1）建设用地使用权；（2）海域使用权。

性是抵押权作为担保物权的重要特征，但这种优先受偿并不是指在债务人不履行债务时直接移转抵押物的所有权，而是指在债务人不履行债务时将抵押物变价，使抵押权人就抵押物变价后的价值而优先于其他债权人受偿。从这个意义上说，抵押权是一种价值权或变价受偿权。

第二节　抵押权的设定

一、抵押权设定方式

（一）基于民事法律行为而取得抵押权

基于民事法律行为而取得的抵押权可以分为抵押权的设定与抵押权的转让两种。基于法律行为而取得的抵押权，学理上称为约定抵押或意定抵押权。

实践中，通过抵押合同而设定抵押权的情形最为常见。所以，《民法典》第 388 条第 1 款规定："设立担保物权，应当依照本法和其他法律的规定订立担保合同……"

1. 关于抵押合同的形式。《民法典》第 400 条第 1 款规定："设立抵押权，当事人应当采用书面形式订立抵押合同。"

2. 关于抵押合同的内容。《民法典》第 400 条第 2 款规定："抵押合同一般包括下列条款：（一）被担保债权的种类和数额；（二）债务人履行债务的期限；（三）抵押财产的名称、数量等情况；（四）担保的范围。"

3. 关于通过转让取得抵押权。《民法典》第 407 条规定："抵押权不得与债权分离而单独转让或者作为其他债权的担保。债权转让的，担保该债权的抵押权一并转让，但是法律另有规定或者当事人另有约定的除外。"这属于抵押权的继受取得。

（二）非基于法律行为而取得抵押权

非基于法律行为而取得抵押权包括基于法律规定而取得抵押权即法定抵押权、基于公信原则而取得抵押权以及通过继承而取得抵押权。

二、抵押当事人

抵押当事人包括抵押人和抵押权人。抵押权人就是指债权人，因为抵押权是基于担保主债权而存在的，所以，只有被担保的主债权中的债权人才能成为抵押权人。抵押人即抵押财产的所有人，是以自己的财产为自己或他人的债务设定抵押的人，他既可能是债务人，也可能是第三人。由于抵押在性质上是一种处分财产的行为，因此抵押人必须对设定抵押的财产享有所有权或处分权。

三、抵押物

抵押物又称为抵押财产，是抵押权的标的或客体，然而并不是所有的财产都可以用来作为抵押标的物。一方面，抵押财产必须是某项特定的财产，或者该财产具有特定的范围。如果不能特定，抵押权人就无法支配抵押财产，从而不可能顺利地实现抵押权。另一方面，由于抵押权的实现要以抵押物拍卖、变卖为手段，因此抵押物必须是可以转让的物。凡是法律禁止流通或已被强制执行的财产一律不得作为抵押物。另外，由于抵押权的设定不是以标的物的占有移转为公示要件，而是以登记或其他的方法进行公示，因此抵押权必须能以登记或其他方式予以公示。

《民法典》第 395 条第 1 款规定了可以用来抵押的财产的范围："债务人或者第三人有权处分的下列财产可以抵押：（一）建筑物和其他土地附着物；（二）建设用地使用权；（三）海域使用权；（四）生产设备、原材料、半成品、产品；（五）正在建造的建筑物、船舶、航空器；（六）交通运输工具；（七）法律、行政法规未禁止抵押的其他财产。"

抵押人可以将上列财产一并抵押。第 396 条还规定："企业、个体工商户、农业生产经营者可以将现有的以及将有的生产设备、原材料、半成品、产品抵押，债务人不履行到期债务或者发生当事人约定的实现抵押权的情形，债权人有权就抵押财产确定时的动产优先受偿。"第 397 条规定："以建筑物抵押的，该建筑物占用范围内的建设用地使用权一并抵押。以建设用地使用权抵押的，该土地上的建筑物一并抵押。抵押人未依照前款规定一并抵押的，未抵押的财产视为一并抵押。"第 398 条规定："乡镇、村企业的建设用地使用权不得单独抵押。以乡镇、村企业的厂房等建筑物抵押的，其占用范围内的建设用地使用权一并抵押。”

《民法典》在从正面规定可以抵押的财产的同时，又从反面规定了不得用于抵押的财产范围及负面清单，第399条规定：“下列财产不得抵押：（一）土地所有权；（二）宅基地、自留地、自留山等集体所有土地的使用权，但法律规定可以抵押的除外；（三）学校、幼儿园、医疗机构等为公益目的成立的非营利法人的教育设施、医疗卫生设施和其他公益设施；（四）所有权、使用权不明或者有争议的财产；（五）依法被查封、扣押、监管的财产；（六）法律、行政法规规定不得抵押的其他财产。”

四、抵押权设定后所及标的物的范围

抵押权设定后所及标的物的范围就是抵押权对标的物的效力范围，是指抵押权人在实现抵押权时，可以就哪些财产进行折价，或拍卖、变卖并优先受偿。抵押权作为价值权，通过支配、控制标的物的交换价值确保其债权优先受偿，其标的物的范围自然应与所有权标的物的范围一致，并以登记记载事项、范围为准。但是，由于抵押权并不转移对标的物的占有，抵押物在抵押人使用、管理过程中，其物质或价值表现形态都可能会发生变化，这种变化有些是由于抵押物本身的自然属性造成的，有些则可能是由于抵押人或第三人等人为因素造成的，但不管其形态如何变化，只要不影响抵押权的实现，其对债权的担保作用都不应发生影响。随着抵押物构造与价值表现形态的变化，有必要对抵押物的范围进行固定并适当加以延伸。因此，在一定条件下，也将抵押权标的物以外的其他物品或者权利纳入抵押权标的物的范围，其目的是维护抵押物的经济效用及交换价值，并兼顾双方当事人的利益。当然，这种对抵押权标的物范围的扩张不是无限度的，因为这将对一般债权人的利益产生影响。抵押权标的物的范围增加，也就同时意味着一般担保财产范围的减少，双方存在着此消彼长的关系。为了平衡抵押权人和一般债权人的利益关系，缓解因抵押物范围扩张导致的价值分配紧张关系，有必要确定一个合理的界限，这个界限便是抵押权所及标的物的范围。

关于抵押权效力所及标的物的范围，大多数国家都有明确规定，除抵押物本身外，抵押权的效力还及于抵押物的从物、从权利，抵押物在扣押后由抵押物产生、分离的天然孳息，抵押物可以收取的法定孳息，等等。依据

《民法典》第412条、第430条《民法典担保制度司法解释》第38条至第41条的规定，抵押权标的物的范围除主物外，还包括天然孳息、法定孳息、从物、附和物、混合物、加工物。下面就标的物的范围加以探讨。

（一）从物

依据物与物之间的相互关系，可将物区分为主物与从物。从物并非主物的构成部分，而是一个独立物，常有增进主物的效用且同属于一人。从物的判断标准有四个：（1）从物非主物之成分；（2）常助主物的效用；（3）从物与主物同属一人；（4）须交易上无特别习惯。对于从物与主物的区分应严格从以上几个标准综合加以判断，重点关注从物与主物应当具备经济上、使用效能上紧密结合的关系。从主物与从物的判断标准可以将那些不具备以上要件的物的组成部分、不能帮助主物发挥经济效用的物，与主物不属同一人所有的物以及交易习惯另有特别约定的物从从物中分离开。因此《担保法司法解释》第63条但书规定的“抵押物与其从物为两个以上的人分别所有时，抵押物的效力不及于抵押物的从物”的表述有待完善，因为既然从物与主物分属不同的人，即使能够增进主物的价值，也不能成立法律上的主从关系，而仅是经济上的主从关系。

关于抵押权的效力能否及于抵押权设定时已存在的从物，学者间的分歧并不大，一般均认为能够及于已存在的从物。《民法典担保制度司法解释》第40条对此也作出了明确规定，即“从物产生于抵押权依法设立前，抵押权人主张抵押权的效力及于从物的，人民法院应予支持，但是当事人另有约定的除外。从物产生于抵押权依法设立后，抵押权人主张抵押权的效力及于从物的，人民法院不予支持，但是在抵押权实现时可以一并处分”。因为从物与主物之间存在经济上的结合关系，从物的存在就是为了更好地发挥主物的经济效用，如果没有从物，主物的经济效用将大受影响，其交换价值也将得不到充分发挥。而从物与主物结合在一起则可增进主物的使用价值，其交换价值也将随之提高。民法上“主物的处分及于从物”的法律原则是固有的基本原则。因此，对于抵押权设定前已存在的从物，抵押权在实行时，其效力当然及于该从物，且该项从物并不以登记为要件，即使没有进行登记，亦当然为抵押权的效力之所及。关于抵押权的效力是否及于抵押权设立后所发生的从物，王泽鉴教授对此曾非常精辟地指出：“关于抵押权设定后所发生之从物，是否为抵押权效力所及，学者间所见不同，甚为分歧，尚未形成通说，可谓担保物权法上一项重大之争议问题。争议之重点，非在于其是否符合当事人（抵押权人及抵押人）之意思，而是在于当事人利益之冲突及调和。于此情形，涉及利益有二：（1）抵押权人之利益。从经济目的而言，从物既在常助主物之效用，具有依存关系，则抵押权之效力倘不及于从物，不能一并拍卖，势必减损抵押物之价值，影响抵押权人之利益。（2）一般债权人利益。后增之从物，倘为抵押权效力之所及，抵押权人得优先受偿，共同担保因而减少，一般债权人难免蒙受损失。肯定说偏重保护抵押权人，否定说偏重保护一般债权人。”〔1〕有的学者从保护抵押权人的利益考量，认为抵押权的效力应及于抵押权设定后新发生的从物，抵押权人能够就其折价款优先受偿。因为，既然抵押权存续期间内从物与主物都归于同一人，如果抵押权的效力不及于从物，则主物的效用无法充分发挥，这样会损害抵押权人的利益且不利于社会资源的有效配置。〔2〕

笔者认为，抵押权制度故为保护抵押权人的利益而设，但也不能因此而忽视了一般债权人的利益。过分强调保护抵押权人的利益或者过分保护一般债权人的利益均是不可取的。因为在法律地位上，抵押权人与一般债权人是平等的。抵押权效力问题涉及抵押权人与一般债权人的利益冲突与平衡，毕竟抵押人的财产总量是有限的，其除以抵押物对抵押权人的债权提供特别担保外，还需要以其他财产为一般债权人的债权提供信用担保。由于抵押权设定时，抵押当事人无法预见此后产生的抵押物之从物，该项抵押物之从物亦未进行登记，第三人亦无法从登记簿查询该从物之存在，如果强调抵押权的效力及于其设定后新增的从物，则势必会减少抵押人的一般责任财产，从而对抵押人之一般债权人的利益产生影响，这对于一般债权人来说是极不公平的。因此，应该认为抵押权标的物的范围不包括抵押权设定后抵押物新增的从物，不论其为动产还是不动产，以保护一般债权人的利益。但是如果抵押权实现时，抵押人不存在一般债权人或一般债权人的共同担保因此而受影响时，可以及于抵押物上新增的从物。当然，不论抵押权的效力是否及于从物，因为主物与从物之间具有经济上的结合关系，两者只有结合在一起才能使抵押物充分发挥其经济效用，并大大增加抵押物的交换价值，故为兼顾抵押权人和一般债权人的利益，《民法典担保制度司法解释》第 40 条规定：

---

〔1〕王泽鉴：《民法学说与判例研究》（第三册），中国政法大学出版社 1998 年版，第 368～369 页。

〔2〕史尚宽：《物权法论》，中国政法大学出版社 2000 年版，第 279 页；邹海林、常敏：《债权担保的方式和应用》，法律出版社 1998 年版，第 145 页。

“从物产生于抵押权依法设立前，抵押权人主张抵押权的效力及于从物的，人民法院应予支持，但是当事人另有约定的除外。从物产生于抵押权依法设立后，抵押权人主张抵押权的效力及于从物的，人民法院不予支持，但是在抵押权实现时可以一并处分。”可使两者一并拍卖，但抵押权人就从物所得变价金无优先受偿权。

实践中应注意的问题是：其一，从物因抵押人正常的交易活动而从抵押物中分离开，抵押权对已分离的从物是否发生效力。有学者认为，此时抵押权对已经分离的从物不发生效力，债权人在债务人不履行债务时，不得就从物行使追及权。[1] 笔者认为，对于该问题，应根据不同情况区别对待，如果抵押权设定时该从物已经产生并就其存在进行了登记，则抵押权的效力及于该从物，即使该从物在抵押权实现时已从主物分离，受物权追及效力的影响，抵押权人对其仍有追及权。如果抵押权设定后新增从物，因其原则上本不为抵押权效力之所及，则其与抵押物分离后，抵押权人就已经分离的从物，自然不发生效力，不得行使追及权。其二，当事人之间可以协议排除抵押权对从物的效力。因为抵押权一般是由当事人通过抵押合同创设的，根据意思自治原则，当事人当然有权将其排除，法律对此必须予以尊重。在当事人通过协议将抵押物的从物排除出抵押权效力范围时，该协议应属有效，抵押权实现时抵押权人无权就抵押物之从物折价款优先受偿。即使当事人并未以协议加以排除，但如果对于从物作为独立物进行登记时，在当事人对此未作其他约定的情况下，抵押权的效力一般也不能及于该从物。因为登记具有物权公示效力，既然当事人将从物作为独立物进行登记，则其有意将其排除出抵押权效力范围。

（二）从权利

从权利是指附属于主权利并为辅助主权利的效力而存在的权利。例如，对于土地使用权而言，其从权利包括相邻通行权、相邻排水权、地役权等。

从抵押权的效力范围角度看，从权利是从属于抵押物利用权的权利，是抵押人基于抵押物上主权利的行使需要而产生，并与抵押物同一命运的权利。从权利虽然依附于主权利而存在，具有从属性，但它依然具有自己独立的经济效用，即使用价值和交换价值，在它具有可让与性的前提下，当然可以作为抵押权效力所及的对象。因此，在以主权利或其所属标的物为抵押

[1] 许明月：《抵押权制度研究》，法律出版社1998年版，第238页。

时，抵押权的效力也及于其从权利。对此，日本民法有明文规定。《日本民法典》第281条规定：“（一）地役权作为需役地所有权的从权利，与之一起移转，或成为需役地上存在的其他权利的标的。但设定行为另有订定时，不在此限。（二）地役权，不得与需役地分离而让与或作为其他权利的标的。”

关于从权利是否可以作为抵押权效力所及的对象问题，《担保法》《担保法司法解释》以及《物权法》都没有规定。理论上认为，以主权利为抵押时，抵押权的效力也及于其从权利，而且该从权利是否已为抵押权之设定登记，亦在所不问。例如，以需役地使用权作为债权担保设定抵押权时，抵押权的效力应及于该地役权。《民法典》第381条规定：“地役权不得单独抵押。土地经营权、建设用地使用权等抵押的，在实现抵押权时，地役权一并转让。”因此，以建筑物抵押时，土地与建筑物虽为独立的不动产，但建筑物的使用，不能脱离土地而存在，建筑物对基地的利用权，如地上权、租赁权等，亦应认为系从权利，而为抵押权的效力所及。至于该项权利是否具有让与性，在抵押权设定时登记与否，在所不论。再如，以土地承包经营权抵押时，其灌溉取水权，也应当理解为从权利。对抵押物的从权利从宽解释，显然使抵押物的经济效用达到最大化，抵押权的效力也因而得到了强化，抵押权实行之后，抵押物的受让人就不会因他人享有抵押物的从权利而受到种种牵制、妨害，从而顺畅地利用抵押物，使效益最大化。[1]因此，应当坚持权利本位的思想，对抵押物的从权利从宽解释，使抵押权保持完整的状态，以便彰显抵押权的效力，推动抵押权制度发展，活跃资金融通。

（三）孳息

根据两物之间存在的产生与被产生的关系，物可分为原物与孳息。原物指依其自然属性或法律规定能产生新物的物。孳息则为由它们所生的收益物，孳息分为天然孳息和法定孳息。所谓天然孳息，是指按照物的自然属性所产生的收益；法定孳息则是指通过与他人间的法律关系所产生的收益。无论抵押物所产生的是天然孳息，还是法定孳息，自其与抵押物分离之时起便具有了独立性，且其是抵押人为使用抵押物而获得的使用价值或交换价值，是抵押人经营管理抵押物的成果。在其被依法扣押之前当然不在抵押权效力范围之内。

---

〔1〕吴春岐、郝志刚：《抵押权》，中国法制出版社2007年版，第141页。

然而，当抵押权人实行抵押权从而使抵押物被人民法院依法扣押之日起，由于抵押人已丧失对抵押物的占有，其对抵押物的现实支配力和使用收益的权利随之丧失，而抵押权人却因抵押物的扣押可以对抵押物所生的天然孳息以及法定孳息进行现实的支配。因抵押权人行使抵押权致使抵押财产被人民法院依法扣押的，如果抵押财产的孳息仍为抵押人收取，则会使抵押人为收取孳息而拖延处理抵押财产，不利于保护抵押权人的利益。此时剥夺抵押人对抵押财产孳息的收取权，有利于抵押权人顺利实现抵押权，也能够充分发挥抵押财产担保债权受偿的功能。[1]

为了切实有效地保障抵押权人的债权实现，应当承认抵押权人实行抵押权并扣押抵押物后，无论是天然孳息还是法定孳息均应纳入抵押权的效力范围。《担保法》第47条规定："债务履行期届满，债务人不履行债务致使抵押物被人民法院依法扣押的，自扣押之日起抵押权人有权收取由抵押物分离的天然孳息以及抵押人就抵押物可以收取的法定孳息。抵押权人未将扣押抵押物的事实通知应当清偿法定孳息的义务人的，抵押权的效力不及于该孳息。前款孳息应当先充抵收取孳息的费用。"《民法典》第412条规定："债务人不履行到期债务或者发生当事人约定的实现抵押权的情形，致使抵押财产被人民法院依法扣押的，自扣押之日起，抵押权人有权收取该抵押财产的天然孳息或者法定孳息，但是抵押权人未通知应当清偿法定孳息义务人的除外。前款规定的孳息应当先充抵收取孳息的费用。"

1. 天然孳息

就抵押物而言，天然孳息应专指果实以及不动产的其他出产物。对于天然孳息，各国法律均明文规定自抵押物扣押后抵押物所生的天然孳息为抵押权人所有。例如，《法国民法典》第2176条规定："负担抵押权的不动产带来的果实、收益，仅自占有该不动产的第三人受到清偿催告之日起始予交还，如诉讼开始后停止达三年时，仅自提出新的催告之日起，始应交还前述果实、收益。"

关于抵押权的效力及于抵押物扣押之后的天然孳息的立法是否公正，很多学者提出了不同看法。有些学者从抵押人、一般债权人的利益出发，认为此项制度的确有失公正；有些则从抵押人的利益出发，认为抵押权既以特定物为对象，当天然孳息已与抵押物分离，则其本身即为独立之物，而天然孳

[1] 王胜明主编：《中华人民共和国物权法解读》，中国法制出版社2007年版，第429页。

息的分离，于抵押物价值通常不会产生影响，故在理论上抵押权及于孳息的理由甚难成立。同时，虽抵押物扣押后，抵押人不再能够对抵押物进行占有和利用，但于此时发生的孳息大都为抵押人经营抵押物的结果，只是依抵押物之天然属性孳息尚不能从抵押物中分离而已，若认为抵押权的效力可以及于抵押物扣押后的孳息，则实质上与规定抵押权效力及于抵押物扣押前的孳息无异，这对于抵押人及一般债权人都有不利。[1]

笔者认为，尽管抵押权所支配的抵押物具有特定性，天然孳息与抵押物分离之后已成为独立的物，将抵押权的效力扩张至抵押物被扣押之后产生的天然孳息确实能够影响抵押人对抵押物的使用收益，对抵押人及一般债权人的利益均会产生影响，但扣押抵押物是实现抵押权的必要条件。抵押物既已被扣押，抵押人自然就不能再就抵押物继续使用收益，由此产生的天然孳息也不能由抵押人收取。如果允许抵押人继续收取抵押物产生的天然孳息，会使抵押人为收取天然孳息多获收益而拖延甚至阻碍处理抵押物，不利于保护抵押权人的利益。为了保护抵押人的利益而损害甚至牺牲抵押权人的利益，与抵押担保的立法目的不合。因此，法律规定在抵押物被扣押之后剥夺抵押人对抵押物天然孳息的收取权，有利于抵押权人顺利实现抵押权，也能够充分发挥抵押财产担保债权受偿的功能。

依《民法典》第412条的规定，抵押权的效力及于抵押物扣押后产生的天然孳息，因此抵押权的效力是否及于孳息以抵押物是否已被扣押为分界点，即只有在抵押物被法院扣押之后，由该抵押物产生的天然孳息才属于抵押权效力所及的标的物范围，如果在此之前由抵押物正当分离产生的天然孳息，属于抵押人正常使用抵押物所获得的收益，且其已与抵押物分离而成为独立物，自然不能为抵押权效力之所及。然而，在抵押物的天然孳息未与抵押物分离之前，抵押人或第三人故意造成天然孳息从抵押物不当分离的，如故意采摘尚未成熟的果实而丢弃，因为此时的天然孳息尚未与抵押物正当分离，从性质上看仍属抵押物的组成部分，人为故意使之不当分离已构成对抵押物的侵害，使抵押物的价值减少，抵押权人有权要求行为人停止侵害，并有权要求抵押人恢复抵押物的价值，或者提供与减少的价值相当的担保。当然，在抵押权人行使抵押权前，天然孳息即将收获而未来得及收取的，由于抵押人已为此付出了劳动，理应获得收益，故此时为了平衡抵押权人与抵押

---

〔1〕 许明月：《抵押权制度研究》，法律出版社1998年版，第247~248页。

人的利益，应给予抵押人必要的宽限期，以便抵押人能够收取由抵押物产生的天然孳息，不致因抵押权的实行遭受额外的损失。如果抵押物产生的天然孳息是由第三人基于租赁权而产生的，则抵押权的效力不得及于第三人应收取的天然孳息。[1]

2. 法定孳息

对于抵押物来说，法定孳息仅指房屋、土地使用权、各种动产出租而收取的租金。与天然孳息相同，法定孳息也是抵押物使用收益的结果，本质上也不应属于抵押权标的物的范围，但是自抵押物被扣押后，由抵押物产生的法定孳息得为抵押权的效力所及，对此各国立法亦有规定。例如，《瑞士民法典》第 806 条规定：“（1）被担保的土地附有使用租赁或用益租赁关系时，其担保责任及于从提起变价执行之日或从对债务人破产程序开始之日起至变价之日止的租金的或佃租的债权。（2）前款的担保责任，在为上述执行发出通知或破产公告之后，始对承租人或租佃人生效。（3）对尚未到期的租金或佃租，土地所有人的法律行为或其他债权人的扣押，在租金或佃租债权到期前，担保物已开始变价执行的，不得对抗不动产担保权人。”我国《民法典》第 412 条对此亦有规定，但在未通知应当清偿法定孳息的义务人的法律后果方面有所不同。根据现行法律的规定，抵押权人实行抵押权时，有权自抵押物被扣押之日起收取抵押物的法定孳息，但必须是抵押权人已经通知了应当给付法定孳息的义务人。抵押权人如果未将抵押物被扣押的事实通知负有清偿法定孳息义务的人，则无权要求该义务人向其交纳法定孳息，该法定孳息也不为抵押权效力之所及，抵押权人无权就该法定孳息优先受偿。因为法定孳息的取得，取决于义务人的给付行为，通常情况下义务人负有向抵押人给付孳息的义务。如果抵押权人未将扣押事实通知义务人，义务人就无法将孳息交付给抵押权人，抵押权的效力也就无法及于该孳息。而根据《瑞士民法典》的规定，抵押物扣押后，抵押权效力及于法定孳息，抵押权人未将抵押物扣押的事实通知清偿义务人时，并不丧失对该法定孳息的优先受偿权，而仅是不能以抵押权对法定孳息的效力对抗清偿义务人，即该义务人不知其情事而将法定孳息给付于抵押人时，仍发生清偿的效力，抵押权人不得对该义务人主张清偿无效。此项通知即系对法定孳息清偿义务人的对抗要件，

[1] 姚瑞光：《民法物权论》，中国政法大学出版社 2011 年版，第 218 页。

故纵未通知，抵押权人对抵押人就此项法定孳息的优先受偿也无影响。[1]

（四）添附物

附合、混合和加工，在学说上总称为添附。其中，附合与混合为物与物的结合，加工为工作与物的结合，均有添加结合的关系，均为动产所有权变动的原因。因添附结果而形成的物，若允许恢复原状，或根本不可能，或对社会经济不利，因此在现代各国法制下，法律通常使其成为一物，规定由一人取得添附物的所有权，或共有合成物，从而使所有权单一化。

1. 不动产附合

不动产附合即动产与不动产附合，是指动产与他人的不动产相结合而失其独立性，成为不动产的重要组成部分，因而发生动产所有权变动的法律事实。在实务中，比较常见的不动产附合有建筑材料等动产与建筑物等不动产的附合，此时动产成为建筑物的重要组成部分，动产所有权即因附合而丧失，由建筑物所有人取得。动产与不动产的附合必须具备以下要件：（1）须为动产与不动产附合；（2）须动产成为不动产的重要组成部分；（3）须不属同一人所有。动产发生附合于不动产的情形后，即产生物权变动的效果，由不动产所有人取得该动产所有权，此项取得系依法律的直接规定，而非基于他人既有的所有权，为原始取得。动产所有权因附合而消灭，原存在于动产上的一切负担，随原动产所有权的消灭而一并消灭。丧失权利而受损害者，可依关于不当得利的规定而求偿。

2. 混合

混合是指不同所有人的动产混杂在一起，不能识别或识别需费过巨，而发生所有权变动的法律事实。构成混合须具备以下要件：（1）须动产与动产混合，包括固体与固体、液体与液体、气体与气体的混合，以及各类形态物质间的混合；（2）须混合的动产与被混合的动产分属不同的所有人，如同属一人所有，则不产生混合的问题；（3）混合后须达到不能识别或识别需费过巨的程度。混合成立后即发生物权变动的效果，原则上动产所有人按其动产混合时的价值共有混合物的所有权，因混合而丧失所有权的动产所有人可以获得相应的补偿金。

3. 加工

加工是指对他人的动产加以制作或改造，从而发生物权变动的法律事

[1] 谢在全：《民法物权论》（下册），中国政法大学出版社 1999 年版，第 591 页。

实。加工的构成通常须具备以下要件：（1）加工标的物限于动产；（2）加工的材料必须属他人所有，如加工人加工属于自己所有的材料，则不产生加工的问题；（3）须有加工行为，如纺纱织布，以布料制作衣服；磨麦成粉，以面粉制作面包等，都包含了工作与动产的结合，因而属于加工行为。加工人能否取得加工物所有权，应以加工物的增加值是否明显超过原材料的价值作为判断标准。如果明显超出，则由加工人取得加工物的所有权。此项取得属原始取得，材料所有人的所有权因而消灭，该材料上原有的其他权利（如质权）同时消灭。反之，如果加工物所增价值未超过材料价值，则由材料所有人取得加工物所有权，材料上的其他权利（如质权）则继续存在。若发生材料所有人因他人加工丧失材料所有权的情形，材料所有人可依侵权行为或不当得利的规定要求赔偿。

关于抵押物的添附所产生的法律后果，《民法典》第322条规定："因加工、附合、混合而产生的物的归属，有约定的，按照约定；没有约定或者约定不明确的，依照法律规定；法律没有规定的，按照充分发挥物的效用以及保护无过错当事人的原则确定。因一方当事人的过错或者确定物的归属造成另一方当事人损害的，应当给予赔偿或者补偿。"《民法典担保制度司法解释》第41条规定："抵押权依法设立后，抵押财产被添附，添附物归第三人所有，抵押权人主张抵押权效力及于补偿金的，人民法院应予支持。抵押权依法设立后，抵押财产被添附，抵押人对添附物享有所有权，抵押权人主张抵押权的效力及于添附物的，人民法院应予支持，但是添附导致抵押财产价值增加的，抵押权的效力不及于增加的价值部分。抵押权依法设立后，抵押人与第三人因添附成为添附物的共有人，抵押权人主张抵押权的效力及于抵押人对共有物享有的份额的，人民法院应予支持。本条所称添附，包括附合、混合与加工。"上述司法解释对抵押权对抵押物的效力是否及于抵押物的附合物、混合物或者加工物作出了解释，并以附合物、混合物或者加工物的所有权归属作为判断依据，符合民法关于处理附合物、混合物或者加工物的基本原则，抵押物因附合、混合或者加工后其价值的变化，对抵押权的效力及于添附物时的效力范围进行一定限制，避免造成损害抵押人以及抵押人、一般债权人利益的后果。因为抵押物在发生附合、混合或者加工后，其价值可能远远超出原抵押物的价值，如将白银加工成首饰或雕刻成其他艺术品，其价值可能会成倍增长，如果不对添附后形成的添附物的担保范围作适当限制，则抵押权的效力将及于该添附物的全部价值，这显然对抵押权人极为有利，而此种情况却损害了抵押人及其他一般债权人的利益。混合之前原抵押物的总价值，即抵押权实现时原抵押物的总价值。

（五）代位物

抵押权标的物在发生毁损、灭失或被征收等情况下，抵押权的效力得及于抵押物的保险金、损害赔偿金以及征收补偿款等之上，该保险金、赔偿金及补偿金即为抵押物的代位物。

抵押权是纯粹的价值权或者价值期待权，不以直接占有抵押物实体并支配其使用价值为内容，而是支配抵押物的交换价值。“抵押权设置的目的，一般是债权人为防止因债的不履行所发生的损失而考虑的，也就是希望能借此而获得与债权具有同等价值的补偿。所以，抵押物须具有价值就成为抵押权法律关系的灵魂，交换价值才是抵押权人所追求的对象，而抵押物不过是这种交换价值的一种物质载体。”[1] 因此，不论抵押物的有形载体如何变化，只要其交换价值没有发生变化，抵押权的效力便不受影响，基于抵押权的追及效力，抵押权得继续在该代位物上存在。例如，甲因经营需要向乙借款 500 万元，并由丙以其价值 600 万元的房屋一套为乙的债权提供抵押担保，并办理了抵押权登记，丙的房屋在丁保险公司办理了财产保险，保险金额为 550 万元。后因丙的邻居不小心失火造成丙的房屋被大火烧毁，丁保险公司理赔保险金 550 万元，则该 550 万元保险金即为抵押物房屋的代位物，抵押权人乙可以就该房屋的保险赔款 550 万元优先受偿。

关于抵押权的效力能否及于抵押物的代位物问题，近现代各国民法均有规定，但具体规定差别较大。德国、瑞士民法中关于代位物的规定相对狭窄，而意大利和日本民法对物上代位规定较为宽泛。根据《德国民法典》第 1126 条（前段）的规定，土地所有权抵押的，要求定期给付的权利与土地所有权结合的，抵押权扩及于对此给付的请求权。第 1127 条第 1 项规定，为土地所有权人或者土地自主占有人的利益而将属于抵押权的标的物提交保险的，抵押权扩及于对保险人的债权。第 1128 条第 1 项规定，将建筑物提交保险的，如果保险人或者投保人将损害的发生通知抵押债权人，并且自收到通知之时起经过一个月的，保险人始得向投保人支付保险金额，其效力及于抵押债权人。抵押债权人可以在期满前就支付向保险人提出异议。不能通知的，可以免予通知；在这种情况下，上述一个月期限自保险金额到期之日

[1] 徐武生：《担保法理论与实践》，中国工商出版社 1999 年版，第 279 页。

起开始计算。瑞士民法典关于抵押权，仅就租金请求权、保险金请求权、公用征收补偿金请求权，承认有物上代位。《日本民法典》第 304 条就先取特权的物上代位进行了规定，即“1. 先取特权，对债务人因其标的物变卖、租赁、灭失或毁损而应受的金钱或其他物，亦可行使。但是，先取特权人于支付或交付前，应实行扣押。2. 关于债务人于先取特权标的物上设定物权的对价，亦同”。根据《日本民法典》第 372 条的规定，第 304 条先取特权的物上代位的规定，准用于抵押权。由此可见，日本民法中关于抵押物代位物的规定最为宽泛，不仅包括抵押物损毁、灭失所得的保险金、赔偿金、补偿款等，还包括因抵押物转让所得价金、租赁所得租金，且不以金钱为限，也包括其他替代物。依照上述立法规定，只有在抵押物灭失、毁损的情形下承认物上代位，其代位物范围包括抵押物损害赔偿金、保险金、补偿金、抵押物之变形物及其请求权，但抵押物因为租赁或变卖而取得之债权不属代位物的范围。

《民法典》第 390 条规定：“担保期间，担保财产毁损、灭失或者被征收等，担保物权人可以就获得的保险金、赔偿金或者补偿金等优先受偿。被担保债权的履行期限未届满的，也可以提存该保险金、赔偿金或者补偿金等。”该条对抵押权的代位性作出了具体规定，抵押物的代位物应符合以下条件：

第一，代位物须因抵押物毁损、灭失或者被征收等原因而发生。抵押物毁损是指针对抵押物的毁坏造成损失而言，其虽尚未达到全部消灭的程度，但价值却因此而减少。例如，将抵押的机动车发动机毁坏，则该抵押物的价值势必锐减，抵押人因此应取得的损害赔偿金实际上是抵押物的经济变形物，抵押物因毁损而减少的价值转移到该赔偿金上，故应归于抵押物代位物的范围。抵押物灭失分为绝对灭失和相对灭失两种情形，前者是指抵押物形体消灭，客观上失其存在；后者则指抵押物所有权主体的变更。根据我国现行立法的规定，抵押物只有在绝对灭失的情况下，才可能发生抵押权消灭，抵押人由此所得赔偿金等应归于代位物范围。如果抵押物只是相对灭失，如抵押人将抵押物转让给第三人，则抵押人虽然失去其所有权，但抵押权并不因此而受影响。征收是指国家为了公共利益的需要依法取得个人或组织财产所有权的行为。征收会导致所有权的丧失，对所有权人造成损害，因此必须给予相应的补偿。抵押物因被征收而取得的补偿金应归于代位物范围。此外，代位物还可因被征用而发生。所谓征用是国家因抢险、救灾等紧急需要而强制使用个人或组织的财产。被征用的财产使用后应当返还被征用人，抵押财产被征用或者征用后毁损、灭失的，应当给予补偿。该补偿金在性质上亦应属于被征用抵押物的代替物。抵押物毁损、灭失或被征收、征用，其程度与范围并不以及于全部抵押物为限，即使部分毁损、灭失或被征收、征用的也应包括在内，如抵押房屋三间，其中一间被大火烧毁的情况即是如此。

第二，抵押物在客观上必须有代位物存在。抵押物毁损、灭失或者被征收的，必须有因此应取得的赔偿金、保险金、补偿金或其请求权存在，才能发生物上代位的问题。因为只有存在赔偿金、保险金、补偿金等代位物，抵押物的原有价值才能继续在其上存在，抵押权所支配的交换价值也能在该代位物上继续得以体现，使抵押权移存于代替物上，否则抵押权将归于消灭。值得注意的是，该项赔偿金、补偿金等代位物应该来自第三人，其中补偿金是国家依法对个人或组织的财产进行征收、征用后所给予的补偿费用，赔偿金也应指因第三人侵权或自然原因致抵押物毁损灭失而由第三人支付的损害赔偿费用或者由抵押物保险人支付的保险金，其来源均系出自第三人。如果抵押物因抵押人自己的原因而毁损灭失，如将抵押的建筑物拆除后，以原建筑材料在原址上重建的建筑物，因抵押权已因抵押建筑物的灭失而消灭，新建的建筑物并非抵押权效力所能及，故该重建的建筑物就不是原抵押物的代位物。因为抵押建筑物是否具有同一性，不仅应依其物理上之构造作为区别标准，尚应以社会观念决定之。况上述建筑物均非来自第三人之赔偿也。[1] 抵押物的代位物并不限于赔偿金、补偿金等，也应包括相应的请求权在内。此外，此项赔偿金、补偿金等也不以金钱为限，其他赔偿物或补偿物也应包括在内，如拆迁个人的房屋后另为其还建的房屋也应该视为代位物。

第三，代位物必须为抵押人依法有权取得。抵押人是以其财产设定抵押权的人，抵押人既可以是债务人本人，也可以是债务人之外的第三人即物上保证人，还包括抵押物的第三取得人。因为抵押权之物上代位性乃重在抵押物交换价值，故其代位物均应为抵押权效力所及，抵押物第三取得人，于此自应与物上保证人同其地位。[2] 通常情况下，抵押物因毁损、灭失所得的损害赔偿金及补偿金等都由抵押人取得，此项赔偿金、补偿金等作为抵押物的代位物自然没有问题。但在抵押物已投保财产损失保险时，情况则有些复杂。

---

〔1〕 谢在全：《民法物权论》（下册），中国政法大学出版社1999年版，第597页。

〔2〕 谢在全：《民法物权论》（下册），中国政法大学出版社1999年版，第597~598页。

尽管根据《中华人民共和国保险法》第18条的规定，只有在人身保险合同中才可以由被保险人或者投保人指定第三人为受益人，但此处可对在财产保险合同中由投保人或被保险人指定第三人（包括抵押权人）作为保险合同的受益人的情况作一探讨，在此情况下抵押物保险金的受益人既可以是被保险人本人，也可以是被保险人以外的第三人。在抵押人以抵押物与保险人签订保险合同，并以抵押人作为被保险人的情况下，当保险事故发生后，抵押人所取得的保险金，自然可以作为抵押物的代位物，抵押权人可以就该保险金优先受偿。但在受益人为第三人的情况下，谢在全先生认为，其保险金请求权系属于第三人，而非抵押人所得受，此项保险金自非抵押物之代位物。[1] 还有的学者认为，受益人对保险金之请求权是债权，而抵押权是物权，依物权优先于债权的原则，仍应优先承认抵押权的效力，即保险金应为抵押物之代位物。[2]

笔者认为，指定抵押人以外的第三人作为抵押物保险金的受益人，一般都是基于投保人、被保险人与第三人之间存在的特殊关系，如亲属关系等，之所以指定第三人为受益人是因为被保险人与其存在法定抚养、扶养关系，抵押财产的保险金有时具有一定的抚养、扶养费用的性质，而受抚养、扶养的权利则属于人身权范畴，应区分具体情况进行分析。第一，该受益人的指定系在抵押权设定之后的，则因为抵押权已经登记公示，具有对世效力，第三人的保险金请求权不能对抗此前已经成立的抵押权，此时的保险金自然应属抵押物的代位物，为抵押权效力之所及。第二，保险合同指定第三人为受益人在抵押权设定之前的，则应区分受益人与抵押人之间的关系以及该保险金的用途而定；如果第三人系抵押人的被抚养人，且该保险金具有抚养费性质，则该保险金是为了保障第三人的生存发展所需，抵押权的效力自然不能及于该保险金；如果受益人与抵押人之间存在其他关系或该保险金并非用于抚养第三人，则该第三人对保险金的请求权为债权，而抵押权为物权，根据物权优先于债权的原则，则应承认该保险金为抵押物的代位物，由抵押权人优先受偿。如果受益人为抵押权人本人，则自应由抵押权人取得该保险金，不过此时抵押权人乃基于保险合同的约定而取得保险金，该保险金并不属于代位物。对此，《城市房地产抵押管理办法》第23条有明确规定："抵押当

〔1〕 谢在全：《民法物权论》（下册），中国政法大学出版社1999年版，第598页。

〔2〕 徐洁：《抵押权论》，法律出版社2003年版，第161页。

事人约定对抵押房地产保险的，由抵押人为抵押的房地产投保，保险费由抵押人负担。抵押房地产投保的，抵押人应当将保险单移送抵押权人保管。在抵押期间，抵押权人为保险赔偿的第一受益人。”

以上分析内容结合我国现行立法的规定，抵押物的代位物具体应包括以下几类：（1）赔偿金，即抵押物因第三人侵权行为所致毁损灭失时，第三人依据其依法应承担的责任而支付的赔偿费用。（2）保险金，即在抵押人就抵押物投保财产损失保险的情况下，保险事故发生后，由保险人依据保险合同的约定，在保险金额范围内向抵押人支付的赔偿金。（3）补偿金，即国家为了公共利益的需要依法征收个人、组织的财产，或者在紧急情况下依法征用个人、组织的财产所给予的经济补偿。（4）抵押物的变形物，如设定抵押的房屋因倒塌形成的砖瓦门窗等动产。通说认为，该动产即为抵押物的变形物，则其较诸抵押物因灭失所得受之赔偿金，更应属于抵押物代位物的范围。[1] 但如果保险人已向抵押权人支付了全部保险金额，并且保险金额等于保险价值的，则根据《中华人民共和国保险法》第59条的规定，受损保险标的的全部权利归于保险人，上述抵押物的变形物即应排除在代位物范围之外。（5）上述代位物之请求权。抵押物代位物不仅包括赔偿金、保险金等金钱及变形物，还包括取得上述物品的请求权在内。

《民法典担保制度司法解释》第42条对代位物的处理规定如下：“抵押权依法设立后，抵押财产毁损、灭失或者被征收等，抵押权人请求按照原抵押权的顺位就保险金、赔偿金或者补偿金等优先受偿的，人民法院应予支持。给付义务人已经向抵押人给付了保险金、赔偿金或者补偿金，抵押权人请求给付义务人向其给付保险金、赔偿金或者补偿金的，人民法院不予支持，但是给付义务人接到抵押权人要求向其给付的通知后仍然向抵押人给付的除外。抵押权人请求给付义务人向其给付保险金、赔偿金或者补偿金的，人民法院可以通知抵押人作为第三人参加诉讼。”

在司法实践中，还有两种情况值得探讨：

其一为转让抵押物所得价款是否应为抵押权效力所及。对于该问题，各国立法态度差异很大，德国、瑞士、法国等对此均采否定态度，理由为：抵押物被让与他人后，抵押权人仍然可以行使物权的追及效力，追及受让人处实行其抵押权。因此，既然抵押物存在，则无物上代位的必要。与此不同的

[1] 谢在全：《民法物权论》（下册），中国政法大学出版社1999年版，第599页。

是，日本民法承认抵押物转让价金上可以成立物上代位，日本民法对于买卖实行双重救济模式，即对受让人的追及权与对抵押人的物上代位请求权同时存在。[1]《民法典》第406条规定："抵押期间，抵押人可以转让抵押财产。当事人另有约定的，按照其约定。抵押财产转让的，抵押权不受影响。抵押人转让抵押财产的，应当及时通知抵押权人。抵押权人能够证明抵押财产转让可能损害抵押权的，可以请求抵押人将转让所得的价款向抵押权人提前清偿债务或者提存。转让的价款超过债权数额的部分归抵押人所有，不足部分由债务人清偿。"根据上述法律规定，如果抵押人转让抵押物的，该转让行为有效，此时受让人取得抵押物完全的所有权，抵押权人对该转让的抵押物实行追及效力。抵押权人能够证明抵押财产转让可能损害抵押权的，可以请求将转让抵押物的价款提前清偿其债权或提存。从这个意义上来说，《民法典》也承认抵押权的物上代位可以及于转让标的物的价金。

其二为抵押人租赁抵押物所得租金能否成立物上代位。德国、瑞士、日本等国民法认为，租金亦为抵押物的代位物，因此可以成立物上代位。然而租金的物上代位，与其他一般物上代位差别极大。一般物上代位是在抵押物本身的代位物上产生，而租金的物上代位却产生于抵押物所生的孳息，但孳息并非抵押物交换价值的体现。另外，就抵押权之本质而言，抵押物之占有、使用、收益原则上仍委诸所有人。直至抵押权之实行（抵押权效力之发动），抵押权人方始参与这些权利。因此，抵押权效力之及于天然孳息或法定孳息唯有在抵押物经扣押后在被扣押范围内受承认。此与一般物上代位显有不同。[2]《民法典》第412条第1款规定："债务人不履行到期债务或者发生当事人约定的实现抵押权的情形，致使抵押财产被人民法院依法扣押的，自扣押之日起抵押权人有权收取该抵押财产的天然孳息或者法定孳息，但抵押权人未通知应当清偿法定孳息的义务人的除外。"租金债权涉及的是抵押物的法定孳息，该法定孳息并非抵押物的代位物，因此，抵押权的物上代位不能及于租金。

---

〔1〕 朱庆育：《抵押物转让效力之比较研究——兼评我国担保法第49条》，载《政法论坛（中国政法大学学报）》2000年第2期。

〔2〕 刘得宽：《民法诸问题与新展望》，中国政法大学出版社2002年版，第422页。

以案说法

拆迁人拆除已抵押房产，抵押权设定后所及标的物的范围及于抵押物代位物，拆迁人未尽注意义务应承担赔偿责任

【案情介绍】

2007年，玻璃公司以房产、机器设备等为本公司及眼镜公司向银行贷款提供抵押担保。2009年，县政府、城镇管理执法大队根据房产、机器设备等评估结果，依拆迁补偿协议将2000万余元转至玻璃公司账户后，将玻璃公司全部建筑及设备拆除。2010年，银行以其抵押权受侵害为由，诉请县政府、城镇管理执法大队赔偿未获偿贷款797万余元。

法理分析

眼镜公司、玻璃公司向银行贷款，并以涉案房产、机器设备等设定抵押，某银行对玻璃公司房产、机器设备等享有抵押权，若债务到期未获清偿，在抵押房产拆迁时，银行依法对房产、机器设备拆迁补偿款（抵押物代位物）优先受偿。因房产拆迁时债权履行期尚未届满，可将拆迁款先予提存。现抵押房产已灭失，该房产拆迁款亦未提存，所担保债权无法得到充分担保，银行抵押权已受侵害。[1] 拆迁房屋已设定抵押，县政府、城镇管理执法大队未能向抵押权人告知拆迁情况和将补偿款向公证机关提存，而将拆迁款直接支付给抵押人，致使银行丧失了主张抵押权或要求提存补偿款机会，最终导致银行优先受偿权受损。据此，认定县政府、城镇管理执法大队在拆迁过程中，未尽到必要的、合理的注意义务，对银行损失存在过错，应承担侵权赔偿责任。因玻璃公司无其他财产可供执行，县政府、城镇管理执法大队赔偿责任应以银行未能从抵押人处获偿部分为限。[2] 县政府、城镇管理执法大队主张银行存在怠于行使权利行为和事实缺乏证据证实。另外，银行认为因被告侵权行为导致其无法实现抵押权，请求权基础为侵权，与其同眼镜公司、玻璃公司借款合同纠纷诉请对象不同，银行对本案有合法诉权。判决县政府、城镇管理执法大队赔偿银行797万余元。

---

〔1〕 付建斌：《银行诉县政府、城镇管理执法大队侵权责任纠纷案——拆迁人因发放补偿款致抵押权人受损应承担赔偿责任》，载《人民法院案例选》，人民法院出版社2017年版，第68页。

〔2〕 付建斌：《银行诉县政府、城镇管理执法大队侵权责任纠纷案——拆迁人因发放补偿款致抵押权人受损应承担赔偿责任》，载《人民法院案例选》，人民法院出版社2017年版，第82页。

《民法典》第390条规定："担保期间，担保财产毁损、灭失或者被征收等，担保物权人可以就获得的保险金、赔偿金或者补偿金等优先受偿。被担保债权的履行期限未届满的，也可以提存该保险金、赔偿金或者补偿金等。"该条沿袭了《物权法》第174条的规定。抵押权设定后所及标的物的范围及于抵押物代位物，即拆迁补偿款。

第三节 抵押登记

一、抵押登记的含义

抵押登记又称抵押权登记，是指抵押权人向法律规定的有关部门将其在特定物上所设定的抵押权的事项予以记载的事实。抵押登记是使抵押权产生公示效力的必要途径，对于维护市场经济条件下交易的安全，保护抵押财产关系人和第三人的利益，强化抵押担保的社会功能，避免纠纷的发生，具有重要的法律意义。

从抵押权生效的条件来看，抵押登记包括形式登记和实质登记。所谓形式登记，是指登记对抵押权的生效只具有确认或证明的效力，而没有决定其能否生效的效力。也就是说，抵押合同的生效，要以当事人双方意思表示一致为要件。所谓实质登记，是指抵押权的生效必须经过登记，否则抵押权不能成立。也就是说，抵押合同的生效，必须具备两大条件，其一，当事人双方意思表示一致；其二，必须到有关部门进行登记。从目前世界各国立法来看，除少数动产抵押采用形式登记之外，其他动产、不动产抵押均采用实质登记。抵押权实行实质登记的制度，其原因何在呢？从抵押权的性质及各国立法例上分析，主要基于两大理由：第一，物权的公示理论；第二，物权行为理论。

二、抵押登记的法理依据

物权的公示理论，是指对物权的产生，变更、消灭必须以一定的可以从外部查知的方式表示出来。动产以支付为公示手段，不动产以登记为公示手段。物权的变动要求公示，是基于物权的基本属性。抵押权是指为保证债的履行，对债务人或第三人提供的担保物享有物权，但不转移物的占有，在债务人给付延迟时，债权人有权变卖该物并优先受偿。抵押权是一种物权并具有物权最本质的属性，即排他性。第一，抵押物的特定性。抵押物是由债务人或第三人向债权人提供的，特定的抵押权标的不容易受到非抵押权人的制约和干预，即使抵押人依法可将抵押物转让、出租，但在该物上所设定的抵押权是不受影响的。第二，抵押权的顺序性。当同一物之上设立两个以上抵押权时，抵押权人可由于其抵押权登记在先而优先于在后抵押人从抵押物的变价中得到清偿。在同一物上设定多个抵押权，并不因此而削弱抵押权的绝对性，反而增加了抵押权绝对性的隐蔽性，因为一物之上数个抵押权人，谁设立在先，谁将获得优先受偿的权利。因此，抵押权的变动更须公示。第三，抵押权的优先性。抵押权作为物权，优先于债权，有抵押权的债权人优先于无抵押权的债权人。抵押权的排他性，对于第三人的利益影响很大。比如在买卖关系中，如果买受人对买卖的标的物是否设立抵押权不了解，买受人的所有权就会处在不稳定的状态中，如果设立的抵押权已公示，买受人就会审慎决定自己的行为，而尽可能地减少自己所承受的风险。因此，为了维护交易的安全，应当有表现抵押权存在的外形，要对抵押权的产生以一定的方式表示出来，让公众查知，其公示的方式对抵押权来说应是登记。

物权行为理论认为，当事人之间以物作为标的所订立的契约，所产生的标的物的转移，实质上包含着两大法律关系，其一是基于债而产生的债权契约；其二是物权契约，即专门以物权变动为目的而成立的与债没有关系的另一个契约。债权契约的效力，仅在当事人之间产生一定的债权债务关系，并不发生物权的变动，如发生物权的变动，除债权契约外，还需要有使物权发生变动的法律行为，即物权契约。这种物权契约必须有其外在表现形式，以证明它的成立，这种表现的最好形式对不动产而言就是登记。抵押权作为一种物权且又是担保物权，其因债权而产生并与债权有着不可分割的联系，这种联系表现在抵押权设立时，其目的不在于对物的实际使用收益，而在于当债权不能实现时对他人所有物有取得利益的权利。这就要求基于“债权契约”而产生的“抵押权物权契约”自“债权契约”成立之时，就能对抗第三人，且应处在比较安全的境地。所以，对于抵押权的设立、变更、消灭，不仅要有当事人双方的合意，而且要进行登记，以示包含其中的“物权契约”已生效。

我国学者通过综合运用历史的、比较的、系统化等多种研究方法，对物权行为理论的起源、制度构成、存在价值、发展趋势等都作出了一定的分析与研究。学者们论述到最后一般均聚焦于我国民法是否承认物权行为以及我国《民法典》应否承认物权行为这两个问题上，对这两个问题的不同回答形成了物权行为理论研究的两大阵营[1]。

三、抵押登记的作用

抵押权的设立以登记为要件，那么抵押登记又有什么作用呢？概括起来其作用表现在以下两个方面。

（一）抵押权的公示及生效的作用

抵押权属于对世权，因此对抵押权的设立应进行公示。抵押权的公示，无论抵押权的标的是动产，还是不动产，其公示手段均可以是登记。首先，通过登记向社会公众展示抵押权的设立、变更及消灭的法律状况；其次，登记对不动产抵押权的生效起着决定性的作用。如前所述，不动产抵押权的设立以登记为必要条件。

（二）警示效力

抵押登记的目的之一就是告诉公众在该物上抵押权设立、变更以及消灭的法律信息，让第三人了解该物抵押权的变动情况后再决定是否进行交易。因为，根据民法的意思自治原则，法律对债权人是否成为抵押权人以及成为第几顺序的抵押权人的事宜无权作出禁止性规定。如果在抵押物上已经存在着顺位优先的抵押权，抵押权人的权利实现就会受到阻碍，就会面临一定的风险，但如果进行抵押权登记，就可以给抵押权取得人提供足够的警示，使之了解设立后顺位抵押权的风险，从而为其行为选择提供全面的法律帮助。在同一物上可以设定多个抵押权，且不考虑该物的价值是否低于债权人的债权数额。因为登记已给后顺位的抵押权人提供了足够的警示，抵押权人完全能够对自己的权利地位有明确的了解，依权利意思自治原则，是否设立后顺位的抵押权应当完全由当事人自己决定。从抵押权的性质上看，抵押的目的

---

〔1〕 赞同物权行为理论的代表性学者及其著作，如孙宪忠：《德国当代物权法》，法律出版社1997年版；否定物权行为理论的代表性学者及其著作，如梁慧星：《我国民法是否承认物权行为》，载《法学研究》1989年第2期。

并不是代替债务的履行，而是为债权的实现提供担保，债务人必须履行其义务。当优先顺位的抵押权人因债务人履行债务而实现债权时，后顺位的抵押权人的债权，即使超过了抵押物的价值，也可以依“次序递升原则”上升到第一顺位抵押权人而得到清偿。设定抵押权的债权人即使是后顺位的，也比没有设立抵押的一般债权人享有优先权。从上述分析可以得出，即使是后顺位的抵押权人，或者是后顺位的抵押权人所担保的债权超出先顺位抵押权人所担保债权的余额，因为有抵押登记的保护，设定抵押权的权利人仍比一般债权人享有优先权，仍有获得优先清偿的机会，因此，设立这种抵押权完全合于法理，法律上无须限制，应把这种权利的选择完全让与当事人。

四、抵押登记机关

既然抵押登记具有如此大的作用，那么，由谁来主管抵押权的登记工作？即抵押权的登记机关是谁呢？

《担保法》第 42 条规定：“办理抵押登记的部门如下：（一）以无地上定着物的土地使用权抵押的，为核发土地使用权证书的土地管理部门；（二）以城市房地产或者乡（镇）、村企业的厂房等建筑物抵押的，为县级以上地方人民政府规定的部门；（三）以林木抵押的，为县级以上林木主管部门；（四）以航空器、船舶、车辆抵押的，为运输工具的登记部门；（五）以企业的设备和其他动产抵押的，为财产所在地的工商行政管理部门。”第 43 条又规定：“当事人以其他财产抵押的……登记部门为抵押人所在的公证部门。”上述有关抵押登记机构的规定，存在着有待完善之处，即一抵押登记机关，建立统一的抵押登记制度。

《民法典》第 210 条第 2 款规定，“国家对不动产实行统一登记制度。统一登记的范围、登记机构和登记办法，由法律、行政法规规定。”

自 2015 年 3 月 1 日起施行的《不动产登记暂行条例》第 7 条规定：“不动产登记由不动产所在地的县级人民政府不动产登记机构办理；直辖市、设区的市人民政府可以确定本级不动产登记机构统一办理所属各区的不动产登记。”我国对不动产抵押登记机构进行了统一。

《动产和权利担保统一登记办法》第 4 条规定：“中国人民银行征信中心（以下简称征信中心）是动产和权利担保的登记机构，具体承担服务性登记工作，不开展事前审批性登记，不对登记内容进行实质审查。征信中心建立基于互联网的动产融资统一登记公示系统（以下简称统一登记系统）为社会公众提供动产和权利担保登记和查询服务。”

五、抵押登记的效力

《民法典》的担保物权分编在《物权法》的基础上，作出了新的规定，并对部分条文进行了修改。本书通过对抵押登记的基本概述，了解其产生的原因、实质，进而论述抵押登记的效力、范围、原则等，阐述了抵押登记的效力问题。

抵押登记效力，指当事人设定抵押权时是否办理登记将对抵押权产生的作用。其以是否办理抵押登记可以分为两类：首先，未办理抵押登记的，设定的抵押权有什么法律后果；其次，办理了抵押登记的，那么又会对抵押权的设定起到何种作用。

优先受偿权作为抵押权人的主要权利，自然受到抵押登记的影响。优先受偿权指多个权利同时存在于同一抵押物上时，抵押权人可以优先于其他权利人就该财产优先受偿，在抵押权人的权利实现之前，其他权利人无权就该抵押物行使各自的权利。而在抵押权办理登记后，抵押权人可以对抗一切第三人，该种效力理论上称为“抵押权的次序权”或者“抵押权的顺位”。《民法典》第414条规定的主要内容如下：

1. 抵押权已登记的，按照登记的先后顺序清偿

确定顺位的基本依据是登记的先后。以抵押登记时间的先后顺序为标准清偿抵押权债权，也是世界各国抵押担保制度中的通行规则，登记作为权利设定的标志，只要符合法定条件即可生成，在生成后非经当事人协议改变或者非由法律强行变更，即具有确定性。可见，登记对于抵押权的标记，已经单纯化为客观存在的事实。因此，《民法典》在抵押权已登记且登记的先后顺序不同的情况下，采用权利功利主义模式，以登记时间的先后顺序清偿；在抵押权已登记但登记顺序相同的情况下，则采用平等主义模式，在各抵押权之间按债权比例分配。

2. 抵押权已登记的先于未登记的受偿

抵押合同虽然约定设立抵押权，但抵押权未进行登记的情形下，根据《民法典》之规定，要么该抵押权尚未生效，要么该抵押权不能对抗第三人。因此，该抵押权仅仅在当事人之间产生法律拘束力。由于登记的公示价值，

尚未登记的抵押权还不被他人知悉，因此不能影响第三人的权利义务状况，不能对其他物权产生对抗效力和排他性。所以《民法典》赋予已登记的抵押权较未登记的抵押权以更为优先的效力。

3. 抵押权未登记的，按照债权比例清偿

对于不动产抵押实行登记生效主义，由于未登记的抵押权尚未生效，只能按照抵押合同所产生的债权来主张，而债权具有平等性，因此应按债权比例清偿；对于动产抵押实行登记对抗主义，由于抵押权均未办理登记时不能对抗善意第三人，因此当然不具有对抗后成立的抵押权的效力，此时数个未登记的动产抵押权效力层级相同，彼此之间不存在优先性，只能按照平均主义之原则，与数个债权之间的平等关系一样，按照债权比例来受偿。

有学者为抵押权的效力下了一个概括性的定义，即所谓抵押权的效力是指“抵押权人就一定范围的债权从一定的抵押物中获得优先受偿的支配处分力以及对与抵押物有关的其他财产权的影响力”。

以案说法

仅办理抵押预告登记，没有办理抵押登记，债权人不能享有抵押物优先受偿权

【案情介绍】

2004 年，巴某配合开发公司，签订虚假购房合同，据此向银行申请 12 万元贷款，银行办理抵押预告登记。2005 年，开发公司将该房另售刘某并收取全款。2014 年，银行诉请巴某偿还余款 10 万余元。

法理分析

以虚假房屋买卖合同办理银行贷款的，房屋买卖合同无效，贷款合同有效。名义借款人负有还款义务，名义借款人与实际借款人之间的权利义务关系应另行处理。故本案银行与巴某所签抵押贷款合同中贷款部分不存在合同无效法定情形，银行请求巴某偿还借款本息有事实根据和法律依据。[1] 依《物权法》第 187 条之规定，建筑物或正在建造的建筑物抵押的，应当办理

〔1〕 参见张钱：《某银行大连金州支行诉巴某仁等借款合同纠纷案》，载《人民法院案例选》，人民法院出版社 2017 年版，第 99~136 页。

抵押登记，抵押权自登记时设立。[1] 该法第20条规定，当事人签订买卖房屋或者其他不动产物权的协议，为保障将来实现物权，按照约定可以向登记机构申请预告登记。[2] 本案中，案涉房屋仅办理抵押预告登记，该预告登记并不直接导致担保物权设立或变更，而是银行对将来担保物权设立享有请求权。在银行对案涉房屋并未取得现实抵押权情况下，其主张享有抵押物优先受偿权无法律依据，判决银行与巴某所签借款合同有效，巴某应偿还银行借款本金10万余元及利息。

本案中，仅办理抵押预告登记，尚未实际取得抵押权，涉及第三人合法权益的，债权人不能享有抵押物优先受偿权，其享有的债权为一般债权。

六、抵押登记采取的原则

我国抵押登记采取的原则是以登记要件主义为主，以登记对抗主义为辅。根据《民法典》的规定，应当进行抵押登记的而没有登记，抵押合同仍然有效，但不能取得抵押权。

对抵押权之登记效力的主张，有登记要件主义和登记对抗主义两种。登记要件主义是指抵押权的成立除当事人之间存在抵押合同外，还必须进行登记，否则不产生抵押权成立之效力；登记对抗主义是指抵押权的成立只需在当事人间达成抵押合意即可，但对第三人不产生公信力，若要对抗善意第三人，可以进行抵押登记。我国采取了以登记要件主义为主，以登记对抗主义为辅的原则。

（1）以建筑物和其他土地附着物，建设用地使用权，海域使用权或者正在建造的建筑物抵押的，应当办理抵押登记，抵押权自登记时发生效力。此为登记要件主义。

（2）以生产设备、原材料、半成品、产品，正在建造的船舶、航空飞行

---

〔1〕《民法典》第395条第1款：债务人或者第三人有权处分的下列财产可以抵押：（一）建筑物和其他土地附着物；（二）建设用地使用权；（三）海域使用权；（四）生产设备、原材料、半成品、产品；（五）正在建造的建筑物、船舶、航空器；（六）交通运输工具；（七）法律、行政法规未禁止抵押的其他财产。第402条：以本法第三百九十五条第一款第一项至第三项规定的财产或者第五项规定的正在建造的建筑物抵押的，应当办理抵押登记。抵押权自登记时设立。

〔2〕《民法典》第221条第1款：当事人签订买卖房屋的协议或者签订其他不动产物权的协议，为保障将来实现物权，按照约定可以向登记机构申请预告登记。预告登记后，未经预告登记的权利人同意，处分该不动产的，不发生物权效力。

器或者交通运输工具抵押的，抵押权自抵押合同生效时发生效力；未经登记，不得对抗善意第三人。此为登记对抗主义。

（一）登记要件主义

1. 登记要件主义的含义

登记要件主义又叫登记生效主义。以登记作为不动产物权变动的要件，是指不动产物权依法律行为变动时，需要当事人具备物权变动的意思表示，并且必须将该意思表示予以登记，并自登记时该物权变动行为方可生效。

《民法典》第209条规定："不动产物权的设立、变更、转让和消灭，经依法登记，发生效力；未经登记，不发生效力，但是法律另有规定的除外。依法属于国家所有的自然资源，所有权可以不登记。"在我国，不动产登记，由不动产所在地的登记机构予以办理。国家对不动产实行统一登记制度。统一登记的范围、登记机构和登记办法，由法律、行政法规规定。当事人申请登记，应当根据不同登记事项提供权属证明和不动产界址、面积等必要材料。

2. 对登记要件主义的分析

这一物权变动模式中有一点非常值得我们注意，我国在基于法律行为引起的物权变动的立法模式上属于债权形式主义，[1] 不承认无因的物权行为，这与德国所采用的物权形式主义[2]不同。在德国，物权变动除债权合意外，还需当事人另外就物权变动作出一个物权合意，并履行登记或交付的公示方法。

债权合意和物权合意分离，即债权合意只要双方当事人意思表示自由即可成立，与登记无关；而物权合意则是完全独立的，在登记以后发生效力，物权合意发生效力的结果是物权实现变动。物权变动由独立的物权行为引起，在债权意思外存在独立的、无因的物权变动意思和外在表现形式。在我国，物权因法律行为产生变动时，除当事人之间有债权合意之外，仅需另外践行登记的公示方式，即可产生物权变动的效力。那么在这一过程中，登记究竟起了什么作用呢？笔者认为，在债权形式主义的立法模式下，登记是物

---

〔1〕 债权形式主义又称折中主义、意思主义与登记或交付之结合，是指物权因法律行为而变动，除有债权的合意之外，还必须履行登记或交付的法定形式，才可生效。

〔2〕 物权形式主义是指物权变动效力的发生，需要物权意思表示甚至物权合意，并践行法定方式。就买卖标的物所有权的移转而言，除登记或交付外，尚需当事人就此标的物所有权的移转达成一个独立于买卖合同的意思合意，即物权行为。

权变动的要件，而不是债权合同成立的要件。换言之，只要买卖双方意思表示成立，债权合同即可成立生效，与是否登记无关，登记虽然作为债权合同的施行结果，但登记与否不影响债权合同的成立，只决定物权变动与否。同时，我国也不承认独立无因的物权行为，因此登记是债权合同的履行结果，而非物权行为的外在表现形式，登记与债权合同共同构成了物权的变动。

（二）登记对抗主义

1. 登记对抗主义的含义及由来

登记对抗主义是指登记对于不动产物权变更的行为只具有确认或者证明的公示效力，而没有决定其是否生效的效力，不经登记不得对抗善意第三人。物权的变动，只跟买卖双方的合意有关，与是否登记无关。我国采用这一模式的主要有动产，比如船舶、航空器和机动车等。登记对抗主义一方面维持交易之便捷，另一方面亦使当事人斟酌情势，决定是否申请登记，以保障自己的物权效力。

在这种情况下，当事人之间只需达成合意，抵押权即已设定，但如果未进行登记，不会产生对抗第三人的效力。即当事人之间达成合意设定的未经登记的抵押权对于第三人并非完全无效，仅是当事人的权利受到一定的限制，即在善意第三人取得抵押物的情况下，抵押权人无权追偿，只能要求债务人偿还债务或者重新提供担保。经过登记之后，抵押权则会产生可以对抗第三人的绝对效力，即抵押权人可以排除第三人的善意取得，换言之，未经抵押权人同意的转让行为无效，第三人不得主张善意受让而取得权利，也不能排除权利人行使优先受偿权或其他权利，仅能向债务人请求损害赔偿，在登记对抗主义的情况下，登记机关进行的仅是形式审查，因此登记的公信力较低。

2. 我国法律、法规的相关规定

采用这一模式的登记规则有《民法典》第 403 条关于动产之物权变动的规定，第 330 条和第 335 条关于土地承包经营权的规定，第 374 条关于地役权的规定，第 396 条关于动产浮动抵押的规定。

3. 对登记对抗主义的分析

在登记对抗主义这种法律模式下，登记并不是物权变动的生效要件，登记也并不产生公信力，仅产生对抗力。在登记生效主义中，抵押权如果未登记即不生效；登记对抗主义中，抵押权如果未登记依然生效。

对于特殊动产，如船舶、航空器和机动车等，这类动产价值大，交易不方便，从某种意义上讲介于动产与不动产之间，因此在交易时，虽然遵循了动产以交付为公示方式并产生物权变动的原则，《民法典》第225条规定："船舶、航空器和机动车等物权的设立、变更、转让和消灭，未经登记，不得对抗善意第三人。"除此之外，地役权、土地承包经营权、非依法律行为引起的物权变动也都采用这一物权变动模式。地役权和土地承包经营权采用登记对抗主义更能保护当事人的合法权益。《民法典》第229条至第232条规定的非基于法律行为发生的物权变动，是因事实行为引起，而事实行为一旦完成，物权就脱离了原来物权所有人的控制，若把登记作为物权变动的要件而实行登记要件主义，则物权的归属在事实行为完成之后、登记公示之前出现了真空，此时的物成了无主物，非依法律行为取得物权的人的权利就得不到保障，因此，采用登记对抗主义不仅保护了交易安全，还保护了物权所有人的合法权益。

（三）两种模式的比较

不管是登记要件主义还是登记对抗主义，实际上都把登记作为一种公示的方法并以此来保护交易的安全，降低交易的风险。但登记在两者中的效力是不同的，前者在登记之前无法取得担保物权，后者在登记之前即可取得担保物权。两者之间的区别主要体现在以下几个方面：

1. 作用和地位不同

在登记要件主义模式下，登记的主要作用是引起物权变动，次要作用是对抗第三人，引起物权变动是当事人登记的原因，这一作用是主要的、主导的、主动的，而对抗第三人的作用则是次要的、附带的、被动的；在登记对抗主义模式下，登记仅起到对抗第三人的公示作用。登记在前者的地位和重要性显然高于后者。

2. 履行程度不同

在登记要件主义模式下，所有的当事人都会在交易最终完成前进行登记，因为登记是交易完成的必要条件，不经登记他们便无法履行合同；在登记对抗主义模式下，登记成了选择性的条件，不登记不影响合同的履行，而且登记程序往往比较烦琐，因此，登记虽然被提倡并有利于保护交易安全，但有时仍不被当事人采纳。

3. 登记机关审查登记的内容和强度不同

在登记要件主义模式下，登记机关审查的内容首先为实质内容，即双方当事人实际的权利义务是否符合法律规定，除此之外，还要对登记程序本身进行审查，审查强度更大；在登记对抗主义模式下，登记机关仅审查程序内容，对于双方当事人实质的权利义务关系则不予过问，只要申请登记的程序合法即予以登记，审查强度要弱得多。

4. 在保护交易安全的程度上不同

在登记要件主义模式下，未登记交易就未完成，双方当事人为了确保交易的安全与顺利完成，一般都会选择尽快登记，一旦登记完成，交易即告完成，其他人也可以根据登记来确定物权归属，可谓清晰明确，再无风险；在登记对抗主义模式下，登记之前合同生效且物权已经转移，双方当事人出于效率方面的考虑，往往推迟登记，这时“一物二卖”的风险就很大，出卖人极有可能以更高的价格将同一物卖给不知情的第三人甚至第四人、第五人，而此时法律承认多个受买人同时享有此物的所有权。第一受买人将承担已经取得物权所有权最后其合法权益却还是落空，合同得不到履行，自己虽无过错却要承担损失的风险。

综上所述，《民法典》中规定的担保物权：种类更广泛；设定比以前更迅速、简单，相对降低了融资成本；在非移转占有型担保中，担保人不丧失对担保物的占有，可以充分利用担保物，从而实现担保物的价值；担保物权能以比以前更为有效的方法予以公示；明确了担保物上竞存权利之间的优先顺位，从而提高了担保物权人权利的可预见性；制定了更为有效、迅速的担保物权实行程序等。因此可以说，《民法典》担保物权制度必将更能促进经济发展。

我国采取了以登记要件主义为主，以登记对抗主义为辅的原则，其优点在于根据抵押物重要性的不同而对抵押登记提出不同的要求。对以重要财产设定抵押的，采取登记要件主义，既可以避免纠纷又能维护公共利益；对于以非重要财产设定抵押的，不以登记作为抵押权成立的要件，简化了抵押权设立的程序，降低了交易成本，保证了交易便捷。

第四节 抵押关系当事人的权利

一、抵押权人的权利

（一）对抵押权的处分

对抵押权的处分是指抵押权人对抵押权的支配力的维持、消灭或减少所作出的具有法律效力的行为。包括：（1）抵押权的让与（抵押权必须随同其所担保的主债权一并转让）；（2）将抵押权作为其他债权的担保；（3）抵押权的放弃。抵押权虽然不能与主债权分离而为其他债权提供担保，但可以连同债权一起为其他债权提供担保，设定附随抵押权的债权担保。放弃抵押权的要办理注销登记，抵押权转让的要办理变更登记，抵押权为其他债权提供担保的要办理设定登记。

关于抵押权本身是否可以作为一项财产再设立担保，笔者认为，以抵押权再设立担保，前提是主债权和抵押权的分离，这不仅违反了抵押权的从属性规则，也会使法律关系过于复杂，而且，抵押人的权利难以得到保障。

《民法典》第407条规定："抵押权不得与债权分离而单独转让或者作为其他债权的担保。债权转让的，担保该债权的抵押权一并转让，但是法律另有规定或者当事人另有约定的除外。"可见，《民法典》没有承认抵押权可以另行设立担保。

《民法典担保制度司法解释》第38条第2款规定："担保财产被分割或者部分转让，担保物权人主张就分割或者转让后的担保财产行使担保物权的，人民法院应予支持，但是法律或者司法解释另有规定的除外。"当主债权被分割或者部分转让时，受让的抵押权可以不作变更登记。

《民法典担保制度司法解释》第39条规定："主债权被分割或者部分转让，各债权人主张就其享有的债权份额行使担保物权的，人民法院应予支持，但是法律另有规定或者当事人另有约定的除外。主债务被分割或者部分转移，债务人自己提供物的担保，债权人请求以该担保财产担保全部债务履行的，人民法院应予支持；第三人提供物的担保，主张对未经其书面同意转移的债务不再承担担保责任的，人民法院应予支持。"

同时《民法典》第 392 条规定：“被担保的债权既有物的担保又有人的担保的，债务人不履行到期债务或者发生当事人约定的实现担保物权的情形，债权人应当按照约定实现债权；没有约定或者约定不明确，债务人自己提供物的担保的，债权人应当先就该物的担保实现债权；第三人提供物的担保的，债权人可以就物的担保实现债权，也可以请求保证人承担保证责任。提供担保的第三人承担担保责任后，有权向债务人追偿。”债权人对第三人提供的抵押财产所担保的债权份额或者顺序没有约定或者约定不明的，抵押权人可以就其中任一或者各个财产行使抵押权。抵押人承担担保责任后，可以向债务人追偿，也可以要求其他抵押人清偿其应当承担的份额。《民法典》第 409 条第 2 款规定：“债务人以自己的财产设定抵押，抵押权人放弃该抵押权、抵押权顺位或者变更抵押权的，其他担保人在抵押权人丧失优先受偿权益的范围内免除担保责任，但是其他担保人承诺仍然提供担保的除外。”

（二）抵押人转让抵押财产的权利

《民法典》第 406 条规定：“抵押期间，抵押人可以转让抵押财产。当事人另有约定的，按照其约定。抵押财产转让的，抵押权不受影响。抵押人转让抵押财产的，应当及时通知抵押权人。抵押权人能够证明抵押财产转让可能损害抵押权的，可以请求抵押人将转让所得的价款向抵押权人提前清偿债务或者提存。转让的价款超过债权数额的部分归抵押人所有，不足部分由债务人清偿。”

（三）抵押财产价值的保全与恢复权

《民法典》第 408 条规定：“抵押人的行为足以使抵押财产价值减少的，抵押权人有权请求抵押人停止其行为；抵押财产价值减少的，抵押权人有权请求恢复抵押财产的价值，或者提供与减少的价值相应的担保。抵押人不恢复抵押财产的价值，也不提供担保的，抵押权人有权请求债务人提前清偿债务。”该条实际上确认了三种权利，即请求停止实施减少抵押物价值行为的权利、对抵押物的价值保全权和请求提前清偿债务的权利。

1. 请求停止实施减少抵押物价值行为的权利

所谓请求停止实施减少抵押物价值行为的权利，是指因抵押人的行为足以使抵押财产价值减少的，抵押权人有权依法请求其停止该行为。其行使必须符合以下几个条件：

第一，必须是在抵押人的行为造成抵押物价值减少的情况下行使。这就是说，抵押物价值的减少必须是由于抵押人的行为造成的。抵押人从事的使抵押财产价值减少的行为主要包括两种：一是抵押人的积极行为使抵押财产的价值减少，如拆除抵押的房屋、因驾驶抵押的车辆造成车辆损坏等；二是抵押人消极的不作为导致抵押财产价值的减少。如对抵押的房屋不做修缮，将抵押的财产置于室外不加保护等，以上都是可归责于抵押人的行为。当然，如果是因为抵押权人的不正当干预等行为，或因为不可抗力等原因造成抵押物价值减少的，则不能行使此项权利。如因市场价值的正常波动或者技术的更新换代而导致抵押财产价值减少，显然就不是由于抵押人的行为造成的。

第二，抵押人的行为足以使抵押财产价值减少。抵押物在设定抵押后仍由抵押人占有，可供抵押人正常使用，这就难免会造成抵押物价值的减少。但这并不是说，抵押物价值发生轻微变化，抵押权人便享有此项权利。在法律上，抵押财产价值减少到何种程度，抵押权人才能行使此项权利？对此存在两种观点：一种观点认为，由于抵押权不转移抵押财产的占有，抵押人继续占有并使用抵押财产，这本身就会在一定程度上造成抵押财产价值的减少。如果对抵押权人行使此项权利不加限制，抵押权人就可能随意干预抵押人正常的使用行为，不利于发挥财产的使用价值。另一种观点认为，抵押财产价值是否属于明显减少，本身是不容易判断的。对抵押权人来说，让其承担抵押财产价值减少程度的证明责任，未免让其承受了过重的负担。况且，抵押权人难以实际控制抵押财产。为了增强抵押权的效力，保障债权的实现，不应当对抵押财产价值减少的程度加以限制。笔者认为，根据《民法典》第 408 条的规定，必须是“抵押人的行为足以使抵押财产价值减少的”，抵押权人才有权要求抵押人停止其行为。所谓“足以”，是指抵押权人能够举证证明，抵押人的行为会明显造成抵押物价值的减少。对于“足以”的举证责任，应当由抵押权人承担。

2. 对抵押物的价值保全权

根据《民法典》第 408 条的规定，“抵押财产价值减少的，抵押权人有权要求恢复抵押财产的价值，或者提供与减少的价值相应的担保”。该权利的行使必须符合如下条件：

第一，抵押财产的价值在客观上已经减少。抵押财产在抵押人的控制之下，抵押权人支配的只是抵押财产的交换价值，不能实际占有抵押财产。为了防止抵押人在占有抵押财产期间，因其不当利用或管理等行为造成抵押物价值的减损，有必要使抵押权人享有保全和恢复抵押财产价值的权利。因此，只要发生了抵押财产价值减少的情形，不管抵押人是否存在过错，抵押权人都有权请求恢复抵押财产的价值。

第二，抵押人没有及时恢复抵押物的价值或者提供相应的担保。如果抵押财产的价值在客观上已经减少，而抵押人已经及时采取了措施来恢复抵押财产的价值，自然就没有必要赋予抵押权人价值保全权。只有在抵押人没有采取措施的情况下，抵押权人的利益才会受到影响，此时，抵押权人就应当享有此项权利。

第三，抵押权人有权要求抵押人恢复抵押财产的价值。所谓有权要求恢复抵押财产的价值，是指排除导致抵押物价值减少的行为，使抵押物的价值恢复到抵押设定时的状态。例如，甲以建设用地使用权设立抵押，抵押之后，抵押人未有效保护该土地，导致该土地发生水土流失，使该土地的价值明显减少，此时抵押权人有权要求其采取措施恢复该土地的价值。

第四，抵押权人有权要求抵押人提供与减少的价值相当的担保。一般来说，如果抵押人有意愿且有能力恢复抵押财产的价值，应当允许，只有在其不能恢复的情况下，才能要求其另行提供担保。此种担保在法律上称为“增担保”，抵押人提供的担保，既可以是人的担保，也可以是物的担保，只要是与抵押财产减少的价值相当即可。

抵押权人行使价值保全权时，是否属于物上代位？对此，存在以下两种不同的观点：一是抵押财产价值保全说。此种观点认为，《民法典》的规定赋予了抵押权人保全抵押财产价值的权利，也称为抵押权人享有的针对抵押财产价值减少之防止权。二是抵押权人物上代位权说。此种观点认为，《民法典》第 390 条规定了担保的物上代位制度，在抵押财产毁损、灭失情况下，不管其是因何种原因造成的，只要是抵押人因此获得的保险金、赔偿金和补偿金，均属于抵押物的代位物，抵押权人可优先受偿。在此基础上，《民法典》第 408 条又规定了抵押物的保全制度，在抵押财产因抵押人的行为而毁损、价值减少时，赋予抵押权人停止侵害、恢复原状、提供相当担保及提前清偿等请求权。

笔者认为，《民法典》第 408 条与第 390 条所规定的价值保全权和物上代位权是有区别的。详言之，抵押权人物上代位权和抵押权人对抵押物的保全权存在以下不同：

一方面，产生权利的原因不同。价值保全权产生的原因是抵押人实施了导致抵押财产价值减少或可能减少的行为。物上代位权是指担保物权人在担保物权的存续期间，有权要求以担保财产因毁损、灭失或者被征收而获得的保险金、赔偿金、补偿金等财产代替原担保财产，并对替代物优先受偿。《民法典》第390条对担保物权的物上代位性作出了明确的规定。担保物权的物上代位中的毁损、灭失并非由于抵押人造成的，而是由抵押关系以外的第三人导致的；在因抵押人的行为导致抵押财产毁损时，抵押权人为了防止抵押财产价值减少，有权要求抵押人恢复抵押物的价值或增担保，这是《民法典》对抵押权人与抵押人之间关系作出的特别规定。

另一方面，物上代位实际上是以原抵押物残存的物和变形物来作为担保物权的标的，而适用价值保全权时，是以抵押人的其他财产加入担保财产之中，新的财产与原抵押财产之间没有什么关联性。另外，行使价值保全权必须由抵押权人向抵押人提出保全主张。而物上代位在出现代位物之后，并不需要抵押权人提出主张，甚至在抵押权人不知情时，也可以产生物上代位的效力。

3. 请求提前清偿债务的权利

根据《民法典》第408条的规定，“抵押人不恢复抵押财产的价值也不提供担保的，抵押权人有权要求债务人提前清偿债务”。如果抵押财产的价值明显减少，抵押人不恢复抵押财产的价值也不提供担保的，法律必须采取措施保障抵押权人的利益。为此，《民法典》规定，抵押权人在此情况下享有请求提前清偿债务的权利。笔者认为，此种规定尽管在一定程度上剥夺了债务人的期限利益，但是，因为抵押人不采取措施恢复抵押财产的价值或者增加担保，会使得抵押权人的利益受到严重威胁。法律为保障抵押权人的利益，也只能要求债务人提前清偿债务。

（四）侵权损害赔偿请求权与物权请求权

在抵押期间，尽管抵押权人并未实际占有抵押物，但抵押权人对抵押物仍享有相应的支配权与控制权。如果抵押物受到第三人的侵害，抵押权人有权要求侵害人停止侵害、恢复原状、赔偿损失。当抵押物被第三人侵夺时，抵押权人依法可对抵押物行使物权请求权，以保障其权利顺利实现。

（五）变价优先受偿权

所谓变价优先受偿权，主要是指在债务人不履行债务或出现当事人约定实现抵押权的情形时，抵押权人可以与抵押人协议以该抵押财产折价，或者以拍卖、变卖该抵押财产所得的价款优先受偿的权利。除此之外，还包括如下几个方面：第一，对内的优先权，即在抵押权与抵押权发生冲突的情况下，应当按照《民法典》第 414 条的规定确定抵押权实现的先后顺序。第二，对外的优先权，如果在抵押物被查封、被执行时，抵押权优先于执行的债权。对于抵押财产被扣押或强制执行的，抵押权人应当从抵押物的变价中优先受偿。如果债务人被宣告破产，抵押权应当优先于一切债权，抵押财产不列入破产财产，抵押权人可以就抵押物于其担保的债权范围内优先受偿。

二、抵押人的权利

抵押权是以抵押物的交换价值确保债权实现的担保物权，其设定并不移转对抵押物的占有。对抵押人来说，其所有权并未因设定抵押权负担而改变，仅受该抵押权限制而已。因此，抵押人对于抵押物仍然享有占有、使用、收益和处分的权利。抵押人行使权利只要无害于抵押权人对抵押物交换价值的支配，在抵押物价值没有减损的条件下，抵押权人就无权干涉。然而，抵押权对于所有权而言毕竟是一种负担，抵押物上既然负担有抵押权，则抵押人对其行使权利自然应受一定限制，不能随心所欲，任意为之。因此，在抵押物利用过程中，有可能因抵押人对抵押物的使用收益和处分，而引起抵押人与抵押权人之间的利益冲突，法律就有必要对抵押人权利的行使及限制作出明确规定。

抵押人的权利主要有以下几个方面：

（一）抵押人对抵押物的处分权

抵押人在抵押权设定后有权继续占有抵押物，其不仅可以对抵押物进行占有、使用和收益，而且在一定条件下可以对抵押物进行处分。对抵押物的处分一般包括事实上的处分和法律上的处分。事实上的处分，就是对抵押物物理上形体的处分，使抵押物从物质形态上毁损灭失，如将抵押物抛弃。在通常情况下，对抵押物事实上的处分行为有害于抵押物的使用价值和交换价值，从而危及抵押权人的利益。因此，应对抵押人事实上的处分行为进行适当限制，只有在无害于抵押权实现的情况下才被允许。

法律上的处分主要是指抵押物的转让。对于抵押物的转让行为，多数国家立法均予肯定，有的国家甚至明令禁止对抵押物所有权的转让进行限制。例如，《德国民法典》第 1136 条规定："根据约定，所有权人对债权人负有土地不转让或者不再设定负担的义务的，该约定无效。"《瑞士民法典》第

832条规定："（1）让与被抵押的土地时，除另有约定外，该土地的担保负担及债务人的责任，不因变更所有人而发生变化。（2）但是，如新所有人向担保债权人承担债务的，前债务人免除债务。但债权人在一年内以书面表示仍以前债务人为债务人时，不在此限。"依上述规定，对抵押物所有人转让权进行限制的约定，均属无效。可见，多数立法例认为，抵押人在抵押权设定后，仍可对抵押物行使转让权。允许抵押人转让抵押物，是由于抵押人设定抵押权后并未丧失抵押物所有权，基于所有权的处分权能，只要不影响抵押权人对抵押物的优先受偿权，抵押人就有权对抵押物进行转让。因抵押权人对该抵押物享有追及权，抵押物不论辗转流于何处，抵押权人均可追及抵押物之所在行使权利，没有必要对抵押人的转让行为进行限制。

我国关于抵押物转让的规定，经历了一个从严格限制到适度宽松，再到严格限制的过程。依据《最高人民法院关于贯彻执行〈中华人民共和国民法通则〉若干问题的意见（试行）》第115条第1款的规定，在抵押期间，非经债权人同意，抵押人将同一抵押物转让他人的，其行为无效。该司法解释对抵押物的转让设置了严格的限制，即必须经债权人同意。《担保法》对抵押物的转让也作了限制性规定，但相比上述司法解释的规定略显宽松，即无须征得抵押权人同意，只需通知抵押权人并告知受让人转让物上已设定抵押。《担保法》第49条第1款规定："抵押期间，抵押人转让已办理登记的抵押物的，应当通知抵押权人并告知受让人转让物已经抵押的情况；抵押人未通知抵押权人或者未告知受让人的，转让行为无效。"《担保法司法解释》则跨越了一大步，该解释第67条规定："抵押权存续期间，抵押人转让抵押物未通知抵押权人或者未告知受让人的，如果抵押物已经登记的，抵押权人仍可以行使抵押权；取得抵押物所有权的受让人，可以代替债务人清偿其全部债务，使抵押权消灭。受让人清偿债务后可以向抵押人追偿。如果抵押物未经登记的，抵押权不得对抗受让人，因此给抵押权人造成损失的，由抵押人承担赔偿责任。"该司法解释不仅明确规定了抵押人未履行通知或告知义务时，已登记的抵押权具有物上追及效力，而且赋予了取得抵押物所有权的受让人以涤除权，[1] 有权代债务人清偿债务以消灭受让物上的抵押权，这无疑是个巨大的进步。但令人遗憾的是，《物权法》并未延续这一规定，而

[1] 涤除权，是指在主债务履行期限届满，债务人不履行债务时，抵押物的受让人为了保有抵押物的所有权，防止抵押物的所有权因债权人对抵押物的拍卖而丧失，代债务人清偿债务进而消灭抵押权的行为。

是对抵押人转让抵押物作了更加严格的限制，该法第191条规定："抵押期间，抵押人经抵押权人同意转让抵押财产的，应当将转让所得的价款向抵押权人提前清偿债务或者提存。转让的价款超过债权数额的部分归抵押人所有，不足部分由债务人清偿。抵押期间，抵押人未经抵押权人同意，不得转让抵押财产，但受让人代为清偿债务消灭抵押权的除外。"

根据《物权法》第191条的规定，在抵押期间，抵押人可以转让抵押物，但必须事先经抵押权人同意。因此，经抵押权人同意是抵押人转让抵押物的必要条件。这样规定的目的主要在于维护抵押权人和抵押物受让人的合法权益。从整个社会来看，转让抵押财产前就取得抵押权人同意，可以防止以后出现的一系列麻烦，节省经济运行的成本，减少纠纷。[1] 因此，《物权法》明确规定，抵押期间，抵押人未经抵押权人同意，不得转让抵押财产，除非受让人替债务人向抵押权人偿还债务而消灭抵押权。

笔者认为，《物权法》规定抵押人转让抵押物应经抵押权人同意没有必要。因为抵押权设定后，抵押人依然享有抵押物所有权，能够对抵押物进行法律上的处分，这种处分对于抵押权的价值权性并无影响，只要抵押权具有追及效力，抵押权人始终可以保有优先受偿权，其利益并非没有保障。在抵押人转让抵押物后，抵押权并不受影响，继续在抵押物上存在。当债务履行期限届满未受清偿或者发生当事人约定的实现抵押权的情形时，抵押权人即可追及抵押物实行抵押权，以其价款优先清偿债权。因此，不仅抵押物的转让必须经抵押权人同意的规定是错误的，而且抵押人转让抵押物要通知抵押权人的规定也是不必要的。[2]

抵押人转让抵押物，属于抵押人行使对抵押物的所有权的权利范围，所有权的行使与抵押物的价值减少并不存在必然的因果联系，故抵押人转让抵押物，对抵押物的交换价值的保全并没有直接的影响，也不可能影响到抵押权人的权利或利益。再者，抵押人转让抵押物的行为，若不涉及抵押物的交换价值的降低，抵押权人对抵押物交换价值的支配又具有追及力，抵押物的转让对抵押权人的利益并无任何损害，抵押权人就没有理由限制抵押人处分抵押物；因此，允许抵押人转让抵押物，符合抵押权不移转对抵押物的占有而确保抵押担保之效力的固有理念，符合抵押担保满足充分发挥抵押物的效

〔1〕 王胜明主编：《中华人民共和国物权法解读》，中国法制出版社2007年版，第414页。

〔2〕 陈祥健主编：《担保物权研究》，中国检察出版社2004年版，第110页。

用之目的。[1]

《民法典》彻底改变了《物权法》的规则，允许抵押人转让抵押财产。《民法典》第406条规定："抵押期间，抵押人可以转让抵押财产。当事人另有约定的，按照其约定。抵押财产转让的，抵押权不受影响。抵押人转让抵押财产的，应当及时通知抵押权人。抵押权人能够证明抵押财产转让可能损害抵押权的，可以请求抵押人将转让所得的价款向抵押权人提前清偿债务或者提存。转让的价款超过债权数额的部分归抵押人所有，不足部分由债务人清偿。"抵押人在未经抵押权人同意的情况下将抵押物进行了转让，此时并非转让行为无效，而应区分抵押权是否登记而具体认定其效力。《民法典担保制度司法解释》第43条规定："当事人约定禁止或者限制转让抵押财产但是未将约定登记，抵押人违反约定转让抵押财产，抵押权人请求确认转让合同无效的，人民法院不予支持；抵押财产已经交付或者登记，抵押权人请求确认转让不发生物权效力的，人民法院不予支持，但是抵押权人有证据证明受让人知道的除外；抵押权人请求抵押人承担违约责任的，人民法院依法予以支持。当事人约定禁止或者限制转让抵押财产且已经将约定登记，抵押人违反约定转让抵押财产，抵押权人请求确认转让合同无效的，人民法院不予支持；抵押财产已经交付或者登记，抵押权人主张转让不发生物权效力的，人民法院应予支持，但是因受让人代替债务人清偿债务导致抵押权消灭的除外。"第一，如果是已进行抵押登记的抵押物，抵押权人可以基于登记的公示公信效力和抵押权的追及效力，追及抵押物并行使抵押权，此时抵押物上的抵押权并不受转让行为的影响，抵押物受让人取得有抵押权负担的所有权，他可以选择：一是继续容忍该抵押权存在，在债务人不履行债务时，由抵押权人行使抵押权，受让人可要求抵押人承担权利瑕疵担保责任；二是行使涤除权，代替债务人清偿债务而使抵押权消灭，从而取得没有抵押权负担的抵押物所有权。确认抵押权人的追及权，也与世界多数国家和地区的立法相符合。第二，如果抵押物是未经登记的动产，则因抵押权登记为其对抗要件，未经登记的动产抵押权不具有对抗善意第三人的效力，此时抵押物所有人对抵押物享有自由处分权，可以将抵押物转让。如果抵押人转让抵押物时未告知受让人抵押物已设定抵押权的情况，受让人又无从通过登记簿查阅该

---

〔1〕邹海林、常敏：《债权担保的理论与实务》，社会科学文献出版社2005年版，第161～162页。

标的物是否存在抵押权，则受让人善意取得抵押物所有权，抵押权因此而消灭。但如果抵押人已告知受让人抵押物设定抵押权的情况，或者该抵押物上刻有抵押权标识，受让人能够知晓该动产抵押权的存在的，受让人必须容忍抵押权的负担。尽管此时受让人依然能够取得抵押物所有权，但其取得的所有权上设有抵押权负担，抵押权人对该抵押物依然享有追及权。

关于抵押人转让抵押物的价款。抵押权人能够证明抵押财产转让可能损害抵押权的情况下，该转让价款应用于提前清偿债务或者提存，转让的价款超过债权数额的部分归抵押人所有，不足部分由债务人清偿。《民法典》作此规定的主要理由是，财产抵押权的终极目标是以物的交换价值做担保，抵押物转让，交换价值已经实现。以交换所得的价款偿还债务，消灭抵押权，可以减少抵押物流转过程中的风险，避免抵押人利用制度设计的漏洞取得不当利益，更好地保护抵押权人和买受人的合法权益。另外，抵押财产的价值是随着市场价格波动的，对抵押财产的价值是否明显低于债权难以作出准确判断，与其为抵押权的实现留下不确定因素，不如在转让抵押财产时，就将转让所得的价款向抵押权人提前清偿或者提存。[1] 当抵押人以明显不合理的低价转让抵押物时该如何处理，《民法典》第 408 条规定：“抵押人的行为足以使抵押财产价值减少的，抵押权人有权请求抵押人停止其行为；抵押财产价值减少的，抵押权人有权请求恢复抵押财产的价值，或者提供与减少的价值相应的担保。抵押人不恢复抵押财产的价值，也不提供担保的，抵押权人有权请求债务人提前清偿债务。”当抵押人转让抵押物的价款明显低于其价值的，抵押权人可以要求抵押人停止其行为或者提供相应的担保。

（二）多重抵押设定权

多重抵押设定权，是指抵押人可以在同一抵押物上设立多个不相矛盾的抵押权，具体包括重复抵押设定权和再抵押设定权。所谓重复抵押，是指抵押人以同一抵押物在同一价值内分别为数个债权进行担保，致使该抵押物上有多个抵押权负担的抵押形式。[2] 再抵押，又称余额抵押或复合抵押，是指抵押人在抵押物上设立抵押权之后，就该抵押物的剩余价值再设立抵押权的行为。[3] 重复抵押和再抵押在外观上均表现为一物数押，但两者仍有区

〔1〕 王胜明主编：《中华人民共和国物权法解读》，中国法制出版社 2007 年版，第 414 页。

〔2〕 张良：《动产重复抵押初探》，载《西南民族大学学报（人文社科版）》2009 年第 9 期。

〔3〕 侯再平：《重复抵押制度研究》，西南政法大学 2008 年硕士学位论文。

别，其主要区别的界限就是数个抵押担保的债权总额是否超过抵押物的价值。如果超过，就是重复抵押，没有超过，就是再抵押。[1] 在实践中，同一抵押物上设立数个抵押权主要表现为以下几种情形：一是就同一抵押物在同一价值范围内向不同债权人分别抵押（重复抵押）；二是就同一抵押物所担保债权的余额部分向不同债权人分别抵押（再抵押）；三是就同一抵押物的同一价值范围内向同一债权人的不同债权分别抵押（重复抵押）；四是就同一抵押物所担保债权的余额部分向同一债权人的不同债权分别抵押（再抵押）；五是先就同一抵押物所担保债权的余额部分设立抵押（再抵押）后，又在抵押物同一价值范围内设定其他抵押（重复抵押）。

允许抵押人设立多重抵押的原因在于抵押权本质上是一种价值权，抵押权人的最终目的并不在于取得抵押物的使用价值，而在于通过对抵押物交换价值的支配，来确保其债权实现。谢在全先生指出，投资抵押下之抵押权，系将其所支配之抵押物交换价值可以在金融交易市场上流通，扮演投资者金钱投资之媒介角色。此种抵押权系以价值权为本质，亦即不支配标的物之实体，而系以取得其交换价值为目的之财产权。由于抵押物的价值本身是可以分割的，从而使同一标的物上设立多个抵押权成为可能。同时，由于现代社会资源稀缺，抵押人能够支配的资源极为有限。基于对自身利益最大化的考虑，抵押人在使用收益抵押物过程中，总希望能以有限的财产进行资金融通，最大限度地发挥抵押财产的效用。多重抵押的设定使抵押物的价值得到最充分的利用，使抵押物的担保价值得到最大限度的发挥，从而开辟了更广阔的融资渠道，符合市场经济融通资金对交易安全的维护，同时也强化了债权的效力。[2] 从债权人的角度来看，后次序抵押权也是一种债权担保方式，有此抵押担保总比无担保对于债权实现更为有利。特别是在市场经济社会中，抵押物的价值并非固定不变，而是随着市场行情的变化而变化，现在价值较低的抵押物将来仍有升值的可能。况且顺位在先的抵押权也会因债务清偿或抵押权的摒弃等原因而消灭，从而使顺位在后的抵押权具有顺序升进的空间，顺位在后的抵押权并非完全没有实现的可能。在债权人甘冒后次序抵押权风险的情况下，法律对于重复抵押和再抵押自应予以承认，而不应有所限制。有学者指出："抵押权的再设定纯粹为抵押人的自由。抵押人得以其意思表示在同

〔1〕 侯再平：《重复抵押制度研究》，西南政法大学 2008 年硕士学位论文。

〔2〕 张良：《动产重复抵押初探》，载《西南民族大学学报（人文社科版）》2009 年第 9 期。

一抵押物上设定数个抵押权，而不论抵押物的价值是否与被担保的数个债权的债权额相当。”[1] 基于以上原因，多个国家的立法例都规定抵押人可以设定数个抵押权。例如，《德国民法典》第1136条规定：“根据约定，所有权人对债权人负有土地不转让或者不再设定负担的义务的，该约定无效。”

我国对于同一抵押物上能否设立多重抵押，从最初的否认排斥，到有条件地承认再抵押，进而发展到完全肯认重复抵押和再抵押，其间的立法与司法实践从理念到制度都经历了一个不断修正与深化的过程。《民法通则》第89条第2项对抵押权仅作了原则性规定，对多重抵押既未规定允许，亦未规定禁止。《最高人民法院关于贯彻执行〈中华人民共和国民法通则〉若干问题的意见（试行）》（已失效）第115条第1款规定，在抵押期间，非经债权人同意，抵押人就抵押物价值已设置抵押部分再作抵押的，其行为无效。[2]《担保法》从促进资金融通和商品流通，保障债权实现的立法目的出发，明确规定了再抵押。《担保法》第35条规定：“抵押人所担保的债权不得超出其抵押物的价值。财产抵押后，该财产的价值大于所担保债权的余额部分，可以再次抵押，但不得超出其余额部分。”《担保法司法解释》第51条进而规定：“抵押人所担保的债权超出其抵押物价值的，超出的部分不具有优先受偿的效力。”可见，《担保法》及其司法解释对于重复抵押均未予承认，且明令禁止。《民法典》取消了《担保法》第35条的规定，间接肯认了重复抵押制度，该法第414条第1款规定：“同一财产向两个以上债权人抵押的，拍卖、变卖抵押财产所得的价款依照下列规定清偿：（一）抵押权已经登记的，按照登记的时间先后确定清偿顺序；（二）抵押权已经登记的先于未登记的受偿；（三）抵押权未登记的，按照债权比例清偿。其他可以登记的担保物权，清偿顺序参照适用前款规定。”该条允许同一财产向数个债权人抵押，不再限制同一财产的重复抵押行为，充分表明允许重复抵押。

虽然《民法典》间接肯认了重复抵押，但对抵押人如何行使重复抵押权没有作进一步的规定。

笔者认为，根据《民法典》第414条的规定，抵押人有权对其占有使用

---

〔1〕 邹海林、常敏：《债权担保的理论与实务》，社会科学文献出版社2005年版，第160页。

〔2〕 也有学者认为，从《最高人民法院关于贯彻执行〈中华人民共和国民法通则〉若干问题的意见（试行）》第115条可以看出，只要抵押权人同意，抵押人可以在已作抵押的抵押物同一价值上再设定抵押权。意即承认重复抵押，只不过加了一个限制性的条件。参见侯再平：《重复抵押制度研究》，西南政法大学2008年硕士学位论文。

的抵押物设定再抵押和重复抵押，具体为：（1）抵押人在特定抵押物上设定抵押权后，如果抵押物的价值大于所担保的债权额，则抵押人可以该抵押物价值的余额部分，为其他债权人设定抵押，也可以为同一债权人的其他债权设定抵押。在债务履行期限届满未受清偿或者发生当事人约定的实现抵押权的情形时，抵押权人可依抵押权实现规则，以抵押物拍卖所得价款按照抵押权的先后顺序依次受偿。债权清偿后，抵押物价值的剩余部分归抵押人所有，不足部分由债务人清偿。（2）抵押人为担保数个债权，以同一抵押财产先后为同一债权人的不同债权或者不同债权人的债权设定抵押权，除为同一债权人设定的多重抵押外，其他数个抵押权所担保的债权额相互重叠，且设定次序有先后之分，可能会导致各抵押权人之间的利益冲突。因此，必须按照法律规定的抵押权行使规则，依各抵押权的顺位确定各自的优先效力，并依此顺位就抵押物拍卖所得价款依次受偿。只有顺位在先的抵押权足额受偿后，才可以就抵押物的剩余价值由次序在后的抵押权人受偿。若先顺位抵押权因清偿或抛弃等原因消灭时，后次序抵押权依次递升其顺位。抵押权实现后，对于后顺位抵押权中未受偿的债权，由债务人负责偿还。（3）抵押人为某一债权人设定第一顺位抵押权后，就同一抵押物价值超出所担保债权的余额部分，可以再次设定抵押，在抵押物价值不变或将来升值的情况下，两个抵押权均能优先受偿。因此，上述抵押权之间并不存在冲突，能够并存于同一抵押物上。抵押人设定上述抵押权之后，为了充分利用抵押物的交换价值，拓宽融资渠道，还可就该抵押物在同一价值内设定重复抵押，以最大限度地发挥抵押物的担保作用。

同一抵押物设立数个抵押权，对于不动产抵押来说，因抵押登记是其生效要件，只有经依法登记后，抵押权才能设立，故数个抵押权不论其担保债权数额大小，均须依登记先后确定其优先次序。因此，在设定抵押权时，数个抵押权均须依法进行登记。对于动产抵押来说，由于抵押权自抵押合同生效时设立，登记仅是其对抗要件。未经登记虽不影响抵押权设立，但却影响其优先受偿次序。此时抵押权的优先受偿次序是已登记的先于未登记的受偿；均已办理登记的，按登记的先后顺序清偿；顺序相同以及均未登记的，按照债权比例清偿。债权人为使自己的抵押权取得优先效力，应当进行登记。抵押登记可以将数个抵押权予以公示，并根据《民法典》确立的抵押权行使规则实现抵押权，从而有效避免数个抵押权所发生的冲突和纠纷。

当然，由于抵押物价值在抵押期间将随市场行情的变化而变化，其价格也会围绕价值上下波动，在抵押权设定时，抵押物的价值只是一个初步的估量，尚未最终确定。而且抵押担保的债权总额也是一个变量，其范围不仅包括主债权，还包括利息、违约金、损害赔偿金以及实现抵押权的费用等，而后者在抵押权设立之初根本无法确定。因此，在抵押人设立抵押权时，其所设立的再抵押和重复抵押仅具有相对意义，将其界定为多重抵押也许更为确切，因为毕竟多重抵押是一个上位概念，包含了再抵押和重复抵押两种形式。这两种抵押形式时常会发生转化，在抵押物价值大幅度上升的情况下，重复抵押有可能转化为再抵押；相反，当抵押物价值大幅度下跌时，再抵押也可能转化为重复抵押。因此，只有待抵押权实现，抵押物价值最终确定时，抵押人设定数个抵押的具体形式才能最终确定，而在此之前只能认定为多重抵押。需要注意的是，法律虽然并不禁止多重抵押，但不应允许当事人设立相互冲突和矛盾的多重抵押权，也不允许当事人在同一物上随意设定抵押权，即抵押人虽享有设立多重抵押的自由，但该自由应当受到一定限制，即受一物一权规则的限制。因此，在设立多重抵押时，一个抵押人可以以其抵押物为他人设定多个抵押，而不能由多个人对同一抵押物设定多重抵押，更不得在一个抵押物之上设立多重所有，并由多个所有人设立多重抵押。否则，不仅会违反一物一权原则，而且也会造成经济秩序的混乱。[1]

我国现行法律虽未明确规定重复抵押，但从《民法典》第414条的规定来看，可以推出中国并不否认重复抵押。事实上，同一财产向两个以上的债权人抵押即同一抵押物设立数个抵押权，是包含了再抵押和重复抵押的。尽管设立时确认重复抵押还是再抵押极为复杂和困难，重复抵押和再抵押也会相互转化，但无论怎样变化和转化，同一抵押物上数个抵押权的设立必须依靠科学合理的登记制度提供制度保障，未来立法可考虑完善中国的抵押登记制度，确立重复抵押登记法定主义，即凡是重复抵押的必须登记，同时规定抵押人的重复抵押告知义务，唯有在严格规范的抵押登记制度下，重复抵押中的欺诈行为才能得到根治。

（三）用益物权设定权

用益物权是权利人对他人所有的不动产或者动产，依法进行占有、使用和收益的权利。根据《民法典》的规定，中国的用益物权包括土地承包经营权、建设用地使用权、宅基地使用权、居住权、地役权、海域使用权六种类

---

〔1〕 王利明：《物权法论》（修订本）.，中国政法大学出版社2003年版，第617页。

型，此外还包括习惯法上的典权。用益物权作为他物权，是非所有人对他人所有的物进行使用和收益的权利。抵押物上的用益物权系对抵押物实体的有形支配，与支配抵押物交换价值的抵押权明显不同。由于抵押权和用益物权对标的物的支配方式不同，因此可以共存于同一抵押物上。然而，用益物权虽然是对抵押物进行使用收益的权利，但其存在毕竟会对抵押物所有权构成限制，系抵押物上的权利负担，故将对抵押权的实现产生一定影响，从而导致两种权利之间的冲突。因此，必须依照一定规则对此进行调整。在法律上，因为用益物权和抵押权同属限制物权，其行使规则与一般物权相同，即遵循“时间在先、权利优先”以及“登记优先”的规则。因此，根据抵押权与用益物权成立的先后顺序，可将两者的关系区分如下。

1. 在用益物上设定抵押权的情形

在抵押权设定前，抵押人作为抵押物的所有人，可以自由使用收益其所有物，并有权在其所有物上设立用益物权。用益物权设定后，抵押人基于对抵押物享有的所有权，可以在用益物上设定抵押权。因抵押权与用益物权同属物权，根据物权优先效力规则，成立在先的用益物权不受成立在后的抵押权的影响。因此，抵押权实现的期限与用益物权期限不一致时，于用益物权期限届满前，抵押人不得实现抵押权，除非用益物权人放弃顺序利益。[1] 然而，由于用益物权的成立并非完全以登记作为生效要件，对于采用登记对抗主义的用益物权（如地役权），如该用益物权未依法登记，则不具有对抗善意第三人的效力。抵押权实行时，根据已登记的物权优先于未登记的物权的规则，未登记的用益物权不得妨碍已登记的抵押权实现。

2. 在抵押物上设定用益物权的情形

抵押权设定后，基于对抵押物的使用权与收益权，抵押人仍有权于同一抵押物上设定用益物权，抵押权不因此而受影响。所谓不受影响，系指抵押人设定其他用益物权时，如影响抵押权所支配的交换价值的，对于抵押权人不生效力。[2] 对此，《意大利民法典》第 2812 条第 1 款规定：“在抵押登记后登记设立的地役权不能对抗已设定抵押的债权人，抵押权人可以不受地役权约束地拍卖该财产。该规定适用于用益权、使用权和居住权。”对于抵押权设定后抵押物上设定用益物权的情形，我国现行法律未作明确规定。根据

---

〔1〕 陈本寒主编：《担保法通论》，武汉大学出版社 1998 年版，第 175 页。

〔2〕 陈祥健主编：《担保物权研究》，中国检察出版社 2004 年版，第 116 页。

物权优先效力规则，由于抵押权设定在前，用益物权设定在后，如抵押权已依法进行登记，则抵押权应优先于用益物权。如果抵押人设定的用益物权影响了抵押物的交换价值，致使无人应买抵押物或出价较低，不足以清偿所担保的债权的，抵押权人可以申请法院除去该项用益物权，使买受人取得无用益物权负担的抵押物所有权；反之，如果该项用益物权对抵押物的价值没有影响，或者虽有影响，但抵押物变卖、拍卖所得价款仍足以清偿担保债权的，则该项用益物权仍可继续存在于抵押物上，由买受人继续承受该负担。如在先抵押权未经登记，则其不具有对抗善意第三人的效力，后设用益物权即使对抵押权的实现构成妨害，抵押权人也无权请求除去该项用益物权。

（四）抵押物的租赁权

抵押权设定之后，为保证抵押担保债权的实现，抵押人不得在抵押物上设定任何足以影响抵押权实现的负担。但抵押人系抵押物的所有权人，基于所有权的收益和处分权能，抵押人在设定抵押权后，仍继续占有使用抵押物，并从抵押物使用中获取收益。抵押人既可以自己使用收益抵押物，也可以将抵押物交由他人占有使用，而由其收取租金等收益。抵押人有权将抵押物出租，这在理论上没有任何疑义。由于抵押权人所支配的是抵押物的交换价值，并不对抵押物实体进行直接支配，因此，抵押人为了使用收益抵押物，仍然可以将抵押物出租。抵押人将抵押物出租，有利于充分发挥物的使用价值，提高物的利用效率。关于抵押人对抵押物的租赁权，《物权法》第190条对于抵押物的出租作了明确规定："订立抵押合同前抵押财产已出租的，原租赁关系不受该抵押权的影响。抵押权设立后抵押财产出租的，该租赁关系不得对抗已登记的抵押权。"

《民法典》基本承接《物权法》的主旨，该法第405条"抵押权设立前，抵押财产已经出租并转移占有的，原租赁关系不受该抵押权的影响"。抵押人在设定抵押权后，仍然可以将抵押物进行出租。一方面，本来抵押人设定抵押权的目的就是确保债权的实现，抵押人通过出租抵押物而获取租金收益，从而增强抵押人清偿债务的能力，这对抵押权人并无不利影响；另一方面，抵押人将抵押物出租也有利于提高抵押物的利用效率。因此，抵押人将抵押物出租后至抵押权实行之前，基于对抵押物享有的所有权，自然有权收取抵押物的租金，此项租金收益乃由抵押物产生的法定孳息，不得为抵押权的效力所及。然而当债务人不履行债务或者发生当事人约定的实现抵押权的情形时，致使抵押物被人民法院依法扣押的，若抵押权人将该扣押事实通知了承租人，则自扣押之日起，抵押权人有权收取该抵押物的租金，承租人在此情形下即有向抵押权人给付租金的义务。[1]

值得注意的是，虽然在抵押权设立之后，抵押人仍有权将抵押物出租，但此时租赁权的效力却因抵押权是否登记而受影响。如果抵押权未经登记，且抵押人在订立租赁合同时亦未告知租赁物上存在抵押权的事实，则抵押权不具有对抗善意第三人的效力，承租人的租赁权不受在先抵押权影响，在抵押权实行时，基于“买卖不破租赁”的原则，租赁权应继续存在于抵押物上，买受人所取得的即为负担租赁权的所有权，该租赁法律关系对于新的所有人继续有效；如果抵押人在租赁时将抵押权存在的事实告知承租人后，承租人明知存在抵押权而与抵押人签订租赁合同，则应对自己的行为负责，自己承担抵押权实行造成的损失。对于已登记的抵押权来说，承租人签订租赁合同前通过查询登记，可以了解抵押权的存在，因此其租赁关系不得对抗已登记的抵押权。所谓“租赁关系不得对抗已登记的抵押权”，是指“在因租赁关系的存在致使于抵押权实行时无人应买抵押物，或出价降低导致不足以清偿抵押债权等情况下，抵押权人有权主张租赁终止”[2]。即只有在租赁权的存在妨碍抵押权实行之际，亦即抵押权人只有在承租人的主张与抵押权人的利益相冲突时，抵押权人才能否定承租人的权利。但在有些时候，抵押物连同租赁权一并出卖，其价格并不一定低于相反情况下的出卖，若该租赁权并不影响抵押权的出卖价格，或者即使影响但其价格仍然足够清偿全部债权时，则抵押权人无权要求解除该租赁合同，租赁权并不因抵押权实行而归于消灭。

由于抵押权设定后，抵押人将抵押物出租，有可能引起租赁权与抵押权的冲突，因此抵押人设定租赁权的自由应受到一定限制，而不能随心所欲，更不得与承租人恶意串通，损害抵押权人的利益。即抵押人虽可订立租赁合同出租抵押物，但应负一定的义务。首先，抵押人负有不得损害抵押权人利益的义务，即不得以一次性收取租金方式签订长期租赁合同，不得以过分低于市场正常租赁价格的方式签订长于抵押期限的租赁合同，更不得与承租人恶意串通倒签租赁合同时间。其次，抵押人有义务将签订租赁合同的事实通

---

〔1〕 参见《民法典》第412条：债务人不履行到期债务或者发生当事人约定的实现抵押权的情形，致使抵押财产被人民法院依法扣押的，自扣押之日起，抵押权人有权收取该抵押财产的天然孳息或者法定孳息，但是抵押权人未通知应当清偿法定孳息义务人的除外。前款规定的孳息应当先充抵收取孳息的费用。

〔2〕 崔建远：《物权法》，中国人民大学出版社2009年版，第500页。

知抵押权人，并告知承租人该财产已抵押，如果抵押人未书面告知承租人该财产已抵押的，抵押人对出租抵押物造成承租人的损失承担损害赔偿责任。如果抵押人已书面告知承租人该财产已抵押的，抵押权实现造成承租人的损失，由承租人自己承担。最后，抵押人不得在抵押权设立后签订虚假的租赁合同，损害抵押权人的利益。所谓虚假的租赁合同是指，客观上不存在的租赁合同，如抵押人借用他人名义与自己签订所谓的租赁合同，将抵押物低价长期出租给第三人，使抵押权的实现悬空，损害抵押权人的利益等。诚然，在前设抵押权已登记的情况下，除抵押人与承租人恶意串通倒签租赁合同外，在其他情形下，该租赁关系的存在对于已登记的抵押权不具有对抗效力，在抵押权实行时，抵押权人有权要求解除租赁关系，以无租赁权负担的形式将抵押物予以变卖或拍卖。

第五节　无效抵押及其法律责任

无效抵押是指抵押权的设定无效，它所产生的法律后果是抵押权人的债权得不到有效的保障。无效抵押合同是指当事人所签订的抵押合同，违反法律规定，不具备合同的有效条件，因而不能发生法律效力。

一、无效抵押的情形

1. 抵押权因主债权无效被撤销

因抵押权和主债权之间具有从属性，因此根据《民法典》第 393 条的规定，主债权消灭的，抵押权也消灭。此处也有两个例外，一是债务人以自身财产抵押的，债权人行使抵押权后，债务人又以债权无效抗辩，要求受让人返还抵押物的，人民法院不予支持，因为债务人自己有过错；二是第三人提供抵押物的，不知道主债权无效（被撤销），对债权人折价取得抵押物的，第三人可以请求人民法院裁决返还抵押物，因为主债权消灭无效，债权人行使抵押权无合法理由，抵押物应当返还，但第三人明知的除外。

2. 抵押权因抵押人主体原因而无效

如国家机关、以公益为目的的非营利法人、非法人组织以单位财产抵押的无效；破产人在破产申请被法院受理前 6 个月内以其财产设定抵押无效。

国家机关、公益单位不能作为保证人，其财产当然不能抵押。但《民法典担保制度司法解释》第5条规定，对这些单位以社会公益设施以外的财产为自身债务设定抵押的，人民法院可以认定有效。[1] 第6条规定："以公益为目的的非营利性学校、幼儿园、医疗机构、养老机构等提供担保的，人民法院应当认定担保合同无效，但是有下列情形之一的除外：（一）在购入或者以融资租赁方式承租教育设施、医疗卫生设施、养老服务设施和其他公益设施时，出卖人、出租人为担保价款或者租金实现而在该公益设施上保留所有权；（二）以教育设施、医疗卫生设施、养老服务设施和其他公益设施以外的不动产、动产或者财产权利设立担保物权。登记为营利法人的学校、幼儿园、医疗机构、养老机构等提供担保，当事人以其不具有担保资格为由主张担保合同无效的，人民法院不予支持。"

3. 抵押权因抵押财产原因而无效

《民法典》第399条规定："下列财产不得抵押：（一）土地所有权；（二）宅基地、自留地、自留山等集体所有土地的使用权，但是法律规定可以抵押的除外；（三）学校、幼儿园、医疗机构等为公益目的成立的非营利法人的教育设施、医疗卫生设施和其他公益设施；（四）所有权、使用权不明或者有争议的财产；（五）依法被查封、扣押、监管的财产；（六）法律、行政法规规定不得抵押的其他财产。"如果以上述财产抵押则抵押无效。与《物权法》对比，耕地不再列入禁止抵押的清单。

4. 在他人之物上设定的抵押无效

该情形在动产抵押场合较多，因动产不登记，所有权判断依占有，不依登记。债权人无法判断是否是他人之物。如果抵押人以他人之物抵押，即使债权人不知道，债权人也不能取得抵押权，因为抵押权不适用善意取得。抵押不改变占有，不能对抗实际所有权人，这也是对所有权人的保护。

5. 未经共同共有人同意设定的抵押权无效

根据《民法典》第300条至第302条的规定，按份共有人以其共有财产中享有的份额设定抵押的，抵押有效。共同共有人以共同财产设定抵押，未经其他共有人同意，抵押无效；但其他共有人知道或应当知道未提异议，视

---

[1] 《民法典担保制度司法解释》第5条：机关法人提供担保的，人民法院应当认定担保合同无效，但是经国务院批准为使用外国政府或者国际经济组织贷款进行转贷的除外。

居民委员会、村民委员会提供担保的，人民法院应当认定担保合同无效，但是依法代行村集体经济组织职能的村民委员会，依照村民委员会组织法规定的讨论决定程序对外提供担保的除外。

为同意，抵押有效。

6. 在不存在的抵押物上设定的抵押无效

按照大陆法系的一般规定，抵押权可以设定在未来物上，但抵押登记和抵押权均在未来物存在后生效。因此当抵押物自始不存在或因故不可能存在的，在该抵押物上设定的抵押无效，抵押权不成立。一般是抵押人出于主观恶意，骗取债权人的给付。

7. 因恶意串通而为的抵押无效

《民法典》第154条规定："行为人与相对人恶意串通，损害他人合法权益的民事法律行为无效。"抵押行为被撤销或者确认无效的，抵押权自始无效。依据是诚实信用原则和禁止权利滥用原则。实践中要重点把握"恶意串通"，其由两个要件构成，一是债务人陷入支付危机，侵害其他债权人合法权益；二是债权人知悉债务人陷入支付危机。

8. 约定抵押期间的"期间约定"无效

当事人约定的或者登记部门要求登记的物权担保期间，对担保物权的存续不具有约束力。根据无法律约束力的约定无效原理，约定抵押期间的，该期间约定无效。

9. 人民法院受理破产案件前6个月到破产宣告之日的期间内，破产企业对原来没有财产担保的债务提供财产担保，签订抵押合同的，其行为无效，抵押合同也无效。

二、论抵押权设立不能与无效抵押合同的责任承担

以案说法

关于抵押权的设立不能与无效抵押合同的责任承担[1]

【案情介绍】

2015年5月13日，被告阿瓦某某为借款人与宁蒗彝族自治县某信用社

---

〔1〕 案号：（2018）云07民终133号，载中国裁判文书网，https：//wenshu. court. gov. cn/website/wenshu/181107ANFZ0BXSK4/index. html？docId=j92DiLDzw1pxVl5oYEbxPDXfQZCchMGfylrRMt6WcuKl7rr6WON4Ap/dgBYosE2gUl153oczWwg8A8lfcm2NXf16Wug7sIaOZqbEpWu4A8RK2UTt2mp6qA+YUEWkY+1D，2022年11月1日访问。

签订了个人借款合同；约定借款 50 万元，被告曹某某为抵押人与该信用社签订了抵押合同，土地使用证及房产证为被告阿瓦某某的借款作抵押，抵押权没有登记。后被告未及时偿还，信用社多次催收未果，故引发诉讼。

法理分析

本案在处理中，对借款人用第三人的房屋作抵押，出借人与担保人均在抵押合同上签字、盖章其将房屋作抵押，符合《担保法》第 38 条“抵押人和抵押权人应当以书面形式订立抵押合同”[1] 的规定，系借款合同的从合同中的抵押合同。但对抵押权是否设立以及抵押合同的效力等问题存在以下三种不同意见：

第一种意见认为，该案件中用房屋抵押的从合同已成就，因未办理抵押登记，抵押合同无效。丙在抵押合同的签名的行为视作连带责任保证人来处理。理由是：(1) 包含于借款合同中的抵押合同系三方当事人自愿签订，借款合同合法并生效，根据合同订立理论，该抵押合同在三方当事人签字之日即已成立。(2) 当事人订立抵押合同后，未到法律规定的部门办理抵押物登记，违反了《担保法》第 41 条关于“当事人以本法第四十二条规定的财产抵押的，应当办理抵押物登记，抵押合同自登记之日起生效”[2] 的规定，其从合同（抵押合同）无效。抵押合同无效，曹某某的签名担保行为，当然不能视作不存在，为保护当事人的合法财产权益，将曹某某签名行为视作连带责任保证人来处理。即应判令曹某某对阿瓦某某的借款本、息共同承担连带清偿责任。

第二种意见认为，该案件中用房屋抵押的约定系从合同，该抵押合同自当事人签字之日起即生效。但该抵押行为（抵押权）并未成立。理由是：(1) 根据物权法原理，以发生物权变动为目的的原因行为在设立抵押权的情形中，应该依据《物权法》第 184 条[3] 的相关规定来判断，即抵押权自合法成立之时生效。本案当事人订立的抵押行为，违反相关法律规定而未进行

---

[1] 《民法典》第 400 条第 1 款：设立抵押权，当事人应当采用书面形式订立抵押合同。

[2] 《民法典》第 402 条：以本法第三百九十五条第一款第一项至第三项规定的财产或者第五项规定的正在建造的建筑物抵押的，应当办理抵押登记。抵押权自登记时设立。

[3] 《民法典》第 399 条：下列财产不得抵押：（一）土地所有权；（二）宅基地、自留地、自留山等集体所有土地的使用权，但是法律规定可以抵押的除外；（三）学校、幼儿园、医疗机构等为公益目的成立的非营利法人的教育设施、医疗卫生设施和其他公益设施；（四）所有权、使用权不明或者有争议的财产；（五）依法被查封、扣押、监管的财产；（六）法律、行政法规规定不得抵押的其他财产。

登记，其对房屋的抵押权不成立，更谈不上抵押权的效力问题。（2）抵押权是否成立生效与抵押合同是否成立生效是两码事，两者之间没有必然的联系。本案当事人之间在自愿的基础上已签订了抵押合同，只是没有办理抵押登记而已，但该抵押合同应属有效成立的合同。

第三种意见认为，该案件中用农村房屋抵押的约定系从合同，自当事人签字、盖章之日起即成立，因其约定用农村房屋抵押的行为违反法律的强制性规定而无效。依照关于无效担保合同赔偿责任的规定进行处理。理由是：（1）本案中，抵押合同系当事人自愿签订，抵押合同合法并已生效，根据合同法合同订立理论，该抵押合同在信用社与曹某某两方当事人签字之日即已成立。根据合同法合同订立理论，从合同订立形式要件上看，该抵押合同已成立。（2）当事人订立的抵押合同中的抵押物，即曹某某的农村房屋，其土地系集体所有，集体所有的土地不得抵押，该抵押合同无效。（3）该抵押合同签订后，未按法律规定及时到相关部门办理他项权登记手续，案件当事人曹某某均存在过错，按照《担保法司法解释》第7条[1]、第9条[2]的规定来处理。

笔者赞同第三种意见，主要原因在于：第一，我国对不动产或者不动产物权设定抵押采用法定公示的方式是登记主义。根据物权法原理，物权的公示方式分为占有和登记两种，动产采用的是占有方式，由于抵押权的设立并不转移抵押财产的占有，则不动产只能采用登记形式。第二，我国对不动产或者不动产物权抵押登记采取的是登记要件主义原则，而并非登记对抗主义。依照登记成立主义原则，不动产抵押权未经登记的，不发生效力，即抵押权不生效。第三，对抵押物进行登记，并非抵押合同的生效条件，而只是不动产及不动产物权抵押权成立的必要条件。对不动产及不动产物权设定抵押进行登记，能够发生物权变动效果。而抵押合同的生效则只能发生债权上的效果，两者截然不同，不能理解为抵押合同生效后抵押权就必然生效。只有进行抵押登记，才能使抵押权成立并生效。第四，抵押合同中的抵押标

〔1〕《民法典担保制度司法解释》第17条第1款：主合同有效而第三人提供的担保合同无效，人民法院应当区分不同情形确定担保人的赔偿责任：（一）债权人与担保人均有过错的，担保人承担的赔偿责任不应超过债务人不能清偿部分的二分之一；（二）担保人有过错而债权人无过错的，担保人对债务人不能清偿的部分承担赔偿责任；（三）债权人有过错而担保人无过错的，担保人不承担赔偿责任。

〔2〕《民法典担保制度司法解释》第18条：承担了担保责任或者赔偿责任的担保人，在其承担责任的范围内向债务人追偿的，人民法院应予支持。

的，必须符合法律规定，若以法律、法规禁止流通的财产或者不可转让的财产设定担保的，该抵押合同无效。根据《担保法》第 37 条（《民法典》第 399 条）的规定，耕地、宅基地、自留地、自留山等集体所有的土地使用权不得抵押。第五，抵押合同无效后，当事人均无过错的，按照《民法典》第 388 条、《民法典担保制度司法解释》第 17 条，第 18 条来处理。

第六节 未办理抵押登记的抵押合同、抵押权的效力及责任承担

未办理不动产抵押登记的抵押合同并非废纸一张，而是有可能转换为要求抵押人在抵押物价值的范围内对债务承担连带清偿责任的有限担保责任。《民法典》第 215 条规定："当事人之间订立有关设立、变更、转让和消灭不动产物权的合同，除法律另有规定或者合同另有约定外，自合同成立时生效；未办理物权登记的，不影响合同效力。"也即，抵押未登记仅为抵押权未有效设立，但并不影响抵押合同的效力，抵押合同仍然有效。在抵押合同仍然有效的情况下，债权人可基于抵押合同向抵押人主张在抵押物价值的范围内对债务承担连带清偿责任。因此，抵押人不要以为只要未办理抵押权登记，自己就可以免于承担担保责任；抵押权人也不要因为抵押未登记就觉得抵押合同是"废纸一张"。通过抵押合同主张合同上的权利，也可以达到近似于抵押权被设立的法律效果。

不动产抵押合同签订后，不论是抵押人还是抵押权人，都应当及时办理抵押登记。于抵押权人而言，未办理登记就不能取得抵押权，也就不能就抵押物优先受偿。虽然债权人可以基于抵押合同，在抵押物的范围内要求抵押人对债务承担连带责任或者承担违约责任，但在抵押人资产资不抵债时，债权人还是极有可能面临债务不能被全部清偿的风险。于抵押人而言，其未办理抵押登记，并不能当然免除其承担责任的义务和可能性。相反，其必须承担相应法律责任。因此，迟延办理抵押登记，对于双方当事人而言均无太大意义，至少不能从根本上改变双方当事人的权利义务关系。

在抵押未登记但已满足抵押合同约定的或者法定的实现抵押权的条件时，抵押权人应当在请求保全债务人相关财产的同时，申请保全抵押物。在抵押物已经被抵押人转让时，可申请在抵押物价值的范围内保全抵押人的其

他财产，以此来确保未来申请执行时的优先顺位，间接达到近似于有抵押权存在的法律效果。

一项民事法律行为（如合同、承诺书等）无效或者不能发生当事人预设的法律效果，并不当然就是“废纸一张”，而是可以转换为与之相似或相近的民事法律行为，并以此为基础确定双方当事人的权利义务关系。《民法典担保制度司法解释》第46条规定：“不动产抵押合同生效后未办理抵押登记手续，债权人请求抵押人办理抵押登记手续的，人民法院应予支持。抵押财产因不可归责于抵押人自身的原因灭失或者被征收等导致不能办理抵押登记，债权人请求抵押人在约定的担保范围内承担责任的，人民法院不予支持；但是抵押人已经获得保险金、赔偿金或者补偿金等，债权人请求抵押人在其所获金额范围内承担赔偿责任的，人民法院依法予以支持。因抵押人转让抵押财产或者其他可归责于抵押人自身的原因导致不能办理抵押登记，债权人请求抵押人在约定的担保范围内承担责任的，人民法院依法予以支持，但是不得超过抵押权能够设立时抵押人应当承担的责任范围。”

在下面的案例中，虽然抵押权未有效设立，但法院依据抵押合同有效，通过转换，要求抵押人在抵押物价值的范围内对债务承担连带清偿责任。这一裁判方法被称为民事法律行为的转换制度，并已经被最高人民法院的相关判例所采纳。

一、未办理抵押登记的不动产抵押合同效力及责任承担

以案说法

未办理抵押登记的抵押合同效力及责任问题

【案情介绍】

化工公司是某银行分行的授信企业，双方于2008年7月15日签署了《贸易融资额度合同》。2008年7月17日起，某银行分行开始为化工公司开具信用证，截至2008年10月24日，化工公司共有16笔接受单据并承诺到期付款信用证，合计11781974.65美元。某银行分行对上述信用证项下的汇票全部承兑，汇票到期后，某银行分行必须无条件对外支付。截至2009年3月10日，某银行分行对外支付了全部承兑信用证款11781974.65美元。某银

行分行向内蒙古自治区高级人民法院提起标的为人民币 53293874 元的诉讼之后，化工公司和其他担保单位应某银行分行的要求偿还了大部分信用证欠款，尚余两笔信用证垫款 1256082.65 美元没有偿还，该两笔信用证垫款共发生利息 15090.12 美元。按照 2009 年 5 月 8 日的美元和人民币汇率 1∶6.8354 计算，该两笔信用证垫款本金折算人民币为 8585827.35 元，垫款利息折算人民币为 103147.01 元。某银行分行变更诉讼请求，请求化工公司清偿上述款项。某银行分行与化工公司对该部分事实不存在争议。

贸易公司为担保化工公司履行《贸易融资额度合同》，与某银行分行签署了《最高额抵押合同》，将其 A 房产及其占用范围土地和 B 房产及其占用范围土地抵押给了某银行分行，承诺为化工公司在 2008 年 7 月 18 日至 2009 年 7 月 16 日期间根据《贸易融资额度合同》开立信用证等贸易融资提供最高额抵押担保。该《最高额抵押合同》签订后抵押的房产和土地未办理抵押登记。某银行分行与贸易公司对该部分事实不持异议。

（一）原审法院处理意见

原审法院认为，因化工公司对某银行分行诉称的欠款事实及欠款数额予以认可，对某银行分行向化工公司主张清偿欠款及利息的请求应予支持。关于贸易公司的担保责任，因某银行分行与贸易公司订立抵押合同后对抵押物房产及土地没有办理抵押物登记。故某银行分行主张的抵押权尚未设定，贸易公司不应承担担保责任。判决如下：(1) 化工公司偿还某银行分行为其垫付的两笔信用证本金人民币 8585827.35 元及利息人民币 103147.01 元，于判决生效后 10 日内付清；(2) 驳回某银行分行对贸易公司的诉讼请求。一审案件受理费 72623 元，由化工公司负担。

（二）最高人民法院查明事实

最高人民法院对原审法院查明的事实予以确认。

二审另查明，2008 年 10 月 6 日，贸易公司与某银行分行签署了《最高额抵押合同》。合同第 3 条约定："双方应于本合同签订后 7 个工作日内到相应的登记部门办理抵押登记手续，甲方（贸易公司）应于抵押登记完成之日将抵押财产的他项权利证书、抵押登记文件正本原件及其他权利证书交乙方（某银行分行）持有。"合同第 10 条违约责任（三）约定："如果因甲方（贸易公司）原因导致抵押权未有效设立，或者导致抵押财产价值减少，或者导致乙方（某银行分行）未及时或者未充分实现抵押权，且甲方（贸易公司）与债务人不是同一人，乙方（某银行分行）有权要求甲方在本合同约定的担保范围内对担保的债务与债务人承担连带责任。”

（三）最高人民法院判决主旨意见

最高人民法院认为，本案二审争议焦点是《最高额抵押合同》是否生效，贸易公司是否应当承担担保责任。故本案案由实为信用证垫款担保纠纷。

本案中的《最高额抵押合同》是双方当事人的真实意思表示，且不违反国家法律和行政法规的禁止性规定，虽然某银行分行与贸易公司订立合同后未对抵押物房产及土地办理抵押物登记，但物权变动的原因行为独立于物权变动的结果行为，未办理抵押物登记并不影响合同的效力，该抵押合同属有效合同，该合同于成立时生效。某银行分行关于《最高额抵押合同》应自成立时生效的上诉理由，应予以支持。《最高额抵押合同》生效后即对合同双方产生拘束力，某银行分行关于《最高额抵押合同》中的约定有效的上诉理由，亦应予以支持。

从双方在《最高额抵押合同》第3条的约定可见，办理抵押登记手续的主要义务应由抵押人贸易公司承担，由于贸易公司未办理抵押登记手续，导致抵押权未有效设立，贸易公司应承担违约责任，即在按合同约定的担保范围内对担保的债务与债务人承担连带责任。

综上，原审判决认定事实基本清楚，但适用法律不当，应予纠正，最高人民法院判决：贸易公司在其担保范围内承担连带责任。

法理分析

本案争议的核心问题是当事人签订了抵押合同但未办理抵押登记，债权人主张债权的法律适用及担保人应承担的法律责任。

1. 本案的法律适用

《物权法》第15条规定：“当事人之间订立有关设立、变更、转让和消灭不动产物权的合同，除法律另有规定或者合同另有约定外，自合同成立时生效；未办理物权登记的，不影响合同效力。”[1]

该法条将不动产物权变动的原因行为与物权变动的结果作了区分，即在发生物权变动时，物权变动的原因与物权变动的结果是两个法律事实，它们

〔1〕《民法典》第215条：当事人之间订立有关设立、变更、转让和消灭不动产物权的合同，除法律另有规定或者当事人另有约定外，自合同成立时生效；未办理物权登记的，不影响合同效力。

的成立生效依据不同的法律基础，一方面，建立抵押担保法律关系，当事人应当签订抵押合同，物权合同等原因行为的效力应受有关合同的规范调整；另一方面，抵押权作为一种物权形式，应当以一定方式进行公示，以保护其他利害关系人的合法权益，公示行为的效力则受有关物权的规范调整。公示行为属于履行抵押合同行为的一部分。抵押权被公示是履行抵押合同的结果。从合同效力的理论看，合同是否有效，从双方意思表示一致时，即签订之日就已确定，而不能通过合同是否履行反过来决定合同的效力。所以，在本案中，贸易公司与某银行分行为设立抵押权订立抵押合同，即使贸易公司没有进行抵押登记，其引起的后果是抵押权没有设立，但债权合同仍然有效。而且，值得注意的是，如果法律没有明确规定，或者当事人没有明确约定，都应认为设立、变更、转让和消灭不动产物权的合同自合同成立时生效，没有办理物权登记的，不影响合同的效力。但是，在某一部法律另有规定或者当事人之间订立合同约定需经办理物权登记合同才生效的情况下，未办理物权登记的，合同不生效。本案当事人签订的《最高额抵押合同》不涉及法律另有规定的情况，当事人也未对合同生效的条件作出特别约定，所以，贸易公司与某银行分行签订的《最高额抵押合同》自合同成立时生效。

2. 本案担保人应承担的法律责任

抵押合同作为设权合同，其效力独立存在，一旦合同生效，抵押人通常需要按照合同约定的义务，促使抵押权生效，办理完抵押登记后债权人才对该抵押物享有优先受偿权，如果合同所设的权利不能行使，即债权人没有可行使的抵押权，此时的抵押合同涉及的是当事人是否违约的问题。违约者，应承担违约责任。本案中，担保人贸易公司是债务人之外的第三人，贸易公司与某银行分行签订的《最高额抵押合同》本身符合有效要件，但其所设立的抵押权最终不能行使，原因是贸易公司违背诚实信用原则，未按约定履行抵押登记义务，致使某银行分行的权利落空，贸易公司应当承担对某银行分行的法律责任。该法律责任发生在抵押合同有效的前提下，区别于合同的无效，因此，贸易公司的责任性质上属于违约责任，即违反抵押合同的约定，未办理抵押登记，致使预期的抵押权未设立。

通常情况下，违约担保人承担责任的形式，既可以是继续履行合同，也可以是赔偿损失，因本案债权已到期，并且当事人对违约责任的承担方式已另有约定，故要贸易公司继续办理抵押登记已无必要。关于违反抵押合同的约定，未办理抵押登记，违约担保人应承担的赔偿责任的范围，笔者认为，当事人对违约责任另有约定的，从其约定；当事人对违约责任没有特别约定的，判决抵押人承担赔偿责任更为合理，不应当直接判决抵押人对主债务承担连带责任，当然，赔偿责任可能高至承担连带责任，但其性质仍是赔偿责任而非担保责任。本案中，贸易公司与某银行分行约定，因贸易公司原因导致某银行分行未及时或者未充分实现抵押权，贸易公司在本合同约定的担保范围内对担保的债务与债务人承担连带责任。所以，判决贸易公司对主债务承担连带责任。

值得一提的是，贸易公司与某银行分行的该条约定也可视为一个特殊的再担保关系。所谓再担保，是指在债权人行使先设定的担保权利仍然不能完全实现债权时，方可以实现的担保。在再担保中，涉及两个以上的担保关系，再担保人承诺的是，先设担保的实行不能满足债权时，才承担担保责任。再担保的关键在于先设担保的存在以及后设担保的实现条件。也就是说，仅在先设担保的实行未能满足主债权时，再担保人的担保责任才发生。本案的特殊之处在于担保人和再担保人为同一主体，本案中的先设担保为抵押，当抵押权没有设立，无法满足主债权时，后设担保责任发生，即贸易公司按约定应对主债权承担连带责任。

在抵押担保实务中，债权人应加强风险防范意识，在签订抵押合同后未办理抵押登记前，尽量不要发放贷款。如果债务人资金需求情况紧急，债权人可以让债务人提供其他形式的担保，如保证担保、再担保等，以减少因抵押人不办理抵押登记而造成的损失。

二、“地随房走、房随地走”中未登记抵押权的效力、责任及其性质

以案说法

关于“地随房走、房随地走”情形中房、地单独抵押，未登记抵押权的效力、责任及其性质的认定

【案情介绍】

王某系房地产开发商，在某城区黄金地段购买面积约 30 亩的土地使用权，盖一幢商贸楼。盖完后，因需开发另一楼盘无周转资金，便向 A 银行借款 1000 万元，并承诺以这块地做抵押。A 银行认为，单就这块地的价值远

超过贷款数额且《物权法》还规定了“房随地走”，所以A银行就同意了，并在土地管理部门办理了抵押登记。后来，王某因资金周转出现问题，还得需要贷款，便又向B银行以楼房抵押贷款500万元，双方在房管部门办理了房屋抵押登记。后因王某楼房质量问题，出现滞销，没能及时还上贷款。两行将王某诉至法院，要求行使抵押权。

法理分析

（一）对两份抵押合同的效力及其性质存在的三种意见

第一种意见是两个合同均是无效合同。“房随地走、地随房走”应属于一种强制性原则，抵押了地但是房子没有随着走，抵押了房子但是地没有跟着走。两者均违反了上述原则，因此两合同均应是无效合同。

《物权法》第182条[1]明令禁止当事人通过特别约定改变房地一并抵押的关系，当事人的意思自治被限制：（1）房地不分的处理原则符合立法者“防止引发抵押权实现的困境，使债权人的利益受到损害”之立法本意；[2]（2）在法律明示房地必须一并抵押的前提下，默认当事人应当明知，其以为抵押标的不包括建筑物的“合理预期”将不再被承认，抵押权人如果因此遭受损失，该损失也因自身过错所致，所有第三人将被排除在善意第三人之外，不适用善意第三人保护制度。

第二种意见是登记在先的抵押权有效，在后的无效，即第一个合同即A银行所签的合同有效，第二个合同即B银行所签的合同是无效的。该意见认为，因为该宗土地先抵押给A银行，楼房应该是随着土地走，A银行的合同是有效的。B银行没有土地，只有一幢楼房抵押，其没有附着的基础——土地，其违反了上述原则，所以B银行的合同无效。房或地任一在先登记的，登记完成时推定房与地根据法律规定自动一并抵押，可满足“房随地走、地随房走”的双向统一原则，有效；在后登记的，因权利人可通过查询发现房或地已被抵押的事实，其期待利益不再受保护，在此情况下仍坚持单独抵押的，违反强制性规定，无效。

第三种意见是两份抵押合同均有效，系集合抵押。法律规定两者应同时

---

〔1〕《民法典》第397条：以建筑物抵押的，该建筑物占用范围内的建设用地使用权一并抵押。以建设用地使用权抵押的，该土地上的建筑物一并抵押。抵押人未依据前款规定一并抵押的，未抵押的财产视为一并抵押。

〔2〕胡康生主编：《中华人民共和国物权法释义》，法律出版社2007年版，第400页。

转移并同一归属，系为避免两者互异其权利主体，将导致两者用益上的冲突并在流转过程中出现障碍。抵押权的实质是价值权，抵押物的价值可以分割，只要在实行抵押权时确保房产所有权与土地使用权转移的同时性及权利归属主体的同一性即可，并不违反“房随地走、地随房走”的基本原则，没有必要否认抵押合同效力。[1] 即两个合同都是有效的，只不过应是一个集合抵押。该意见认为，地与房是不可分割的，以上财产可以一并抵押，这就是典型的集合抵押。按照先登记优于后登记的原则，将来拍卖时一体拍卖，所得款先还 A 银行，剩下的再还 B 银行。

（二）笔者意见

《物权法》第 182 条规定：“以建筑物抵押的，该建筑物占用范围内的建设用地使用权一并抵押。以建设用地使用权抵押的，该土地上的建筑物一并抵押。抵押人未依照前款规定一并抵押的，未抵押的财产视为一并抵押。”[2] 第 183 条规定：“乡镇、村企业的建设用地使用权不得单独抵押。以乡镇、村企业的厂房等建筑物抵押的，其占用范围内的建设用地使用权一并抵押。”[3] 从上述法律规定中不难看出我国是采取了房产和地产同时抵押的方法。针对该案例，笔者有如下意见：

第一，考虑这两份合同的效力时，首先应充分理解“房随地走、地随房走”原则的性质，即它是一个强制性规则还是一个指引性规则，强制性规则是唯一的，违反了就是无效的。而该原则的解释是地可随房走，房也可随地走，两者都是可以的，不唯一性说明这个原则不是一个强制性规则，而是一个指引性规则。如果认为房、地的关系主物与从物关系，主物是地，从物是房，就像主合同和担保合同的关系一样，那么，在实务中就会出现一个矛盾，房随地走，很自然地是从权利服从主权利，但如果地随房走，那么就出现主权利服从从权利了，这在法理上是解释不通的。所以，土地和房屋是两个独立的权利，土地使用权和房屋所有权也是两个独立的权利，它们是可以分开的，它们都有自己的独立的价值，不存在主、从关系。《担保法》第 55

---

〔1〕参见王闯：《规则冲突与制度创新》，载《人民法院报》2007 年 6 月 20 日。

〔2〕《民法典》第 397 条：以建筑物抵押的，该建筑物占用范围内的建设用地使用权一并抵押。以建设用地使用权抵押的，该土地上的建筑物一并抵押。抵押人未依据前款规定一并抵押的，未抵押的财产视为一并抵押。

〔3〕《民法典》第 398 条：乡镇、村企业的建设用地使用权不得单独抵押。以乡镇、村企业的厂房等建筑物抵押的，其占用范围内的建设用地使用权一并抵押。

条和《物权法》第200条[1]都明确规定：土地使用权虽然抵押了，新增房屋并不成为抵押物，只不过在拍卖的时候要把房屋随着地一起拍卖，房屋拍卖款并不用于优先受偿，从这里来理解，其实它说明的是房和地是可以分开的，不能因为谁没有跟谁走，就一概认定合同无效。

第二，关于是否属于集合抵押。假设把房和地作为一个集合抵押物的话，就是在一个集合体上存在两个抵押权。按照先登记优于后登记的原则，将来拍卖时一体拍卖，所得款先偿还抵押在先的A银行，剩下的再还抵押在后的B银行，如房和地均贬值，还清A银行的款后余额不够，那么B银行便一分钱也拿不到。同样是依法登记的行为，一方获得巨大的利益，而另一方却损失惨重，这是不公平的，从民法的公平角度上讲，也是行不通的。

第三，从真正法律上物的意义上来讲，土地和房屋是独立的，是完全分开的，之所以强调“房随地走、地随房走”，是因为，如果它们分属两个不同权利主体的话，会发生一些权利冲突，如某块土地使用权属甲，土地上的房屋归乙，如果乙想卖房子，甲不同意，乙便卖不了；如果甲想卖地，乙的房子便成了空中楼阁。正是因为两者之间存在这种依存关系，才规定了“房随地走、地随房走”的原则，但这种原则不能对抗登记，也就是说，当A银行签订的土地使用权抵押合同进行登记时，对没有登记的土地上房屋视为登记了，可在整体变卖中优先受偿。但视为登记并不是已经登记，而后B银行对房产登记了，在该房产设定了抵押权，在清偿的时候，已登记的抵押权要优于未登记的抵押权，这样A银行和B银行就只能首先在自己登记的范围内优先受偿。

因此，笔者认为，本案中A银行与B银行所签的抵押合同均为有效合同，两者的登记行为也是有效的行为。如果没有地，房的价值可能没有那么高，如果没有房，地的价值也不会有很大幅度的高估。《民法典担保制度司法解释》第51条规定：“当事人仅以建设用地使用权抵押，债权人主张抵押权的效力及于土地上已有的建筑物以及正在建造的建筑物已完成部分的，人民法院应予支持。债权人主张抵押权的效力及于正在建造的建筑物的续建部分以及新增建筑物的，人民法院不予支持。当事人以正在建造的建筑物抵押，抵押权的效力范围限于已办理抵押登记的部分。当事人按照担保合同的

[1] 《民法典》第417条：建设用地使用权抵押后，该土地上新增的建筑物不属于抵押财产。该建设用地使用权实现抵押权时，应当将该土地上新增的建筑物与建设用地使用权一并处分。但是，新增建筑物所得的价款，抵押权人无权优先受偿。

约定，主张抵押权的效力及于续建部分、新增建筑物以及规划中尚未建造的建筑物的，人民法院不予支持。抵押人将建设用地使用权、土地上的建筑物或者正在建造的建筑物分别抵押给不同债权人的，人民法院应当根据抵押登记的时间先后确定清偿顺序。”“房随地走、地随房走”双向统一原则所强制的对象或内容不是抵押权的设定，而是抵押权的实行，即允许分别设定抵押权，但在实行抵押权时，必须确保房产所有权与土地使用权转移的同时性和权利最终归属的主体同一性。在具体操作上，可将地与房分别评估，然后一体拍卖，房与地的最后归宿是同一个权利主体，按照先登记优于后登记的原则，将来拍卖时一体拍卖，所得款先还 A 银行，剩下的再还 B 银行。

这里引申几个问题，第一，如果当事人协议约定房、地分离抵押，判决中“风险由市场主体自行负担”，应理解为协议约定无效的风险还是不享有优先受偿权的风险；第二，“房随地走、地随房走”这一规则的适用是否要求当事人对房、地享有完全处分权；第三，如果案涉房、地上存在其他抵押权，各抵押权之间的优先顺位如何确定。

（一）对“风险由市场主体自行负担”的理解

就当事人在抵押合同中约定仅以“房”或“地”抵押，该合同的效力问题，目前存在不同意见（前文已经论述），分别是：（1）两份抵押合同均无效；（2）登记在先的抵押权有效，在后的无效；（3）两份抵押合同均有效。

尽管存在上述不同看法，最高人民法院仍然实际认可了房、地分别抵押的合同效力〔1〕，笔者基本赞同此种处理方式，此两份抵押合同均有效，理由如下：

1. 相关法律并不反对重复抵押，在房、地必须一体抵押的前提下，可以将房、地分别抵押理解为将房和地一并进行了两次抵押，既尊重了“视为一并抵押”的基本精神，也保护了当事人意思自治，但是在实现抵押权时应该根据已登记的抵押权优于未登记的抵押权的原则，实现优先受偿权，“视为一并抵押”的部分处于劣后地位。

2. 抵押人就房地一并抵押的单笔融资额可能远低于房地一体的整体价

〔1〕《最高人民法院第一巡回法庭精选案例裁判思路解析（一）》关于本案的评述中，对房、地分别抵押时的清偿顺位问题已有涉及，据此推定合议庭认可合同效力。

值，认可分别抵押的协议效力，有利于促进抵押物融资价值最大化。

3. 在当事人认可单抵房及单抵地的协议安排时，法律可不必强行通过否认合同效力维护《物权法》基本规则，可以通过清偿次序的安排让第二顺位抵押权人充分认识到抵押物变卖后，可能面临债权无法全额清偿的风险，来达到引导缔约的目的。

（二）当事人是否必须对房、地分别享有完全处分权

房、地一并抵押原则的施行受到当事人对“房”“地”处分权的限制，从理论上讲，当事人对“房”“地”必须享有完全处分权，《物权法》第182条才具备施行前提，但鉴于土地权属及用益权划分，该问题仍有进一步区分探讨的空间。

1. 对于“房”，当事人必须为有权处分，不能存在权属上的争议

抵押权效力及于从物，以从物与主物同属一人为限。最高人民法院认为：“案涉土地使用权证书中已标明该宗土地上存有地上建筑物，并标明为冷库的福利区，地上建筑物中职工住宅楼所有权已经登记移转至购房职工名下，而原债权人银行却未查明地上建筑物权属即接受抵押，也存在过错，职工住宅楼虽未占用全部该宗地，但于该土地使用权上设定的抵押权无效及于该宗土地全部，故抵押合同无效，依据该合同设立的抵押权也相应无效。虽然银行对造成上述国有土地使用权抵押无效的后果存在过错，但冷库的无权处分行为亦是导致抵押无效的主要原因，故冷库应对粮油公司不能清偿的部分承担二分之一的赔偿责任。”

《民法典》第398条规定：“乡镇、村企业的建设用地使用权不得单独抵押。以乡镇、村企业的厂房等建筑物抵押的，其占用范围内的建设用地使用权一并抵押。”根据该规定可知，《民法典》不禁止乡镇、村企业的建设用地使用权与地上建筑物一并抵押。

曹士兵先生也曾举例释明“房随地走”原则对抵押人房屋所有权的限制。即甲拥有的土地使用权完全被地上建筑物所占用，而建筑物完全属于乙所有，甲以土地使用权设立抵押权，效力不及于乙拥有的建筑物，实际形成“房地分离”的局面。由于此时抵押权的效力不及于地上乙之建筑物，在甲的土地使用权上设立的抵押权无法单独折价变现，抵押权的基本效力——折价力不存在，抵押权不能行使，抵押权人的担保权益从一开始就处于落空状态，对于此种抵押权，宜依据《物权法》第182条的规定，从不具备抵押权基本特性和抵押权自始不能履行角度否定其效力，以免误导债权人，并引发

抵押权实现困境。[1]

2. 对于“地”，当事人只享有限制处分权是否影响房地一体抵押，观点并不统一

司法实践中，曾经有观点认为以国有划拨土地使用权上的房屋单独设定抵押无效，在某银行济南经七路支行与大厦公司、山东联合大学抵押借款合同纠纷抗诉案中，最高人民法院认为：地上建筑物与其占用范围内的土地客观上不可分离，就房地产抵押情形而言，不能抛开土地使用权状况而单纯考虑仅就房屋设定抵押是否有效的问题。《最高人民法院关于转发国土资源部[2]〈关于国有划拨土地使用权抵押登记有关问题的通知〉的通知》（法发〔2004〕11号）规定：“……在《通知》发布之日起，人民法院尚未审结的涉及国有划拨土地使用权抵押经过有审批权限的土地行政管理部门依法办理抵押登记手续的案件，不以国有划拨土地使用权抵押未经批准而认定抵押无效……”上述规定虽将划拨土地抵押的要求由“批准”放宽为“登记”，但并非既无须批准也无须登记。本案中，房屋抵押部分虽进行了登记，但对于该房屋占用的国有划拨土地既未办理批准手续亦未进行抵押登记，且本案一审诉讼期间，当事人亦未补办土地抵押的批准或登记手续。故本案抵押因土地部分未得到批准亦未进行登记而应认定无效。

也有观点认为，以国有划拨土地上房屋抵押，并不导致抵押合同无效。在资产管理公司某地办事处与毛纺公司借款担保合同纠纷上诉案[3]中，最高人民法院认为，由于划拨土地使用权上的房产抵押，法律并无禁止性规定，如因划拨土地使用权未履行抵押审批手续并办理抵押登记，进而否定房产抵押合同的效力，则与房产抵押合同订立的根本目的相悖。同样，在资产管理公司某地办事处与饭店公司借款担保合同纠纷二审案[4]中，最高人民法院持相同观点。

《民法典担保制度司法解释》第50条规定：“抵押人以划拨建设用地上的建筑物抵押，当事人以该建设用地使用权不能抵押或者未办理批准手续为

---

〔1〕 曹士兵：《中国担保制度与担保方法》（第三版），中国法制出版社2015年版，第256~257页。

〔2〕 注：根据2018年《深化党和国家机构改革方案》，将国土资源部等八部门的职责整合，组建自然资源部。

〔3〕 《划拨土地使用权之上的房屋抵押合同的效力问题》，载《民商事审判指导》2008年第2期。

〔4〕 《划拨土地使用权之上的房屋抵押合同的效力问题》，载《民商事审判指导》2008年第2期。

由主张抵押合同无效或者不生效的，人民法院不予支持。抵押权依法实现时，拍卖、变卖建筑物所得的价款，应当优先用于补缴建设用地使用权出让金。当事人以划拨方式取得的建设用地使用权抵押，抵押人以未办理批准手续为由主张抵押合同无效或者不生效的，人民法院不予支持。已经依法办理抵押登记，抵押权人主张行使抵押权的，人民法院应予支持。抵押权依法实现时所得的价款，参照前款有关规定处理。"

笔者赞同《民法典担保制度司法解释》第50条观点，因土地所有权不能抵押，房地一体的"地"实际上指向不动产用益物权，且此种用益物权因"划拨"及"出让"而出现自由处分权受限制程度的差别。原则上讲，划拨地转变性质或获得转变性质的许可前，禁止当事人依自由意志处分，但如国有划拨土地与房屋一并抵押后在实现抵押权时补缴相关税费及土地出让金，认可划拨土地及地上房屋抵押效力的审判观点并不会导致任何一方利益受损，反倒更有利于促进商事交易。

（三）房地分别单独抵押情形下抵押权顺位的确定

实践中，房、地单独抵押登记，甚至抵押人迟延向涉案在建工程承包人支付建设工程价款的情况时有发生。在此种情况下，涉案地上建筑物上存在三个抵押权，必须解决实现顺位问题。

上述权利发生冲突时，抵押权顺位按如下方式确定[1]：

1. 登记在先的抵押权优于登记在后的抵押权受偿；

2. 在建工程承包人优于任一抵押权人受偿：在建工程承包人依《民法典》第807条的规定对地上建筑物享有法定抵押权，根据《最高人民法院关于审理建设工程施工合同纠纷案件适用法律问题的解释（一）》（以下简称《建设工程施工合同解释》）第36条，承包人就建设工程价款优先于抵押权和其他债权受偿。

一般来说，房、地单独抵押时，其实际价值应高于抵押价值，只要房地产市场稳定不下行，房、地两抵押权人均可获得足额清偿。但若涉及承包人优先受偿权，依一般商业理性，承包人债权数额无特殊情况不会超出房产实际价值，故承包人及第一顺位抵押权登记人均可获偿，只有第二顺位抵押权人可能面临债权无法获偿的困境，这就要求抵押权人在接受土地或地上建筑

---

〔1〕 参见刘贵祥主编：《最高人民法院第一巡回法庭精选案例裁判思路解析（一）》，法律出版社2016年版，第275~276页。

物抵押时，应当尽最大可能调查房、地抵押状况，避免出现风险。

综上，房、地一体抵押的最终实现，不仅依赖于不断积累的司法审判经验，更依赖于对不动产统一登记制度的建设，唯有如此，才能避免“地随房走、房随地走”情形中房、地单独抵押，避免未登记抵押权部分权利人陷入困境，发挥抵押物的最大经济价值。

第七节　抵押权的实现条件、方式及实现程序

一、抵押权的实现条件

抵押权的实现也称抵押权的实行，是指抵押权人在特定条件下对抵押物行使优先受偿权的行为。[1] 抵押权的实现是抵押权最重要的效力，也是抵押权人最主要的权利。抵押权的实现是指在法定和约定的条件成就时，抵押权人即可通过一定的方式实现抵押权，以处分抵押物所得价款优先受偿。

《民法典》第 410 条规定：“债务人不履行到期债务或者发生当事人约定的实现抵押权的情形，抵押权人可以与抵押人协议以抵押财产折价或者以拍卖、变卖该抵押财产所得的价款优先受偿。协议损害其他债权人利益的，其他债权人可以请求人民法院撤销该协议。抵押权人与抵押人未就抵押权实现方式达成协议的，抵押权人可以请求人民法院拍卖、变卖抵押财产。抵押财产折价或者变卖的，应当参照市场价格。”

本条对抵押权人实现抵押权的条件、方式及程序作出了规定，须具备如下条件：一是债务履行期间届满，债务人不履行债务；二是发生当事人约定的实现抵押权的情形。满足上述任一条件，抵押权人就可以依抵押人现有的以及将有的动产作抵押，抵押期间，抵押人在正常经营范围内可以自由处分其动产，债务人到期不履行债务的，抵押权人以实现抵押权时的动产优先受偿。如果只允许抵押权人在债务人到期不履行债务时才能实现抵押权，可能会出现由于抵押人在经营过程中的非正常经营行为或者恶意的行为，甚至是正常经营行为，造成抵押权实现时抵押财产大量减少的情形，无法对抵押权

〔1〕 温世扬：《物权法要义》，法律出版社 2007 年版，第 288 页。

人的债权起到担保作用，从而损害抵押权人的利益。允许抵押权人与抵押人约定提前实现抵押权的条件，抵押权人就可以在抵押合同中对抵押人的某些行为进行约束，一旦抵押人违反约定从事了这些行为，满足了约定的实现抵押权的条件，抵押权人就可以提前实现抵押权，以保障自己的债权得到清偿。例如，A 企业以其仓库中现有及将有的所有产品设定浮动抵押向 B 银行贷款，B 银行为保全抵押财产在实现抵押权时能够达到一定的数量，以起到担保其债权的作用，可以与 A 企业在抵押合同中约定，A 企业不得以其库存的产品从事关联交易或者低价交易，如不得以低于市场价格一定比例的价格出售库存的产品，一旦出售价格低于约定的比例，B 银行即可提前实现抵押权；再如，可以在抵押合同中约定，即使在正常经营情况下，A 企业库存的产品数量也不得低于其整个库存量的一定比例，一旦低于该比例，B 银行即可提前实现抵押权。

二、抵押权的实现方法

债务人不履行到期债务或者发生当事人约定的实现抵押权的情形的，抵押权人可以与抵押人就如何处理抵押财产进行协商，如果双方达成协议，就可以按照协议的方式实现抵押权。《民法典》第 410 条提供了三种抵押财产的处理方式供抵押权人与抵押人协议时选择：

（一）折价方式

抵押权人可以与抵押人协议，以折价的方式实现抵押权，即抵押权人与抵押人协议，参照市场价格确定一定的价款，将抵押财产的所有权转移给抵押权人，以实现债权。《民法典》第 401 条规定："抵押权人在债务履行期限届满前，与抵押人约定债务人不履行到期债务时抵押财产归债权人所有的，只能依法就抵押财产优先受偿。"这样规定是为了避免债务履行期届满前，抵押权人利用其优势地位与抵押人约定，在债务人到期不能履行债务时，将价值高于被担保债权的抵押财产直接转归抵押权人所有，以充抵债权，从而使抵押人受到不公平对待。但法律所限制的只是在债务履行期届满前不得作出这种将来转移所有权的协议，在需要实现抵押权的时候，已不存在可能给抵押人造成不利的情势了，这时双方可以协议以折价的方式来清偿抵押权人的债权。而且，如果双方确定的抵押财产的价款高于被担保的债权时，依照本法规定，超出的部分要归抵押人所有，这样合同双方的权益均可以得到保护。

法院可否对抵押财产强行折价或者在对抵押财产评估后折价，裁判以抵押财产抵偿债权人的债权？笔者认为，对抵押财产进行折价抵偿抵押权人的债权，属于抵押权人与抵押人协商实行抵押权的方法，在这个过程中，除非抵押权人与抵押人同意以抵押财产折价，否则只能对抵押财产进行变卖或拍卖，以所得价款清偿债权或者在拍卖流拍后申请以物抵债。因此，在诉讼程序中，法院不能强行对抵押财产折价，并裁判抵押财产归抵押权人以抵销抵押权人的债权。[1]

（二）拍卖方式

拍卖是抵押权实现的最为普通的一种方式。拍卖也称为竞卖，是指以公开竞争的方法将标的物卖给出价最高的买者。拍卖又分为自愿拍卖和强制拍卖两种，自愿拍卖是出卖人与拍卖机构一般为拍卖行订立委托合同，委托拍卖机构拍卖；强制拍卖是债务人的财产基于某些法定的原因由司法机关如人民法院强制性拍卖。抵押权人与抵押人协议以抵押财产拍卖来实现债权的方式属于第一种方式，双方达成一致意见，即可选择拍卖机构进行拍卖。

《民法典担保制度司法解释》第 45 条规定："当事人约定当债务人不履行到期债务或者发生当事人约定的实现担保物权的情形，担保物权人有权将担保财产自行拍卖、变卖并就所得的价款优先受偿的，该约定有效。因担保人的原因导致担保物权人无法自行对担保财产进行拍卖、变卖，担保物权人请求担保人承担因此增加的费用的，人民法院应予支持。当事人依照民事诉讼法有关'实现担保物权案件'的规定，申请拍卖、变卖担保财产，被申请人以担保合同约定仲裁条款为由主张驳回申请的，人民法院经审查后，应当按照以下情形分别处理：

（一）当事人对担保物权无实质性争议且实现担保物权条件已经成就的，应当裁定准许拍卖、变卖担保财产；（二）当事人对实现担保物权有部分实质性争议的，可以就无争议的部分裁定准许拍卖、变卖担保财产，并告知可以就有争议的部分申请仲裁；（三）当事人对实现担保物权有实质性争议的，裁定驳回申请，并告知可以向仲裁机构申请仲裁。债权人以诉讼方式行使担保物权的，应当以债务人和担保人作为共同被告。"

以拍卖的方式实现抵押权有很大的优势，因为拍卖是以公开竞价的方式出卖标的物，拍卖的价款能够最大限度地体现拍卖财产的价值，从而充分发

---

[1] 曹士兵：《中国担保诸问题的解决与展望》，中国法制出版社 2001 年版，第 251 页。

挥抵押财产对债权的担保作用。

（三）变卖方式

除前述两种方式外，《民法典》第 410 条规定双方还可以协议以变卖的方式实现抵押权。采用变卖的方式就是以拍卖以外的生活中一般的买卖形式出让抵押财产来实现债权的方式。为了保障变卖的价格公允，变卖抵押财产应当参照市场价格。

抵押权人与抵押人协议处理抵押财产时，可能涉及抵押人的其他债权人的利益，抵押财产折价过低或者拍卖、变卖的价格远低于市场价格的，如一套抵押商铺房的市场价格为 500 万元，抵押权人与抵押人却仅以 350 万元的价格协议变卖，在该抵押权人就变卖所得价款优先受偿后，可供后顺位的抵押权人以及其他债权人实现其债权的数额就会大大减少，从而损害他们的利益。为保障其他债权人的利益，本条规定，抵押权人与抵押人的协议损害其他债权人利益的，其他债权人可以在知道或者应当知道撤销事由之日起一年内请求人民法院撤销该协议。这里规定的"一年"是一个固定期间，不得中止、中断。

上述是抵押权人与抵押人达成协议而实现抵押权的情况，如果双方未达成协议，那么应当如何实现抵押权呢？笔者认为，抵押权人与抵押人未就实现抵押权达成协议，主要有两种情形：一是双方就债务履行期届满债权未受清偿的事实没有异议，只是就采用何种方式来处理抵押财产的问题达不成一致意见；二是双方在债务是否已经履行以及抵押权本身的问题上存在争议，如双方对抵押合同的有关条款或者抵押权的效力问题存在争议，这些问题实际上是实现抵押权的前提条件，双方对此发生争议，也就根本谈不上协议以何种方式实现抵押权了。对于第一种情形，即抵押权人与抵押人仅就抵押权实现方式未达成协议的，为了简化抵押权的实现程序，《民法典》第 410 条规定，抵押权人可以直接请求人民法院拍卖、变卖抵押财产。对于第二种情形，抵押权人仍应当采取向人民法院提起诉讼的方式解决。

这里还有一个问题需要予以说明，既然《民法典》规定了浮动抵押制度，那么是否应当单独规定浮动抵押权的实现程序呢？认为应当单独规定浮动抵押权的实现程序的理由是浮动抵押权的实现与一般抵押权的实现有很大的不同：一般抵押权是以抵押财产折价受偿或者以拍卖、变卖抵押财产的价款优先受偿。而浮动抵押权的标的物多是整个公司或者公司的大部分财产，以整个公司的财产或者大部分财产实现债权，会涉及公司的接管、清算、采取拯救措施等问题；如果公司资不抵债的，还会涉及公司的破产问题。因此，浮动抵押权的实现是一个比较复杂的问题；如果不明确规定其实现程序，浮动抵押制度将很难操作。认为没有必要单独规定浮动抵押权的实现程序的理由是浮动抵押权可以准用一般抵押权的实现方式，由浮动抵押权人拍卖、变卖公司的财产优先受偿或者以公司财产折价受偿。本条规定没有区分一般抵押权与浮动抵押权，无论哪种抵押权，均适用本条规定的抵押权实现的方式和程序。之所以这样规定主要考虑的是，本法规定的浮动抵押财产的范围仅限于动产，即只有在企业、个体工商户和农业生产经营者的生产设备、原材料、半成品和产品这些动产上才能设定浮动抵押权，并不包括企业的不动产以及知识产权、商业秘密等财产权利。这就意味着企业一般不会以其全部财产设定浮动抵押。而就企业的动产浮动抵押而言，其抵押权的实现与一般抵押权实现的方式和程序并没有什么区别。此外，浮动抵押制度在实际适用过程中会出现哪些问题，一旦涉及整个企业的接管、清算等问题如何妥善处理，还需要在司法实践中不断摸索，积累经验，通过制定和修改有关法律逐步完善。

三、抵押权的实现程序

抵押权以担保债权之实现为目的。债务人及时、全面、适当地履行了债务，债权人自无实现抵押权之必要。唯有债务人不履行到期债务或出现了约定的实现抵押权的情形时，债权人才需要通过实现抵押权来满足债权。抵押权人将抵押财产变价并优先于普通债权人和同一抵押财产上顺位在后的其他担保物权人受偿，就是抵押权的变价权与优先受偿权。所谓抵押权的实现实质上就是抵押权的变价权与优先受偿权的实现。

就抵押权之实现而言，高效公平的程序机制尤为重要。一方面，如果用于实现抵押权的程序的效率很低，债权人需支付高昂的成本、耗费大量的时间，方能将抵押财产变价，就会严重损害抵押权人与普通债权人的合法权益。因为这种程序不仅会使抵押权人能优先受偿的部分减少，也会减少用以清偿普通债权的抵押人之责任财产。另一方面，倘若实现抵押权的程序的设计不公平，只有那些实现抵押权的债权人方能从中获益，则该抵押权实现程序亦难以为继。总之，高效、公平的抵押权实现程序具有重要的作用，既有助于充分地发挥抵押权的担保与融资功能，也有助于更好地协调抵押人、抵押权人、普通债权人等当事人的利益。

抵押权以何种途径实现，主要有两种立法例：一为自力救济，即抵押权人可依抵押权而自行决定抵押权的处分方式并予以实施，无须经由抵押人同意，国家在通常情况下也不予强制干预。如法国等国。[1] 二为公力救济，即抵押权的实现应采取公法上的方式，抵押权人实行抵押权之前通常需要获得法院或其他国家机关签发的裁判或决定，而不能私自地实现抵押权。如德国等国。[2]《民法典》第 410 条包含对抵押权实现程序的规定。依据该条，抵押权的实现程序分为两类：其一，约定的实现程序，即抵押权实现的条件成就后，抵押权人与抵押人协商实现抵押权（该条第 1 款）；其二，法定的实现程序，即抵押权实现的条件成就后，抵押权人请求法院帮助实现抵押权（该条第 2 款）。

对于《民法典》第 410 条第 2 款关于“抵押权人与抵押人未就抵押权实现方式达成协议的，抵押权人可以请求人民法院拍卖、变卖抵押财产”的规定究竟属何种程序，有意见认为，对于担保物权的实行，担保物权人原则上可以直接申请法院作出许可拍卖、变卖担保财产的裁定，理由是：担保物权作为一种物权，权利人可直接对物的价值加以支配并排除其他任何人的干涉，而无须借助义务人的给付行为，即使是不占有担保财产的抵押权，抵押权人也是以控制抵押物的价值并得以从中优先受偿为目的的。担保物权人请求法院以拍卖担保财产实行权利，正是将物权转化为法院对担保财产实施的强制执行行为，仍然属于担保物权人依担保财产价值直接取偿的一种表现，而无须依靠义务人来实施某种行为。法院作出的许可拍卖、出卖担保财产的裁定即为执行根据。[3] 第二种意见认为，该条规定的是“请求人民法院拍卖、变卖抵押财产”，而不是申请法院就抵押权的实行进行裁判。两者的区别在于，前者要经过冗长而琐细的起诉、应诉、开庭、答辩等诉讼全过程，甚至会有上诉审、再审，抵押权实行成本高，效率低；后者是非诉程序，无须经过诉讼全过程，法院通过对抵押权登记等证据的审查，即可裁判实行抵押权，包括允许强制拍卖抵押财产，非诉程序成本低，效率高。[4] 2012 年 8

---

〔1〕 徐武生：《担保法理论与实践》，工商出版社 1999 年版，第 336 页。

〔2〕 毛亚敏：《担保法论》，中国法制出版社 1997 年版，第 176 页。

〔3〕 江伟：《民事诉讼法专论》，中国人民大学出版社 2005 年版，第 510 页。

〔4〕 参见最高人民法院物权法研究小组编著：《〈中华人民共和国物权法〉条文理解与适用》，人民法院出版社 2007 年版，第 583 页。

月31日第十一届全国人大常委会第28次会议审议通过的《全国人民代表大会常务委员会关于修改〈中华人民共和国民事诉讼法〉的决定》在《民事诉讼法》第十五章“特别程序”后增加了一节，即第7节“实现担保物权案件”。该节仅有两个条文，却为担保物权的实现确立了基本的程序性规范。为了构建一套科学合理的抵押权实现程序，有必要从理论上对抵押权实现程序作全面系统、深入之论述。

（一）抵押权约定实现程序的立法模式及利弊

抵押权的约定实现程序意味着，当抵押权实现的条件成就后，抵押权人不是必须通过法院，而是可以与抵押人协商实现抵押权。有些立法模式不承认抵押权的约定实现程序，而有些立法模式允许当事人协商实现抵押权。由此就产生了两种不同的立法模式，我们分别将之简称为“禁止模式”与“允许模式”。有学者将这两种立法模式称为“司法保护主义模式”与“当事人自救主义模式”。[1]

1. 禁止模式或司法保护主义模式

该立法例要求抵押权人须申请法院强制执行，抵押权的实现应采取公法上的方式，抵押权人实行抵押权之前通常需要获得法院或其他国家机关签发的裁决或决定，而不能私自地实行抵押权，大陆法系多数国家实行这种立法主义，如德国、奥地利等。

此种立法在一定程度上有利于避免双方利益的失衡，通过公法的干预，使抵押权的实现兼顾了抵押权人和抵押人双方的利益，防止了抵押权人借助其优势地位滥用权利损害抵押人和其他抵押权人的利益。但从另一个角度讲，该立法的运行必然导致成本的增加和时间的延长，而这些成本无论对于债权人或债务人来讲都极为不利。因此，这种单纯诉诸法院的模式也仍然无法促进抵押权的有效实现，维护抵押权人和抵押人、债务人各方的利益。

在实现抵押权的方式上，不同法系国家实行的具体方式也不同。在英美法系国家，由于担保权的实行方法通常根据当事人约定而决定，故有多种形式，主要有：担保权人取消赎买权、后抵押协议、出卖担保物、占有抵押物并以其孳息清偿债务、占有担保物并进行经营、担保物的接管、公开拍卖等；在大陆法系国家，近代民法主要规定了拍卖抵押物、订立契约取得抵押

[1] 毛亚敏：《担保法论》，中国法制出版社1997年版，第176页；徐武生：《担保法理论与实践》，工商出版社1999年版，第336页。

物所有权以及用其他方法处分抵押物。然而无论如何，拍卖和出售几乎是大多数国家的抵押权实现方式的最后救济途径。无论何种立法例，当事人在司法程序中最终都将无法按照自己的协议方式或其他更佳的实现方式要求法院以法律规定以外的方式实现抵押权。

在禁止模式的立法中，当事人不得在订立抵押合同时作出流押契约的约定，即便抵押权实现的条件成就了，抵押权人也不能与抵押人私自协商拍卖抵押物，抵押权的实现必须通过法院的强制执行。德国、奥地利采取的是禁止模式。

《德国民法典》第 1149 条规定："债权对所有权人未届期的，所有权人不得给予债权人此种权利，即以清偿为目的而请求转移土地所有权的权利，或者以强制执行之外的其他方式进行土地出让的权利。"第 1147 条则规定："债权人就土地和抵押权所扩及的标的物求偿，以强制执行的方法进行。"这就是说，抵押权人在债务人不履行债务时，只能通过强制执行的方式从土地中获得清偿，任何方式的私人执行都被禁止。[1] 依据《德国民事诉讼法》与《强制拍卖与强制管理法》之规定，因金钱债权对不动产的强制执行有两种方法，一是强制拍卖，即由执行法院将不动产加以变价，以获得的价金清偿债权人的债权；二是强制管理，该方法之目的在于使债权人从不动产的收益中得到满足。为了实现强制管理，法院或聘任一名强制管理人，该人有权利和义务采取一切必要之措施以确保不动产的经济状态及合理使用。

《奥地利民法典》第 461 条规定，债务人到期不履行债务的，抵押权人有权请求法院出售抵押物，此时，法院应遵循《法院组织法》的相关规定。该规定要求，抵押权人只能通过向法院提出请求才能实现其债权，也只有判决才能给予抵押权人以执行名义，从而通过强制执行的方法实现抵押权。与德国一样，奥地利的不动产强制执行方法也是两种——强制拍卖与强制管理（多数情形下是出租）。至于动产的强制执行方法，则既可以是拍卖，也可以是变卖。

2. 允许模式或当事人自救主义模式

允许模式即当事人自救主义（self-help）模式，就抵押权的约定实现程序而言，英国、法国、瑞士、韩国的民法采取了允许的模式。该立法例允许抵押权人自行处分抵押权，即抵押权人可自行决定抵押权的处分方式并予以

---

〔1〕《德国民法典》，杜景林、卢谌译，中国政法大学出版社 2014 年版，第 314 页。

实施，无须经抵押人的同意。

自力救济是人类早期盛行的权利保护方式。因为自力救济易生流弊，弱者无从实行，强者仗势欺人，影响社会秩序，所以国家越进步，自力救济的范围越缩小。至于现代法律，则以禁止自力救济为原则。但若绝对不许自力救济，亦于权利保护或有不周。因此，各国法律莫不在坚持公力救济权为原则的同时，于某种限度内设有自力救济制度。[1]

我国取此种模式。《民法典担保制度司法解释》第45条规定，当事人约定当债务人不履行到期债务或者发生当事人约定的实现担保物权的情形，担保物权人有权将担保财产自行拍卖、变卖并就所得的价款优先受偿的，该约定有效。此种立法着重保护债权人的利益，对于促进交易、加快交易速度具有积极作用，但因缺乏对债务人的充分保护，对债务人极为不利。虽然立法往往设置抵押权人应当对获得抵押物的价格尽合理的注意义务，从而对抵押权人行使抵押权进行一定的限制，但若抵押权人违反该种义务，债务人只能通过诉讼才能使抵押权人承担责任，无法使抵押权适时实现，从而造成当事人双方资源浪费。而且，由抵押权人自行实现抵押权也易引发纠纷，如抵押权实现后，抵押权人拒不将剩余款项退还抵押人；数抵押权人竞相要求抵押人将抵押物折价给自己或其他恶意变卖抵押物的行为等。在采取该模式的立法中，抵押权实现的条件成就后，抵押权人与抵押人可以协商实现抵押权，不必一定通过诉讼程序或非讼程序。例如，依据英国法，当债务人到期不偿还债务，抵押权人有权出售抵押财产。如果抵押是通过契据设立的，债权人当然享有出售权（该权利为《1925年财产法》明确规定）；如果抵押是通过非正式的担保协议设立的，债权人必须向法院请求出售的权利。抵押权人出售抵押物的方式不一定是拍卖，但必须要以“合理的小心谨慎态度”以获得最高价格。[2]《法国民法典》第2458条则规定，当债务人不履行到期债务时，抵押权人可以通过《民事诉讼法》规定的程序，向法院申请将抵押人的财产（只要该抵押的不动产并非债务人的主要住所）判给自己或者申请法院进行强制拍卖。此外，依据《法国民法典》第2459条，如果被抵押的不动产不是债务人的主要住所的话，抵押权人与抵押人在抵押协议中可以有债权

[1] 马原主编：《中国民法教程》，中国政法大学出版社1998年版，第143页。

[2] [英] F. H. 劳森、伯纳德·冉得：《英国财产法导论》，曹培译，法律出版社2009年版，第147~148页。

人将成为抵押的不动产的所有人的约定（流押条款）。[1]《瑞士民法典》规定，在设立抵押权的合同中，抵押权人与抵押人可以约定，一旦债务人不履行债务，抵押权人有权变卖抵押财产。但是，该约定必须经过公证，因为此种约定使得抵押财产的所有权人负有将抵押财产交给买受人的义务。《瑞士民法典》没有要求债权人在债务人不履行债务时，只能以强制执行的方式就土地卖得的价金优先受偿。《韩国民法典》第363条规定："抵押权人为使其债权获得清偿，可请求拍卖抵押物。取得抵押物所有权的第三人，亦可成为拍卖人。"所谓请求拍卖抵押物，是指抵押权人向法院申请强制拍卖抵押物，以清偿债权。但是，债务到期后，抵押权人与抵押人会就抵押权的实现进行协商，毕竟向法院申请拍卖需要很长时间且未必能拍卖成功。此外，《韩国民法典》也没有禁止流押契约。因此，在不涉及第三人利益的情况下，抵押人与抵押权人可以作出流押契约的约定。不过，倘若抵押物之价值明显高于债务的金额或者有其他不当的情形的，抵押人的其他债权人可以行使债权人撤销权（《韩国民法典》第406条）。

3. 抵押权约定实现程序之利弊分析

抵押权的约定实现程序有两大优势：第一，效率高、时间短。要求抵押权人必须通过法院的强制执行，才能实现抵押权，会花费较长的时间、产生较高的成本。如果允许抵押权人与抵押人协商实现抵押权，则当事人可以选择最有效的抵押权实现方式，快速地将抵押财产变价，从而充分实现抵押权的担保功能与融资功能。例如，实践中，对于不动产抵押权的实现，当事人多愿意采取折价的方式。通常，折价的操作过程为：先由抵押权人与抵押人共同向登记机构提出注销不动产抵押登记的申请，将抵押权注销。然后，抵押人与抵押权人共同申请办理房屋所有权或土地使用权的转移登记，将房屋或土地使用权从抵押人处转到抵押权人处。即便是当事人协商同意拍卖抵押财产，当事人任意拍卖的成本也会低于法院的强制拍卖。第二，充分尊重当事人的意思自由。允许抵押权人与抵押人就抵押权的实现方法（究竟是拍卖、变卖还是折价）进行协商，允许当事人就何时可以实现抵押权作出约定，尊重了当事人的意思自由，有利于当事人根据自己的意愿采取最符合自身利益的抵押权实现方法。选择变卖时，有些地区采取第三方"资金监管"

---

〔1〕 李世刚：《法国担保法改革》，法律出版社2011年版，第126页。

的方式进行，使抵押权的实现既方便快捷又安全。[1] 凡事有利则有弊，抵押权的约定实现程序也不例外。允许抵押权人与抵押人协商实现抵押权，意味着抵押权的实现不是通过秩序化且由国家控制的程序（司法程序），而是交由私人决定。在不动产抵押权实现的时候，因不动产上可以存在多个物权且各物权的状态较为复杂，故很容易出现当事人协商实现抵押权而损害同一抵押物上的其他物权人及普通债权人的情形。例如，同一栋房屋上可以同时存在顺位分别为第一、第二、第三且担保的债权数额不相同的多个抵押权，允许第一顺位的抵押权人与抵押人自行协商拍卖抵押物，可能会因拍卖价格过低，使得第一顺位抵押权人完全受偿，第二顺位抵押权人无法完全受偿，第三顺位抵押权人的债权根本不能从抵押物变价所得价款中受偿。但如果担保财产是动产，因动产上的物权状态非常简单，且并存多个物权的情形较少，动产以占有为公示方法，难以展现复杂的权利状态。例如，《德国民法典》第1209条以及第1232条的顺位规则使得动产上难以产生多个质权。故此动产担保物权的实现即便不通过司法程序，而由当事人决定，损害其他物权人的可能性也较小。所以，许多国家都允许当事人协商实现动产担保物权。即便是那些明文禁止不动产抵押权私人执行的国家，也明文允许质权的私人执行，如《德国民法典》第1228条第1款。这就是说，质权人在债务人不履行债务时，当然可以申请强制执行，但也可以直接出卖质押之物，即采取自行变价的方式实现质权。

（二）中国《民法典》中抵押权的约定实现程序

我国《民法典》对抵押权约定实现程序的规定：

第一，《民法典》允许抵押权人与抵押人协商实现抵押权。抵押权人与抵押人不仅可以在抵押权实现条件成就时协商以何种方式来实现抵押权，还可以对抵押权的实现条件作出约定。[2]

第二，在抵押权实现的条件成就后，抵押权人可以与抵押人协议以抵押物折价或者以拍卖、变卖该抵押物所得的价款受偿。在《民法典》第410条

---

〔1〕《郑州市存量房网上交易和结算资金管理办法》（郑房〔2015〕125号）自2015年12月10日起施行，“资金监管”的最大好处就是可以避免买卖双方因房屋权属转移或房款交付发生纠纷。买卖双方在办理房屋转移登记手续前，买房人需将全部房款存入监管账户后才可以办理房屋转移登记手续，确保卖房人能收到全额购房款。如果房屋不能正常转移到买房人名下，就会把监管金额退还给买房人，从而实现“钱证两清”，防范了房屋和交易资金的风险。

〔2〕胡康生主编：《中华人民共和国物权法释义》，法律出版社2007年版，第389页。

第1款第1句文字表述中，“以抵押财产折价”规定于拍卖、变卖抵押财产之前。这种文字顺序上的安排表明，立法者更倾向于当事人采取前一种方式。毕竟，折价的成本更低、效率更高。所谓“以抵押财产折价”，是指抵押权实现条件成就后，抵押权人与抵押人经过协商，按照抵押物自身的品质，参考市场价格，将抵押物的所有权由抵押人转移给抵押权人，抵偿相应债务，从而实现抵押权的一种方法。

第三，对于流押契约的效力，《民法典》不禁止流押契约，认为其部分无效。

第四，为避免抵押权人与抵押人协议实现抵押权时，损害同一抵押财产上的其他物权人、债务人以及债务人的普通债权人的利益，《民法典》采取了两项措施：其一，要求当事人在以抵押财产折价或者变卖抵押财产时，应当参照市场价格（第410条第3款）。该规定旨在防止因抵押财产变价后所得的价款过少，损害同一抵押财产上顺序在后的其他物权人和债务人的利益。其二，赋予因抵押权人与抵押人的协议而受到损害的债权人以撤销权。《民法典》第410条第1款规定：“债务人不履行到期债务或者发生当事人约定的实现抵押权的情形，抵押权人可以与抵押人协议以抵押财产折价或者以拍卖、变卖该抵押财产所得的价款优先受偿。协议损害其他债权人利益的，其他债权人可以请求人民法院撤销该协议。”所谓“协议损害其他债权人利益”的情形主要是指，抵押人与抵押权人没有参照市场价格，以不合理的低价将抵押财产折抵给抵押权人或以不合理的低价变卖抵押财产，从而损害其他债权人的合法权益。

当抵押人与抵押权人实现抵押权的协议存在损害其他债权人的情形时，受损害的债权人可以行使《民法典》第147条至第151条规定的债权人撤销权。依照《民法典》第152条规定，当事人自知道或者应当知道撤销事由之日起一年内、重大误解的当事人自知道或者应当知道撤销事由之日起九十日内行使撤销权，否则撤销权消灭。

（三）抵押权法定实现程序的立法模式

在大陆法系国家和地区，抵押权法定实现程序的立法模式有两种：一是非讼程序立法模式，二是诉讼程序立法模式。

1. 非讼程序立法模式

在非讼程序立法模式中，抵押权实现的条件成就时，抵押权人可以向法院申请对抵押财产进行强制拍卖。申请拍卖抵押物的事件属于非讼事件，适用非讼程序，具体步骤为：首先，抵押权人应当向抵押财产所在地的法院提出实现抵押权的书面申请，并提供初步的证据证明抵押权实现的条件成就。其次，法院对申请进行审查，符合规定的，作出允许拍卖的裁定。该裁定就是执行依据，抵押权人据此可对抵押财产进行强制执行。不符合规定的，裁定驳回申请，抵押权人可以另行起诉。对抵押权的法定实现程序采取非讼程序立法模式的国家，如法国、日本、韩国。例如，在日本，债务人不履行到期债务时，抵押权人可以请求法院对抵押财产进行强制拍卖，具体的实现程序就是《民事执行法》规定的不动产拍卖程序。日本的《民事执行法》第181 条第 1 款规定："作为实行担保权的拍卖，以第 43 条第 1 款所规定的不动产（包括同条第 2 款视为不动产的，以下称'动产'）为标的，仅限于提出下列文书时开始：(1) 证明担保权存在的确定判决或家事审判法第五十条规定的审判或者与这些具有同等效力的文件副本；(2) 证明担保权存在的公证人所做成的公证证书的副本；(3) 登记机构担保权的登记簿的副本（假登记除外）；(4) 对一般先取特权，证明其存在的文书。"抵押权人有了这些文件，就可以向抵押物所在地的地方裁判所提出拍卖抵押物的申请（《民事执行法》第 2 条）。裁判所对抵押权人提出的申请进行审查，主要审查的是抵押权实现的要件完备与否，至于实体法上问题如抵押权是否存在等，不予审查。[1] 经审查认为符合条件的，法院作出拍卖的裁定，进行强制拍卖。如果债务人或者抵押人认为债权履行期限尚未届满，或者抵押权不存在或消灭，有权依据《民事执行法》第 11 条、第 182 条提出执行异议。

在韩国，当抵押权人与抵押人无法就抵押权的实现达成合意的，抵押权人可以依据《民事执行法》向法院申请强制执行。不动产抵押权人请求法院强制拍卖或强制管理的，须提交申请书并附上证明抵押权的材料（不动产登记簿的复印件）。受理抵押权人的申请后，法院不作实体审查。也就是说，法院并不审查登记的效力或实体的权利义务关系，可以直接作出竞卖开始的决定。抵押权人对于抵押权是否存在，也不负有举证责任。"这一点与执行申请人向执行机关提交了具有执行力的执行依据正本后，执行机关不再审查实体法律关系而直接开始执行一样。"[2]

我国《民事诉讼法》第十五章"特别程序"中规定担保物权的特别程

〔1〕［日］近江幸治：《担保物权法》，祝娅等译，法律出版社 2000 年版，第 136 页。

〔2〕［韩］姜大成：《韩国民事执行法》，朴宗根译，法律出版社 2010 年版，第 439~442 页。

序，明确了担保物权的实现可以不经诉讼程序，直接通过简易快捷的非讼程序即向人民法院提出申请来实现担保物权。笔者认为我国为非讼立法模式兼诉讼程序立法模式。

首先，实现担保物权的管辖法院。《民事诉讼法》第203条规定：“申请实现担保物权，由担保物权人以及其他有权请求实现担保物权的人依照民法典等法律，向担保财产所在地或者担保物权登记地基层人民法院提出。”第204条规定：“人民法院受理申请后，经审查，符合法律规定的，裁定拍卖、变卖担保财产，当事人依据该裁定可以向人民法院申请执行；不符合法律规定的，裁定驳回申请，当事人可以向人民法院提起诉讼。”此外，《最高人民法院关于适用〈中华人民共和国民事诉讼法〉的解释》（以下简称《民诉法解释》）第362条规定：“同一债权的担保物有多个且所在地不同，申请人分别向有管辖权的人民法院申请实现担保物权的，人民法院应当依法受理。”由此可见，任一担保财产所在地或担保物权登记地的基层法院都有权受理该类申请。

其次，申请人的范围。《民诉法解释》第359条规定了实现担保物权的申请人为担保物权人以及其他有权请求实现担保物权的人，包括抵押权人、质权人、留置权人；其他有权请求实现担保物权的人，包括抵押人、出质人、财产被留置的债务人或者所有权人等。

最后，申请实现担保物权所应提交的材料。根据《民诉法解释》第365条至第369条的规定，应包括申请书，申请书应当记明申请人、被申请人的姓名或者名称、联系方式等基本信息，具体的请求和事实、理由；证明担保物权存在的材料，包括主合同、担保合同、抵押登记证明或者他项权利证书，权利质权的权利凭证或者质权出质登记证明等；证明实现担保物权条件成就的材料；担保财产现状的说明以及人民法院认为需要提交的其他材料。人民法院受理申请后，应当在5日内向被申请人送达申请书副本、异议权利告知书等文书。被申请人有异议的，应当在收到人民法院通知后的5日内向人民法院提出，同时说明理由并提供相应的证据材料。实现担保物权案件可以由审判员一人独任审查。担保财产标的额超出基层人民法院管辖范围的，应当组成合议庭进行审查。人民法院审查实现担保物权案件时，可以询问申请人、被申请人、利害关系人，必要时可以依职权调查相关事实。人民法院应当就主合同的效力、期限、履行情况，担保物权是否有效设立、担保财产的范围、被担保的债权范围、被担保的债权是否已届清偿期等担保物权实现的条件，以及是否损害他人合法权益等内容进行审查。被申请人或者利害关系人提出异议的，人民法院应当一并审查。

以案说法

担保物权人可通过申请法院拍卖、变卖的非诉方式实现担保物权
某电力公司申请实现担保物权纠纷案

【案情介绍】

2010年，电力公司作为担保人能源公司70%股权的间接控股人，因代偿电缆厂所欠银行3000万元债务而行使追偿权，由此与电缆厂、能源公司及能源公司另一股东工贸公司达成协议，由工贸公司以所持能源公司20%股权为电缆厂偿还电力公司3000万元提供担保。2013年，因电缆厂逾期未偿，电力公司向法院申请实现担保物权。工贸公司对诉争3000万元法律属性及办理股权质押担保原因和条件提出异议。

法理分析

法院认为，担保物权人可通过申请法院拍卖、变卖的非诉方式实现担保物权。申请人应提交申请书并附相关证据材料如主合同，担保物权合同，抵押登记证明或他项权利证书、权利质权的权利凭证或出质登记证明，能证明实现担保物权条件成就的有关证据材料（如证明债务已届清偿期、合同约定的实现担保物权情形发生等证据材料，以及法院认为需要提交的其他证据材料）。必要时，法院亦可依职权调查相关事实并询问相关当事人。对于经审查符合法律规定的申请，法院即可裁定对抵押财产进行拍卖或变卖；对于不符合法律规定的，依法裁定驳回申请，当事人可向法院提起诉讼。如被申请人提出异议，经审查成立的，裁定驳回申请。即申请实现担保物权条件应是双方当事人对主债务、担保债务无异议，即事实清楚、争议不大。[1] 本案中，通过审查查明本案当事人对主债务、担保债务确有异议，而这些异议在实现担保物权特别程序中无法审理查清。故裁定驳回电力公司之实现担保物权申请。申请人可按一般诉讼案件提起诉讼。

---

〔1〕 杨茜：《电力公司申请实现担保物权纠纷案（特别程序的适用的认定）》，载《中国审判案例要览》，中国人民大学出版社2014年版，第105页。

2. 诉讼程序立法模式

德国与奥地利采取的是诉讼程序的立法模式。在德国和奥地利民法中，只有在不动产上才能设立抵押权，而不动产对于其所有人的生存至关重要，不得任由他人轻易拍卖。此外，同一不动产上可能存在多种权利，如果任由抵押权人拍卖也会损害这些人的合法权益。故此，德国和奥地利都不允许抵押权人与抵押人约定实现抵押权，而要求必须通过强制执行的方式将抵押财产变价（《德国民法典》第 1147 条、《奥地利民法典》第 461 条），即抵押权人须请求法院对抵押财产进行强制执行。由于任何强制执行都必须有执行名义，因此抵押权人也必须有执行名义，用来证明自己有实现抵押权的权能。由于这种强制执行是对不动产这一有体物的执行，故此该执行名义属于"物上的执行名义"。

在德国法中，抵押权人可以获得的"物上的执行名义"有两类：一类是可执行证书，即由法院或公证机关制作的文书，其中记载了抵押人与抵押权人在设立抵押权时作出的，抵押人服从对不动产的强制执行的约定（《德国民事诉讼法》第 794 条第 1 款第 5 项）。《德国民法典》规定，在有可执行证书的情况下，抵押权人只要证明抵押权已经到期就可以请求法院对抵押的不动产进行强制执行。这是一种非常方便的强制执行程序，成本低、效率高。第二类是生效判决，如果没有这种可执行证书，抵押权人要针对抵押财产进行强制执行就必须有另一个"物上的执行名义"即"判决"，否则强制执行程序无法开始。要取得这样的判决，抵押权人就必须基于不动产抵押权而以抵押人为被告，向被抵押的不动产所在地的法院，针对抵押物提起以抵押人单纯地容忍强制执行为目的的"对物之诉"。之所以说，该诉讼的目的只是在于抵押人的容忍是因为，抵押财产的所有人虽有解消抵押权以避免不动产被强制执行的权利（《德国民法典》第 1142 条），却不负有依据不动产抵押权清偿债务的义务。当然，抵押权人也可以在提起对物之诉的同时，基于主债权而针对债务人提起"对人的诉讼"或"债务之诉"。该诉讼与针对抵押财产的对物诉讼的区别在于：对人的诉讼使得债权人可以就债务人的全部财产受偿，而对物的诉讼可以使得债权人就抵押财产优先于其他债权人受偿。

（四）我国法律抵押权法定实现程序的演变

1. 《担保法》中的抵押权法定实现程序

《物权法》颁布之前，对抵押权法定实现程序作出规定的是《担保法》第 53 条第 1 款、《担保法司法解释》第 128 条第 1 款及第 130 条。这些规定确立的抵押权法定实现程序为：首先，无论是不动产抵押，还是动产抵押，在抵押权人与抵押人没有就抵押权的实现达成合意，即无法以约定的程序实现抵押权时，只能通过法定的程序来实现抵押权。当然，抵押权人也可以不与抵押人协商，直接通过法定程序来实现抵押权。其次，所谓抵押权人与抵押人“协议不成”包括两种情形：（1）抵押权人与抵押人就抵押权实现的条件是否成就发生争执，即双方对债务履行期限是否届满都有分歧；（2）抵押权人与抵押人就抵押权实现的条件已经成就不存在异议，只是就抵押权实现的方式，如究竟是拍卖还是变卖等发生争执。《担保法》立法者认为，无论发生上述哪一种情形，都说明“在双方当事人中存在争议，双方不能通过协议解决该争议，抵押权人就可以诉诸法院，通过诉讼程序解决。”[1] 最后，抵押权的法定实现程序是指诉讼程序，即由抵押权人向法院提起诉讼。申言之，当债务人与抵押人为同一主体时，就是由债权人即抵押权人针对债务人即抵押人提起民事诉讼；当抵押人是债务人之外的第三人时，债权人不仅要起诉债务人，而且要起诉抵押人，即抵押权人必须以债务人与抵押人为共同被告提起诉讼。因为只有这样，法院在案件的审理过程中才能够对主合同（债权合同）与从合同（抵押合同）中可能存在的任何纠纷进行审查，防止作出错误的裁判。[2]

2. 《民法典》对抵押权法定实现程序的规定

《担保法》及《担保法司法解释》以诉讼程序作为抵押权的法定实现程序存在一定程度的不足。它极大地增加了抵押权人实现抵押权的成本，延长了抵押权的实现时间，不利于发挥抵押权的担保与融资功能。[3] 在《物权法》起草过程中，“不少人提出，要求抵押权人向人民法院提起诉讼以实现抵押权的规定使得抵押权的实现程序变得复杂而且漫长，有时抵押权需要一两年才能实现。建议为使抵押权的实现程序更加简便，应当允许抵押权人在协议不成的情况下，直接向人民法院申请拍卖、变卖抵押财产。”[4] 该意见被立法者所接

---

〔1〕 全国人大常委会法制工作委员会民法室编：《中华人民共和国担保法释义》，法律出版社1995年版，第71页。

〔2〕 李国光、金剑锋、曹士兵等：《最高人民法院关于适用〈中华人民共和国担保法〉若干问题的解释理解与适用》，吉林人民出版社2000年版，第428页。

〔3〕 中国人民银行研究局、世界银行集团外国投资咨询服务局、国际金融公司中国项目开发中心：《中国动产担保物权与信贷市场发展》，中信出版社2006年版，第171~172页。

〔4〕 全国人大常委会法制工作委员会民法室编：《〈中华人民共和国物权法〉条文说明、立法理由及相关规定》，北京大学出版社2007年版，第357页。

受，故《物权法》第195条第2款规定："抵押权人与抵押人未就抵押权实现方式达成协议的，抵押权人可以请求人民法院拍卖、变卖抵押财产。"

《民法典》第410条、《物权法》第195条第2款作此规定的理由在于，抵押权人与抵押人未就实现抵押权达成协议，主要有两种情形：一是双方就债务履行期届满债权未受清偿的事实没有异议，只是就采用何种方式来处理抵押财产的问题达不成一致意见；二是双方在债务是否已经履行以及抵押权本身的问题上存在争议，如双方对抵押合同的有关条款或者抵押权的效力问题存在争议，这些问题实际上是实现抵押权的前提条件，双方对此发生争议，也就根本谈不上协议以何种方式实现抵押权了。对于第一种情形，即抵押权人与抵押人仅就抵押权实现方式未达成协议的，为了简化抵押权的实现程序，本条规定，抵押权人可以直接请求人民法院拍卖、变卖抵押财产。对于第二种情形，抵押权人仍应当采取向人民法院提起诉讼的方式解决。这就是说，《民法典》立法者并未完全排斥诉讼程序，只是没有将之作为必经程序。如果抵押权人与抵押人在抵押权的效力、抵押权实现条件是否成就等问题上存在争议，则抵押权人只能针对抵押人、债务人提起民事诉讼来解决该争议。

（五）抵押权法定实现程序之"请求人民法院拍卖、变卖抵押财产"的性质

1. 学说上的争论

《民诉法解释》公布之前，学术界、实务界对抵押权法定实现程序——"请求人民法院拍卖、变卖抵押财产的程序"的性质如何，争议颇大，代表性观点有以下三种。

（1）强制执行程序说。此说认为，是强制执行程序，即抵押权人在与抵押人无法就抵押权的实现方式达成合意时，可以持抵押合同、登记簿等材料直接向法院的强制执行机构申请强制执行。[1]

（2）非讼程序说。此说认为，"请求人民法院拍卖、变卖抵押财产"的程序不是诉讼程序，也不是强制执行程序，而是非讼程序。[2] 首先，抵押权人申请法院拍卖、变卖抵押物，实质上是要求确认并实现其公示权利的程序。也就是说，抵押权人与抵押人之间的关系是权利实现的申请人与被申请人的关系，并非请求法院解决民事争议的原被告关系。既然如此，请求法院

〔1〕刘智慧主编：《中国物权法释解与应用》，人民法院出版社2007年版，第568页。

〔2〕王利明：《物权法研究（修订版）》（下卷），中国人民大学出版社2007年版，第504页。

拍卖、变卖抵押财产的程序就不是诉讼程序。因为诉讼程序是用来解决民事权利义务争议的。在抵押权人与抵押人仅就抵押权实现方式存在争议的情况下，该争议不属于权利义务的争议，无须适用诉讼程序。[1] 其次，即便抵押人对抵押范围、数额等有异议，只要保障抵押人的程序参与，法院也可以在非讼程序中适用争讼法理来解决该争议。此外，在抵押人有实质异议的时候，其还可以另行起诉，从而使得抵押权实现从非讼程序转化为诉讼程序。故此，《民法典》第 410 条、《物权法》第 195 条第 2 款的程序应界定为非讼程序。

（3）非诉讼的执行程序说。此说认为，既非诉讼程序，也非强制执行程序，而是“非诉讼执行程序”。在此程序中，法院仅需要对抵押权人提交的抵押权证明材料等证据进行审查，即可裁定实现抵押权。[2]

上述三种学说中，第一种观点显然是最没有说服力的。由抵押权人凭借抵押合同、登记簿复印件和权属证书等，直接向法院申请强制执行，明显不符合我国《民事诉讼法》的规定。因为此时抵押权人并没有执行依据（或执行名义）。执行依据也称“执行名义”，是指执行机关据以执行的法律文书，是由有关机构依法出具的、载明债权人有一定债权，债权人据以请求执行的法律文书。《民事诉讼法》第 231 条规定：“发生法律效力的民事判决、裁定，以及刑事判决、裁定中的财产部分，由第一审人民法院或者与第一审人民法院同级的被执行的财产所在地人民法院执行。法律规定由人民法院执行的其他法律文书，由被执行人住所地或者被执行的财产所在地人民法院执行。”显然，抵押合同、权属证书等不属于执行依据，抵押权人不得据此直接申请强制执行。第二种观点与第三种观点实质上是相同的，即认为抵押权的法定实现程序是非讼程序。但第三种观点中的“非诉讼执行程序”这一概念本身是自相矛盾的。因为强制执行事件性质上也是非讼事件，强制执行本身就是基于债权人的申请，即以国家的强制力实现债权人对债务人的私法上的给付请求权的非讼程序。

2. 笔者的观点

笔者认为，《民法典》第 410 条规定抵押权人“请求人民法院拍卖、变卖抵押财产”的程序，既不是民事诉讼程序，也不意味着抵押权人可以直接向法院申请强制执行，应当将之界定为非讼程序。申言之，当抵押权人与抵

---

〔1〕 俞晓飞：《应以非讼程序作为抵押权实现的前提》，载《江苏法制报》2008 年 12 月 28 日。

〔2〕 李述胜、马怀国：《抵押权直接实现的程序设计》，载《山东审判》2009 年第 2 期。

押人无法就抵押权的实现方式协商一致的时候，抵押权人可以向法院提出拍卖、变卖抵押财产的申请，即通过公力救济的途径实现抵押权的变价效力。法院在受理抵押权人的申请后，要对该申请予以审查。经审查后认为符合条件的，法院作出准予拍卖、变卖抵押财产的裁定，依据该裁定可以对抵押财产进行强制执行。如不符合条件，法院应裁定驳回抵押权人之申请。此时，抵押权人以抵押人、债务人为被告提起诉讼，通过民事诉讼程序解决争议。一旦抵押权人获得了胜诉的确定判决，可再以此为执行依据，请求法院对抵押财产采取强制执行措施如强制拍卖等。之所以将《民法典》第410条规定的抵押权法定实现程序界定为非讼程序，理由如下。

（1）抵押权人向法院请求拍卖、变卖抵押财产，从性质上来说，只是抵押权人通过公力救济的途径实现变价权而已。正是这一点，决定了抵押权的实现程序本质上为非讼程序。

抵押权属于物权。物权一般是指权利人依法对特定的物享有直接支配和排他的权利，包括所有权、用益物权和担保物权。作为物权的抵押权具有支配效力和排他效力。也就是说，法律赋予了抵押权人对特定抵押财产的交换价值（而非使用价值）具有排他的、直接支配的力量。一旦债务履行期限届满，债务人不履行债务的，抵押权的支配效力就体现为对特定抵押财产的变价效力与优先受偿效力。抵押权的变价效力，也称变价权，它意味着，抵押权人有权将抵押物变价，如拍卖、变卖等。在实现变价权时，抵押权人的请求所指向的并非人（债务人与抵押人），而是物（抵押财产）。可是，由于抵押权人并不占有抵押物，因此抵押权人要先和抵押人就如何实现抵押权进行协商。即便协商不成，抵押权人也不能自行将抵押物折价或拍卖、变卖抵押物，否则会构成对抵押人合法权益的侵害，易引发纠纷。[1] 在这种情况下，就必须通过法律规定的公力救济途径加以解决。在我国，公力救济途径就是《民法典》第410条规定的抵押权法定实现程序，即抵押权人请求法院拍卖、变卖抵押财产。由此可知，抵押权人请求法院来拍卖、变卖抵押财产是抵押权人通过公力救济的途径来实现其变价权。该方式既不会破坏法律秩序的安宁，又能有效地保护抵押权人的权利。在这一点上，动产质权与抵押权实现方式上完全不同。《民法典》第437条规定：“出质人可以请求质权人在债务履行期限届满后及时行使质权；质权人不行使的，出质人可以请求人民

〔1〕 渠涛主编：《中日民商法研究》（第七卷），法律出版社2009年版，第196页。

法院拍卖、变卖质押财产。出质人请求质权人及时行使质权，因质权人怠于行使权利造成出质人损害的，由质权人承担赔偿责任。”由此可见，同为物权，但因动产质权人占有了质押财产，所以在质权实现的问题上，更需要关注的是如何保护出质人，而非抵押那样，需要考虑着重保护抵押权人的利益。

正是由于抵押权作为物权，具有变价效力与优先受偿效力，才使得抵押权的实现程序既不是普通的民事诉讼程序，也不是直接申请强制执行程序。一方面，尽管抵押权的实现也需要执行依据，但执行依据不等于法院之判决。抵押权的产生就意味着，抵押人已经同意抵押权人在债务人不履行到期债务时行使变价权并优先受偿。有了抵押权人与抵押人的这一合意，抵押权人通过法院实现抵押权时，就不一定要求必须作出判决。只要法院审查确认了抵押权人的申请符合条件，就可以作出同意拍卖、变卖抵押财产的裁定。此裁定既是执行依据，同时也足以证明抵押权人拥有实现其物权的权能。另一方面，如果法院不对抵押权人的申请进行审查，而由抵押权人单方决定是否实现抵押权，只要其提出申请，法院就必须强制执行，也容易侵害抵押人的合法权益。事实上，《民法典》第 410 条规定抵押权人向法院提出“申请”，就意味着法院要对申请进行（形式）审查。

（2）非讼程序有助于高效地实现抵押权，贯彻《民法典》“发挥物的效用”的立法目标。

如前所述，只有抵押权的实现程序快捷、高效，抵押权的担保功能与融资功能才能得到充分的发挥。只有将《民法典》第 410 条中抵押权的法定实现程序理解为非讼程序，才能真正提高抵押权实现的效率，降低权利的实现成本，实现立法目的。

非讼程序适用于非讼事件，诉讼程序适用于诉讼事件。尽管现代法上部分诉讼事件也被纳入非讼程序，非讼事件与诉讼事件的区分变得困难起来，但是，典型的非讼事件，如监护、遗产、不动产登记、证书、担保物的拍卖等，与诉讼事件仍然存在明显的差别，即有无私权的争议或纠纷。凡是不存在私权利争议或纠纷的事件，就属于非讼事件；反之，就属于诉讼事件。这一差别使得诉讼程序与非讼程序有了第二个区别——目的不同。诉讼程序的目的在于定分止争，保护权利。申言之，民事诉讼程序旨在解决当事人之间的民事纠纷，实现私法上的权利，维护私法秩序等。[1] 但是，非讼程序则

〔1〕 张卫平：《民事诉讼法》，中国人民大学出版社 2011 年版，第 14 页。

不以解决民事纠纷为目的，而是以权利照顾和预防纠纷为目的。目的不同进一步导致非讼程序与诉讼程序的差别。例如，非讼程序采取的是简易和迅速的原则，法院应依职权调查事实和证据，作出的是裁定而非判决，实行一审终审。而诉讼程序中，举证责任主要在当事人，法官对实体问题的裁判应作出判决，实行的是两审终审等。

从上述诉讼程序与非讼程序的差别可知，将《民法典》第410条的程序界定为非讼程序，能够更有效率地实现抵押权。

（3）我国法律兼采非讼程序立法模式与诉讼程序立法模式。

当事人实现担保物权，可选一般诉讼程序，也可选择特别程序（亦称非讼程序）。非讼程序与诉讼程序之间存在转换的渠道，有助于维护抵押人、主债务人的合法权益。

非讼程序只适用于非讼事件，也就是说，如果不存在民事权利义务的争议时，通过非讼程序可以提高效率。但是，一旦当事人发生了争议，非讼程序就不适合处理该争议了。一方面，当法院在审查抵押权人实现抵押权的申请时，抵押人、债务人就主债权、抵押权是否存在实体权利义务关系等问题提出异议，法院在经过形式审查后不能认定主债权或抵押权存在与否的，应做出驳回抵押权人申请的裁定。抵押权人、抵押人或债务人可以通过提起民事诉讼解决该争议。另一方面，在法院已经就抵押权人的申请作出裁定，同意拍卖、变卖抵押财产后，如果抵押人或债务人对于主债权、抵押权的合法有效等问题有异议，应单独针对抵押权人另行提起民事诉讼，解决该争议。因此，将《民法典》第410条界定为非讼程序，在提高实现抵押权的效率的同时，并不会对抵押人或债务人的合法权益造成不当损害。

以案说法

当事人实现担保物权，可选一般诉讼程序，也可选择特别程序

【案情介绍】

2012年，张某按揭贷款57万元购房。2014年，因张某长期拖欠还款，银行诉请解除合同、还款并确认对抵押房产享有优先受偿权。

法理分析

当事人在担保物权案件中可以选择实现担保物权案件特别程序，亦可选择实现担保物权的一般诉讼程序，两个程序无先后顺序。选择特别程序，对

符合条件的案件，法院可通过直接裁定拍卖、变卖担保财产进入执行程序；选择担保物权案件一般诉讼程序，法院在确认债权同时，亦可一并解决拍卖、变卖担保财产问题。[1] 本案中，银行与张某所签最高额抵押合同及贷款合同有效。现张某未依约偿还贷款本息，其行为符合解除合同条件。银行对张某提供的借款抵押房产已办理抵押登记手续，对处置该抵押物所得价款享有优先受偿权。判决张某偿还借款本金、利息、罚息共计52万余元，如张某不能履行前述给付义务，张某在提供抵押物价值范围内承担偿还责任，银行对抵押物折价或拍卖、变卖后所得价款享有优先受偿权利，不足部分由张某继续清偿；前述义务履行完毕后，双方之间所签合同解除。

（六）抵押权法定实现程序的几个具体问题

1. 抵押权法定实现程序应规定在哪部法律规范中

在现行《民事诉讼法》第15章“特别程序”后增加第7节“实现担保物权案件”。本书认为，首先，从立法体例来说，在强制执行法中规定取得执行依据的程序不合适。抵押权人向法院申请实现抵押权，先要取得执行依据。此过程中，法院须进行审查，然后作出裁定。这些内容不是强制执行的内容，而是如何取得执行依据的内容。因此不宜在强制执行法中作出规定。其次，将包括抵押权在内的担保物权的实现程序规定于《民事诉讼法》的“特别程序”章，比放入第三编“执行程序”更合适。最后，从“审执分离”的角度来说，在特别程序中规定抵押权实现程序，由法院作出强制拍卖的裁定后，再由执行机构进行强制执行，可以更好地实行“审执分离”，有利于保障当事人合法权益。

2. 实现担保物权案件管辖法院

《民法典》第410条只是规定抵押权人可以请求人民法院拍卖、变卖抵押财产，而没有规定抵押权人向哪个法院请求拍卖、变卖抵押财产。《民事诉讼法》第203条规定：“申请实现担保物权，由担保物权人以及其他有权请求实现担保物权的人依照民法典等法律，向担保财产所在地或者担保物权登记地基层人民法院提出。”也就是说，如果担保物权是需要登记的，如不动产抵押权，则一般向登记地的基层法院提出申请，也可以向担保财产所在

---

〔1〕 纪长胜：《某银行天津河北支行诉张某金融借款合同纠纷案——担保物权类案件的程序选择》，载《人民法院案例选》，人民法院出版社2016年版，第103~172页。

地的基层法院申请实现担保物权。《民诉法司法解释》第360条规定："实现票据、仓单、提单等有权利凭证的权利质权案件，可以由权利凭证持有人住所地人民法院管辖；无权利凭证的权利质权，由出质登记地人民法院管辖。"第361条规定："实现担保物权案件属于海事法院等专门人民法院管辖的，由专门人民法院管辖。"

但是，对于有些担保物权如机动车、船舶、民用航空器等特殊的动产上的抵押权，我国虽以交付或者合同的生效为其物权变动的生效要件，但又例外地采取了登记对抗要件主义（《民法典》第225条、《民用航空法》第16条、《海商法》第13条第1款），对于这些特殊动产担保物权的实现，抵押权人可以向动产所在地，也可以向抵押登记地的基层法院提出申请。

3. 申请人与被申请人

抵押权法定实现程序的申请人当然是享有抵押权的债权人。《民事诉讼法》第203条规定"担保物权人以及其他有权请求实现担保物权的人"可以提出申请。担保物权人当然是指依法享有担保物权的民事主体，如抵押权人、质权人、留置权人。所谓"其他有权请求实现担保物权的人"，是指虽然不是担保物权人但却有权请求实现担保物权的民事主体。例如，在作为担保物权人的企业法人申请破产后，破产管理人就属于有权请求实现担保物权之人（《企业破产法》第25条）。再如，担保物权人是自然人的，其丧失民事行为能力或者被宣告失踪后，就应当由监护人或者财产管理人来申请实现担保物权（《民法典》第34条、第42条）。[1]

就担保物权实现程序中的被申请人，笔者认为，抵押权人向法院申请拍卖、变卖抵押财产时，应当在申请书中列明被申请人，被申请人仅限于抵押人，不包括非抵押人的抵押物的受让人。

4. 非讼程序向诉讼程序的转化

非讼程序追求高效快捷，故而法院对抵押权人提出的拍卖、变卖抵押财产的申请只进行所谓的形式审查。《民事诉讼法》第204条规定："人民法院受理申请后，经审查，符合法律规定的，裁定拍卖、变卖担保财产，当事人依据该裁定可以向人民法院申请执行；不符合法律规定的，裁定驳回申请，当事人可以向人民法院提起诉讼。"由于无论法院作出的是允许拍卖的裁定

---

〔1〕《民法典》第34条第1款：监护人的职责是代理被监护人实施民事法律行为，保护被监护人的人身权利、财产权利以及其他合法权益等。《民法典》第42条第1款：失踪人的财产由其配偶、成年子女、父母或者其他愿意担任财产代管人的人代管。

还是驳回申请的裁定，都不是对实体民事权利义务的确定，故而它们没有既判力。一方面，抵押权人向法院申请实现抵押权而申请被驳回时，抵押权人可以向法院提起诉讼。该诉讼的类型可能是确认之诉，也可能是给付之诉。例如，法院审查后认为抵押权实现条件尚未成就，则抵押权人可以以债务人和抵押人为共同被告，向法院提起诉讼，要求债务人履行债务并要求实现抵押权。另一方面，抵押权人的申请虽获得法院之认可，但若抵押人或者债务人存在异议，则抵押人或债务人也可以抵押权人为被告向法院提起民事诉讼，请求法院就民事实体权利义务关系作出裁判，如确认抵押权不存在或者抵押权因主债权合同无效而归于消灭。

需要指出的是，在抵押权人依据非讼程序向法院申请拍卖、变卖抵押财产时，抵押人或者债务人只有对实体民事权利义务关系存在异议，即抵押人、债务人与抵押权人就主债权、抵押权这些实体的民事权利存在争议时，抵押人、债务人才能向法院提起民事诉讼解决之。如果抵押人、债务人不是对实体权利的存在与否有异议，可以通过其他程序如执行异议等加以解决。倘若不作区分，将抵押人或债务人提出的任何意义都看成与抵押权人之间的实体权利争议，都要求通过诉讼程序解决，则《民法典》第 410 条的立法目的势必落空。[1]

四、抵押权的顺位

（一）抵押权顺位的概念与确定

抵押权的顺位（或次序、顺序），是指抵押人因担保两个或两个以上债权，就同一财产设定两个或两个以上的抵押权时，各抵押权人之间优先受偿的先后次序。

《民法典》第 414 条第 1 款规定：“同一财产向两个以上债权人抵押的，拍卖、变卖抵押财产所得的价款依照下列规定清偿：（一）抵押权已经登记的，按照登记的时间先后确定清偿顺序；（二）抵押权已登记的先于未登记的受偿；（三）抵押权未登记的，按照债权比例清偿。”

（二）抵押权顺位固定主义与顺位升进主义

顺位在先的抵押权因实行抵押权以外的原因而消灭时，顺位在后的抵押

[1] 曹士兵：《中国担保制度与担保方法》，中国法制出版社 2008 年版，第 266~267 页。

权是否依次升进，对此有两种不同的立法例，即抵押权的顺位固定主义与抵押权顺位升进主义。

抵押权的顺位固定主义，即前一顺位的抵押权所担保的债权即便因清偿等非抵押权实现之外的原因而消灭时，该抵押权并没有消灭而依然存在，因此后一顺位的抵押权无法相应地晋升。抵押权顺位升进主义，即前一顺位的抵押权所担保的债权如果因清偿等非抵押权实现之外的原因而消灭时，该抵押权也消灭，后一顺位的抵押权相应地晋升。

《民法典》采取的是抵押权顺位升进主义。关于在抵押权与其他物权并存的情况下抵押权人是否可以优先于其他物权受偿，《民法典》亦有规定，一般认为应采取先来后到的原则，即先设定的物权应优先于后设定的物权。

（三）抵押权顺位固定主义与顺位升进主义利弊分析

抵押权人的次序权，就是抵押权人根据其抵押权的先后次序而享有的就抵押物折价款优先受偿的权利。在债务履行期限届满债权未获清偿或者发生当事人约定的实现抵押权的情形时，抵押权人依照其享有的抵押权的先后次序受偿，先顺位抵押权人较后顺位抵押权人优先受偿，只有先顺位抵押权获得清偿，抵押物价值尚有剩余的情况下，后顺位抵押权人才可以依次受偿。因此，抵押权次序权是抵押权人依法享有的权利。

抵押权的次序也就是抵押权的相互关系。抵押权是以抵押物的交换价值担保债权的实现，但抵押物的价值是有限的，并且会随市场行情变化而发生变化，这使同一物上设立数个抵押权成为可能。在抵押物交换价值有限的情况下，不可能所有顺序的抵押权都能受偿，这样就会发生抵押权人因受偿顺序不同而产生利益冲突。为解决这一利益冲突，平衡抵押当事人的利益关系，需要确定一定的规则，即确定各抵押权的优先受偿次序，使抵押权按照次序依次受偿。抵押权是物权，具有对世效力，其受偿顺序应依物权发生的先后顺序予以确定。对于不动产抵押权来说，由于采登记成立要件主义，抵押权只有经依法登记后才能发生效力，故其实现顺序即以登记的时间先后确定，即“登记在先，权利优先”。例如，张三的房产上设有甲、乙、丙三个抵押权，分别担保债权额为 100 万元、200 万元和 200 万元。张三的房屋后因抵押权实行变价 450 万元，则应按甲、乙、丙三者登记的时间先后确定其优先受偿顺序。假如登记顺序为乙、丙、甲，则实现抵押权时，乙的 200 万元债权能够完全清偿，丙的 200 万元债权能满足清偿，而甲的 100 万元债权只能得到 50 万元的清偿。对于动产抵押权来说，登记是其对抗要件，登记与否不影响抵押权的成立，但却影响其受偿顺序，即抵押权登记的，按照登记的先后顺序清偿。已登记的先于未登记的优先受偿。如果均未登记，则按债权比例受偿。对此，《民法典》第414条第1款规定："同一财产向两个以上债权人抵押的，拍卖、变卖抵押财产所得的价款依照下列规定清偿：（一）抵押权已经登记的，按照登记的时间先后确定清偿顺序；（二）抵押权已经登记的先于未登记的受偿；（三）抵押权未登记的，按照债权比例清偿。"因此，确定抵押权的实现次序对于抵押权人的利益影响很大，在同一抵押物上存在多个抵押权的情况下，抵押权人所享有的次序权将决定其债权能否完全实现，在抵押物价值不足以清偿全部债权的情况下更是如此。确定了抵押权人的次序权，抵押权人在设定抵押权时，就会通过查询登记簿了解抵押物上抵押权负担情况，从而审慎地与抵押人进行交易，并对其抵押权能否实现有一个合理预期。因此，确定抵押权人的次序权具有重要意义。

顺位在先的抵押权因抵押权实行以外的原因消灭时，顺位在后抵押权能否依次递升其顺位，各国立法规定有很大差别。以德国、瑞士为代表的国家实行抵押权顺位固定主义，而以法国、日本为代表的国家则实行抵押权顺位升进主义。顺位固定主义立法认为，抵押权设定以后，抵押权的次序固定不变，顺序在先的抵押权因清偿或其他原因而消灭时，顺序在后的抵押权次序并不依次递升，而是保持原来的顺序不变，抵押权人只能按照原来的顺序受偿。《瑞士民法典》第814条第1款规定："同一土地设定若干顺序的不动产担保物权的，如一顺序不动产担保物权消灭时，其后位的不动产担保债权人无请求升位的权利。"顺位固定主义立法中的固定顺位在德国体现为所有人抵押制度，在瑞士则体现为空白担保位置制度。[1] 顺位升进主义立法认为，在抵押权设定之后，抵押权的顺序并非固定不变，而是可以随顺序在先的抵押权的消灭，而使顺序在后的抵押权顺位递升，从而获得前顺序抵押权的顺位。《日本民法典》第375条规定："（一）抵押权人，可以以其抵押权作为其他债权的担保，或者为同一债务人的其他债权人的利益，让与或抛弃抵押

---

〔1〕 两种制度的主要区别在于，在所有人抵押的情况下，由于先次序的所有人抵押权不因清偿等原因而消灭，所以，后次序的抵押权无论因何种原因都不得升进，其债权不能得到清偿，也只能以普通债权人的身份，与其他债权人平均受偿。而在空白担保位置制度之下，空白的担保位置，在没有设定新的抵押权之前，后次序的抵押权是有可能升进的，所以，在此情况下，如果将抵押物变卖，后次序的抵押权人因为空白担保位置没有设定新的抵押权，可能使抵押权顺序提前，所以在这一点上也发生了与顺序升进主义相同的效果。引自王利明：《物权法论》（修订本），中国政法大学出版社2003年版，第621~622页。

权或其顺位。（二）于前款情形，抵押权人为了数人处分其抵押权时，受其处分利益者的权利顺位，依抵押权登记中附记的先后而定。”我国实际上采纳了顺位升进主义。

顺位固定主义与顺位升进主义两种立法例孰优孰劣，学者众说纷纭。有的学者主张改变顺位升进主义而采纳顺位固定主义，其理由主要有：在顺位升进主义立法例下，原处于第二位次以下的抵押权，本来难以全额受偿却因偶然的原因升至第一位而得以全额受偿，这减少了一般债权人的受偿机会，使一般债权人的利益受到了损害，说明法律对一般债权人利益的保护颇为不周；此外，后次序抵押权所能获得的清偿，本仅以其原来的次序所能获得者为限，今却因意外的原因而获得全额清偿，颇有不当得利之嫌；[1] 再者，从债务人方面看，债务人设定后次序抵押权的条件通常较先次序抵押权苛刻，如果因次序升进使其先于其他债权人受偿，显然对债务人极为不利。[2] 但也有的学者认为顺位升进主义是合理的，在顺序升进的情况下，后次序的抵押权人一般只能就剩余的价值受偿，如果因先次序抵押权消灭，而使后次序的抵押权随之升进，从而获得完全的或部分的受偿，这很难说是一种不当得利，同时，这种做法也不会损害一般债权人的利益。后次序抵押权人毕竟仍然享有抵押权，具有优先于普通债权人的地位。其优先于普通债权人以抵押物的价值优先受偿，是完全合理合法的。顺序升进主义是否损害一般债权人的利益，应当在一般债权人的合理预见和实际结果的对比中体现。在抵押物之上设定了若干抵押是经过登记公示的，一般债权人完全可以通过查阅登记材料而知晓，后次序抵押可以升进也是由法律明文规定的，所以一般债权人对把抵押物作为一般责任财产偿还其债务有多大的合理预期是明确的。如果一般债权人认为在顺序升进主义情况下，会导致债务人一般责任财产的减少，降低了其债权的保障，那么，他也完全可以要求债务人为其提供担保。最后还要看到，抵押权的顺序升进主义符合所有权的弹力性原则。[3]

笔者认为，次序固定主义和次序升进主义两种立法例各有优劣。固定主

〔1〕 谢在全：《民法物权论》（下册），中国政法大学出版社 1999 年版，第 616 页。
〔2〕 陈华彬：《物权法原理》，国家行政学院出版社 1998 年版，第 615 页。
〔3〕 王利明：《物权法论》（修订本），中国政法大学出版社 2003 年版，第 623~624 页。

义也并非如学者所论述的存在诸多优点而无弊端可言，[1] 而升进主义也并非一无是处，两种立法主义均与相应的配套制度相契合，并在实践中发挥了应有的作用。我们在对此进行评论时，不应过分扩大其优缺点，而应从其实际运行结果加以考察。我国在理论上严格遵守抵押权的从属性原则，没有建立所有人抵押制度的基础，采纳抵押权顺序升进主义是切合实际的。在采次序升进主义立法的情况下，如何克服后次序抵押权顺序升进带来的利益不平衡问题值得研究。毋庸讳言，在次序升进主义立法之下，后次序抵押权设定的风险较大，可能因先次序抵押权实现而不能足额受偿，故其设定时通常较为严格，条件也更为苛刻，如约定高利息、高违约金等，以转嫁债权届期不能清偿的风险。在先次序抵押权因实行以外的原因消灭时，允许后次序抵押权顺序升进确实会带来一定的不当利益，造成抵押权人与抵押人利益失衡。笔者认为，顺序升进主义的上述不足不应成为改变该制度的理由，对此可通过立法规定有条件的次序升进主义加以改进。即在先次序抵押权因实行以外原因消灭时，由后次序抵押权人选择要么坚持原来的条件（高利息、高违约金）而保持原来的顺位，要么选择顺位升进并放弃苛刻的条件，而以法律规定的利率限额进行清偿，对于超出法定限额的利息和违约金不予支持。这样后次序的抵押权人可以根据自己的需要及抵押财产以及债务人履行能力等实际情况进行选择，一旦作出选择，必须以与抵押人协议方式共同确定，以充分体现当事人的意思自治原则。事实上，即使在采顺序固定主义立法的国家，有的也允许当事人以协议方式升进其顺位，如《瑞士民法典》第 814 条第 3 款规定，不动产担保债权人就升位所作的合意，以已在不动产登记簿上登记的为限，发生物权的效力。

司法实践中，选择的准据时点如何确定值得研究。笔者认为，抵押权人的选择方式有两种，一种是在后次序抵押权设定当时，可以由双方约定由抵押人接受苛刻的债权条件，但不允许次序升进。当事人此时也可以选择不提

---

〔1〕 次序固定主义的弊端在于：(1) 使后次序抵押权人难以和抵押人发生交易关系，抵押人在融资借款方面反而会遇到障碍。因为，如果抵押权的次序固定，后次序抵押权人没有机会升进，就会降低利用抵押权担保的信心，而不愿意接受后次序抵押担保，这对抵押人是极为不利的。(2) 所有人抵押也会造成抵押权在实现的时候遇到障碍，因为所有人不能对自己的物申请强制执行，一旦所有人不能主张强制执行，后次序的抵押权人也会在实现抵押权时遇到障碍。(3) 固定主义是以抵押权人所支配的抵押物价值的固定不变为前提的，它忽略了抵押物价值在市场经济条件下，会随着市场的变化而发生变化。参见王利明：《物权法论》（修订本），中国政法大学出版社 2003 年版，第 624~625 页。

出苛刻条件而等待将来可能的次序升进，当事人的选择应在抵押合同中明确约定，并进行登记，一旦选定不得随意变更；另一种选择是先次序抵押权因清偿等原因而消灭时，此时后次序抵押权人可以选择次序升进而放弃苛刻条件，也可以选择保留条件而选择抵押权次序不变，一旦作出次序不变的选择，则表明债权人自愿冒此风险，此为交易中的正常现象。在第二次序抵押权人选择次序不变的情况下，第三次序抵押权人无权自行递升其顺位，即后次序抵押权人的选择自由受其先次序抵押权人的限制，否则就违反了抵押权人的次序权。在先次序抵押权人有权阻止其后的抵押权人的次序超过其顺位，除非其让与、放弃或协议变更其优先顺位。有疑问的是，抵押权人的次序权既然是作为一种权利而存在，抵押权人就应有选择次序升进或不升进的自由，为何后次序抵押权人的选择却要受先次序抵押权人的限制，在其选择次序不变的情况下，不能自动升进自己的次序而超出该不变次序？笔者认为，这正是抵押权次序权的一种体现，先次序抵押权人未进行选择或选择次序不升进时，后次序的抵押权人无权选择。在第一顺位的抵押权为抵押人取得时，后次序的抵押权人也不得选择升进其次序，因为此时抵押人对于在先次序的抵押权具有法律上的利益，可以以其享有的抵押权阻止后次序抵押权自动升进其次序。当然，在先次序抵押权人选择所剩余额部分或超出其担保债权额的余额部分，后次序抵押权人有权作出选择。

在允许当事人进行次序升进选择的情况下，能否实现抵押权的证券化值得思考。笔者认为，抵押权的证券化可以最大限度地实现抵押权的价值，并可以广泛地开辟投资渠道，是一项符合现代工商业发展需要的法律制度。但抵押权能否证券化并进入流通领域并不直接取决于是否采纳了顺序固定主义，在顺序升进的情况下，同样可以实行抵押权的证券化。证券是一种特殊商品，其本身并无实质经济价值，而是一种资本所有权凭证。证券的价值不是以其面额来决定，而是以其所代表的资本所有权的“预期收益”来决定，证券价值随市场变化波动极大，有时价值倍增，有时则一文不值，因此证券市场既是一个投资的市场，又是一个投机的市场。尽管证券的价值变动不居，但只要其具有投资收益就可进入流通。抵押权不论采纳顺序固定主义还是顺序升进主义，其所担保的债权额是固定不变的，这一点完全可以在证券上以证券面额的形式加以体现。尽管抵押权所支配的交换价值在证券上可以是固定不变的，但是在实际中是根本不可能不变的，因为抵押物的交换价值总是要随着市场行情的变化而发生变化，只要有独立存在的抵押权，就可以比较方便地实现证券化，并进入流通。即使在不承认物权行为理论的物权法体系中，也可以实行抵押权的证券化，只不过该证券的发行、转移都需要以债权为依托罢了。

如前所述，抵押权次序权既然是抵押权人依法享有的权利，那么抵押权人当然可以依法转让、变更甚至放弃该抵押权的顺位。《民法典》第 409 条规定："抵押权人可以放弃抵押权或者抵押权的顺位。抵押权人与抵押人可以协议变更抵押权顺位以及被担保的债权数额等内容。但是，抵押权的变更未经其他抵押权人书面同意的，不得对其他抵押权人产生不利影响。债务人以自己的财产设定抵押，抵押权人放弃该抵押权、抵押权顺位或者变更抵押权的，其他担保人在抵押权人丧失优先受偿权益的范围内免除担保责任，但是其他担保人承诺仍然提供担保的除外。"

根据上述法律规定，抵押权顺位的放弃，是指同一抵押人的先次序抵押权人为后次序抵押权人的利益而放弃其优先受偿的次序。抵押权次序的放弃只能在当事人之间产生相对的效力，仅是抵押权拍卖所得价款的分配顺序在当事人之间发生变动，使放弃抵押权次序的人和受放弃利益的抵押权人成为同一次序，对债务人或其他抵押权人的地位并没有影响。抵押权次序的变更，是指同一抵押人的数个抵押权人将其次序互相交换，抵押权次序变更在当事人之间发生绝对效力，不仅对次序变更的当事人以及同意变更的各利害关系人发生效力，对债务人和其他抵押权人也发生效力。因此，对于抵押权次序的变更除须经各抵押权人达成合意外，还必须经对其产生不利影响的利害关系人书面同意，并就变更后的内容进行登记，才能发生效力。未经其他抵押权人书面同意，不得对其他抵押权人产生不利影响。抵押权人除放弃、变更抵押权的次序权外，还可以通过协议方式让与其次序。抵押权次序的让与，是指同一抵押人的先次序抵押权人，为后次序抵押权人的利益，合意将其抵押权的先次序让与后次序抵押权人。同抵押权顺序的放弃一样，抵押权顺序的让与只在当事人之间产生相对的效力，即抵押物拍卖所得价款的分配顺序在当事人之间发生变动，对债务人和其他抵押权人的利益并无影响。"故让与人与受让人仍保有原抵押权及次序，受让人是否能获得受让次序之利益，仍以让与人之抵押权是否存在与能否获得分配为前提，可见虽名曰次序让与，本质上应系让与人将依其次序所能获得之优先分配利益让与受让人而已。"[1] 因此，抵押权次序的让与无须征得抵押人和其他次序抵押权人的同意。

第八节 法定抵押权

法定抵押权是"由法律规定而发生的抵押权，其成立无须有当事人之合意，某种情事只要符合法律规定的条件，债权人便当然取得抵押权。"[2] 一般抵押权均属于约定担保物权，但在特殊情况下，也可由法律规定而发生特殊的抵押权，学者称之为"法定抵押权"。"担保物权自其制度上观之分为约定担保与法定担保。前者例如让与担保、所有权保留、质权、抵押权、典权。后者例如留置权、优先权。"[3] 本书论述的"法定抵押权"仅指"建设工程价款优先受偿权"。

一、法定抵押权之"建设工程价款优先受偿权"的特征、性质、效力

（一）法定抵押权的特征

笔者认为，《民法典》第 807 条规定的法定抵押权除具备意定抵押权的一般特征外，还具有以下特征：

1. 权利法定性

（1）主体是法定的，即只限于承揽合同中的建设工程合同的承包人，其他承揽合同的承揽人依法可享有动产的留置权，但不享有法定抵押权。（2）成立的形式是法定的，即建设工程的承包人与发包人在签订建设工程承包合同时即产生法定抵押权，无须当事人另行签订抵押合同。（3）权利实现的时间是法定的，即在所建工程竣工验收合格之后，发包人逾期不支付工程款时才能行使，如果工程验收不合格或发包人已如数支付了价款的，均不得行使法定抵押权。（4）抵押权的范围是法定的，即抵押权的客体：一是指建筑工程合同约定的建筑物。二是有偿取得的基地使用权，但如果基地是划拨的，则

---

〔1〕 谢在全：《民法物权论》（下册），中国政法大学出版社 1999 年版，第 620 页。

〔2〕 孙鹏、肖厚国：《担保法律制度研究》，法律出版社 1998 年版，第 143 页。

〔3〕 史尚宽：《物权法论》，中国政法大学出版社 2000 年版，第 253 页。

基地使用权不包括在内。三是建设工程与装潢工程属同一承包人承揽时，抵押权的效力及于装潢而增值的部分，如果装潢工程系不同的承包主体，则应将这部分价值排除在外。（5）权利行使的方式是法定的，即一是承包人与发包人协议将该工程折价；二是承包人申请人民法院将工程依法拍卖，承包人无权自己直接折价或拍卖，否则就构成侵权。

2. 无须公示性

法定抵押权属于物权范畴，根据《民法典》第807条之规定，法定抵押权无须登记就可成立。其理由：（1）从法定抵押权成立时间看，承包人无法进行登记，因为法定抵押权是与建设工程合同同时成立的，但这一权利的成立，不等于承包人必然会行使，具有不确定性。承包人无法预计在工程竣工后发包人能否支付价款，如果发包人能够全额支付价款，则承包人的法定抵押权就应自然消灭，不得行使，故对这种不确定权利的登记也就无法进行。（2）从法定抵押权人实现权利的时间看，登记无实际意义，因它属于一种事后追溯的权利，且成立时抵押权或者抵押物的范围是不确定的，因发包人在支付价款的问题上完全可能出现几种情况：一是大部分工程款未付，二是少部分工程款未付，三是全部工程款均由承包人垫付。如果事先要求在登记时就明确抵押权的范围，显然是不现实的。（3）这种抵押权并非由当事人自己协商确定，而是由法律明确规定，其实际上已具有不言而喻的公示作用和效果，所以也就无须再由当事人登记。

3. 权利竞合性

（1）数个法定抵押权的竞合，即在同一建设工程中，由于勘察、设计、建筑和安装分包给几个承包人，这时就会出现几个法定抵押权的竞合，实践中最常见的是建筑与装潢的承包人法定抵押权的竞合。（2）一个或数个法定抵押权与一个或数个意定抵押权（亦称之为约定抵押权）的竞合。实践中发包人将工程发包之后，一方面要承包人垫支，另一方面即以在建工程抵押，甚至多次向数个银行贷款，这样就形成了法定抵押权与意定抵押权竞合。（3）法定抵押权与债权的冲突。如果建设工程为商品房，发包人在竣工之前就将在建房屋预售，分别与消费者订立房屋买卖合同，并在银行做按揭抵押贷款。那么一旦发包人不能按期交付价款就会出现承包人的法定抵押权、银行的意定抵押权、消费者要求发包人履行合同的债权之间的竞合和冲突。

（二）建设工程承包人优先受偿权的法律性质

《民法典》第807条规定："发包人未按照约定支付价款的，承包人可以催告发包人在合理期限内支付价款。发包人逾期不支付的，除根据建设工程的性质不宜折价、拍卖外，承包人可以与发包人协议将该工程折价，也可以请求人民法院将该工程依法拍卖。建设工程的价款就该工程折价或者拍卖的价款优先受偿。”学界对于本条规定的承包人优先受偿权的法律性质有不同认识。

观点一，优先权说。这种观点认为，建设工程承包人的优先受偿权在性质上既不是留置权也不是抵押权。因为留置权的标的物是动产，而不动产抵押权以登记为生效要件。承包人的优先受偿权在性质上应为优先权。

观点二，抵押权说。这种观点认为它是一种法定抵押权。所称法定抵押权是指承揽人（承包人）依法对其工作所附之定作人的不动产享有的抵押权。之所以称为法定抵押权是因为这种抵押权非因抵押合意产生而是依法律规定当然产生，且一般不以登记为必要。

观点三，留置权说。这种观点认为，承包人优先受偿权的性质为不动产留置权。因此，如果发包人不按约定支付工程价款，承包人即可留置该工程，并以此优先受偿。

所谓留置权说、优先权说似难成立。这是因为，根据传统的物权法理论，留置权的标的物是动产，而建设工程承包人完成的工作的标的物却是不动产。而且，留置权以标的物的占有为成立和存续要件，如果债权人丧失标的物的占有，那么，留置权就归于消灭。而承包人的优先受偿权不以占有标的物为要件。所以，承包人的优先受偿权在性质上不可能是留置权。[1]

笔者赞同第二种观点，即认为它是一种法定抵押权。理由前段内容已详述，此处简略。

（三）法定抵押权的效力

所谓抵押权的效力，是指抵押权人就抵押物在其担保债权范围内优先受偿的效力及对其财产的限制和影响力，包括抵押权范围的效力、对抵押物的效力、优先受偿的效力。而法定抵押权的效力，关键是优先受偿的效力。法定抵押权优先受偿的效力，是指建设工程竣工验收合格之后，发包人未按约定支付价款，承包人可以与发包人协议或请求人民法院以该工程（承建的全部工程，当然也可以是无第三人提出异议的部分工程）折价、拍卖的价款受偿，实践中应注意以下几点：

1. 优先受偿的效力及于该工程的约定抵押。《建设工程施工合同解释》

〔1〕 张学文：《建设工程承包人优先受偿权若干问题探讨》，载《法商研究》2000 年第 3 期。

第36条规定："承包人根据民法典第八百零七条规定享有的建设工程价款优先受偿权优于抵押权和其他债权。"这种效力表现为一种溯及力，也就是说发包人将该建设工程向其他债权人进行抵押时，无须征得抵押权人（承包人）的同意。但一旦工程竣工验收合格后，发包人未按约定付清工程款，此时承包人享有优先受偿的效力及于发包人与第三人约定的抵押权。

2. 优先受偿的效力及于该工程的转让。这种效力同样表现为一种溯及力，即发包人（开发商）可将在建工程进行出售、转让，无须征得承包人的同意。它不同于一般抵押权，抵押人转让抵押物必须征得抵押权人同意。但是，法定抵押权的抵押权人（承包人）所享有的优先受偿的条件一旦成就，其效力及于所出售、转让的房屋。

3. 优先受偿的效力及于破产企业的财产。根据《企业破产法》第109条"对破产人的特定财产享有担保权的权利人，对该特定财产享有优先受偿的权利"的规定，如果发包人发生破产，作为法定抵押权对应的"建设工程"也应排除在破产财产之外。

4. 法定抵押权的效力及于承建的全部工程，效力当然及于承建工程的任一部分。《建设工程施工合同解释》第38条："建设工程质量合格，承包人请求其承建工程的价款就工程折价或者拍卖的价款优先受偿的，人民法院应予支持。"

（四）承包人法定抵押权的成立时间

关于建设工程承包人法定抵押权的成立时间，有两种见解，一种是债权未受清偿说。这种观点认为，承包人法定抵押权所担保的债权是根据建设工程合同所生的债权，这项债权在承包人与发包人订立建设工程合同时就已经成立，但承包人的价款通常是在工程完工或交付后才能请求给付。另一种是法定抵押权与债权同时成立生效说。这种观点认为，承包人的债权在建设工程合同成立时就开始存在，担保其实现的法定抵押权也应当同时成立生效。[1]

笔者认为，这两种观点都不妥当。就同时生效说而言，在建设工程合同成立时，虽然债权已经成立，但是建设工程并不存在，而法定抵押权的标的物是建设工程，根据抵押权制度的一般原理，抵押权是支配标的物的交换价值，以确保债务清偿为目的的价值权。因此，一宗不动产能够成为抵押权的标的物，必须具有特定性，能够确定其价值。所以抵押物必须是抵押人现在已有之物，将来有可能取得的不动产不能成为抵押权的标的物。因此，同时

---

〔1〕张学文：《建设工程承包人优先受偿权若干问题探讨》，载《法商研究》2000年第3期。

生效说的缺陷显而易见。就债权未受清偿说而言，这种见解混淆了抵押权的成立与抵押权的实行，债务人到期未能履行债务，以致债权未受清偿，是抵押权实行的条件。而在抵押权可以实行以前，抵押权必须是已经成立，否则即无权利行使之可能。笔者认为，《建设工程施工合同解释》第 39 条规定："未竣工的建设工程质量合格，承包人请求其承建工程的价款就其承建工程部分折价或者拍卖的价款优先受偿的，人民法院应予支持。"承包人法定抵押权成立的时间应当是依法律事实状况而确定。凡须经过登记才成立的，[1]以登记时间为成立时间；如为完成阶段性工程为担保的则以该项阶段性工程完成时间为成立时间，但前提是工程质量合格；如果是以全部工程为担保的，其抵押权成立时间就是全部工程竣工的时间。

二、工程价款优先受偿权的主体与客体

（一）工程价款优先受偿权的主体与客体范围

建设工程合同包括总包合同、分包合同、转包合同、挂靠合同、勘察合同、设计合同等，涉及的主体除发包人外，还有以下几种主体，如承包人、分包人、实际施工人、勘察人、设计人等，其是否享有建设工程价款优先受偿权，讨论如下：

1. 装饰装修工程承包人以及发包人直接发包的其他专业工程承包人

新《建设工程施工合同解释》删除了装饰装修工程价款优先权中的前置条款，旧的最高人民法院《关于审理建设工程施工合同纠纷案件适用法律问题的解释（二）》第 18 条"装饰装修工程的承包人，请求装饰装修工程价款就该装饰装修工程折价或者拍卖的价款优先受偿的，人民法院应予支持，但装饰装修工程的发包人不是该建筑物的所有权人的除外"的规定。

新《建设工程施工合同解释》第 37 条规定：装饰装修工程具备折价或者拍卖条件，装饰装修工程的承包人请求工程价款就该装饰装修工程折价或者拍卖的价款优先受偿的，人民法院应予支持。

此为实质性的变化，直接删除了原司法解释规定的"但装饰装修工程的发包人不是该建筑物的所有权人的除外"。也即只要装饰装修工程具备折价

---

[1] 有的国家立法规定某些情况下法定抵押权须经登记始成立，如《瑞士民法典》第 838 条规定，出卖人、共同继承人及共同权利人的法定抵押权，最迟须在所有权转让后的三个月内登记。

或拍卖条件，承包人即可主张优先权。笔者认为，与装饰装修工程承包人一样，发包人直接发包的其他专业工程承包人，如玻璃幕墙工程承包人、水电安装工程承包人、消防工程承包人、铝合金门窗工程承包人等，也享有建设工程价款优先受偿权。原因在于发包人直接发包的专业工程，也属于建设工程，实际上与施工总承包合同、装饰装修工程合同一样也系建设工程施工合同，当然适用《民法典》第807条的规定。

同时，《建设工程质量管理条例》第2条第2款规定："本条例所称建设工程，是指土木工程、建筑工程、线路管道和设备安装工程及装修工程。"据此，设备安装工程及装修工程等均属于工程优先权的适用"工程"，但工程设计承包人则不属于优先权主体范围。

需要特别说明的是：与土建工程等建设工程相比，装饰装修工程因其"依附于已经完成或者基本完成的建筑物"的特性，导致其"折价或拍卖条件明显区别于土建工程等建设工程"。笔者认为，结合新《建设工程施工合同解释》的规定以及司法实务操作，装饰装修工程具备折价或拍卖的条件，一般应当同时满足以下要求：(1) 该装饰装修工程的发包人是该建筑物的所有权人，若发包人不是所有权人的，则在司法程序中折价或拍卖比较困难；(2) 该装饰装修工程质量合格，或经修复后质量合格；(3) 该装饰装修工程不属于社会公益设施、国家机关已投入使用的办公用房或军事建筑、设施；(4) 该装饰装修工程折价或拍卖时，为便于实现建筑物的整体价值，能够与其主体建筑一并折价或拍卖；(5) 项目工程已取得建设用地规划许可证、建设工程规划许可证等行政审批手续，建筑物本身合法。

但在装饰装修工程的发包人不是建筑物的所有权人情形下，如发包人自己出资对承租的房屋进行装修等，此时，应根据添附的规则确定装饰装修成果的所有权归属。《民法典》第322条规定："因加工、附合、混合而产生的物的归属，有约定的，按照约定；没有约定或者约定不明确的，依照法律规定；法律没有规定的，按照充分发挥物的效用以及保护无过错当事人的原则确定。因一方当事人的过错或者确定物的归属造成另一方当事人损害的，应当给予赔偿或者补偿。"根据该规定，装饰装修工程的承包人对该装饰装修工程能否折价或拍卖又可分为以下几种情况：

(1) 当事人对装饰装修成果归属没有约定的，根据添附的原理和《民法典》的上述规定，基于发挥物的效用的经济原则，该装饰装修成果的所有权应当归属于建筑物的所有权人。此时，由于发包人对装饰装修成果及其附属的建筑物没有所有权，就无法对该装饰装修工程进行折价、拍卖，因此，可以认为该装饰装修工程不具备折价或者拍卖的条件。

（2）当事人基于其他法律关系，约定由发包人取得建筑物所有权的，如果承包人以诉讼方式主张优先受偿权，则发包人在一审法庭辩论结束前取得该建筑物所有权的，可以认为装饰装修工程具备折价或者拍卖的条件；如果承包人直接以非讼的方式主张优先受偿权，则发包人在承包人申请拍卖前取得该建筑物所有权的，可以认为装饰装修工程具备折价或者拍卖的条件。

（3）当事人约定由原建筑物所有权人取得对装饰装修成果部分所有权的，如前所述，可以认为装饰装修工程不具备折价或者拍卖的条件。

（4）当事人约定恢复原状的，由于装饰装修部分在拆除后大多难以再有独立的交换价值，且其已经成为动产，不再是建设工程的组成部分，承包人无法基于建设工程施工合同对该部分动产享有优先受偿权。因此，在该情形下，可以认为装饰装修工程不具备折价或者拍卖的条件。

2. 分包人或实际施工人

《建设工程施工合同解释》第 43 条规定："实际施工人以转包人、违法分包人为被告起诉的，人民法院应当依法受理。实际施工人以发包人为被告主张权利的，人民法院应当追加转包人或者违法分包人为本案第三人，在查明发包人欠付转包人或者违法分包人建设工程价款的数额后，判决发包人在欠付建设工程价款范围内对实际施工人承担责任。"

在实际施工人与发包人无合同关系的情况下，实际施工人仍可就发包人拖欠的工程款向其提起诉讼，从保护建设工程价款优先受偿权立法目的的角度进行扩大解释认为主要是从立法目的角度进行考虑的，而对于合同相对性，特别是合同效力不做过多考量。关于实际施工人向发包人主张权利需满足的条件，《建设工程施工合同解释》第 43 条、第 44 条赋予了实际施工人在存在以下任一情形时，直接向发包人提出主张的权利：（1）在发包人欠付转包人或者违法分包人建设工程价款的情况下，发包人在欠付建设工程价款范围内对实际施工人承担责任。（2）转包人或者违法分包人怠于向发包人行使到期债权或者与该债权有关的从权利，影响其到期债权实现的，可以提起代位权诉讼。这两项权利不属于"建设工程价款优先受偿权"的范畴。

依常理与体系性解释，"实际施工人"的出现必然存在违法分包或者转包的情形，本着"违法权益不受法律保护"的原则，若是将建设工程价款优先受偿权赋予以盈利为目的的实际施工人，则保护的是实际施工人的违法利益，违背了立法者的初衷。另外，最高人民法院《全国民事审判工作会议纪要》（2011 年）第 29 条规定：因违法分包、转包等导致建设工程合同无效的，实际施工人请求依据《合同法》第 286 条（现已被《民法典》第 807 代替）规定对建设工程行使优先受偿权的，不予支持。因此，实际施工人无权向发包人主张建设工程价款的优先受偿权。对工程分包合同要针对具体情况作具体分析。

工程分包情况下产生的工程款拖欠问题，是一个相当复杂的法律问题，而许多工程又都涉及工程分包。首先，在法律层面，《中华人民共和国建筑法》（以下简称《建筑法》）对工程分包有明确的、严格的规定，工程的主体工程不得分包，禁止承包人将全部建筑工程转包或者肢解后分包，禁止将工程分包给不具备相应资质条件的单位，禁止分包单位的再分包，这些都是《建筑法》对工程分包的强制性规定。同时，《建筑法》还规定总分包之间就分包工程对发包人承担连带责任，对分包或转包的工程，总、分包之间要承担连带赔偿责任。因此，在工程分包时要严格依法分包，不合法的分包非但不能讨论优先受偿权，而且还要承担相应的法律责任。

在合法分包的前提下，分包工程所涉的工程价款，笔者认为应根据以下不同情况作不同的处理：

第一，总、分包双方就分包工程共同与发包人签订工程承包合同的，总、分包双方共同享有工程价款的优先受偿权；

第二，总、分包双方就分包工程单独签订分包合同，发包人已向总包单位支付了相应的分包工程的价款，而总包人拖欠分包人分包工程款的，是总包人未按约定支付分包人的工程价款，不属于《民法典》第 807 条规定的发包人的拖欠，因此，分包人不能享有对总包人的优先受偿权，更不能代位向发包人行使优先受偿权。如果是由于发包人未支付总包人相应的分包工程价款，造成总包人不能支付给分包人分包工程价款的，总、分包双方共同向发包人行使优先受偿权能够成立，分包人单独向发包人或总包人行使优先受偿权的则均不能成立，因为总包人不是发包人，而发包人与分包人没有合同关系。

第三，劳务分包的，如劳务报酬被拖欠，劳务提供人向总包人或者发包人可以行使优先受偿权，其法律依据并不是《民法典》第 807 条的规定，而是《民事诉讼法》第 109 条规定的属于生存权利的先予执行权利。《建设工程施工合同解释》第 42 条规定："发包人与承包人约定放弃或者限制建设工程价款优先受偿权，损害建筑工人利益，发包人根据该约定主张承包人不享有建设工程价款优先受偿权的，人民法院不予支持。”

3. 工程勘察人、设计人

《民法典》第 807 条规定了建设工程价款优先受偿权的行使主体为建设工程的承包人，那么工程勘察人、设计人能否行使建设工程价款优先受偿权在实践中也存在争议。一种观点认为，《民法典》第 807 条规定了优先受偿权的行使主体为建设工程的承包人，未明确排除工程勘察人、设计人不能享有，且《民法典》第 788 条规定了建设工程合同包括工程勘察、设计、施工合同，故工程勘察人、设计人与施工合同承包人地位相同，就发包人拖欠的勘察费、设计费应当享有建设工程价款优先受偿权。另一种观点认为，法定的建设工程价款优先受偿权应当做狭义的理解，该建设工程承包人应仅为建设工程施工合同的承包人。

笔者倾向于第二种观点，工程勘察人、设计人就勘察费、设计费不享有建设工程价款优先受偿权。最高人民法院目前尚未出具相关的司法解释对此予以明确释义。《民法典》第 807 条设置建设工程价款优先受偿权的立法目的是保护建筑施工企业特别是涉及劳动者生存权利的工程款优先受偿，因为发包人拖欠承包人工程款是造成大量农民工工资被拖欠的主要原因之一。立法者是从维护社会稳定的角度出发，保障广大农民工的权益。而拖欠工程勘察人或设计人的勘察费用或设计费用产生的社会后果远没有拖欠建筑施工企业工程款严重，因此，工程勘察人、设计人不享有建设工程价款优先受偿权。

4. 工程监理人不享有建设工程价款优先受偿权

本书认为，工程监理人就工程监理费不享有建设工程价款优先受偿权。

首先，从法律的文义表述中，工程监理人不属于优先受偿权利人。根据《民法典》第 796 条的规定，发包人与监理人之间是委托合同关系，而《民法典》第 807 条规定了建设工程价款优先受偿权由建设工程合同的承包人享有。工程监理人既不是承包人，工程监理合同也不属于建设工程合同，故工程监理人不属于优先受偿权人之列。

其次，根据立法目的，工程监理人也与工程勘察人、设计人一样不享有建设工程价款优先受偿权。

5. 工程总承包人

笔者认为，工程总承包人在工程款范围内享有建设工程价款优先受偿权。因为工程总承包合同承包范围包括施工、勘察、设计等内容，属于建设工程合同，故工程总承包人适用《民法典》第 807 条的规定，但其优先受偿权的效力范围不包括工程勘察费和设计费，理由在上述第 3 点已论述。

（二）如何准确认定建设工程的发包人

《民法典》第 807 条规定应优先偿还工程欠款的责任者是发包人，那么如何准确确定发包人呢？根据《建设工程施工合同（示范文本）》（GF-2017-0201）第二部分通用合同条款 1.1.2.2 款规定的定义："发包人是指在协议书中约定，与承包人签订合同协议书的当事人以及取得该当事人资格的合法继承人。"笔者认为：发包人是指具有工程发包主体资格和支付工程价款能力的当事人以及取得该当事人资格的合法继承人。发包人有时称发包单位、建设单位或业主、项目法人。发包人既是建设工程的建设投资人、项目立项人，也可以是建设用地规划许可证和建设工程规划许可证的两证持有人，同时还包括承包人施工建设的工程权益人，或者共同权益人以及合法继承人。

准确确定谁是发包人，有几个发包人，涉及承包人的优先受偿权向谁主张，向几个人主张，如果没有确定谁是真正的发包人，往往可能遗漏真正的被告，导致打赢的官司无法执行。尤其是在房地产项目的合作开发或项目转让的情况下，发包人可能有多人，如果不深入调查分析，未确定真正的发包人，很可能会发生一个承发包合同上载明的发包人，实际上代表了多个共同权益人；在发生项目转让时，有的转让符合法律规定并事先经承包人同意，则受让人是真正的发包人，因为已经合法地成为权益继承人，有的转让不符合法律规定或没有事先经承包人同意，则转让人和受让人均是工程权益人，均应定为发包人并共同承担优先偿还工程价款的法律责任。

据此，行使工程价款优先受偿权的重要前提是准确确定系争项目的工程发包人，在发出书面催告或提起诉讼时，也应对共同的发包人同时发布，同时作为被告起诉。

三、工程价款优先受偿的范围

工程价款优先权的受偿范围，《建设工程施工合同解释》第 40 条规定："承包人建设工程价款优先受偿的范围依照国务院有关行政主管部门关于建设工程价款范围的规定确定。承包人就逾期支付建设工程价款的利息、违约金、损害赔偿金等主张优先受偿的，人民法院不予支持。”包括两点：第一，拍卖所得价款受偿范围是否包含违约损失、利息等；第二，建设工程的范围，如装修、设备安装等工程是否适用优先受偿权。首先，在司法实践中，结合工程优先权的立法目的以及与其他法律制度特别是担保物权体系的价值取舍考虑，将承包人工程优先权的受偿范围确定在“实际支出”范围内，不包括承包人就逾期支付建设工程价款的利息、违约金、损害赔偿金等。

建设工程价款优先受偿权的范围，涉及的争议主要包括两个层面：一是优先受偿权是否及于“房地一体”；二是建设工程价款的具体构成。

1. 建设用地使用权不属于优先受偿权的标的

关于建设工程价款优先受偿权的立法及司法解释的立法本意，其实质在于保护建筑工人因付出劳务享有的工资权益以及承包人垫资形成的价值增值，上述增值价值体现在建设工程的价值之中，其并不会使土地使用权增值。

故此，根据《民法典》第 807 条的规定，承包人只能就其承建的建设工程折价或者拍卖的价款范围内主张优先受偿权，不能就土地使用权拍卖价款主张优先权。在司法实践中，在将建设工程与建设用地使用权一并拍卖时，应当将建设工程与建设用地使用权分别进行价值评估，确定各自在拍卖总价款中的份额，以此确定承包人行使优先受偿权的范围。

2. 建设工程价款依照行政主管部门相关规定确定

根据《民法典》第 807 条的规定，建设工程施工合同约定的建设工程价款，均可以就工程折价或者拍卖的价款优先受偿。《建设工程施工合同解释》第 40 条规定：承包人建设工程价款优先受偿的范围依照国务院有关行政主管部门于建设工程价款范围的规定确定。关于建设工程价款范围的规定确定。承包人就逾期支付建设工程价款的利息、违约金、损害赔偿金等主张优先受偿的，人民法院不予支持。

根据原住建部、财政部发布的《建筑安装工程费用项目组成》第 1 条的规定，建筑安装工程费用项目按照费用构成要素组成划分为人工费、材料费、施工机具使用费、企业管理费、利润、规费和税金。原建设部发布的《建设工程施工发包与承包价格管理暂行规定》第 5 条规定，工程价格由成本（直接成本、间接成本）、利润（酬金）和税金组成。同批复规定的范围相比，《最高人民法院关于审理建设工程施工合同纠纷案件适用法律问题的解释（二）》（已失效）第 21 条将承包人的利润纳入优先保护的范围，将工程价款利息、违约损失赔偿排除在外。应当注意的是，上述规定中的“利润”应当限于已经完工的建设工程项目中的利润，不包括未完工项目可能产生的逾期利润。

3. 承包人的垫资款原则上属于工程价款优先受偿范围

在建设工程领域，开发商为了降低成本，要求施工企业垫资施工的现象较为普遍。根据《建设工程施工合同解释》第 25 条第 1 款的规定，当事人对垫资和垫资利息有约定，承包人请求按照约定返还垫资及其利息的，人民法院应予支持，但是约定的利息计算标准高于垫资时的同期同类贷款利率或者同期贷款市场报价利率的部分除外。当事人对垫资没有约定的，按照工程欠款处理。当事人对垫资利息没有约定，承包人请求支付利息的，不予支持。

根据上述规定，垫资施工为法律所允许。承包人垫付的资金，只要用于建设工程的施工，就意味着已经转化为建筑工人的工资、材料等实际支出的费用，并物化到工程价值之中。故此，承包人的垫资应当属于优先受偿权的范围。

应当注意的是，在特定情况下，承包人垫资款项不属于优先受偿权的范围：一是承包人名为垫资实为借贷，垫资款项并没有实际投入工程建设；二是如果垫资款项作为承包人的投资款，作为建筑物建成后分成的依据，则不属于优先受偿权的范围。

4. 质量优质奖、提前完工奖属于优先受偿权的范围

笔者认为，工程奖励费和赶工费，属于施工过程中的劳务报酬，应当纳入优先受偿权的范围。

5. 违约金、延期工程款利息、停窝工损失费不属于优先受偿权的范围

《建设工程施工合同解释》第 40 条第 2 款规定，承包人就逾期支付建设工程价款的利息、违约金、损害赔偿等主张优先受偿的，人民法院不予支持。

应当注意的是，承包人在正常施工过程中发生的借款利息，计入其成本费用，属于优先受偿权的范围。

6. 因发包人原因导致施工延期材料价格上涨的差价损失不属于优先受偿权范围

在《工程公司与开发公司、公路公司建设工程施工合同纠纷二审民事判

决书》[1] 一案的裁判说理中，最高人民法院认为，建设工程价款优先受偿权的权利范围不包括因发包人违约导致的损失，包括发包人违约造成的停窝工损失和材料价差损失两项，均不属于建设工程价款优先受偿权的权利行使范围。

最高人民法院的上述裁判规则，实际上秉持了《建设工程施工合同解释》第 40 条第 2 款、《最高人民法院关于建设工程价款优先受偿权问题的批复》（以下简称《建设工程价款优先受偿权批复》）第 3 条规定的精神。

应当注意的是，如果在正常施工期间原材料价格上涨，在承包人垫资施工时，该部分材料涨价的部分已经转化为建设工程价值，应当属于优先受偿权的范围。

四、承包人法定抵押权的实行与实现

（一）承包人法定抵押权的实行

1. 承包人法定抵押权实行的条件

法定抵押权实行是指在法律规定或者当事人约定的期限内，法定抵押权人依法向抵押人主张优先受偿权，这里要注意，主张权利不等于实现权利，后者是指法定抵押权实现。根据《民法典》第 807 条的规定，发包人未按照约定支付价款的，承包人可以催告发包人在合理期限内支付价款。发包人逾期不支付的，承包人可以行使抵押权。在这里，法律规定承包人“可以”催告发包人，可见，在是否催告发包人这一点上，法律规定的性质属于授权性规范，而不是强制性规范，所以承包人可以催告发包人，也可以不催告发包人，由承包人根据具体情况而定。相应地，对于“逾期”二字也有两种解释。在承包人催告发包人的场合，逾期指超过催告后的合理期限，在承包人未催告发包人的场合，逾期指发包人超过约定的支付价款的期限。

承包人在实行法定抵押权时，是否需要登记？就目前我国的民事立法而言，虽然暂时还没有法律、法规要求法定抵押权实行前要登记，但是从长远来看，登记应该是承包人实行其法定抵押权的必要条件。承包人法定抵押权

---

〔1〕 案号：（2014）民一终字第 56 号，载中国裁判文书网，https：//wenshu. court. gov. cn/website/wenshu/181107ANFZ0BXSK4/index. html? docId=Np7NlKPz4l2g7LxbS3CiwpAqbyBDICjxPqh1Xd2gIfcklOYNgs+ynJ/dgBYosE2gUl153oczWwg8A8lfcm2NXf16Wug7sIaOZqbEpWu4A8S4+hSW77kKn9Z+Ps5+2Lcd，2022 年 10 月 18 日访问。

的取得属于非基于法律行为发生的物权变动，不经登记而直接生效，这并不是对物权公示公信原则的破坏，因为承包人的法定抵押权是根据法律直接发生的，有明确的法律规定为根据，而法律的明确规定，具有与物权公示同样的作用。但是，承包人的法定抵押权是一种优先受偿权，其实行虽然对发包人没有什么影响，但对发包人的其他债权人则有极大影响，因此，为了公平，以免损害第三人的利益，承包人实行其法定抵押权前应先经登记，这是法律在规定非基于法律行为发生的物权变动不经公示而直接生效的同时，对物权取得人处分权的限制。这种限制彻底贯彻了《物权法》的公示公信原则，它的优点得到了部分民法学者的认同。[1] 承包人因催讨欠款向发包人发布书面催告的合理期限的具体操作建议。根据《民法典》第 807 条规定的要求，只有当承包人已经向发包人对应支付的工程价款发出书面催告，并给予了合理期限，发包人逾期不支付的，方可行使优先受偿权，那么什么是合理期限，应当给出多少时间呢？

合理期限是指债权人和债务人对还款期限没有约定的情况下应该由债权人给债务人的还款准备时间。债权人不能要求债务人立即还款，这属于逼债，是不合情理也是不公平的。债权人应当及时通知债务人，债务人也应当抓紧时间准备筹措资金，及时归还欠款，因此，《民法典》第 511 条第 4 项规定："当事人就有关合同内容约定不明确，依据前条规定仍不能确定的，适用下列规定……（四）履行期限不明确的，债务人可以随时履行，债权人也可以随时请求履行，但应当给对方必要的准备时间。"该条款中所涉及的必要的准备时间是多少，如何掌握，可由承包人根据欠款数额的多少以及通常所需要的准备时间而定，一般不宜少于 15 天。

如果承、发包双方对竣工结算后催款的合理期限有约定的则应从其约定。例如，如果双方采用的是《建设项目工程总承包合同（示范文本）》（GF-2020-0216），对此合理期限有相应的、明确的约定。则该通用合同条件"14.5.2 竣工结算审核"具体规定："（1）……发包人在收到承包人提交竣工结算申请书后 28 天内未完成审批且未提出异议的，视为发包人认可承包人提交的竣工结算申请单，并自发包人收到承包人提交的竣工结算申请单后第 29 天起视为已签发竣工付款证书。（2）除专用合同条件另有约定外，

[1] 参见梁慧星教授领导的课题组起草的《中国物权法草案建议稿》第 45 条。梁慧星主编：《中国物权法草案建议稿：条文、说明、理由与参考立法例》，社会科学文献出版社 2000 年版，第 188 页。

发包人应在签发竣工付款证书后的 14 天内，完成对承包人的竣工付款。发包人逾期支付的，按照贷款市场报价利率（LPR）支付违约金；逾期支付超过 56 天的，按照贷款市场报价利率（LPR）的两倍支付违约金……”既然合同有约定，则应从其约定，书面催告的合理期限应为 42 天。

所有的承包人都要高度重视行使优先受偿权之前给予发包人的书面催告及其合理期限，如未事先催告并给予合理期限，则因不符合法律规定而成为行使优先受偿权的法律障碍。

承包人法定抵押权的行使是否受债权诉讼时效的限制呢？如果承包人怠于向发包人请求支付工程价款从而使工程价款债权罹于时效，承包人还能不能行使法定抵押权呢？有学者认为承包人的法定抵押权从性质上讲属于支配权而非请求权，根据民法理论不应受诉讼时效的限制，当然也不受其所担保的债权的诉讼时效的限制。因而，尽管工程价款债权罹于时效，承包人仍然可以行使其法定抵押权。

本书认为：承包人法定抵押权的行使受其所担保的债权的诉讼时效的限制，随着主债权的诉讼时效存在而存在，丧失而丧失。《民法典》第 419 条明确规定：“抵押权人应当在主债权诉讼时效期间行使抵押权；未行使的，人民法院不予保护。”

2. 建设工程价款优先受偿权行使期限的起算点

建设工程价款优先受偿权是《民法典》第 807 条赋予承包人在发包人逾期不支付工程价款的情况下，以该工程折价或拍卖的价款优先受偿的权利。《建设工程施工合同解释》第 41 条规定：“承包人应当在合理期限内行使建设工程价款优先受偿权，但最长不得超过十八个月，自发包人应当给付建设工程价款之日起算。”笔者查阅了大量近年来生效的裁判文书后发现，建设工程价款优先受偿权的争议大多集中在是否在 18 个月的期限内行使，特别是如何计算优先权行使期限的起算点问题。鉴于优先权的行使期限是除斥期间，为确保在法定期限内行使优先权，依法保障承包人的利益，如何计算优先权行使期限的起算点就显得十分重要。

（1）自建设工程合同解除或合同终止之日起计算

有些法院在法律未明确规定的情况下，类推适用，若建设工程未实际竣工的，建设工程合同解除的或合同终止的，自合同解除之日或合同终止之日起计算。

（2）自停工之日起计算

若建设工程未实际竣工，且停工日期晚于合同约定的竣工日期的，自停工之日起计算。

（3）法律未明确规定的，放宽适用

在合同约定的竣工日期不明，工程也未实际竣工的情况下，尽量保护承包人的优先受偿权。

综合以上规定，笔者认为，对建设工程优先受偿权行使期限的起算点应以《建设工程施工合同解释》的规定为基础。具体情况如下：

第一，在建设工程实际竣工的情况下，工程价款优先受偿权的起算时间为“建设工程竣工之日”，其权利行使期限为实际竣工之日起 18 个月。

第二，工程未竣工，合同约定了竣工日期的，停工日期早于合同约定竣工日期的，承包人可以行使优先受偿权，承包人行使优先受偿权的期限为 18 个月，自建设工程合同约定的竣工之日起计算。

第三，工程未竣工，且合同未约定竣工日期的，由于既无实际竣工日期又无约定竣工日期，根据《建设工程施工合同解释》的规定，无法计算优先受偿权的起算点。

第四，如果由于发包人的原因，建设工程施工合同解除或者终止履行的，合同解除或终止履行时尚未超出合同约定的竣工日期的，以合同约定的竣工日期计算起算点。如果合同解除或终止履行时已经超出合同约定的竣工日期的，以合同解除或终止履行之日起计算优先受偿权的起算点。需要说明的是，之所以不是以约定竣工日期起计算，是因为优先受偿权是为了保护承包人的利益，而此时因为发包人的原因拖延工期，可能早已超过合同约定的竣工日期，如果再以合同约定的竣工日期计算优先权起算点，则明显对承包人不利，与通过设定优先权来保护承包人实现债权的立法目的相悖。

第五，对已经约定付款期限超过竣工或约定竣工之日 18 个月的对策。

工程价款优先受偿权的 18 个月期限，是承包人优先受偿权的法定存续期间，也就是说过了 18 个月就不能再提出了。但这 18 个月的时限制度，同时也说明：只要承包人在 18 个月内提出了行使优先受偿权的权利，就保护了自己的优先受偿权。因为具体按优先受偿权的折价或拍卖的处理所需时间，则是以后的事了，法律并没有规定在 18 个月内要按优先受偿权处理完毕。因此，承包人的当务之急，是排除法律障碍，及时行使自己的优先受偿权。所谓法律障碍，一是价款的确认，二是发过书面催告。

但是，在实践操作中，承包人行使优先受偿权会基于许多其他原因，难以及时行使。这主要有两种情况：一是项目性质是否属于除外情况，即建设工程的性质不宜折价或拍卖的情况，按《民法典》第 807 条规定的这种除外情况，已出台的司法解释并未作规定，如政府投资工程是否除外等；二是承、发包双方已在合同中有特别约定，例如，约定除按进度支付部分工程款以外的款项，要竣工半年后才支付。

上述情况或者可能的其他原因，造成承包人难以在竣工后或约定竣工后 18 个月内及时行使优先受偿权。其对策是承包人要在 18 个月期限内，也即不论上述何种情况，承包人均应在 18 个月内表明不放弃优先受偿权，其方法之一是向发包人明确提出以建筑物折价抵债的要求，因为《民法典》第 807 条规定的行使优先受偿权的具体方法有两种，可以与发包人协商将工程折价；也可以向人民法院申请拍卖，办法可由承包人选择。在政策界限不明或已有还款超过 18 个月的事先约定的话，承包人可以非诉讼的方法，以一纸函件与发包人协商，为工程折价留有协商余地，因为只要承包人单方提出这种要求，就可以推定行使了优先受偿权，从而保留了权利。

因此，广大建筑、施工企业以及为施工企业提供法律服务的律师，要区别工程竣工结算已获确认，正在确认和难以确认的不同情况以及项目本身的性质及如何还款的具体约定，根据司法解释给出的行使优先受偿权的期限和宽限期的不同期限要求，在 18 个月内以及在宽限期内，及时发出催告，并及时行使优先受偿权。

3. 建设工程的转让与承包人法定抵押权的行使

《民法典》第 406 条对已办理登记的抵押物的转让没有限制，而承包人的法定抵押权因不需要办理登记，所以，发包人的转让行为只要不影响承包人的优先受偿权，发包人就可以不受限制地转让建设工程。实际上，由于抵押权的追及效力，建设工程不论被转让给何人，作为法定抵押权人的承包人都可以追及之而行使优先受偿权。而且由于抵押权具有不可分性，不论建设工程被全部还是部分转让，承包人都可以追及之并就整个建设工程行使优先受偿权。这对于商品房开发来说，具有特别意义，因为商品房总是被分成若干单位出售。这种分割不影响承包人就整个工程行使权利。

因为建设工程被转让后，承包人还可以追及之并行使其法定抵押权，买受人对建设工程的支配权便很不稳固。如果发包人向承包人支付了价款，那么法定抵押权消灭，买受人对于建设工程的支配并无负担；但是，如果发包人不支付价款而致使承包人行使法定抵押权，则买受人对于建设工程的支配地位必然发生动摇。可见，买受人对于建设工程的支配地位，在相当程度上依赖于发包人对工程价款的清偿。那么买受人有什么方法可以救济其不稳固的权利呢？一般来说有如下两种方法：一是权利瑕疵担保请求权。例如，《民法典》第 612 条规定："出卖人就交付的标的物，负有保证第三人对该标的物不享有任何权利的义务，但是法律另有规定的除外。"基于此，买受人可以请求出卖人除去抵押权。二是代位清偿或行使涤除权。根据《民法典》第 613 条的规定，买受人在订立合同时知道或应当知道第三人对买卖的标的物享有权利的，出卖人不承担《民法典》第 612 条规定的义务。而代位清偿或涤除权制度可以直接产生抵押权消灭的效果，对买受人能起到一定的保护作用。《民法典》第 406 条第 2 款规定，抵押人转让抵押财产的，应当及时通知抵押权人。抵押权人能够证明抵押财产转让可能损害抵押权的，可以请求抵押人将转让所得的价款向抵押权人提前清偿债务或者提存……该规定可以达到涤除权的效果。

就承包人的法定抵押权和对预售商品房的请求权而言，有人认为，如果二者发生冲突，应当以成立时间之先后定其优先次序。[1] 笔者认为，这是很不妥当的。因为《城市房地产管理法》和《城市商品房预售管理办法》虽然规定商品房预售合同应当备案，但仅仅是备案而已，和预告登记有着根本差异，它根本不具有预告登记的功能，而且法律也没有规定这种备案的效力，所以，根据物权法定原则，商品房预售请求权不具有物权效力，不能对抗承包人的法定抵押权。如果二者有冲突的话，不论成立先后，都是承包人的法定抵押权优先。

（二）法定抵押权的实现

法定抵押权实现是指在法律规定或者当事人约定的期限内，法定抵押权人依法向抵押人主张优先受偿权，通过法定程序或者意定程序法定抵押权人最终实现优先受偿。

1. 实现的方式

根据《民法典》第 807 条的规定，首先可以进行催告，即工程竣工后，发包人未按照约定支付价款的，承包人可以向发包人催告，限定发包人在一定期限内支付价款，如果未经过催告，直接向法院申请拍卖的，人民法院可

---

〔1〕 张学文：《建设工程承包人优先受偿权若干问题探讨》，载《法商研究》2000 年第 3 期。

能不予受理。其次是协商，即发包人逾期不支付的，这里的逾期可以催告限定期限也可以是合同约定付款期限，双方可以进行协商将该工程折价归承包人，但这里应注意：一是该工程不宜折价的除外，所谓“不宜”是指所建工程的性质和作用“不宜”，如机场、港口、军事设施及影响国计民生的重点工程等，而不能理解为发包人“不愿”。二是法条规定是可以协商，而不是必经程序，有一方不愿协商的就可向人民法院申请拍卖。最后是申请拍卖程序，即承包人经催告仍不能取得工程款的或者发包人逾期不支付的，即可以与发包人协议将该工程折价，也可直接申请人民法院将该工程拍卖，从中优先受偿。但一旦承包人向法院提出申请，法院又该如何操作？笔者认为应依照《民法典》第 807 条规定：“发包人未按照约定支付价款的，承包人可以催告发包人在合理期限内支付价款。发包人逾期不支付的，除根据建设工程的性质不宜折价、拍卖外，承包人可以与发包人协议将该工程折价，也可以请求人民法院将该工程依法拍卖。建设工程的价款就该工程折价或者拍卖的价款优先受偿。”这种申请是否必须经过诉讼程序，或者直接进入申请拍卖程序，存在争议。如果对工程价款不存在争议，笔者认为，可以直接申请拍卖。如果不经过诉讼程序，实践中存有难题，即法定抵押权的权利范围如何确定？实践中承包人与发包人对工程款的结算，往往是有分歧的，必然要委托有关部门鉴定或审计，这种鉴定（审计）结论未经质证，显然有悖程序公正。

不宜折价、拍卖的工程至少应包括以下几种：

（1）违章建筑。所谓违章建筑，是指违反国家法律、行政法规关于建筑行为的规定所建造的各种建筑物及构筑物。违章建筑具体为无建设用地规划许可证、无建设工程规划许可证、无建设工程施工许可证而建造的建筑。因违章建筑不能登记为发包人的合法财产，不能上市流通乃至变现，承包人当然不能就此享有优先受偿权。

（2）质量不合格的建设工程。质量不合格的建设工程，如经修复为质量合格，承包人仍可以请求支付工程价款，符合法定条件时，承包人享有工程价款优先受偿权[1]。质量不合格的建设工程，如无法修复，则没有利用价值，根据《民法典》第 793 条的规定，承包人没有请求支付工程价款的权

〔1〕《建设工程施工合同解释》第 38 条：建设工程质量合格，承包人请求其承建工程的价款就工程折价或者拍卖的价款优先受偿的，人民法院应予支持。

利，当然也无权享有工程价款优先受偿权。

（3）社会公益性工程。

不宜折价、拍卖，一般指的是不宜通过折价、拍卖方式对工程进行转让。

《民法典》第二编物权编第799条规定，学校、幼儿园、医疗机构等为公益目的成立的非营利法人的教育设施、医疗卫生设施和其他公益设施不得抵押。举轻以明重，这些公益设施如果属于建设工程，当然也不能转让，当然不宜折价、拍卖用于偿还建设工程价款。社会公共道路、公园、广场等社会公益性工程，以及非营利学校的教育设施、非营利医疗机构的医疗设施，涉及广泛的社会公共利益，也不宜折价、拍卖。否则，将会损害政府的公信力，甚至扰乱社会经济秩序、破坏社会稳定。

根据《民法典》第807条的规定，结合司法实践，笔者认为有以下四种行使优先受偿权的方式。

（1）承包人与发包人协商将建设工程折价并达成协议

该种方式为承包人与发包人协商一致以建设工程折价受偿，即发包人与承包人协商将建设工程的部分或全部所有权转让给承包人以抵销工程欠款。如果双方进行协商但未达成一致意见，则不能认定承包人行使了优先受偿权；如果双方协商达成一致意见将建设工程折价，将部分或全部所有权转让给承包人以清偿工程款债权，方可认定承包人行使了优先受偿权。

但要注意的是，若双方约定发包人届时不付款则承包人有权行使优先受偿权的，则不能认定承包人行使了优先受偿权，因为优先受偿权的行使期限是除斥期间，不发生中断、中止、延长的情形，故双方不能约定变更，更不能附条件行使。

（2）承包人通过诉讼或仲裁的方式确认其对该建设工程变卖或拍卖价款享有优先受偿权，申请拍卖该建筑工程，或者参与执行分配，将建设工程折价以物抵债，获得优先受偿

这种方式是实践中承包人主张优先受偿权最主要的方式。当出现工程款拖欠现象时，承包人多是直接提起债权请求权之诉的同时，确认其对该建筑工程的变卖或拍卖价款享有优先受偿权。法院再通过确认享有优先受偿权的生效法律文书进入执行阶段，对适宜拍卖的建设工程进行拍卖，承包人就拍卖款享有优先受偿权。可供执行的生效文书主要分为两种：一是通过诉讼方式产生的民事判决书、民事调解书；二是通过仲裁方式产生的仲裁裁决书。

通过这种方式要注意，承包人在诉讼或仲裁请求中要明确提出对工程拍卖款享有优先受偿权，否则仅要求偿还拖欠工程款的不视为主张建设工程价款优先受偿权。优先受偿权得依法经人民法院诉讼程序，或者仲裁程序审理予以确认，然后再实现。

优先受偿权是相对于建设工程抵押权人的抵押权和其他债权人的债权而言的，如果该建设工程只有承包人的工程价款之债权，没有抵押权和其他债权，则优先受偿权当然就不存在。在此意义上讲，承包人之建设工程价款优先受偿权实现势必影响抵押权人、其他债权人的合法权益的实现。只有承包人之建设工程价款之债权与抵押权人、其他债权人之权利同时存在，且权利的实现可能发生冲突时，才会出现建设工程价款之优先受偿的问题。承包人之建设工程价款优先受偿权的实现是在该建设工程折价或者拍卖的价款之数额范围内，不能超出该工程折价或者拍卖所得价款的数额。

优先受偿权实现得依法经人民法院诉讼程序，或者仲裁程序审理予以确认，未经确认不得由执行程序直接实现。有观点认为，建设工程价款之优先受偿权在执行程序中由承包人向人民法院执行法官提出优先受偿权申请即可，而没有必要再经过审理程序确认。笔者认为这种观点与做法是与法律的公平公正原则严重背离的，程序的价值在于保障实体权利的实现，一项法律程序应确保受判决结果有利或者不利影响的诉讼各方参与到审判活动中来，成为程序的控制者而非诉讼客体。故公正的程序于当事人更为重要，而关于程序公正的具体内容，则应至少包括如下方面：（1）程序能确保所有利害关系人参加；（2）裁判者应当是中立的；（3）当事人诉讼地位平等且能充分地陈述主张；（4）程序能为当事人所理解；（5）当事人不受突袭裁判，对裁判不服有相应的救济程序。由于建设工程优先受偿权的债权与消费者商品房买受人的居住权、抵押权人的抵押权、其他债权人的债权同时存在，且权利实现之间可能发生冲突，对于所有当事人而言，唯有公正的程序才能保障其实体权利。承包人对其工程价款是否享有优先受偿权？享有优先受偿权的工程价款范围数额是多少？该优先受偿权的行使是否已超过法律规定的期限？消费者的对抗权如何保障？

承包人就其工程价款优先受偿权对发包人得向人民法院或者仲裁机构提出确认之诉，确认之诉为原告请求人民法院或者仲裁机构确认其与被告间存在某种民事法律关系的诉，任何一种法律关系的成立，都须有一定的事实和条件，凡当事人之间对某种民事法律关系是否已经成立，现在是否还存在，而发生争议，提请法院或者仲裁机构确认的都是确认之诉。承包人应向人民法院或者仲裁机构请求确认就该建设工程折价或者拍卖所得价款依法具有优先受偿权。确认优先受偿权判决发生法律效力之前，该建设工程原则上不得折价或者拍卖处分，如确认之前该建设工程已折价或者拍卖处分，承包人得就该建设工程折价或者拍卖所得价款向受诉人民法院提出财产保全申请，由人民法院依法对该价款采取财产保全措施，或者人民法院依职权主动采取财产保全措施，以保障承包人建设工程价款优先受偿权的最终实现。同时，为有效节约诉讼资源，提高诉讼效率，降低诉讼成本，承包人在提出确认建设工程价款优先受偿权时应提起建设工程价款和违约金及其他经济损失的给付之诉。

承包人催告发包人在合理期限支付工程价款不是承包人提起确认优先受偿权之诉的必然前置程序。《民法典》第 807 条规定，发包人未按照约定支付价款的，承包人可以催告发包人在合理期限内支付价款。《民法典》规定的是可以催告，而不是应当、必须，故此，笔者认为确认之诉的诉前催告并不是前置程序。

承包人所提起的建设工程价款优先受偿权确认之诉不同于一般案件的确认之诉，抵押权人、其他债权人均是该优先受偿权确认之诉的有独立请求权的第三人，上述人等有权利以有独立请求权的第三人的身份参加诉讼，工程发包人和人民法院有义务通知上述有独立请求权的人以第三人的身份参加诉讼。承包人有无优先受偿权、优先受偿权是否超期及优先受偿权的数额等对抵押权人和其他债权人权利的实现有着直接的法律上的利害关系。《民事诉讼法》第 59 条第 1 款规定："对当事人双方的诉讼标的，第三人认为有独立请求权的，有权提起诉讼。"

抵押权人和其他债权人在承包人提起的确认优先受偿权之诉中以独立第三人身份参加的诉讼中，应着重确定承包人是否享有优先受偿权以及优先受偿权的范围数额，以切实维护自己权利的实现。例如，发包人拖欠承包人建设工程价款为 120 万元，应支付的违约金和赔偿的其他经济损失为 130 万元，某银行对该工程的抵押权为 100 万元，其他债权人的债权为 50 万元，该工程拍卖价款为 250 万元。对承包人而言，其主张建设工程价款优先受偿权数额可能是 250 万元，包括了拖欠的工程价款和违约金及其他经济损失，抵押权人、其他债权人如不要求界定承包人的工程价款和违约金及其他经济损失，则抵押权人、其他债权人的抵押权和债权将无法实现；如经审理确认了承包人所享有优先受偿权的建设工程价款为120万元，则承包人的违约金及其他经济损失130万元依法不享有优先受偿权，而退位于与其他一般债权人同一权利实现地位，抵押权人所设定的100万元抵押权便可优先于其他债权实现，其他债权人与承包人就其余30万元可以按比例部分实现。

（3）承包人直接申请法院将该建设工程拍卖就拍卖价款优先受偿

第三种方式是承包人直接申请法院拍卖，即承包人直接向法院提出拍卖建设工程的申请，以实现自己的债权。也就是承包人不需要经过诉讼或仲裁程序，依据《民法典》第807条的规定主张直接进入拍卖程序。

如果因工程款纠纷诉讼案中承包人未在诉讼请求中明确提出对工程拍卖款享有优先受偿权，且举证期限已过，无法增加诉讼请求，若承包人到执行程序再主张优先受偿权往往已超过18个月期限，在这种情形下直接向法院申请拍卖是最有效的途径之一。当然，如果非上述特殊情形，由于没有相关规定明确法院收到承包人的拍卖申请之后的处理程序，且牵涉的建设工程标的额一般比较大，司法实践中，当承包人提出申请时，受理法院一般都比较谨慎。

（4）承包人参与到工程变卖款或拍卖款的分配程序中

该方式是建设工程因其他原因被变卖的，或因他案被其他法院进行拍卖的，承包人参与到工程变卖款或拍卖款的分配程序中，主张建设工程价款优先受偿权的，该方式也属于承包人行使了建设工程价款优先受偿权。

但如果发包人或其他利害关系人对承包人申报的债权数额有异议，则承包人需通过诉讼或仲裁等方式以确定债权数额，相关负责建设工程拍卖或变卖的单位应将工程拍卖款或变卖款中优先受偿权相对应的债权数额暂时保存在指定账户，待确定债权数额后再予以清偿，以保障承包人的优先受偿权。

（5）承包人自行将该建设工程拍卖就拍卖价款优先受偿

根据《民法典担保制度司法解释》第45条第1款的规定，当事人约定当债务人不履行到期债务或者发生当事人约定的实现担保物权的情形，担保物权人有权将担保财产自行拍卖、变卖并就所得的价款优先受偿的，该约定有效……由此可知，承包人可以自行将该建设工程拍卖就拍卖价款优先受偿。

2. 权利冲突时法定抵押权实现的顺序与策略

法定抵押权与约定抵押权何为优先，在理论上存有三种观点：一是法定抵押权优先说；二是约定抵押权优先说；三是同等效力按比例受偿说。笔者认为《民法典》之所以规定法定抵押权的目的，是因为其优先于约定抵押权。所以当法定抵押权与约定抵押权竞合时，应先保证法定抵押权的实现。如果同一工程有数个法定抵押权竞合时，应分别按其自己设定的抵押物进行拍卖、优先受偿。如同一抵押物有数个法定抵押权，应按比例受偿。

法定抵押权与消费者的债权发生冲突时何为优先的问题也存有争议，有的学者认为“消费者属于生存利益应当优先，承包人属于经营利益应退居其次”。笔者认为这一观点值得商榷，因为：（1）承包人所享有的法定抵押权，未必全是“经营利益”，其中包含大量的职工工资、雇工的报酬，同样有“生存利益”，况且，承包人垫支投入的材料或设备，在发包人未付清价款之前，所有权未必已全部转移，对某一些事先有约定在未付清价款之前，该物所有权不发生转移的，对这一部分财产还有一个物上请求权的问题。（2）法定抵押权有可能难以实现，如果所建工程全部是商品房，而且发包人已全部进行预售。这样承包人可能因“退居其次”，而无法实现法定抵押权，这显然有悖立法的初衷。（3）特殊保护消费者的利益，不应损害第三人的合法权益。特别是在发包人尚未交房或虽交房但尚未办理产权过户，该房屋仍属发包人所有的情况下，承包人的法定抵押权应优于消费者的债权请求权。至于消费者权益的保护，可另行向发包人（开发商）索赔，并追究其违约责任。否则众多的职工、雇工的工资不能兑现，会直接影响社会稳定。

法定抵押权的效力及于承包人所承建的全部工程。对此有以下几个方面的理解：第一，效力及于整个工程，当然包括工程的任何部分。所以，在对建筑工程进行折价和拍卖时，应该优先考虑对建筑工程的整体进行折价拍卖，整体拍卖或者折价将能保证建筑物的整体效用和价值不减损。第二，其效力当然及于承建工程的任意部分，当对部分工程进行折价或者拍卖时，如果没有第三人提出异议，同时经发包人同意或者和发包人协商一致，就可以对承建工程的某一部分进行折价、拍卖。

这里的异议人的身份需要明确：第一种异议人，是对工程同样享有承包权的其他承包人。第二种异议人，是建设工程的购买人，包括建设工程的购房消费者，这里的购房消费者概念本书下文将详细论述，是指已经对所购房屋支付全款或者50%以上价款的消费者。第三种异议人，可以是其他的意定抵押权人，当然意定抵押权不能对抗建筑工程价款优先受偿权。第四种异议人，是其他一般债权人。

如果发包人或者开发商把所承建的建筑的大部分或者全部已经进行销

售，这时候就损害了建筑工程价款的优先受偿权人的利益，如果对建筑工程的一部分进行折价、拍卖，这种情况会造成在异议人提出执行异议时中止执行。执行法院应当从整体考虑，平衡优先权人及其他债权人的利益，需要对承建工程进行整体折价、拍卖、变卖。如果购买人购买的房产与全部承建工程相比所占比例较大，有针对性地对建设工程的某一部分进行折价、拍卖会损害一部分权利人（购买人）的利益，笔者建议对整个建设工程进行折价、拍卖，折价、拍卖的价款由全部的利益相关方按各自的价款（债权）比例分别承担，优先受偿权人首先受偿，剩余价款由其他债权人进行分配。这是一种公平受偿，公平对待的处理方式。否则，首先是对建筑工程价款优先受偿权人的不公平，再者如果对建筑工程的某一部分进行拍卖、折价，对这一部分所牵扯的利益相关方来说也是不公平的，因此，考虑对承建工程进行整体拍卖、折价将是合理的安排。

3. 要及时申请法院“认定”的建设工程价款优先受偿权的效力及范围

《建设工程施工合同解释》第 36 条：“承包人根据民法典第八百零七条规定享有的建设工程价款优先受偿权优于抵押权和其他债权。”这是针对正在诉讼的或正在执行的案件而言的。《民法典》第 807 条本身规定的承包人行使优先受偿权的方法是两种不通过普通民事诉讼的方法实施的。第一种是双方协议折价，第二种是申请人民法院拍卖。这两种方法的前提是拖欠款已被确认，或者依据逾期付款，或者承包人已书面催告，给发包人以还款的合理期限。具备这两个条件，承包人即可行使协议折价或申请拍卖的优先受偿权。换言之，承包人只要向发包人发一个函，要求以建筑物协议折价偿付工程欠款，或者向人民法院提出申请拍卖工程，就可以推定行使了优先受偿权。

如果当事人自己不明确提出优先受偿权的主张，根据“不告不理”的民事诉讼原则，可以理解为你放弃了权利；只有当你主动行使了这种权利，那么根据《建设工程施工合同解释》第 36 条的规定，人民法院才根据《民法典》第 807 条的规定，认定建筑工程的承包人的优先受偿权优于抵押权和其他债权。

在已经生效正在执行的案件中，同样应当在执行申请文书中增加优先受偿权的执行请求，其道理与上面说的一样。问题在于：承包人申请执行时，往往被告知：被执行人没有财产可供执行，很多执行案件被中止执行。据我们掌握的情况，有很多工程欠款案件无法执行，是因为建筑物已经被银行保全或者抵押，而按原先的司法操作通常程序，由于抵押权优于工程欠款，所以承包人无法对抗银行的抵押权。现在，既然已经有新的司法解释，而且已明确规定承包人的优先权优先于抵押权，那么，只要在执行案件中被确认属于工程款并有优先权，那么，毫无疑问，执行庭应当把所有已被抵押的建筑物，优先让承包人取得拍卖价款或者优先折价取得建筑物的所有权。这是一个在执行操作中难度很大的转变，如果承包人自己不主动提出主张和增加请求，指望什么人违背不告不理的原则来恩赐给你优先受偿权，这不是太乐观、太理想吗？而且，司法解释中的“人民法院应当认定”，通常是针对当事人的请求而言的。

《建设工程施工合同解释》第 36 条较早前司法解释已经去掉针对房地产案件诉讼或办理执行案件这种规定，但是，为了对施工企业的利益负责，为了保障承包人的合法权益，所有的承包人都要抓紧清理，分辨情况，对凡已经诉讼而没有提出优先受偿权的工程欠款案，要立即提出增加诉讼请求，在特定的建筑物范围内要求优先受偿；对凡已进入执行程序的案件，哪怕是已经中止的案件，只要有抵押物的，都应当要求恢复执行，拍卖抵押物，以实现承包人的优先受偿权。

4. 在处理烂尾工程时应优先处理拖欠的工程价款

不少承包人的工程价款因为建设项目的停建、缓建而陷入所谓的烂尾楼里。有的发包人已经资不抵债、濒临破产，发包人的合作开发权益人之间，或者承、发包双方之间已经发生了诉讼，在这种情况下，解决工程价款的优先受偿权的实施，要有待项目的接盘、转让或重新启动。承包人应依法及时行使优先受偿权，当出现烂尾楼整体拍卖时，在拍卖所得财产时应优先让承包人受偿；当有新的开发商接盘转让时，则接盘人应以原发包人所拖欠的工程价款一并转让，由新的开发商一并优先支付欠款后方可受让。因此，承包人对烂尾楼的处理进展要保持高度警惕，随时掌握动态，如发生整体拍卖或项目转让时，应当及时提出相应主张，以保障自己的合法权益。

五、《民法典》实施后“消费者优先权”的规制变化

《民法典》于 2021 年 1 月 1 日正式实施后，最高人民法院发布实施一系列废止、修订和新颁布的司法解释，《建设工程施工合同解释》（法释〔2020〕25 号）就是其中之一。2020 年 12 月最高人民法院发布《关于废止部分司法解释及相关规范性文件的决定》（法释〔2020〕16 号），规定废止

了施行将近 18 年的《建设工程价款优先受偿权批复》，新、旧法规、解释对比主要有以下变化：

消费者优先权条款未写进新的《建设工程施工合同解释》，《建设工程价款优先受偿权批复》“二、消费者交付购买商品房的全部或者大部分款项后，承包人就该商品房享有的工程价款优先受偿权不得对抗买受人”新解释取消此内容。

关于此变化，看似“消费者优先权”被“删除”，实则不然，因为《最高人民法院关于人民法院办理执行异议和复议案件若干问题的规定》（2020 年 12 月 23 日修订）第 29 条对此已经作出规定：

金钱债权执行中，买受人对登记在被执行的房地产开发企业名下的商品房提出异议，符合下列情形且其权利能够排除执行的，人民法院应予支持：

（一）在人民法院查封之前已签订合法有效的书面买卖合同；

（二）所购商品房系用于居住且买受人名下无其他用于居住的房屋；

（三）已支付的价款超过合同约定总价款的百分之五十。

也即，消费者从开发商手中购买房产，满足查封前签订有效合同、唯一住房、付款过半这三个条件，就能在执行程序中对抗承包人对房屋行使建设工程价款优先受偿权。这三个条件涵盖所有的买受人，当然也包括消费者。

六、承包人的法定抵押权与其他物的担保的竞合

所谓物的担保的竞合是指在同一财产上同时存在数个同种担保权或数个不同种担保权的情形。就建设工程而言，承包人的法定抵押权与其他物的担保发生竞合的情形有如下几种：

1. 与意定抵押权的竞合

在同一建设工程上，如果既有法定抵押权又有意定抵押权时，应如何确定其优先次序，有如下几种见解。其一，法定抵押权优先说。这种观点认为为了避免发包人在法定抵押权成立后，设定意定抵押权致使承包人的权益落空，应当使法定抵押权优先于普通抵押权。其二，意定抵押权优先说。这种观点认为法定抵押权未经登记，不具有公示作用，为保护交易安全，应使其次序在意定抵押权之后。其三，两者同一顺序说。这种观点认为法律没有规定意定抵押权与法定抵押权的次序，因此，应当按照各自债权额的比例平均分配。其四，依成立之先后定其顺序说。这种观点认为不论法定抵押权还是意

定抵押权，均应当按照成立时间的先后确定其顺序。成立在先者，次序优先。[1] 在以上四种观点中，笔者认为法定抵押权优先说符合立法本意。因为法律之所以特别规定承包人的法定抵押权，就是为了赋予某种特定债权以特别保护，如果以其他因素来确定法定抵押权和意定抵押权的先后次序，势必使法定抵押权制度的功能丧失殆尽。

2. 与所有权保留的竞合

在买卖合同中，当事人可以约定买受人未履行支付价款或者其他义务的，标的物的所有权由出卖人保留的非典型担保形式。无论是所有权保留设定在先还是法定抵押权成立在先，二者都不会发生冲突。因为就建设工程而言，无论发包人在出卖时是否设定所有权保留，发包人都享有优先受偿权，在该建设工程上当然可以成立法定抵押权。如果这对买受人的权利有什么影响的话，他只能根据合同寻求救济。

3. 与让与担保的竞合

所谓让与担保是指债务人或第三人为担保债权人的债权，将担保标的物的权利移转于债权人，于债务清偿后，标的物应返还于债务人或第三人，于债务不履行时，担保权人可就该标的物优先受偿的权利。就建设工程而言，如果法定抵押权先成立，其后发包人又就该工程设定让与担保，那么法定抵押权优先于让与担保权，因为在此种情形下，虽然让与担保权人取得了建设工程的所有权，但是由于作为物权的法定抵押权所具有的物权追及效力，它随抵押物的所有权转移而发生转移，因此，让与担保权人所取得的所有权是有负担的，这个负担就是法定抵押权；但是如果发包人先设定让与担保，而后法定抵押权才成立，因为发包人往往在工程尚未开始兴建时就以“按揭”的方式向银行融资。在这种情形下，笔者认为仍然是法定抵押权优先于让与担保权。只不过这种情形下建设工程的所有权属于让与担保权人，应认为是在第三人（让与担保权人）的财产上成立的法定抵押权。之所以这样认为，是因为法定抵押权是由法律直接规定而产生，且为完成工程产生的债权而设定于标的物之上的负担，应伴随于让与所有权之标的物移转而移转。因此，应当推定让与担保权人在其与发包人设定让与担保时就应当知道在其受让所有权的标的物上，依法律规定即应有为担保完成该工程所生债权的法定抵押权存在，否则对于完成工程不利，从而也对让与担保权人不利，所以在此情

---

〔1〕 谢在全：《民法物权论》（下册），中国政法大学出版社 1999 年版，第 692~693 页。

形下，让与担保权人不能以不知道法律规定而否认这一负担。至于其因此所受之损失，应向让与人追偿。

第九节　抵押种类分述

一、建筑物和其他土地附着物抵押

（一）建筑物和其他土地附着物抵押的概念

建筑物是指定着于土地上下，由顶盖、梁柱、墙壁等所组成，足以遮蔽风雨，供人居住或使用的构造物。建筑物包括房屋、仓库、地下室、空间走廊、立体停车场等。其他土地附着物指附着于土地之上的除房屋以外的不动产，包括桥梁、隧道、大坝、道路等构筑物，以及林木、庄稼等。[1] 房屋等建筑物及其他土地附着物都具有长久地附着于土地、非经毁损或变更形体不能移动的特点，是重要的不动产。根据建筑物等不动产的特点，其最适合作为抵押物。

建筑物和其他土地附着物抵押，是指抵押人以其合法的建筑物和其他土地附着物以不转移占有的方式向抵押权人提供债务履行担保的行为。债务人不履行债务时，抵押权人有权依法以抵押的建筑物和其他土地附着物拍卖所得的价款优先受偿。抵押人是指以建筑物和其他土地附着物作为本人或第三人履行债务担保的自然人、法人和非法人组织。抵押权人是指接受建筑物和其他土地附着物抵押作为履行债务担保责任的自然人、法人和非法人组织。抵押物是指由抵押人提供并经抵押权人认可的作为债务人履行债务担保的建筑物和其他土地附着物。

（二）建筑物和其他土地附着物抵押的设定

根据物权法定主义及物权公示、公信主义，除因法律规定而直接产生的建筑物和其他土地附着物抵押权外，建筑物和其他土地附着物抵押权因建筑物和其他土地附着物抵押合同并经登记后而设定。在我国，建筑物和其他土地附着物抵押权的设定条件有二：建筑物和其他土地附着物抵押合同，建筑

---

〔1〕 王胜明：《中华人民共和国物权法解读》，中国法制出版社 2007 年版，第 385 页。

物和其他土地附着物抵押登记。

1. 建筑物和其他土地附着物抵押合同

建筑物和其他土地附着物抵押合同是指债务人或者第三人不移转对建筑物和其他土地附着物的占有，将建筑物和其他土地附着物作为债权担保而与债权人达成有明确相互权利义务关系的协议，依据此协议在债务人或第三人提供抵押的建筑物和其他土地附着物上为债权人设定了抵押权，债务人或者第三人对债权人之债权承受建筑物和其他土地附着物上的担保义务。当债务人不履行债务时，债权人有权依法以拍卖该建筑物和其他土地附着物的价款优先受偿。

建筑物和其他土地附着物抵押合同为要式合同，抵押人和抵押权人订立建筑物和其他土地附着物抵押合同，应当采用书面形式并记载法律规定的内容，主要包括：（1）债权人、债务人、抵押人的姓名（名称）、住址；（2）被担保主债权种类、数额；（3）债务人履行债务的期限；（4）建筑物和其他土地附着物的名称、数量、质量、状况、所在地、所有权权属或者使用权权属；（5）抵押担保的范围；（6）当事人认为需要约定的其他事项。建筑物和其他土地附着物抵押合同所记载的内容不符合法律规定要求的，当事人应当予以补正。

2. 建筑物和其他土地附着物抵押登记

建筑物和其他土地附着物抵押登记是指由不动产登记机构依法在登记簿上就建筑物和其他土地附着物上的抵押权状态予以记载。

建筑物和其他土地附着物抵押权经登记后依法成立并取得物权公示、公信效力。建筑物和其他土地附着物抵押合同是债权合同，依法成立时就应生效。而建筑物和其他土地附着物抵押登记是物权行为，是建筑物和其他土地附着物抵押权成立的要件。

建筑物和其他土地附着物抵押登记由抵押当事人向法律规定的建筑物和其他土地附着物抵押登记机关[1]申请，填写并递交建筑物和其他土地附着物抵押登记表，同时提交法律规定的应当提交的登记文件，主要包括主合同和建筑物和其他土地附着物抵押合同以及抵押的土地使用权证书、房屋所有权证书。建筑物和其他土地附着物抵押登记机关收到当事人的申请后即由负责的抵押登记部门工作人员对当事人提交的抵押登记文件的真实性、合法性进行审查，审查合格者，予以核准登记并公告。

《民法典担保制度司法解释》第50条第1款：“抵押人以划拨建设用地上

〔1〕 一般指各地区设立的不动产登记机关。

的建筑物抵押，当事人以该建设用地使用权不能抵押或者未办理批准手续为由主张抵押合同无效或者不生效的，人民法院不予支持。抵押权依法实现时，拍卖、变卖建筑物所得的价款，应当优先用于补缴建设用地使用权出让金。”可以理解为划拨建设用地上的建筑物可以设定抵押，并可以抵押登记入册。

（三）建筑物和其他土地附着物抵押权所涉及的物的范围效力

1. 建筑物和其他土地附着物自身。建筑物和其他土地附着物抵押，根据其标的物可以大致划分为两种：土地使用权抵押和房屋所有权抵押。以土地使用权抵押的，其地上建筑物、其他附着物随之抵押；以房屋所有权抵押的，其占用范围内的土地使用权也同时抵押。以依法获准尚未建造的或者正在建造中的房屋或者其他建筑物抵押，如果当事人办理了抵押物登记的，则为建筑物和其他土地附着物抵押权的效力所及。

2. 建筑物和其他土地附着物的从物。从物指非主物的构成部分而从属于主物，并对主物发挥辅助效用之物。由于建筑物和其他土地附着物抵押权为就抵押物拍卖价金优先受偿的价值权，基于主物之处分及于从物的原则，实行建筑物和其他土地附着物抵押权拍卖建筑物和其他土地附着物时，其效力自应及于建筑物和其他土地附着物的从物。

3. 建筑物和其他土地附着物的从权利。从权利是指为助主权利之效力而存在的权利。从权利与主权利的关系，一如主物与从物的关系，以主权利及其所属的标的物设定建筑物和其他土地附着物抵押权时，建筑物和其他土地附着物抵押权之效力得及于从权利，包括地役权、给排水等。

4. 孳息。建筑物和其他土地附着物抵押权的效力及于抵押权开始实行后到抵押标的物的处分为止建筑物和其他土地附着物所产生的孳息。《民法典》第 412 条第 1 款规定：“债务人不履行到期债务或者发生当事人约定的实现抵押权的情形，致使抵押财产被人民法院依法扣押的，自扣押之日起，抵押权人有权收取该抵押财产的天然孳息或者法定孳息，但是抵押权人未通知应当清偿法定孳息义务人的除外。”

其他内容参见本章第二节“四、抵押标的物的范围”。

（四）房地产抵押限制

根据《民法典》和《城市房地产抵押管理办法》的规定，下列房地产不得设定抵押或抵押时受一定限制。

1. 土地所有权不得抵押；地上没有建筑物、构筑物或在建工程的，纯粹以划拨方式取得的土地使用权不得进行抵押（符合土地改革政策的除外）；乡（镇）、村企业的土地使用权不得单独抵押。

2. 宅基地、自留地、自留山等集体所有的土地使用权，不得抵押，但是法律规定可以抵押的除外。

3. 权属有争议的房地产和被依法查封、扣押、监管或者以其他形式限制的房地产，不得抵押。

4. 用于教育、医疗、市政等公共福利事业的房地产不得进行抵押。

5. 列入文物保护的建筑物和有重要纪念意义的其他建筑物不得抵押。

6. 已被依法公告列入拆迁范围的房地产不得抵押。

7. 以享有国家优惠政策购买获得的房地产不能全额抵押，其抵押额以房地产权利人可以处分和收益的份额比例为限。

8. 违章建筑物或临时建筑物不能用于抵押。

9. 依法不得抵押的其他房地产。

（五）关于建筑物和其他土地附着物抵押的几个具体问题

1. 违章建筑物能否作为抵押标的物

所谓违章建筑物是指行为人违反法律、法规、规章的规定，未经主管部门批准并办理建设许可证等手续而擅自建造的建筑物。抵押权是直接支配抵押物的交换价值的权利。抵押物必须具有交换价值，能在不同主体之间流转，即具有让与性。因此，只有依法可以转让的财产，才能设定抵押权。虽具有交换价值，但法律禁止流通的财产，不能作为抵押物。违章建筑物属于法律禁止流通的财产，不能作为抵押权的标的物。《民法典担保制度司法解释》对此作出了明确规定。该司法解释第49条规定："以违法的建筑物抵押的，抵押合同无效，但是一审法庭辩论终结前已经办理合法手续的除外。抵押合同无效的法律后果，依照本解释第十七条的有关规定处理。当事人以建设用地使用权依法设立抵押，抵押人以土地上存在违法的建筑物为由主张抵押合同无效的，人民法院不予支持。"违法、违章建筑物属于依法不得抵押的其他财产，其之所以不能作为抵押物，除因其属于禁止流通的财产外，还因为土地管理部门尚未办理土地使用权和房屋产权证书，属于所有权或者使用权不明的财产，当事人不能行使处分权。[1] 笔者认为，违章建筑物之所

〔1〕 李国光、金剑峰等：《最高人民法院〈关于适用中华人民共和国担保法若干问题的解释〉理解与适用》，吉林人民出版社2000年版，第191页。

以不能作为抵押物，并非因为其所有权或使用权不明。王泽鉴先生指出："违章建筑系土地上之定着物，为不动产，由建造人原始取得其所有权。"[1] 谢在全先生也指出"违章建筑已符合第66条定着物之要件，系独立于土地外之不动产，由原始建筑人取得其所有权，可知违章建筑物不因其无从办理所有权登记，而丧失物权客体之资格。"[2] 由此可见，违章建筑物的所有权或使用权是明确的，只是因为法律禁止其流通，才不得作为抵押物。

2. 农村居民住房是否可以抵押

一般认为，农村房屋，是指在农村集体经济组织所有的土地上建造的属于农民个人所有的自住房。房屋作为不动产，由权利人依法享有占有、使用、收益、处分的权利。城市房屋抵押早已开始，而农村房屋基于其特殊性，法律上规定宅基地使用权不能抵押。随着农村经济的快速发展，农村房屋抵押贷款将得以建立和完善。

农村居民住房是否可以抵押？根据《土地管理法》第62条的规定，农村村民一户只能拥有一处宅基地，农民将其住房用于抵偿债务的，不能再申请新的宅基地，强制执行将造成被执行人居无定所，导致社会不稳定；农村私有住房属不动产，其抵押应当以"登记"为生效要件。[3] 另一种观点认为，农村居民住房可以抵押。《民法典》第399条第2项禁止的只是宅基地的土地使用权抵押，而没有禁止村民以其所有的房屋设定抵押，况且我国法律允许村民出让其房屋，宅基地使用权随着房屋一起转让，自然允许将住房抵押；即使农村私有房屋的所有权人发生变更，宅基地的土地所有权也不会发生变更。农村村民出卖、出让住房后，再申请宅基地的，不予批准，这样就不会发生农村私有房屋作为抵押物被处理后，抵押人再次申请宅基地，从而损害集体利益的情况；农村私有房屋所有人自愿将其所有的房屋用于抵押，并不违反法律规定，是权利人对自己权利的有效处分，符合合同自由原则。而且，在允许农村私有房屋转让的同时，又禁止以农村私有房屋进行抵押，必然引起立法与执法上的混乱，违背法律统一性原则。[4] 笔者认为，产生上述分歧的原因在于对农村私有房屋抵押与宅基地使用权抵押之间关系

[1] 王泽鉴：《民法物权（通则·所有权）》，中国政法大学出版社2001年版，第117页。

[2] 谢在全：《民法物权论》，中国政法大学出版社1999年版，第23页。

[3] 参见孙央平：《农村私有住房不能用于抵押》，载《人民法院报》2001年3月29日；陈惠忠：《农村私有住房不得作抵押》，载《人民法院报》2002年4月4日。

[4] 参见范晓杰：《农村私有房屋可以用于抵押》，载《人民法院报》2000年11月11日。

的理解不同。《民法典》禁止宅基地使用权抵押，其目的在于保障农村的生存条件，防止农民失去住房及宅基地而流离失所，以维护社会稳定。因此，从立法上来看，因宅基地使用权不能抵押，与之相连的房屋所有权亦不得抵押。但如此一来，对农村私有房屋的流转限制过于严苛，其限制程度远远超出了《土地管理法》等法律的规定，不符合农民以私有房屋抵押进行融资的现实需要。《土地管理法》第 62 条第 5 款规定："农村村民出卖、出租、赠与住宅后，再申请宅基地的，不予批准。"该规定并不禁止农民出卖、出租、赠与住宅。既然农村房屋可以通过买卖、出租等方式流转，那么对房屋的抵押亦不应禁止。事实上，《民法典》第 395 条第 1 款第 1 项中的建筑物包括农村村民的私有房屋在内。可见，农村私有房屋是允许抵押的，只不过在实现抵押权时，其受让主体受到一定的限制，只有与抵押人属同一集体经济组织的成员才可以成为抵押物的买受人。

（1）农村房屋抵押困境分析

①法律规定

农民将自己的房屋抵押，一般是为了筹集资金，向银行等金融机构贷款，银行等金融机构为了降低其贷款风险，通常要求农民提供担保。当农民不能偿还贷款时，银行等金融机构就会行使其抵押权，然而法律规定农村房屋下的宅基地使用权不能与农村房屋一并抵押，这样就导致中国农村房屋抵押贷款法律规定与现实需要存在冲突。

我国明确规定，集体土地属于集体所有，农民对自己房屋下的宅基地只有使用权，没有处分权。《民法典》第 399 条第 2 项规定："下列财产不得抵押……（二）宅基地、自留地、自留山等集体所有土地的使用权，但是法律规定可以抵押的除外。"《民法典》明确规定宅基地等集体所有的土地使用权不能抵押。因此，农民用农村房屋抵押融资受到限制。

根据《土地管理法》第 62 条的规定，农村村民一户只能拥有一处宅基地，农村村民出卖、出租、赠与住宅后，再申请宅基地的，不予批准。中国实行农村村民"一户一宅"原则，即一户只能拥有一处宅基地，国家为了保障农民基本生存权利，做到"居者有其屋"，政策上不支持农民住宅用于抵押融资。

以上三部法律都明确规定了农村宅基地使用权不能抵押，现实当中，农村房屋抵押，通常认为是农村房屋作为抵押物，但其抵押的价值应包含房屋和房屋下的宅基地，而宅基地使用权是不能抵押的，因而推定农村房屋也不能抵押。

②农村房屋抵押登记

农村房屋的所有权转移登记仅限于集体经济组织内部的成员之间，而农村的需求又是有限的，这极大地限制了农民向银行等金融机构抵押贷款。

③农村房屋价值评估

农村村民一旦无法偿还债款，抵押权人就会实现其抵押权。在抵押权人实现抵押权时，将如何认定农村房屋的价值呢？实际上，农村房屋相比城市房屋难以确定其价值。农村房屋的建设与城市房屋的开发建造有很大的不同，农村房屋的价值评估缺乏统一可操作的标准，建房材料、成本质量差异很大，此外，农村房屋的价值评估机构大多来自城市，它们并不了解农村的相关情况，给实地价值评估带来困难，而且农村房屋处在农村地区，这些都会影响农房本身的价值。除物理上的原因外，现行法律对农户流转的限制，很难评估出绝对公允的价值，使得抵押双方满意。

（2）农村房屋抵押的必要性与可行性之考察

对于中国农村房屋是否可以抵押，人们有不同的观点。第一种观点认为，根据“房地一体”原则，宅基地使用权不能转让，农村房屋也不能抵押，否则违背了“房地一体”的原则；第二种观点主张“宅基地使用权不得单独转让、抵押，建造在宅基地上的住房转让、抵押的，宅基地使用权一并转让、抵押”。此观点认为，农村房屋可以抵押，并可与宅基地一并抵押。第三种观点则认为，可以借鉴日本民法的做法，即引入宅基地使用权租赁制度，农村房屋的受让人可基于债权性质的宅基地使用权租赁权取得房屋的所有权。笔者认为，农村房屋抵押是市场经济发展的必然要求，农村房屋抵押有其存在的必要性和可行性。

①农村房屋抵押之必要性考察

其一，保障广大农民的财产权。

根据《宪法》第 13 条第 1 款、第 2 款规定：“公民的合法的私有财产不受侵犯。国家依照法律规定保护公民的私有财产权和继承权。”农村房屋作为农民的一项私有财产，可以行使占有、使用、收益和处分的所有权能，即农民可以自由支配自己的房产。农村房屋抵押，有利于保障农民的财产权。

其二，盘活农村静态的资产。

虽然法律并没有规定农村房屋不能抵押，但是受限于“房随地走，地随房走”的原则，农村房屋无法像城市房屋那样在市场上自由流转，也不具备融资担保功能。这样一来，农村房屋这一资产不能流转，变成了“死产”。允许农村房屋抵押可以将静态的资产转化为活的资产，让农村房屋成为农村发展的生产要素，激活农村经济。

其三，城乡一体化的发展要求。

随着城市化战略的逐步实施，在基础设施比较完备、经济比较发达的地区，城镇与农村已经没有明显的界限，而农民房屋不能自由买卖，把已完成城镇一体化的状态，人为地割裂成城镇和农村。因此，从城乡一体化的角度出发，开展农村房屋抵押融资，使得农村房屋能够像城市房屋一样自由抵押处分，符合城乡统筹的政策，对打破城乡隔绝、地域界限和身份限制有积极作用，有利于建立全国统一、公平竞争和城乡和谐的大金融市场。

②农村房屋抵押之可行性考察

其一，法律可行性之考察。

首先，《宪法》第13条规定国家依照法律规定保护公民的私有财产权。国家以根本大法的形式确定了公民合法的财产权。而公民的私有财产权应包括占有、使用、收益和处分的权利，因此，农民用自己所有的农村房屋设定抵押权，是依法处分自己的财产，符合国家根本大法的规定。

其次，《民法典》第113条规定：“民事主体的财产权利受法律平等保护。”第114条规定：“民事主体依法享有物权。物权是权利人依法对特定的物享有直接支配和排他的权利，包括所有权、用益物权和担保物权。”国家保护公民的合法财产权，法律允许城市房产可以用于抵押融资，根据法律之平等原则，农村集体土地上的房屋也应该和城市国有土地上的房屋一样可以用于抵押融资，体现法律的公平与正义。

再次，《民法典》第399条所规定的不得抵押的财产，主要是指宅基地的使用权不得抵押，并没有将农村房屋列为不得抵押的对象。另外，《民法典》第395条第1项规定可以作为抵押物的是“建筑物和其他土地附着物”。《民法典》没有对抵押房屋规定必须是国有土地上的房屋或集体土地上的房屋做区分，从严格意义上看，集体土地上的农村房屋是可以用于抵押的。

最后，根据《土地管理法》第62条第5款的规定，农村村民如果出租、出售、赠与宅基地上所建住宅后，不能再申请宅基地。由此可见，村民出租、出售房屋，法律并无禁止性规定，既然农村房屋可以出租、出售，那么根据法无禁止者皆可为的原则，宅基地上的农村房屋也可以用于抵押。

从上述三部法律规定分析可见，农村房屋抵押是有其法律可行性的。根据私法原则之“法无禁止者皆可为”，既然法律并没有明确进行农村房屋抵押，并且以上法律在一定程度上认可农民对自己的房屋进行处分，因此，我们也当然认定农村房屋抵押的行为有效。《中共中央、国务院关于做好2022年全面推进乡村振兴重点工作的意见》提出，稳慎推进农村宅基地制度改革试点，规范开展房地一体宅基地确权登记。稳妥有序推进农村集体经营性建设用地入市。推动开展集体经营性建设用地使用权抵押融资。

其二，理论可行性之考察。

法定租赁权法理依据是指因房屋在自然属性上与土地的不可分离，由于土地和房屋分别属于不动产，可以为不同的权利主体所有，可以单独作为交易的标的，因此当不同的或同一所有权人将土地或房屋同时或先后转让给不同的人所有，则推断为土地受让人默许房屋受让人继续使用土地，但房屋所有权人必须向土地所有权人支付相应的对价，其法律性质为租赁，且租赁的期限不受法律关于一般租赁合同租期之限制。

法定租赁权的性质是债权而非物权。正如学者指出的，在法定租赁权的制度框架下，农村房屋的买受人在取得房屋所有权的同时，对于房屋的宅基地并非取得作为物权的村民的“宅基地使用权”，而是取得作为债权的“宅基地租赁权”。基于该债权性质的租赁权，房屋买受人可以占有并使用宅基地，达到对宅基地用益的目的，这一结果并非出于农村房屋买卖双方的自由意志，而是出于法律的直接规定，同时，租赁的标的物是宅基地而不是宅基地所有权。

按照法定租赁权理论，对于农村房屋的受让人，就不会有身份的限制，即本集体的成员、其他农村集体的成员和城市居民，都完全可以作为受让人取得农村房屋的所有权，同时与该房屋宅基地所有权人的集体之间产生法定租赁权关系。在中国法律规定的集体土地使用范围内，用支付租金的方式解决集体土地问题是符合法律规定的，并且农村集体经济组织也可通过积累资金来解决农村集体经济组织内村民的福利和社会保障问题。

（3）建立和完善农村房屋抵押制度的建议

①加快推进农村房屋产权登记工作

根据《民法典》的基本原理，不动产物权的公示方式登记，未经登记或不生效力或不对抗第三人。因此，房屋产权证是开展农村房屋抵押融资的前提条件，农民要想抵押贷款，就必须办理抵押登记，否则不能进行抵押。因此，应大力推进对农村房屋产权登记工作，号召广大农民积极进行房屋登记，对符合农村房屋登记条件的房屋，不动产登记机构应当给予登记和发证。依照《国土资源部关于进一步加快宅基地和集体建设用地确权登记发证有关问题的通知》（国土资发〔2016〕191 号）规定及《自然资源部关于加快宅基地和集体建设用地使用权确权登记工作的通知》（自然资发〔2020〕84 号）的精神，宅基地使用权应按照“一户一宅”要求，原则上确权登记到“户”。推动解决宅基地“一户多宅”、缺少权属来源材料、超占面积、权利主体认定等问题，按照房地一体要求，统一确权登记、统一颁发证书，努力提高登记率。农村房屋所有权人的权利得到明确后，有利于农村房屋抵押，从而降低了金融机构抵押贷款的风险，保障了交易双方的合法权益。

②建立健全农村房屋价值评估体系

从目前市场交易的情况来看，绝大部分的评估机构都来自城市，专门的农村评估机构很少，难以完全适应市场经济发展的需要。此外，城市房屋的评估机构适用的标准是否适用于农村值得怀疑。因此，在现行的评估体系下，建立适合农村房屋的评估体系，合理评估农村房屋的价值，是非常重要和必要的。当然，并不是说完全地否定城市房屋评估体系，在建立农村房屋价值评估体系时，城市房屋的价值评估体系对农村房屋价值的评估仍然具有借鉴意义。

因此，政府应倡导成立农村房屋评估中介机构或设立相应部门，在农村建立房屋价值评估体系的基础上，金融机构可委托评估中介机构对农村房屋价值进行评估，农村房屋的所有权人也可以申请进行房屋价值评估，评估机构出具的评估报告将为金融机构对农村房屋抵押融资时的价值提供参考。

③建立健全社会保障服务体系

进行农村房屋抵押贷款，最大和最现实的问题是，农村房屋变现后，农民的居住问题。法律规定宅基地使用权不能流转，一个很重要的原因是为了保障农民的日常生活保障。如果农民将房屋进行抵押贷款，无法还贷时，农民将会失去房屋，一无所有，这将极大地影响农民的生存问题。因此，建立健全的社会保障体系，将有效地避免这类问题的发生，解决农民的后顾之忧，农民可以安心地将自己的房屋用于抵押，这将有利于推动农村房屋抵押的进行，发展农村经济。

④完善配套法律法规

在与国家法律、法规不冲突的原则下，制定规范性地方性法规，协调相关部门，行使地方立法权，制定适合当地农村房屋抵押的特色政策，将有利于推动中国法律制度的建设与完善。在一部分地区先行试点，对农村房屋抵押贷款问题进行立法实践，将是立法的有益探索。

因此，通过完善法律规范，对农房抵押贷款的相关法律问题加以规范，将有利于推动农村房屋抵押的顺利进行。例如，2015 年 5 月 6 日湖南省人民政府下发《湖南省农房抵押融资试点暂行办法》，为农村房屋产权直接向金融机构抵押融资提供了法律保障。

今后，加快推进农村房屋的登记工作、建立农村房屋价值评估系统、建立健全社会保障体系、完善配套法律法规等，将有利于统筹城乡一体化，发展农村经济。

（4）农村宅基地上合法建筑物设定抵押权可以认定有效

以案说法

法律规定宅基地使用权不得设定抵押，
但对宅基地上的合法建筑物并未禁止抵押

【案情介绍】

谢某元、肖某秀系夫妻关系。2012 年 4 月 18 日，二人与铜山区农村信用合作联社二堡分社签订个人担保借款合同，约定由谢某元向二堡信用分社借款 100 万元，以二人共有的位于××路 243 号房产（房屋所在土地用途为宅基地）为抵押物，并办理了抵押登记。借款到期后，谢某元、肖某秀未依约还款。2015 年 8 月 14 日，农村信用合作联社向法院提出申请，请求法院裁定拍卖或变卖涉案抵押房产，在借款本息范围内由申请人优先受偿。

法院适用实现担保物权特别程序进行审理认为，双方担保借款合同有效，担保法、物权法虽然规定了宅基地使用权不得设定抵押，但对宅基地上的合法建筑物，法律并未禁止抵押。2004 年《土地管理法》第 62 条第 4 款规定："农村村民出卖、出租住房后，再申请宅基地的，不予批准。"可见，法律不禁止农村居民出租、出卖自己的房屋，仅仅是出卖、出租房屋后需承担不被批准宅基地申请的不利后果。举重以明轻，既然农村房屋可以出卖，那么抵押作为一种处分行为，也应当允许。涉案抵押权的实现虽然存在一定风险，但并不妨碍抵押行为本身的有效性。因此，铜山法院裁定准予对涉案房产采取拍卖、变卖方式变价，申请人在 100 万元的范围内优先受偿。[1]

---

〔1〕 李冠颖：《农村宅基地上合法建筑物设定抵押权应认定有效——江苏徐州铜山区法院裁定铜山农村信用合作联社诉谢某元等实现担保物权案》，载《人民法院报》2016 年 6 月 9 日。

法理分析

本案的争议焦点为，农村宅基地上合法建筑物能否设定抵押？信用社能否主张对抵押房产优先受偿？笔者认为，根据实际情况，宅基地上合法建筑物可以设定抵押。

第一，司法审判要响应和遵守党和国家对农村土地政策的改革与调整。

长期以来，中国法学理论与实践遵从“地随房走，房随地走”（“房地一致”）的一般原则。依《民法典》的规定，房地一致有其固定的适用范围，禁止宅基地抵押的现有规定下，机械坚持该原则会导致农村房屋抵押无效的结论。限制农村房屋抵押对稳定和完善农村土地承包关系有积极作用，但随着经济和社会形势的发展，这一情况越来越限制了农民对承包土地的用益物权，不利于盘活农村土地资产和增加农民财产性收入渠道，消极作用越来越明显。

因此，为赋予农民更多财产权利，盘活农村土地资产，党和国家开始实施更为灵活的土地政策，积极探索农村承包土地的经营权和农民住房财产权抵押贷款试点工作。党的十八届三中全会通过的《中共中央关于全面深化改革若干重大问题的决定》，强调要赋予农民更多的财产权利，具体举措是：“保障农户宅基地用益物权，改革完善农村宅基地制度，选择若干试点，慎重稳妥推进农民住房财产权抵押、担保、转让，探索农民增加财产性收入渠道。”2015 年 8 月，国务院出台《关于开展农村承包土地的经营权和农民住房财产权抵押贷款试点的指导意见》，明确了“两权”抵押贷款试点的原则、路径、保障等。

《民法典》第 399 条第 2 款明确禁止对宅基地使用权的抵押，从而禁止了宅基地使用权的单独处分，但是法律规定可以抵押的除外。

上述规定为宅基地使用权的流转提出方案。土地管理的法律和国家有关规定可以对宅基地使用权的取得、行使和转让作出新的安排。从中国现行的政策规定来看，宅基地“三权分置”见诸 2018 年《中共中央、国务院关于实施乡村振兴战略的意见》，是其首次在中央文件中被正式提到。文件认为“三权”是“所有权、资格权、使用权”，在权能上对宅基地集体所有权要落实，宅基地农户资格权和农民房屋财产权要保障，宅基地和农民房屋使用权要适度放活。2021 年中央一号文件《中共中央、国务院关于全面推进乡村振兴加快农业农村现代化的意见》提出，稳慎推进农村宅基地制度改革试点，探索宅基地所有权、资格权、使用权分置的有效实现形式。推进宅基地

"三权分置"改革。《中共中央 国务院关于做好2022年全面推进乡村振兴重点工作的意见》提出，稳慎推进农村宅基地制度改革试点，规范开展房地一体宅基地确权登记。稳妥有序推进农村集体经营性建设用地入市。推动开展集体经营性建设用地使用权抵押融资。适度放活使用权是宅基地"三权分置"改革的重点，放活后的使用权承载了优化资源配置和保障农民财产权利的功能，其价值需要通过流转交易才能实现；结合宅基地有偿使用、自愿有偿退出等改革事项，打通宅基地与集体建设用地转换通道，完善盘活闲置宅基地和农房的政策体系，赋予利用主体完整的权能。

司法裁判要结合土地改革政策予以考量，本案发生于国家农村土地政策的调整时期，被申请人谢某元、肖某秀是基于扩大生产经营、改善自身生活的目的，设置抵押进行借款，属于国家鼓励的农民增加财产性收入的情况，从维护双方当事人权益和提供积极的司法应对出发，该抵押权应予保护。

第二，当然解释可以适用于民事案件裁判中。

当然解释是指某个法律条文虽然没有明文规定适用于该类案型，但从该法律条文的立法本意来看，该类案型比法律条文明文规定者更有适用的理由，因此适用该法律条文于该类案型的一种解释方法。当然解释分为"举重以明轻"与"举轻以明重"两种解释路径。其中，"举重以明轻"即根据法律规定的目的来考虑，如果其事实较之于法律所规定的情况，法律规定的情况更重，就可以直接适用或是参考该法律规定。当然解释虽然是刑法解释学的概念，但同样可以作为民事裁判说理的解释方法。

具体到本案，2004年《土地管理法》第62条第4款明确规定，农村村民出卖、出租住房后，再申请宅基地的，不予批准。可见，法律并不禁止农村村民出租、出卖自己的房屋，根据举重以明轻的解释方法，既然农村房屋可以出卖，那么抵押作为一种较轻的处分行为，也应允许。

第三，突破"房地一致"限制的抵押权亦是合法有效的抵押权。

农村宅基地上合法建筑物设定的抵押权，是一种有限制的抵押权，即这种抵押只是对宅基地上的房屋抵押有效，效力不能及于该房屋占用范围内的宅基地使用权，一旦债务人不能清偿到期债务，债权人只能以抵押房屋的建筑材料作为动产优先受偿，这样将房屋拆除而以建筑材料还债，无疑大大降低了房屋的价值，这是当事人不愿意看到的。据此，用农村房屋作抵押，要想实现抵押权也存在法律和实践上的限制，但不能因此否定抵押权人享有的优先受偿权。

本案中，二被申请人处分农村房屋，必然涉及该房屋所占用范围内的宅基地，但不妨碍抵押合同的有效性。同时，信用社只能对宅基地上的房产的材料的价值享有优先受偿权，对宅基地则无权处理，既然抵押人的抵押是自愿行为，则需承担相应权利义务，该抵押行为应认定为合法有效。

3. 私立学校、医院、养老机构等单位所有的房地产能否抵押并办理抵押登记

关于房地产抵押的范围，《物权法》及《民法典》均作出了禁止性规定。其中，对学校、幼儿园、医疗机构等为公益目的成立的非营利法人的教育设施、医疗卫生设施和其他公益设施做出了禁止抵押的规定。如何正确理解这一规定并应用于房地产抵押登记实务中非常重要。

我们对《民法典》的这一规定要理解透彻。笔者认为，要满足这一规定需要同时具备三个条件：一是房产必须是以公益性为目的；二是房产属教育设施、医疗卫生设施和其他社会公益设施；三是这些房产必须是为事业单位、社会团体所有。满足了这些条件，则符合上述法律法规明确规定的禁止抵押范围。

所以，公办学校、幼儿园、医院显然属于法律法规规定禁止抵押的范围。但是随着中国教育体制和医疗体制的改革，出现了越来越多的民办学校和医院，这种新型的教育、医疗单位由于自身的特点经常会出现融资需求，而以自身的资产进行抵押贷款无疑是一种重要的融资方式。那么在登记实践中遇到这类抵押需求，登记机构能否为其办理抵押登记？笔者认为，应当从下面两个方面来认识。

首先，我们应当认清民办学校、私立医院的本质。根据《民办教育促进法》的规定，国家机构以外的社会组织或者个人，利用非国家财政性经费，面向社会举办的学校及其他教育机构属于民办教育事业。民办教育事业属于公益性事业，是社会主义教育事业的重要组成部分。民办学校与公办学校具有同等的法律地位。

由此可以看出，以个人、社会组织名义开办的学校、幼儿园等，同样需要按照《民办教育促进法》《民办教育促进法实施条例》《幼儿园管理条例》等法律法规及相关规定设立，同样属于公益性事业，他们所有的教育设施（如教学楼、实验楼等）是实现办学目的的根本保障。同样，根据国务院《医疗机构管理条例》的规定，医疗机构应当以救死扶伤、防病治病，以公

民的健康服务为宗旨。因此，私立医院同样是以社会公益为目的。因此，学校和医院无论是公立还是私立，均属于法律法规禁止抵押的范围。同样属于禁止抵押的范围还包括其他社会公益设施，如公共图书馆、科学技术馆、工人文化宫、敬老院等用于社会公益目的的设施。

其次，我们还需注意的是，《民法典担保制度司法解释》第6条规定："以公益为目的的非营利性学校、幼儿园、医疗机构、养老机构等提供担保的，人民法院应当认定担保合同无效，但是有下列情形之一的除外：（一）在购入或者以融资租赁方式承租教育设施、医疗卫生设施、养老服务设施和其他公益设施时，出卖人、出租人为担保价款或者租金实现而在该公益设施上保留所有权；（二）以教育设施、医疗卫生设施、养老服务设施和其他公益设施以外的不动产、动产或者财产权利设立担保物权。登记为营利法人的学校、幼儿园、医疗机构、养老机构等提供担保，当事人以其不具有担保资格为由主张担保合同无效的，人民法院不予支持。"此条解释明确了允许抵押的情形需要满足的条件：是满足抵押物为教育设施、医疗设施和其他社会公益设施以外的财产。属于营利法人的学校、幼儿园、医疗机构、养老机构的财产可以抵押担保。

二、土地抵押

（一）土地抵押权的概念

土地抵押权是一种担保物权，是抵押人以其合法的土地以不转移占有的方式，向抵押权人提供债务履行的担保，当债务人不履行债务时，抵押权人有权依法以抵押的不动产拍卖、变卖所得的价款优先受偿。其中，提供土地或土地使用权作为担保的，为抵押人，接受土地或者土地使用权担保的债权人，为抵押权人。

从我国现行法律规定来看，土地抵押权指的是土地使用权抵押权，法律只允许对土地使用权进行抵押，而对土地使用权以外的其他土地他项权利，没有明确规定。

所谓土地使用权的抵押，是指抵押人以其土地使用权向抵押权人提供债务履行担保的行为。债务人不履行债务时，抵押权人有权依法从抵押的土地使用权拍卖所得的价款中优先受偿。[1]

土地使用权的抵押权就是指土地抵押关系中，抵押权人对作为抵押物的土地使用权和土地附着物所享有的以处分权和优先受偿权为中心的一系列权利。一般认为，土地使用权的抵押权作为抵押权的属概念，应归入担保权或者担保物权的范畴。但是，不可否认，土地使用权的抵押权又是设立于土地之上的权利和负担，属于土地权利的范畴。因此，土地抵押权关系的调整，不仅要适用关于担保的规定，而且要适用《土地管理法》的规定。[2] 土地使用权已逐渐成为经济生活中设定抵押权最主要的客体之一，土地使用权抵押作为一种十分有效的、低风险的担保方式已引起社会各界越来越多的关注。

土地使用权抵押在本质上具有担保物权性质，即具有物权性、价值性和担保性。就其法律价值而言，土地使用权抵押本以债的履行行为为目的，专为保证交易安全而设定，它通过土地使用权归属的变动来实现对债权的保障，体现了财产动态流转关系中民事主体对交易安全的追求，就抵押土地使用权的交换价值保障债的履行。本身就是对抵押权人于条件成熟情况下处分抵押土地使用权交换价值的一种信用保证，表现为民法中财产流转关系所包含的秩序价值以及民事主体所追求的效益价值，如无这些价值存在，就无对抵押土地使用权交换价值支配的存在，抵押当事人之间的关系就是无序、无益的；就其经济因素而言，它不是直接满足对土地的利用需求，不具有对土地占有、使用的权能，也不包含对土地使用权人正常使用行为的限制，但在交换价值权中直接包含了对抵押土地使用权交换价值的将来预期处分，体现了抵押人允许在自己不履行债务的情况下对土地使用权将来预期处分之内容。

（二）土地抵押权的法律特征

第一，土地抵押权具有担保物权和土地他项权利双重性质。土地抵押权作为抵押权的属概念，应当归入担保权或者担保物权的范畴，《民法典》第395条第1款第2项把建设用地使用权作为可以抵押的财产，因此，从物权法的意义来说，土地抵押权是一种担保物权；同时土地抵押权又是土地他项权利的一种，是设立于土地使用权之上的权利和负担。因此，土地抵押关系

---

〔1〕 王利明：《物权法论》，中国政法大学出版社1998年版，第614页。

〔2〕 王卫国：《中国土地权利研究》，中国政法大学出版社1997年版，第245页。

的调整，不仅要适用《民法典》的规定，而且要适用《土地管理法》的规定。

第二，我国的土地抵押权的标的为土地使用权。土地使用权与抵押权是两种不同的权利，但土地抵押权必须基于土地使用权（主权利）才能成立，并以土地使用权作为实现抵押权的标的。土地抵押权成为他项权利，因其标的物为土地，地上物及某些土地权利，抵押的目的在于确保债的经济价值的实现，故提供担保之物必须具有交换价值。出让土地使用权是使用者以支付金钱为代价而取得的，因此，土地使用权可以成为抵押标的物。目前，尚无法律明确规定其他土地他项权利可以作为抵押的标的，故土地抵押权的标的仅是土地使用权而不包括其他。

第三，土地抵押权附属于土地使用权，但两者又有着密切的联系，土地抵押权的效力对土地使用权有着重大影响。它的发生要以土地使用权的存在和行使为条件。

第四，土地抵押权的设定属于要式行为。设立土地抵押权必须订立书面的抵押合同，并进行土地抵押权抵押登记，抵押权自登记之日起设立。我国对土地抵押权登记实行强制登记制度，抵押登记应当作为抵押权成立的要件。

第五，土地抵押权具有担保物权的功用和效力，它的目的是通过土地权益归属的变更来实现债权的保障，而不是直接满足对土地的利用需求。因此，它不具有对土地占有使用的权益。根据土地他项权利性质来分，土地抵押权是担保性他项权利，而其他诸如地上权、地役权等均归属于用益性他项权利。这也是土地抵押权不同于其他土地他项权利的重要特征。

（三）土地使用权抵押法律关系的构成要素

土地使用权抵押法律关系是指土地使用权抵押双方当事人在抵押关系中依法所形成的权利义务关系。它由土地使用权抵押主体、客体和内容三个要素构成。[1]

1. 土地使用权抵押主体

土地使用权抵押主体，可以是自然人、法人或者非法人组织，是指成立抵押关系的债权人和设定人，债权人一般就是抵押权人或称受抵押人。设定人即抵押人，可以是债务人也可以是第三人，在我国土地使用权抵押主体是

〔1〕 刘光远、王志彬：《新编土地法教程》，北京大学出版社 1999 年版，第 175 页。

具有土地使用权的法人和自然人,[1] 也可以是非法人组织。

自然人、企业均可作为抵押权人申请以建设用地使用权及其地上建筑物、其他附着物所有权办理不动产抵押相关手续，涉及企业之间债权债务合同的须符合有关法律法规的规定。

土地使用权抵押人必须是对土地享有使用权的人。根据《城市房地产管理法》《民法典》和《城市房地产抵押管理办法》等有关规定，土地使用权抵押人应符合以下条件：

（1）土地使用权抵押人必须依法具有对抵押土地的处分权，即抵押人必须是土地使用权人，只有土地使用权人才享有独立财产权，才可依法行使对土地的处分权。

（2）通常情况下，土地使用权抵押人是通过出让和转让取得土地使用权的受让人。无偿划拨取得土地使用权的使用者也可以成为抵押人。以出让方式取得土地使用权的土地使用者由于向国家缴纳了土地出让金，可以按法律、法规的要求使土地使用权进入市场并实现其交换价值，而土地使用权划拨是国家以行政划拨方式将土地给土地使用者使用，土地使用者取得土地使用权而没有向国家缴纳土地出让金，土地交换价值应归属于国家而不是以划拨方式取得土地使用权的使用者，以划拨方式取得土地使用权的使用者对划拨土地使用权进行抵押应该经过批准，《城市房地产管理法》第 51 条规定，设定房地产抵押权的土地使用权是以划拨方式取得的，依法拍卖该房地产后，应当从拍卖所得的价款中缴纳相当于应缴纳的土地使用权出让金的款额后，抵押权人方可优先受偿。由此可知，划拨土地使用权可以抵押。

现实中，划拨建设用地的使用权人由于各种原因，以划拨建设用地的使用权或者以其地上建筑物抵押的案例很多，依据《民法典担保制度司法解释》第 50 条，抵押合同及抵押权的效力应当予以肯定，该条规定：“抵押人以划拨建设用地上的建筑物抵押，当事人以该建设用地使用权不能抵押或者未办理批准手续为由主张抵押合同无效或者不生效的，人民法院不予支持。抵押权依法实现时，拍卖、变卖建筑物所得的价款，应当优先用于补缴建设用地使用权出让金。当事人以划拨方式取得的建设用地使用权抵押，抵押人以未办理批准手续为由主张抵押合同无效或者不生效的，人民法院不予支持。已经依法办理抵押登记，抵押权人主张行使抵押权的，人民法院应予支

---

〔1〕 梁书文：《当前民法经济法的热点问题》，人民法院出版社 1995 年版，第 136 页。

持。抵押权依法实现时所得的价款，参照前款有关规定处理。”

（3）房、地同时抵押的抵押人，必须既是房屋（或者建筑物）所有权人又是土地使用权人。

（4）抵押人一般是债务人。由于抵押是为担保债而设定的，抵押法律关系随借贷债务法律关系的设定同步产生，借贷行为中的借款人既是债务人又是抵押人，那么，抵押权必然从属于债权，抵押权人也就是债权人，但土地使用权人也可以自己享有的土地使用权为他人担保债务，抵押人也可以是第三人。

（5）土地使用权抵押人也可以是土地使用权出租人。《民法典》第405条规定：“抵押权设立前，抵押财产已经出租并转移占有的，原租赁关系不受该抵押权的影响。”该规定说明，土地使用权出租人可以是土地使用权抵押人。事实上，土地使用权出租人的土地使用权人法律地位并没有因出租行为而中止，因此出租人仍可成为抵押人。

此外，通过继承方式取得土地使用权的土地使用者如果没有办理土地使用权过户手续，也不得以其本人名义将土地使用权设立抵押权。

就抵押权人而言，按有关法律的规定，抵押贷款中的抵押权人（贷款人）只能是银行或其他金融机构，不允许境内外非金融性公司、企业以及个人成为抵押权人（贷款人），因为我国法律禁止非金融性企业事业单位间相互贷款（资金拆借）；在抵押担保履行其他各种债务中的抵押权人的范围则比较广泛。不局限于银行和其他金融机构，原则上境内外法人和个人均可成为抵押权人。

2. 土地使用权抵押的客体

在我国，土地使用权抵押不是实物抵押，而是权利抵押。它是抵押人根据法律规定以其合法的土地使用权以不转移占有的方式，向抵押权人提供担保。土地所有权不得抵押。《宪法》和《土地管理法》都规定实行土地所有权的社会主义公有制，土地所有权不能买卖和非法转让，因而也不能设定抵押权。我国实行土地所有权和土地使用权相分离的原则，因此，可以设定抵押权的是土地使用权。从土地法上看，土地使用权抵押的预期法律后果就是土地使用权的转移，因此，从原则上讲，凡是法律上允许转让的土地使用权，都可以设定抵押。但现行法律对土地使用权的抵押方式或条件作了特别规定：

（1）抵押人有权依法处分的是国有土地使用权。法律规定的有关国有土地使用权的取得方式规定有两种：一是通过土地使用权出让的方式取得国有土地使用权，二是通过以土地使用权划拨的方式取得国有土地使用权。按照

《民法典》第395条第1款第2项的规定，建设用地使用权可以抵押。所谓建设用地使用权，是指自然人、法人和其他组织，对国家所有的土地，以利用该土地建造建筑物、构筑物及其附属设施为目的，而享有占有、使用和收益的权利。[1] 建设用地使用权是用益物权中的一项重要权利，权利人通过设立建设用地使用权，对国家所有的土地享有占有、使用和收益的权利，建设用地使用权人可以利用该土地建造建筑物、构筑物及其附属设施。因此，建设用地使用权具有重要的财产价值，具有商品流转的品质，可以作为抵押物。当债务人不履行债务时，抵押权人有权依法从抵押的建设用地使用权拍卖所得价款中优先受偿。

以出让方式获得的国有土地使用权可以设定抵押权，这在法律上有明文规定。[2] 根据《民法典》的规定，设立建设用地使用权可以采用出让或者划拨等方式。所谓建设用地使用权的出让，是指国家以土地所有者的身份，将建设用地使用权在一定年限内让与建设用地使用人，并由建设用地使用人向国家支付建设用地使用权出让金的行为。出让主要包括拍卖、招标和协议等方式。划拨是无偿取得建设用地使用权的一种方式，是指县级以上人民政府依法批准，在建设用地使用权人缴纳补偿、安置等费用后将该块土地交付其使用，或者将建设用地使用权无偿交付给建设用地使用权人使用的行为。以出让方式取得的建设用地使用权可以抵押，但以划拨方式取得的建设用地使用权，其流转要经过行政审批，并缴纳相应土地出让金或者土地收益，因此，只有在办理了出让手续后，才可以设定抵押。

已经征用的集体所有土地，土地所有权的主体转换为国家，用地单位取得的土地使用权是依法由土地管理部门代表国家划拨的土地，因此，对这类土地使用权与通过划拨国有土地使用权一样可以进行抵押。

《农村土地承包法》第53条规定："通过招标、拍卖、公开协商等方式承包农村土地，经依法登记取得权属证书的，可以依法采取出租、入股、抵押或者其他方式流转土地经营权。"

从中国的基本国情出发，对于集体土地使用权能否设定抵押的问题亦有规定。《土地管理法》第63条第3款规定，通过出让等方式取得的集体经营性建设用地使用权可以转让、互换、出资、赠与或者抵押，但法律、行政法

〔1〕 徐涤宇主编：《物权法特点问题讲座》，中国法制出版社2007年版，第163页。

〔2〕《民法典》第395条第1款第2项；《中华人民共和国城镇国有土地使用权出让和转让暂行条例》第19条、第32条。

规另有规定或者土地所有权人、土地使用权人签订的书面合同另有约定的除外。第 4 款则规定，集体经营性建设用地的出租，集体建设用地使用权的出让及其最高年限、转让、互换、出资、赠与、抵押等，参照同类用途的国有建设用地执行。具体办法由国务院制定。

通过出让等方式取得的集体经营性建设用地使用权和乡（镇）、村企业有地上建筑物的集体建设用地使用权可以设定抵押，其他类型的集体土地使用权不得设定抵押。

（2）抵押的土地使用权必须是抵押人的合法权利。设定抵押的土地使用权，抵押人必须拥有，而且这种拥有是真实存在的，具有确定性。未依法办理审批、登记手续的土地使用权不得抵押。以公益为目的的事业单位、社会团体的教育设施、医疗卫生设施和其他社会公益设施以及所占用的土地不得抵押。权利不明或有争议的土地使用权不得抵押，依法被查封、监管的土地使用权不得抵押。对未达到转让条件的土地使用权能否设定抵押？笔者认为，相关法律应明确规定未达到转让条件的土地使用权不能设定抵押。根据《城市房地产管理法》第 38 条的规定，土地使用权人对未达到转让条件的土地使用权是无权进行处分的，当然也就无权设定抵押，对于无地上定着物的土地使用权的权利人更无权对土地使用权进行包括抵押在内的处分；由于能设定抵押权的土地使用权必须是能够转让的土地使用权，不能转让的土地使用权不能进行抵押，而未达到《城市房地产管理法》第 38 条规定的土地使用权是不能转让的。所以该土地使用权也不能进行抵押。如果允许未达到转让条件的土地使用权进行抵押，那么抵押人和抵押权人有可能串通合谋将未达到转让条件的土地使用权设定抵押，借抵押之名行炒卖地皮之实，规避法律，导致《城市房地产管理法》第 38 条形同虚设。

（3）抵押地上建筑物、附着物的，土地使用权随同抵押；以建设用地使用权抵押的，该土地上的建筑物一并抵押。《城镇国有土地使用权出让和转让暂行条例》第 33 条规定，地上建筑物、其他附着物抵押时，其使用范围内的土地使用权随之抵押。此规定说明，抵押人抵押具有处分权的地上定着物时，占用范围内的不论是出让还是划拨取得的土地使用权都可抵押。为贯彻房产与地产权利主体一致原则，《城市房地产管理法》第 48 条第 1 款也规定："依法取得的房屋所有权连同该房屋占用范围内的土地使用权，可以设定抵押权。"这一规定显然要求将房产与地产作为一个整体进行抵押。《民法典》严格要求房地必须同时抵押，该法第 397 条规定："以建筑物抵押的，该建筑物占用范围内的建设用地使用权一并抵押。以建设用地使用权抵押的，该土地上的建筑物一并抵押。抵押人未依照前款规定一并抵押的，未抵押的财产视为一并抵押。”从我国现行法律不难看出，中国采用房产与地产同时抵押的方式。

根据《民法典》第 397 条的规定，我国在处理土地与建筑物的关系时采取“地随房走或者房随地走”的原则，要求建设用地使用权的主体与地上建筑物及其他附着物所有权的主体保持同一。因此，在抵押权设定时，法律将建筑物和建设用地使用权视为一个整体，不允许将它们分别抵押，无论是以建设用地使用权抵押为目的，还是以土地上的建筑物抵押为目的，相应的建筑物或建设用地使用权作为统一的抵押标的物的组成部分。这样在抵押权实现时，就不致出现因房地分别抵押或单独抵押时建设用地使用权与地上建筑物所有权或使用权主体不一致的状况，从而发生权利的冲突与摩擦。当然，上述规定并不适用于建设用地使用权抵押后土地上新增的建筑物或附着物。根据《民法典》第 417 条的规定，建设用地使用权抵押后，该土地上新增的建筑物不属于抵押财产。该建设用地使用权实现抵押权时，应当将该土地上新增的建筑物与建设用地使用权一并处分。但是，新增建筑物所得的价款，抵押权人无权优先受偿。

根据《民法典》第 398 条的规定，乡镇、村企业的建设用地使用权不得单独抵押。以乡镇、村企业的厂房等建筑物抵押的，其占用范围内的建设用地使用权一并抵押。可见，我国法律对乡镇、村企业的建设用地使用权抵押采取严格限制的态度，禁止乡镇、村企业以建设用地使用权单独抵押，但允许其以建设用地使用权随厂房等建筑物一并抵押。为了保护土地的集体所有，《民法典》第 418 条对实现抵押权后土地的性质和用途又作了进一步的限制性规定：以乡镇、村企业的厂房等建筑物占用范围内的建设用地使用权一并抵押的，实现抵押权后，未经法定程序，不得改变土地所有权的性质和土地用途。

（4）抵押共有土地使用权，应取得其他共有人书面同意。

3. 土地使用权抵押的内容

（1）抵押人的权利与义务

抵押人的权利主要有：①占有、使用和收益的权利。不动产抵押的典型特征是不转移抵押标的物的占有和使用的权利，抵押人设定抵押是以不转移占有的方式向抵押权人提供担保，因此抵押人仍保留对抵押地块的占有、使用以及按照出让合同约定条件开发利用并获取收益的权利。②多重抵押设定权。抵押人可以就同一土地的使用权设定数个不同抵押权，各个抵押权人按其先后顺序行使抵押权。③处分土地使用权的权利。这种处分包括两个方面：一是转让土地使用权，抵押设定后，抵押人并未因此丧失土地使用权，所以可以转让土地使用权。二是出租土地使用权。

抵押人的义务：一是保证土地完整性的义务。由于抵押人保留对土地的占有、使用，在占有、使用过程中不得违背出让合同的规定和抵押合同的约定，如果有违背的，抵押权人有权制止，造成损害的，抵押权人有权要求赔偿。二是抵押人有保证抵押权人实现抵押权的义务。

（2）抵押权人的权利与义务

抵押权人的权利如下：一是优先受偿的权利。即抵押权优先于普通债权；登记在先的抵押权优先于登记在后的抵押权。二是保全抵押权。由于抵押标的物不转移占有，从而保全抵押物价值是保证抵押权人实现抵押权的关键。因此在抵押存续期间，抵押权人有权依照抵押合同的规定监督、检查抵押物的管理情况，对抵押人的占用权加以限制。根据《民法典》的规定，这种限制主要有几个方面：一是毁损抵押物价值的限制，抵押期间，抵押人占有、管理抵押物的同时负有保证抵押物价值不受毁损的责任，在抵押人或第三人的行为有可能造成抵押土地价值减少时，抵押权人可以要求侵害人停止侵害，或申请法院限制侵害行为。已造成损害的，抵押权人有权要求恢复原状，赔偿损失。二是物上代位权。抵押权人可根据抵押人让与的赔偿或补偿请求权，代替抵押人直接向第三人或保险公司请求损害赔偿或给付保险金。三是处分抵押权。即让与抵押权，但让与抵押权应连同债权一起让与，且须通知抵押人。

抵押权人的义务是：抵押权人变卖抵押物价款优先受偿后的剩余部分应返还抵押人，以及应将实施物上代位权所获赔偿金的所有权归属抵押人。

其他内容详见第四章第四节的论述。

（四）“农村集体经营性建设用地使用权抵押”的实验与推广

党的十八届三中全会提出“允许农村集体经营性建设用地出让、租赁、入股，实行与国有土地同等入市、同权同价”。集体经营性建设用地制度改革的基本思路是：允许土地利用总体规划和城乡规划确定为工矿仓储、商服等经营性用途的存量农村集体建设用地，与国有建设用地享有同等权利，在符合规划、用途管制和依法取得的前提下，可以出让、租赁、入股，完善入市交易规则、服务监管制度和土地增值收益的合理分配机制。

（五）关于建设用地使用权转让、出租、抵押二级市场

2017 年 1 月 22 日国土资源部印发《关于完善建设用地使用权转让、出租、抵押二级市场的试点方案》的通知（国土资发〔2017〕12 号），通过改革试点，到 2018 年年底，在相关地区建立符合城乡统一建设用地市场要求，产权明晰、市场定价、信息集聚、交易安全的土地二级市场，市场规则基本完善，土地资源配置效率显著提高，形成一批可复制、可推广的改革成果，为构建城乡统一的建设用地市场、形成竞争有序的土地市场体系、修改完善相关法律法规提供支撑。

国务院办公厅 2019 年《关于完善建设用地使用权转让、出租、抵押二级市场的指导意见》（国办发〔2019〕34 号），该意见明确了建设用地使用权转让形式：将各类导致建设用地使用权转移的行为都视为建设用地使用权转让，包括买卖、交换、赠与、出资等，以及司法处置、资产处置、法人或其他组织合并或分立等形式涉及的建设用地使用权转移。建设用地使用权转移的，地上建筑物、其他附着物所有权应一并转移。

该意见明晰了不同权能建设用地使用权转让的必要条件，以划拨方式取得的建设用地使用权转让，需经依法批准，土地用途符合《划拨用地目录》[1] 的，可不补缴土地出让价款，按转移登记办理；不符合《划拨用地目录》[2] 的，在符合规划的前提下，由受让方依法依规补缴土地出让价款。以出让方式取得的建设用地使用权转让，在符合法律法规规定和出让合同约定的前提下，应充分保障交易自由；原出让合同对转让条件另有约定的，从其约定。以作价出资或入股方式取得的建设用地使用权转让，参照以出让方式取得的建设用地使用权转让有关规定，不再报经原批准建设用地使用权作价出资或入股的机关批准；转让后，可保留为作价出资或入股方式，或直接变更为出让方式。

该意见完善建设用地使用权抵押机制。明确不同权能建设用地使用权抵押的条件。以划拨方式取得的建设用地使用权可以依法依规设定抵押权，划拨土地抵押权实现时应优先缴纳土地出让收入。以出让、作价出资或入股等

[1] 《划拨用地目录》，载中国政府网，http://www.gov.cn/govweb/gongbao/content/2002/content_61572.htm，2022 年 10 月 20 日访问。

[2] 2001 年 10 月 22 日国土资源部令第 9 号发布《划拨用地目录》，自发布之日起施行。

方式取得的建设用地使用权可以设定抵押权。以租赁方式取得的建设用地使用权，承租人在按规定支付土地租金并完成开发建设后，根据租赁合同约定，其地上建筑物、其他附着物连同土地可以依法一并抵押。放宽对抵押权人的限制。自然人、企业均可作为抵押权人申请以建设用地使用权及其地上建筑物、其他附着物所有权办理不动产抵押相关手续，涉及企业之间债权债务合同的须符合有关法律法规的规定。依法保障抵押权能。探索允许不以公益为目的的养老、教育等社会领域企业以有偿取得的建设用地使用权、设施等财产进行抵押融资。各地要进一步完善抵押权实现后保障原有经营活动持续稳定的配套措施，确保土地用途不改变、利益相关人权益不受损。探索建立建设用地使用权抵押风险提示机制和抵押资金监管机制，防控市场风险。

（六）《土地管理法》第三次修正允许集体建设用地使用权出让、转让、互换、出资、赠与、抵押

现行《土地管理法》自 1986 年颁布以来，历经 1988 年第一次修正、1998 年全面修订、2004 年第二次修正。

修改的基本思路是将集体经营性建设用地与国有建设用地市场交易制度相衔接，实现同地同权。《土地管理法》第 63 条规定，土地利用总体规划、城乡规划确定为工业、商业等经营性用途，并经依法登记的集体经营性建设用地，土地所有权人可以通过出让、出租等方式交由单位或者个人使用，并应当签订书面合同，载明土地界址、面积、动工期限、使用期限、土地用途、规划条件和双方其他权利义务。前款规定的集体经营性建设用地出让、出租等，应当经本集体经济组织成员的村民会议三分之二以上成员或者三分之二以上村民代表的同意。通过出让等方式取得的集体经营性建设用地使用权可以转让、互换、出资、赠与或者抵押，但法律、行政法规另有规定或者土地所有权人、土地使用权人签订的书面合同另有约定的除外。集体经营性建设用地的出租，集体建设用地使用权的出让及其最高年限、转让、互换、出资、赠与、抵押等，参照同类用途的国有建设用地执行。具体办法由国务院制定。

第 63 条对集体经营性建设用地入市的范围、条件等进行原则性规定，明确符合土地利用总体规划的集体经营性建设用地，土地所有权人可以采取出让、租赁、作价出资或者入股等方式由单位或者个人使用。集体经营性建设用地使用权可以转让、出租、抵押。

三、海域使用权抵押

（一）海域使用权抵押概述

根据《中华人民共和国海域使用管理法》（以下简称《海域使用管理法》），所谓海域，是指中华人民共和国内水、领海的水面、水体、海床和底土。随着科学技术的发展、人口的增加和自然资源的减少，海域的经济价值越来越受到重视，各沿海国家纷纷制定法律对海域进行保护和规范。为了加强海域使用管理，维护相关权利主体的合法权益，促进海域的合理开发和可持续利用，2001 年第九届全国人大常委会审议通过了《海域使用管理法》，在该部法律中规定了海域属于国家所有，国务院代表国家行使海域所有权。单位和个人使用海域，必须依法取得海域使用权。海域使用权可以依法转让和继承，《民法典》第 328 条明确规定了依法取得的海域使用权受法律保护。上述两部法律均确认了海域使用权的存在。

海域使用权，是指权利人依法占有特定的海域并利用海域进行养殖、旅游、运输、采矿、修建港口和各种设施等并获取收益的权利。〔1〕海域使用权抵押是指海域使用权人将自己的海域使用权在不转移占有的前提下，为他人债权的实现提供担保，在该债权逾期不能实现时，债权人可以拍卖该海域使用权，对所获得价金优先受偿的制度。关于海域使用权的性质有物权说、特许物权说、准物权说、混合权利说等，有学者将海域使用权界定为一种特殊的用益物权。〔2〕为了应对实际需要，规范海域使用权担保功能，一些沿海省市如浙江省、江苏省、山东省、福建省、河北省、辽宁省、天津市等分别制定了关于海域使用权抵押贷款的管理条例、意见或登记办法。例如，《天津市海域使用管理条例》第 22 条规定，缴纳海域使用金取得的海域使用权，可以转让、出租、抵押、作价入股和继承。

将海域使用权作为融资担保工具时存在采用权利抵押权还是权利质权的模式选择。依担保物权的基本法理，质权为非用益型担保，质权人、出质人均无权就担保物为使用、收益，质权设立后，担保物即被沉淀，但抵押权为

〔1〕王利明：《试论〈物权法〉中海域使用权的性质和特点》，载《社会科学研究》2008 年第 4 期。

〔2〕张井富：《我国海域使用权抵押问题研究》，海南大学 2012 年硕士学位论文。

用益性担保，抵押人仍可就担保物为使用、收益。就海域使用权而言，若设定质权，在移转权利的“占有”之后，海域使用权人已无权行使海域使用权，债权人亦无法行使海域使用权，此海域使用权即成为沉淀财产，未能达到该权利的设定目的。海域使用权人在海域使用权之上为债权人设定担保之后，仍得行使海域使用权以取得收益，达到通过设定担保促进生产，并进而活跃经济、增进社会财富的目标。准此以解，海域使用权之上应当设定抵押权，而不是质权。此外，依《民法典》第395条第1款第3项关于海域使用权的规定，海域使用权应当可以设立抵押权。法律或行政法规中并未对海域使用权是否可以出质作出明文规定，在物权法定主义之下，海域使用权无法在权利质权中占有一席之地。[1] 抵押权素有“担保之王”的美誉，其对于促进经济发展具有十分重要的作用。

（二）海域使用权抵押权的设立

1. 海域使用权抵押权设立的形式要件

《民法典》第135条规定：“民事法律行为可以采用书面形式、口头形式或者其他形式；法律、行政法规规定或者当事人约定采用特定形式的，应当采用特定形式。”海域使用权抵押权也是抵押权的一种，其成立应当符合《民法典》第388条及其他法律、行政法规中对设定抵押权应当采用特定形式即签订书面合同的特殊规定。

（1）当事人应当订立海域使用权抵押权的书面合同。《民法典》第388条规定：“设立担保物权，应当依照本法和其他法律的规定订立担保合同。”《民法典》第400条第1款规定：“设立抵押权，当事人应当采用书面形式订立抵押合同。”海域使用权抵押合同的主要条款一般应包括：海域使用权担保的主债权的种类和数额；债务人履行债务的期限；海域使用权人姓名、海域使用权证书的编号、设定抵押权海域的所在地、大小、边界、面积、用途；所担保的范围；违约责任等。《民法典》第401条关于“流押”条款效力的规定同样也应适用于海域使用权抵押，即抵押权人在债务履行期限届满前，与抵押人约定债务人不履行到期债务时抵押财产归债权人所有的，只能依法就抵押财产优先受偿。

（2）海域使用权抵押要办理抵押登记。《民法典》的不动产物权登记制度

---

〔1〕 高圣平：《〈物权法〉背景下的海域使用权抵押制度——兼及物权法上的类推适用》，载《海洋开发与管理》2008年第2期。

主要采取两种主义：一是登记生效主义，不登记则不生效；二是登记对抗主义，不登记则不能对抗善意第三人。《民法典》第 402 条规定了《民法典》第 395 条第 1 款第 1 项至第 3 项规定的财产或者第 5 项规定的正在建造的建筑物抵押的，应当办理抵押登记。抵押权自登记时设立。采取的是登记生效主义。

根据《不动产登记暂行条例》的规定国家实行不动产统一登记制度。国务院国土资源主管部门负责指导、监督全国不动产登记工作。县级以上地方人民政府应当确定一个部门为本行政区域的不动产登记机构，负责不动产登记工作，并接受上级人民政府不动产登记主管部门的指导、监督。不动产登记由不动产所在地的县级人民政府不动产登记机构办理。《不动产登记暂行条例》颁布后，各地纷纷制定地方法律法规对不动产登记进行规范。例如，《天津市不动产登记条例》第 5 条规定："市规划和自然资源行政主管部门是本市不动产登记机构（简称不动产登记机构），负责全市不动产登记工作。市规划和自然资源行政主管部门可以委托区国土资源管理部门办理不动产登记事务。农业农村管理部门配合不动产登记机构做好登记工作。"可见目前海域使用权抵押登记部门已经由以前的海洋管理部门变为现在的不动产登记机构。

2. 海域使用权抵押设立的实质要件

根据《民法典》第 143 条的规定，海域使用权抵押设立的实质性要件应该是主体适格、意思表示真实，并且内容合法不违反法律、行政法规的强制性规定。满足前述条件抵押人应该依法取得海域使用权。实现抵押权时必须处分抵押物。因此，抵押人必须对该海域拥有合法的使用权，只有依法取得的海域使用权，权利人才有权处分。

（三）海域使用权抵押的客体范围

海域使用权抵押的客体是指哪些种类的海域使用权可以设定抵押权。海域使用权的客体比较复杂。海域使用权是对通过划定经纬度及四至的方式确定的一个具有多层次的立体空间的使用权，由于海域是一个多层次的立体空间，所以对同一海域往往可以有多种使用方式，如水面旅游用海和水下养殖用海可以并行。从理论上讲，在各种使用方式不排斥的情况下，为了更大程度地实现海域的使用价值，可以将海域不同构成部分的使用权授予不同的民事主体享有和行使，则同一海域可能存在不同权能作抵押的情形。

根据《民法典》第 399 条第 3 项的规定，学校、幼儿园、医疗机构等为公益目的成立的非营利法人的教育设施、医疗卫生设施和其他公益设施。第 5 项规定，依法被查封、扣押、监管的财产不得抵押。《海域使用管理法》

第 35 条规定，军事用海、公务船舶专用码头用海、非经营性的航道、锚地等交通基础设施用海以及教学、科研、防灾减灾、海难搜救打捞等非经营性公益事业用海免缴海域使用金。根据《民法典》第 399 条的规定，《海域使用管理法》第 35 条所规定的这些非经营性公益事业用海也不应该被抵押。

《民法典》第 397 条规定："以建筑物抵押的，该建筑物占用范围内的建设用地使用权一并抵押。以建设用地使用权抵押的，该土地上的建筑物一并抵押。抵押人未依照前款规定一并抵押的，未抵押的财产视为一并抵押。"该条规定说明在抵押时土地使用权和其上的建筑物应该一并抵押。《不动产登记暂行条例实施细则》第 65 条第 2 款规定："以建设用地使用权、海域使用权抵押的，该土地、海域上的建筑物、构筑物一并抵押；以建筑物、构筑物抵押的，该建筑物、构筑物占用范围内的建设用地使用权、海域使用权一并抵押。"该条规定与《民法典》的规定一致。但海域使用权设定抵押后，海域使用权上新增加的固定附属用海设施能否进入抵押的范围？参照《民法典》第 417 条规定："建设用地使用权抵押后，该土地上新增的建筑物不属于抵押财产。该建设用地使用权实现抵押权时，应当将该土地上新增的建筑物与建设用地使用权一并处分。但是，新增建筑物所得的价款，抵押权人无权优先受偿。"该条规定说明在抵押后新增建筑物并不随地走。根据《民法典》的上述精神，海域使用权上新增加的固定附属用海设施不属于抵押的范围，抵押权人在对海域使用权上新增加的固定附属用海设施行使抵押权时可以一起实现，但是不能优先受偿。

（四）海域使用权抵押权的实现

根据《民法典》第 410 条的规定，抵押权的实现方式包括协议折价、拍卖、变卖方式和无协议时请求人民法院拍卖、变卖方式。有学者认为根据《海域使用管理法》第 19 条和第 20 条的规定海域使用权的取得有两种方式，一种是依据申请取得，另一种是通过招标或者拍卖的方式取得，所以不可以协议折价取得。笔者认为，《海域使用管理法》第 19 条和第 20 条规定的只是一级市场海域使用权的取得方式即须通过申请审批或招标拍卖方式取得，而二级市场则可以通过转让、继承方式取得，所以可以以协议折价方式实现海域使用权抵押权。但是该抵押权的实现需要经过行政机关的批准并登记，登记后受让方才取得海域使用权。

海域使用权人与海域使用权抵押权人协议折价实现海域使用权抵押权时，应当符合《海域使用管理法》规定的海域使用权转让的条件，不能自由转让。

（五）海域使用权抵押权的消灭

海域使用权抵押权的消灭原因主要有两类。第一类是抵押权消灭的一般原因，包括抵押权的实现、抵押权人放弃抵押权、主债权消灭等；第二类是海域使用权消灭所导致的海域使用权抵押权的消灭。

1. 海域使用权期限届满未续期导致的海域使用权终止

海域使用权属于有期限的用益物权，根据《海域使用管理法》第 25 条的规定，海域使用权的最高期限按照用途确定，养殖用海十五年；拆船用海二十年；旅游、娱乐用海二十五年；盐业、矿业用海三十年；公益事业用海四十年；港口、修造船厂等建设工程用海五十年。根据《海域使用管理法》第 26 条、第 29 条之规定，海域使用权期限届满，海域使用权人需要继续使用海域的，应当至迟于期限届满前二个月向原批准用海的人民政府申请续期；海域使用权期满，未申请续期或者申请续期未获批准的，海域使用权终止。当海域使用权的期限届满，海域使用权人未申请展期或者展期申请未获批准的，海域使用权将因期限届满而自行终止。

2. 海域使用权客体消失而终止

当海域因自然或者人为原因而消灭时，海域使用权将会因客体的消灭而终止。海域灭失的自然原因包括因地震、海啸、火山、泥石流等自然原因导致海域使用权人使用的特定海域消失；海域灭失的人为原因主要是指因填海造陆或者某些海岸工程用海而使特定海域消灭，根据《海域使用管理法》第 32 条的规定，“填海项目竣工后形成的土地，属于国家所有。海域使用权人应当自填海项目竣工之日起三个月内，凭海域使用权证书，向县级以上人民政府土地行政主管部门提出土地登记申请，由县级以上人民政府登记造册，换发国有土地使用权证书，确认土地使用权”。根据上述规定，填海造陆项目完成后，特定海域将变成陆地，以该特定海域为标的物设立的海域使用权将因客体的消灭而终止。

3. 海域使用权人的抛弃而终止

民事权利作为私权利，可以因权利人的抛弃而终止。海域使用权作为以登记公示为生效要件的不动产用益物权，海域使用权的抛弃应在权利涂销登记后发生法律效力。目前《海域使用管理法》未对海域使用权的抛弃作出明确规定，但有些沿海地市已对此作出了相关规定。

4. 因使用的海域被提前收回而终止

一般情况下，海域使用权人的权利神圣不可侵犯，但在法定情形下，原批准用海的人民政府可以依法提前收回海域使用权。比如，因公共利益或者国家安全的需要，原批准用海的人民政府可以依法收回海域使用权。但此时政府可能会支付“相应的补偿”，根据《民法典》第 390 条的规定，担保期间，担保财产毁损、灭失或者被征收等，担保物权人可以就获得的保险金、赔偿金或者补偿金等优先受偿。被担保债权的履行期限未届满的，也可以提存该保险金、赔偿金或者补偿金等。

因海域使用权人不合理的使用行为而提前收回。根据《海域使用管理法》第 46 条、第 48 条的规定，海域使用权人擅自改变海域用途的，责令限期改正后使用权人拒不改正的，颁发海域使用权证书的人民政府有权注销海域使用权证书，收回海域使用权；不按期缴纳海域使用金的，在限期内仍拒不缴纳的，由颁发海域使用权证书的人民政府注销海域使用权证书，收回海域使用权。另外海域闲置达到一定期限（如两年）之上，颁发海域使用权证书的人民政府亦应有权注销海域使用权证书，提前收回海域使用权。[1]

四、土地承包经营权与土地经营权抵押

土地承包经营权抵押是指土地承包经营权人在法律许可的范围内，在不转移土地占有的情况下，将土地承包经营权作为债权的担保；当债务人不履行债务时，债权人有权依法处分该土地承包经营权并由处分所得的价款优先受偿。其中，提供土地承包经营权作为担保的，为抵押人；接受土地承包经营权担保的债权人，为抵押权人。农民集体所有和国家所有由农民集体使用的耕地、林地、草地以及其他用于农业的土地，依法实行土地承包经营制度。[2]

（一）农村土地承包经营权抵押现状

1. 法律上从基本禁止，到逐步放开

根据 1995 年颁行的《担保法》第 34 条第 5 项、第 36 条第 3 款、第 37 条第 2 项的规定，除承包人依法承包并经发包方同意抵押的荒山、荒沟、荒丘、荒滩等荒地的土地使用权可以抵押，以及以乡（镇）、村企业的厂房等建筑物抵押的，其使用范围内的土地使用权同时抵押两种情形外，明确禁止

---

〔1〕 杨潮声：《海域使用权制度研究》，吉林大学 2011 年博士学位论文。

〔2〕《民法典》第 330 条第 2 款。

耕地、宅基地、自留地、自留山等集体所有的其他的土地使用权抵押。《农村土地承包法》在家庭承包的土地承包经营权抵押问题上没有具体列举，但同时也未明令禁止。同样，2005 年农业部发布的《农村土地承包经营权流转管理办法》第 34 条规定“通过招标、拍卖和公开协商等方式承包荒山、荒沟、荒丘、荒滩等农村土地，经依法登记取得农村土地承包经营权证的，可以采取转让、出租、入股、抵押或者其他方式流转，其流转管理参照本办法执行”。

2007 年颁布的《物权法》第 184 条再次明确规定耕地、宅基地、自留地、自留山等集体所有的土地使用权不得抵押。显而易见，我国立法和司法解释关于土地承包经营权能否抵押的问题，主要根据土地取得方式以及权利标的作了不同规定，即以家庭承包方式取得的土地承包经营权不得抵押，而以其他方式取得的“荒地”承包经营权可以抵押[1]。当然，这种差别性的立法政策在一定程度上也印证了土地承包经营权抵押的正当性，土地承包经营权应具备的占有、使用、收益及部分处分权能，承认土地承包经营权的转让，却禁止土地承包经营权的抵押，这样的立法是自相矛盾的、非理性的设计。[2] 抵押的功能主要表现在当债务人不能按期偿还债务，或当事人双方约定的抵押权实现情形出现时，债权人有权就抵押物进行变价优先受偿，以确保其债权的充分实现。为此，抵押的标的物一般应具备特定性、可转让性、价值性三个基本特点。《民法典》对土地承包经营权抵押范围进行扩大，第 342 条规定，通过招标、拍卖、公开协商等方式承包农村土地，经依法登记取得权属证书的，可以依法采取出租、入股、抵押或者其他方式流转土地经营权。很显然，农村土地承包经营权作为抵押权标的具有当然的适格性，只是抵押的范围有所限制。

2. 政策解禁，已逐步试点，并允许抵押

土地承包经营权抵押的政策风向随着农村经济的发展已经由绝对禁止转向逐步解禁。各地的实践再次充分证明，土地承包经营权抵押能够在不改变农地承包经营主体的前提下为其提供资金支持，尤其在当前农村金融发展不够健全的背景下具有相当的现实需求土壤。[3] 2010 年 5 月，央行联合其他

---

〔1〕 季秀平：《论土地承包经营权抵押制度的改革与完善》，载《南京社会科学》2009 年第 1 期。

〔2〕 高圣平：《法律视野中的农村土地承包经营权》，载《南昌大学学报（人文社会科学版）》2009 年第 1 期。

〔3〕 叶敏：《土地承包经营权抵押的可行性分析》，载《经济研究导刊》2011 年第 15 期。

部门出台了《关于全面推进农村金融产品和服务方式创新的指导意见》，明确在确保土地集体所有性质、禁止农地非农化且在农民土地承包权益不受损害的前提下，探索开展相应的抵押贷款试点。该指导意见是在9省农村金融试点的基础上作出的，进一步拓展农村抵押贷款方式和手段，将农村土地承包经营权流转和农房用地纳入抵押贷款的担保范围进行试点。然而最具有里程碑意义的政策性文件，当属2014年中办、国办印发的《关于引导农村土地经营权有序流转发展农业适度规模经营的意见》，首次提出农村土地“三权”分置改革，坚持农村土地集体所有权，稳定农户承包权，放活经营权，有序推进土地经营权抵押、担保等方面的改革探索，通过促进农业适度规模经营，这是农村土地承包经营权抵押最有力的政策支撑。国务院2015年8月10日发布了《关于开展农村承包土地的经营权和农民住房财产权抵押贷款试点的指导意见》（国发〔2015〕45号）（以下简称《指导意见》），在《指导意见》中规定：按照所有权、承包权、经营权“三权”分置和经营权流转有关要求，以落实农村土地的用益物权、赋予农民更多财产权利为出发点，深化农村金融改革创新，稳妥有序开展“两权”抵押贷款业务，有效盘活农村资源、资金、资产，增加农业生产中长期和规模化经营的资金投入，为稳步推进农村土地制度改革提供经验和模式，促进农民增收致富和农业现代化加快发展。《指导意见》指出：试点任务赋予“两权”抵押融资功能，维护农民土地权益。在防范风险、遵守有关法律法规和农村土地制度改革等政策基础上，稳妥有序开展“两权”抵押贷款试点。由农业农村部发布，自2021年3月1日起施行的《农村土地经营权流转管理办法》，落实“三权”分置制度，采用了新名称。按照集体所有权、农户承包权、土地经营权“三权”分置并行要求，该办法聚焦土地经营权流转，允许土地经营权抵押，鼓励承包方和受让方在土地经营权流转市场或者农村产权交易市场公开交易。该办法第12条规定，“受让方将流转取得的土地经营权再流转以及向金融机构融资担保的，应当事先取得承包方书面同意，并向发包方备案。”明确了土地经营权抵押的具体办法。

（二）土地承包经营权、土地经营权抵押的重要意义

1. 能够解决农民贷款难题

近年来国家颁行了一系列惠民措施，稳定了土地的承包经营权关系，刺激了农民尤其是一些经营能手、专业大户、家庭农场对土地投资的热情。但农民手中拥有的资金不多，并且可以作为有效担保的财产有限，贷款、融资

也很困难，使农民对土地的投资往往“心有余而力不足”。承包经营的土地在农民所拥有的财产里占有相当大的比例，如果允许土地承包经营权抵押，拓宽农民融资的渠道，使农民能尽快改良承包经营的土地和农业生产设施，购买农业生产资料，扩大农业经济规模。

2. 能够提高农业生产能力

农业的规模化经营是进行土地流转的主要目的，也是实现现代农业发展的重要途径。在家庭联产承包责任制度下，为了保障每个农户承包土地绝对平等，往往每个农户分到的土地都是高度分散、细碎的，如果允许农民家庭承包的土地承包经营权进行抵押融资，则使农村土地的流转加速，促进农村土地和劳动力两大生产要素得到更为合理的配置，扩大农业经济的规模和产业结构的调整，也有利于农业在世界的农贸市场上发挥比较优势。

3. 能够发展农民切身利益

随着中国工业化、农村城镇化建设进程的加速，耕地有限和农村土地实行集约化经营的政策大趋势，已经促使农村大批劳动力到城市务工或改为从事非农产业。由于农民外出打工比种地收入高得多，农村出现大量的土地闲置荒芜等土地资源浪费的情况。土地承包经营权的抵押可使农民获得融资，发展非农产业，一定程度上解决剩余劳动力问题，增加农民收入，也降低了农地抵押实现的风险。

（三）土地承包经营权、土地经营权抵押制度概述

《指导意见》提出有序推进土地经营权抵押，其用语是“土地经营权抵押”。《指导意见》标题用语是“承包土地的经营权和农民住房财产权抵押”。《农村承包土地的经营权抵押贷款试点暂行办法》中采用的用语是“承包土地的经营权”。可见在“三权分置”的背景下，随着中国“三权分置”改革的深入及各地的实践，土地承包经营权抵押的概念已经被土地经营权抵押的概念所取代，土地经营权抵押制度的构建将日渐发展完善。

1. 土地经营权抵押关系的主体

（1）抵押人

根据《农村土地承包法》第 53 条的规定，通过招标、拍卖、公开协商等方式承包农村土地，经依法登记取得证书的，可以依法采取出租、入股、抵押或者其他方式流转土地经营权。第 48 条规定，不宜采取家庭承包方式的荒山、荒沟、荒丘、荒滩等农村土地，通过招标、拍卖、公开协商等方式承包的，适用本章规定。根据《农村土地承包法》第 48 条和第 53 条的规

定，对“四荒”土地使用权抵押同样需要符合：抵押人应该享有承包经营权；用来抵押的使用权必须为荒地使用权。但未要求需取得发包方的同意这个条件。

《民法典》第342条完全吸收了《农村土地承包法》第53条的规定，《民法典》第343条规定，国家所有的农用地实行承包经营的，参照适用本编的有关规定。根据《民法典》的规定，土地使用权抵押需要依照农村土地承包法等法律和国务院的有关规定，抵押人应该享有承包经营权。

但随着系列“三权分置”文件和地方规定的出台，现土地经营权抵押的抵押人在实践中已经发生了一些变化。抵押人应该享有土地经营权，但不一定是集体经济组织的成员，也不一定是最先的承包人。“三权分置”是将集体土地所有权、承包权、经营权进行分离，在集体经济组织享有土地所有权、集体经济组织的成员享有承包权的前提下，允许集体经济组织的成员将承包的集体土地的经营权以合法的形式转由他人行使。承包权具有身份属性，法律进行了明确的规定，即集体经济组织的成员才享有承包的资格，若集体经济组织外的主体承包，根据《农村土地承包法》第52条第1款的规定，发包方将农村土地发包给本集体经济组织以外的单位或者个人承包，应当事先经本集体经济组织成员的村民会议三分之二以上成员或者三分之二以上村民代表的同意，并报乡（镇）人民政府批准。由此可知，进行抵押的是集体土地上的经营权，是集体经济组织的成员因为承包权的存在而享有的经营权，因为该经营权具有财产属性，有交换价值，可以转让变现，故可以作为抵押的标的，而承包权因为具有身份属性，不能转让。当经营权转让后，继受取得经营权的主体可以成为抵押人，将享有的经营权进行抵押。

当抵押人将土地的经营权进行抵押时是否需要征得发包人或原始承包人同意？《农村土地经营权流转管理办法》第12条规定：“受让方将流转取得的土地经营权再流转以及向金融机构融资担保的，应当事先取得承包方书面同意，并向发包方备案。”笔者认为在将来立法中可以不设定需要发包人或者原始承包人同意的条件。“三权分置”后的土地经营权仅仅具有财产属性，不具有身份属性，继受取得的土地经营权在设立时承包农户会根据实际情况设立合理的年限，在土地经营权设立的年限内，土地经营权人可以自由处分土地经营权，甚至可以对抗土地承包权人和发包人，因此，继受取得的土地经营权抵押无须取得土地承包权人的同意。

（2）抵押权人

实践中土地经营权抵押的抵押权人主要有商业银行、农业担保公司、小额贷款公司等金融机构，实践中也有将土地经营权抵押给自然人或普通企业法人的民间借贷行为。

在司法实践中，对于土地经营权作为抵押物向个人借款的效力，原则上应认定有效。

而抵押给金融机构的土地经营权抵押由于在“三权分置”背景下各地方纷纷制定了地方政策性文件，如果依据相应的规定履行了完整的程序，对于由此引起的抵押权实现纠纷，司法实践中法院多倾向于依据当地规定判决抵押行为有效。[1]

笔者认为相关立法应顺应“三权分置”的现实需要，抵押权人应该被一视同仁。

2. 土地经营权抵押的客体

根据《民法典》第342条、《农村土地承包法》第53条的规定，土地经营权抵押的客体为通过招标、拍卖、公开协商等方式承包农村土地，经依法登记取得权属证书的土地经营权。

土地经营权抵押的客体也可以是通过家庭承包取得的土地承包经营权的经营权。《农村土地承包法》第9条规定：“承包方承包土地后，享有土地承包经营权，可以自己经营，也可以保留土地承包权，流转其承包地的土地经营权，由他人经营。”这里要区分土地承包经营权、土地承包权、土地经营权三个概念。土地所有权、承包权和经营权“三权”分置。三者的区别在于权利归属不同：土地所有权，归属集体；承包权，归属农户；经营权，归属经营者。“三权分置”是指形成所有权、承包权、经营权“三权”分置，经营权流转的格局。

对于土地经营权抵押的效力是否及于地上或地下附着物的问题，法律未直接作出规定。地方性法规在这个问题上有一些规定，《威海市农村土地承包经营权抵押贷款管理办法》第4条也规定，农村土地承包经营权抵押时，其地上或地下附着物一并抵押，在抵押期内不得改变土地所有权的性质和农业用途，抵押期限不得超过土地承包期的剩余期限。笔者认为，土地和地上的农作物可分离性较强，因此，土地经营权抵押的效力除非当事人之间有明

[1] 孙楠：《“三权分置”视角下的土地经营权抵押研究》，山东大学2017年硕士学位论文。

确的约定，否则应不及于地上农作物，将来法律也不宜作出硬性规定，应该将选择的权利留给当事人。当事人可以在抵押合同中明确约定该抵押的效力是否及于地下或地上附着物。也可以明确约定在土地经营权抵押权实现时，抵押人有义务将地上农作物清理干净或者将土地经营权与农作物一并处理，就农作物变现所得，抵押权人有无优先受偿权也可以在合同中作出约定。

关于土地经营权抵押的物上代位问题应该适用一般的法理。以《民法典》担保制度的基本理论来看，如果抵押的土地经营权因某些原因灭失时，那么对于灭失所获的赔偿或者补偿，在土地经营权担保债权的数额内，抵押权人是有权优先受偿的。如国家依法对土地进行征收或征用的情况下，会有一定数额的补偿费。在农地“三权分置”的情形下，土地权利由三方共享，如何将补偿费在农地所有者、承包者、经营者之间进行公平合理的分配是必须面临的一个问题。补偿费中的安置补助费的目的是保障失地农民的基本生活，显然不是土地经营权抵押权的物上代位对象；地上附着物及青苗补助费是对土地附着物的补偿，能否成为土地经营权抵押权的物上代位对象要看抵押双方对抵押权效力是否及于地上附着物的约定；土地补偿费是对集体经济组织失去土地所有权的补偿，可将土地补偿费中的一部分作为对土地经营权人的补偿，此作为土地经营权抵押权灭失的代位物，至于补偿的数额，要视土地经营权设立时支付的对价和年限而定。[1]

3. 土地经营权抵押权的设立

目前，《民法典》第 333 条第 1 款规定：“土地承包经营权自土地承包经营权合同生效时设立。”第 335 条规定：“土地承包经营权互换、转让的，当事人可以向登记机构申请登记；未经登记，不得对抗善意第三人。”可见《民法典》对家庭方式承包的土地承包经营权的设立采用登记对抗模式，而非采用登记生效主义。其原因之一是这种土地承包经营权的设立主要发生在农村内部，基于农村“熟人社会”的特点，同一集体经济组织内部的发包行为为集体内部的成员所知晓，即使不登记也可产生对外公示的作用。另一个原因是基于科学技术水平和效率的考虑。如果进行登记，当土地承包经营权客体位置发生变化时必须随之登记，需要大量人力参与，且登记数据专业性较强登记工作有一定技术含量，因为技术水平和效率的制约导致在中国目前不能实行登记生效主义。

---

〔1〕 孙楠：《“三权分置”视角下的土地经营权抵押研究》，山东大学 2017 年硕士学位论文。

笔者认为，农地“三权分置”后的土地承包经营权设立和土地经营权抵押均应遵循不动产物权变动的一般模式：登记生效主义。随着科学技术的进步，特别是信息系统在生产、生活中的大量使用，土地承包经营权的设立和土地经营权抵押登记越来越容易实现，基于不动产不宜以占有为公示方式，为了满足权利人明晰权属状态的需要，在将来的立法中，宜继续采用登记生效主义。各国的通例是对于不动产采用登记生效主义，中国也应该和世界接轨。关于土地经营权抵押登记的登记部门，在目前我国已经有了统一的不动产登记机关，可以由不动产登记机关统一受理相关申请，统一进行相关的行政管理。

承包土地的经营权作为不动产用益物权，除应该一体适用《民法典》上的物权变动规则外，也应该遵循物权抵押的一般法则，依照《民法典》第388条的规定，承包土地的经营权人和抵押权人应当采用书面形式订立抵押合同。

4. 土地经营权抵押权的实现

当债务人不履行到期债务或者发生当事人约定的实现抵押权的情形时，如果法律或行政法规无限制性规定，则可以根据《民法典》第410条的规定，采取协议方式来实现土地经营权抵押权。协议方式包括协议折价、协议拍卖、协议变卖，但当抵押权人是商业银行时，根据《商业银行法》第43条“不得向非自用不动产投资”的规定，不得采用协议折价的方式实现抵押权。

当债务人不履行到期债务或者发生当事人约定的实现抵押权的情形，且抵押权人与抵押人未就抵押权实现方式达成协议，则可以通过公力救济的方式申请强制拍卖、强制变卖来实现土地经营权抵押权。其中一种方式是根据《民事诉讼法》第十五章的规定，启动实现担保物权案件的特别程序，由抵押权人以及其他有权请求实现抵押权的人向担保财产所在地或者担保物权登记地基层人民法院提出。人民法院受理申请后，经审查，符合法律规定的，裁定拍卖、变卖担保财产，当事人依据该裁定可以向人民法院申请执行；不符合法律规定的，裁定驳回申请，当事人可以向人民法院提起诉讼。这种方式时间短、成本小，但裁定受到当事人和利害关系人异议时容易失效。另一种方式是直接提起民事诉讼，胜诉后可申请法院拍卖、变卖，这种方式时间长、成本高，但取得的判决具有确定性。[1]

五、采矿权抵押

（一）采矿权、采矿权抵押的概念

采矿权是指具有相应资质条件的法人、公民或其他组织在法律允许的范围内，对国家所有的矿产资源享有的占有、开采和收益的一种特别法上的物权，在《民法典》概括性规定基础上由《中华人民共和国矿产资源法》（以下简称《矿产资源法》）予以具体明确化。采矿权客体应包括矿产资源和矿区，具有复合性，并且矿区及其所蕴含的矿藏种类规模不同对采矿权的取得及行使有着重要影响。采矿权可有限制的转让，法律应明确并完善采矿权的抵押、出租和承包等流转形式。

西方现代矿业法、西方现代矿业法矿业权概念正式产生于 1870 年左右，同现代意义上的矿业一样，是伴随着 19 世纪资本主义工业的发展得以成长并不断完善的。工业革命使矿业地位达到其顶峰，矿产资源的发现和开采，矿产品的生产和广泛应用，成为工业化国家发展的支撑点和基础。矿业的基础产业地位得到了大多国家认同，故而在大多国家的法律中规定：所有地下矿产资源为国家（王室）所有，可以说现代矿业权制度就如此产生了。在这一制度规定下，凡是要从事地下探矿、采矿的个人或企业，都要按国家有关矿业法的规定，办理一定的手续，缴纳一定的款项，然后取得相应的特许权或租用权。若所要进行工作的土地归私人所有，还须取得地表土地所有权人的允许方可正式进行工作。

采矿权抵押是指矿业权人依照有关担保法律制度，以其拥有的矿业权在不转移占有的前提下，对债务人的履行能力向债权人提供担保的行为。其法律关系是，以矿业权作抵押的债务人为抵押人，债权人为抵押权人，提供担保的采矿权为抵押财产。

2009 年修订后的《矿产资源法》和《探矿权采矿权转让管理办法》[2] 明确提出矿业权可以流转，且《探矿权采矿权转让管理办法》还明确规定矿

---

〔1〕 孙楠：《“三权分置”视角下的土地经营权抵押研究》，山东大学 2017 年硕士学位论文。

〔2〕 1998 年 2 月 12 日国务院发布，2014 年 7 月 29 日根据《国务院关于修改部分行政法规的决定》修改）。

业权可以设定抵押。《民法典》第 329 条确立了采矿权的用益物权属性，《民法典》第 395 条在规定可以抵押的财产和第 399 条在规定不得抵押的财产时，均未将采矿权纳入禁止抵押的范畴。因此，采矿权依法可作为抵押的标的物。

（二）用于抵押的采矿权的法定条件

根据《矿产资源法》和《探矿权采矿权转让管理办法》的规定，矿业权抵押按照矿业权转让的条件和程序进行管理，因此可以设定抵押的采矿权必须符合以下条件：（1）矿山企业投入采矿生产满一年；（2）采矿权属无争议；（3）按照国家有关规定已经缴纳采矿权使用费、采矿权价款、矿产资源补偿费和资源税；（4）国务院地质矿产主管部门规定的其他条件；（5）已出租的采矿权不得设定抵押；（6）采矿权原则上不得以部分抵押。

（三）采矿权抵押合同的生效

根据《民法典》担保制度理论，采矿权抵押合同的生效需要同时具备主合同生效、采矿权抵押合同当事人具有相应的民事权利能力、当事人就抵押事宜达成合意等要件。认为采矿权抵押合同自批准或备案之日起生效的观点是错误的，理由如下：首先，法律行政法规对采矿权抵押没有明确规定，因此采矿权抵押合同不适用《民法典》第 502 条第 2 款“依照法律、行政法规的规定，合同应当办理批准等手续的，依照其规定。未办理批准等手续影响合同生效的，不影响合同中履行报批等义务条款以及相关条款的效力。应当办理申请批准等手续的当事人未履行义务的，对方可以请求其承担违反该义务的责任”。其次，采矿权抵押并不等同于采矿权转让。最后，以地方性法规为依据，认为采矿权抵押合同自批准或备案之日起生效，这是一种误解。因此，依法成立的采矿权抵押合同，自成立时生效；已生效的采矿权抵押合同，抵押权自采矿权抵押登记或备案合同生效时设立。

（四）采矿权抵押登记/备案的性质与效力

采矿权抵押登记或备案的本质是行政许可。无论是采矿权抵押的批准还是备案，都关系到行政机关公权力的行使，关乎行政主管部门的职能范围和具体职权，涉及公权力对市场主体经济行为的审查，影响市场主体的权利义务关系，更关乎合同当事人的重大利益和矿业的可持续健康发展。

地方性法规规定的采矿权抵押登记/备案，可以理解为其对地方主管部门采取的行业管理措施。因此，在采矿权抵押登记/备案中，采矿权发证机关的登记/备案程序既不是采矿权抵押合同生效的要件，也不是抵押权设立的标志。

采矿权抵押登记/备案对于抵押权人而言，其效力表现在三个方面。第一，是抵押权人享有抵押权的证据之一，但不是唯一和绝对的证据。第二，具有对抗第三人的效力。办理采矿权抵押登记或备案后，抵押期间，抵押权人可以对抗采矿权租赁关系中的承租人，抵押权人可以对抗采矿权转让法律关系中的受让人。第三，办理采矿权抵押经登记/备案的抵押权人具有优先受偿权。在多个抵押权人并存的情形下，已抵押登记/备案的优先于未登记的受偿；抵押权都登记/备案的，按照登记的先后顺序清偿；顺序相同的，按照债权比例清偿。

综上所述，采矿权抵押合同生效是抵押权设立的前提，抵押权设立是采矿权抵押合同当事人追求的合同目的和要实现的目标。依法成立的采矿权抵押合同自成立时生效；已生效的采矿权抵押合同，笔者认为，采矿权抵押权应自登记或者备案时设立。按照不动产物权抵押权自登记时设立的规定，矿产资源作为土地附着物，采矿权抵押应遵循登记生效主义原则，抵押权应自登记时设立。抵押权自合同生效时设立；未经采矿权抵押登记/备案，不得对抗善意第三人。

（五）采矿权抵押办理程序

依据是矿业权设定抵押时，矿业权人应持抵押合同和矿业许可证到原发证机关办理备案手续。采矿权抵押必须经过有权机关的审查批准及发证机关的备案才能生效。

我国实行采矿权审批分级管理制度，不同的采矿权分别由国家、省、市、县四级主管机关审批登记，但采矿权转让审批则由国家和省级主管部门专属审批，经审批同意后才可到发证机关办理变更手续。同时，考虑到法律对国有矿山的特别规定，国有矿山在抵押前，应当征得矿山企业主管部门的许可和国有资产管理部门的批准文件。

可见，在办理采矿权抵押登记时应持以下材料到原发证机关办理抵押备案手续：（1）抵押备案申请；（2）由有关地质矿产主管部门出具的采矿权无争议的证明材料；（3）由采矿权登记机关出具的转让申请人按规定缴纳采矿权使用费及采矿权价款的证明材料；（4）矿产资源补偿费征收管理机关有关矿产资源补偿费缴纳情况的证明材料；（5）由资源税征收管理部门出具的资源税缴纳情况的证明材料；（6）国家出资形成的采矿权，其价值的评估机构为由国务院地矿主管部门会同国务院国有资产管理部门认定的评估机构的证明材料；(7) 国有资产部门批准抵押的文件（如果是国有矿山）；(8) 抵押合同；(9) 采矿许可证。国土资源管理部门经审查，登记管理机关予以备案的采矿权抵押申请，应具备以下条件：(1) 矿业权价款已按规定缴清；(2) 采矿权权属无争议；(3) 采矿权未被法定机关扣押、查封；(4) 采矿权抵押期没有超过采矿许可证有效期；(5) 采矿权未处于抵押备案状态或债权人间就受偿关系达成协议。国土资源管理部门经审查，核准登记备案的，在被抵押采矿权的采矿权登记表上注明抵押事项，并在采矿许可证上做他项权利记载，最后开具采矿权抵押登记备案证明书。

（六）采矿权抵押权的实现

以案说法

当事人实现担保物权，可选一般诉讼程序，也可选择特别程序

【案情介绍】

A 矿山企业为盘活资金，以某国家出资勘查形成的铜矿采矿权为抵押向银行贷款，并与银行签订了抵押协议。在债务到期前，银行认为 A 企业可能无力偿还贷款，要求将该采矿权转让给银行。

A 企业认为，债务未到期，不同意银行的要求。债务到期后，A 企业无力偿还贷款，遂同意将该铜矿采矿权转让给银行。

法理分析

根据《民法典》的规定，该采矿权能否提前转让？银行能否直接取得采矿权？如何实现该抵押权？

根据《民法典》第 410 条第 1 款、第 2 款的规定，A 企业以采矿权抵押向银行贷款，如果到期不能偿还贷款，银行可以通过两种方式实现抵押权：一是将该采矿权折价转让给银行，二是请求人民法院拍卖、变卖该采矿权。

采矿权作为一种以行政许可方式取得的用益物权，如果以转让采矿权来实现抵押权，就要受《探矿权采矿权转让管理办法》等相关规定的约束。该办法规定了被转让的采矿权应当具备的条件：(1) 矿山企业投入采矿生产满一年；(2) 采矿权属无争议；(3) 按照国家有关规定已经缴纳采矿权使用费、采矿权价款、矿产资源补偿费和资源税；(4) 国务院地质矿产主管部门规定的其他条件。同时，采矿权转让的受让人应当符合规定的采矿权申请人资质条件。

本案中，银行不具备受让人资质条件，不能以直接将采矿权转让给银行的方式实现抵押权。银行可以请求人民法院拍卖该铜矿的采矿权，从拍卖款中优先受偿。但是，由于该铜矿采矿权是由国家出资勘查形成的，根据《探矿权采矿权转让管理办法》第 9 条第 1 款的规定，转让国家出资勘查所形成的探矿权、采矿权的，必须进行评估。缴纳采矿权价款。因此，采矿权拍卖价款要首先缴纳采矿权使用费、采矿权价款、矿产资源补偿费和资源税，银行从剩余的部分中优先受偿。

（七）关于采矿权抵押备案中的几个法律问题

就矿业权的抵押而言，在目前矿权抵押备案管理中却存在着一些需要厘清的问题。

1. 抵押期限约定或登记的效力问题

因为根据通识，抵押权属于担保物权，属于物权的延伸，物权法定原则要求当事人不能在《民法典》之外创设物权或消灭物权，《民法典》本身并没有明确规定抵押权可以因当事人的约定期间或登记时强制登记的期间而消灭。因此不论是当事人的约定期间或登记管理部门要求登记时强制登记的抵押权存续期间均应不具有法律拘束力。《民法典》第 419 条规定：“抵押权人应当在主债权诉讼时效期间行使抵押权；未行使的，人民法院不予保护。”另外，如果登记机关强制要求将抵押权设定一定的存续期间必然会导致债权人和抵押人反复续登，此既不利于债权的保护，也为行政相对人增加了不必要的经营成本。

2. 采矿权延续过程中抵押权的效力问题

在有的情况下，债权期限及抵押期限恰恰等于采矿权有效截止日期，采矿权有效期届满后，管理部门则自动将矿权的抵押备案予以解除登记，这样在采矿权到期前申请延续的审批过程中，依法设立的采矿权有效期已经届满，在发证机关作出是否准予延续的决定前，该矿权是一种什么状态呢？原登记的抵押权是否有效存续呢？相关政策及规定并没有对此予以明确。笔者认为，此阶段的采矿权仍然视为继续有效，只是采矿权人不得擅自开采。审批机关如准予延续的，在准予延续的期限内抵押权自动存续，如果审批机关不予准许延续的，该矿权即行废止，抵押权也随之失效。《行政许可法》第 50 条第 2 款规定：“行政机关应当根据被许可人的申请，在该行政许可有效期届满前作出是否准予延续的决定；逾期未作决定的，视为准予延续。”因此，只要采矿权人依法在规定的期限内提出了延续申请，而国土资源管理部门未在采矿权有效期届满前作出是否准予延续的决定的，将视为准予延续。因此，该矿权所负担的抵押权亦将自然存续，这样管理部门在矿权延续没有确定之前将抵押登记予以解除确属不妥。

3. 抵押权人同意采矿权转让后的抵押效力问题

在煤矿整合过程中，如果所涉被整合煤矿矿权存在抵押负担的情况下，如果债权人同意债务人将被抵押备案的矿权整合到优良资产的整合主体中，此时在该矿权中的抵押权是否还有效存续呢？笔者认为该抵押权仍然有效存续。

因为所谓抵押权其实质在于对作为供担保的财产在债务人不能履行债务的情况下依法就担保的财产享有优先受偿的权利。在矿权转让后，抵押权是否优先则取决于其与受让人所有权之间的权能平衡。《民法典》第 406 条第 2 款规定：“抵押人转让抵押财产的，应当及时通知抵押权人。抵押权人能够证明抵押财产转让可能损害抵押权的，可以请求抵押人将转让所得的价款向抵押权人提前清偿债务或者提存。转让的价款超过债权数额的部分归抵押人所有，不足部分由债务人清偿。”上述规定实质系抵押权的追及权与受让人涤除权的结合。根据担保物权的原理，抵押权具有物权的追及性，抵押权人可以追及物之所在行使抵押权优先受偿，取得抵押物的第三人不得提出异议，除非受让第三人行使涤除权，即取得抵押物的第三人可以向抵押权人支付或者提存抵押物的适当金额，而消灭抵押权。因此，抵押权人在没有作出放弃抵押权意思表示的前提下，原设定的抵押法律关系仍然存续。

（八）采矿权抵押的法律风险

采矿权抵押作为一种新型的抵押方式，在实际操作中具有与建设用地使用权、建筑物、机器设备抵押等常规抵押迥异的风险。

1. 矿产价值递减风险

由于矿产资源的不可再生性，随着不断的开采，矿产资源数量和经济价值会逐年减少，其派生出的矿业权的权能也将随之缩小，直至最终消失。

2. 采矿权证瑕疵风险

由于矿业管理体制不完善及矿业登记制度不健全，部分企业采矿权许可证取得存在重大法律瑕疵，面临被发证机构吊销的风险。此外，若采矿权人未履行法律法规规定的义务（如未缴纳税费、未履行安全生产、环境保护义务等)、采矿权许可证期限届满前未依法申请续延、未经批准进行出租、承包等，矿业权行政管理部门有权吊销许可证，导致采矿权消灭。

3. 采矿权价值的评估的风险

矿产资源埋藏在地表之下，矿产品的储量是建立在矿产勘查基础上的。一方面，受勘查技术、手段及目前我国矿产资源储量登记和管理工作流程等因素的影响，矿产资源的储量及价值难以准确计量；另一方面，勘查是以取样为基础的，矿产的实际情况可能会与勘查结果存在很大的误差，从而导致采矿权价值难以准确评估。

4. 矿业用地风险

矿业资源的开发必然要涉及土地、草地、林地、海域等用地、用海（水域）问题。若矿业用地涉及国有土地时，应由采矿权人申请使用国有土地使用权的方式取得；若矿业用地涉及集体土地时，问题就比较复杂，这就为采矿权人及抵押权人顺利实现权利带来障碍。

5. 政策调控风险

矿产资源是不可再生的、有限的资源，各国都对矿产资源的开采、利用加以必要的限制和干预，因此，采矿权及采矿权抵押权的行使相对比较容易受到国家宏观调控政策变化的影响。

（九）采矿权抵押的风险防范与法律建议

采矿权抵押涉及较大的风险，可以来自设定采矿权抵押本身与采矿权使用过程，也可以来自矿业权抵押实现阶段。因抵押双方在设定抵押物时，既要注重抵押物本身的效力，更要看重矿业权交易的审批备案手续。

在设定采矿权抵押之前应着重对采矿权的效力进行审核，确保采矿权合法有效。要注意以下几点：（1）审查采矿权人取得采矿权的时间及许可证的有效期。（2）审查采矿权人是否依法按期缴纳了矿业权使用费、资源税等税费，要求采矿权人提供相关的发票、收据等予以证明。（3）审查采矿权人是否已将采矿权出租。（4）审查采矿权人是否依法采取了安全生产措施及环保措施，是否履行了安全生产及环保义务。（5）审查采矿权人是否已合法取得矿业用地使用权。（6）接受采矿权抵押前到采矿权许可证的原发证机关查询采矿权抵押备案情况，防止采矿权人将采矿权抵押给其他债权人。（7）审查国土资源部门储量评审中心认定的矿产储量及目前的储量余额。（8）要求抵押人提供地质矿产主管部门原发证机关（颁发采矿权许可证的机关）有关同意采矿权抵押的批准文件。同时，矿产开采，特别是小矿山的开采属于高危行业，一旦发生生产安全事故就有可能被吊销采矿权证，将直接影响抵押权的实现。为有效防范安全风险，抵押权人应选择安全制度健全、安全设施、设备完备、安全管理及从业人员齐全的采矿企业。

采矿权抵押设定后还应及时跟踪、了解抵押人是否履行各项法定义务，及时督促采矿权人办理采矿权许可证的年检、延期手续，督促采矿权人依法按期缴纳法定税费。防范抵押人未履行法定义务导致采矿权许可证被吊销。

六、在建工程抵押

（一）在建工程抵押的概念

在建工程抵押作为抵押的一种特殊形式，因具有良好的加快资金流动和促进资金融通等优点，在满足银行拓展金融业务的需要的同时，又可解决开发商扩建融资的需求，从而在实践中运用较多，对促进房地产市场的发展发挥了一定作用。

建设部制定的《城市房地产抵押管理办法》第 3 条第 5 款规定："本办法所称在建工程抵押，是指抵押人为取得在建工程继续建造资金的贷款，以其合法方式取得的土地使用权连同在建工程的投入资产，以不转移占有的方式抵押给贷款银行作为偿还贷款履行担保的行为。"

在建工程抵押，属于民事法律行为，只要项目属于在建工程，项目业主就有权申请办理在建工程抵押，也就是说，只要工程进入了在建工程状态且该状态未结束，项目业主就有权申请抵押。一般来说，工程有了立项审批，取得土地使用权证、工程规划许可证和施工许可证，工程就进入了在建状态，只要还未完成综合竣工验收，工程就未完工，其仍是在建工程。根据《不动产登记暂行条例实施细则》第 75 条第 3 款的规定，"在建建筑物，是指正在建造、尚未办理所有权首次登记的房屋等建筑物"。在不考虑抵押的折扣率的情况下，在建工程越接近完工，对于债权人来说，其抵押的安全保障程度就越高，至于债权人接受不接受在建工程抵押，接受建设进度到何种程度的在建工程抵押，这是抵押人和抵押权人之间的民商事行为，登记机构不必对此考虑，风险自由当事人担之，与登记机构无关。所以，有的登记机构要求取得预售许可证后的在建工程才可办理抵押是没有任何法律依据的，这样的规定是违法的。

根据《城市房地产抵押管理办法》第 3 条第 4 款的规定，所谓预售商品房贷款抵押，即购房人在支付首期规定的房价款后，由贷款银行代其支付其余的购房款，将所购商品房抵押给贷款银行作为偿还贷款履行担保的行为。

《城市商品房预售管理办法》第 2 条规定，本办法所称商品房预售是指房地产开发企业将正在建设中的房屋预先出售给承购人，由承购人支付定金或房价款的行为，该办法还规定商品房预售应当符合下列条件，除了作为在建工程前提条件的土地使用权证、建设工程规划许可证和施工许可证以外，还有一个条件就是“按提供预售的商品房计算，投入开发建设的资金达到工程建设总投资的25%以上，并已经确定施工进度和竣工交付日期”。后一条件与《城市房地产管理法》第 39 条第 1 款第 2 项规定的在建工程转让条件有其相近的一面，“按照出让合同约定进行投资开发，属于房屋建设工程的，完成开发投资总额的百分之二十五以上，属于成片开发土地的，形成工业用地或者其他建设用地条件”。也许是这个原因（抵押的财产必须是可转让的财产），有的地方政府规章规定，商品房在建工程抵押应使在建工程的商品房符合预售条件，这是对在建工程抵押的误解，《民法典》对于在建工程抵押未附加任何条件，《城市房地产管理法》对于在建工程转让的条件是当事人之间转让的条件，其并不能限制司法强制执行的在建工程处分。也许有人会认为，在建工程未达到最低的转让条件，在建工程就不能转让流通，而担保物抵质押的前提条件是可流通，禁止流通物是不能抵质押的，这实际是对禁止流通物的误解，在建工程未达到转让的条件，并非在建工程是禁止流通物，其属于限制流通物，限制流通物抵质押是不受限制的，比如公司发起入股就属于限制流通物，当限制流通的问题解决后，其就是完全流通物。

（二）在建工程抵押的由来及演变

1. 1995 年颁布和实施的《担保法》并未对在建工程抵押进行规定，而且该法规定可抵押的应是法律规定可以抵押的财产（依法可以抵押的财产，理解上容易产生歧义，依法可抵押的财产是要法律明确授权才是依法可抵押，还是依据抵押财产的性质而判断其抵押是否属于依法可抵押，在理解上存在不确定性，如果是前者，则在建工程在 2000 年前就是不可抵押的，因为此时尚无法律明确规定在建工程抵押可抵押，如果是后者，则在建工程因其属于可流通财产，具有交换价值，也无法律禁止其抵押，因此，应是可抵押的财产）。

2. 《城市房地产抵押管理办法》规定了在建工程抵押，同时也规定了预售商品房的抵押。

这一规定顺应了当时房地产市场发展的需要，也尊重了房地产市场主体对房地产交易工具的创新和引进，但从法律的层次上来看，除非《担保法》的“依法可抵押”作上述第二种意义的理解，在没有相应的法律依据的情况下，建设部的部门规章是没有权力创设有优先受偿权的抵押权，因为该部门规章的上位法——1994 年的《城市房地产管理法》没有规定在建工程抵押，但在《物权法》对可抵押的财产取消了依法可抵押的限制而改为法律不禁止抵押的财产后，建设部的这一规定的合法性就没有任何问题。《城市房地产抵押管理办法》第 3 条第 4 款规定：“本办法所称预购商品房贷款抵押，是指购房人在支付首期规定的房价款后，由贷款银行代其支付其余的购房款，将所购商品房抵押给贷款银行作为偿还贷款履行担保的行为。”

该办法第 3 条第 5 款明确界定，在建工程抵押，是指抵押人为取得在建工程继续建造资金的贷款，以其合法方式取得的土地使用权连同在建工程的投入资产，以不转移占有的方式抵押给贷款银行作为偿还贷款履行担保的行为。《城市房地产管理法》第 48 条第 1 款规定：“依法取得的房屋所有权连同该房屋占用范围内的土地使用权，可以设定抵押权。”以在建建筑物为例，在建房屋的所有人可以用在建房屋向银行抵押贷款，依法取得了房屋预售资格的开发商在向购房者预售住房后，购房者也可以将未来建成的房屋抵押给银行，以获得贷款。这样就在开发商、购房者和银行之间实现了较为理想的利益均衡，也为当事人的意思自治提供了更广阔的制度空间。[1]

3. 2000 年，《担保法司法解释》的颁布实施，使在建工程抵押在法律适用层面第一次有了法律依据。《担保法司法解释》第 47 条规定：“以依法获准尚未建造的或者正在建造中的房屋或者其他建筑物抵押的，当事人办理了抵押物登记，人民法院可以认定抵押有效。”

4. 2007 年，《物权法》第一次在法律层面明确规定了在建工程抵押的法律效力，而且该法也改变了《担保法》规定的可抵押财产为依法可抵押的财产，而规定只要没有法律禁止抵押的财产，权利人就可以抵押，因此，即使没有法律明确授权在建工程可抵押，权利人也可以创设在建工程抵押。《物权法》第 180 条规定：“债务人或者第三人有权处分的下列财产可以抵押……（五）正在建造的建筑物、船舶、航空器……（七）法律、行政法规未禁止抵押的其他财产。抵押人可以将前款所列财产一并抵押。”

---

〔1〕 最高人民法院物权法研究小组编著：《中华人民共和国物权法条文理解与适用》，人民法院出版社 2007 年版，第 537 页。

该条第7项是一条兜底性条款，为抵押制度未来的发展预留了很大空间。

5.《民法典》第395条继承了《物权法》第180条规定。

（三）在建工程抵押的构成要件及范围

《城市房地产抵押管理办法》第11条规定："以在建工程已完工部分抵押的，其土地使用权随之抵押。"由于《城市房地产抵押管理办法》属于国务院的部门规章，仅能作为人民法院审理案件的"参照"，而不是"依据"，因此理论界和司法部门对在建工程抵押在法律上的有效性一直有争议。《担保法司法解释》《物权法》的出台进一步为在建工程抵押的有效性作了明确规定，《不动产登记暂行条例实施细则》则更加细化，该细则第75条规定，以建设用地使用权以及全部或者部分在建建筑物设定抵押的，应当一并申请建设用地使用权以及在建建筑物抵押权的首次登记。当事人申请在建建筑物抵押权首次登记时，抵押财产不包括已经办理预告登记的预购商品房和已经办理预售备案的商品房。前款规定的在建建筑物，是指正在建造、尚未办理所有权首次登记的房屋等建筑物。

在建工程抵押的构成要件如下：

（1）目的要件：在建工程抵押的目的是"抵押人为取得在建工程继续建筑资金的贷款"，该贷款的用途是继续建造工程。这就要求银行不能接受在建工程抵押而发放流动资金贷款或者其他类型的贷款。

（2）主体要件：在建工程抵押的抵押权人是具有贷款经营权的金融机构（一般是商业银行），也就是借款合同的贷款人。而抵押人必须是借款合同的债务人，同时也是在建工程所占用土地的使用权人。这就要求银行不能接受债务人以第三人的在建工程作为抵押物向银行申请贷款。

（3）客体要求：在建工程抵押的抵押物必须是债务人以"合法方式取得的土地使用权连同在建工程的投入资产"，同时必须是"依法获准尚未建造的或者正建造中的房屋或者其他建筑物"。因此，抵押人必须已经取得在建工程占用土地的国有土地使用权，同时还必须已经获得有关部门关于同意其进行建造的建设用地规划许可证及其他证件。这就要求银行在办理在建工程抵押贷款时不仅必须查看和收集有关证件，还必须准确评估在建工程的价值。

（4）形式要件：在建工程抵押要在法律上有效，不仅当事人之间必须签订抵押合同，而且必须依法办理抵押物登记，否则抵押行为不具有法律效力。这就要求银行在办理在建工程抵押贷款时，必须到不动产登记机构办理合法有效的抵押物登记手续。

在建工程抵押的范围：

根据《城市房地产抵押管理办法》的规定，抵押在建工程包括在建建筑物本身及其土地使用权两部分，下面从这两个方面分别分析。

1. 建筑物部分

在建工程抵押时是以工程全部还是已完工部分作为抵押物。《民法典担保制度司法解释》第 51 条第 1 款规定，当事人仅以建设用地使用权抵押，债权人主张抵押权的效力及于土地上已有的建筑物以及正在建造的建筑物已完成部分的，人民法院应予支持。第 2 款则规定，债权人主张抵押权的效力及于正在建造的建筑物的续建部分以及新增建筑物的，人民法院不予支持。

当事人以正在建造的建筑物抵押，抵押权的效力范围限于已办理抵押登记的部分。当事人按照担保合同的约定，主张抵押权的效力及于续建部分、新增建筑物以及规划中尚未建造的建筑物的，人民法院不予支持。

最高人民法院认为，土地抵押设定后新增的建筑物不属于抵押物，正在建造的建筑物抵押，抵押权的效力范围限于已办理抵押登记的部分。

2. 土地使用权部分

对于抵押物范围包括整宗土地还是仅仅为在建工程已完工部分所分摊的土地份额，存在两种观点。有些地区将在建工程已完工部分所分摊的土地份额视为抵押物，如四川省《城市房地产抵押管理办法》第 11 条规定："以在建工程已完工部分抵押的，其土地使用权随之抵押。"而上海市的做法是以整宗土地不可分割作为抵押物。

笔者比较赞同上海市的做法，将整宗土地视为抵押物。这基于建筑物区分所有权人对土地使用权的共同共有理论。按房屋面积比例对土地进行份额分摊的做法，不符合土地使用规律，其分摊的份额无法在实地得以体现，因此不具备实际意义。

（四）在建工程抵押权的设立登记

1. 在建工程抵押权设立登记的性质问题

学术界对《不动产登记暂行条例》关于在建工程抵押权登记性质的理解，存在两种不同的观点。

观点一认为，以在建工程抵押和以预购商品房抵押都属于《民法典》第 395 条第 1 款第 5 项规定的以正在建造的建筑物设定抵押权的情形。预购商品房抵押，即购房人在支付首期规定的房价款后，由贷款银行代其支付其余的购房款，将预购商品房抵押给贷款银行作为偿还贷款履行担保的行为

(《城市房地产抵押管理办法》第 3 条第 4 款)。在建工程抵押，即抵押人为取得在建工程继续建造资金的贷款，以其合法方式取得的土地使用权连同在建工程的投入资产，以不转移占有的方式抵押给贷款银行作为偿还贷款履行担保的行为(《城市房地产抵押管理办法》第 3 条第 5 款)。这两类抵押都属于或者包括以正在建造的建筑物向银行等金融机构设定抵押权进行融资的情形，无非前者是预购的商品房，抵押人是购房人；而后者是既包括预售的商品也包括非商品房的建筑物，而抵押人是在建工程的所有人。由于正在建造的建筑物尚未完成，没有办理所有权初始登记，所以不可能办理抵押登记，而只能办理预告登记，待房屋建造完成并办理初始登记后，再将抵押权的预告登记转为抵押登记。

观点二认为，在建工程抵押权登记属于本登记而非预告登记，理由在于：首先，在建工程抵押不同于预购商品房屋抵押，前者中抵押的只是在建工程已经完工的部分，至于将来全部完工后，没有被抵押的部分属于新增建筑物。对此，《城市房地产抵押管理办法》第 3 条第 5 款有明确的规定。其次，金融机构接受在建工程抵押时，看重的主要是已经建造完成的部分的价值，基本上不考虑尚未建造完成的部分可能具有的价值。因此，在建工程抵押中的抵押财产就是建设用地使用权以及房屋已经建造完成的部分，这与现房抵押没有本质的区别。再次，《民法典》第 402 条将建筑物抵押和正在建造的建筑物抵押一并加以规定的，即均规定为“应当办理抵押登记。抵押权自登记时设立”。因此以在建工程设定抵押权就是一般抵押权，应当办理的是抵押登记，发给他项权利证书。最后，如果认为在建工程抵押登记办理的是预告登记，则意味着债权人享有的仍然是请求权，尽管此种请求权的效力比普通的债权请求权更为强大，但仍非担保物权，对于接受在建工程抵押的债权人不利。

笔者赞同第二种观点。在建工程抵押登记是本登记。

2. 在建工程抵押权设立登记时应提交的材料

《不动产登记暂行条例实施细则》第 66 条规定：“自然人、法人或者其他组织为保障其债权的实现，依法以不动产设定抵押的，可以由当事人持不动产权属证书、抵押合同与主债权合同等必要材料，共同申请办理抵押登记。抵押合同可以是单独订立的书面合同，也可以是主债权合同中的抵押条款。”第 76 条：“申请在建建筑物抵押权首次登记的，当事人应当提交下列材料：(一)抵押合同与主债权合同；(二)享有建设用地使用权的不动产权属证书；（三）建设工程规划许可证；（四）其他必要材料。”

关于第 76 条中应当提交的材料，需要说明的几个问题：

（1）关于抵押合同

对于在建工程抵押时，其抵押合同的形式和内容，除依据《民法典》第 400 条的规定，需要采取书面形式外，抵押合同一般要包括下列条款：被担保债权的种类和数额；债务人履行债务的期限；抵押财产的名称、抵押财产的名称、数量等情况；担保的范围。建设部颁布的目前依然有效的《城市房地产抵押管理办法》第 28 条还有特别的规定，依据该条以在建工程抵押的，抵押合同还应当载明以下内容：《国有土地使用权证》、《建设用地规划许可证》和《建设工程规划许可证》编号；已交纳的土地使用权出让金或需交纳的相当于土地使用权出让金的款额；已投入在建工程的工程款；施工进度及工程竣工日期；已完成的工作量和工程量。

（2）关于享有建设用地使用权的不动产权属证书

抵押人必须提交的是建设用地使用权证书或者记载土地使用权状况的房地产权证书，不包括其他土地使用权来源证明文件。也就是说，抵押人必须已经办理了建设用地使用权的设立登记，在房地分离的地方取得了建设用地使用权证书，或者在房地合一的地方取得了记载土地使用权状况的房地产权证书。

这里之所以要求提交“建设用地使用权证书或者记载土地使用权状况的房地产权证书”，而不是如同房屋所有权初始登记那样提交“建设用地使用权证明”，这是因为依据《城市房地产抵押管理办法》第 3 条第 5 款的规定，在建工程抵押，是指抵押人为取得在建工程继续建造资金的贷款，以其合法方式取得的土地使用权连同在建工程的投入资产，以不转移占有的方式抵押给贷款银行作为偿还贷款履行担保的行为。因此，在建工程抵押时，抵押人必须已经取得了建设用地使用权，否则不能办理在建工程抵押。因此，如果不能提交建设用地使用权证书或者记载土地使用权状况的房地产权证书，而只是提交用地证明文件等其他土地使用权来源证明文件的，房屋登记机构不能办理在建工程抵押权设立登记。

（3）关于建设工程规划许可证

《中华人民共和国城乡规划法》[1] 第 40 条第 1 款规定：“在城市、镇规

〔1〕 中华人民共和国第十届全国人民代表大会常务委员会第三十次会议于 2007 年 10 月 28 日通过，自 2008 年 1 月 1 日起施行，2019 年 4 月 23 日第二次修正。

划区内进行建筑物、构筑物、道路、管线和其他工程建设的，建设单位或者个人应当向城市、县人民政府城乡规划主管部门或者省、自治区、直辖市人民政府确定的镇人民政府申请办理建设工程规划许可证。”所谓建设工程规划许可证是指有关建设工程符合城市、镇的规划要求的法律凭证。凡是新建、扩建和改建建筑物、构筑物、道路、管线和其他工程设施，必须持有关批准文件向城市、县人民政府城乡规划主管部门或者省、自治区、直辖市人民政府确定的镇人民政府申请办理建设工程规划许可证。申请办理建设工程规划许可证，应当提交使用土地的有关证明文件、建设工程设计方案等材料。需要建设单位编制修建性详细规划的建设项目，还应当提交修建性详细规划。对符合控制性详细规划和规划条件的，由城市、县人民政府城乡规划主管部门或者省、自治区、直辖市人民政府确定的镇人民政府核发建设工程规划许可证。由于建设工程规划许可证是在建工程建设是否合法的标志，而违法建设工程是不能设立抵押权的，所以它也是办理在建工程抵押权设立登记时必须提交的文件之一。

此外，需要注意的一点是，依据《不动产登记暂行条例》第 19 条第 1 款规定：“属于下列情形之一的，不动产登记机构可以对申请登记的不动产进行实地查看……（二）在建建筑物抵押登记……”办理在建工程抵押登记的，不动产登记机构有权实地查看。也就是说，不动产登记机构无论是办理在建工程抵押权的设立登记、变更登记、转让登记还是注销登记，都有权到在建工程的现场去查看。这主要是考虑到，在建工程抵押权的抵押财产比较特殊，不仅包括建设用地使用权，还包括正在建造的建筑物。由于是正在建造的建筑物，因此不动产登记机构到现场查看，能够很好地确保申请办理抵押登记的在建工程与建设用地使用权证书或者记载土地使用权状况的房地产权证书、建设工程规划许可证、施工许可证记载的项目情况是否一致；在建工程列入抵押物范围的已完工部分与抵押合同所附抵押物清单内容是否一致；在建工程的实际建设状况与证明施工进度、建设资金已投入量等材料记载的房屋状况是否一致。《不动产登记暂行条例实施细则》第 16 条第 2 项明确规定：不动产登记机构进行实地查看，重点查看下列情况……（二）建建筑物抵押权登记，查看抵押的在建建筑物坐落及其建造等情况。

（五）在建工程抵押权的变更登记、转让登记以及注销登记

依据《不动产登记暂行条例实施细则》第 68 条、第 69 条、第 70 条规定，已经登记的在建工程抵押权变更、转让或者消灭的，当事人应当进行

登记。

申请变更登记、转移登记、注销登记，当事人应当提交不动产权属证书、不动产登记证明、抵押权变更等必要材料。

所谓在建工程抵押权的变更主要包括以下情形：（1）抵押人、抵押权人的姓名或者名称变更的；（2）被担保的主债权数额变更的；（3）债务履行期限变更的；（4）抵押权顺位变更的；（5）法律、行政法规规定的其他情形。[1] 因被担保债权主债权的种类及数额、担保范围、债务履行期限、抵押权顺位发生变更申请抵押权变更登记时，如果该抵押权的变更将对其他抵押权人产生不利影响的，还应当提交其他抵押权人书面同意的材料与身份证或者户口簿等材料。

所谓在建工程抵押权的转让，是指抵押权人将其所享有的在建工程抵押权随主债权转让给新的债权人，新债权人受让抵押权后享有就抵押物优先受偿的权利，即抵押权的客体和内容均不发生变化，只是抵押权的主体发生变化。对此，《不动产登记暂行条例实施细则》第 69 条明确规定："因主债权转让导致抵押权转让的，当事人可以持不动产权属证书、不动产登记证明、被担保主债权的转让协议、债权人已经通知债务人的材料等相关材料，申请抵押权的转移登记。"

在建工程抵押权的消灭是指在建工程抵押权因主债权的消灭，抵押权实现，抵押权人放弃抵押权等情形，而归于消灭的情形。[2]

（六）在建工程抵押登记转为房屋抵押登记

在建工程抵押权中的抵押财产是在建工程，其一旦竣工并经过房屋所有权初始登记之后，在建工程抵押权的性质就要发生变化，从而变为房屋抵押权。问题是，在建工程抵押登记转为房屋抵押登记，应当如何办理？对此，住房和城乡建设部的《城市房地产抵押管理办法》第 34 条第 2 款曾给出这样一种处理方法，即"以预售商品房或者在建工程抵押的，登记机构应当在抵押合同上作记载。抵押的房地产在抵押期间竣工的，当事人应当在抵押人领取房地产权属证书后，重新办理房地产抵押登记"。按照这一规定，似乎应当是先注销在建工程抵押权，然后办理新的房地产抵押登记。

---

〔1〕 参见《不动产登记暂行条例实施细则》第 68 条。

〔2〕《不动产登记暂行条例实施细则》第 70 条规定：有下列情形之一的，当事人可以持不动产登记证明、抵押权消灭的材料等必要材料，申请抵押权注销登记：（一）主债权消灭；（二）抵押权已经实现；（三）抵押权人放弃抵押权；（四）法律、行政法规规定抵押权消灭的其他情形。

笔者认为，这一规定是不合理的，不利于维护在建工程抵押权人的合法权益。因为重新办理房地产抵押登记，必然导致在建工程抵押权人的优先顺位丧失，而且在注销原抵押登记和办理新抵押登记的时间差里，可能发生该房屋被法院查封或者转让的情形，这对于抵押权人将有严重的损害。因为房屋所有权初始登记后抵押人拒绝变更，在建工程抵押失去效力，抵押权人的权益就会受到损害。

所谓“将在建工程抵押权转为房屋抵押登记”，应当结合目前生效的《不动产登记暂行条例实施细则》第 77 条第 2 款“在建建筑物竣工，办理建筑物所有权首次登记时，当事人应当申请将在建建筑物抵押登记转为建筑物抵押权登记”的规定来理解，首先，这里的当事人包括抵押人（主要是开发商）必须申请抵押权转换登记。其次，时间节点在建建筑物竣工，办理建筑物所有权首次登记时，不动产登记机构可以对进行首次登记的个人或者单位要求做转换登记。本条的宗旨是当事人包括抵押人不申请转换登记，不动产登记机构可以拒绝办理建筑物所有权首次登记。申请转换登记时，首先，原先在建工程抵押权的内容不变，包括抵押财产的范围、担保的范围、担保的金额。其次，抵押权的顺位不变，原来的顺位是第一顺位，现在仍然是第一顺位，原来是后顺位的，转换后仍然是后顺位。

（七）预售商品房可设立抵押权的理由及设立抵押权的必要性

本书认为预售商品房应可以抵押，而且认为预售商品房贷款按揭模式就是预售商品房的抵押贷款模式，预售商品房，对购买方而言，也称为预购商品房，虽然可能并未竣工，但因其四至确定，也应认定为是《民法典》上的“物”，竣工验收后可办理正式登记的房屋与尚未竣工验收的预售商品房和在建工程抵押一样都有一个从此物转变为彼物的过程（在建工程从在建工程到竣工验收后的建筑物），因此预售商品房的抵押就是如同在建工程抵押一样的现实抵押，而不只是可办理预抵押，预售商品房既可办理现实的预售商品房抵押，也可办理预告登记的预售商品房预抵押，同样，在建工程既可办理现实的抵押，也可办理在建工程的预告登记预抵押，抵押权人（金融机构）对预售商品房享有优先受偿权。

1.《民法典》第 395 条第 1 款规定，债务人或者第三人有权处分的正在建造的建筑物可以抵押。所谓正在建造的建筑物，显然是与已经建造完毕的建筑物相对应的概念。

《房地产管理法》规定了房地产开发项目达到一定投资规模才能转让，

没有完工的房地产项目实则为在建工程，不能转让与抵押。实践中，烂尾楼转让经常发生，烂尾楼转让就是在建工程转让，随着现代社会经济的发展，出于融资便利的需要，实践中出现了以正在建造的建筑物设定抵押，以获得融资的情形。依据我国法律法规，以正在建造的建筑物设定抵押权的情形有两种：其一，在建工程抵押；其二，预购商品房抵押。这两类抵押都属于以正在建造的建筑物设定抵押的情形，无非后者是预售的商品房，抵押人是购房人；而前者是既包括预售的商品房也包括非商品房的建筑物，而抵押人是在建工程的所有人，在建工程通常已经有了一定的建设规模并有具体实物存在；而预售的某一套商品房可能还有建造，只要建造是经依法批准的，则该项目就已经是在建工程了，就可以进行抵押。依据《民法典》第387条第1款规定："债权人在借贷、买卖等民事活动中，为保障实现其债权，需要担保的，可以依照本法和其他法律的规定设立担保物权。"因此，无论是预购商品房抵押，还是在建工程抵押，抵押人有权以预购商品房或在建工程设定抵押权，据以担保一切因借贷、买卖等民事活动而发生的债权。此抵押担保解决了企业新的融资渠道，有必要在立法上予以肯定。《物权法》的起草者王利明教授亦在其编著的《物权法论》中认为"以正在建造的建筑物设定抵押的情形主要包括两种：(1) 预售商品房抵押，即以正在建造的建筑物抵押在实践中通常采用的按揭的方式"，"如果按揭制度不能构成担保物权，则《物权法》设立的预告登记制度发挥作用的空间将会非常有限。因为在按揭之后，可以通过预告登记将其公示出来；更何况，如果不承认按揭中的抵押关系是一种担保物权，那么它不利于保护银行的债权，也将使银行面临极大的风险，而且也可能使得期房的买受人无法主张预告登记的物权效力，从而也损害房主本身的利益。因此，按揭中的抵押关系不是一种非典型担保，应当是在建工程抵押的一种"。[1] 而且我们注意到《物权法》第179条关于抵押的概念，第180条关于抵押的财产均未限制可抵押的财产应为物，只要是法律未禁止抵押的财产皆可以"抵押"，"法官可以根据该条发展出新的抵押权，原则上只要能够满足公示要求的财产就可以抵押，并设定抵押权"。[2] 并无任何法律、行政法规禁止预售商品房抵押，因此，不论是否承认预售商品房是否为"物"，预售商品房都应可以设立抵押权。普遍认为，

[1] 王利明：《物权法论》，中国政法大学出版社2008年版，第355~356页。

[2] 王利明：《物权法论》，中国政法大学出版社2008年版，第357页。

抵押财产应具备的条件为：一是具有独立的交换价值，二是特定，三是可转让，四是可公示，预售商品房和在建工程作为财产完全符合上述抵押的四个条件。同时，只要满足了上述四个条件，债权人就可以控制该财产的交换价值，该财产就可以用于办理抵押担保。

2.《不动产登记暂行条例实施细则》第 78 条规定："申请预购商品房抵押登记，应当提交下列材料：（一）抵押合同与主债权合同；（二）预购商品房预告登记材料；（三）其他必要材料。预购商品房办理房屋所有权登记后，当事人应当申请将预购商品房抵押预告登记转为商品房抵押权首次登记。"不动产登记机构有权对进行预购商品房抵押预告登记的个人或者单位要求进行转换登记。本条的宗旨是当事人包括抵押人不申请转换登记，不动产登记机构可以拒绝办理建筑物所有权首次登记。申请转换登记时，首先，原先在建工程抵押权预登记的内容不变，包括抵押财产的范围、担保的范围、担保的金额。其次，抵押权的顺位不变，原来的顺位是第一顺位，现在仍然是第一顺位，原来是后顺位的，转换后仍然是后顺位。

（八）建设用地使用权抵押与在建工程抵押的关系

《民法典》第 353 条规定："建设用地使用权人有权将建设用地使用权转让、互换、出资、赠与或者抵押，但法律另有规定的除外。"第 395 条第 1 款第 2 项规定，债务人或者第三人有权处分的建设用地使用权可以抵押。所谓"法律另有规定的除外"，是指依据《城市房地产管理法》第 40 条的规定，以划拨方式取得土地使用权的，转让房地产时，应当按照国务院规定，报有批准权的人民政府审批。有批准权的人民政府准予转让的，应当由受让方办理土地使用权出让手续，并依照国家有关规定缴纳土地使用权出让金。以划拨方式取得土地使用权的，转让房地产报批时，有批准权的人民政府按照国务院规定决定可以不办理土地使用权出让手续的，转让方应当按照国务院规定将转让房地产所获收益中的土地收益上缴国家或者作其他处理。此外，《城市房地产管理法》第 51 条规定："设定房地产抵押权的土地使用权是以划拨方式取得的，依法拍卖该房地产后，应当从拍卖所得的价款中缴纳相当于应缴纳的土地使用权出让金的款额后，抵押权人方可优先受偿。"就在建工程抵押而言，可能涉及的一个问题就是，房地产开发企业先以其建设用地使用权设定了抵押权，并在不动产登记机构办理土地使用权抵押权设立登记，然后又以在建工程设定抵押权，这时房屋登记机构是否能够为其办理在建工程抵押权设立登记？笔者认为，从我国法律的规定来看，是可以办理的。首先，《民法典》并不禁止重复抵押，而且也废止了《担保法》禁止超额抵押的规定，因此即便土地使用权抵押后又办理在建工程抵押，超过了抵押财产的价值，在建工程抵押也是有效的。其次，《民法典》第417条规定："建设用地使用权抵押后，该土地上新增的建筑物不属于抵押财产。该建设用地使用权实现抵押权时，应当将该土地上新增的建筑物与建设用地使用权一并处分。但是，新增建筑物所得的价款，抵押权人无权优先受偿。"因此，土地使用权抵押给债权人甲之后，又以在建工程抵押给债权人乙的，抵押人在办理在建工程抵押时，除需要在土地不动产登记机构为债权人乙办理第二顺位的土地使用权抵押权的设定登记外，还需要在不动产登记机构为债权人甲办理第一顺位的在建工程抵押权设立登记。当债务人无法履行债务或者发生当事人约定的实现抵押权的事由时，应当将土地使用权与在建工程一并拍卖，就土地使用权卖得的价款，债权人甲首先受偿，剩余部分由债权人乙受偿。但是，就在建工程拍卖所得的价款，则只有债权人乙能够优先受偿。

（九）在建工程抵押与商品房预售的关系

房地产开发企业以在建工程设定抵押权之后，能否进行商品房预售。这涉及抵押财产转让的问题，对此各地方不动产登记机构的实践做法不一样。有些地方的规定是，债权人（通常是银行）必须出具解除抵押权的书面同意，并且由抵押权人、抵押人及商品房预购人三方签订预售商品房协议书，购买者按协议书约定将款项足额汇入指定的银行账户。至于解除抵押权的方式，有些地方是一次性全部解除抵押权，有些地方则是预售一套，解除抵押一套。还有些地方的做法是，在建工程抵押能否进行商品房预售，首先，由当事人在抵押合同中约定（如抵押当事人可以在抵押合同中约定：抵押期间地上房屋是否准予预售或销售，售出后是否解除抵押权。如约定同意预售或销售并售后即解除抵押权的，同时要约定同意预售或销售的房屋面积）。如果合同没有约定，抵押权人事后又同意的，抵押权人应出具书面证明，该证明中要明确准予预售或销售的房屋的部位、面积、售出后的房屋及其占用的土地是否解除抵押权等内容。抵押当事人同意在抵押期间按套预售或销售房屋的，抵押人（开发商）在售出每套房屋后，不再分别办理变更抵押登记，而是每6个月办理一次注销登记手续。对于这种抵押合同中约定同意预售并售后解除抵押权或事后同意预售并售后解除抵押权的，登记机构对于已售出的房屋可办理交易过户、房产登记手续。其次，如果抵押合同中没有约定或者抵押权人事后也没有同意的预售房屋，则不能预售。最后，如果抵押合同中约定可以预售或者事后抵押权人书面同意预售，但是售后房屋并不解除抵押权的，则该房屋可以预售，只是此时已售出的房屋仍设定有抵押权，购房人领取的房屋所有权证中应注明抵押情况。

笔者认为，在《物权法》实施之后《民法典》生效之前，对在建工程抵押后能否进行商品房预售的问题，应当按照《物权法》的规定处理。《物权法》第191条第1款规定："抵押期间，抵押人经抵押权人同意转让抵押财产的，应当将转让所得的价款向抵押权人提前清偿债务或者提存。转让的价款超过债权数额的部分归抵押人所有，不足部分由债务人清偿。"第2款规定："抵押期间，抵押人未经抵押权人同意，不得转让抵押财产，但受让人代为清偿债务消灭抵押权的除外。"由此可知，在《物权法》实施之后，对在建工程抵押后能否进行商品房预售的问题，应当按照《物权法》的规定处理。

《民法典》生效之后则按照该法第406条执行，抵押期间，抵押人可以转让抵押财产。当事人另有约定的，按照其约定。抵押财产转让的，抵押权不受影响。抵押人转让抵押财产的，应当及时通知抵押权人。抵押权人能够证明抵押财产转让可能损害抵押权的，可以请求抵押人将转让所得的价款向抵押权人提前清偿债务或者提存。转让的价款超过债权数额的部分归抵押人所有，不足部分由债务人清偿。

因此，实践中，在建工程抵押之后能否进行商品房预售应作如下处理：

1. 在建工程抵押之后，如果抵押权人没有与抵押人在抵押合同中明确约定允许商品房预售，或者事后抵押权人也没有出具同意商品房预售的书面同意文件，则抵押人可以进行商品房预售，抵押人或者出卖人必须告知买受人房产处于抵押状态。

2. 如果抵押权人与抵押人在抵押合同中明确约定允许商品房预售或者事后抵押权人出具同意商品房预售的书面同意文件，此时无论是抵押合同是否已经明确约定或者抵押权人出具的书面同意文件中是否已经明确说明房屋预售后抵押权消灭与否，都意味着抵押权人已经同意将预售的房屋排除在抵押财产的范围之外，也就是说，只要抵押权人同意转让抵押财产，就一定要消灭抵押权，办理抵押权的注销登记或者抵押权的变更登记，此时不动产登记机构可以要求抵押权人一次性办理在建工程抵押权的注销登记（全部解除预售商品房上的抵押权）或者在每销售一套之前办理一次在建工程抵押权的变更登记。

（十）需要注意的几个问题

1. 集资建房、公租房等政策性房产办理在建工程抵押

“集资房”，是实行政府、单位、职工个人三方面共同承担建房成本，通过多方筹集资金进行房屋建设而不通过市场购买而直接分配的一种房屋。主要是为了解决单位和社会团体组织既定范围的中低收入家庭的住宅问题。2004年《经济适用住房管理办法》[1] 首次将集资、合作建房纳入经济适用房的范畴。集资、合作建房是经济适用住房的组成部分，其建设标准、优惠政策、上市条件、供应对象的审核等均按照经济适用住房的有关规定严格执行。向职工收取的集资、合作建房款项实行专款管理、专项使用，并接受当地财政和经济适用住房主管部门的监督。《公共租赁住房管理办法》第3条规定，公共租赁住房是保障性住房，可以通过新建、改建、收购、长期租赁等多种方式筹集，可以由政府投资，也可以由政府提供政策支持、社会力量投资。

《城市房地产抵押管理办法》第3条对在建工程抵押作出明确规定，抵押目的就是取得工程建造的后续资金，专款专用。该办法第28条第4项规定，在建工程抵押的，抵押合同还应当载明的内容包括：施工进度及工程竣工日期。条文未有禁止集资建房和公共租赁住房办理在建工程抵押的规定。当企业或者政府在资金暂时不足的情况下，利用在建工程抵押获得后续资金，有利于保证房屋的及时建设。

需要注意的是，如果是政府直接投资建设的公租房，办理抵押时，需要国资部门批准。《公共租赁住房管理办法》第25条规定，公共租赁住房的所有权人及其委托的运营单位不得改变公共租赁住房的保障性住房性质、用途及其配套设施的规划用途。因此，公租房建成后抵押，由于其具有社会保障功能，应该获得批准建设部门同意后方可办理。

有观点对政策性房产办理在建工程抵押持有异议，认为万一形成烂尾工程，不动产登记机构会担责。笔者认为不会。实务中，不动产机构登记时可以询问抵押权人是否知道是政策性房产，抵押资金只能用于工程后续建设，抵押权人认可后登记机构就没有责任。还有人员认为集资建房，资金已经由集资人“凑齐”，再抵押已经没有意义，笔者认为此观点也是错误的，首先

[1] 2007年12月1日，建设部、国家发展和改革委员会、监察部、财政部、国土资源部、中国人民银行、国家税务总局七部门联合发布，该规章的2004年版本废止。

集资建房，不一定完全由集资人承担全部费用，有可能由企业承担部分，另外就是当时集资时候的价格较低，由于建设成本的变化，导致资金不够，企业可能予以承担，但企业暂时资金不足，抵押可以获得后续建设资金，保证项目完成，这种做法是合理合法的。

2. 已经预售的商品房办理在建工程抵押

未预售的商品房办理在建工程抵押。在建工程抵押是以当事人约定设定的债权担保登记，预售许可是国家的行政许可审批制度，是完全不同的概念。在建工程抵押，是建设单位拥有合法的土地使用权、建筑规划许可证，有合法的正在建设的工程项目或者建筑物，根据《民法典》第395条第1款第5项的规定，并按照《不动产登记暂行条例实施细则》第75条要求办理的在建工程抵押的规定，法律、法规和规章均未要求在建工程必须取得预售许可才可以抵押。而开发商要进行预售，则必须符合《城市房地产管理法》第45条，国务院《城市房地产开发经营管理条例》第23条和建设部《城市商品房预售管理办法》的要求，缴纳了全部土地出让金，取得土地使用权证、建设规划许可证、按提供的商品房建设达到25%以上，并取得预售许可证后才可以预售。

已经预售的商品房办理在建工程抵押。已经办理了预售许可的商品房，在办理在建工程抵押登记时，不动产登记机构必须核查是否已经销售备案，已经销售备案的在办理在建工程抵押时应当扣减相应的权利价值，不能包含该部分房屋。

实务中，未销售部分设定在建工程抵押后，在办理商品房销售备案时，必须先解除抵押或者抵押权人出具证明同意抵押人对外销售的证明材料后，房地产管理部门方可办理商品房备案。

3. 主体完工的项目可否办理在建工程抵押

在形象工程已经完成或者已经交付使用但未办理竣工验收的，在理论上都属于在建工程。但不动产登记机构在办理此类在建工程抵押登记要特别慎重，要对抵押合同中约定的内容进行分析审核，贷款目的是不是后续工程必需的资金，如非必须借贷用途，登记机构应不予登记。

4. 在建工程抵押权人的资格在法律上并无限制

《城市房地产抵押管理办法》第3条第5款有关在建工程抵押的规定，是针对贷款银行作为抵押权人时的特别规定，但并不限制贷款银行以外的主体成为在建工程的抵押权人。这个解释也与目前中央经济政策方针相一致，个人也可以成为抵押权人。因此，只要抵押权人具备相应的金融资质或者主债权合同不违反国家禁止性的法律规定，那么非银行的金融机构和企业、自然人、非法人组织等都可以成为在建工程抵押权人。

七、预售商品房抵押

随着房地产市场的日益规范，现房销售和期房销售已经成为当今重要的商品房销售形式。期房也就是我们通常所说的预售商品房，即开发商将正在建设或者即将建设的商品房销售给购房人。预售商品房对于开发商而言具有重要意义。一个开发项目往往需要大量的资金投入，如果开发商在商品房竣工之前按照规定提前向社会出售，无疑可以把一部分社会闲散资金吸引到房地产开发中来，从而减轻开发商的资金压力。但对于购房人来说，要承担一定的交易风险。同时，购房人在购房过程中也会因为购房资金短缺问题，需要对已经购买的预售商品房进行抵押从而获得购房贷款。预售商品房抵押既关系到抵押人与抵押权人之间的关系，也关系到预售人与抵押人以及抵押权人之间的关系问题，同时还涉及预售商品房抵押登记问题。

（一）预售商品房抵押的概念、特征和条件

根据建设部《城市房地产抵押管理办法》第3条第4款的规定，预售商品房抵押，亦称为预购商品房贷款抵押，是指购房人在支付首期规定的房价款后，由贷款银行代其支付其余的购房款，将所购商品房抵押给贷款银行作为偿还贷款履行担保的行为。预购商品房贷款抵押在中国商品房开发市场习惯上称为“房屋按揭”，“房屋按揭”通常情况下是指房屋开发建设中由开发商、银行、购房人共同参加的一种购房行为，指房屋买卖合同中的买方在支付首期购房款后余款由购房人向银行申请贷款，并将所购房屋设定担保，由银行收存保管购房人的购房证书和文本，并办理楼花或现楼抵押登记，同时开发商作为购房人不能按期还款付息的保证人，向银行承担回购保证义务。

需要说明的是，“按揭”一词并不是法律术语，并没有在任何法律文件中使用。按揭业务主要是在银行开展且必须有银行介入，而我国的一些行政法规、部门规章和地方性法规都是借鉴银行的规定对房屋开发在不同阶段的担保行为，将“按揭”一词置换成了“抵押”，用抵押的规定取代银行关于按揭的规定。按揭一词已融入中国法律背景而形成了具有专门我国法律内涵

的我国习惯法所认可的法律术语。[1]

根据我国传统的民法理论，抵押的标的物应是现实存在的特定物，抵押人以未来的财产作抵押的，抵押合同无效。从国外一些国家的立法来看，大陆法系国家和英美法系国家的做法有明显不同。大陆法系国家，如法国立法允许以未建成的或者待建的建筑物或者附属物作抵押，而英美法系国家的立法则不允许。在中国，效力层次较高的《城市房地产管理法》对此没有作出规定。2000 年以来，为了推动房地产市场的不断发展，缓解房地产市场的资金短缺，加快资金周转，解决购房人的资金问题，一些省、市和行业主管部门、最高人民法院制定了预售商品房抵押的规定。

《城市房地产抵押管理办法》第 3 条第 4 款对预售商品房抵押作出了明确规定。综观这些规定，可以看出预售商品房抵押具有以下几个方面的特征：

1. 从抵押标的物来看，预售商品房抵押的标的物尚未形成

这是预售商品房抵押与其他抵押一个非常明显的区别。一般抵押的标的物在设定抵押时已经存在，并且能够为抵押人所有或者实际控制。而预售商品房设定抵押时，抵押标的物即商品房仍然处于在建或者待建之中。因此，用于抵押的预售商品房存在一定的停建、缓建、不能建成的风险。

2. 从购房资金支付来看，购房人已经按照规定支付了首期规定的房价款，然后由银行代其支付其余的购房款

因此，在设定预售商品房抵押时，购房人应该已经先行支付了首期规定的房价款。这里需要明确的是，购房人不仅有先行支付购房款行为，而且所支付购房款必须符合规定。

3. 从权属关系来看，抵押人对于预售商品房并不享有所有权

只有当售房人把商品房建成后交付给购房人并在房屋管理部门办理房屋登记手续，才对该商品房享有所有权。因此，预售商品房抵押实质上是一种期待权的抵押。购房人与售房人因签订商品房预售合同，二者之间存在的是一种债权关系，而不是物权关系。

4. 从合同属性来看，预售商品房抵押合同是一种从属于购房贷款合同的从合同

抵押目的是担保购房人能够按照约定支付购房贷款。因此，抵押人与抵

[1] 陈耀东：《商品房买卖法律问题专论》，法律出版社 2004 年版，第 174 页。

押权人之间签订预售商品房抵押合同是为了担保抵押人能够依照合同约定支付购房贷款，而不是其他贷款。如果抵押人与抵押权人因其他贷款而签订预售商品房抵押合同，就直接背离了预售商品房抵押的立法宗旨。

为了保障房地产市场的规范运行，保护预售商品房抵押关系当事人的合法权益，根据规定，以预售商品房设立抵押，应当具备以下条件：

1. 预售商品房抵押的主体合法

在预售商品房抵押关系的当事人中，“抵押人只能是预购人，不能是预售商品房的开发商”。[1] 因此，预售商品房抵押关系抵押人是预购人，不是开发商，抵押权人是依法可以提供预售贷款业务的银行。当开发商作为抵押关系当事人，即抵押人时，这属于“在建工程抵押”，而不是预售商品房抵押。根据《城市房地产抵押管理办法》第3条第5款的规定，在建工程抵押是指抵押人为取得在建工程继续建造资金的贷款，以其合法方式取得的土地使用权连同在建工程的投入资产，以不转移占有的方式抵押给贷款银行作为偿还贷款履行担保的行为。主体是否合法、适格是判断预售商品房抵押关系能否依法成立的前提条件。

2. 签订了合法有效的商品房预售合同

当购房人需要对预售商品房进行抵押时，必须建立在开发商与购房人之间已经签订了商品房预售合同的基础上。根据《城市房地产管理法》第45条第1款、第2款的规定，商品房预售，应当符合下列条件：（1）已交付全部土地使用权出让金，取得土地使用权证书；（2）持有建设工程规划许可证；（3）按提供预售的商品房计算，投入开发建设的资金达到工程建设总投资的百分之二十五以上，并已经确定施工进度和竣工交付日期；（4）向县级以上人民政府房产管理部门办理批准预售手续，取得商品房预售许可证明。商品房预售人应当按照国家有关规定将预售合同报县级以上人民政府房产管理部门和土地管理部门登记备案。因此，商品房预售必须符合上述规定。在此前提下，商品房预售人与预购人才可以签订商品房预售合同。同时，预售商品房的预售人与预购人之间是否签订了合法有效的商品房预售合同也是判断预售商品房抵押能否成立的基本要件。

3. 抵押人贷款符合预售商品房抵押贷款基本要求

根据《城市房地产抵押管理办法》的规定，预售商品房贷款抵押必须以

[1] 林敏：《对预售商品房抵押的探讨》，载《律师世界》2000年第3期。

购房人支付首期规定的房价款后，才能向银行申请预售商品房抵押贷款。因此，从建设部的规定来看，预售商品房抵押贷款的基本要求是：首先，购房人必须按规定支付首期的房价款，否则，就不可能进入预售商品房贷款抵押程序。当然，购房人按规定支付了首期房价款，应该提供符合财务会计结算要求的付款凭证。因此，以购房人是否按规定先行支付首期房价款是判断预售商品房抵押能否合法有效成立的标准之一。实践中要禁止“零首付抵押贷款”或者变相“零首付抵押贷款”。其次，由贷款银行支付其余的购房款。也就是说，在购房人支付首期规定的房价款后，其余的购房款由银行支付。因此，从贷款的提供者来说，是银行而不是其他单位；从贷款的用途来说，是为了支付除购房人首期支付的房价款之外其余的购房款，而不是其他用途。

4. 必须按规定办理预售商品房抵押登记

广义上说，预售商品房抵押属于房地产抵押，不动产抵押范畴。中国法律对于抵押登记的规定采用两种方式，即登记生效要件主义和登记对抗主义。对于不动产采用登记生效要件主义，就是说法律规定需要登记，只有当事人依照规定办理登记，那么抵押权才能成立并生效。例如，根据《城市房地产管理法》第 61 条的规定，房地产抵押时，应当向县级以上地方人民政府规定的部门办理抵押登记。同时，《民法典》规定的正在建造的建筑物抵押的，应当办理抵押登记。抵押权自登记时设立。

（二）预售商品房抵押登记行为性质

预售商品房抵押双方当事人，把符合登记要求的材料向登记机关申请登记，由预售商品房抵押登记主管部门进行登记的行为，属于行政行为还是民事法律行为，长期以来人们对此在认识上存在一定偏差。有一些人认为预售商品房抵押登记行为属于民事法律行为，这是对民事法律行为和行政行为的错误理解。预售商品房抵押的双方当事人，即抵押人和抵押权人，对预售商品房进行抵押，这属于私法关系。抵押行为显然属于民事法律行为。从民法理论来说，民事法律行为是平等主体的公民、法人或者其他组织之间设立、变更、终止民事权利和民事的行为。因此，从民事主体上说，作为民事法律行为的双方当事人应该是平等主体之间的公民、法人或者其他组织。从法律关系的内容来说，其中涉及民事权利和民事义务，而不是其他权利。

这种在平等主体之间设立的抵押关系，由于涉及不动产抵押，根据《民法典》《不动产登记暂行条例实施细则》《城市房地产抵押管理办法》的规定，必须由预售商品房抵押登记主管部门进行登记才能完成，因而，登记当然是国家行政主管机关的一种行使行政职权的活动。预售商品房抵押登记行为属于行政行为。这两种行为的显著差异在于行为的主体和内容不同。从主体上看，进行预售商品房抵押登记机关属于国家行政机关，而不是一般组织。从行使权力方面来说，预售商品房抵押登记机关在登记过程中行使的是行政权力，而不是民事权利。然而现实中，不动产统一登记后，因涉及不动产登记而产生的行政和民事交叉问题日益增多，究竟应当通过民事诉讼还是行政诉讼解决这些问题，这就有必要对登记行为的性质进行界定。笔者认为，不动产统一登记后，登记行为具有民事性、行政性兼容的特点，但更多地体现为民事性。

（三）预告登记、预购商品房抵押登记行为的效力

预购人对于预售商品房享有的是一种期待权（或者期得权益）。关于期待权的性质和界定是目前民法学中颇有争议的问题。期待权就是为权利取得的必要条件和某部分虽已实现，但未全部实现之暂时的权利状态。对于期待权的性质，德国联邦最高法院称期待权为与完整权利“类似的权利”，是“所有权的预备阶段”；期待权“与所有权相比并非异质，而是同质之模型”。据王泽鉴先生的说法，期待权“自消极意义言，取得权利之过程尚未完成，权利尚未发生；自积极意义言，权利之取得，虽未完成，但已进入完成之过程，当事人已有所期待”。[1] 因此，王泽鉴先生认为期待权跨越物权和债权两个领域，兼具债权与物权两种因素之特殊权利，系一种“物权”，但其具有债权上之附从性，系一种“债权”，但物权之若干特性。[2] 因此，期待权不是完整意义上的物权。期待权是与既得权相对而言的，期待权属于正在进行还没有完成的具有物权性质的权利。对于物权来说，物权人对于自己的物享有直接的占有、使用、收益、处分的权利，并且物权是一种绝对权，但是作为期待权来说，期待权人显然不能完全行使这些权利。因为期待权人所期待的物还没有完全形成，只能借助于相对人的协助才能实现。因此，从这个意义上说，期待权虽然具有物权性质，却并不是物权，仅仅属于接近于物权的权利，逐渐获得物权特征的权利，但其本身还不是独立的物权。期待权也不是典型意义的债权。债权是一种相对权，债权人的权利实现

---

〔1〕 林敏：《对预售商品房抵押的探讨》，载《律师世界》2000 年第 3 期。

〔2〕 申卫星：《所有权保留买卖买受人期待权之本质》，载《法学研究》2003 年第 2 期。

需要借助于债务人的协助才能实现。期待权作为债权，具有物权的特性。因此，预购人对于预售商品房享有的权利，属于一种期待权（或者期得权益），这种权利虽然具有物权特性，但本身不是物权。预购人对于预售商品房的权利建立在与预售人之间形成的预售合同基础上。根据合同的相对性，预购人权利的实现需要借助于预售人的协助。由于预售商品房还处于在建或者待建状态之中，预购人对于预售商品房享有的权利真正实现，需要在商品房建成以后由开发商交付给预购人并办理相关的登记手续，此时预购人的期待权才从债权转变为物权，期待权也就变成了既得权。

《民法典》第 221 条规定："当事人签订买卖房屋的协议或者签订其他不动产物权的协议，为保障将来实现物权，按照约定可以向登记机构申请预告登记。预告登记后，未经预告登记的权利人同意，处分该不动产的，不发生物权效力。预告登记后，债权消灭或者自能够进行不动产登记之日起九十日内未申请登记的，预告登记失效。"预告登记的作用是赋予被登记的请求权以类似物权的效力，以对抗在登记之后发生的与该请求权内容冲突的处分行为。对此立法机关的立法理由为："预告登记的功能是限制房地产开发商等债务人处分其权利，以保障债权人将来实现债权。这些处分行为既包括一房二卖，也包括在已出售的房屋上设定抵押权等行为。"〔1〕通过上述理由可知，制定该条文的目的是保护预售房买受人的利益，防止开发商在商品房预售过程中一房二卖，或私自在已销售的期房上设立抵押，损害购房者利益。该条规定的实质是为了限制开发商对预购商品房进行处分。

我国对不动产实行登记生效要件主义，换言之，对于不动产的交易、抵押等，只有双方当事人依法办理登记手续，那么交易或者抵押方为有效。国家设立不动产抵押登记制度具有重要意义。首先，有利于保护抵押权人的合法权益。当抵押人不能履行约定义务，抵押权人依照规定可以变卖抵押物的价款优先受偿。通过不动产登记机关对抵押事实进行登记可以对抵押人任意处分抵押物的权利进行限制。其次，有利于保护善意第三人的合法权益。不动产登记作为一种公示手段，主要是为了保护交易安全，保护善意第三人的合法权益。登记具有公示公信效力，经过登记可以向社会宣告不动产已经交易或者抵押的事实，从而保护善意第三人的合法权益。最后，有利于维护社

〔1〕全国人大法制工作委员会民法室编：《中华人民共和国物权法条文说明、立法理由及相关规定》，北京大学出版社 2007 年版，第 31 、32 页。

会交易安全。因此，目前我国相关法律对于不动产抵押都采取了登记生效要件主义。也就是说，对于不动产抵押，如果向法定登记机关办理登记手续，抵押生效；如果没有办理登记手续，抵押不生效。不动产抵押登记关系中，一个非常重要的环节就是向不动产登记机构进行登记。因此，预售商品房抵押也应实行抵押登记生效要件主义，也就是说，只有预售商品房抵押人和抵押权人依法办理登记手续，那么预售商品房抵押才具有法律效力。

预告登记的性质被界定为是一项以保全将来发生不动产物权变动为目的的请求权而进行的登记，其功能在于使被登记的请求权发生可对抗第三人的类似物权的效力。银行通过进行预告登记，可保障自己的请求权的实现，同时，也使得其债权具有了公示的效果，使社会公众获知其具有以不动产物权变动为目的的请求权的存在，因而对这种请求权效力的强化并不会损害交易安全。

笔者认为，在我国目前的法律框架内，预购商品房抵押权预告登记的权利性质可视为一种准物权，或称之为“次抵押权”，其效力弱于抵押、保证、质押、留置、定金等担保物权，但优于债权。理由有以下几点：首先，开发商需投入25%以上的工程建设总投资，并且在交付了全部土地出让金，并获得土地使用权证书的情况下才有资格进行商品房预售。其出售的期房及其附着的土地是具有实际财产价值，当属于尚待法律明确其权利边界的财产。其次，预购商品房贷款抵押合同订立后，贷款银行已经依约将全部贷款给付开发商，即权利人已经为获得物权保护而先期支付了对价。最后，根据《不动产登记暂行条例实施细则》规定，预告登记事项不动产登记机构在不动产登记簿上予以记载后，即该登记权利已经履行向社会公众公示的程序。

《民法典》仅对预告登记的法律效力作了原则的规定，而预购商品房抵押权预告登记具有其特殊性。《不动产登记暂行条例实施细则》对此已经作出回应，该实施细则第85条第1款第3项规定：有下列情形之一的，当事人可以按照约定申请不动产预告登记……（三）以预购商品房设定抵押权的；笔者认为国土资源部作为不动产登记的主管部门和法律实施部门已经将预购商品房抵押权设定登记纳入了预告登记的范围；同时该条第2款、第3款规定了预告登记的效力，即“预告登记生效期间，未经预告登记的权利人书面同意，处分该不动产权利申请登记的，不动产登记机构应当不予办理。预告登记后，债权未消灭且自能够进行相应的不动产登记之日起3个月内，当事人申请不动产登记的，不动产登记机构应当按照预告登记事项办理相应的登记”。而预告登记重要目的之一就是抵押权预告登记转为抵押权本登记。完成抵押权本登记是预告登记的立法目的之一。《不动产登记暂行条例实施细则》第 78 条第 2 款规定：“预购商品房办理房屋所有权登记后，当事人应当申请将预购商品房抵押预告登记转为商品房抵押权首次登记。”不动产登记机关应当按照申请预购商品房抵押预告登记的个人或者单位的要求做转换登记。

笔者认为，立法应当赋予预购商品房抵押权预告登记类似抵押权的效力，最大限度保障贷款银行债权的实现。《民法典担保制度司法解释》第 52 条第 2 款规定，当事人办理抵押预告登记后，预告登记权利人请求就抵押财产优先受偿，经审查存在尚未办理建筑物所有权首次登记、预告登记的财产与办理建筑物所有权首次登记时的财产不一致、抵押预告登记已经失效等情形，导致不具备办理抵押登记条件的，人民法院不予支持；经审查已经办理建筑物所有权首次登记，且不存在预告登记失效等情形的，人民法院应予支持，并应当认定抵押权自预告登记之日起设立。

为避免诉累，虽然当事人办理的只是抵押预告登记而非抵押登记，但在诉讼过程中经人民法院审查具备办理抵押登记的条件，预告登记权利人即可主张已经取得抵押权，而无须判决认定预告登记权利人只有在办理抵押登记后才能主张抵押权。至于办理抵押登记的条件，经最高院与自然资源部不动产登记局沟通，是指建筑物已经办理首次登记。也就是说，只要在预告登记的有效期内建筑物已经办理了首次登记，人民法院就认定预告登记权利人可直接主张行使抵押权。当然，如果当事人不具备办理抵押登记条件，预告登记权利人请求行使抵押权的，人民法院自不应予以支持，但不影响其在具备抵押登记条件时再行使抵押权。[1]

笔者建议将预购商品房抵押权预告登记作为一种新型的担保物权形式予以立法，或者将其纳入预告登记制度进行针对性立法，直接赋予权利人优先受偿权，均属可行方案。

关于预售商品房可设立抵押权的理由及设立抵押权的必要性、转换登记已经在本节的六之（七）部分进行详细论述，此处不再赘述。

---

〔1〕 林文学、杨永清、麻锦亮、吴光荣：《关于非典型担保”及“附则”部分重点条文解读》，载《人民法院报理论周刊》2021 年 2 月 25 日。

以案说法

预购商品房抵押权预告登记的性质与效力

【案情介绍】

江苏银行某分行与袁某签订个人购房借款合同一份，某房地产开发公司作为保证人为该笔借款提供连带责任担保，同时袁某在某房地产公司购买的H号房屋进行了预购商品房预告登记与预购商品房抵押权预告登记，江苏银行某分行为预购商品房抵押权预告登记权利人。之后，江苏银行某分行与袁某签订房地产抵押合同一份，约定将H号房屋设立为袁某履行借款合同的抵押担保。H号房屋至今未办理所有权登记手续。现因未能按约偿还借款本息，江苏银行某分行诉至法院，请求判决：1. 被告袁某立即偿还借款本息、罚金等若干元；2. 确认其对H号房屋在经依法拍卖、变卖时享有优先受偿权；3. 被告某房地产开发公司承担连带责任。

法理分析

本案争议在于江苏银行某分行能否依据预购商品房抵押权预告登记，主张其对H号房屋在依法拍卖、变卖时享有优先受偿权?

法院经审理认为，江苏银行某分行与袁某签订了抵押合同，并已办理抵押权预购商品房预告登记，但H号房屋所有权至今未转移至袁某名下，亦未办理正式的抵押登记手续，根据《物权法》第187条的规定，H号房屋的抵押权并未设立，因此，江苏银行某分行要求对H号房屋在依法拍卖、变卖时享有优先受偿权无事实和法律依据，不予支持。

八、动产抵押

动产是指能够移动而不损害其经济用途和经济价值的物。与不动产相对。一般是指金钱、有价值的物品等。得失变更上，动产是交付主义，不动产需登记。诉讼管辖及涉外法律适用上，动产是属人主义，不动产是属物主义。动产抵押，也就是指债权人对于债务人或第三人不转移占有而供作债务履行担保的动产，在债务人不履行债务时，予以变价出售并就其价款优先受偿的权利。动产抵押基本上具备了不动产抵押所具有的一切属性。但动产与不动产相比可知动产是可自由移动的物，是比不动产丰富多样而其价值又不亚于不动产的物。

自从古罗马创设抵押权的客体仅限于不动产，动产上只能设定质权的债的担保制度以来，该制度已对世界各国民法理论界和实务界产生了极为深远的影响。[1] 但随着社会经济的发展，为了适应工商业农业资金融通及动产用益的需要，动产抵押制度应运而生。该制度将动产担保化，从而顾及动产的用益功能，使债务人得以继续占有、使用和收益担保化的动产。一方面，抵押权人获得该动产的交换价值，所有人因此取得信用，获得融资；另一方面，所有人仍继续占有、使用该动产，动产的所有人同时为用益权人，其与动产质权的制度价值迥异。此乃动产抵押制度为各国首肯的主要原因之一。中国法律亦规定了该制度。

（一）一般动产抵押制度的界定及动产抵押制度的利弊分析

动产是相对于不动产而言的，是指可以移动并且移动后不影响物的价值和效用的财产。[2] 不动产种类较为有限，而动产种类繁多，可谓遍地皆是动产。因此，基于管理的需要，国家对诸如船舶、航空器、机动车等交通工具等采用统一登记管理的办法。它一方面方便了国家进行管理；另一方面也使此类动产区别于其他不计其数的动产。基于该特点，我们可以将动产分为特殊动产与一般动产。前者包括船舶、航空器和机动车等交通工具，其物权的公示方式为登记；后者是指除特殊动产之外的动产，其物权的公示方式为交付后的占有。

根据上述对动产的分类，动产抵押也可以相应地分为特殊动产抵押与一般动产抵押。所谓特殊动产抵押是指以船舶、航空器和机动车等交通工具为标的物的动产抵押；一般动产抵押则是指除特殊动产抵押外的动产抵押，其标的物为除船舶、航空器和机动车等交通工具外的动产。具体我们可以将其定义为：一般动产抵押是指债务人或第三人不转移一般动产的占有，将该财产作为债权的担保，当债务人不履行债务时，债权人有权依法以该一般动产的折价或者以拍卖该财产的价款优先受偿的一项制度。根据大陆法系传统民法理论，特殊动产可以说已经被不动产化，即其物权的变动、公示等基本参照不动产物权来建构。所以特殊动产抵押制度也是参照不动产抵押制度加以构建的，其已拥有一套完善的公示制度，满足了融资的需求和交易安全的需要。对于一般

---

〔1〕 王闯：《动产抵押制度研究》，载《民商法论丛》（第3卷），法律出版社1995年版，第397页。

〔2〕 王利民：《试论动产抵押》，载《法学》2007年第1期。

动产抵押制度下文重点研究一般动产抵押权在登记后的对抗效力问题。

动产抵押制度的最大价值，莫过于迎合了工商企业既需要利用其机器设备等动产的使用价值，又需要以其交换价值作为融资担保的现实需求，对活跃金融、促进经济发展以及实现“物尽其用”“货畅其流”的现代经济理念，具有重大意义。此外，动产抵押对于个人以其动产提供债务履行的担保，也提供了一个新的途径。可以说，在现代社会的财产观念、融资需求和法律体制下，仍不许在动产之上设立不移转占有的担保，殆属不可行、行不通之做法。20 世纪初一些国家或地区在立法上关于动产抵押制度的立法规定，应属值得肯定的先进立法。

但是，动产抵押制度在有其积极意义的一面外，还有诸多负面效果：其一，该制度的设立，对既有物权制度的物权法定主义原则及不动产与动产公示方法、公示的效力规定，产生极大冲击，甚至危及物权制度与体系的逻辑性、一致性和严密性。其二，对于种类庞杂、数量难计、交易频繁、移动性强的本无登记制度的众多动产而言，设定抵押时如何进行公示，颇费斟酌；采用登记的方法能否达到公示的效果，也令人怀疑。其三，动产抵押权的承认，导致抵押权的可靠性维护和交易安全的保障之间发生剧烈的矛盾冲突，如何避免抵押人擅自对抵押物作出有损于抵押权的处分，又如何保障善意第三人的交易安全利益，实难兼得。[1] 正是由于这些负面作用，使得动产抵押制度存在的合理性受到了有力的质疑。

至于让与担保，在具有克服传统制度不能适应现实需要的优点外，也具有其本身固有的不足和与动产抵押相同的问题。

笔者认为，物权法定主义的局限性是可以通过一定方法缓和的；不移转标的物占有的动产抵押制度中，其最核心的问题是抵押权设定的公示与交易安全的维护问题的解决。该问题解决得好，动产抵押就可能是一项优制良规，否则，其就只能是一项有明显缺陷而备受质疑的制度。

（二）动产抵押的基本制度设计

根据有关国家或地区的立法规定，一般认为抵押权所具有的对被担保债权的从属性、设立上的公示性、标的物的特定性与不可分性、效力上的优先

---

〔1〕 参见王闯：《动产抵押制度研究》，载梁慧星主编：《民商法论丛》（第 3 卷），第 408 页以下；贲寒：《动产抵押制度的再思考——兼评我国民法（草案）对动产抵押与让与担保制度之规定》，载《中国法学》2003 年第 2 期。

性、追及性与物上代位性等，动产抵押权也同样具备。动产抵押制度的特殊之处在于其标的物为动产，并基于动产不同于不动产的特性而复生出动产抵押权的特殊性。故此，动产抵押权制度的设计，主要围绕着抵押的动产之范围限制、抵押权的公示及公示的效力、危害抵押权安全的行为之防止与善意第三人利益的维护等方面。

社会生活需要的程度及抵押物须适宜登记方面的限制等因素的影响，多数立法例上对可以抵押的动产的范围有所限制，但限制的程度却有较大不同。例如，在《意大利民法典》第 2810 条中，将设定抵押权的动产限定为船舶、航空器和机动车；前述日本有关动产抵押的立法，将其范围限定为供经营农业用之动产、供建设工程用之机械类、依道路运送车辆法登记之汽车以及依航空法规定经登记之回转翼航空机。

关于动产抵押的公示，立法例上对其设计的基本方法，均为仿照不动产物权而设立的登记，而关于登记的效力，采行的多为登记对抗主义。例如，《日本农业动产信用法》第 13 条规定："农业用动产之抵押权之得丧及变更，非经登记，不得对抗善意第三人。"《日本汽车抵押法》第 5 条规定："汽车抵押权之取得、丧失或变更，非依道路运送车辆法之规定，于汽车登记底册登记，不得对抗第三人。"此外，为增强公示性并减少查阅动产抵押登记簿的烦累，日本还规定了"同一性识别"的公示方法（明认方法），即在抵押物上打刻抵押标记或粘贴标签。在日本，其特别法上认为："因登记的公示力较弱，故对于汽车、飞机等只有通过所谓的打刻（一种明认的方法）以补强其特定性后，才能被视为具有了登记公示的手段。"[1]《建设机械抵押法》中规定，依有关规定"铸刻之记号，不得毁损之"（第 4 条）；违反规定而"毁损记号者，处一年以下有期徒刑或五万元以下罚金"（第 29 条）。关于动产抵押权之安全性维护问题，在日本的一些动产抵押立法和商法中设有"质权设定之禁止"条款，规定某些动产（如汽车、航空机、经登记的建设机械和船舶等）仅得为抵押权之标的，而不得再为质权之标的。唯《农业动产信用法》中，似对已抵押的农业用动产的再出质网开一面，未予绝对禁止（第 14 条、第 15 条），但该法第 19 条中又规定意图加损害于抵押权标的之农业用动产之所有人，就该动产为让与、出质或其他侵害抵押权之行为者，

---

〔1〕［日］高木多喜男、曾田原：《民法讲义（3）——担保物权》，有斐阁 1983 年版，第 266 页。

将受一定之刑罚。《建设机械抵押法》第30条中规定："意图避免拍卖，隐匿或毁损抵押建设机械者，处二年以下有期徒刑或五万元以下罚金。"

以上基本制度设计及其规定，使得动产抵押成为一种较为完善的担保方式，其中不少经验值得我们借鉴。

（三）我国一般动产抵押制度的立法选择

传统民法理论认为，物权的公示方式主要有两种，不动产物权以登记和登记的变更作为权利享有和变更的公示方法。动产物权以占有作为权利享有的公示方法，以交付作为其变更的公示方法。[1] 一般动产作为动产的一部分，理应把交付作为其公示的方式。但一般动产抵押制度的特点就在于其可以在不影响抵押人的用益功能的同时实现它的交换价值，以帮助抵押人获得融资。于是，登记也就成了一般动产抵押的唯一的公示方式了。关于登记的法律效力各国的立法例主要有两种，即登记生效主义和登记对抗主义。前者是指动产抵押权的设定以登记为发生效力的要件，未经登记，动产抵押不能成立，在当事人之间也没有约束力。后者是指依当事人的抵押合同设定动产抵押权，未经登记不得对抗第三人。也就是说，在当事人之间依合同成立抵押权后，对第三人而言，未经登记并非无效，只是当事人不能主张其有效。

中国的一般动产抵押制度立法是一个逐步走向成熟的过程。根据《担保法》第42条、第43条的规定，办理动产抵押登记的部门如下：以航空器、船舶、车辆抵押的，为运输工具登记部门，以企业设备和其他动产抵押的，为财产所在地的工商行政管理部门。以该法的第42条以外的动产抵押的，登记部门为抵押人所在地的公证部门。关于登记的效力，《担保法》第42条、第43条规定，当事人以本法第42条规定的财产，包括特定的动产抵押的，应当办理抵押登记，抵押合同自登记之日生效。当事人以其他普通动产抵押的，可自愿办理抵押物登记，抵押合同自签订之日起生效，但未办理抵押物登记的不得对抗第三人。该规定混淆了抵押合同的生效和抵押权的成立，增加了法律适用冲突，并非理性选择。已广为学者批评，许多学者提出对动产抵押权统一采登记对抗主义，笔者表示赞同，动产的流动性决定了动产物权的变动以交付为公示方法，若动产物权的变动以登记为公示方法且以登记为必要，不符合现实生活的要求，将严重妨碍动产的流动便利，并增加

〔1〕 梁慧星、陈华彬：《物权法》，法律出版社1997年版，第71页。

动产交易的手续成本，同时动产抵押权的设定应采登记对抗主义。[1] 登记对抗主义赋予了当事人以选择的权利，当事人可以斟酌情势并结合交易需要决定登记与否，在一定程度上体现了物权法领域的私法自治，且登记对抗主义依然能够保护第三人的利益和交易的安全，因为在动产抵押已为登记时，第三人可以通过查询登记部门的登记资料以避免自己权利受到伤害。同时抵押权为未登记，则不得对抗第三人，这似乎对抵押权人不利。但是，抵押人不要求登记是自己的选择的结果。有人据此认为登记对抗主义既蕴含了私法自治的精神，又为抵押人提供了保护自身利益的手段，同时又不至于使第三人遭受无辜损害，对各方利益的保护可谓周到。[2]

《物权法》第 188 条规定："以本法第一百八十条第一款第四项、第六项规定的财产或者第五项规定的正在建造的船舶、航空器抵押的，抵押权自抵押合同生效时设立；未经登记，不得对抗善意第三人。"第 189 条第 1 款规定："企业、个体工商户、农业生产经营者以本法第一百八十一条规定的动产抵押的，应当向抵押人住所地的工商行政管理部门办理登记。抵押权自抵押合同生效时设立，未经登记不得对抗善意第三人。"《物权法》施行之日，《担保法》关于"企业的设备和其他动产"抵押权所采取的登记生效主义即应失效。

《民法典》对动产抵押统一了规则，该法第 403 条规定："以动产抵押的，抵押权自抵押合同生效时设立；未经登记，不得对抗善意第三人。"由此可见，中国对动产抵押权统一采取了登记对抗主义，动产抵押自抵押合同生效时即已设立；但未经登记，不得对抗善意第三人。

（四）关于一般动产抵押登记的对抗力的若干问题

所谓动产物权登记的对抗效力，是指经过登记的物权具有对抗第三人的效力。在第三人的物权主张与登记权利人的物权主张相冲突时，登记权利人的物权得到法律保护。简言之，即"非经登记，不得对抗善意第三人"。多国对动产抵押原则上规定，动产抵押权非经登记不得对抗第三人。《民法典》第 403 条规定，以动产抵押的，抵押权自抵押合同生效时设立；未经登记，不得对抗善意第三人。登记对抗力问题，可以进一步引申思考。例如，抵押

---

〔1〕 中国物权法课题研究组：《中国物权法草案建议稿》，社会科学文献出版社 2000 年版，第 616 页。

〔2〕 王闯：《动产抵押制度研究》，载《民商法论丛》（第 3 卷），法律出版社 1995 年版，第 416 页。

合同与登记簿的记载存在冲突时，动产抵押权是否具有对抗力？何谓非经登记不得对抗第三人？第三人如何认定？登记效力有无时空限制，等等。下面我们就上述问题逐一进行讨论。

1. 抵押合同与登记簿冲突时抵押权的对抗力

《国务院关于实施动产和权利担保统一登记的决定》第3条纳入统一登记范围的动产和权利担保，由当事人通过中国人民银行征信中心（以下简称征信中心）动产融资统一登记公示系统自主办理登记，并对登记内容的真实性、完整性和合法性负责。登记机构不对登记内容进行实质审查。如果中国人民银行要加强对征信中心办理的抵押物的登记与抵押合同所载冲突，如抵押合同所述的某抵押物未列入抵押登记，抵押权所载的标的物是以抵押登记为准还是以抵押合同为准呢；抵押权人是以抵押登记内容还是抵押合同所述享有抵押权；第三人信赖与抵押合同冲突的抵押登记而与抵押人进行交易，对此交易是否应当确认。这实质上是一个问题的两个方面，即在不同主体间，抵押权的效力如何界定：（1）在抵押人与抵押权人之间，抵押权的效力是依抵押登记还是抵押合同来确定。（2）在抵押人与第三人（包括善意、恶意第三人，可能是争议抵押权所涉客体动产的承租者、受让者）之间，抵押权的效力又是如何确定。对于第一方面的问题，是为抵押权的内部效力问题。各国的司法判例与理论学说的观点比较一致，认为只要抵押合同依法订立，一般应以抵押合同为准确定抵押权的状况。因为动产抵押合同是当事人双方真实的意思表示，是动产抵押权存在的基础。没有动产抵押合同就没有动产抵押权，即使在以登记为抵押合同法定成立要件的情形中，登记与抵押合同发生矛盾，也宜以抵押合同为准确定抵押人与抵押权人之间的权利义务关系。同时，作废或变更原抵押登记，要求当事人方重新进行真实有效的登记。对于第二个方面的问题，是为抵押权的外部效力问题，实质上是赋予抵押登记这种公示方式以公信力的问题。公信力即物权经法定方式获得公示而产生的对信赖公示的第三人的保护效力。就中国而言，由于中国的物权理论研究和立法相当薄弱，《民法典》规定，以动产抵押的，抵押权自抵押合同生效时设立；未经登记，不得对抗善意第三人。因此，对于不移转占有的动产抵押担保登记这种公示方式是否具有公信力问题，理论上持不同见解。笔者认为对于善意第三人而言，应当赋予登记这种公示方式以公信力，意即即使登记内容与抵押合同所载的实际情况不符，只要第三人与抵押人就特定的动产进行的交易活动是按公示所提供的信息进行，则法律便按公示所示的内容保护第三人，尽管它以牺牲真正的权利人的利益为代价。因为动产抵押不转移动产抵押财产的占有，那么善意第三人只有通过查阅登记可知特定动产的真正权属状态。登记即为动产抵押财产的公示方式，善意第三人依此信赖而与抵押人之交易应当依法保护，这就要求抵押人本着诚实信用的原则，否则应当承担相应的法律责任。如果不赋予公信力，则动产抵押担保制度将因其既不能移转占有又不能借助于登记制度而欠缺公示表征，其发展必将受到极大限制。正是基于以上理论基础，《民法典》第217条规定："不动产权属证书是权利人享有该不动产物权的证明。不动产权属证书记载的事项，应当与不动产登记簿一致；记载不一致的，除有证据证明不动产登记簿确有错误外，以不动产登记簿为准。"该规定尽管是关于不动产物权的规定，而且是有关不动产权属证书与不动产登记簿冲突时何者优先的问题，但从中我们可以看出不动产登记所反映出的公信力的绝对效力，即中国亦是保护信赖该登记的善意第三人的。当然，对于这种情况的发生应该由谁来承担责任，应该是采用过错责任原则来分担责任。

2. 非经登记不得对抗第三人的理解

一般动产抵押权一经书面订立合同，在当事人之间即完全成立，登记之有无，对当事人不产生任何影响，唯对第三人而言，动产抵押权未经登记并非无效，仅当事人不得对第三人主张其为有效而已。对抗效力须待第三人之主张始能发生，从而关于登记之有无，应由当事人负举证责任。[1] 具体可从以下几个方面论之：

第一，抵押合同签订后，若未登记，抵押人将抵押物转移，对于善意取得该物之人，抵押权人无权行使追及权，而只能要求抵押人重新提供新的担保或要求及时履行债务。反之，若已登记，抵押权人可对第三人就该抵押物主张优先受偿权或排除第三人的善意取得，第三人仅能向债务人请求损害赔偿。

第二，抵押合同签订后，若抵押人以该抵押物多次设定动产抵押权，此数个抵押权，已登记的优先于未登记的受偿；若均未登记，为贯彻非经登记不得对抗之规定，宜认为未登记之数个抵押权处于同一次序，但先登记者，具有优先效力。不过，若该抵押权人明知已有其他未登记之动产抵押权存在时，不在此限。尽管先经登记，其效力仍劣于成立在先之抵押权，以贯彻恶

〔1〕 王泽鉴：《民法学说与判例研究》（第一册），中国政法大学出版社1999年版，第227页。

意不受保护之基本原则。

第三，动产抵押权与动产质权并存于同一标的物上时，就成立先后而言，有二种情形：其一，先押后质。抵押人可以其已合法设定抵押之动产再向第三人设立动产质权，此时，同一动产上的抵押权与质权相比，抵押权应设定在先，故其效力优先，抵押权人可以占有或出卖抵押动产并就其卖得价金优先受偿。然而，动产抵押权人以其抵押权为他人设定权利质权的则无效。其二，先质后押。出质人在就其动产设定质权之后，可再就其间接占有的同一动产为他人设定抵押权。此时，该动产抵押权的对抗力仅向后发生，不能影响成立在先的具有完全效力的质权。故设定在先的动产质权优先于设定在后的动产抵押权受偿。[1]

第四，关于未经登记的一般动产抵押与留置权并存时能否对抗留置权的问题，通说认为，两者并存时留置权优先。《民法典》第456条规定，同一动产上已经设立抵押权或者质权，该动产又被留置的，留置权人优先受偿。其理由是法定动产担保的效力优于意定动产担保的效力。《海商法》第25条第1款“船舶抵押权后于船舶留置权受偿”的规定即属此类。但亦有学者认为，在物权间并存的情形下，其效力应遵循先设定的物权优于后设定物权的原则，而无所谓法定动产担保物权的效力优于意定动产担保物权的效力的道理。而且，如在后设定的留置权的效力优于在先设定的动产抵押的效力，则“易启诈欺之门”[2]，即抵押人将动产设定抵押后，为逃避抵押担保责任，有可能与留置权人通谋而将抵押物再作留置，抵押权人将面临抵押权不能实现的风险，其结果有损抵押权人的利益，与登记制度设定的目的相悖，从而有碍于动产抵押制度的推行。笔者认为，质疑者的理由也不无道理。但毕竟在整个社会交易中，留置权人更多的是善意者，若在此情况下仍可对抗，恐怕有碍交易安全，损害整个社会大的利益。因此，笔者倾向于两者并存时留置权优先。只是若留置权当事人双方恶意串通损害动产抵押权人利益，我们可以依《民法典》认定留置无效，亦不会损害动产抵押权人之利益。

《民法典担保制度司法解释》第54条对“非经登记不得对抗第三人”作出明确释明：动产抵押合同订立后未办理抵押登记，动产抵押权的效力按

---

[1] 《民法典》第415条：同一财产既设立抵押权又设立质权的，拍卖、变卖该财产所得的价款按照登记、交付的时间先后确定清偿顺序。

[2] 王泽鉴：《动产担保制度与经济发展》，载《民商法论丛》（第2卷），法律出版社1994年版，第276页。

照下列情形分别处理：（一）抵押人转让抵押财产，受让人占有抵押财产后，抵押权人向受让人请求行使抵押权的，人民法院不予支持，但是抵押权人能够举证证明受让人知道或者应当知道已经订立抵押合同的除外；（二）抵押人将抵押财产出租给他人并移转占有，抵押权人行使抵押权的，租赁关系不受影响，但是抵押权人能够举证证明承租人知道或者应当知道已经订立抵押合同的除外；（三）抵押人的其他债权人向人民法院申请保全或者执行抵押财产，人民法院已经作出财产保全裁定或者采取执行措施，抵押权人主张对抵押财产优先受偿的，人民法院不予支持；（四）抵押人破产，抵押权人主张对抵押财产优先受偿的，人民法院不予支持。

值得注意的是，《民法典》第404条规定："以动产抵押的，不得对抗正常经营活动中已经支付合理价款并取得抵押财产的买受人。"此条关于浮动抵押的规定为登记对抗效力之例外。笔者认为上述例外规定值得称赞，它为存货上设定担保权成为可能，否则，从债务人处购买存货的买受人将会受到其上的担保负担，即使再高效的登记查询系统也无济于事，使其免受担保法的追及，才是交易的实际需要。

3. 第三人如何认定

关于第三人的认定，《物权法》颁布之前，我国学者对这一问题存在争议。有人认为法律未对第三人加以限制，我们应遵从法律规定。也有人认为，从民法基本理论和民法解释学的角度，我们应该认定第三人须受限制。随着《物权法》的颁布实施，应该说该争议可平息了。《物权法》第188条明确规定："以本法第一百八十条第一款第四项、第六项规定的财产或者第五项规定的正在建造的船舶、航空器抵押的，抵押权自抵押合同生效时设立；未经登记，不得对抗善意第三人。"笔者也同样认为，该处第三人应解释为善意第三人较为合理。恶意第三人是明知某物已设定抵押权而仍然受让对损人利己的恶意第三人法律无保护的必要。在这里，善意是指主观上不知情，即根本不知道某项动产设定抵押权，善意不宜解释为"善意无过失"否则"无异要求所有参与动产交易（即动产物权之取得、设定或转让）之人，均需注意该动产是否已有动产担保交易之存在，而有关动产之交易，甚多为日常生活上所必需者，如是则对动产担保交易之迅速流通及交易安全影响甚巨"。[1] 基于此，笔者认为，只要第三人不知有动产抵押权的存在即可，第

〔1〕 高圣平：《动产抵押制度研究》，中国工商出版社2000年版，第312页、第329页。

三人的不知情是否处于过失，在所不问。不过，第三人不知情如是出于重大过失，则应解释为属于恶意。

4. 登记效力的时空限制

动产容易流动，一般动产抵押登记的对抗力是否应当设立有效时间制度和有效区域制度加以限制。中国法律没有明文规定，在解释上认为中国动产抵押登记在全国范围内有效。在此有必要对其加以研讨。

（1）登记对抗力的时间限制

一般动产抵押登记有一定的时间限制，即登记有效期间，各有效期间的规定各国规定不一。在美国，《美国统一商法典》第9—515条规定，登记有效期间一般为5年，在5年期间届满前6个月内可以通过登记展期报告的方式来延展登记的有效期间。《民法典》上依担保物权的附从性，不承认担保物权的有效期间，抵押登记的效力随抵押权消灭而消灭。

笔者认为，考虑到动产具有的特性，应补充规定动产登记的时间效力。该时间效力应采用约定在先，无约定者从法定之规定。同时赋予当事人有延展登记的效力，即在法定登记时效期满前若干时间，债权人有权申请延长登记。动产抵押登记的目的主要在于对抗第三人。因此，动产抵押登记的时间效力仅涉及抵押对抗力。即使抵押登记超过了有效期，并不导致动产抵押的消灭，也不会导致抵押权人丧失抵押之请求权，仅丧失登记的对抗力，这一点应在立法中加以明确。[1] 当然，动产抵押权登记的延展次数同样也不应受到限制。

（2）登记对抗力的空间限制

一般动产抵押权登记范围是以登记机关的管辖区域为限的，关于登记机关的设置，各国立法不一。从空间角度看，有采中央登记制度的，也有采地方登记制度的。从抵押物分类角度看，有采统一登记制的，也有采分别登记制的。中央登记与地方登记，统一登记和分别登记各有利弊：中央登记的主要优点在于能方便获得登记所需要的信息。但是，大多数信息查询者都是地方商业交易者，他们主要来自地方，所以能在地方抵押登记机关进行登记，对抵押当事人来说可谓相当方便。这是中央登记制度所不具备的优势。同样，分别登记制度，因其按动产抵押物种类而分别登记，能使查询者清晰地知道所要调查的标的物所在的登记机关；而统一登记制度可使当事人在动产

---

〔1〕 武泽亮、汪淑华：《动产抵押第三人范围研究》，载《政法论坛》2006年第2期。

抵押物为不同种类时，在同一机关履行登记，这能免除当事人的奔波之苦。[1]

《民法典》对动产抵押登记的对抗力没有在空间上加以限制，无疑增加了第三人的风险，对交易安全颇为不利。笔者认为，由于动产容易迁移、搬离，如没有债务人的配合，则无法确定该在何地登记机关查阅登记，知悉动产抵押情况。因此，如恶意抵押人隐瞒抵押情况而为任意处分，则第三人在不知情的状态下无法避免遭受不测之害。因此应对动产抵押对抗效力作地域上的限制。同时，由于中国地域辽阔，笔者建议在省一级设立船舶、航空器和机动车等抵押的统一登记机关，登记机关的管辖区域为省级行政区域。《国务院关于实施动产和权利担保统一登记的决定》生效后，自 2021 年 1 月 1 日起，在全国范围内实施动产和权利担保统一登记。登记对抗力的空间为中华人民共和国全部领域。

社会经济发展的事实已经有力地证明了，一般动产抵押制度在中国担保制度中确实促进了中国经济的发展，弥补了传统担保物权制度的缺陷。发挥着日益重要的社会作用，具有非常重要的现实意义和经济利益。符合社会现实的需要而具有强大的生命力，但由于该制度中存在的问题，尤其是一般动产抵押公示方式及登记的对抗效力方面的问题，制约了一般动产抵押制度的发展。但是这种局限性是可以通过一定方法给予缓和的。《民法典》的实施让我们更加坚信该制度将不断得到完善并对社会主义市场经济的发展发挥更大的作用。相信在立法者和学者们的共同努力下，一般动产抵押制度将不断得到完善。

（五）中国现行法律及司法解释中有关动产抵押的主要规定

《民法典》中，根据社会主义市场经济发展的现实需要并借鉴日本等立法例上的有关规定，对动产抵押制度明确予以肯定并对其作了较为全面的规定，从而使动产抵押权成为与不动产抵押权、权利抵押权并列的一种抵押权类型。《民法典担保制度司法解释》中又对一些规定作了补充性解释。上述规定中有关动产抵押制度的特殊性问题，主要涉及以下方面：

1. 关于抵押物的范围

对于可以抵押的动产范围，《民法典》中未作任何限制，该法第 395 条、第 396 条中规定，债务人或者第三人有权处分的下列财产可以抵押：生产设备、原材料、半成品、产品，正在建造的建筑物、船舶、航空器；交通运输

---

[1] 周刚：《试析我国动产抵押制度之缺陷》，载《法学》1998 年第 4 期。

工具，法律、行政法规未禁止抵押的其他财产，均可设定抵押，除非其属于依法不得抵押的财产（第 399 条中规定所有权不明的财产及依法被查封、扣押、监管的财产等，不得抵押）。

2. 关于动产抵押合同与登记时需提交的文件

《民法典》第 400 条规定，设立抵押权，当事人应当采用书面形式订抵押合同。抵押合同应当包括的主要内容为：被担保的主债权种类、数额；债务人履行债务的期限；抵押物的名称、数量等情况；抵押担保的范围。

3. 关于动产抵押登记及其效力

关于抵押登记的效力，《民法典》第 403 条规定，以动产抵押的，抵押权自抵押合同生效时设立；未经登记，不得对抗善意第三人。

目前在我国，办理动产抵押登记的部门如下：以航空器、船舶、车辆抵押的，为运输工具登记部门；《国务院关于实施动产和权利担保统一登记的决定》实施后，纳入统一登记范围的动产和权利担保，由当事人通过中国人民银行征信中心动产融资统一登记公示。

据上可知，我国现行法上采用的是不同的抵押物由不同部门负责办理登记事宜的分别登记制；以自愿登记为原则；对登记的效力采用的是登记对抗主义。另外，关于登记程序中登记机关的审查权限，从有关部门的登记规则上看，大致可认为是形式审查与实质审查之间，倾向于形式审查。

如前所述，抵押物的范围与抵押公示的效力，是密切相关的问题。笔者主张，对于抵押物的范围不宜限定得过窄，凡有登记制度的动产以及适宜采用登记加明认方式公示抵押权存在的动产，皆可允许作为抵押物。而且从法律制度的一致性角度而言，对于此类动产之抵押，宜采登记要件主义，非经登记或附加打刻标记、粘贴标签或者加注抵押条码、加注抵押二维码抵押权不能成立。如此，工商企业的动产设立不移转占有的融资担保问题，基本上能够得以解决，且能够避免因采行登记对抗主义而出现大量的未登记而不具有对抗力的“债权化”的抵押权。此类动产抵押权之设立，如采行公示要件主义，在审查方面，登记机关自应采用实质审查制。

对于没有基础登记制度且不宜或不能采用明认的辅助方式公示抵押权存在的其他动产，本人主张应不允许其设定抵押。理由是：动产抵押制度于现代社会的再生，其原因在于工商企业的融资和社会经济发展的需要；而此类动产，于社会经济之发展，无关紧要，如需设定担保，采行质押的方式对当事人及社会经济发展而言也无大碍。否则，如许可其设定抵押，则无法解决公示方法方面的难题，前述之一系列问题将会存在如故。

4. 关于动产抵押权的顺序

抵押权的顺序（也称“抵押权的顺位、抵押权的次序”）问题，因同一抵押物上设定数个抵押权而发生。抵押人以同一财产抵押担保两个以上债权的，有两种情况：一是所谓的“余额（值）再抵”；二是所谓的“重复抵押”。《民法典》第414条：“同一财产向两个以上债权人抵押的，拍卖、变卖抵押财产所得的价款依照下列规定清偿：（一）抵押权已经登记的，按照登记的时间先后确定清偿顺序；（二）抵押权已经登记的先于未登记的受偿；（三）抵押权未登记的，按照债权比例清偿。其他可以登记的担保物权，清偿顺序参照适用前款规定。”

在上述规定中，确立了登记的抵押权之间的“先登记原则”以及登记的抵押权优先于未登记的抵押权之“登记在先原则”。

5. 正常经营买受人规则

《民法典》第404条扩张了正常经营买受人规则的使用范围，该规则具有保护积极信赖、维护交易安全、提升交易效率和维护消费者利益的正当性基础。《民法典》第404条规定：“以动产抵押的，不得对抗正常经营活动中已经支付合理价款并取得抵押财产的买受人。”此即正常经营买受人规则。依据该规则，即便动产抵押权已经办理了登记，正常经营买受人的权利也不受该抵押权的限制，可以对抗动产抵押权人。《民法典担保制度司法解释》第56条进一步对正常经营买受人规则作出了细化规定，必将对今后的司法实践和担保交易产生积极的影响。第56条从确认正常经营买受人和排除非正常经营的正反两个方面，对正常经营买受人规则的构成要件进行了规定。虽然该条通过反面排除的方式明确了一些不适用正常经营买受人规则的情形，笔者认为，可以从如下几个方面，界定正常经营买受人规则的积极要件。

（1）买受人必须与从事正常经营活动的出卖人从事交易。

根据《民法典担保制度司法解释》第56条第2款的规定，可从如下几个方面界定正常经活动：第一，出卖人的经营活动是正常的。第二，出卖人的经营活动与其经营范围相符合。第三，正常经营活动必须是买卖交易。第四，正常经营活动具有合法性。它应当是指合法的买卖行为，违法的买卖行为不属于此处所说的正常经营活动。例如，买受人欠缺法律所要求的购买某一货物的资质而购买该货物，其就不属于正常经营买受人。

（2）买受人必须支付合理价款。

（3）买受人已经取得抵押财产。

（4）买受人必须构成善意。

此处所说的善意，应当扩大理解，只要买受人并非明知其买受的购买行为侵害了动产担保权利人的权利，即可认定为善意。换言之，即便买受人知悉其购买的动产上存在抵押，也视为善意，从而可以无负担地取得标的物所有权。

根据《民法典担保制度司法解释》第 56 条第 1 款的规定，正常经营买受人规则的排除适用情形：

（1）购买商品的数量明显超过一般买受人；

（2）购买出卖人的生产设备；

（3）订立买卖合同的目的在于担保出卖人或者第三人履行债务；

（4）买受人与出卖人存在直接或者间接的控制关系；

（5）买受人应当查询抵押登记而未查询的其他情形。

（六）关于动产抵押值得检讨的几个问题

《担保法》有关动产抵押的规定，有值得肯定之处，但也存在不少疏漏和问题。其中有些疏漏与问题已在《物权法》《民法典》《民法典担保制度司法解释》中得到弥补或修正，有些问题则仍有待进一步研究和解决，兹对理论与实践中存在的几个主要问题列举如下：

1. 办理抵押登记的机关是否应当统一，对当事人申请的审查应采实质审查制还是形式审查制

对此，理论界大多推崇统一登记制（虽然对统一办理登记事宜的机关如何确定，有不同的主张），《民法典》颁布至今，维持了《担保法》的分别登记制。笔者认为，统一登记制与分别登记制各有其利弊，尽管以前者优势较多，但统一由一个机关办理各类物权登记事宜，亦有其客观困难与不便，且将目前各个分散的登记机关的登记权限收回而赋予一个机构，阻力会很大，改制的成本也过高。因此，不如实际一些，将努力的重点放在避免同类物出现多头登记的现象和完善登记规则方面。《物权法》对《担保法》的分别登记制未予否定。

为了节约资源与交易成本，笔者建议首先对动产抵押登记规则做到全国统一，逐步实现统一登记、统一查询。

2. 关于有关动产抵押登记的规则，实质审查制还是形式审查制

关于有关动产抵押登记的规则，是实质审查制还是形式审查制，人们有

不同的认识，有学者坚持认为其应介于二者之间的“不伦不类”的体制，此为登记制度不完善的表现之一。对于抵押登记的效力，如采行公示要件主义，则应采行实质审查制；否则，则宜采形式审查制。以采行前者为佳。

公安部制定的《机动车登记规定》第23条规定，申请抵押登记的，由机动车所有人和抵押权人共同申请，确认申请信息，并提交下列证明、凭证：（1）机动车所有人和抵押权人的身份证明；（2）机动车登记证书；（3）机动车抵押合同。车辆管理所应当自受理之日起一日内，审查提交的证明、凭证，在机动车登记证书上签注抵押登记的内容和日期。我们可以看出，机动车的抵押登记采用形式审查制。

《国务院关于实施动产和权利担保统一登记的决定》规定，自2021年1月1日起，动产和权利担保由当事人通过中国人民银行征信中心动产融资统一登记公示系统自主办理登记，并对登记内容的真实性、完整性和合法性负责。登记机构不对登记内容进行实质审查。

3. 未登记而不具有对抗力的抵押权，究竟是否为物权，其性质应如何界定

只要在动产抵押中采用登记对抗主义就不可避免地会发生这一问题。对于未经登记而不具有对抗力的抵押权之性质，有物权说、物权性质否定说、准物权说、债权说及债权化的物权说等不同的认识。此一问题如何解释，有待考量。一方面，未登记而不能对抗第三人的抵押权，因欠缺对世性、对抗力与优先力，不符合物权的本质特征，故不能认其为典型的物权，就其效力而言，甚至连准物权的程度也未达到；另一方面，如果立法上采行或兼采登记对抗主义，则未登记而不具有对抗力的物权，又须在物权法上作出规定（显然不能规定在债权制度中）。就此，笔者认为，对此种抵押权，不妨作为物权的债权化现象来认识和解释。[1]

（七）完善动产抵押制度的思考与建议

关于动产抵押制度的完善，学者们提出了多种主张，有学者主张借鉴学者的已有主张和其他立法例上的有益经验，在肯定动产抵押制度存在价值的基础上，笔者认为我国动产抵押制度的完善，应重点解决以下几个问题：

1. 关于动产抵押权的公示方法

笔者对动产抵押制度的客观需要及其积极作用，持肯定态度。但同时不

[1] 刘保玉：《物权与债权的区分及其相对性问题论纲》，载《法学论坛》2002年第5期。

否认该制度的设立所带来的负面效果。问题的关键是如何完善该制度，以克服、消弭该制度的副作用，而完善动产抵押制度的核心或基本问题，应是如何完善其公示方法。前述动产抵押制度中现存的理论、立法和实践问题，莫不与此相关。

动产抵押权是抵押权的一种，其基本的公示方法除登记外，别无他选。此一公示方法，对于按照不动产规则管理的机动车辆、船舶、航空器所具有的公示作用，毋庸置疑。但对于机器设备及其他普通动产而言，其公示效果如何，值得怀疑，已如前述。对此问题的解决，笔者建议借鉴打刻抵押标记、粘贴抵押标签的“辅助公示方法”。[1] 或者加注抵押条码、加注抵押二维码等外观有明显标记的“明认”方法，可使得就该标的物进行交易的第三人能够方便地知晓该物上存在抵押权之负担，从而避免交易的风险。其如欲知道抵押权设立的详情及其负担的债权额等具体情况，可再向登记机关查询抵押登记的记载。关于该辅助公示方法的采用，具体应明确以下问题：

第一，辅助公示方法仅适用于已有登记制度之外的其他适宜采用该方法的动产。例如，机器设备、电器工具、原料、半成品等（可由有关部门制定其类别目录）。至于已有登记制度的机动车辆、船舶、航空器等，不必采用此类动产抵押的公示；无法打刻标记、粘贴标签的价值不大或体积过小、质地特殊的动产（如珠宝古玩、钻戒、项链等），也不宜采用。

第二，辅助公示方法，应由登记机关在办理抵押登记的同时，一并采用。也即凡适宜打刻标记、粘贴标签、加注抵押条码、加注抵押二维码的动产抵押权，须在登记与打刻标记、粘贴标签或者加注抵押条码、加注抵押二维码同时完成的情况下，方告成立，并取得物权效力。

第三，登记机关打刻的标记或粘贴的标签，不得擅自涂销、毁损，否则，应受法律的严厉制裁。非有惩戒措施的配合，明认的标记将会失去其意义，故应赋予抵押标记、标签、抵押条码、抵押二维码具有与人民法院的封条相当的权威性。对于擅自涂销、毁损抵押标记或标签的行为人，应根据情节给予训诫、责令具结悔过、拘留等惩戒，情节严重、构成犯罪的，还可依法追究其刑事责任。

另外，为增强抵押公示的效用及方便当事人和利害关系人查阅，通过计算机联网的方法公示抵押登记的内容。当然，对于网络上公开的内容以及允

[1] 参见刘保玉编：《物权法》，上海人民出版社2003年版，第169页。

许当事人和利害关系人查阅的抵押登记之内容，可有所取舍，以维护抵押当事人之合理的商业秘密权益。

2. 关于恶意行为人的刑事责任制度的引入

如前所述，对于日本在动产抵押立法上，有恶意实施行为致害于抵押权人者，得因权利人的追究（自诉）而承担刑事责任的规定。其刑罚方式为拘役、一定期限的有期徒刑和罚金的并用。笔者认为，此种规定，使得贪图小利而恶意将抵押物再行出质或变卖的抵押人，可能将付出高昂的违法行为成本，从而使其惮于法律的威严而有所顾忌，故能有效地消除至少是极大地减少依法公示的抵押权与善意取得标的物的第三人之间的权利冲突现象之发生。笔者建议，中国法律上在完善动产抵押权制度时，应引进该项规定。

九、浮动抵押

（一）浮动抵押制度概述

1. 浮动抵押的概念及特征

（1）浮动抵押的概念

浮动抵押的出现不是偶然的，是在参与商事交易的主体因融资需求不断扩大，而传统担保方式满足不了需求的情况下逐渐发展起来的一种新型担保方式。英国是浮动抵押制度的发源地，由于英国是一个判例法国家，浮动抵押制度是英国衡平法院通过系列判例所确认下来的一项制度，但英国并未在法律体系中对浮动抵押做出严谨、精练的概念界定。

大陆法系学者有对法律术语进行界定的习惯，中国的学者也试图对浮动抵押进行界定，以帮助人们更好地理解该法律术语。《民法典》吸收借鉴了英美法系的浮动抵押制度，在第 396 条对浮动抵押进行了界定："企业、个体工商户、农业生产经营者可以将现有的以及将有的生产设备、原材料、半成品、产品抵押，债务人不履行到期债务或者发生当事人约定的实现抵押权的情形，债权人有权就抵押财产确定时的动产优先受偿。"但该条款未概括出浮动抵押的实质性特点。学者刘志城认为浮动抵押是在企业现有或将来取得财产上设定的，抵押人在抵押确定前可以在正常营业中处分抵押财产的一种特殊抵押制度。学者韩瓍认为可将浮动抵押的定义概括为：浮动抵押是指抵押人为担保其债务，将其现有的或者将有的全部或者部分财产在保留正常经营过程中的自由处分权的前提下，设定为在发生法定的或者约定的事由时通过确定抵押财产而使抵押权人实现其抵押权的一种特殊抵押。学者韩瑬对浮动抵押含义的概括比较清楚完整。中国学者们对浮动抵押含义的概括是在探讨浮动抵押的特征基础上进行的。

（2）浮动抵押的特征

根据中外浮动抵押的法律规定和实践，一般认为浮动抵押具有下列特征：

①浮动抵押财产具有浮动性

传统抵押所指向的抵押物一般都是明确固定的、特定化了的，如汽车。而浮动抵押的抵押物则可能随时变化，是不特定的，包括现在拥有的和签订抵押合同时不存在但将来可以取得的财产都可能是抵押的客体。在签订抵押合同时抵押人虽然拥有但后来在经营中流转出去后的财产就不再成为抵押财产，而抵押人新取得的财产则自动成为抵押财产。抵押客体在正常经营过程中一直处于变动的状态，直至浮动抵押结晶时才会特定化。

②浮动抵押人对浮动抵押财产具有处分权

在一般抵押担保制度中，抵押人转让已办理登记的抵押物必须通知抵押权人并告知受让人转让物已经抵押的情况，抵押人未通知抵押权人或者未告知受让人的，转让行为无效。而在浮动抵押中，抵押人在发生特定事件导致抵押冻结前，仍有权以正常经营的方式处分所占有的抵押物。从所有权占有、使用、收益、处分四项权能角度分析，抵押人几乎完全拥有这四项权能。浮动抵押人的这项权利不仅为抵押人省去众多麻烦，节省成本，更有利于物在市场运行中快速流通，创造新的价值。[1] 取得浮动抵押物所有权的买受人，即使知道浮动抵押权的存在，仍可能取得完全的所有权。

③特定情形下浮动抵押财产确定

在抵押期间，浮动抵押所指向的财产是变化不定的，抵押人可以用抵押财产开展正常经营活动。但抵押财产的变动性，会妨碍浮动抵押权的行使，当需要用抵押财产变现来行使浮动抵押权时，抵押财产必须是明确而又固定的。浮动抵押的一个显著特征是在特定事项发生时抵押财产要明确固定。《民法典》第411条规定："依据本法第三百九十六条规定设定抵押的，抵押财产自下列情形之一发生时确定：（一）债务履行期限届满，债权未实现；（二）抵押人被宣告破产或者解散；（三）当事人约定的实现抵押权的情形；

---

〔1〕 姚志荣：《浮动抵押制度研究》，载《法制与社会》2012年第6期。

（四）严重影响债权实现的其他情形。”第 411 条所规定的对抵押财产进行确定的事由发生时，确定抵押财产范围的情形，国内学者称之为“结晶”“冻结”。此时浮动抵押物已经明确和固定，抵押人无权再处分这些抵押财产，以此保护抵押权人的利益。

《民法典》规定的浮动抵押制度另外具有下列特点：

①浮动抵押标的物仅限于动产。根据《民法典》第 396 条的规定，在中国浮动抵押物主要是现有的以及将有的生产设备、原材料、半成品、产品，却不包括房屋和土地使用权等不动产、应收账款等债权，以及专利权、商标权、著作权等无形财产权的标的物。

②浮动抵押人主体仅包括企业、个体工商户、农村生产经营者。其他经济组织、自然人都不得设立浮动抵押担保。

2. 浮动抵押的历史发展轨迹

浮动抵押制度历史发展轨迹的起点是罗马法中的抵押制度。罗马法中的担保制度相继经历了从信托到质押，再到抵押的发展过程。[1] 在共和国末期，罗马法演化出现了一种新的担保形式——抵押，当时的抵押已具有了现代抵押制度的雏形，其内容为“以债务人的全部财产作为法定抵押权的标的”，“担保物权的效力不仅及于设定时所包括的内容，即对设定后所增加的物，也享有追及、出卖和优先受偿的权利”，同时也可以在聚合物上设定抵押，聚合物的性质是经常变化的，推定当事人仅约定以行使抵押权的内容为担保标的，如以商店、仓库的货物为担保等，但这些货物一旦出售，抵押权人就不享有追及力。[2] 由此可见这些制度为近现代的浮动抵押制度的发展奠定了一定的基础。

一般认为，浮动抵押起源于英国的衡平法。19 世纪中叶以前，由于考虑到浮动抵押中抵押财产的不确定性不利于财产关系的稳定性和安全性，不利于保护债权人的利益，英格兰的法院并不承认浮动抵押制度。随着工商业的发展和实际需要，到 19 世纪后半叶，浮动抵押制度逐渐在英国形成和发展起来。1862 年，英国法院在某案中，承认了可以把将来获得的财产设立抵押。1897 年在案件判决书中写道：“浮动抵押是存在于现在仍持续经营企业的财产上的衡平法上的抵押，它依附在抵押标的物上，不时处于不同状况，

---

〔1〕 梁慧星、陈华彬：《物权法论》，法律出版社 1997 年版，第 303 页。

〔2〕 周枏：《罗马法原理（上册）》，商务印书馆 1994 年版，第 397~403 页。

这种担保的本质是，在企业不停止营业或抵押权人干涉之前，它一直处于休眠状态。"[1] 其后，1903 年在审理某郡诉羊毛机公司一案中提出了日后经常被引用的有关浮动抵押的特征："（1）如果它是将公司现在及将来某个类别的财产作抵押；（2）如果该类别的资产是一种在公司正常业务运作期间会不断变化的；（3）对抵押拥有权益的人或其代表采取某些法律步骤前，公司可以利用那些已作抵押的资产继续其日常运作。"[2] 苏格兰于 1972 年废除了 1961 年的《苏格兰公司浮动抵押法》，另行颁布了《公司抵押和代管人法》。在该法中浮动抵押有两个特点：（1）突出登记的效力。在苏格兰法中，对各个抵押权相互的优先权次序的排列强调依登记的先后而定；（2）突出代管人的地位。在苏格兰法中，任命代管人的程序只能由抵押权人启动。[3]

《美国统一商法典》第 9 篇规定了浮动抵押制度，创设了"担保权益"的概念。担保权益是指存在于动产或不动产附属物上的，以及"日后取得的财产"上的，担保清偿债务或履行某种义务的利益。《美国统一商法典》容许信贷当事人在担保协议中采用一些"后获财产条款"或"未来贷款条款"，或同时采取这两种方式来有效率地延续信贷。《美国统一商法典》第 9 篇规定虽然有关的担保协议可能没有明确债权人附于担保物的担保权益，但是当担保物被出售或处置时，会自动附于担保物出售或者处置而得到的可被确认的收益上，而且规定债务人有权自由使用、混合或处置全部或部分担保物，而不影响担保权益的有效性。[4]

随着我国改革开放政策的广泛实施和社会主义市场经济体制的迅猛发展，市场主体的种类日渐多样化、复杂化，市场主体的经营活动也越来越丰富，经济全球化进程日益加快，传统的担保方式已经满足不了市场主体旺盛的融资需求，中国于 2007 年出台的《物权法》引入了英美法系的浮动抵押制度。《民法典》通过第 396 条、第 411 条等对浮动抵押的设立主体、客体的范围、浮动抵押权的设立和公示登记制度、抵押人的正常经营自由处分权以及浮动抵押转化为固定抵押的事由作了相应的规定。当时在《物权法》中关于浮动抵押的系列规定是我国在担保领域的一次制度性的创新，实现了在担保物权领域的重大突破。

---

〔1〕 徐洁：《抵押权论》，法律出版社 2003 年版，第 208～261 页。

〔2〕 苏合成：《英美全面业务抵押制度研究》，北京大学出版社 2004 年版，第 17 页。

〔3〕 徐洁：《抵押权论》，法律出版社 2003 年版，第 266 页。

〔4〕 陈静：《英美法上的浮动抵押制度及其借鉴》，中国政法大学 2006 年硕士学位论文。

（二）浮动抵押的运行

1. 浮动抵押的设立

浮动抵押和传统抵押在设立目的上相同，均是保障债权人的债权能够得以实现，其前提均是存在需要保障实现的主债权，主债权无效则担保权作为从债权也无效。但在浮动抵押的设立上也存在一些不同于传统抵押的规定和做法。

（1）浮动抵押的主体

浮动抵押的主体可能涉及债权人、债务人和抵押人，其中债权人同时为抵押权人，抵押人可能是债务人或第三方，但抵押人往往和债务人是同一人，由债权债务关系之外的第三人担当抵押人的情况极为罕见。

从理论上讲，凡是能够提供融资的任何主体，包括公司、组织、个人，均可以成为浮动抵押权人。但实践中，浮动抵押权人通常为具有监控检查债务人财务状况能力的银行等金融机构和企业。各国一般不对浮动抵押的抵押权人进行法律限制。

不同的国家对浮动抵押的抵押人有不同的限制。根据《民法典》第 396 条的规定，企业、个体工商户、农业生产经营者可以设立浮动抵押权，而法律没有规定除此之外的自然人、其他经济组织等可以设立浮动抵押权。日本企业担保制度对适用主体和担保债权的限制都非常严格，即只限于股份公司发行公司债时使用。[1] 英国法上设立浮动抵押的只能是公司，自然人和合伙不能设立。这是英国 1878—1882 年《抵押证券法》和 1914 年《破产法》作用的结果。美国法对抵押人的主体资格不作任何限制，即自然人、合伙组织和公司等所有民事主体都有资格设定浮动抵押。[2]

（2）浮动抵押财产的范围

根据《民法典》第 396 条的规定，抵押人现有的以及将有的生产设备、原材料、半成品、产品可以作为浮动抵押标的物，可见目前立法对于浮动抵押财产范围的规定很窄，仅仅是有形的动产，不包括不动产和无形财产。

比较英国浮动抵押制度的发展可知，随着实践的发展，浮动抵押财产的范围在扩大，英国的浮动抵押财产范围已经从“最初的旧设备以及在经营过

---

〔1〕 陈本寒：《财团抵押、浮动抵押与我国企业担保制度的完善》，载《现代法学》1998 年第 4 期。

〔2〕 邢冠华：《论浮动抵押》，上海交通大学 2007 年硕士学位论文。

程中可能购置的新设备”扩大到“业务及由其产生的所有金钱或能够折算成金钱的财产”，特别是应收账款已成为重要的浮动抵押适格财产，不动产作为能够折算成金钱的财产也属于浮动抵押适格财产范围。

（3）浮动抵押权的设立

根据《民法典》第403条的规定，以动产抵押的，抵押权自抵押合同生效时设立。当事人订立合同，有书面形式、口头形式和其他形式，同样浮动抵押权也可能采用不同的合同形式来设立。抵押合同应该采用什么形式，法律未作要求，但从规避风险的角度出发，当事人宜采用书面抵押合同形式进行意思表示。为避免歧义，浮动抵押合同的名称可以“浮动抵押合同”进行明示。如果合同名称未注明为“浮动抵押合同”，则需要根据合同中抵押权人和抵押人的权利义务内容来对抵押合同的性质进行辨别。

抵押合同一般自成立时生效。抵押合同的生效需要满足三个要件：（1）抵押合同的行为人具有相应的民事行为能力；（2）意思表示真实；（3）不违反法律、行政法规的强制性规定，不违背公序良俗。抵押权的设立不以登记为必要条件。

2. 浮动抵押的登记

关于浮动抵押登记的效力如何，各国立法有不同的认识，有三种不同的立法主义：登记要件主义、登记对抗主义和折中主义。登记要件主义被以德国为代表的某些大陆法系国家所采用。该主义认为登记是物权合法移转的要件，未经登记所有权不发生移转。在此主义下，不用说对第三者，就是双方当事人之间，如果未进行登记公示，也将确定地不发生物权变动的效力。登记对抗主义认为，公示虽有社会公信力，但并不是物权变动的要件。登记是当事人在物权变动后应当履行的手续，未经登记物权变动在法律上也可以生效，但只能在当事人之间产生效力，不能对抗第三人。该主义主要为法国法系国家所采。折中主义则以其中一种为原则，另一种为例外。[1]

《民法典》规定，抵押权自抵押合同生效时设立；未经登记，不得对抗善意第三人，中国采用的登记对抗主义，登记与否不影响浮动抵押权的设立，当事人可以自愿进行登记，登记管辖机关是中国人民银行征信中心动产融资统一登记公示系统。目前，中国的浮动抵押登记需要继续完善，浮动抵押登记应该再细分为设立浮动抵押权后的登记和确认浮动抵押财产后的登记。

---

〔1〕刘志城：《论浮动抵押》，山东大学2007年硕士学位论文。

3. 浮动抵押的休眠

浮动抵押的休眠，也称浮动抵押的效力休眠，是指在抵押财产确定之前，抵押权人没有支配具体抵押财产的权利，或不产生禁止抵押人在正常经营范围内处分抵押财产的权利，除非在抵押合同中对某些财产或处分行为做相反的规定。在此阶段，抵押权对抵押财产的控制和支配能力并不显示出来，其效力处于休眠状态，称为浮动抵押的休眠。[1]《民法典》第404条规定了动产浮动抵押的效力休眠规则："以动产抵押的，不得对抗正常经营活动中已经支付合理价款并取得抵押财产的买受人。"该条款实际涉及抵押权人、抵押人和买受人三方主体。一方面，通过限制抵押权人行使抵押权从而保护抵押人和买受人的正当权利；另一方面，又对抵押人和买受人行使权利设置各项条件以此保护抵押权的实现，从而平衡各方利益。《民法典》第404条的规定中对抵押人和买受人对浮动财产的处置有几个关键词："正常经营活动""合理价款""取得抵押财产"以及"买受人"。

对如何判断"正常经营活动"的范围，有不同学者发表了不同的见解。主张宽泛解释的学者认为如果采用一一列举的方法未免会挂一漏万，应该将判断行为合理性的权限交给法官，由律师、法官按照诚实信用原则，并结合交易习惯和商业惯例来进行评判。有学者主张参考1972年《美国统一商法典》对"正常经营"的界定，要求财产转移：（1）是为了支付债务人和债权人之间正常经营活动或财政事务所形成的债务；（2）是买卖双方之间的正常经营活动，需要考察买卖双方的交易行为是否与之前的行为具有一致性和连贯性；（3）必须遵循正常的交易规则。[2]有学者列举了"正常经营活动"的范围，包括买卖、互易、租赁、让与、清偿债务、使用、分派盈余等活动。有学者认为应当将正常的经营活动限于移转所有权或其他权利的买卖活动，因为该条规定的只是买受人。有学者认为这里"正常经营活动"不包括"无偿转让"或"以明显不合理的低价转让"。有学者认为买受人在购买物品时主观须为"善意"，买受人须从经营此类物品的商人处购得该物品且支付合理的对价并获得该物品之占有。

《民法典担保制度司法解释》第56条第2款规定，出卖人正常经营活动，是指出卖人的经营活动属于其营业执照明确记载的经营范围，且出卖人

---

〔1〕 高圣平：《担保法论》，法律出版社2007年版，第455页。

〔2〕 尹涛：《浮动抵押中买受人不受追及规则研究——兼评〈中华人民共和国物权法〉第189条第2款》，载《泉州师范学院学报》2011年第3期（总第29期）。

持续销售同类商品。前款所称担保物权人，是指已经办理登记的抵押权人、所有权保留买卖的出卖人、融资租赁合同的出租人。

对“合理价款”的判断，也有不同的认识。有学者认为，对于合理价款的界定，应当以接近公平市场价格为准。有学者主张应当以正常经营活动中的市场销售价格、进货价格、国家指导价格等为参考，综合判断。

如果交易价格与市场价格或国家指导价不符，则考虑交易习惯和商业惯例。但对于特定动产，由于缺少市场价格或国家指导价，可以参考抵押合同中抵押人和抵押权人的预约定价。如果没有预约定价，则参考以前类似活动中的处理办法。如果也没有以前的经验，则参考成本价格或同类产品的可比价格。

关于“取得抵押财产”，需结合中国动产物权的取得理论来理解。《民法典》第224条规定，“动产物权的设立和转让，自交付时发生效力，但法律另有规定的除外”，故“取得”即指“交付”，但鉴于浮动抵押本身的特殊性，对“取得抵押财产”的讨论多围绕是否需要交付以及交付的具体种类。有的学者认为应该包括现实交付和观念交付。有的学者认为为了保障抵押权人的利益，应该排除占有改定和指示交付。笔者赞成在法律未对交付方式作出特别排除的规定的情况下，取得包括现实交付和观念交付。

关于“买受人”主要关注点在于买受人善意或者恶意的主观状态是否影响浮动抵押效力的休眠。有学者认为《民法典》第404条并没有对买受人善恶意进行区分，其主观状态不影响浮动抵押效力的休眠。有学者认为该条既然有“正常经营活动”的要求，那么买受人应该有善意的要求。[1] 笔者赞同买受人应该有善意的主观状态的要求，买受人的善意需要结合抵押合同的具体约定来判断。如果抵押合同约定不能再转让，买受人明知该约定却仍然进行交易，则为恶意。如果明知该买卖会有损抵押权的实现，则难以判定买受人是善意的。《民法典担保制度司法解释》第56条第1款规定以下情形的买受人具有“恶意”：（1）购买商品的数量明显超过一般买受人；（2）购买出卖人的生产设备；（3）订立买卖合同的目的在于担保出卖人或者第三人履行债务；（4）买受人与出卖人存在直接或者间接的控制关系；（5）买受人应当查询抵押登记而未查询的其他情形。

---

〔1〕 刘文杰：《浮动抵押效力休眠规则研究——〈物权法〉第189条第2款的理解与适用》，载《研究生法学》2014年第4期。

4. 浮动抵押财产的确定

（1）结晶及事由

在浮动抵押休眠期间，抵押权人不得要求分配财产，抵押人具有在正常经营活动中处分抵押财产的权利，但是当特定事由发生后，浮动抵押变为固定抵押，抵押标的物的范围就此得以确定，此时浮动抵押便发生结晶。

《民法典》第411条规定："依据本法第三百九十六条规定设定抵押的，抵押财产自下列情形之一发生时确定：（一）债务履行期限届满，债权未实现；（二）抵押人被宣告破产或者解散；（三）当事人约定的实现抵押权的情形；（四）严重影响债权实现的其他情形。"该条的规定即为结晶的事由。其中（三）被称为自动结晶。

（2）解结晶和再结晶

浮动抵押的结晶意味着浮动抵押转化为固定抵押，但这个过程是否可逆？如果可逆，则固定抵押可以再次转化为浮动抵押，即发生了解结晶。解结晶（de-crystallization），是指浮动抵押结晶后，通过撤销结晶以使抵押在财产上再次浮动，使公司重新获得对财产的控制权的情况。[1] 解结晶之后，如果再次发生了结晶事由，则为再结晶。

我国法律没有规定可以解结晶，但也没有禁止解结晶。笔者认为，根据当事人意思自治的原则，经当事人合意，可以对以前的权利义务进行变更，即可以在原抵押合同中规定解结晶和再结晶事由，也可以另行签订合同将结晶情形解冻，符合结晶的事由时再次结晶。

（3）浮动抵押的实现

浮动抵押的实现，是指浮动抵押结晶之后，在债务人不履行到期债务时，抵押权人有权申请对企业实行破产清算或者依法定程序就抵押物变价或与抵押人签订合同取得抵押标的物，而使受担保债权得到满足的行为。

浮动抵押结晶之后，浮动抵押就转为固定抵押，则抵押权的实现和普通抵押权类似，适用同样的规则。《民法典》第410条是抵押权实现的核心条款："债务人不履行到期债务或者发生当事人约定的实现抵押权的情形，抵押权人可以与抵押人协议以抵押财产折价或者以拍卖、变卖该抵押财产所得的价款优先受偿。协议损害其他债权人利益的，其他债权人可以请求人民法院撤销该协议。抵押权人与抵押人未就抵押权实现方式达成协议的，抵押权

---

[1] 邢冠华：《论浮动抵押》，上海交通大学2007年硕士学位论文。

人可以请求人民法院拍卖、变卖抵押财产。抵押财产折价或者变卖的，应当参照市场价格。”

在英美法系中，浮动抵押的实质在于抵押人享有在通常的经营范围内进行营业的权利，债权人不得随意介入。如果债务公司进入清算或接管程序，或依担保协议规定公司将停止经营，浮动抵押即进入实施程序。根据《民法典》关于结晶事由的规定，如果抵押人被宣告破产或者被撤销的情形发生则浮动抵押财产得以确定，《企业破产法》第 109 条规定：“对破产人的特定财产享有担保权的权利人，对该特定财产享有优先受偿的权利。”第 110 条规定：“享有本法第一百零九条规定权利的债权人行使优先受偿权利未能完全受偿的，其未受偿的债权作为普通债权；放弃优先受偿权利的，其债权作为普通债权。”

（三）浮动抵押的其他问题

1. 浮动抵押权清偿顺位问题

《民法典》第 403 条规定了“未经登记，不得对抗善意第三人”这样的原则性表述，而《民法典》第 414 条第 1 款规定：“同一财产向两个以上债权人抵押的，拍卖、变卖抵押财产所得的价款依照下列规定清偿：（一）抵押权已登记的，按照登记的时间先后顺序清偿；（二）抵押权已登记的先于未登记的受偿；（三）抵押权未登记的，按照债权比例清偿。”《民法典》第 456 条规定：“同一动产上已经设立抵押权或者质权，该动产又被留置的，留置权人优先受偿。”法律似乎对抵押权实现时的清偿顺位作出了原则性规定，但现实生活很复杂，对实践中发生的浮动抵押权和其他担保物权并存时究竟应该如何适用哪一条款仍有困惑。

问题一：登记在先的抵押权人是恶意时，其权利能否对抗登记在后的或者没有登记的抵押权？对该问题笔者的看法是如果登记在先的抵押权人是恶意时，如果经法定程序认定该抵押行为无效或被撤销，则不能对抗登记在后的或者没有登记的抵押权。如果未经法定程序对该抵押行为的效力进行否定，则推定该抵押行为是有效的，则按照《民法典》第 414 条的规定进行清偿。

问题二：浮动抵押权与一般动产抵押权竞存时，浮动抵押权在未“结晶”之前是否具备优先效力？对该问题目前有两种观点。一种观点认为中国的浮动抵押权应该和英式浮动抵押权相似，“结晶”之前浮动抵押权没有优先效力。另一种观点认为中国的浮动抵押权应该和美式浮动抵押权相似，不存在一般动产抵押权优先于浮动抵押权的规则，而是统一适用“登记在先效力优先”原则。笔者赞成后者观点，即在目前对登记种类未进一步细分且法律规定了“抵押权已登记的先于未登记的受偿”的情况下，对浮动抵押只要进行了登记，则不管是否“结晶”，浮动抵押权可以对抗登记的一般动产抵押权。

问题三：浮动抵押权与质权并存时，哪一个权利优先？该问题的关键是登记公示和占有公示哪个效力优先？从应然的角度不同的学者有不同的见解，但从我国法律实际来看，《物权法》没有明文规定。《民法典》第415条规定：“同一财产既设立抵押权又设立质权的，拍卖、变卖该财产所得的价款按照登记、交付的时间先后确定清偿顺序。”

浮动抵押权和质权竞存的情形，包括以下几种情况：（1）先设定浮动抵押权，并进行了登记，后设定质权；（2）先设定浮动抵押权，后设定质权，抵押权一直没有登记；（3）先设定浮动抵押权，没有登记的时候，设定质权，之后抵押权进行了登记；（4）先设定质权，后设定浮动抵押权，浮动抵押权一直没有登记；（5）先设定质权，后设定浮动抵押权，抵押权进行了登记。

上述第（1）种情形根据《民法典》第403条的规定，浮动抵押权已经进行了登记，可以对抗善意第三人，浮动抵押权应该优先清偿。第（2）种情形，笔者认为既然浮动抵押财产有浮动性，那么法律未禁止也未约定处分权的情况下，对浮动抵押财产是可以设定质权的，因为浮动抵押权未登记，没有公示所以不能对抗质权，而质权比较特殊，质权的设立以交付为要件，交付具有很强的公示力，可以对抗浮动抵押权，质权优先。第（3）种情形，本书认为应该以抵押权的登记时间作为判定是否可以对抗第三人的时间点，公示之后才可以对抗第三人，没有公示当然不能对抗第三人。浮动抵押权登记之前不能对抗已经成立的质权，所以质权优先。第（4）种情形，浮动抵押权无对抗第三人的效力，毫无疑问，质权应该优先清偿。第（5）种情形和第（3）种情形的处理与本书的观点一致，即应该以抵押权的登记时间作为判定是否可以对抗第三人的时间点，公示之后才可以对抗第三人，没有公示当然不能对抗第三人。浮动抵押权登记之前不能对抗已经成立的质权，所以质权优先。

问题四：浮动抵押权与所有权保留并存时哪一个权利效力优先？和上面所述的问题三类似，浮动抵押权是否登记、登记时间以及两个权利成立的先后时间对判定哪一个权利优先有很大的影响，且该问题中设定浮动抵押的主体可能是所有权保留中的买方，也可能是卖方，主体不同对权利顺位的影响也不同。假设浮动抵押进行了登记，登记后才成立了有所有权保留条款的买卖合同，如果设定浮动抵押的主体是所有权保留的买方，其在设定浮动抵押时其实对标的物并没有所有权，在浮动抵押结晶时如果对标的物仍然没有取得所有权，则该标的物不是浮动抵押财产，此时实际上是所有权保留优先。如果在浮动抵押结晶时买方已经对标的物取得了所有权，则该标的物成为浮动抵押财产，此时已经不存在所有权保留了，不需要比较哪一个权利优先了。如果设定浮动抵押的主体是所有权保留的卖方，其在设定浮动抵押时对标的物有所有权，在浮动抵押结晶时如果对标的物仍然有所有权，则浮动抵押权应该优先，所有权保留合同的当事人只能向合同相对方主张权益，不能对抗浮动抵押权人。在浮动抵押结晶时如果卖方对标的物无所有权，则需要判断该交易是否符合《民法典》第 404 条规定，即动产抵押不得对抗正常经营活动中已支付合理价款并取得抵押财产的买受人。如果不是正常经营活动，未支付合理价款，则浮动抵押权优先，应该在结晶时得到清偿。如果所有权保留担保进行了登记，则按照《民法典》第 414 条规定的规则执行。

2. 浮动抵押接管人制度

在《民法典》中没有规定浮动抵押接管人，《企业破产法》第 13 条规定了管理人制度："人民法院裁定受理破产申请的，应当同时指定管理人。"但《企业破产法》中管理人的目的并不仅仅是维护别除权人的利益，其目的是整体正常债务清偿秩序的建立，维护的是债权人、债务人（破产人）及其他利益相关人的共同利益。尽管法律中没有规定浮动抵押接管人，但实践中已经有了通过浮动抵押合同约定接管人的先例。在合同当事人自愿约定的情况下，只要没有违反法律的禁止性规定，法院在判决中也会承认该接管人约定条款的效力。

3. 浮动抵押制度评价

浮动抵押是一种不同于中国传统抵押的新型特殊抵押，1995 年通过并开始实施的《担保法》没有规定这种制度，我国于 2007 年出台《物权法》时确立了浮动抵押制度并规定了浮动抵押的登记规则和买受人的权利。设立浮动抵押制度，是《物权法》的一项重要突破和尝试，《民法典》承继了《物权法》的制度安排，完善了中国的担保方式，提高了企业的融资能力。但法条规定得比较简单，在解决现实问题时我们发现需要进一步研究和完善这项制度。将来在浮动抵押清偿顺序、浮动抵押接管人、正常经营活动的规范、浮动抵押登记等方面可能会更加完善。

十、共同抵押权

（一）共同抵押权的概念和特征

共同抵押权又称为“总括抵押权”或“聚合抵押权”，是指为担保同一个债权而在数项不动产、动产或权利上设定的抵押权。这数个不动产、动产或权利，可以分别属于同一个人，也可以分别属于不同的人。从《民法典》第 395 条第 2 款的规定来看，我国法律是承认共同抵押权的。共同抵押权的特征有：

1. 担保的是同一债权。同一债权就是指基于同一债的发生原因而产生的债权，而非债权的数额同一。因此，共同抵押权担保的债权中债权人、债务人以及给付的内容都必须完全相同。至于各个抵押物所担保的债权范围是否同一，在所不问。

2. 存在多个抵押财产。共同抵押权的标的物是数项财产而非一项财产，而且这数项财产并非集合物而是各自独立的财产。

3. 共同抵押权是由数个抵押权担保同一债权。

4. 如果当事人没有对各抵押人提供的抵押财产所担保的债权份额作出约定或者约定不明，则抵押权人有权就各个抵押物所卖得的价金，满足其债权的全部或者一部分（共同抵押权的数个抵押物对于其所担保的债权各负全部的担保责任）。

（二）共同抵押权的成立

可以分为两种类型：一是初始的共同抵押权设立，即债务人或者第三人同时以数个抵押物担保同一债权而设立共同抵押权；二是追加的共同抵押权设立，即在某一抵押权设立之后，另行增加一个或数个抵押物设立抵押权担保同一债权。就共同抵押权成立的要件而言，与普通的抵押权没有多大的差别。

（三）共同抵押的效力

1. 约定了抵押物所担保的债权份额的共同抵押的效力。如果同一抵押人与抵押权人就其提供的抵押物上担保的债权份额作出了约定，或者数个抵押人分别与抵押权人就其提供的抵押物担保的债权份额作出了约定，则当债务人届期不履行债务时，抵押权人虽然仍可以将抵押物全部予以拍卖或变卖，但是应算清各个抵押物变价价款，并依照约定的范围就各个抵押物变价价款优先受偿。

2. 未约定各个抵押物所担保的债权份额的共同抵押权的效力。如果同一抵押人对其提供的各个抵押物上担保的债权份额，或者不同的抵押人对其各自提供的抵押物上担保的债权份额没有与抵押人作出约定或者约定不明，则当债务人届期不履行债务时，抵押权人是否能够或者是否必须将各个抵押物一并拍卖？如何优先受偿？法律未作规定。依据《民法典担保制度司法解释》第 13 条的规定处理。

共同抵押的其他内容参见本书第九章“多人担保与混合担保”。

十一、最高额抵押

（一）最高额抵押权的概念、特征

《民法典》第 420 条第 1 款规定：“为担保债务的履行，债务人或者第三人对一定期间内将要连续发生的债权提供担保财产的，债务人不履行到期债务或者发生当事人约定的实现抵押权的情形，抵押权人有权在最高债权额限度内就该担保财产优先受偿。”据此笔者认为所谓最高额抵押，是指债务人或第三人与抵押权人达成协议，在最高债权额限度内，以抵押物对一定期间内将要连续发生的债权做担保。当债务人不履行债务或发生当事人约定的实现抵押权的情形时，抵押权人有权在最高债权额限度内就该担保财产优先受偿。如甲、乙双方于 2004 年 2 月 5 日约定 2004 年 3 月 1 日至 2004 年 12 月底，在此期间所发生的债务均以某栋楼房作抵押。由于该楼房当时估价为 2000 万元，因此双方约定担保借款最高限额为 2000 万元，若借款超过 2000 万元，甲将以其他财产担保。最高额抵押的特征有：

1. 是为将来发生的债权提供的担保

在一般抵押中，必须是先有债权，然后才能设定抵押权，亦即抵押权的设定是以债权的存在为前提的，抵押权是为担保已存在的债权而存在的，债权不存在，抵押权也不存在，这就是所谓抵押权在发生上的从属性。然而，最高额抵押权的设定，则不以债权的已经存在为前提，而是对将来发生的债做担保。因此，最高额抵押已不具有抵押权在发生上的从属性。

2. 担保债权的不特定性

一般抵押所担保的债权都是特定的，这不仅表现在债权类型是特定的，而且表现在债权的数额也是特定的。但最高额抵押所担保的未来债权则是不特定的，即将来的债权是否发生、债权类型是什么、债权额多少，均不确定。在最高额抵押的情况下，必须到决算时，才能确定抵押权担保的实际债权数额。

3. 抵押的债权具有最高限额

对于一般抵押而言，由于设定抵押时担保的债权已经确定，因此不存在最高或最低数额的限定。而最高额抵押则不同，由于在抵押设定时担保债权不确定，而抵押物是特定的，抵押物的价值是确定的，不能以价值有限的抵押物担保将来发生的无数的债务，否则将会给债权人造成极大的损害。正是由于这一原因，需要对抵押所担保的未来债权设定最高限额。

4. 对一定期限内连续发生的债做担保

一般抵押仅对已经存在的债权做担保，通常这些债权是独立的。而最高额抵押是对一定期限内连续发生的债权做担保，它适用于连续发生的债权法律关系，而不适用于仅发生一个独立债权的情况。因此，一般抵押权应随着主债权的移转而发生移转，但最高额抵押权在决算期未到来而主债权未确定时则不能移转。因此，最高额抵押权也无转让上的从属性。《民法典》第421条规定，最高额抵押担保的债权确定前，部分债权转让的，最高额抵押权不得转让，但是当事人另有约定的除外。

（二）最高额抵押制度的历史沿革

《法国民法典》中约定的抵押权，如因债之关系所生之债权附有条件或者债额未确定，债权人仅得就其明示宣告的估算债额，请求进行下述登记，并且债务人在有必要时，有权请求减少此种估算的债额。”[1] 在该条规定中，设定抵押时，抵押担保的债权可以不确定，但债权后来确定时，约定的抵押权方为有效。这些特点与现代最高额抵押相似，故法国民法典的该条规定被认为是最高额抵押的萌芽。

《德国民法典》中首次明确出现了“最高额”抵押字样。《德国民法典》第1190条规定：“（1）抵押权可以以只确定土地应负责任的最高金额，而除此之外，则保留债权的确定的方式设定。最高额必须登入土地簿册。（2）债

---

[1] 《法国民法典》，罗结珍译，国际文化出版公司1997年版，第438页。

权为支付利息的，利息计入最高额。(3) 即使此种抵押权在土地簿册中来被指称为保全抵押权。其仍为保全抵押权。(4) 债权可以依关于债权转让的一般规定转让，其依此种规定转让的，排除抵押权的转移。"[1] 可见，《德国民法典》中不仅出现了最高额抵押的字样，还对其含义、设立、登记、性质、债权额的计算方式，抵押的标的物乃至抵押权的转移等问题，都进行了比较详细的规定。

最高额抵押在日本又称"根抵押"。1898 年《日本民法典》实行之前，最高额抵押在交易中就已经出现，但没有得到立法的承认。直至 1955 年日本法务省发出"通达"明确指令实践中通行的最高额抵押是无效的。1971 年，日本通过一项法案，在《日本民法典》中增加了 22 条关于最高额抵押的条文。最高额抵押在法典中确立之后，得到了学界和交易界的一致认可。但之后日本最高额抵押制度中的一些缺陷也逐渐显现。例如，对抵押物超额价值的长期占用，此时最高额抵押权的确定就相当急切。通过大量的讨论和修改，最终在 2004 年实施的一项法律修正案中修改了 1971 年法案的规定，形成了现在《日本民法典》中整个最高额抵押制度的面貌。[2] 《日本民法典》对最高额抵押的设定，被担保债权的范围和变更以及抵押权之变更和处分，最高额抵押的确定和风险救济制度作出了详细的规定，使得最高额抵押的操作性更强，拓展了融资领域，最高额抵押制度日趋成熟。

我国在 1995 年颁布的《担保法》中第一次将最高额抵押纳入了法律调整的范围，用四个条文（从第 59 条到第 62 条）进行了较为粗糙的规范，之后在 2000 年《担保法司法解释》又用了三个条文（从第 81 条到第 83 条）对其作了进一步的细化。而 2007 年《物权法》则在上述基础上用了五个条文（从第 203 条到第 207 条）进行了相应的确认、调整和补充。《民法典》用了五个条文（从第 420 条到第 424 条），基本上继承了《物权法》的精髓，最高额抵押制度在中国越来越成熟。

（三）最高额抵押所担保的债权的范围

哪些类型的债权可以成为最高额抵押权所担保的债权？日本对于最高额抵押权债权范围的规定采用任意性方式，也即交易当事人有一定的自由决定权；中国则采用明确列举的方式，明确规定了债权的范围。有学者认为按照

---

[1] 《德国民法典》，杜景林、卢谌译，中国政法大学出版社 1999 年版，第 282~283 页。

[2] 左慧：《解读〈日本民法典〉中的最高额抵押制度》，载《法制与社会》2014 年第 30 期。

《民法典》第420条的规定，最高额抵押权担保的是一定时间内将要发生的债权。该立法的本意应当是要扩大最高额抵押权担保债权的种类，也即不限定于贸易合同和借贷合同，但债权种类繁多，法院实务中适用该法条时则容易出现依靠法官主观判断来解决问题的现象，容易造成同案不同判的现象。《民法典》并未对最高额抵押所担保的债权种类作出限定，所以笔者认为最高额抵押权担保的债权的种类应该比较宽泛，应该让交易当事人有一定的自由决定权，自主决定是否采用最高额抵押方式来担保债权。

司法实践中，对最高额抵押权所担保的债权最高额到底是指借款本金最高额还是基于该借款合同所产生的债权最高额有争议。曾有借款合同明确约定了本金最高限额，那么该约定条款是否有效？理论上，对最高额抵押权的最高债权额也即最高限额的认定标准也存在两种不同的观点：第一种观点持“本金（主债权）最高限额说”，认为最高限额仅指本金，至于本金所产生的利息、迟延利息、违约金等附随债权，在当事人没有相反约定时，根据《物权法》的规定本为抵押效力所及，应不受最高限额的限制；第二种观点持“债权最高限额说”，认为最高限额是指本金、利息、迟延利息以及违约金的合计最高金额，如果超过此金额，则无优先受偿权。

《民法典》物权编第四分编“担保物权”第十六章“一般规定”第389条规定：“担保物权的担保范围包括主债权及其利息、违约金、损害赔偿金、保管担保财产和实现担保物权的费用。当事人另有约定的，按照其约定。”在第十七章“抵押权”第二节“最高额抵押权”第424条规定：“最高额抵押权除适用本节规定外，适用本章第一节的有关规定。”《民法典担保制度司法解释》第15条规定：“最高额担保中的最高债权额，是指包括主债权及其利息、违约金、损害赔偿金、保管担保财产的费用、实现债权或者实现担保物权的费用等在内的全部债权，但是当事人另有约定的除外。登记的最高债权额与当事人约定的最高债权额不一致的，人民法院应当依据登记的最高债权额确定债权人优先受偿的范围。”由此可见，关于借款合同的最高额抵押，原则上最高债权限额是指债权最高额而非本金最高额，但如果当事人另有约定的话，实际上是对所担保的债权种类进行了约定限定，则约定优先，应从其约定；没有约定的情况下，则最高额应该是债权的最高额而非本金最高额。

考察德国和日本的立法规定有细微差异。《德国民法典》第1190条规定：“债权附有利息者，利息应计入最高额。”《日本民法典》第398条规定："最高额抵押权人可就已确定的原本、利息及其他定期金以及因债务不履行而产生的损害赔偿金的全部，以最高额为限度，行使其最高额抵押权。"可见德国、日本均持债权最高限额说，但《日本民法典》用词和缓，可算入最高额的债权更宽泛。

（四）最高额抵押所担保债权的确定

最高额抵押所担保债权的确定也被称为最高额抵押的确定或最高额抵押的决算，是指因为一定事由的发生，使最高额抵押所担保的一定范围内不特定的债权变得具体特定，此时对所担保的债权进行确定和计算。

最高额抵押所担保的债权确定之后，一系列不特定的债权转化为特定的债权，从而使得抵押权的实现成为可能。最高额抵押所担保债权的确定意味着划定了抵押权人优先受偿权的范围，同时也会影响其他利害关系人的权益。被担保的债权在确定之前其具体数额是不确定的，则担保物的剩余的价值也是不确定的，这种不确定性不利于担保物所有权人就担保物的剩余价值发挥更大的融资作用，且其他权利人如顺位在后的抵押权人、债务人的一般债权人的权利也处于不稳定状态。当最高额抵押所担保的债权确定之后，各方当事人的权利义务关系才会达到一种稳定状态。

我国《民法典》第 423 条规定了确定最高额抵押所担保债权的法定情形：

1. 约定的债权确定期间届满

当事人约定的"债权确定期间"，通常也被称为决算期。债权确定期间（或决算期）的约定并非最高额抵押合同的必要条款，当事人可以选择约定也可以选择不约定，但如果进行了约定，对最高额抵押权人来说可以避免抵押人任意行使确定债权的请求权；对抵押人来说可以避免抵押物所担保的债权长期处于不稳定的状态，所以一般都在最高额抵押合同中对债权确定的期间进行约定，从而使双方当事人的最高额抵押的法律关系更具有可预见性。约定债权确定期间是最高额抵押合同的一项重要内容，是确定最高额抵押权所担保的债权范围的常见事由。

需要注意的是，债权确定期间与债务清偿期不同：债权确定期间是指最高额抵押权所担保债权的实际数额因一定事由而确定的时间。而债务清偿期是指债务人清偿其债务的期间。最高额抵押权是对连续发生的一系列债权提供的担保，因此可能会存在多个债务清偿期，但是债权确定期间却只有一个。债权确定期间届满后发生的后果是最高额抵押权担保的债权得以确定。

而债务清偿期届满时，发生债务人应当履行债务的后果。

对当事人约定的债权确定期限应否予以限制，各国立法例不同。根据《日本民法典》第 398 条之 6 的规定，约定的债权确定期限应为“五年以内”。我国《民法典》未对此作出规定。立法过程中曾有学者分别提出对债权确定期限进行 5 年、10 年的限制的不同建议，但最终立法机关未予以采纳。也有学者认为应根据抵押物的价值随市场变动的幅度确定决算期的长短，一般以 2 年到 3 年为宜。

2. 没有约定债权确定期间或者约定不明确，抵押权人或者抵押人自最高额抵押权设立之日起满二年后请求确定债权

在最高额抵押合同中如果没有约定决算期或者约定不明确，则最高额抵押权可能会无限期地延长，债权不确定的后果之一是抵押物剩余的价值得不到很好的利用，对抵押财产的所有人不利。为了防止债权不确定的状态一直持续，使得不确定的法律关系尽快得以确定，法律作出此明确规定，确认抵押权人或者抵押人能够有权促进债权数额的确定。

根据我国《民法典》的该项规定，有权请求确定债权的是抵押权人或者抵押人，若债务人不是抵押人，则债务人是不能请求的。请求期限两年的起算点是最高额抵押权设立之日。我国的法律规定同《日本民法典》的规定有不同之处。《日本民法典》第 398 条之 19 规定了“原本确定的请求：最高额抵押权人，自最高额抵押权设定时起，经过三年时，可以请求确定应担保的原本。但是，定有担保原本确定日期者，不在此限”。相比较《日本民法典》的规定，在日本根据请求权人的不同，则期限也不同。而中国不管请求权人的差异，一概是两年。两国相同之处是请求权均有使用前提，中国规定了请求权使用前提是没有约定债权确定期间或者约定不明确。

如果抵押合同中约定了债权确定期间，但债务人的经济状况严重恶化，有可能出现资不抵债的后果，严重影响到债务人的偿债能力。抵押人承担担保责任后对债务人的追偿权将会受到严重影响，此时抵押人能否提前请求确定债权额以避免自己承担更大的担保责任？有学者认为可以依据民法上的情事变更原则，使抵押人能够在约定的债权确定期间届满之前行使债权确定请求权。[1] 也有学者认为根据我国《民法典》第 423 条第 2 项的规定，抵押权人或抵押人在最高额抵押权设立之日起两年后行使债权确定请求权的前提

---

〔1〕 吕伯涛：《适用物权法重大疑难问题研究》，人民法院出版社 2007 年版，第 310 页。

条件是“没有约定债权确定期间或者约定不明确”，一旦明确约定了债权的确定期间，就不能再任意行使债权确定请求权。抵押人为债务人提供担保时，抵押人应当预见到债务人在最高额抵押权存续期间有可能会出现经济困难的情况，从而影响到抵押人追偿权的实现，所以抵押人应当为以后追偿权不能实现的风险负责。

3. 新的债权不可能发生

最高额抵押权相对于一般抵押权而言具有很大的特殊性，但其本质上依然是一种抵押权，是一种从属于债权的从权利。如果最高额抵押所担保的债权已经没有发生的可能性时，也就没有必要使最高额抵押权继续等待新的债权发生，被担保的债权此时可以确定。比如，最高额抵押所担保的债权是基于一定种类交易所发生的，当事人双方已经合意终结交易关系。比如，最高额抵押所担保的债权是基于双方的借款合同，由于借款方不能按期支付本金和利息，则根据合同约定双方的借款合同被解除。

《日本民法典》第 398 条之 20 第 1 项也有类似的规定。

4. 抵押权人知道或者应当知道抵押财产被查封、扣押

我国《民法典》第 423 条规定了最高额抵押债权确定的情形，其中第 4 项情形为“抵押权人知道或者应当知道抵押财产被查封、扣押”。该条明确规定，法院可以查封、扣押设定最高额抵押权的抵押物，查封以后发生的新债权不再属于最高额抵押权所担保的债权范围。抵押物一旦被保全，最高额抵押项下的债权即告确定，不再增加。

在《最高人民法院关于人民法院民事执行中查封、扣押、冻结财产的规定》（以下简称《查封规定》）第 25 条规定：“人民法院查封、扣押被执行人设定最高额抵押权的抵押物的，应当通知抵押权人。抵押权人受抵押担保的债权数额自收到人民法院通知时起不再增加。人民法院虽然没有通知抵押权人，但有证据证明抵押权人知道或者应当知道查封、扣押事实的，受抵押担保的债权数额从其知道或者应当知道该事实时起不再增加。”

根据《查封规定》，最高额抵押债权确定的时间点是抵押权人知道查封、扣押事实之时，而非查封、扣押行为发生当时。

也有学者提出抵押物被查封、扣押并不必然导致抵押物被强制变价，只是在其权利上被设定限制，基于该限制，抵押权人在此之后发生的债权的担保效力不得对抗第三人。抵押人或债务人可以通过清偿债务、提供其他担保、执行所依据法律文书裁判内容的变化等情况来申请撤销、解除该查封、

扣押裁定。一旦抵押物查封、扣押裁定被撤销、解除，该限制亦应解除，则该部分债权的担保效力恢复圆满，可以对抗第三人。如果因抵押物被查封、扣押就当然导致最高额抵押合同的债权额确定，则在抵押物裁定被撤销、解除查封、扣押后，抵押人和抵押权人不可能再继续依据最高额抵押合同发生新的债权债务关系，该结果并非当事人所期望，显然不符合市场需求，也不符合最高额抵押制度产生时考量的最主要的法的价值要素——效率原则。

笔者认为抵押物被查封、扣押尽管不必然导致抵押物被强制变价，但抵押物被查封、扣押后通常的后果是可能导致抵押财产被强制拍卖，通过查封扣押等程序就是为了保护已有债权人的利益，若放任在其上另行产生新的优先权利，则对查封、扣押权利人不公平，查封、扣押也失去了意义，且容易产生刺激最高额抵押合同当事人急速制造虚假债权债务的道德危机。

以案说法

如何确定司法查封抵押物后最高额抵押权优先受偿的范围

【案情介绍】

A外资公司来中国购地建房设厂，B公司与A外资公司有业务往来，A外资公司拖欠B公司款项1500万元，于是B公司只好起诉A外资公司，并向法院申请了诉讼保全，要求法院查封A外资公司的银行账户及房地产资产，并向法院提供了A外资公司的银行账户信息及土地信息。法院受理后立刻对其进行了查封。之后，因为A外资公司有大笔外汇入账，故要求调解，先行偿还500万元，其余1000万元分期归还。B公司认为：因为A外资公司的土地除去银行贷款以后的价值预估不低于八九百万元，只要土地不解封，按照该方案操作不失为一个以退为进的好办法。所以在法院的主持下，该案调解结案，B公司解封A外资公司账户的同时，A外资公司支付500万元给B公司，A外资公司分期偿还B公司1000万元，A外资公司土地继续查封。

似乎这个案子比较圆满地解决了，但是让人始料未及的事情发生了，当分期履行的期限届满，A外资公司并未支付任何钱款，而且相关外方人员已经消失得无影无踪。无奈之下B公司果断申请法院执行，要求强制执行A外资公司的土地及地上建筑物以偿还其工程欠款。但更让人吃惊的是法院告知B公司，该土地及地上建筑物的处置收益全部归C银行所有。

原来A外资公司与C银行之间设立了最高额抵押贷款合同，当法院去查封A外资公司土地之时，以该土地为抵押物的最高额抵押贷款中还有最后两笔贷款未发放，但是当法院去执行之时，最后的贷款已经发放完毕，C银行已经按最高额抵押合同的最高额全额放贷给了A外资公司。

之后，C银行向法院起诉A外资公司，要求对其土地及地上建筑物主张优先权，B公司自然对此不服，立即向法院申请，要求追加其为第三人。于是对于C银行是否就A外资公司的全部房地产享有优先权这个问题，C银行和B公司展开了激烈的争论。法院最终判决：C银行就全部放贷的债权享有优先权，理由是C银行并不知情法院查封的事实。后该案由B公司向当地人民检察院申请抗诉，当地中级人民法院再审后裁定维持原审法院判决，即C银行仍然就其全部债权享有优先受偿权。

法理分析

存在的问题：抵押物查封以后银行还可以根据最高额抵押合同给A外资公司放贷并全额享有优先受偿的权利吗？

本案争议的焦点：在法院查封设定最高额抵押权的抵押物后，最高额抵押合同内发生的新债权是否仍然属于该抵押权所担保的范围？且这个担保范围确定的时间节点到底是何时？

对于这个问题现行法律中规定：一是《民法典》第423条，该条明确规定，法院可以查封、扣押设定最高额抵押权的抵押物，抵押权人知道或者应当知道抵押财产被查封、扣押以后发生的新债权不再属于最高额抵押权所担保的债权范围。二是《查封规定》第25条规定："人民法院查封、扣押被执行人设定最高额抵押权的抵押物的，应当通知抵押权人。抵押权人受抵押担保的债权数额自收到人民法院通知时起不再增加。人民法院虽然没有通知抵押权人，但有证据证明抵押权人知道或者应当知道查封、扣押事实的，受抵押担保的债权数额从其知道或者应当知道该事实时起不再增加。"

那本案的情况应该适用哪一条呢？这两条之间的关系又是怎样的呢？

一种观点即原审法院认为《民法典》的规定与《查封规定》内容不冲突，《查封规定》第25条比较详细地予以解释说明，系查封的程序性规定，应当予以适用。

本案在诉讼保全之时，审理A外资公司和B公司之间纠纷的人民法院作出了查封A外资公司财产的民事裁定书，该裁定书同时送达C银行，裁定书明确“查封、冻结A外资公司价值1500万元的存款或者其他财产”。法院认为：“从裁定书的内容来看，对于抵押物的查封未予以明确，不能视为通知（C银行涉案房地产被查封），而且C银行是在法院解封账户以后进行的放贷，应视为其尽了审慎审查义务。”法院判决C银行就全部放贷的债权享有优先受偿权，理由是C银行并不知情法院查封的事实。

当然这个案件给予我们很多启示，在司法实务当中应当加以注意。人民法院在办理司法查封过程中，如果发现被查封冻结的财产上已经设定了最高额抵押权，应当立即通知最高额抵押权人有关司法查封的情况。在新的法律或者司法解释出台之前，律师在代理相关案件时，作为诉讼保全申请人或强制执行申请人的代理人，应当提醒申请人，如果知道被查封冻结的财产上已经设立了最高额抵押权，应要求法院及时通知抵押权人有关司法查封的情况，以避免本案中的纠纷情况的出现，维护当事人的合法权益。

5. 债务人、抵押人被宣告破产或者被解散

当债务人、抵押人被宣告破产时，此时的民商事主体的行为能力受限，只能从事围绕破产清算目的的相关事宜。此时的民商事主体是行为能力受限的主体，不宜重新设定新的债权债务。

当债务人、抵押人被解散时，同样此时的民商事主体的行为能力受限，不再具有经营能力，不宜新设定权利义务。

6. 法律规定债权确定的其他情形

本项是为适应实务的发展而作出的概括性兜底条款。我们无法穷尽地规定所有需要确定债权的情形，就留下了这个布袋条款，如果实务中发生了上述的五种情形之外的情形，则可以根据本项规定对债权进行确定。

第五章

质　权

第一节　质权概述

一、质权的概念

在《民法通则》（第89条）中曾将“质押”和“抵押”混为一谈，将质押包含于抵押中，未承认质押的独立性。《担保法》对抵押和质押进行了区分，第四章以“质押”为章节名称专章规定了质押这种担保方式，在该法中没有规定什么是质权，也没有规定什么是质押，但规定了动产质押的概念。动产质押是指债务人或者第三人将其动产移交债权人占有，将该动产作为债权的担保。债务人不履行债务时，债权人有权依照本法规定以该动产折价或者以拍卖、变卖该动产的价款优先受偿。《物权法》立法时以权利为本位，采用了总分结构，分则部分以权利种类为主线分章节进行了规定，其中第十七章为质权，在该法中未概括规定什么叫质权，但对动产质权进行了界定。动产质权是指为担保债务的履行，债务人或者第三人将其动产出质给债权人占有的，债务人不履行到期债务或者发生当事人约定的实现质权的情形，债权人有权就该动产优先受偿。《民法典》基本采纳了《物权法》体例与成果。

质权与质押在罗马法中是同一词语，即“pignus”。至后世资本主义国家编纂民法典时才开始区分质权与质押。在中国古代，仅有质押的概念，也称为质当、当押、典当等，而质权概念则是在近代效仿西方国家法律编纂民法典时才开始出现的。[1] 质权与质押是既紧密相连，又相互区别的概念。质押是设定质权的法律行为，而质权是指质权人的权利，质押是质权原始发生的原因，而质权是质押引发的后果[2]。综合中国法律中对质押和动产质权的规定，本书认为质权是指债务人或者第三人将其特定的财产移交债权人占有或进行立质登记，将该财产作为债权的担保，债务人不履行债务时，债权人有就其占有的或登记过的该财产折价或以拍卖、变卖所得价款优先受偿的权利。

---

〔1〕王利明、尹飞、程啸：《中国物权法教程》，人民法院出版社2007年版，第421页。
〔2〕汪峰：《质权若干问题研究》，华中师范大学2002年硕士学位论文。

二、质权的特征

由于质权是为担保债的履行而在担保物之上设定的，质权人对标的物的价值可予以支配并可以排除他人的干涉，因此，质权也是一种担保物权，作为一种担保物权，其和抵押权类似，具有担保物权的下列一般特征：

（一）从属性

质权作为一种担保物权，是从权利，被担保的债权为主权利，根据民法上“从随主”的原则，从权利的发生、处分、消灭均从属于主债权。具体而言包括：第一，发生上的从属性，即质权的发生以所担保的主债权的发生或成立为前提条件，若主债权无效，则质权也无效，若主债权被撤销，则质权也随之丧失效力。第二，处分上的从属性，即主债权转让时质权也随之转让，债权人不能在转让主债权时保留质权。第三，消灭上的从属性，指被担保的主债权全部或部分因清偿或其他原因而消灭时，质权也随之消灭。

（二）特定性

特定性包含两个方面：其一，是指通过登记或者交付等方式将质押财产特定化，使质押财产的范围明确能为外界所识别，也就是说质押物要特定。当主债权不能得到满足时，能够就特定的质押物以变卖、折价等方式得以实现，同时使第三人明确已经存在的权利，不重复另行设置权利以避免和质权相冲突。其二，是指被担保的主债权特定，被担保的主债权有明确的范围，以此确定特定债权人的利益范围，同时提醒第三人已经存在的权利边界范围以进行避让和进行自我风险防范。

（三）优先受偿性

质权与抵押权、留置权一样，作为担保物权，在与普通债权并存时，担保物权人应优先于普通债权人得到清偿。在质押情况下，质物虽然交给质权人占有，但是质权人并没有获得所有权，质权人只能在债务人不履行债务时通过对质物的拍卖、变卖等变价处理来获得债权清偿，就质物的交换价值优先受偿是质权的一个关键特征。

（四）物上代位性

物上代位性是指质权作为一种担保物权形成以后，如果担保物发生毁损致使其价值形态发生改变，或者因担保物发生灭失而获得赔偿，担保物权的效力仍及于该被损害之物及赔偿金，不能因原先提供的担保物不复存在而致使担保物权发生消灭。担保物权人可对代位物行使权利。并且当质权形成以后，质权人有权采取必要措施以保持出质财产的价值。当出质财产因出质人的过失而发生价值的减少时，质权人有权就质物减少的价值而要求出质人提供相应的担保。[1]

（五）质权为他物权

质权的标的可以是债务人或者第三人的财产，但不能是债权人自己的财产，质权是在他人所有并移交的财产上设立的一种权利，所有人质权是一种例外。

（六）不可分性

不可分性是指以质押财产的全部价值应用来担保全部主债权。即使主债权的部分得到清偿，质押财产的全部价值仍用来担保剩下未被清偿的主债权。如果质押财产发生部分灭失，则未灭失的质押财产部分，仍然可担保全部主债权，而不能相应地缩小担保的债务范围。

（七）质权为担保物权

质权是为担保主债权而设立的，是对标的物的交换价值进行利用的具有排他性的一种支配权，质权的内容在于对担保物的交换价值的支配，故质权和抵押权、留置权相似，为一种担保物权。

但与抵押权相比，质权另具有如下特征或者特点：

1. 从质权的标的来看——动产和某些权利

依据《民法典》第二编第十八章，作为抵押标的的财产既包括动产也包括不动产（包括不动产权利），然而，质权的标的则不包括不动产和不动产权利。《民法典》将质权分为动产质权和权利质权，因此可以用于质押的标的物乃是动产和某些权利。根据《民法典》第440条的规定，作为质权标的的权利均属于有权利凭证的权利或有特定机构管理的权利。作为质权标的物的动产或权利应当属于债务人或者第三人所有，债权人自己的财产不得作为质权的标的。

不同的国家法律对质权的标的物的规定不同。有些国家如德国民法承认有不动产质权，但由于不动产质权不利于保护不动产出质人的利益，多数国

[1] 汪峰：《质权若干问题研究》，华中师范大学2002年硕士学位论文。

家不承认不动产质权制度。日本民法不承认航空器、船舶等大型动产的质押。英美法系国家由于法律传统不同，其规定与大陆法系国家的规定有一定的差别。比如，《美国统一商法典》没有区分抵押、质押等担保形式，而是将其归于统一的担保利益下，并针对不同的标的采取不同的公示方法，如转移占有、登记、通知等方法。[1] 根据我国《民法典》的规定，质权的标的只能是动产和权利，对不动产可设定抵押权，若当事人在实践中设定不动产质权会成为笑柄，也难以达到目的。我国法律未禁止对航空器、船舶及机动车等大型动产设定质押，这些动产可以成为质权的标的。

2. 从权利设立要件来看——设定质权须交付质押财产或权利凭证或办理出质登记

《民法典》第 425 条第 1 款规定："为担保债务的履行，债务人或者第三人将其动产出质给债权人占有的，债务人不履行到期债务或者发生当事人约定的实现质权的情形，债权人有权就该动产优先受偿。"第 429 条规定："质权自出质人交付质押财产时设立。"根据《民法典》第 429 条的规定，交付质押财产是动产质权设立的必要条件，没有交付质押财产则动产质权没有设立。

《民法典》第 441 条规定："以汇票、本票、支票、债券、存款单、仓单、提单出质的，质权自权利凭证交付质权人时设立；没有权利凭证的，质权自办理出质登记时设立。法律另有规定的，依照其规定。"第 443 条第 1 款规定："以基金份额、股权出质的，质权自办理出质登记时设立。"根据《民法典》第 425 条和第 441 条的规定，交付权利凭证或办理出质登记是权利质权设立的必要条件，没有交付权利凭证或没有办理出质登记的则动产质权没有设立。

在抵押权的设定上中国法律并没有一概要求必须交付抵押物或办理抵押登记。《民法典》明确规定了抵押"债务人或者第三人不转移财产的占有"，即没有要求交付抵押财产。但是需要注意的是，当抵押财产是①建筑物和其他土地附着物；②建设用地使用权；③海域使用权；以及正在建造的建筑物抵押的，应当办理抵押登记。抵押权自登记时设立。可见当抵押财产是不动产或不动产权利时法律要求办理抵押登记才能设立抵押权，而一般的动产抵押权的设立没有要求交付或登记。

---

〔1〕 王利明：《物权法专题研究》，吉林人民出版社 2002 年版，第 675 页。

相比较而言，质权的设定比较特殊，动产质权自交付质押财产时才设立，对于权利质权要么办理出质登记，要么交付权利凭证才设立。

（1）质押财产的交付方式

关于质押财产的交付方式，近几年是个焦点话题。所谓交付，是指以物权变动为目的，物的出让人将自己的物或物权证书交给受让人占有的行为。传统上，交付的是物的所有权，在质权标的物的交付中，交付的应该是物的占有权。根据《民法典》第 224 条的规定，“动产物权的设立和转让，自交付时发生效力，但是法律另有规定的除外”，该条规定说明动产物权的设立和转让实行的是不交付不生效的原则，交付是动产物权变动的必要条件。质权是一种担保物权，属于物权的一种，应该遵从该条的规定。质权的交付也不一定要由出质人亲力亲为，可以通过被委托人（可能是辅助占有人、被指令人或者占有媒介人）进行。例如，以存放于仓储物流仓库中的库存货物出质时，出质人并不直接占有货物，其可以指使员工或者仓储公司代为完成交付义务。交付是否完成，并不绝对代表着标的物本身占有的移转，也可能是观念上的交付。比如，前述以库存货物质押的例子中，如果质权人委托仓储公司代为保管，则库存货物不需要移转，基于各方当事人的真实意思通过签订合同，可以约定交付的时间点，从而视为没有或者已经完成了交付。

《民法典》第 226 条规定了简易交付方式：“动产物权设立和转让前，权利人已经占有该动产的，物权自民事法律行为生效时发生效力。”笔者认为，在中国简易交付方式适用于质权的设立。对于质权人在签订质押合同前已经依法占有动产的，基于效率和经济的考虑，没必要将之归还给出质人，然后再由出质人进行交付。《德国民法典》第 1205 条第 1 款第 2 句规定：“债权人已占有其物的，只需有关质权成立的协议即可。”除《德国民法典》外，日本、瑞士、法国都对简易交付方式作了规定。

《民法典》第 227 条规定了指示交付方式：“动产物权设立和转让前，第三人依法占有该动产的，负有交付义务的人可以通过转让请求第三人返还原物的权利代替交付。”指示交付不是一种现实交付，而是一种合意的观念上的交付。笔者认为，指示交付是否完成了质权的设立需要结合具体情况进行具体分析。例如，甲将保存于丙处的某动产质押给乙，双方约定由丙将某动产交付于乙，此时如果丙不知道其具有交付义务也未完成交付，则不能认为质物已经被交付。如果甲和乙在合同中明确约定了由丙交付，丙也承诺负有向乙交付的义务，乙认可丙代为占有，则此时可认为质物已经被交付，质权已经成立。笔者认为指示交付毕竟不是一种现实的交付，如果该交付义务使质权人有可以信赖的占有的可能性则可认为已经完成交付，如果丙不知情也未承诺履行义务，此时丙可能基于其他合法原因不返还占有，则这种观念上的交付实际上未能达成合意，观念上的交付必须是一种各方当事人都参与的合意，是一种具有保证质权人直接占有或间接占有的合意。

《民法典》第 228 条规定了占有改定交付方式："动产物权转让时，当事人又约定由出让人继续占有该动产的，物权自该约定生效时发生效力。"本书认为占有改定方式不能设定质权。从一些国家或地区的有关规定来看，大都不允许通过占有改定的方式设定质权。例如，《日本民法典》第 345 条规定："质权人，不得使出质人代自己占有质物。"我国也是不支持通过占有改定方式设定质权的。之所以禁止该种方式，是因为只有在质权人能够控制质物的情况下，质权的担保作用才能更好地发挥，若允许通过占有改定方式设定质权，这时类似于抵押，质权人未实际占有控制质物，则在债权不能实现时可能质物已经被第三人善意所得了，则质权失去了担保作用。

（2）质权登记的效力

质权登记又称出质登记的效力可分为登记生效主义与登记对抗主义。所谓登记对抗主义，是指经过登记的质权可以对抗第三人，享有优先受偿权，而第三人在质权登记后取得的权利不优于质权。没有经过登记的质权，在质押物出现风险时，原则上不能享有处置质押物的优先受偿权。登记生效主义，是指双方当事人在签订合同后，在登记机关进行立质登记即视为设立了质权，立质登记是质权设立的必要条件，未经登记则质权未设立。登记生效主义比登记对抗主义似乎更能维护和保障交易的安全，但同时因当事人有登记义务所以不经济不便捷。采用登记生效主义或者是采用登记对抗主义并非历史、习惯或者单纯的推演，而是在长期的实践过程中各种利益与价值进行衡量的结果。[1]

《民法典》第 441 条明确规定，没有权利凭证的，质权自有关部门办理出质登记时设立。第 443 条第 1 款规定："以基金份额、股权出质的，质权自办理出质登记时设立。"第 444 条第 1 款规定："以注册商标专用权、专利权、著作权等知识产权中的财产权出质的，质权自办理出质登记时设立。"

---

〔1〕 徐彤：《从钢贸风波论我国商业银行建立动产质押登记法律制度的必要性》，上海交通大学 2013 年硕士学位论文。

第 445 条第 1 款规定："以应收账款出质的，质权自办理出质登记时设立。"可见对基金份额、股权、注册商标专用权、专利权、著作权等知识产权中的财产权、应收账款及其他法律允许的没有权利凭证的权利出质的，《民法典》规定采用的是登记生效主义。

《民法典》第 225 条规定："船舶、航空器和机动车等的物权的设立、变更、转让和消灭，未经登记，不得对抗善意第三人。"《民法典》该条对船舶、航空器和机动车这类价值较大的动产显然采用的是登记对抗主义。除此之外，我国法律对其他动产质权、权利质权是否需要登记以及是否产生登记对抗的效力没有规定。目前，我国的权属登记不管是登记对抗主义还是登记生效主义，实行的都是按照担保物种类的不同分行业、分部门分头管理。分头管理的优势是避免行政职能部门重复设置，便于沿袭以前行政管理的成熟模式和经验，但实践中也给适用带来了一些问题，适用时需要去不同的部门登记，显得混乱，查询登记信息也不方便。笔者建议加快构建全国统一的登记信息网络，如果有统一的登记信息查询系统可以更好地发挥登记的作用。

《票据法》第 35 条第 2 款以及《民法典担保制度司法解释》第 58 条、第 59 条，《最高人民法院关于审理票据纠纷案件若干问题的规定》（法释〔2020〕18 号）第 54 条对票据质押均有"背书"的特殊规定；《海商法》第 79 条对指示提单转让设有"背书"要求；这些规定均属于《民法典》第 441 条规定的"法律另有规定的，依照其规定"的特殊情况。

第二节　动产质权

《民法典》第二编第十八章专章名称为质权，在该法中对动产质权进行了界定。动产质押是动产质权原始发生的原因，而动产质权是动产质押引发的后果。

一、动产质权的含义和标的物

《民法典》第 425 条规定了动产质权的含义。动产质权是指为担保债务的履行，债务人或者第三人将其动产出质给债权人占有的，债务人不履行到期债务或者发生当事人约定的实现质权的情形，债权人有权就该动产享有优先受偿的权利。简言之，动产质权是指以动产为其标的的质权。动产质权是质权的典型形式。

动产质权是一种担保物权，具有三个特征：第一，动产质权以动产为标的。出质人向质权人移交的动产为质押财产，俗称为质物。根据《民法典》的规定，质权分为动产质权和权利质权，不动产可以作为抵押权的标的，但不得作为质权的标的。原则上债务人或者第三人所有的动产可以作为质押财产，但质权人自己的财产不得成为质权的标的。第二，动产质权应移转标的物的占有，这是区别于抵押权的重要特征。出质人移转质押财产的占有为动产质权的生效条件，移转占有也是质权的公示方式。质押财产被移转为债权人占有后，债权人可以控制质押财产，以规避质押财产被处置的风险，使质押财产发挥担保物的作用。但移转占有后，出质人丧失了对质物的使用、收益和处分的权利，限制了质物使用价值的发挥。第三，动产质权是一种优先受偿权。享有质权的债权人，有权在债务人不履行到期债务时，对质物的变价款优先于无质权的普通债权人得到清偿。

动产质权的标的物，是出质人须移交质权人占有的动产，并非所有的财产均可以成为动产质权的标的物。作为质权的标的物应具备如下条件。

（一）必须具有可让与性

所谓可让与性，是指该财产依据法律、法规的规定能够移转其所有权。不具有可让与性的财产不能质押，否则当将来需要采取折价、变卖或者拍卖的方式处分质押财产时因法律法规禁止转让而无法实现质权，使设定质权的目的落空。比如，对依法被查封、扣押的动产等法律法规禁止流通物不得设定质权。对限制流通的动产，如文物、黄金、白银、外币等可以设定质权，只是在实现质权时，应当按照法律规定的方法和程序进行。

学者曹士兵认为《民法典》第399条规定的不得抵押的财产也不得质押，如学校、幼儿园、医院等以公益为目的的事业单位、社会团体的教育设施、医疗卫生设施和其他公益设施以及国家机关承担公共管理和公共服务职能的动产等。从立法目的上考量，法律规定禁止抵押的财产同样禁止质押，系对立法目的的一以贯之，以免因担保方式的简单变化突破法律的限制，割裂立法的价值取向。[1]《民法典担保制度司法解释》第5条、第6条也作出相同规定。

---

〔1〕曹士兵：《中国担保制度与担保方法》（第四版），中国法制出版社2017年版，第327页。

从理论上讲，船舶、航空器等价值较大的物尽管被俗称为“准不动产”，但实际上仍属于动产，在法律未禁止设定质权的情况下，可以作为质押财产。但因这些动产价值较大，采取质押方式债权人在维护、管理上成本较大，采用抵押方式可能更为适宜。车辆也属于动产，既可以抵押也可以质押。根据法律的规定，经过登记的车辆抵押权具有对抗第三人的效力，为了避免出质人重复设定抵押权，若采取质押方式时，不仅应占有车辆，而且应该要求出质人同时交付车辆的权利凭证。

（二）须为特定物

如果物尚未特定，则质权缺乏特定的对象，同时物不特定也不能移转占有。关于金钱能否成为质押的标的，在某银行安徽省分行诉张某标、融资担保公司执行异议之诉纠纷案[1]中法院的裁判要点是：当事人依约为出质的金钱开立保证金专门账户，且质权人取得对该专门账户的占有控制权，符合金钱特定化和移交占有的要求，即使该账户内资金余额发生浮动，也不影响该金钱质权的设立。关于账户资金浮动是否影响金钱特定化的问题。该案裁判文书的观点是：保证金以专门账户形式特定化并不等于固定化。案涉账户在使用过程中，随着担保业务的开展，保证金账户的资金余额是浮动的。虽然账户内资金根据业务发生情况处于浮动状态，但是均与保证金业务相对应，除缴存的保证金外，支出的款项均用于保证金的退还和扣划，未用于非保证金业务的日常结算，故该账户资金浮动仍符合金钱作为质权的特定化和移交占有的要求，不影响该金钱质权的设立。《民法典》第 429 条规定：“质权自出质人交付质押财产时设立。”《民法典担保制度司法解释》第 70 条规定，债务人或者第三人为担保债务的履行，设立专门的保证金账户并由债权人实际控制，或者将其资金存入债权人设立的保证金账户，债权人主张就账户内的款项优先受偿的，人民法院应予支持。当事人以保证金账户内的款项浮动为由，主张实际控制该账户的债权人对账户内的款项不享有优先受偿权的，人民法院不予支持。在银行账户下设立的保证金分户，参照前款规定处理。当事人约定的保证金并非为担保债务的履行设立，或者不符合前两款规定的情形，债权人主张就保证金优先受偿的，人民法院不予支持，但是不影响当事人依照法律的规定或者按照当事人的约定主张权利。依照上述法律和司法解释之规定，金钱作为一种特殊的动产，可以用于质押。金钱质押作为

〔1〕参见最高人民法院公布的第 11 批指导案例 54 号。

特殊的动产质押，不同于不动产抵押和权利质押，应当符合金钱特定化和移交债权人占有两个要件，以使金钱既不与出质人其他财产相混同，又能独立于质权人的财产。债务人或第三人向债权人交付押金或保证金，实际上是通过移转该笔金钱的占有而设定担保，以担保主债务的履行。而在债务人不履行债务时，债权人有权以该笔金钱优先受偿。如果债务人履行债务，债务人则负有返还押金或保证金的义务。因押金或保证金为动产且要移转占有，所以，交付押金或保证金而设定担保，符合质权的特征。

关于质押财产所产生的孳息是否仍然为动产质权的标的物的问题，中国的立法不清晰，学理上有争议。学理上的争议点是：债权人对质押财产的孳息是否应有优先受偿权？因法定孳息和天然孳息的种类不同从而是否享有优先受偿权也不同？《民法典》第 430 条第 1 款规定："质权人有权收取质押财产的孳息，但是合同另有约定的除外。"《民法典》只规定了质权人对孳息的收取权，却不规定在孳息为质物时质权人的优先受偿权——这是一处"暧昧立法"。学者隋彭生认为，单纯的质权人对质物是没有使用权和收益权的，质权人不仅自己不能使用，更不能许可他人使用。法定孳息是允许他人用益而获取的对价。因此，质权人仅依质押法律关系是绝不可能获得法定孳息的。质权人擅自允许他人使用，是用益侵权行为。质权人只能收取天然孳息而不能收取法定孳息。

二、动产质权的设立

动产质权的设立要件是一个基础理论问题，本书认为动产质权的设立要件分为形式要件和实质要件，其中采取书面形式订立质押合同是形式要件，占有和交付质押财产是实质要件，不管是形式要件还是实质要件，对质权设立来说都是必要条件，缺一不可。

（一）采用书面形式订立质押合同

在中国，"质权"只有约定质权这个种类，没有关于法定质权的规定，若设定质权，应该遵守《民法典》第 427 条的规定：设立质权，当事人应当采取书面形式订立质押合同。质押合同一般包括下列条款：（1）被担保债权的种类和数额；（2）债务人履行债务的期限；（3）质押财产的名称、数量等情况；（4）担保的范围；（5）质押财产交付的时间、方式。因此，从要式或不要式的角度分析，该条规定的质押合同属于要式合同。如果当事人采用口头方式订立质押合同，则该质押的设定是无效的，并不产生设立质权的效力。

根据《民法典》第469条的规定，参考《民法典》第685条规定，保证合同可以是单独订立的书面合同，也可以是主债权债务合同中的保证条款。书面质押合同的形式可以是单独订立的书面合同，包括当事人之间的具有担保性质的信函、传真等，也可以是主合同中的担保条款，但必须是书面形式。

质押合同应当具备《民法典》第427条的规定内容。（1）被担保债权的种类和数额。所谓被担保债权的种类，是指被担保的主债权的性质，如借贷、买卖、租赁等原因产生的债权。在签订合同时当事人之间的主债权债务数额不一定很明确，但根据质押合同的约定在发生纠纷时应该能够确定主债权债务的数额。（2）债务人履行债务的期限。主债务的履行期对质权很重要，被担保的主债权到期未得到清偿才会引发实现质权的问题，所以质押合同中应该写明主债务的履行期限。在最高额质押中，质权担保的债权是在将来一定期限内连续发生的债权，每一笔债权的发生期限不确定，同样清偿期也不确定，但最高额质押可以约定决算期，当符合法定情形时，根据合同的约定，可以确定被担保的主债权数额和履行期限。（3）质押财产的名称、数量等情况。质押财产作为质权的标的物将来可能需要变价，该标的物应该特定化，应该有具体明确的约定。（4）担保的范围。担保的范围是指质押财产承担担保责任的范围，具体包括：主债权、利息、违约金、损害赔偿金、质押财产保管的费用和实现质权的费用如律师费、公证费、诉讼费等。担保的范围直接关系到质权人在实现质权时能够就质押财产获得优先清偿的范围，对合同当事人非常重要。（5）质押财产交付的时间、方式。根据《民法典》第429条的规定，“质权自出质人交付质押财产时设立”，质押财产的交付时间决定着质权的生效时间。质押财产交付后质押财产的灭失风险发生转移。如果合同约定了质押财产交付的时间，但实际上质押财产并未实际交付，则质押合同尽管已经生效，但质权并不生效，若约定的质押财产交付时间和实际交付时间不一致的，一般应以实际交付时间为质权生效时间。

当质押合同并未完备约定上述条款内容时，对该质押合同的效力判定需要根据不同的情况进行判断。比如，欠缺被担保的主债权条款，此时该质权合同欠缺实质性主要内容，质押合同不成立，质权也未成立。但欠缺的某些条款如果可以补正，则不能简单认定质押合同无效。比如，未约定质权交付时间，但实际上质押财产已经交付，则质押合同成立，质权也已经生效。

质押合同中流质条款的约定不产生效力。《民法典》第428条规定："质权人在债务履行期限届满前，与出质人约定债务人不履行到期债务时质押财产归债权人所有的，只能依法就质押财产优先受偿。"流质条款的无效不影响质押合同其他部分内容以及质权的效力。之所以要规定禁止约定流质条款，主要是基于保护出质人的利益，避免债权人利用债务人的困难境况，胁迫或者乘人之危使债务人订立显失公平的条款，并在债务人到期不能清偿主债务时，趁机获得质押财产的所有权，使债务人遭受很大损失，违背民法的公平原则。

（二）质权自出质人交付质押财产时设立

动产质权的设定不仅要订立书面的质押合同，还必须要移转动产的占有。《民法典》第429条规定："质权自出质人交付质押财产时设立。"质押合同是否生效应该依据《民法典》总则编、《民法典》合同编的相关规定来判断，不能以质权是否设定为标准进行判断。只要质押合同成立并具备法律规定的生效条件，当事人就应该受到质押合同的约束，如果违约，不按约定交付质押财产，则应该承担违约责任。质押合同生效后质押人如果违约不交付质押财产则质权未能有效设立，不能将质押合同的生效与质权的生效混为一谈，不能认为质押合同生效则质权必然生效，也不能认为质权未生效则质押合同也无效。在动产质权的变动上，中国采用意思主义与交付相结合的立法模式，动产质权的设立除要有当事人之间的合意外，还必须进行交付。仅有当事人的合意，没有质押财产的交付，不能发生质权设立的效果。

根据《民法典》的规定，动产的交付方式有现实交付、简易交付、占有改定和指示交付四种，动产质权的设立须遵循不交付不生效的原则，即质物在交付时才发生法律效力，交付是动产质权设立的必要条件。《民法典》中交付的核心在于"转移占有"或者"转移所有权"，对质权来说，质物的交付应该是使质物处于质权人的实际占有和控制之下。质权作为享有优先受偿的担保物权，因可能涉及其他债权人的利益，故其设立须以转移占有作为公示方法，应直接表现为质权人对质物的占有。但是在实际的操作中，当事人可能不采取现实交付方式转移占有，而是采取其他方式进行变通，导致产生了质权未设立的风险。

立法上，法律规定了质权自出质人交付质押财产时设立，没有规定必须占有，但实际上设立动产质权以占有和交付作为有效的公示手段。占有主要是在静态即不发生物权变动情况下实施公示，交付是在动态即发生物权变动情况下实施公示。[1] 判断是否交付的标准往往是以是否发生了有效的占有移转作为判断标准的。交付必须是可以明确识别的占有移转，作为一种公示手段，交付必须有明确的、可以识别的表征，以便对外显示动产物权的变动以及变动后的物权现状，使当事人、社会公众能够直接从外部加以识别，并为司法机关判断动产物权的变动提供一个客观标准。[2]

三、动产质权的取得

动产质权的取得除可以通过上述设立质权方式原始取得外，还可以继受取得方式以及善意取得方式取得动产质权。

（一）继受取得动产质权

在转让、继承、受遗赠或民商事主体合并的情况下，可以继受取得动产质权。

动产质权属于担保物权，中国《物权法》对质权转让没有具体明确规定，但对于同为担保物权的抵押权转让有相关规定。《民法典》第407条规定："抵押权不得与债权分离而单独转让或者作为其他债权的担保。债权转让的，担保该债权的抵押权一并转让，但是法律另有规定或者当事人另有约定的除外。"抵押权不得与债权分离而单独转让或者作为其他债权的担保。抵押权和质权均具有从属性，是从权利，被担保的债权为主权利，民法上有"从随主"的原则，在法律无特别规定或当事人另有约定的情况下，从权利的发生、处分、消灭均从属于主债权。尽管《民法典》中没有质权未作规定的适用抵押权的相关规定，但实践中对质权的转让会参考适用抵押权转让的相关规定。

《民法典》第230条规定："因继承取得物权的，自继承开始时发生效力。"动产质权非专属性财产权，可以因继承或者受遗赠而取得，此种情况下不以登记或者交付为要件，根据《民法典》第1121条第1款的规定，继承从被继承人死亡时开始，即继承人自被继承人死亡时取得动产质权。

---

[1] 杨震：《观念交付制度基础理论问题研究》，载《中国法学》2008年第6期。

[2] 参见最高人民法院物权法研究小组编著：《〈中华人民共和国物权法〉条文理解与适用》，人民法院出版社2007年版，第112页。

在公司发生合并的情况下，根据《公司法》第 174 条的规定：“公司合并时，合并各方的债权、债务，应当由合并后存续的公司或者新设的公司承继。”合并前关于动产质押的权利义务应该由合并后存续的公司或者新设的公司承继。

（二）善意取得动产质权

动产质权的善意取得，是指出质人以其不具有所有权但合法占有的动产向质权人出质，如果质权人取得该动产时是善意的，即可取得该动产的质权。

《民法典》第 311 条第 3 款规定：“当事人善意取得其他物权的，参照适用前两款规定。”依据该条规定，质权人可以从无处分权的出质人处善意取得动产质权，质权人行使质权给所有权人造成的损失由出质人承担赔偿责任。

善意取得作为一项重要的民事法律制度，是以日耳曼法为契机演绎发展而成的。动产质权的善意取得在德国、瑞士等大陆法系的民法典中均有明文规定。其构成要件一般可概括如下：出质人对动产没有所有权，但有权占有；出质人以设立动产质权为目的处分该动产；质权人已现实取得该动产的占有；质权人占有该动产时为善意，质权人明知或因重大过失而不知出质人无处分权的，则不属于善意；该动产须具有可让与性，被查封的动产、汽车等以登记为公示的特殊动产等原则上不适用动产质权的善意取得。[1]

动产质权善意取得是建立在公示原则与公信原则基础之上的保护交易安全的制度，其目的是保护占有的公信力，鼓励交易，维护正常秩序，是在静态的所有权保护与动态的交易安全保护之间加以利益衡量、价值判断，优先保护动态交易安全，促进市场经济流转的一项法律制度。根据《物权法》第 6 条确立的物权变动的公示公信原则：动产物权的设立和转让以交付为其公示方式。在市场经济活动中，参与交易之人往往基于交易相对人合法占有动产的公示形式而对其产生具有所有权的信赖。即使事实上交易相对人对交易动产不具有所有权，但出于对交易安全的保护，善意信赖人应当受到保护，否则市场交易秩序将难以维持。

判断是否构成善意取得动产质权的一个关键点是看质权人占有动产时是否为善意，若质权人明知或因重大过失而不知出质人无处分权的，则不属于善意。

---

〔1〕 周金亮、李少娟：《动产质押监管业务的法律探析》，载《法制与社会》2012 年第 23 期。

以案说法

动产质权善意取得的“善意”判断

【案情介绍】

2015年5月11日，原告王某华将自己的1辆思域牌甘J××号小型轿车出租给了案外人宋某伟。同年6月宋某伟向被告杨某安收购药材，欠被告药材款38000元，便将该车于同年6月13日质押给了被告，并向被告出具了条据，双方约定宋某伟于7月20日付清药材款。后宋某伟一直未付药材款，该车辆也一直放置于被告家。原告得知后向被告要求返还车辆，被告拒绝，双方造成纠纷。

法院认为：王某华将其所有的车辆出租给宋某伟，宋某伟因出租取得车辆的使用权。宋某伟因购买党参拖欠杨某安药材款，宋某伟将其合法占有使用的车辆质押给杨某安，杨某安占有车辆取得质押权。《担保法司法解释》确立了动产善意取得制度，善意取得动产质权以取得动产的占有为要件，杨某安占有车辆属善意取得，双方的质押行为成立。

法理分析

案件涉及汽车类动产质权是否应该适用善意取得制度以及如何判断“善意”与否的问题。从案例看出实践中中国是认可汽车类动产质权可以适用善意取得制度的，但判断是否构成“善意”时会有不同的主观认识，如案件中原告持有的观点是出质人不是车辆的所有权人，其无权处分，原告是登记所有权人，车辆质权的设立不应该适用善意取得。而法院的观点却是：质权人为了取得质权付出了真实的对价，质权人是善意的，善意取得动产质权以取得动产的占有为要件，杨某安占有车辆属善意取得，双方的质押行为成立。

判断是否构成善意取得动产质权的一个关键点是看质权人设立质权时是否为善意，该善意不仅包括设立质权的原因是善意的，而且包括设立质权时已经尽到了注意义务，是善意的。若质权人已经经过查询知道车辆在出质人名下，所以设定了质权，签订了质押合同、该质押车辆已经交付、质权人已经取得了车辆的占有，尽管出质人在质权人查询后很快将车辆出售给他人并过户登记，导致签订质押合同时出质人并非车辆的真实所有权人，但此时我们应该判断质权人是善意的。若质权人明知或因重大过失而不知出质人无处分权的，则不属于善意。

在将自己合法占有的但登记在他人名下的车辆出质给债权人的情况下，债权人是否为善意取得质权？本书认为，在判断动产质权是否是善意取得时需要注意登记的效力。《民法典》第225条规定："船舶、航空器和机动车等的物权的设立、变更、转让和消灭，未经登记，不得对抗善意第三人。"根据该条规定，船舶、航空器和机动车等特殊动产已经进行登记的，可以对抗任何第三人包括所谓的善意质权人。对已经登记过可以查询到权属状态的特殊动产，债权人应该遵守登记产生对抗效力的法律规定，不应对占有这类动产的公示形式轻易信赖，而对其应该尽到合理的谨慎义务，否则难以谓之是善意的第三人。

对货物进行无权处分从而产生了善意取得也涉及质押财产的交付方式问题。但对于交付目前学说仍有争议，有的认为善意取得的交付可以采用观念交付的形式，也有认为占有改定与指示交付都不构成善意取得的交付。

四、出质人的权利和义务

（一）出质人的权利

1. 按约定享有质物的孳息收取权

一般情况下设定质权交付质物后，出质人不再占有质物，不能通过亲自使用质物获取收益，根据《民法典》第430条的规定，设定质权后，质权人有权收取质押财产的孳息，但是合同另有约定的情况下，出质人仍然可以约定保留对质物的孳息收益权。如果合同没有约定，则由质权人收取质押财产的孳息。

2. 对质物行使法律上的处分权

动产出质以后，出质人虽然将质物的占有权移转给质权人，但是在法律上出质人并没有丧失对质物的所有权，因此仍然有权处分其已经出质的财产，如将质物出卖或赠与他人，在质物上再设定质权或抵押权。由于质物处于质权人的占有控制之下，所以即使出质人已经签订了合同将质物出卖或者赠与他人，但出质人实际上无法将质物交付于买受人或受赠人，故出质人的处分权是一种"法律处分权"，而不是一种"事实处分权"。由于无法交付，此时的买受人或受赠人不能取得物权，但可以享有合同上的请求权。出质人行使对质物的处分权时，不应当影响原有的质权，质权人仍然对该质物享有质权。如经质权人同意或出质人将标的物出质的事实告知了受让人，出质人转让质物的行为有效，此时质权的效力得及于出卖价金，将出卖价金提前清偿债权或提存。如果出质人就出质物为了赠与，质权的效力仍存在该质物上，质权人得向受赠人主张权利。[1]

3. 物上担保人的追偿权

当出质人是主债务人之外的第三人时，以该第三人的财产设定担保物权的，该第三人即为“物上担保人”，第三人在代债务人清偿债务之后或因质权的实现而丧失质物的所有权时，根据《民法典》第392条的规定，提供担保的第三人承担担保责任后，有权向债务人追偿。物上担保人在代替债务人清偿债务之后，在其清偿债务的限度内取得债权人对债务人所享有的权利，得以债权人的债权受让人之地位，对债务人行使求偿权。若债权人实现担保物权而处分该担保财产，在处分担保财产而清偿债权的价值范围内，债权人对债务人的权利同样应当转移给物上担保人，物上担保人对债务人享有追偿权。各国立法例关于物上担保人对债务人的追偿权均有类似的规定。[2] 根据《民法典担保制度司法解释》第18条的规定，担保人之间约定承担连带共同担保，或者约定相互追偿但是未约定分担份额的，各担保人按照比例分担向债务人不能追偿的部分。

同一债务有两个以上第三人提供担保，担保人之间未对相互追偿作出约定且未约定承担连带共同担保，但是各担保人在同一份合同书上签字、盖章或者按指印，承担了担保责任的担保人有权请求其他担保人按照比例分担向债务人不能追偿部分（详见“本书第九章多人担保与共同担保第三节多人担保、混合担保中担保人之间的内部求偿”）。

4. 质物被妥善保管的权利

《民法典》第432条规定：“质权人负有妥善保管质押财产的义务；因保管不善致使质押财产毁损、灭失的，应当承担赔偿责任。质权人的行为可能使质押财产毁损、灭失的，出质人可以要求质权人将质押财产提存，或者要求提前清偿债务并返还质押财产。”根据该条规定质权人实际负有妥善保管质物的义务，该义务对应的就是出质人的质物被妥善保管的权利以及存在保

---

〔1〕 李海涛：《质押权法律制度研究》，黑龙江大学2003年硕士学位论文。

〔2〕 参见最高人民法院物权法研究小组编著：《〈中华人民共和国物权法〉条文理解与适用》，人民法院出版社2007年版，第521页。

管不善的风险时对质物进行保全的权利。

《民法典担保制度司法解释》第55条规定："债权人、出质人与监管人订立三方协议，出质人以通过一定数量、品种等概括描述能够确定范围的货物为债务的履行提供担保，当事人有证据证明监管人系受债权人的委托监管并实际控制该货物的，人民法院应当认定质权于监管人实际控制货物之日起设立。监管人违反约定向出质人或者其他人放货、因保管不善导致货物毁损灭失，债权人请求监管人承担违约责任的，人民法院依法予以支持。在前款规定情形下，当事人有证据证明监管人系受出质人委托监管该货物，或者虽然受债权人委托但是未实际履行监管职责，导致货物仍由出质人实际控制的，人民法院应当认定质权未设立。债权人可以基于质押合同的约定请求出质人承担违约责任，但是不得超过质权有效设立时出质人应当承担的责任范围。监管人未履行监管职责，债权人请求监管人承担责任的，人民法院依法予以支持。"这种情况在实践中经常出现，此时质权人并不直接占有控制质物，而是委托第三方对质物进行占有保管，此时第三方是受托人，该受托人应当和质权人直接占有控制质物时一样具有善良管理人的注意义务，妥善保管质物。善良管理人在进行质物的保管时不能懈怠，应该以具有相应的经验或知识、物质技术条件以及诚实信用之人所用的注意义务妥善保管质物。妥善管理义务不仅关乎出质人的利益，也关乎质权人的利益。在委托第三方对质物进行占有保管时，可以约定第三方应保证其对监管场地享有完全的、排他的所有权或使用权，且第三方应该有权对货物进行独立的、排他的监管。在某银行青岛分行与货运公司仓储合同纠纷案［（2015）青民二商终字第433号］中，法院认为：货运公司作为监管人对质押物进行监管，在质押物被强行抢走的过程中，货运公司两名监管人员进行了拍照取证，并电话通知货运公司及质权人，但强行出货者在货运公司的监管区域内装车持续两小时左右，在此过程中，货运公司始终未报警，也未采取进一步有效的措施对装车的行为加以制止。亦无证据证明在整个事件发生过程中，货运公司的监管人员被暴力胁迫或限制人身自由，所以货运公司并未尽最大努力阻止监管物被拉走，其行为违反了动产监管协议的约定，构成违约。

在赵某、覃某贤与担保公司动产质权纠纷一案中，法院认为："质权人的行为可能使质押财产毁损、灭失的"是指质权人因过错未尽善管义务而可能使质押财产遭受毁损或灭失。质押财产有可能遭受毁损或灭失的危险，而非质押财产已实际遭受毁损或灭失，此时出质人并不能向质权人提起损害赔偿的请求。出质人提供质押财产的目的主要在于担保主债权的履行，质押财产对出质人仍有特殊的使用价值和期待利益，在主债权履行期限届满时，出质人通常期待主债务人履行债务，从而重新获得对质押财产的用益权利，如果债务履行期内发生了质物可能毁损、灭失的情形，出质人可依照《民法典》第432条的相关规定对质物采取相应的补救措施，即出质人可以要求质权人将质物提存，或者要求提前清偿债权而返还质物。由此可见，出质人有权提出质物提存的前提条件是在债务履行期届满之前，并且发生了质权人的行为可能使质押财产毁损、灭失的情形。但若主债务履行期限早已届满，则质物已不具备提存的条件。

5. 请求质权人及时行使质权的权利

《民法典》第437条第1款规定："出质人可以请求质权人在债务履行期限届满后及时行使质权；质权人不行使的，出质人可以请求人民法院拍卖、变卖质押财产。"第2款规定："出质人请求质权人及时行使质权，因质权人怠于行使权利造成出质人损害的，由质权人承担赔偿责任。"动产质权以质押财产的交付为生效要件，在质押财产交付给质权人后，质权人持续占有质押财产，而出质人则丧失了对质押财产的占有、使用、收益权，由于质权人已经持续占有控制了质押财产，往往会不急于行使质权，而质权人怠于行使质权，可能会使质押财产利害关系人的利益均处于一种不稳定状态，或者增加主债务的数额，或者随着质押物市场价格的变化使质押财产价值减少或消失。为了避免质权人滥用权利、怠于行使权利，《民法典》赋予了出质人行使质权的请求权以及质权人怠于行使质权的责任。

根据《民法典》的规定，出质人请求质权人及时行使质权的时间限定为债务履行期届满后。出质人在其提出请求后，若质权人不及时行使质权则出质人可取得两种权利：出质人的变价处分权和出质人因质权人怠于行使质权而享有的损害赔偿请求权。根据《民法典》第437条第1款后半句的规定，出质人行使对质物的变价处分权需要具备以下要件：出质人请求质权人及时行使质权以及质权人不行使质权。出质人行使变价处分权对质物实施变价的方式是诉请人民法院拍卖、变卖，即采取的是公力救济方式。《民法典》规定出质人此时必须诉诸法院拍卖、变卖质物，目的在于避免纠纷的发生、避免出质人私人出卖质物损害质权人的利益。出质人根据《民法典》第437条第2款的规定，行使损害赔偿请求权需要具备以下要件：出质人请求质权人及时行使质权、质权人怠于行使质权、出质人因质权人怠于行使质权遭受损害。[1] 出质人因质权人怠于行使质权遭受损害主要表现为质物的价值降低或消失。譬如，钢材的市场价格急剧波动，不及时拍卖、变卖钢材，致使钢材价格下跌给出质人造成损害时质权人便应承担损害赔偿责任。[2] 质权人所要支付的损害赔偿额往往是在质权人的优先受偿数额内扣减。

（二）出质人的义务

1. 交付质押物的义务

在动产质押中出质人具有交付质押物并配合债权人实现对质押物的占有的义务，若出质人违背诚实信用原则拒绝进行质押物的转移交付，则质权不能设定和生效，质押的目的无法实现。若出质人拒绝进行质押物的交付，尽管质权未设立，但根据设定质权的合同的约定，债务人或出质人构成违约，债权人可以请求法院判令出质人交付质押财产，或者判令出质人承担相应的违约责任或损害赔偿责任。在权利质押中若质权的成立要件为进行出质登记，则出质人具有配合进行出质登记的义务。

2. 当主债务人不履行债务时，出质人承担以质押物价值为限的连带清偿义务

出质人承担的连带清偿义务是基于债权人对物的担保作用的信赖，而非人的担保。尽管质押合同中会约定担保的范围，但质押物的价值是有限的，且会发生变化，当主债务履行期限届满且债务人不履行其债务时，出质人可以主动代为履行主债务人的债务，使质权人的债权得以清偿，然后取回质押权，或者将质押物拍卖、变卖或通过折价方式以实现质权时的质押物的价值抵偿债务的履行。当出质人承担了以质押物价值为限的连带清偿义务后，可以向债务人追偿。

3. 维持质押物价值的义务

《民法典》第433条规定："因不可归责于质权人的事由可能使质押财产毁损或者价值明显减少，足以危害质权人权利的，质权人有权请求出质人提供相应的担保；出质人不提供的，质权人可以拍卖、变卖质押财产，并与出质人协议将拍卖、变卖所得的价款提前清偿债务或者提存。"该条规定的

---

〔1〕 徐同远：《论出质人请求质权人及时行使质权——以〈中华人民共和国物权法〉第220条为中心的探讨》，载《私法研究》2011年第10期。

〔2〕 王利明等：《中国物权法教程》，人民法院出版社2008年版，第406页。

“因不可归责于质权人的事由可能使质押财产毁损或者价值明显减少”，是指质押财产有毁损或者价值明显减少的可能，且不是质权人的原因所导致的，而是由于质押财产自身原因或者第三人的原因或者其他事由使其价值有减少的可能。该条规定的“相应的担保”是指质权人要求出质人另行提供的担保的价值与质押财产可能毁损或者减少部分的价值相当，即另行提供的担保在价值上能替代质押财产毁损或价值明显减少的部分。若出质人不提供的，债权人有拍卖、变卖质押财产的权利。一般情况下，债务未届清偿期前，质权人无权就质押财产受偿，但本条规定了在存在质押财产毁损或价值明显减少可能性的情况下，为了保护债权人的利益，赋予了债权人拍卖或变卖质押财产的权利。但该条所规定的拍卖变卖和债务已届清偿期后的拍卖或变卖不同，前者在拍卖或者变卖质押财产后所得的价款不能直接受偿，只有在与出质人协商同意的情况下才可以提前清偿；若出质人不同意提前清偿，则应将质押财产的变价款向与出质人约定的第三人提存。若出质人和债权人对提前清偿和提存均不能达成合意的，则质权人只能采取司法救济措施，依据该条的规定，向法院或约定的仲裁机构提起诉讼或仲裁，由法院或仲裁机构进行裁决。

该法条的立法精神是为了保护无辜的债权人的利益，当存在因不能归责于质权人的事由可能使质押财产毁损或者价值明显减少，足以危害质权人权利的，除法条中规定的债权人要求另行提供担保及直接拍卖、变卖质押财产的权利外，债权人可以采取其他必要的自救措施以使质押财产的价值保持稳定。

以案说法

金钱作为一种特殊的动产，可以用于质押，但须具备一定形式要件

【案情介绍】

2010 年 12 月 3 日，D 公司与 Z 银行签订《最高额保证金质押合同》，合同约定的主要内容有：1. 鉴于 Z 银行为 D 公司所担保企业连续办理授信业务，将与 D 公司所担保的企业于 2010 年 12 月 3 日至 2011 年 10 月 11 日签订一系列合同，D 公司愿意为债务人在上述一系列合同项下的一系列债务提供最高额保证金质押担保；2. D 公司应在合同签订之日起 5 个工作日内将人民

币 1000 万元存入保证金专户，非经 Z 银行同意，D 公司不得对保证金专户内资金进行支用、划转或做其他任何处分；3. 保证金专户名称：中担投资信用担保有限公司，保证金专户账号：×××；4. 如保证金专户被司法机关或其他有权机关冻结或扣划，D 公司应提供 Z 银行认可的其他担保。D 公司、投资公司未履行民事调解书确定的义务，李某国向该法院申请强制执行，法院于 2012 年 2 月 4 日冻结了 D 公司名下 3056 账户中存款 1000 万元，并于 2013 年 4 月 16 日予以扣划。Z 银行向该法院提出执行异议，以 D 公司已将涉案 1000 万元质押给 Z 银行为由，请求确认 Z 银行对涉案 1000 万元享有优先受偿权并将该 1000 万元发还，或者在 Z 银行受偿前驳回其他债权人对该 1000 万元的执行请求。对此，该院作出执行裁定书，裁定驳回 Z 银行的异议请求。Z 银行不服该裁定，向该院提起诉讼，形成本案之诉。

另查明，该院于 2012 年 2 月 4 日冻结 3056 账户中存款 1000 万元时，该账户内余额为 37172425. 74 元。2012 年 2 月 4 日（该院冻结 3056 账户之日）至 2013 年 4 月 16 日（法院扣划该账户中存款 1000 万元之日），该账户分别于 2012 年 2 月 9 日向 D 公司×××账户转账 372 万元、450 万元，于 2012 年 2 月 13 日向 D 公司×××账户转账 18952425. 74 元。

法理分析

法院认为，金钱作为一种特殊的动产，可以用于质押，但须具备一定的形式要件。具体到本案，Z 银行对诉争的 1000 万元资金是否享有质权，应当从该行与 D 公司之间是否存在质押合同关系，以及质权是否有效设立两个方面进行审查：1. 关于 Z 银行与 D 公司之间是否存在质押合同关系的问题。Z 银行与 D 公司签订的《最高额保证金质押合同》包含如下内容：（1）鉴于 Z 银行为 D 公司所担保企业连续办理授信业务，将与 D 公司所担保的企业于 2010 年 12 月 3 日至 2011 年 10 月 11 日签订一系列合同，D 公司愿意为债务人在上述一系列合同项下的一系列债务提供最高额保证金质押担保；（2）D 公司应在合同签订之日起 5 个工作日内将人民币 1000 万元存入保证金专户，非经 Z 银行同意，D 公司不得对保证金专户内资金进行支用、划转或做其他任何处分；（3）保证金专户名称：中担投资信用担保有限公司，保证金专户账号：×××；（4）如保证金专户被司法机关或其他有权机关冻结或扣划，D 公司应提供 Z 银行认可的其他担保。上述约定表明，因 Z 银行为 D 公司所担保企业连续办理授信业务，D 公司愿意为债务人在前述合同项下的一系列债务向Z银行提供最高额保证金质押担保，在Z银行设立保证金专户，并存入1000万元资金，且未经Z银行同意，D公司不得对保证金专户内资金进行处分。上述合意具备质押合同的一般要件，应当认定双方之间存在最高额质押合同关系，且D公司已经交付了1000万元资金。2. 关于涉案3056账户内1000万元资金质权是否有效设立的问题。金钱系特殊的动产、种类物，基于该特殊属性，根据《担保法司法解释》第85条之规定，金钱质押的生效条件包括金钱特定化和移交债权人占有两个方面。关于金钱特定化，其实质意义在于使特定数额的金钱从出质人财产中划分出来，成为一种独立的存在，使其不与出质人其他财产相混同，同时使转移占有后的金钱也能独立于质权人的财产，避免特定数额的金钱因占有即所有的特征混同于质权人和出质人的一般财产中。就本案而言，D公司保证金专户内1000万元资金达到特定化，就要求该1000万元资金独立于D公司的其他财产。然而从本案已查明的事实来看，3056账户被法院冻结之时，该账户内余额为3700万余元，此后还三次从3056账户向D公司其他账户转账近2700万元。虽然3056账户并未与其他主体的账户发生交易，而仅仅与D公司的其他账户发生交易，但D公司在3056账户存入的1000万元最高额质押保证金与该账户内的其他资金已然无法作出进一步的区分。也就是说，3056账户内的1000万元资金不符合法律和司法解释关于金钱质押特定化的相关规定。故此，Z银行对涉案的1000万元资金不享有足以排除法院强制执行的民事权益，其上诉理由缺乏事实和法律依据，不予采信。故而Z银行对法院冻结并扣划的1000万元无权享有优先受偿权。

4. 瑕疵担保义务

关于出质人的瑕疵担保义务，《民法典》物权编没有规定。

《民法典》第500条规定：当事人在订立合同过程中有下列情形之一，造成对方损失的，应当承担损害赔偿责任……（二）故意隐瞒与订立合同有关的重要事实或者提供虚假情况；（三）有其他违背诚实信用原则的行为。”该条实际上规定了当事人有如实告知义务，不能欺诈，否则另一方当事人容易陷入错误的认知，若故意隐瞒或提供虚假情况，应该承担损害赔偿责任。

关于质物的瑕疵担保义务在很多判例都有体现。如在王某龙与马某借款合同纠纷二审案件中，马某收取王某龙31万元借款，为保证该债务将来的履行，双方又订立质押合同，马某将本案所涉车辆质押给王某龙作为履行债务的担保，马某为出质人，王某龙为质权人，车辆为质物。双方当事人在质押合同中曾明确约定出质人保证对交易车辆享有质押权和转押权；出质人保证该车不是盗抢、租赁、诈骗等违法车辆，以后也不会变质为盗抢、租赁、诈骗车辆，如果发生以上情况，全部由出质人承担责任；出质人保证该车不会有第三方债权纠纷；如发生上述情况，一切法律责任由出质人全部承担，并赔偿质权人损失；出质人保证该车是车辆所有人抵押的，如果不是车辆所有人抵押，发生一切法律后果及经济纠纷与质权人无关；出质人保证原车主不会追究车辆使用权。后在质权人占有车辆期间该车被第三方强行开走，经公安机关侦查发现强行开走车辆的第三方系该车的抵押权人。后质权人王某龙起诉要求债务人马某清偿债务，债务人（同时是出质人）反诉要求质权人归还质物。陕西省西安市中级人民法院认为：因出质人提供的质物在本案质押发生之前涉及其他担保物权，致使质物脱离质权人控制被开走，而非因质权人自身原因，故王某龙在质物消失后本诉要求马某偿还其 31 万元债务的诉讼请求，符合法律规定，应予支持。马某反诉要求王某龙归还质物，由于该质物脱离质权人王某龙控制是因出质人马某所提供质物本身存在权属方面瑕疵造成，并非质权人王某龙保管不善造成质物灭失或损毁，而质物有隐蔽瑕疵造成质权人其他财产损害的应由出质人承担赔偿责任，据此造成质权人其他财产损害出质人都要承担赔偿责任，造成质物本身相关后果理应同属出质人的责任，同时，双方签订的质押合同中对质物本身瑕疵的后果也有明确约定，故对马某的反诉请求不予支持。

五、质权人的权利和义务

（一）质权人的权利

1. 占有质物的权利

《民法典》第 425 条第 1 款规定：“为担保债务的履行，债务人或者第三人将其动产出质给质权人占有的，债务人不履行到期债务或者发生当事人约定的实现质权的情形，债权人有权就该动产优先受偿。”该条是关于质权基本权利的规定，规定了质权人的两大基本权利：占有权和优先受偿权。质权制度中移转标的物的占有是其最为主要的特征，质权人取得对质押财产的占有是质权成立与存续的必要条件。质押合同成立并生效后，出质人负有交付质押财产的义务。可见在主债务存续期间，债权人有占有质押财产的权利，债务人在未清偿债务之前，质权人持续占有质物是法律确认的权利。所谓占有，是指自己以一定的意思对物进行管领，所谓“管领”，是指某物实际上处于某人的支配和控制下的客观关系。在动产质权中，质权人对质物的占有，既是一种公示方式，也是保护质权人利益的一种方式。质权人通过占有控制质物，防止出质人的随意处分，在其债权没有得到清偿的时候持续占有质物，进而保证了自己债权的实现。[1]

2. 优先受偿权

优先是一种特权，所谓优先受偿权，是指某种债权优先于其他一般债权得到清偿，它破除了债权平等原则而是赋予某些特殊债权人在债务人的财产不足清偿时享有优先于其他债权受偿的特权。质权作为担保物权的一种，通过支配质物的交换价值来保证被担保债权的实现。当债务人不履行到期债务或者发生当事人约定实现债权情形时，质权人可就标的物的价值享有优先受偿的权利。该优先受偿权主要是指质物上没有其他物权负担时，质权人能够比一般债权人要优先受偿。但如果质物上有其他物权负担时，质权人能否较其他物权人优先受偿，实质上就是担保物权的效力竞合问题，包括多个质权并存、质权与其他担保物权在同一物上并存时，需要结合具体情况具体分析何者的优先受偿顺位更优先。在一般债权人申请拍卖质押财产时，质权人可以存在质权为由对抗法院的强制执行，对质物的拍卖款项获得优先清偿或预留份额。当质物上存在其他担保物权人或优先权人时对拍卖该质押财产的款项，质权人可以根据其权利顺序就质押款项优先清偿。在出质人破产的情况下，质权人优先于其他债权人接受偿还，质权人就其标的物享有别除权。在债权履行期届满未得清偿时，质权人可依法对质物采取折价或拍卖、变卖等方式，对取得的价款优先受偿。优先受偿是质权效力的核心，也是质押制度的目的。

3. 收取质物的孳息的权利

有的质物可产生孳息，尽管质押并不改变质物的所有权权属，但动产质押是以质权人对质物的占有为生效条件，由于质权人占有质物，故质权人收取质物所产生的孳息较为方便。当事人可以在质权合同中约定由谁负责收取质物的孳息，可以是出质人收取，也可以是质权人收取，但如果在质押合同中当事人没有特别约定的，质物的孳息应由质权人收取。《民法典》第 430 条规定：“质权人有权收取质押财产的孳息，但是合同另有约定的除外。前

---

〔1〕 刘红梅：《质权制度中的“占有”解读》，载《法制博览（中旬刊）》2014 年第 5 期。

款规定的孳息应当先充抵收取孳息的费用。”

质押财产的孳息收取权和孳息的所有权是不同的概念，我国法律尽管规定了质权人有权收取质押财产的孳息，但在法律未明确规定权属的情况下，质权人并不直接取得孳息的所有权。鉴于质押财产的所有权属于出质人，则因质押财产而获得的孳息，其所有权也属于出质人，而质权人只能收取孳息。[1] 孳息应当先充抵收取孳息的费用，剩余的部分如何处理，法律并没有进行规定，实践中当事人可以在质押合同中明确约定质权的效力及于质押财产在质押期间内产生的孳息，并对孳息可以折抵的主债权顺序作出约定。

4. 转质权

所谓转质，是指质权人在质权存续期间，为了对自己的债务或他人的债务提供担保而将出质人交付自己的质物移转交付新的债权人占有，从而在该质物上设定了新的质权的行为。转质可分为承诺转质和责任转质两种情况。所谓承诺转质，是指质权人取得出质人的同意，为担保自己的债务的履行，而将质物移转占有给第三人，并在质物上设立新质权的行为，质权人在转质时取得了出质人的同意，意味着出质人已将质物的处分权利授予了原质权人。所谓责任转质，是指在质权存续期间，质权人未经出质人同意，而将质物转质给第三人，从而设立新的质权的行为。

关于转质问题，《民法典》第 434 条规定：“质权人在质权存续期间，未经出质人同意转质，造成质押财产毁损、灭失的，应当承担赔偿责任。”根据该条规定，《民法典》中的转质包括承诺转质和责任转质两种情况，《民法典》未否定责任转质的效力，但为了保护出质人的权益，规定了质权人未经出质人同意转质造成质押财产毁损、灭失的，应当承担赔偿责任。

关于责任转质的效力实际上涉及原出质人、原质权人（转质人）和转质权人三方。关于责任转质的效力有不同的看法，笔者认为，责任转质实际上涉及原出质人和转质权人的利益平衡。从保护善意第三人的角度出发，对某些动产如钢材、电脑等不需要登记公示的动产，转质权人无法判断质物原来的权属情况，为了保护善意第三人的利益，应该承认占有的权属推定，此时的责任转质应该对原出质人、转质权人等有一定的效力。原出质人为了保护自己的利益，可以通过合同方式规定原质权人的擅自转质的违约责任以使质物保持相对稳定安全的状态，若仍然出现了责任转质的情况则可选择行使追

〔1〕 参见费安玲主编：《中国物权法教程》，知识产权出版社 2007 年版，第 496 页。

究违约责任或损害赔偿责任。但对某些动产如汽车、船舶等可以登记公示的动产，转质权人可以查知质物原来的权属情况，则即使在转质权人已经占有了质物的情况下也应该尊重“登记产生排斥第三人效力”的基本规则，此时的责任转质应该视为无权处分，其效力待定，该转质对原出质人、转质权人不产生拘束力。原质权人占有质物后若想进行转质，原则上应该采取承诺转质的方式，若欲设立责任转质则应该将转质情况通知原出质人，并将质物权属概况如实告知转质权人，否则可能导致转质无效，或者承担违约或欺诈赔偿的民事责任甚至刑事责任。

需要注意转质权所担保的债权范围的限制问题。转质权所担保的债权范围，应当在原质权所担保的债权范围之内。转质权情况下，质押财产的变价款应优先清偿转质权人的债权，然后再以余额清偿转质人的债权。关于原债务尚未到履行期时，转质权人能否处分质物的问题，笔者认为，能否处理应该基于前文对转质效力的分析而定，若承诺转质和责任转质有效则可以提前处分质物，若责任转质效力存在问题则不宜处分质物。

5. 物上代位权

所谓物上代位权，是指担保物被毁损或灭失时，担保物权人对由此所产生的赔偿金、保险金或其他担保物之代替物的价值享有优先受清偿的权利。《民法典》第 390 条规定：“担保期间，担保财产毁损、灭失或者被征收等，担保物权人可以就获得的保险金、赔偿金或者补偿金等优先受偿。被担保债权的履行期限未届满的，也可以提存该保险金、赔偿金或者补偿金等。”《担保法司法解释》第 62 条规定：“抵押物因附合、混合或者加工使抵押物的所有权为第三人所有的，抵押权的效力及于补偿金……” 许多国家的民法典或者担保交易法也作了类似规定。例如，《日本民法典》第 372 条规定，抵押权对债务人因其标的物变卖、租赁、灭失或者毁损而应受的金钱或其他物，也可行使。《德国民法典》第 1127 条第 1 款规定了抵押权及于保险债权，第 1123 条第 1 款规定了抵押权及于租金债权。《荷兰民法典》第 229 条第 1 款作了更进一步规定：按照法律，质押权或者抵押权可转化为在替代质押财产或者抵押财产的赔偿请求权上的质押权，该请求权包括因质押财产或者抵押财产减损而产生的请求权。[1] 而中国法律仅规定了担保物权代位在因担保

---

〔1〕 全国人民代表大会常务委员会法制工作委员会民法室编著：《物权法及其相关规定对照手册》，法律出版社 2007 年版，第 256~258 页。

物毁损、灭失或公用征收所获得的保险金、公共征收补偿金和侵权损害赔偿金上，而非代位在保险金、公共征收补偿金和侵权损害赔偿金请求权之上。

根据《民法典》第390条的规定，担保财产的代位物包括：第一，担保财产因第三人的侵权行为或者其他原因毁损、灭失时，担保人所获得的损害赔偿金。但是，如果担保财产是由于债权人的原因导致担保财产毁损、灭失的，根据《民法典》第432条、第451条的规定，质权人、留置权人负有妥善保管质押财产的义务；因保管不善致使质押或者留置财产毁损、灭失的，应当承担赔偿责任，质权人、留置权人向出质人或者债务人支付的损害赔偿金不宜作为担保财产的代位物。第二，保险金。担保人对担保财产投保的，因保险事故发生而致使担保财产毁损、灭失时，担保人可以请求保险人支付保险金。该保险金可以作为代位物。第三，补偿金。这里的补偿金主要指担保财产被国家征收时，担保人从国家或者其他单位、个人得到的补偿金。

《民法典》第390条第2句是就代位物的提存问题作出的规定，另根据《保险法》等法律之规定，可以担保提存的标的物包括：（1）在被担保债权的履行期未届满的情形下，担保财产因毁损、灭失或者征收所得之保险金、赔偿金或者补偿金；（2）变卖抵押物、质物所获得的价款；（3）以出质的权利凭证提前兑现的价款或领取的货物；（4）转让出质股票所获得的价款；（5）转让或许可他人使用已经出质的商标专用权、专利权、著作权中的财产权所取得的转让费、许可费；（6）保险公司提存的保险保障基金。

6. 保护质权的权利

质权人对质物有合法占有权，该占有权派生出保护质权的权利。当质物遭受侵害时，质权人有权以质权存在为由，行使《民法典》关于占有保护的规定，向包括出质人在内的一切侵害人要求停止侵害、排除妨害、恢复原状，也可以根据《民法典》侵权责任法的规定，要求侵害人承担损害赔偿责任，从而救济质权损失，以充分满足被担保债权的优先受偿权。此外，尽管质权人已尽到妥善保管质物的义务，而质物仍有破坏或价值有明显减少的可能，足以危害质权人权利的，质权人可以要求出质人另行提供相应的担保，出质人不提供的，质权人可以拍卖或变卖质物，价款由质权人与出质人协商用于提前清偿或向第三人提存。

（二）质权人的义务

1. 质权人的主要义务是妥善保管质物

质权人因转移占有了质物故其应对质物尽妥善保管义务。《民法典》第

432 条第 1 款规定："质权人负有妥善保管质押财产的义务；因保管不善致使质押财产毁损、灭失的，应当承担赔偿责任。"质权人不能妥善保管质物可能致使其灭失或者毁损的，出质人可以要求质权人将质物提存，或者要求提前清偿债权而返还质物。一般情况下，只要在质权人占有质物期间质物发生毁损灭失，质权人就应承担责任，但质权人可以以证明自己已妥善保管进行抗辩，如果质权人不能证明自己已妥善保管，则应负赔偿责任。

《民法典》第 432 条除规定质权人应妥善保管质押财产外，还规定了出质人可提出补救措施：出质人可以要求质权人将质押财产提存，或者要求提前清偿债务并返还质押财产。对提存费用法律未作规定，从公平角度分析应由质权人承担提存费用，因为产生提存的原因是质权人保管不善。质权人占有质物期间可能还会产生必要费用，如质押财产的定期保养费、修缮费、动物饲养费等。法律并未规定该必要费用应该由谁承担，为了避免纠纷，在质押合同中当事人应该对此费用进行明确的约定，当未作约定时，笔者认为，由出质人承担为宜，必要费用可能影响质押财产的生命及价值，应该涵盖在所有权的范围之内，而出质人是质押财产的所有权人。

2. 不得擅自使用、处分质押财产的义务

动产质权是担保物权而非用益物权，质权人对质物的占有并非为了对质物使用和收益，而主要是为了防止质物被擅自处分而使质物不能发挥担保作用。《民法典》第 431 条规定："质权人在质权存续期间，未经出质人同意，擅自使用、处分质押财产，造成出质人损害的，应当承担赔偿责任。"在法律未禁止的情况下，权利可以由权利人让渡和处分，所以当事人可以在质押合同中约定由质权人使用、出租、收益、处分质物，并以取得的利益清偿被担保的债权。

3. 返还质物的义务

《民法典》第 436 条第 1 款规定："债务人履行债务或者出质人提前清偿所担保的债权的，质权人应当返还质押财产。"质权是担保债权的，质权人的债权若全部清偿，质权则随之消灭。质权若已消灭，质权人就丧失了继续占有质物的依据，应将质物返还给出质人或质物所有人。当质权因清偿、无效、被撤销而消灭的，质权人应当返还占有的质物。

4. 质权人怠于行使质权的赔偿责任

《民法典》承袭《物权法》立法例，于第 437 条规定："出质人可以请求质权人在债务履行期限届满后及时行使质权；质权人不行使的，出质人可以请求人民法院拍卖、变卖质押财产。出质人请求质权人及时行使质权，因质权人怠于行使权利造成出质人损害的，由质权人承担赔偿责任。”通过两款分别规定了出质人及时行使质权请求权和质权人怠于行使权利的赔偿责任。

仔细分析《民法典》第437条第1款的表述，出质人及时行使质权请求权包括前后相继的两个环节，即出质人首先应当请求质权人及时行使质权，质权人怠于行使质权的，出质人方可以请求人民法院拍卖、变卖质押财产。在债务履行期限届满质权人不行使质权的情况下，出质人请求质权人及时行使质权往往奏效甚微，而在质权人不行使质权时出质人则可以不间断地请求人民法院拍卖、变卖质押财产，故在多数情况下第一环节仅具有形式意义，而第二个环节即请求人民法院拍卖、变卖质押财产更具有实质意义。因此，质权人不能怠于行使权利而造成出质人损害，当然这种损害主要指质权人怠于行使权利致使质物价格下跌，或者发生其他毁损、灭失等情形，使质物无法实现其原有的变价额。

六、动产质权的实现

所谓动产质权的实现，是指质权人在债务人到期不履行债务时，有权对质押财产通过折价、拍卖或变卖方式所获得的价款优先受偿。《民法典》第436条第2款、第3款规定：“债务人不履行到期债务或者发生当事人约定的实现质权的情形，质权人可以与出质人协议以质押财产折价，也可以就拍卖、变卖质押财产所得的价款优先受偿。质押财产折价或者变卖的，应当参照市场价格。”第438条规定：“质押财产折价或者拍卖、变卖后，其价款超过债权数额的部分归出质人所有，不足部分由债务人清偿。”

（一）动产质权实现的条件

根据《民法典》第436条第2款的规定，质权人实现质权的条件分为“债务人不履行到期债务”和“发生当事人约定的实现质权的情形”两种情况，实质性条件是债务人应该履行其债务、债务人不履行其债务以及质权人的债权未受清偿。

（二）动产质权实现的方式

根据《民法典》第436条的规定质权行使的方式有三种：

1. 质物折价方式

即在债务履行期限届满债权未受清偿时，质权人和出质人协议，由质权人依质物的价格取得质物所有权，从而实现质权的情形。此种方式要求双方当事人订立协议，在出质人同意的情况下，参照市场价格，以折价方式处理质押财产。如果出质人不同意的，质权人不能强制单方以折价方式处理质押财产。但是依据《民法典担保制度司法解释》第 45 条第 2 款规定，当事人约定当债务人不履行到期债务或者发生当事人约定的实现担保物权的情形，担保物权人有权将担保财产自行拍卖、变卖并就所得的价款优先受偿的，该约定有效。质物在折价以后，如果质物折价后的价格高于担保的债权数额，质权人必须向出质人返还差额；如果低于担保的债权数额，质权人仍有权请求债务人清偿差额部分。不过，由于质权人已接受折价，因此该差额部分将成为无担保的债权。

如果当事人在质押合同中事先约定当债务履行期满债权人未受清偿时，质押财产折价直接抵偿债权，质权人取得质押财产所有权的条款被称为“死质”或“流质”，这种条款因严重损害出质人的利益，《民法典》第 428 条明确规定此种约定无效，只能依法就质押财产优先受偿。在当事人于债务清偿期届满仍未履行债务的情况下达成的以一定价格由质权人取得质押财产所有权的条款属于以质物折价方式行使质权，而非流质条款，应该有效。

2. 拍卖质物的方式

即以公开竞价方式把质押财产卖给出价最高的人。采取此种方式，容易公平客观地体现质押财产的价值，有利于维护出质人的利益，发挥质押财产的担保作用，从而维护质权人的利益。但此种方式会额外产生拍卖费用，所以有时反倒并不能得到最大的价值。

3. 变卖质物的方式

即以拍卖方式以外的生活中的一般买卖的形式来出卖质押财产以实现质权。变卖方式简单易行，成本较低，为了保证价格公道，《民法典》第 436 条第 3 款规定：“质押财产折价或者变卖的，应当参照市场价格。”

《民法典》尽管规定了上述三种实现质权的方式，但还欠缺具体的程序性规定，《民法典担保制度司法解释》第 45 条对质权人是否可以自行拍卖质物或变卖质物，对质权人可否请求法院拍卖质物或变卖质物作出具体规定。

法律实务中当事人可以在质押协议中就明确约定质权人可以径行拍卖、变卖质押财产。由于实体性的权利需要诉讼权利来保障，在法律未禁止的情况下，为了保护质权人的质权应该让质权人享有相应的诉讼权利，即有申请法院介入进行拍卖、变卖质押财产的权利。

实务中也有一种观点认为，在质权人未与出质人协商的情况下，变卖质押财产实际上侵犯了出质人对质押财产的所有权。鉴于实践中的确存在质权人径行变卖质押财产可能存在的道德风险，应该赋予质权人请求法院介入进行质权保护的诉讼权利。

（三）质押财产价款分配与剩余债务的清偿

《民法典》第438条规定："质押财产折价或者拍卖、变卖后，其价款超过债权数额的部分归出质人所有，不足部分由债务人清偿。"尽管在债务清偿前质押财产的占有权归质权人享有，但出质人仍然拥有质押财产的所有权或处分权，只是这种权利的行使受到了一定的限制。根据《民法典》第438条的规定，质押财产的变价款超过债权数额的部分应当归出质人所有。当出质人为第三人时，出质人仅以质押财产的价值为限或仅以约定的且不超过质押财产价值的限额承担担保责任，该责任是物的担保，而非人的担保，当质押财产的变价款不足清偿债务的，不足部分的债务与出质人无关，应由债务人来清偿。质押财产所担保的债权数额应以实现质权时的价值为准，而不应用订立质押合同时的价值为限。当质押财产价格上涨时，出质人不享有使增加的价值脱离担保的权利；质押财产价格下降时，出质人不承担按减少的价值补充担保的义务。[1]

质押财产折价或者拍卖、变卖所得的价款，当事人可以约定清偿顺序，从有利于质权人的角度可以约定按照实现债权的费用、违约金、罚息、利息、本金的顺序清偿债务。当没有约定时，对借贷合同可按照《最高人民法院关于适用〈中华人民共和国合同法〉若干问题的解释（二）》第21条的规定，按照下列顺序抵充：（1）实现债权的有关费用；（2）利息；（3）主债务。

七、动产质权的消灭

（一）因质权实现而消灭

当质权人和出质人协议以质押财产折价，或就拍卖、变卖质押财产所得

---

〔1〕参见最高人民法院物权法研究小组编著：《〈中华人民共和国物权法〉条文理解与适用》，人民法院出版社2007年版，第651页。

的价款优先受偿后，质权因已经实现而消灭。

（二）因被担保债权的消灭而消灭

质权存在的目的就在于担保债权的受偿，因而受质权担保的债权的存在，是质权存续的要件。通说认为所担保的主债权和质权之间是主从关系，主债权消灭，则从债权也消灭。如果全部的债权因为清偿、提存、抵销、免除、混同等原因全部消灭时，则质权也完全消灭，此时质权人应予以返还质物。但如果只消灭部分债权，则质权仍然存在且以整体质押财产担保剩下的债权。

（三）因质权人丧失对质物的占有而消灭

《民法典》第429条规定："质权自出质人交付质押财产时设立。"根据《民法典》的规定可知交付占有对质权成立很有意义，但《民法典》未规定丧失占有时对质权产生什么法律效力。相比较有些国家的民法在对质权人返还质物的后果上有不同的规定。例如，《德国民法典》第1253条第1款规定：质权人将质物返还出质人或所有权人时，质权消灭。保留质权存续的为无效。依《瑞士民法典》的规定，质物因质权人的意见由出质人单独支配时，质权并非消灭，而仅为失效，因此质物再入于质权人占有时质权当然恢复。依《日本民法典》规定，质权人不继续占有质物时，其质权并非无效，只是不得对抗第三人。

当质权人并非因自身原因如因质物遗失、被盗、被侵夺等而丧失对质物的占有时，质权是否存在呢？从《民法典》的规定看，当质权人对质物的占有丧失时，质权人得基于质权而请求不法占有人返还质物，此时，非质权人的原因而丧失占有时，质权人的质权并不当然消灭。但因质物已被第三人善意取得，质权人不可能再恢复对质物的占有时，质权当然也就消灭。[1]

（四）质权因质物灭失且无代为物而消灭

质权的客体是质物，质物灭失后，质权也就丧失了所指向的对象。如果质物全部灭失，则就该质物而发生的质权也消灭。如果质物一部分灭失，不可分的动产质权仍然存续于质物的剩余部分；可分的动产质权，灭失部分发生的质权归于消灭。根据《民法典》第390条的规定，质权因质物灭失而消灭。因灭失所得的赔偿金，应当作为出质财产。因为赔偿金是质物的转化形

〔1〕汪峰：《质权若干问题研究》，华中师范大学2002年硕士学位论文。

态，是质物价值的另一种表现形态，也是担保物权的代位性的具体表现形式，赔偿金应包含侵权损害和保险所获赔偿等。

（五）因期限届满而消灭

质权是一种担保物权，是为了担保债权的实现而在债务人或第三人的财产上设立的物权。因质权是一种他物权，是对他人的物权的限制，所以不应该不受任何限制地长时间地存在。对质权是否有存续期间的规定，能否自行约定存续期限等问题，《民法典》第419条规定："抵押权人应当在主债权诉讼时效期间行使抵押权；未行使的，人民法院不予保护。"至于担保物权的法定存续期限，就抵押权而言，《民法典》第419条已有明文规定，该条规定的就抵押权的法定存续期限，即主债权诉讼时效期间一旦届满，虽然主债权本身并不消灭，但抵押权已归于消灭。至于质权与留置权的存续期限，虽然《民法典》没有明文规定，但这并非意味着二者就没有存续期限。在现阶段，对于这两类担保物权的存续期限问题，应通过最高人民法院关于《民法典》担保物权编的司法解释来明确。

（六）质权因其他原因而消灭

可能存在其他原因导致质权消灭。比如，当质权与所有权混同时，质权消灭。混同是权利消灭的一般原因，其导致权利义务归于同一个主体，质权应当消灭。另根据《民法典》第435条的规定，质权人可以放弃质权。质权可因质权人放弃而消灭。

八、最高额质权

最高额质权是指对于债权人的一定范围内不特定而连续发生的债权预定一个限额，并由债务人或者第三人提供质物予以担保而设定的特殊质权。[1]最高额质押制度能满足继续性交易的特殊需要，有利于简化质押担保手续，方便当事人，促进资金融通，更好地发挥质权担保的功能，也有利于充分发挥担保物的价值，有利于促进市场交易的发生。

《民法典》第439条明确规定了出质人与质权人可以协议设立最高额质权。除在质押财产需移转于质权人占有外，由于在最高额质权的确定、效力等方面和最高额抵押权很类似，所以该条规定：最高额质权除适用本节有关

〔1〕 梁慧星主编：《中国物权法研究》，法律出版社1998年版，第991页。

规定外，参照适用物权编第十七章第二节的有关最高额抵押权的规定。最高额质权可以适用《民法典》中关于动产质权的有关规定，如标的物的范围（第 426 条）、流质契约的认定与处理（第 428 条）、出质人和质权人的权利义务（第 430 条至第 438 条）等规定。同时，最高额质权可以参照适用有关最高额抵押权的有关规定，如协议变更规则（第 422 条）、债权的确定（第 423 条）等。最高额质权和最高额抵押权类似，又有相对的独立性。最高额质权的设定是以将来的债权为担保对象，与被担保的债权的发生上存在时间差。最高额质权在决算前和被担保债权中的个别债权无一一对应关系、无从属性。最高额质权在决算前不随被担保债权的转让而转让，且也不随某一个具体债权的消灭而消灭。

第三节　权利质权

一、权利质权的概念

权利质权，是指为了担保债权清偿，就债务人或第三人所享有的可转让的权利为标的的质权。

动产所有权以外的可以让与的财产权，因其具有交换价值，所以也可以作为担保物权的标的。然而权利毕竟不同于一般的物，以权利作为担保物权的客体，表明权利本身也可以作为交易的对象。尤其是以权利作为物权客体，从而使传统物权的客体仅限于有体物的规则得以逐渐改变，物权的客体范围也得以拓宽。不过，权利作为质押客体与动产作为质押客体有许多相同之处，如关于移转占有、质押合同的主要内容、流质契约的认定与处理等都是大体相同的。基于这一原因，《民法典》仅就权利质押作出一些特殊规定，而并未对权利质押的一般问题作出规定。因此，凡是在权利质押中未作特殊规定的，应适用动产质押的规定。

二、权利质权的标的

（一）权利质权标的之特点

权利质权的标的是权利。但并不是说任何权利都可以作为权利质权的标的。能够作为权利质权的标的的权利，在性质上必须具有以下特点：

1. 必须是财产权利

包括物权、债权及无体财产权等可以用金钱价格评估的权利。不具有财产价值的权利，如人格权、身份权等不能成为权利质权的标的。此外，不作为债权以及某些债权的书面证明本身因无财产价值，故此也不得设定权利质权。

2. 必须是依法可转让的财产权利

不可转让的财产权利主要包括：第一，依其性质不可转让的财产权利。包括基于特定的人身关系而专属于特定人的债权，即基于扶养关系、抚养关系、赡养关系、继承关系产生的给付请求权和劳动报酬、退休金、养老金、抚恤金、安置费、人寿保险、人身伤害赔偿请求权等权利（《最高人民法院关于适用〈中华人民共和国合同法〉若干问题的解释（一）》第 12 条，已失效）；基于特殊信任关系而产生的债权，如委托合同中委托人对受托人的处理委托事务的请求权、雇佣合同中雇主对雇员的劳务请求权等；具有个人收入性的财产权，如抵押权、质权。第二，依据当事人约定不得转让的权利。但当事人的约定不能对抗善意第三人。第三，法律、行政法规规定不得转让的权利（《民法典》第 426 条）。

3. 必须是出质权利的债务人或者第三人有权处分的权利。

4. 以该权利设定质权不违背法律的规定以及权利质权的性质

此类权利主要包括：第一，《公司法》第 142 条第 5 款规定："公司不得接受本公司的股票作为质押权的标的。"第二，不动产上的物权。第三，动产所有权。第四，动产质权与动产抵押权。

（二）权利质权标的之范围

《民法典》第 440 条规定，债务人或者第三人有权处分的下列权利可以出质：

1. 汇票、支票、本票、债券、存款单、仓单、提单

以汇票、支票、本票、债券、存款单、仓单、提单出质的，当事人应当

订立书面合同。质权自权利凭证交付质权人时设立；没有权利凭证的，质权自有关部门办理出质登记时设立，法律另有规定的，依照其规定（《民法典》第441条）。汇票、支票、本票、债券、存款单、仓单、提单的兑现日期或者提货日期先于主债权到期的，质权人可以兑现或者提货，并与出质人协议将兑现的价款或者提取的货物提前清偿债务或者提存。

2. 可以转让的基金份额、股权

以基金份额、股权出质的，当事人应当订立书面合同，质权自办理出质登记时设立。基金份额、股权出质后，不得转让，但是经出质人与质权人协商同意的除外。出质人转让基金份额、股权所得的价款，应当向质权人提前清偿债务或者提存（《民法典》第443条）。

以案说法

有限合伙私募股权投资基金份额，可设定权利质押

【案情介绍】

2012年，张某以其在有限合伙企业出资额300万元为贸易公司向小额贷款公司等值贷款提供质押担保。2013年，因贸易公司未偿还借款本息致诉。

法院认为：张某与小额贷款公司签订权利质押合同，将其在有限合伙企业实缴出资额及其享有的财产份额作为出质权利，为贸易公司债务提供质押担保。依《合伙企业法》之规定，有限合伙人可以将其在有限合伙企业中的财产份额出质。但对于以有限合伙企业中的财产份额进行的权利质押，《物权法》和《担保法》均未规定其质权设立的登记手续，故应适用动产质权规定，质权自出质人交付质押财产时设立。[1]

法理分析

本案中，张某将其出资额及其享有的财产份额出质给债权人的相关事宜，有限合伙企业召开合伙人会议进行决议，并与债权人以补充协议方式对该出质事宜以及出质后质权人所享有权利进行了约定。从补充协议内容来看，小额贷款公司实际上已取得对该出资额及其享有的财产份额的控制权，应视为该质押权利已交付，质权自该补充协议生效时设立。故判决贸易公司

〔1〕 刘晓夏：《小额贷款有限公司诉贸易公司、担保投资公司、张某根金融借款合同纠纷案（有限合伙私募股权投资基金份额质押的设立）》，载《中国审判案例要览》，中国人民大学出版社2014年版，第250页。

偿还小额贷款公司借款本息时，确认小额贷款公司有权就张某质押的出资额及其享有的财产份额优先受偿。

3. 可以转让的注册商标专用权、专利权、著作权等知识产权中的财产权

以注册商标专用权、专利权、著作权等知识产权中的财产权出质的，当事人应当订立书面合同。质权自有关主管部门办理出质登记时设立。知识产权中的财产权出质后，出质人不得转让或者许可他人使用，但经出质人与质权人协商同意的除外。出质人转让或者许可他人使用出质的知识产权中的财产权所得的价款，应当向质权人提前清偿债务或者提存。

4. 现有的以及将有的应收账款

应收账款是会计学上的概念，是销售商品或提供劳务而应向购货单位或顾客收取的款项。在会计制度中，应收账款属于企业的非货币性资产。在民法理论中，应收账款其实就是一种债权，即卖方或劳务提供方依法享有的请求买方或接受劳务的一方支付价金或劳务费的请求权。《民法典》中规定的"应收账款"，是指"未被证券化的、以金钱给付标的的现有以及将来的合同债权"。以应收账款出质的，当事人应当订立书面合同；质权自信贷征信机构办理出质登记时设立。应收账款出质后，不得转让，但经出质人与质权人协商同意的除外。出质人转让应收账款所得的价款，应当向质权人提前清偿债务或者提存。

5. 法律、行政法规规定可以出质的其他财产权利

我国法律对质押的财产持开放的态度，给律师、法官、法律研究人员更大的思维与适用空间。

三、权利质押的登记及权利质押应注意的事项

（一）股权质押登记

关于股权质押登记，以股票出质的，应当到证券登记机构办理出质登记，而以有限责任公司的股份出质的，适用公司法股份转让的有关规定，质押合同自股份出质记载于股东名册之日起生效。但是，由于中国的股权类型众多，既有上市公司的股权，又有非上市的股份有限公司的股权、有限责任公司的股权，结果出现有些股权如非上市的股份公司的股权设定质权时应当到哪个登记机关登记，不够明晰，有待在法律上澄清。

另外，从实践来看，将有限责任公司的股权出质登记方式确定为记载于股东名册也具有很大的不合理性。因为在股东名册上的记载，不具有明显的公开性，公示效果不强，不便于第三人查询。此外，也容易出现伪造和篡改登记的问题。有鉴于此，《物权法》结合的《公司法》的有关规定，于第226条第1款规定："……证券登记结算机构登记的股权出质的，质权自证券登记结算机构办理出质登记时设立；以其他股权出质的，质权自工商行政管理部门办理出质登记时设立。"《民法典》第443条没有重复规定登记机构。

之所以规定其他股权设质时登记机关为工商行政管理部门，主要是考虑到所有依法设立的公司都必须在工商行政管理部门办理登记，按照法律规定，公众可以向公司登记机关申请查询公司登记事项，公司登记机关应当提供查询服务。

所以将股权出质登记机关确定为工商行政管理部门，可以很好地落实物权的公示公信原则，能够让第三人迅速、便捷、清楚地了解到股权上存在的负担。商业银行在办理信贷业务接受股权质押，或银行自身的股权被股东用于质押时，应当按照上述《物权法》的相关规定操作，即股权质押登记的生效要件是经证券登记结算机构或工商管理部门登记，控制操作风险。

（二）汇票、支票、本票、债券、存款单、仓单、提单等的质押登记

关于汇票、支票、本票、债券、存款单、仓单、提单等的质押登记，《民法典》第441条在规定以汇票、支票、本票、债券、存款单、仓单、提单等出质时指出：质权自权利凭证交付质权人时设立；没有权利凭证的，质权自有关部门办理出质登记时设立。《国务院关于实施动产和权利担保统一登记的决定》（国发〔2020〕18号）规定，存款单、仓单、提单质押登记机构为中国人民银行征信中心。

（三）关于权利质押登记及注册商标专用权、专利权、著作权等知识产权中的财产权质押应注意的事项

《民法典》在列举了三项之后用了个兜底性词语即"等知识产权"，也就是说，凡是属于知识产权中的财产权都可以依法质押。

针对上述规定，质权人在接受出质的新型权利时，应注意以下几点：

1. 书面质押合同仍然是办理相关质押手续的必经环节。不能因为有登记手续而疏忽书面质押合同。

2. 对于新型权利质押的登记，必须确定适格的登记机关，否则登记将无效。尤其是在“其他股权”的登记问题上，及时查阅工商行政管理部门出台的具体登记管辖及操作的细则。银行在办理质押手续时，应确保程序上合法合规，防范利害关系人抗辩登记的合法有效性。

3. 对于应收账款的质押，质权人应建立配套的内部管理制度和相应的格式质押合同，因为此类权利的质押的合法有效和足值问题与其他权利的担保存在一定的差异。这是因为这里的“应收账款”既有具有物权属性的各类收费权，也包括了“债权”类的应收账款，其表现形式复杂多样。质权人不仅应当关心这些应收账款自身的合法有效性，而且应该合理地评估其价值，以确保未来担保权益实现中变现的及时性和充分性。基于此，质权人如银行适当审查应收账款背景交易的合法合规性以及有关当事人的信用、信誉都关系到应收账款担保的可执行性。

《国务院关于实施动产和权利担保统一登记的决定》规定，应收账款质押登记机构为中国人民银行征信中心。

4. 对出质权利的转让问题，建立配套的风险防控机制。由于《民法典》肯定了“经出质人与质权人协商同意”，出质人可以转让应收账款、基金份额或股权，质权人在操作中应重点防范该项规定可能带来的操作风险，防止应收相关出质权利转让价款的流失。

四、非典型权利质权的设定

（一）普通债权质权的设定

关于普通质权的设定，国外立法例普遍要求两点：一是有债权证书（如借据、公证书等）的，于设定债权质权时应予以交付，以便于质权人在入质债权到期时径行请求第三债务人给付。二是应依照“债权让与应通知债务人”的规定，将在普通债权上设定质权的事实通知第三债务人。既方便第三债务人清偿债务，又保障其合法权益。关于“将设质事实通知第三债务人”的效力问题，各国立法不一，有的将该通知作为债权质押的成立要件，如《德国民法典》第1290条、《法国民法典》第2075条的规定；有的将该通知作为对抗第三债务人的要件，如《瑞士民法典》第900条、第906条的规定，中国专家拟订的两个《物权法草案》分别采用了上述两种不同规定。笔者赞同将该通知作为普通债权质押的成立要件。因为债权证书仅为债权的证据证书，证书的交付并不能产生限制出质人的处分权的效力，无以体现质押转移交付和控制质物的实质。只有通知第三债务人，并由第三债务人接受设质通知，承担接受设质通知的法律责任，方能实现普通债权的指示交付，并控制了出质人不经质权人同意任意处分债权的行为。

（二）不动产收益权质权的设定

不动产收益权质权的设定，国外立法例均无具体规定。我国仅对公路收费权质押的设定作了到交通主管部门进行出质登记的规定。笔者认为不动产收益权质权的设定，可依非典型权利质权设定的原则，以控制不动产的收益权为“核心”寻找操作办法。具体可由质权人占有、控制出质人与第三人签订的买卖合同、租赁合同等交易合同，并通知交易对方，在这些交易合同中约定向质权人交付金钱（给交易对方履行合同带来额外负担的，出质人应给予补偿），或者由质权人授权的人接管出质人的财务工作等。总之，只要确保质权人收取收益的权利，皆可允许，不能因法律无明确规定而否认之。

以案说法

商铺承租权及优先续租权，可作为借款担保质押客体

【案情介绍】

2011年，杨某在服装城经营的童装经营部向银行借款450万元，王某经营的服装经营部提供连带保证责任。杨某以商铺使用权及优先续租权为上述贷款提供质押担保，服装城依与杨某、银行所签三方协议对贷款进行监管并发放登记卡、收取登记费。2012年，因杨某拖欠贷款致诉。

法理分析

笔者认为，银行与童装经营部所签借款合同合法有效，杨某应按约还款。服装经营部作为连带责任保证人，应在保证范围内承担连带清偿责任。杨某以向第三人承租的两间营业用房使用权及优先续租权向银行提供质押担保，已在出租方服装城办理质押登记手续，银行按质押合同约定请求对质押权利变现所得价款优先受偿符合双方合同约定，亦不违反法律强制性规定，相应请求应予支持。第三人服装城提出应由第三人对质押权利进行处分的意见，符合三方协议约定，银行对此亦表示认可，应予采信。法院判决杨某偿还银行借款本息，王某承担连带清偿责任，如杨某未清偿债务，服装城应对杨某承租营业用房承租权即优先续租权折价或拍卖、变卖，银行有权就上述所得款项优先受偿。

（三）其他非典型权利质权的设定

一是合伙份额权质权的设定。《合伙企业法》第25条规定："合伙人以其在合伙企业中的财产份额出质的，须经其他合伙人一致同意；未经其他合伙人一致同意，其行为无效，由此给善意第三人造成损失的，由行为人依法承担赔偿责任。"依此规定，合伙份额权质权的设定以"其他合伙人一致同意"为公示。

二是出口退税的权利质权设定。最高人民法院原则上同意出口退税质押方式的效力，并规定："具体操作办法和规定有待中国人民银行和国家税务总局等相关部门联合制定。"在"具体操作办法"出台前，笔者认为，出口退税权利质权设定的公示要符合两点要求：一是由质权人占有出质人出口货物原始单据以及货物出口前所交纳的增值税、消费税完税原始单据。二是到经办退税业务的税务部门做好质押备案或登记。三是其他非典型权利质权的设定。例如，企业名称或字号权质权设定的公示的核心点是，到原核定、登记企业名称或字号的工商管理局登记；再如，专利申请权质权的设定，可以参照专利权质权设定的公示方法。

五、应收账款质押

在法律上，应收账款是一种债权，应收账款质押是一种权利质押。汇票、支票、本票、债券、存款单所代表的也是一种债权。《民法典》第440条对"应收账款"质押担保财产范围的规定，表明应收账款质押是一种合法有效的担保方式；同时，《动产和权利担保统一登记办法》使应收账款的质押登记具有可操作性。

《动产和权利担保统一登记办法》第3条第1款规定："本办法所称应收账款是指应收账款债权人因提供一定的货物、服务或设施而获得的要求应收账款债务人付款的权利以及依法享有的其他付款请求权，包括现有的以及将有的金钱债权，但不包括因票据或其他有价证券而产生的付款请求权，以及法律、行政法规禁止转让的付款请求权。"现有的应收账款，主要是指出质时应收账款债务人、质押标的都能够确定或者特定的金钱债权；将有的应收账款，是指出质时应收账款债务人或者质押标的尚未确定或者特定的金钱债权，主要包括不动产收费权、依法可以出质的其他收费权以及其他将有的应收账款出质。

这些债权与普通应收账款债权的区别在于，这些债权由于有一定的书面凭证作为记载而表征化和固定化了，在一定程度上已经具备了物化的性质。而普通应收账款债权由于不具备类似的权利凭证作为表征，在权利的公示、权利的期限及金额以及支付方式等要素方面仍存在不确定性，从而在作为质押的标的方面存在一定的不足。从国外的立法来看，应收账款作为一种普通债权来设定质押，也得到许多国家如德国、瑞士等的立法承认。

（一）设立应收账款质押的立法基础

1. 市场经济中的信用风险要求担保制度应不断创新

市场经济中，根据经济学的理性人假设，市场主体是理性最大化者，市场主体在从事市场活动时的目的在于追求自己的利益最大化。构成完美市场的一个重要因素就是市场信息的完全、有效性。然而，基于时间和其他因素的限制，市场主体并不能掌握市场中的所有信息，经济生活的复杂多变以及信息的不对称，导致了市场中存在着大量的风险。

正是为了防范并规避市场风险，信用才成为市场经济运行的基本条件，信用制度的存在，使得人类的合作得以不断扩展。信用体系的不健全、信用缺失必然成为经济发展的障碍。具体到融资业务，贷款人在放贷时需要考虑放贷资金能否收回的风险。贷款人在是否放贷、放贷额度等方面是有所选择的，问题的关键在于贷款人如何找到信用度高、能够按期还贷的借款人。

在信用体系不健全的情况下由贷款人逐一审查借款人的信用状况不免费用过高，放贷后的监督合同履行的成本更为高昂。而且，贷款人因审查借款人的信用状况及监督履行而支出的高昂费用最终会以增加贷款利率的方式由借款人承担，使借款人的融资成本增加，阻碍了可能发生的融资活动。

2. 担保制度对信用风险的规避

市场经济所具有的巨大活力进而对融资的大量需求，是现代担保制度得以产生并发展的根本原因，担保制度分为人保与物保两大种类。担保物能在一定程度上消除信息不对称和逆向选择的问题，激励借款人偿还贷款。然而，在当下，能够为银行所接受的担保物往往只能是作为不动产的土地和房屋，并且土地、房屋的抵押登记、评估等各项费用均十分高昂，不动产抵押登记手续包括抵押登记、评估及抵押的实现费用等，其成本占到了质押成本的20%左右，如此高昂的费用使借款人不得不转向有体动产和权利的担保方式。动产质押限制了债务人将质押财产用于商业运作的能力，限制了动产担保制度的发展，在此情形下，权利质权的重要性得以凸显。

3. 权利质权中的应收账款质押扩大了对信用风险的规避方法

应收账款是经济生活中大量存在的一项债权。很多中小企业资产是以应收账款和存货的形式存在，中小企业融资难集中体现在中小企业的贷款难和银行对中小企业的放款难。

应收账款在中小企业的企业资产中占据较大比重，在其他可供担保的财产较少的情况下，应收账款质押制度的设立有利于打破中小企业融资难的困境。《物权法》实施前，基于物权法定原则，银行不能开展应收账款质押业务。

《民法典》对应收账款质押的规定拓展了企业尤其是中小企业的融资渠道，同时也为银行的质押业务提供了一个新的业务增长点，有利于银行金融创新的发展。

（二）应收账款质押的特征

尽管法律并不禁止当事人以一定的应收账款来设定质押，但并不是所有应收账款都可以成为质押的标的，用于质押的应收账款必须具备以下特征：

1. 可转让性

即用于设立质押的应收账款必须是依照法律和当事人约定允许转让的。如当事人在产生应收账款的基础贸易或者服务合同中明确约定，基于该基础合同所产生的一切权利是不可以转让的，基础合同的权利义务只及于合同双方。则履行这样的合同产生的应收账款债权就不能作为质押标的。此外，基于特定的与人身性质不能分割的缘由产生的应收账款债权，也不适宜作为质押标的。

2. 特定性

即用于设立质押的应收账款的有关要素，包括金额、期限、支付方式、债务人的名称和地址、产生应收账款的基础合同、基础合同的履行程度等必须明确、具体和固定化。由于应收账款作为普通债权没有物化的书面记载来固定化作为权利凭证，质权人对于质物主张质权的依据主要依靠上述要素来予以明确。为此，各承认应收账款质押国家的立法都对质押合同关于用于质押的应收账款的描述，作出尽可能详尽的要求，否则在面临诉讼时，就可能得不到法院的支持。

3. 时效性

即用于设定质押的应收账款债权必须尚未超过诉讼时效。诉讼时效超过，便意味着债权人的债权从法律权利已蜕变为一种自然权利。因此，从保障银行债权的角度出发，一方面，银行在选取用于质押的应收账款时应确保该应收账款债权尚未超过诉讼时效；另一方面，在融资期限内也要对应收账款债权的时效予以充分关注，及时督促出质人中断诉讼时效。

（三）可以质押的应收账款的种类

应收账款质押是指权利人因提供一定的货物、服务或设施而获得的要求义务人付款的权利，包括现有的和未来的金钱债权及其产生的收益，但不包括因票据或其他有价证券而产生的付款请求权。《动产和权利担保统一登记办法》第 3 条第 2 款进一步界定应收账款涵盖以下权利：

1. 销售、出租产生的债权，包括销售货物，供应水、电、气、暖，知识产权的许可使用，出租动产或不动产等；

2. 提供医疗、教育、旅游等服务或劳务产生的债权；

3. 能源、交通运输、水利、环境保护、市政工程等基础设施和公用事业项目收益权；

4. 提供贷款或其他信用活动产生的债权；

5. 其他以合同为基础的具有金钱给付内容的债权。

应收账款是企业在正常的经营过程中因销售商品、产品、提供劳务等应向购货单位或接受劳务的单位收取的款项。它的本质是商业信用条件下由于赊销业务而产生的，对卖方来讲就是赊销，先送货后付款，即卖方信任买方会遵守约定在未来的特定时间付款，通过授予买方信用，使商品的使用价值和交换价值实现发生时空上的分离。对买方来讲，意味着延期支付，买方在取得产品使用价值的同时不需要付款，而是依据卖方给予的信用，在未来的特定时空支付产品的交换价值。

因此，信任买方（应收账款债务人）会遵守约定在未来的特定时间付款，这是应收账款质押成为债务履行担保的基础。

（四）应收账款质押的公示及其弊端

应收账款质押登记规范了应收账款质押公示方式，减少了潜在的权利冲突，但是也披露了出质人的财务状况，企业的财务状况关系到企业信用，许多企业并不希望公示自己的融资行为。更为重要的是，应收账款质押登记中对应收账款的描述会涉及第三债务人。在企业经营过程中，客户信息是重要的资源，重要客户的信息会被作为商业秘密来保护，应收账款质押登记不利于客户信息的保护，这是企业在质押过程中所不愿看到的。正如所有权保留登记制度在德国受到工商业的反对一样，都在于如何平衡减少潜在的权利冲突和对客户信息的保护。

《民法典》第445条第1款规定："以应收账款出质的，质权自办理出质登记时设立。"据此，应收账款质押以在法定机构办理登记为生效要件，否则，即使当事人签署了应收账款质押的书面合同，也不能产生质押担保的法律效力，不能产生对抗第三人的法律效力。

根据《动产和权利担保统一登记办法》及《动产融资操作规则》的规定，进行应收账款质押设立登记和注销登记申请的主体均为质权人一方，并且质权人须对登记内容的真实性、合法性负责。中国人民银行征信中心依照《民法典》的规定开展应收账款质押登记，其核心职责是采取必要的措施，维护登记公示系统安全、正常运行，对当事人出质的应收账款的真实性、有效性不负审查之责。因此，从性质上看，应收账款质押登记属于形式登记，不具有公信力。[1] 这不同于《民法典》所规定的其他担保方式的登记申请，主要表现在：

一是房地产抵押进行抵押担保，其抵押登记的申请主体为抵押人，以上市公司股份出质的登记申请主体亦为出质人，抵押人或出质人在办理完抵押或质押登记手续后，向抵押权人、质押权人提供登记机构出具的能证明担保物权的凭证或相应法律文书，担保关系的双方当事人均参与抵押或质押登记的环节，属于"双方登记"。在应收账款质押登记后，登记申请主体即质权人可自行根据情况随时申请注销质押登记，属于"单方登记"，也就是说，应收账款质押登记的效力和是否终止始终由质权人"控制"。

二是在进行房地产抵押或上市公司股份质押的登记过程中，主管登记的不动产登记机构或上市公司的股份登记机构，进行抵押或质押登记的前提是所抵押的房地产或出质股份是真实、合法的，并应对此进行审查后方可进行登记，属于"积极担保登记"。而应收账款、一般动产的质押登记，登记机构中国人民银行征信中心只对登记文件进行形式审查，其既不向出质人进行核实或确认，也不对出质人所出质的应收账款进行调查或向出质人的债务人核实或确认。登记文件及所质押应收账款的真实性、合法性，均由登记申请主体即质权人自行审查和负责，属于"消极担保登记"。因而，在应收账款

---

〔1〕 曹士兵：《中国担保制度与担保方法》（第三版），中国法制出版社2015年版，第368页。

质押担保方式中，加重了质权人的审查责任和注意义务。

三是应收账款质押登记的内容，特点是具有一定“随意性”。根据《动产和权利担保统一登记办法》的规定，质权人既可以对应收账款进行概括性描述，也可对其进行具体描述。但在不动产登记机构或上市公司的股份登记机构所登记的内容具有相对统一性，即一般须载明抵押或质押的财产范围、抵押权人或质押权人的名称等。

（五）应收账款质押的制度协调

法律规则为人们提供了相应的行为预期，对应收账款质押制度的考察应当在经济全球化的背景下进行，考察其他国家及相关国际组织对应收账款融资的法律规定。当共同体扩大的时候，原来不同的、个别的国家规则之间就会发生冲突，就要让步于整体的共同规则。这就是经济的全球化导致的规则的统一化。

国际贸易的发达、资金的全球流动使金融业务越来越全球化，各大银行纷纷采取国际化的战略。国际化并不只在于合资、并购、开设分行，更重要的是实现业务的全球化，遵循统一的业务规则。只要考察一下中国的对外贸易的发展和某银行的国际化发展需要，就可以发现与国际金融规则接轨的重要性。因此，应收账款质押制度与国际公约的协调性至关重要。

（六）应收账款质押的效力

应收账款质押一旦成立，将具备以下效力：

1. 就设质应收账款主张优先受偿的权利

质押的根本特征就在于优先受偿权，即质权人在向主债务人请求履行义务未获清偿的情况下，有权就设立质押的出质财产——特定的应收账款进行处分，并就处分收益优先于应收账款债权人和其他任意第三人受偿。应收账款出质后，出质人成为应收账款的“虚有权利人”，不再享有对应收账款的受领权，不得接受债务人的清偿。质权人作为应收账款的实际权利人，有权受领债务人的清偿，有权收取应收账款产生的法定孳息。[1]

2. 制止出质人和设质应收账款债务人损害质权人质权实现的行为

《民法典担保制度司法解释》第 61 条规定：“以现有的应收账款出质，应收账款债务人向质权人确认应收账款的真实性后，又以应收账款不存在或者已经消灭为由主张不承担责任的，人民法院不予支持。以现有的应收账款

〔1〕 曹士兵：《中国担保制度与担保方法》（第三版），中国法制出版社 2015 年版，第 370 页。

出质，应收账款债务人未确认应收账款的真实性，质权人以应收账款债务人为被告，请求就应收账款优先受偿，能够举证证明办理出质登记时应收账款真实存在的，人民法院应予支持；质权人不能举证证明办理出质登记时应收账款真实存在，仅以已经办理出质登记为由，请求就应收账款优先受偿的，人民法院不予支持。以现有的应收账款出质，应收账款债务人已经向应收账款债权人履行了债务，质权人请求应收账款债务人履行债务的，人民法院不予支持，但是应收账款债务人接到质权人要求向其履行的通知后，仍然向应收账款债权人履行的除外……”质权人向出质人、出质债权的债务人行使质权时，出质人、出质债权的债务人拒绝的，质权人可以起诉出质人和出质债权的债务人，也可以单独起诉出质债权的债务人。在质权存续期间，一旦质权人发现出质人有恶意放弃、减免、向第三方转让出质债权情况发生，有权要求当事人立即停止上述不适当行为。在质权人制止出质人、出质债权的债务人损害质权行为无效，或者单纯通过自身要求无法实现质权的情况下，可以向人民法院提起诉讼，主张对当事人损害自身债权的不当行为予以撤销，或者就质权人行使质权有关事项作出裁判。

3. 对设质应收账款代位物的追及权

在应收账款付款期限先于主债务清偿期限届至的情况下，质权人可以和出质人协商将应收账款款项用于提前清偿主债务，或者向双方同意的第三者提存。此外，当事人也可以在质押合同中预先约定，届时将上述已收应收账款存入出质人在质权人处开立的特定保证金账户，或者将有关款项直接转化为出质人在质权人处开立的存单，并继续作为主债权的担保。《民法典担保制度司法解释》第 61 条第 4 款规定：“以基础设施和公用事业项目收益权、提供服务或者劳务产生的债权以及其他将有的应收账款出质，当事人为应收账款设立特定账户，发生法定或者约定的质权实现事由时，质权人请求就该特定账户内的款项优先受偿的，人民法院应予支持；特定账户内的款项不足以清偿债务或者未设立特定账户，质权人请求折价或者拍卖、变卖项目收益权等将有的应收账款，并以所得的价款优先受偿的，人民法院依法予以支持。”该条规定为当事人将金钱这一特定动产以特定化形式设定质押担保提供了法律依据。

4. 对出质应收账款债权的担保利益的追及权

在出质应收账款债权本身同时附带有一定的抵押、质押或者保证作为担保的情况下，质权人的质权效力可以追及上述担保利益。入质债权清偿期届满后，如债务人不履行其债务，质权人均有权代入质债权人之位而行使入质债权的担保权。基于此，质权人在实现质权时，若出质应收账款债务人不能按期支付应收账款，质权人可以直接起诉出质应收账款债务人及对应的保证人，或者基于设质的应收账款债权而主张对该债权项下有关抵/质押物优先受偿。

5. 在出质人破产时，对已经设立质押的应收账款主张行使别除权

在出质人进入破产程序时，应收账款质权人是否可以就已经设立质押的应收账款主张行使别除权，要求不将该部分财产权利列入破产财产范围？既然《民法典》及最高人民法院相关司法解释已经承认了债权质押的合法地位，也应当承认质权人对于已经设立质押的应收账款，可以主张别除权。

（七）应收账款质押的风险

1. 出质应收账款债权虚假的风险

出质的应收账款不存在或已经清偿包括如下情形：（1）出质人欺诈。贷款企业虚构应收账款，以根本不存在的应收账款出质；（2）应收账款清偿后仍出质。原来的应收账款在出质前已经清偿，但是出质人未下账，只是贷款企业未入账或以其他应收账款数据冒充出质，属于应收账款嗣后不存在。

2. 应收账款不能成立、不能实现的风险

产生应收账款的基础合同违反法律禁止性规定、违背社会公德、合同自成立之初就根本不可能履行等情形，则基础合同被认定无效，如基于走私、销售国家专卖产品等合同产生的应收账款，直接导致应收账款本身就不存在，依此设立的应收账款也必然不能实现、不能成立。

3. 出质应收账款债务人提出违约、诉讼时效经过等抗辩权风险

（1）违约的抗辩。出质人（贷款企业）对于应收账款的债权，是建立在其已充分履行自身合同义务基础上的。对于根据基础合同，出质人应当首先履行发送货物、提供服务的义务，在出质人没有首先履行上述义务的情况下，应收账款债务人（欠款企业）依据《民法典》合同编具有抗辩权；即使出质人已经发送有关货物，应收账款债务人也可以在合理的期限内对出质人交付的有关货物进行检查，在检验合格后再行付款。如果出质人交付的货物存在瑕疵，应收账款债务人有权提出抗辩、拒付货款。基于上述原因，应收账款质权自成立之初就存在不确定，只在出质人已经充分履行合同义务后方得以确定。

（2）诉讼时效经过的抗辩。用于设定质押的应收账款债权受诉讼时效约

束，诉讼时效经过的应收账款，丧失胜诉权，得不到法院保护或支持。在贷款未清偿前，如出质人不行使或怠于行使时效权利，将可能使合同债权超过诉讼时效，成为自然债权，除非应收账款债务人自愿履行，质权人不可能从应收账款债务人那里获得清偿，使质押担保失去意义，因此应防范应收账款时效性风险。

4. 应收账款债务人没有还款能力的风险

如果应收账款债务人资信状况恶化，在应收账款到期后丧失偿付能力，将使质权人的担保权益悬空，质权难以实现。

5. 应收账款价值不足的风险

首先是出质人或出质人与应收账款债务人合谋虚报应收账款价格，使其超过或远超过合同或实际应付价格；其次是货物折扣销售，出质人的出库价与返还折扣双条线记账，使账务上的应收账款与最终实际应付价不一致，但出质人故意隐瞒。

上述情形，出质价格均高于实际应收账款价格，还款来源价值可能不足。

6. 出质人收取应收账款、免除、放弃、转让、抵销应收账款等情形的风险

出质人直接收取应收账款付款人清偿的债务，导致出质应收账款在质押后消灭；出质人在出质后放弃全部或部分应收账款权利，或者出质人免除债务人部分或全部债务，或者将应收账款转让、赠与第三人，出质应收账款将会减少，偿债能力会随之减弱，因而可能影响质权的完全实现。

（八）应收账款质押的风险防范

应收账款质押作为（反）担保措施，仅是第一还款来源的补充和风险缓释，因此，保前调查应更多关注第一还款来源，在将应收账款作为反担保方式的情况下，应防范下述风险：

1. 控制质押应收账款准入条件

（1）尽量选择《动产和权利担保统一登记办法》明确的应收账款品种，对于不在某范围内的应收账款，应谨慎对待。

（2）选择接受资信与实力较强的应收账款债务人。

质押应收账款债务人的实力、信用，决定着质押应收账款的实现程度，应收账款债务人具有较强的偿债还款能力，还款及时信用度好的，应收账款担保的价值越高。在接受应收账款质押的时候，应该对应收账款债务人的经

济情况、偿债能力、信用等级、信誉等进行认真审核评估，选择资信、实力较强的债务人。

（3）选择合同及应收账款管理制度健全的出质人。

合同及应收账款管理较好的出质人，对合同的履行程度、违约的处理、销售资金的回笼、诉讼时效的中断等法律行为关注度较高，应对处置适当，其应收账款的风险程度低。

下列应收账款建议不设立质押：一是对冲账款，即贷款企业同时欠应收账款债务人的钱款；二是信用质量较差的应收账款债务人的全部应收账款；三是有瑕疵的应收账款；四是法律法规明确规定不得（或限制）设立质押的应收账款，如医院、学校、公园等带有公益性质的民事主体基于公益而产生的收费权，政府土地储备中心的土地收益金等不宜质押。

2. 审核应收账款的真实性

应该要求拟提供应收账款质押的企业提供合同的原件，以明确应收账款形成的基础合同关系，清楚合同价款、付款时间、支付方式、应收账款债务人的名称和地址等具体内容，质押权人对于应收账款的履行应该有明确的预期。

收集出质人履行合同的发货单、应收账款债务人的收货单、验收合格证明，确认出质人已经依据合同提供货物或服务，应收账款债务人已经验收合格或接受服务，最大限度地保证拟质押应收账款具有真实的交易背景并且已经形成应收账款。

3. 合理确定出质应收账款的质押率

审查企业应收账款的账龄、占比、周转率、平均收回期等指标，在综合考虑贷款人的资信状况、偿债能力，贷款期限、风险度，质权实现难易程度等因素的基础上，合理确定应收账款质押率；审视合同价款是否正常与合理，以确保应收账款出质价格未被虚高。

4. 设立质押应收账款回款归集账户

银行等金融机构在接受应收账款质押时，可以要求出质人在开立应收账款回款账户，要求应收账款债务人将相关款项支付到上述回款账户，来防范出质应收账款提前偿还消灭的风险。

5. 询证函，质押权人向应收账款债务人询证，并取得应收账款债务人的书面确认，具有真实的应收账款及现有金额，债务人同意不得直接向出质人清偿，同意通过指定应收账款结算账户还款。

(九) 应收账款质押合同的签订、质押登记

1. 为确保质押应收账款担保足值，质押权人可以和出质人在合同中约定，出质人应始终保持对质押应收账款债务人的应收账款保持一定的最低金额。

2. 合同条款应该明确，质押权人或出质人应将应收账款质押事宜通知债务人，质押权人有权在实现质押权的时候向应收账款债务人发出书面通知，要求债务人直接向质押权人履行偿债义务，保证质押权人的优先受偿。

3. 质押合同对于出质应收账款应该详细地描述和界定，既有概括总述，又有明确界定："出质人自愿以其因提供货物、服务及其他信用而获得的要求债务人付款的权利，包括现有的和未来的金钱债权及其产生的收益等应收账款向质押权人提供质押担保。"作为总述，其下清楚地记载质押应收账款的债务人、应收账款金额、付款方式、履行期限等情况。

4. 合同条款为出质人设定宣示性条款，以严密的风险防范措施，要求出质人承诺和保证，出质人不得有转让、放弃权利等行为，否则质权人有权予以撤销或可提前清偿债务及行使质权；债务人提前清偿应收账款的，出质人应提前偿还借款或者提存。

5. 根据《应收账款质押登记办法》，质权人应与出质人签订《应收账款质押登记协议》并上传，由质权人在中国人民银行征信中心登记公示系统办理应收账款质押登记，登记内容由登记当事人自行录入，登记内容的真实性、合法性和准确性由发起登记的主体负责。在质押登记时应正确录入出质人、质权人的相关信息，对用于质押的应收账款情况清楚地进行界定。

(十) 应收账款质押权的实现

1. 《民法典》第 436 条至第 438 条规定了实现质权路径，实现质权的条件可以由当事人自由约定，因此质权人可以在合同中设定行使质权的条件，一旦条件成就则实现质权。也可以依法实现质权。

2. 质权人行使质权，可以通知债务人向质权人支付应收账款。这个通知类似于债权转让通知的效力，债务人收到通知后负有直接向质权人付款的义务，其在支付范围内相应抵销对出质人的债务。如果债务人在收到通知后依然向出质人付款，其付款义务不能免除。但是，债务人可以向质权人主张其对出质人的抗辩，如出质人提供商品或服务违约等。鉴于在应收账款质押与债权转让有很大程度的相似性，为此《民法典担保制度司法解释》第 61 条

第 3 款参照《民法典》关于债权转让经通知债务人后对其具有约束力的规定，规定应收账款债务人接到质权人要求向其履行的通知前，可以向应收账款债权人履行；接到通知后，只能向应收账款质权人履行。现有的应收账款，质权人可以直接请求应收账款债务人向自己履行。

3. 质权人向法院申请拍卖质押资产，或者起诉，请求就出质应收账款优先受偿。关于以现有的应收账款出质，实践中主要的问题是应收账款不存在或者虚构应收账款时该如何分配举证责任以及确定责任。为此，《民法典担保制度司法解释》第 61 条规定：一是应收账款债务人向质权人确认应收账款的真实性后，又以应收账款不存在或者已经消灭为由主张不承担责任的，人民法院不予支持。二是应收账款债务人未确认应收账款的真实性，质权人以应收账款债务人为被告，请求就应收账款优先受偿，能够举证证明办理出质登记时应收账款真实存在的，人民法院应予支持；质权人不能举证证明办理出质登记时应收账款真实存在，仅以已经办理出质登记为由，请求就应收账款优先受偿的，人民法院不予支持。将有的应收账款质押，实践中主要体现为各种收费权，包括以基础设施和公用事业项目收益权、提供服务或者劳务产生的债权以及其他将有的应收账款出质，其区别于现有应收账款的一大显著特征是，出质以及实现时应收账款债务人均难以确定，为此，质权人不能直接向应收账款债务人主张权利，故其权利实现方式主要是由质权人直接请求应收账款债权人履行，实践中又要区分是否已经设定特定账户等情形：一是当事人为应收账款设定特定账户，质权人可以请求就该特定账户内的款项优先受偿；二是特定账户内的款项不足以清偿债务或者未设定特定账户，质权人可以请求折价或者拍卖、变卖收费权并就所得的价款优先受偿。质权人在通过诉讼确认优先受偿权的同时，应该申请扣留、冻结出质人在应收账款债务人处的应收账款，法院通知应收账款债务人协助，不得直接向出质人清偿应收账款，需要清偿的应该向法院支付或者提存。在执行阶段，通过扣划应收账款，就所得价款优先受偿。

第六章

留置权

第一节　留置权的概念和特征

留置权，是指债务人不履行到期债务，债权人可以留置已经合法占有的债务人的动产，并有权就该动产折价或者以拍卖、变卖的价款优先受偿的权利。《民法典担保制度司法解释》第62条第1款规定：“债务人不履行到期债务，债权人因同一法律关系留置合法占有的第三人的动产，并主张就该留置财产优先受偿的，人民法院应予支持。第三人以该留置财产并非债务人的财产为由请求返还的，人民法院不予支持。”其特征主要有：

一、是一种担保物权

留置权人对于其留置的物享有支配的权利并可以排斥他人干涉，留置权不仅可以对债权人主张，而且可以对抗留置标的物的受让人，留置权不仅是物权，而且是一种担保物权，因为它的主要作用是为了担保债权的实现。

二、是以动产为标的物的担保物权，以占有为标志

债权人占有债务人的动产，是留置权成立及存续的前提条件。因此，债权人没有占有债务人的财产，则无留置权可言，债权人丧失对债务人财产的占有，则留置权归于消灭。但如果债权人因侵权行为丧失占有的，经诉请回复占有而重新占有，则留置权受影响。债权人对债务人财产的占有，可以是直接占有，也可以是间接占有，可以是单独占有，也可以是共同占有。至于占有的原因，多数国家的民法要求只要非因侵权行为占有即可。

三、是法定担保物权

在我国，关于留置权的适用，有一个逐步变迁的过程。1995年《担保法》采用封闭式原则，将留置权仅仅限定在合同债权之中，并且仅限于保管合同、货运合同以及承揽合同。1999年《合同法》在此基础上又增加了仓储合同和行纪合同。直至2007年《物权法》的颁布，国家的立法对于留置

权采取了开放式原则。留置权所担保的对象不再限制在合同债权之中，只要符合留置权的法定构成要件，除法律明确规定不得留置或者当事人约定不得留置外，均可留置。依据《民法典》第449条之规定，当事人可以通过约定不得留置的动产而排除留置权的适用。

四、可以两次发生效力

第一次发生效力是指在留置产生的时候，债权人在其债权没有得到清偿时，有权留置债务人的财产，留置本身是第一次发生效力。第二次发生效力是指债务人超过规定的期限仍不履行其债务，留置权人可以依法以留置物折价或拍卖、变卖的价款优先受偿。

五、不具有追及效力

留置权首先是一种物权，但是其并不具有作为物权属性的追及效力。《民法典》第457条规定："留置权人对留置财产丧失占有或者留置权人接受债务人另行提供担保的，留置权消灭。"留置权是以占有为基础的担保物权，在丧失占有后就消灭了权利本身。从这一点上说，留置权的物权性弱于其他担保物权。

《民法典》第448条规定："债权人留置的动产，应当与债权属于同一法律关系，但是企业之间留置的除外。"据此，《民法典》已明确规定了商事留置权。商事留置权与民事留置权相比，一是主体不同，前者适用于商人之间因双方的商行为而产生的债权，其主体都必须是商人；二是成立要件不同，前者不要求债权的发生与债权人占有的债务人的该动产具有牵连关系。

第二节　留置权的成立条件

留置权的成立必须具备如下条件：

一、债权人必须合法占有债务人的动产

债权人占有债务人的动产是留置权发生的前提。这里的占有不仅是指直

接占有，而且是指合法占有。这里的债务人的动产，是指该财产为债务人所有的依法可以进行交易的财产。

《担保法》规定留置权只能发生在特定的合同关系中。《民法典》未对留置权适用作出这样的限定规定。根据《民法典》第447条第1款之规定，只有债权人“合法占有的债务人的动产”，债权人才可能享有留置权。因此，不仅债权人依据合同关系而合法占有债务人的动产可以被留置，而且债权人基于其他法律关系而合法占有债务人的动产也可以被留置，如基于无因管理之债而占有的他人的动产，当受益人不偿付管理人由此而支付的必要费用时，管理人也有权留置该动产。

《民法典》第449条规定：“法律规定或者当事人约定不得留置的动产，不得留置。”

二、债权人占有的债务人的动产与债权属于同一法律关系

《民法典》第448条规定：“债权人留置的动产，应当与债权属于同一法律关系，但是企业之间留置的除外。”本条在“但书”部分对“企业之间留置”的要件作了特别考虑，因为“企业之间相互交易频繁，追求交易效率，讲究商业信用，如果严格要求留置财产与债权具有同一法律关系，则有悖交易迅捷和交易安全原则”。[1] 鉴于该条“但书”是对商业行为中留置权的特别规定，因此性质上属于商事留置权。[2]“属于同一法律关系”也称为“有牵连关系”。如果没有牵连关系则将形成不同的债权，债权人应当向债务人分别提出请求。在债权的发生与标的物的占有取得是因同一法律关系而发生，并且债务人不履行债务时，债权人有留置权。

《民法典担保制度司法解释》第62条第2款、第3款规定了企业之间留置的条件：企业之间留置的动产与债权并非同一法律关系，债务人以该债权不属于企业持续经营中发生的债权为由请求债权人返还留置财产的，人民法院应予支持。企业之间留置的动产与债权并非同一法律关系，债权人留置第三人的财产，第三人请求债权人返还留置财产的，人民法院应予支持。

---

〔1〕 胡康生主编：《中华人民共和国物权法释义》，法律出版社2007年版，第499页。

〔2〕 曹士兵：《中国担保制度与担保方法》（第三版），中国法制出版社2015年版，第385页。

三、债权须已届满清偿期而债务人未按规定的期限履行义务

债务人的债务已到履行期，亦即债权已届清偿期，留置权方能成立，而不问债务人是否构成履行义务迟延（履行义务迟延是留置权行使的条件）。因为留置权是因债务人不履行债务而产生的，而债务是否履行，只有债务人的债务已到履行期限才能确定。如果债务人的义务尚未到履行期，则无法判断债务人是否自觉履行债务，从而若允许成立留置权，就意味着强制债务人提前履行债务，这显然是不公平的。因此，各国民法均将债务人的债务已到履行期作为留置权成立的条件。

在具备上述三个条件时，留置权一般即可成立。因而上述三个条件被称为留置权成立的积极条件。但如果存在妨碍留置权成立的情形，即使具备了上述三个条件，留置权仍不能成立。因而该条件被称为留置权成立的消极条件。妨碍留置权成立的情形有以下几项：其一，当事人约定排除留置权的适用。留置权是一种财产权，应当允许当事人约定排除其适用；其二，留置财产违反社会公共利益或社会公德；其三，留置财产与债权人所承担的义务相抵触。

以案说法

承揽人对工作物依法享有留置权

【案情介绍】

甲商场委托乙服装厂在2021年4月11日前加工100套西服，双方签订了来料加工合同。合同期满后，甲商场未向乙服装厂及时支付加工费2万元。乙服装厂遂将加工的西服留置并给予甲商场两个月的宽限期，期限届满后甲商场仍未支付加工费，乙服装厂将其中的50套西服予以变卖折抵加工费。

甲商场以乙服装厂擅自将自己委托加工的西服变卖为由，提起诉讼，要求乙服装厂承担违约责任。

甲商场诉称，申请人因暂时的经济困难，未向被申请人及时支付加工费。被申请人未经申请人同意，擅自将加工的100套西服扣押，后又将其中的50套西服予以变卖，违反了双方订立的合同，应承担违约责任。

乙服装厂辩称，申请人在合同期满后未支付加工费，所以被申请人根据《合同法》第264条的规定对加工的100套西服进行留置的行为是合法的。被申请人在留置西服后给予申请人两个月的宽限期，期满后，申请人仍未支付加工费，被申请人变卖了50套西服，并以变卖的价款折抵加工费及违约金。被申请人的做法不违反法律规定和合同的约定。

经审理查实：甲商场委托乙服装厂加工西服100套，双方订立了来料加工合同，约定于2009年4月11日前交货，加工费共计2万元，于交货前20日即3月20日支付。后甲商场逾期未支付加工费，乙服装厂将加工的100套西服留置，并通知甲商场在两个月内支付加工费，逾期不支付将变卖部分西服并以变卖的价款优先受偿。两个月期限过后，甲商场仍未支付加工费，乙服装厂遂变卖了50套西服，以变卖的价款偿付加工费及违约金。

法理分析

本案的争议焦点在于乙服装厂留置100套西服的行为是否合法有效？按照合同约定，甲商场支付加工费的履行期先于乙服装厂的交货日期，在甲商场没有履行交付加工费义务时，乙服装厂行使了留置权，并给予甲商场两个月的宽限期。《民法典》第783条规定："定作人未向承揽人支付报酬或者材料费等价款的，承揽人对完成的工作成果享有留置权或者有权拒绝交付，但是当事人另有约定的除外。"《民法典》第447条第1款规定："债务人不履行到期债务，债权人可以留置已经合法占有的债务人的动产，并有权就该动产优先受偿。"《民法典》第453条第1款规定："留置权人与债务人应当约定留置财产后的债务履行期限；没有约定或者约定不明确的，留置权人应当给债务人六十日以上履行债务的期限，但是鲜活易腐等不易保管的动产除外。债务人逾期未履行的，留置权人可以与债务人协议以留置财产折价，也可以就拍卖、变卖留置财产所得的价款优先受偿。"留置物折价或者拍卖、变卖后，其价款超过债权数额的部分归债务人所有，不足部分由债务人清偿。

根据以上法律规定，笔者认为，乙服装厂将与债权数额相当的西服留置并变卖以实现债权的做法并无不当，不违反法律规定和合同约定。因此，法院判决应认定乙服装厂行使留置权的行为合法有效，不存在违约行为，驳回了甲商场的诉讼请求。

第三节 留置权人的权利和义务

一、留置权人的权利

1. 对留置物的占有权

留置权人在其债权未受到清偿时有留置标的物的权利，这首先意味着留置权人有权占有债务人交付的财产，以督促债务人履行债务，留置权人对留置标的物的占有权受民法占有制度的保护。在留置权人行使留置权以后，如果债务人请求债权人返还该物，债权人有权予以拒绝。留置权人所享有的占有权是一种持续的权利，这就使留置权人得以保持对留置物的持续占有，直至留置权消灭或者留置权实现。

但是，根据《民法典》第450条之规定，留置财产为可分物的，留置财产的价值应当相当于债务的金额。这是对留置权不可分性的限制。如果不严格地强调留置权的不可分性可能会对债务人不公平，也不利于对留置物的充分利用。

2. 留置财产孳息收取权

《民法典》第452条第1款规定："留置权人有权收取留置财产的孳息。"留置权人在占有留置物期间内，有权就留置物的孳息享有收取的权利。如果孳息是金钱，则可直接以其冲抵债务；如果孳息是其他财产，留置权人可以以其折价或变价，优先受偿。当然，留置权人对留置物的孳息应以善良管理人的注意进行妥善的管理，如果没有尽到这种注意义务，给债务人造成损失的应当承担赔偿责任。

3. 必要使用权

从原则上说留置权人对留置的物不享有使用权，但是在特殊情况下，出于保管留置物的需要，留置权人可适当地使用留置物。例如，为了防止留置的汽车生锈进行适度的使用。留置权人只能在具有保管上的必要时才能使用，而不能以获得收益为目的使用留置物，否则将构成侵权行为。此外，经债务人的同意，留置权人也有权使用留置物。

4. 实现留置权的权利

留置权人在留置债务人的财产后，债务人逾期仍不履行的，债权人可以与债务人商议以留置物折价，也可以依法拍卖、变卖留置物。留置权人有权就留置物的价值优先受偿，是保障留置权人债权实现的根本手段。

二、留置权人的义务

1. 妥善保管留置物

留置权人负有妥善保管留置财产的义务；因保管不善致使留置财产毁损、灭失的，应当承担赔偿责任。

2. 返还留置物的义务

当留置权所担保的债权消灭时，留置权人有义务将留置物返还于债务人。在债权虽未消灭，但债务人另行提供担保而使留置权消灭时，留置权人也有返还留置物的义务。留置权人违反返还留置物的义务的，构成非法占有，应向债务人或所有人承担民事责任。

第四节　债务人的权利和义务

一、债务人的权利

1. 损害赔偿请求权

留置权人负有妥善保管留置财产的义务；因保管不善致使留置财产毁损、灭失的，债务人有权请求留置权人承担赔偿责任。

2. 返还留置物请求权

债务人履行债务，债务人有权请求返还留置的动产。

3. 行使留置权请求权

《民法典》第 454 条规定：“债务人可以请求留置权人在债务履行期限届满后行使留置权；留置权人不行使的，债务人可以请求人民法院拍卖、变卖留置财产。”

4. 消灭留置权的请求权。

二、债务人的义务

在留置权发生后，不得干扰、阻碍留置权人行使留置权，并应偿付因留置物而支出的必要费用。

第五节　留置权与质权、抵押权的冲突

《民法典》第456条规定："同一动产上已经设立抵押权或者质权，该动产又被留置的，留置权人优先受偿。"通常来说，不同担保物权竞合时适用的一般规则是：留置权>登记的抵押权>质权>未登记的抵押权。

一、抵押权与留置权

（一）先抵后留

即抵押物被留置。无论抵押权登记与否，也无论留置权人是否知道留置物已存在抵押权的事实，留置权均优先于抵押权。

（二）先留后抵

即留置物被抵押。依抵押权设定人的不同分为两种情况：一种是动产所有人在留置权发生后又以留置物为他人设定抵押权。先发生的留置权优先于后发生的抵押权，不论后设定的抵押权登记与否。另一种是留置权人以其占有的留置物向善意第三人设定的抵押权，后成立的抵押权优先于留置权，这种情形与质押物被质权人抵押的情形相似。留置权人不是将留置物变现，而是在留置物上设定抵押，其行为意味着将留置权放在较抵押权次要的位置，债务人（留置权人）的权利不能优于债权人（抵押权人）的权利，故此时，后成立的抵押权优先于留置权。

（三）同时质留

《民法典》第456条规定："同一动产上已经设立抵押权或者质权，该动产又被留置的，留置权人优先受偿。"

以案说法

当在同一标的物上同时存在着抵押权与留置权时，留置权人优先于抵押权人受偿

【案情介绍】

农民王某和李某于1999年11月25日共同出资17930元购买了汽车一辆。二人合伙经营了3个月后，由于不便管理，双方于2000年4月29日协商，中止合伙合同，由王某一人经营，该车的所有权归王某一人享有。二人约定，汽车归王某所有，王某于一个月内退还李某曾出的购车款8850元；逾期不还，偿付违约金200元。一个月后，王某因筹资困难，未能偿还李某的购车款，只得如数支付违约金给李某。双方再次于2000年6月14日正式签订了抵押还款合同，合同约定："为确保王某退还李某的购车款，以汽车作为抵押物，如果到年底以前仍不能偿还购车款，则李某有权变卖汽车充抵车款。"2000年11月，王某给一基建工地运输水泥的途中撞到路边的栏坝上，造成了汽车严重损坏。王某将汽车送到汽车修理厂修理，经过修理共花去3000元。由于王某交不出修理费，汽车厂留置了王某的汽车，限王某在两个月内筹集修理费，否则汽车修理厂将变卖汽车以偿还修理费。两个月后，王某仍然未能筹集到钱支付修理费，只能任汽修厂处理汽车。这时王某对李某的还款期也到了，李某也提出了变卖汽车还债的请求，李某的请求遭到汽修厂的拒绝，李某与汽修厂就该汽车的优先变卖受偿问题发生争执，起诉到了法院。法院经过审理后，判决汽修厂优先行使其留置权。[1]

法理分析

本案涉及合同的两种担保形式，即抵押与留置，首先我们必须来分析案件中李某对汽车的抵押权和汽修厂对汽车的留置权是否有效成立。

抵押是指债务人或者第三人不转移对特定财产的占有而将该财产供作债权担保。提供财产担保的债务人或者第三人是抵押人，接受担保的债权人为抵押权人，供为债权担保的特定财产为抵押物。抵押人享有在债务人不履行债务时，以抵押物的变价优先受偿的权利，就是抵押权。本案中，王某与李某在2000年6月14日签订了抵押还款合同，合同约定："为确保王某退还

---

〔1〕 徐武生、刘文：《中华人民共和国担保法案例评析与实务》，经济日报出版社1995年版，第300页。

李某的购车款，以汽车作为抵押物，如果到年底以前仍不能偿还购车款，则李某有权变卖汽车充抵车款。”由此可见，王某为了保证清偿李某的欠款主动与李某签订了抵押合同，抵押合同自签订之日起生效，李某取得了对该汽车的抵押权可以在王某不按期清偿欠款时，以变卖汽车的价款优先受偿。

留置是指债权人按照合同的约定占有债务人的动产，债务人不按照合同约定的期限履行债务的，债权人有权依法留置该财产，并以该财产折价或者以拍卖、变卖该财产的价款优先受偿。债权人享有的这一权利称留置权。在本案中，汽修厂按照与王某订立的修理承揽合同占有了王某的汽车，对汽车进行了修理并按照约定的期限完成了对汽车的修理工作。此时，王某却无力支付汽车的修理费，并且王某与汽修厂之间并没有禁止留置的约定，所以汽修厂根据《合同法》第264条（《民法典》第447条第1款）的规定留置了汽车，并通知王某两个月内交付修理费，否则就变卖汽车并以该价款清偿修理费。

到此时为止，在该辆汽车上同时存在了李某的抵押权与汽修厂的留置权，这时到底应当优先行使何种权利呢？对这个问题学术界有不同的看法，一种观点认为，抵押权与留置权均属于担保物权，效力相同，应当以其设定的先后确定实行的先后次序，抵押权若设定在先，就优先执行抵押权；留置权若设定在先，就优先执行留置权。第二种观点认为，抵押权和留置权竞合时，不应当以设定的先后次序来确定实行的次序，而应当以债权实现期限的先后来确定实行的先后。抵押权担保的债权的清偿期先届满，就先实行留置权。

按照《担保法司法解释》第79条第2款、《民法典》第456条的规定，同一财产抵押权与留置权并存时，留置权人优先于抵押权人受偿。由此可见，立法已经明确规定了抵押权与留置权并存时，留置权应当优先于抵押权的行使。同时，笔者认为即使立法没有作出上述规定，留置权也应当优先行使，无论其二者设定的先后次序或者债权实现期限的先后如何。其原因有以下两点：

一方面，留置权产生在保管合同、运输合同、加工承揽等类型的合同中。尤其在承揽合同中，承揽人一般都对工作物进行了加工、定作、修理、复制、测试、检验等工作，这些工作相应的使抵押物的价值增大。为了保证承揽人付出的这些劳动的价值能够收回，就应当承认承揽人的优先权。反过来，如果规定抵押权优先行使，则此时有可能连承揽人对抵押物增加的价值也由抵押权人享有了，这样一来对承揽人明显不公平。而如果留置权优先行使，则既可以保证留置权人安全的收回了其提供承揽服务的对价，而且就留置权行使后剩余的价款抵押人也可以优先受偿。同时，从另一个角度来说，在本案中如果汽修厂不对汽车进行比较彻底的修理，汽车的价值难以回复到正常的水平，即使抵押权人行使抵押权也难以得到彻底的满足，所以基于汽修厂的劳动使汽车的价值回复如初，理应由汽修厂优先行使留置权。

另一方面，留置权是法定担保物权，即留置权无须当事人之间约定，只要符合法定的条件，合同的债权人即可行使留置权。而与此相对，抵押权只是约定的担保物权，在通常情况下，法定的担保物权优先于约定的担保物权。同时，抵押权的成立不以实际占有抵押物为要件，并且抵押权具有物上代位性。而留置权的成立必须以实际占有留置物为要件，所以如果留置权人失去了对留置物的实际控制，则其就不能行使留置权。而抵押权由于具有物上代位性，即使留置权人行使了留置权，则其对留置权行使后标的物剩余的价值仍然可以行使该项权利。反过来，如果抵押权人优先行使抵押权，则留置权人由于失去了对留置物的占有而失去了留置权，即使抵押权行使后标的物的价值还有剩余，其也不能就其价值优先受偿，这对留置权人来说是很不公平的。所以在本案中应当按照留置权优先于抵押权的规则来处理，由汽修厂变卖留置的汽车后，从价款中优先受偿，剩余的价款作为抵押物的物上代位物由抵押权人李某优先受偿。

留置权和抵押权虽然都是合同债权的一种担保方式，但这两种权利的成立要件并不一样。抵押权的设立并不移转标的物的占有，所以抵押人仍可以占有抵押物，在其将抵押物交由他人保管、修理、加工、运输后，如果其不能支付相应的费用，则债权人可能会行使留置权，这样一来就发生了留置权与抵押权的竞合。本案中，在王某经营的汽车上已经存在了李某的抵押权，在王某将车交由汽修厂修理并没有支付修理费后，汽修厂对该车取得了留置权，所以究竟是优先行使留置权还是优先行使抵押权，应当按照相应的法律规定加以判断。

二、质权与留置权

（一）先质后留

即在质物上设定留置权。一是债权人在取得动产质权后，又基于其他法律关系对质物加工、修理等原因而对该财产享有留置权。在这种情况下，根据《民法典》第456条的规定，留置权优先，但在不损害第三人利益的情况下，权利人可以选择哪一权利行使，因为此时质权人和留置权人的身份是重合的。二是债权人在取得动产质权后，为保存质物等原因，将质物交给他人加工、修理、保管，在无力支付费用的情况下，他人取得留置权。在这种情况下，留置权优先。

（二）先留后质

即在留置物上设定质权。一是留置权人在取得留置权后，又将留置物出质。如前述留置权人“先留后押”，第三人善意取得抵押权情形，质权的效力优先于留置权。二是留置权成立后，动产所有人为担保同一债权人的其他债权又以该留置物为其设定质权。这种情况与先质后留的第一种情况处理相同。

（三）同时质留

《民法典》第456条规定：“同一动产上已经设立抵押权或者质权，该动产又被留置的，留置权人优先受偿。”

三、抵押权与质权（动产同时存在抵押权和质权）

（一）先押后质

如先设立抵押权并经登记，抵押权效力优先。如先设立的抵押权没有登记，后设立的质权效力优先（在先的抵押权因未登记而不具有对抗效力，不能对抗在后的质权）。

（二）先质后押

出质人先设定质权又以质物作抵押，如后设立的抵押权没有登记，质权的效力当然优先于抵押权，因为此时抵押权本身设定在后，且对质权无对抗力。如后设立的抵押权经过登记，根据《民法典》第415条的规定，同一财产既设立抵押权又设立质权的，拍卖、变卖该财产所得的价款按照登记、交付的时间先后确定清偿顺序。

（三）同时质、押

动产抵押权的登记与质物的转移、占有同时发生，权利同时设立，效力平等，顺序相同，按照各自担保的债权比例受偿。没有登记的动产抵押权因欠缺对抗力，故其效力弱于质权。

综上，当不同担保物权竞合时，受偿顺序基本上遵循：留置权>登记的抵押权>质权>未登记的抵押权的原则。但在实际生活中，需根据实际情况合理判断，才能避免不必要的损失。

其他关于“留置权与质权、抵押权的冲突”的内容参见本书第四章第九节“动产抵押”部分的论述。

第六节 留置权的实现及诉讼时效

根据《民法典》第453条第1款的规定，留置权人与债务人应当约定留置财产后的债务履行期限；没有约定或者约定不明确的，留置权人应当给债务人六十日以上履行债务的期限，但是鲜活易腐等不易保管的动产除外。债务人逾期未履行的，留置权人可以与债务人协议以留置财产折价，也可以就拍卖、变卖留置财产所得的价款优先受偿。由此可见，留置权的实现应当遵循如下程序：

第一，确定留置财产后履行债务的期限；

第二，债务人在履行期限内仍然不履行债务；

第三，留置权人有权行使和实现留置权。债权人行使留置权的方式是首先可以与债务人协议将留置物实行折价。如果债务人不同意折价，则留置权人有权依法对留置物实行拍卖、变卖。拍卖可以参照《拍卖法》规定的程序进行，也可以不予参照。对于留置物的变价款和留置物的折价款额，留置权人应当优先受偿。在偿付债权之后，如有剩余额的，应返还债务人，如无法返还的，应予提存，提存费用从该剩余额中支付。留置物折价或者拍卖、变卖后，其价款超过债权数额的部分归债务人所有，不足部分由债务人清偿。

《民法典》对留置权与诉讼时效的关系未作规定，参照《民法典》第393条第1项的规定：担保物权消灭的四种情形之一，包括主债权消灭的情形。《民法典》第454条赋予了债务人对留置权人行使留置权的督促权，而且允许债务人请求法院拍卖、变卖留置物。立法者认为，“留置权为物权，其不受所担保的债权的诉讼时效的限制”，[1]《民法典》第454条[2]就是为了解决“留置权长期不灭，其行使无时间限制，不符合‘物尽其用’原则的问题”[3]而制定的。

---

〔1〕 胡康生主编：《中华人民共和国物权法释义》，法律出版社2007年版，第506页。

〔2〕《民法典》第454条：债务人可以请求留置权人在债务履行期限届满后行使留置权；留置权人不行使的，债务人可以请求人民法院拍卖、变卖留置财产。

〔3〕 胡康生主编：《中华人民共和国物权法释义》，法律出版社2007年版，第506页。

第七章

定　金

第一节　定金概述

一、定金的概念与特征

（一）定金的起源与概念

定金制度是一项具有悠久历史的法律制度，人们在商品经济交往的过程中由于缺少相互信任的基础，为了加强自我保护而发展出来的一种督促对方积极履行义务的措施。定金作为一种古老的担保合同履行的方式，起源于古罗马法的规定“定金（arrae）是向债权人交付一笔钱或其他物，债务人如果未履行主债，则不得将其索回”[1]。随着近代资本主义制度的确立，《法国民法典》与《德国民法典》对定金制度进行了详细而完备的规定，使之更能反映和适应商品经济的发展需求。中国自改革开放以来，关于定金制度的规定也不断全面和成熟，《民法通则》第一次以民事基本法的方式明确规定了定金制度，《担保法》《合同法》及一系列司法解释的相继出台，使定金制度的具体规定进一步趋于完善。

《民法典》第586条规定：“当事人可以约定一方向对方给付定金作为债权的担保。定金合同自实际交付定金时成立。定金的数额由当事人约定；但是，不得超过主合同标的额的百分之二十，超过部分不产生定金的效力。实际交付的定金数额多于或者少于约定数额的，视为变更约定的定金数额。”该条款是关于定金的概括规定。定金的类型包括立约定金、成约定金、违约定金和解约定金，为了将不同类型的定金涵盖在内，定金的概念可表述为：定金是指为担保合同的订立、成立生效以及履行，当事人一方向对方给付一定的金钱或代替物。[2]

（二）定金的特征

定金作为债权担保的一种方式，其具有以下几个法律特征：

---

〔1〕 宋宗宇、温长煌：《担保法教程》，法律出版社2009年版，第266页。

〔2〕 郭明瑞、房绍坤、张平华：《担保法》（第四版），中国人民大学出版社2014年版，第182页。

1. 定金具有从属性

定金是合同当事人为担保债的履行而设定的，其担保的合同权利为主权利，故而其从属于主合同具有从属性，随主合同的存在而存在，同样也随主合同的消灭而消灭。由于定金的种类不同，其从属性也存在一些差异，如成约定金是以主合同的成立或生效为要件的，不以主合同的有效存在为前提，故其在存在上没有从属性，如主合同成立后又消灭的，成约定金也归于消灭，其在消灭上具有从属性；再如，立约定金是为保证主合同的订立而设定的，如主合同成功订立则无须适用定金罚则，其也不是以主合同的有效存在为前提的，故在存在上也没有从属性，当然，如主合同消灭则其也一并归于消灭。

2. 定金以标的物的交付为成立要件

定金合同为实践合同，虽然是由当事人事先约定的，但如果没有当事人实际交付定金的行为，定金担保不能成立，故定金具有要物性。

3. 定金具有预先支付性

不管是主合同的订立、成立生效还是履行，定金的设立均是以担保为目的的，只有在主合同订立、成立生效或是成立生效后履行期届满等之前当事人一方预先支付定金，才能真正起到担保的作用，否则，担保的意义无从谈起。

4. 定金具有双重担保性

根据定金制度的规定，给付定金的一方不履行约定的债务的，无权要求返还定金；收受定金的一方不履行约定的债务的，应当双倍返还定金。由此可见，定金对双方当事人都具有担保作用，这是其与其他担保方式的不同之处。另外，由于成约定金不适用定金罚则，故其不具有双重担保性。

二、定金的种类与性质

（一）有关定金司法解释的沿袭与修订

定金制度主要规定在《民法典》第586条至第688条三个条款中，《民法典担保制度司法解释》对此没有新规定，由于《民法典担保制度司法解释》未对定金作出新规定，而《担保法司法解释》又被废止，因此，不少法官、律师认为在《民法典》施行后，《担保法司法解释》关于定金部分的规定对《民法典》施行后的担保行为引起的民事纠纷案件，不能沿袭原来的审判思路。最高人民法院民事审判第二庭认为，《担保法司法解释》关于定金的规定并非因为与《民法典》相冲突而未保留到《民法典担保制度司法解释》中，而是因为定金虽然也被规定为债权的担保方式（《民法典》第586条），但考虑到定金与违约责任的关系更为密切，且《民法典》也是将定金规定于《民法典》合同编关于违约责任的部分，《民法典担保制度司法解释》起草小组决定留待由《民法典》合同编的相关司法解释作出规定。在《民法典》合同编相关司法解释就定金的法律适用作出明确规定前，《担保法司法解释》关于定金的规定对《民法典》施行后的担保行为引起的民事纠纷案件，审理时能否沿袭原来的审判思路，取决于该规定是否与《民法典》相冲突。如果与《民法典》不冲突，则审理时可以沿袭原来的审判思路。特别需要强调的是，《担保法司法解释》已被废止，人民法院只能沿袭原来的审判思路，而不能将其作为审判依据加以援引。[1]

（二）定金的种类

根据《民法典》及相关司法解释的规定，定金的种类主要包括以下几种：

1. 立约定金

立约定金又称订约定金，顾名思义其是为保证合同的正式订立而交付的定金。合同的订立需要一个过程，有时这个过程可能会持续较长时间，为了保证当事人之间的相互信任，避免因合同不能订立而可能给一方当事人造成一定损失，故《担保法司法解释》第115条规定：“当事人约定以交付定金作为订立主合同担保的，给付定金的一方拒绝订立主合同的，无权要求返还定金；收受定金的一方拒绝订立合同的，应当双倍返还定金。”该条司法解释规定如当事人违背订立主合同的承诺，则对之适用定金罚则。

2. 成约定金

成约定金又称手金，[2] 是指以定金的交付作为合同成立或生效要件的定金。主合同系一附条件合同，其是否成立或生效取决于定金是否交付，《担保法司法解释》第116条规定：“当事人约定以交付定金作为主合同成立或生效要件的，给付定金的一方未支付定金，但主合同已经履行或者已经履行主要部分的，不影响主合同的成立或者生效。”该条司法解释明确了交付

---

〔1〕 最高人民法院民事审判第二庭：《最高人民法院民法典担保制度司法解释理解与适用》，人民法院出版社2021年版，第136页。

〔2〕 郑玉波：《民法债编总论》，中国政法大学出版社2004年版，第312页。

定金是主合同成立或生效的条件，同时为了保证合同利益的充分实现，并没有将定金的交付与否作为合同成立或生效的绝对充分条件。笔者认为，当事人约定以交付定金作为主合同的成立要件或者生效要件，与当事人约定采用书面形式作为合同的成立要件或者生效要件具有类似性，因此，可以参照《民法典》第490条关于书面形式的规定来处理，即尽管当事人没有交付定金，但如果当事人已经履行主合同约定的主要义务，则应视为合同已经成立或者生效。此外，如此理解成约定金，也与《民法典》第586条第2款关于“实际交付的定金数额多于或者少于约定数额的，视为变更约定的定金数额”的规定一致，因为当事人没有交付定金而直接履行主合同或者主合同的主要部分，也应视为当事人通过履行行为变更了合同约定的成立条件或者生效条件。就此而言，在《民法典》施行后，《担保法司法解释》第116条作为审判思路亦仍可继续沿袭。

3. 解约定金

解约定金是指当事人为保留合同解除权而交付的定金。如果当事人要解除合同，则将以丧失定金或者双倍返还定金为代价，其作为担保方式之一，功能在于担保当事人不至于轻易解除合同，减少合同解除的概率，在一定程度上促使合同顺利履行；同时其也赋予了当事人以解除合同的权利，通过丧失定金或者双倍返还定金这一较小的代价来避免因客观情况的变化导致的更大的履约不利益。对此可以参考《担保法司法解释》第117条的规定：“定金交付后，交付定金的一方可以按照合同的约定以丧失定金为代价而解除主合同，收受定金的一方可以双倍返还定金为代价而解除主合同。对解除主合同后责任的处理，适用《中华人民共和国合同法》的规定。”该条第1句的规定作为审判思路应可继续沿袭，仅须将该条第2句“对解除主合同后责任的处理，适用《中华人民共和国合同法》的规定”改为“对解除主合同后责任的处理，适用《中华人民共和国民法典》的规定”即可。

4. 违约定金

违约定金又称反悔定金，[1] 是指以违约损害赔偿为目的而设立的定金。它是定金的最常见形式，如果当事人对定金的形式未作特别约定，则一般应认定为违约定金，《民法典》第587条规定：“债务人履行债务的，定金应当抵作价款或者收回。给付定金的一方不履行债务或者履行债务不符合约定，

[1] 黄立：《民法债编总论》，中国政法大学出版社2004年版，第505页。

致使不能实现合同目的的，无权请求返还定金；收受定金的一方不履行债务或者履行债务不符合约定，致使不能实现合同目的的，应当双倍返还定金。”如果当事人逾期不履行合同义务的，则适用定金罚则，其目的主要在于防范甚至是制裁债务的不履行，并能起到对另一方当事人利益的补偿作用。

此外，有些学者认为定金的种类还包括证约定金[4]，即指为证明合同成立而交付的定金。其实它不是合同成立的必备条件，仅仅具有证明当事人之间已经成立合同的证据意义，定金是否交付对合同的成立与否没有影响，同时其也不具有任何担保功能，故而，其并不是一种独立的定金类型，或者更准确地说，其不是担保法律制度意义上的定金。

（二）定金的性质

根据《民法典》合同编的相关规定，定金是债的担保的一种方式，其通过定金罚则的规定与适用，不仅能够对当事人起到威慑作用进而担保主合同的履行，同时又能通过对不履行合同一方直接追究民事责任而起到违约补救的作用，所以定金又是一种民事责任形式。中国法上的定金应属于违约定金，这是符合立法目的和定金性质的，证约定金只是具有证明主合同存在的效力，并不适用定金罚则，成约定金仅为主合同成立或者生效的条件，也不适用定金罚则，解约定金的功能在于当事人保留合同解除权，与中国法上所规定的定金适用条件是不同的，立约定金是为保证主合同的顺利签订为目的的，也与中国法律关于定金的立法目的有所区别。

三、定金与相关制度的区别

（一）定金与违约金

违约金是指按照法律的规定或者合同的约定，当事人一方在不履行合同或者履行合同不符合约定的情况下，须给付对方一定数额的金钱，其与定金都表现为支付一定数额金钱，且都具有一定的担保作用，但二者在本质上还是不同的，主要有以下几个方面的区别：

1. 两者的发生根据不同

定金是由当事人在定金合同中进行约定的，而违约金既可以约定也可以由法律规定。

---

〔4〕 王利明：《违约责任论》（修订版），中国政法大学出版社 2000 年版，第 595 页。

2. 两者的目的及表现形式不同

定金作为法定的合同担保形式，其目的在于确保合同债权的实现，惩罚不是目的，其表现形式是独立于主合同的从合同；违约金违约责任的一种形式，其目的在于制裁违约行为，其表现形式是主合同中的相关条款，是不能够独立于主合同的。

3. 两者的交付时间及数额不同

定金一般在主合同订立、成立或生效以及合同履行前交付，且不能超过主合同标的额的 20%；违约金只能在当事人一方违约后交付，不能事前交付，其数额一般按照因违约行为可能造成的实际损失来确定。

《民法典》第 588 条规定："当事人既约定违约金，又约定定金的，一方违约时，对方可以选择适用违约金或者定金条款。定金不足以弥补一方违约造成的损失的，对方可以请求赔偿超过定金数额的损失。"

（二）定金与预付款

预付款是指一方当事人在合同约定的付款义务履行前，预先向对方给付一定数额的价款。从形式上看，两者均有预先支付的特点，但其区别也显而易见：

1. 两者的性质不同

定金属于合同担保的方式，为合同的订立、成立或生效、履行起担保作用；预付款为合同价款的一种支付方式，属于债务人履行债务的行为。

2. 两者的效力不同

定金是在当事人不履行合同时适用定金罚则；而交付和接受预付款的当事人在不履行合同时，不发生丧失或双倍返还预付款的后果，预付款可以抵作价款和损害赔偿金。

3. 两者的交付时间和方式不同

定金一般在主合同订立、成立或生效以及合同履行前交付，且为一次性交付；而预付款则必须在合同生效后交付，并可分期交付。

4. 两者的法律地位不同

定金是从合同，可以与主合同分离，并且应交付定金而未交付并不构成对主合同的违反；而预付款作为主合同的一部分，不能与之分离，且如果一方当事人不按照约定支付预付款则构成违约。

（三）定金与押金

押金是指债务人或者第三人为担保债权受偿而交付债权人占有的一定数

额的金钱，我国并无规定，其实质是一种物的担保方式，属于质押的特殊形式。其与定金均为金钱担保方式，两者之间有如下区别：

1. 两者的性质不同

定金担保在当事人双方之间产生债权的效力，而押金则在当事人双方之间产生担保物权的效力。

2. 两者的设定人范围不同

定金的设定人仅限于被担保合同的双方当事人，不得由合同债务人之外的第三人设定；而押金的设定人既可以是合同债务人，也可以为第三人。

3. 两者的给付数额不同

定金的数额不得超过主合同标的额的 20%，而押金并没有数额的限制，等于甚至往往高于主合同的债权额。

4. 两者的法律效力不同

定金具有双重担保性，定金罚则适用于双方当事人，而押金只拘束交付押金的当事人，如其不履行义务有可能丧失押金，而接受押金一方不履行义务则无须承担双倍返还押金的后果，只需要返还押金及利息即可。

第二节　定金合同

一、定金合同的形式

《民法典》合同编明确定金合同应为要式合同，可以采取书面形式或者口头形式，在实践中，当事人之间虽然是口头约定，但实际上也交付了定金，基于定金又为实践合同，则其口头的定金合同仍应成立并生效[1]，当然，如果当事人仅有口头约定而未交付定金的话，该口头约定自是无效的，故而定金合同一般应为书面合同，但也不是必须为书面合同。

定金合同的实际表现形式有三种：一是独立于主合同之外的另一合同，即单独订立了定金合同；二是在主合同之中存在关于定金条款的约定；三是当事人以信函、传真及数据电文等形式约定的定金合同。

---

〔1〕 郭明瑞、房绍坤、张平华：《担保法》（第四版），中国人民大学出版社 2014 年版，第 190 页。

二、定金合同的内容

定金合同是指被担保的合同双方当事人为设定定金担保而达成的意思表示一致的协议。无论何种类型的定金，定金合同的当事人只能是主合同的双方当事人，而不可能为主合同当事人之外的第三人。定金合同作为合同的一种，其订立程序及成立生效等均应遵守《民法典》合同编的一般规定，下面仅就定金合同内容的几个特殊问题加以阐述。

（一）定金合同的标的物

定金合同的标的物即定金合同的客体，一般来说其标的物为一定数额的金钱，但除金钱外其他代替物是否可以作为定金的标的物，理论界有不同看法。我们认为，代替物是可以作为定金的标的的[1]，因为在市场交易中，代替物与金钱具有相同的作用，将之折算成金钱是可以起到一般等价物的作用的，况且，在交付定金的一方缺乏资金的情况下，交付一定的代替物作为定金有利于满足双方当事人的利益需求，故而我们不宜将定金的标的物机械地理解为金钱，当然，不可代替物是不能作为定金的标的物的，因为如果适用定金罚则，不可代替物不具有双倍返还的可能性。

（二）定金的交付问题

就交易习惯而言，当事人在定金合同中应当约定交付定金的期限。定金的基本功能就是担保债的履行，虽然当事人可以约定定金交付期限，但该交付期限也应受到一定限制，否则就不能体现定金的担保功能了，根据定金的不同类型，定金的交付期限可作如下确定：立约定金应在合同订立之前交付，则可担保合同的顺利签订；成约定金应在合同成立或者生效前交付，否则就不具有成约定金的意义；违约定金可以在主合同成立前或成立时交付，也可以在主合同成立后、履行完毕前交付；解约定金既可以在主合同成立前或成立时交付，也可以在主合同成立后、解约之前交付。

《民法典》第586条第1款规定："当事人可以约定一方向对方给付定金作为债权的担保。定金合同自实际交付定金时成立。"该规定明确了定金合同为实践合同，如果仅有定金合同，不管是口头的还是书面的，如果没有定金的实际交付行为，该定金合同压根儿就没有成立，妄谈生效。但在实践中

---

[1] 郭明瑞、房绍坤、张平华：《担保法》（第四版），中国人民大学出版社2014年版，第190页。

有时会出现交付定金一方未按约定数额交付的，定金合同是否成立生效呢?《民法典》第586条第2款规定:“定金的数额由当事人约定；但是，不得超过主合同标的额的百分之二十，超过部分不产生定金的效力。实际交付的定金数额多于或者少于约定数额的，视为变更约定的定金数额。”该款规定，体现了定金合同为实践合同的特点，正因为是实践合同，没有定金的交付行为不成立生效，更谈不上对之进行变更，对于实际交付的定金多于或者少于约定数额的情况，只能说是变更了定金预约合同，故而，实际交付的定金数额多于或者少于约定数额，以实际交付的数额成立定金合同。

定金标的物交付后即发生所有权的转移，如果标的物为金钱，则基于“货币属于其占有者”的法谚，占有货币者即拥有其所有权，如果认为不能发生所有权转移，则需将该金钱特定化，此时成立的乃是质押权，而不是定金担保了，同样的道理适用于定金标的物为代替物的情况。

（三）定金的数额

《民法典》第586条第2款规定:“定金的数额由当事人约定；但是，不得超过主合同标的额的百分之二十，超过部分不产生定金的效力……”《民法典》对定金数额的限制是为了防止当事人之间的利益失衡，但对超过部分也不是绝对认定为无效，法律对超过部分不予保护，如当事人自愿履行，法律也不强制干涉。同时，法律关于定金数额的限制是针对适用定金罚则的违约定金和解约定金而言的，对立约定金与成约定金并不进行限制。

以案说法

定金合同的成立与定金数额的限制

【案情介绍】

原、被告于2013年8月29日签订房屋买卖合同一份，约定被告将一商城24幢112-113地段房屋两套出售给原告，总价43万元，签约时付定金10万元，若原告反悔，则自愿放弃定金，若被告反悔，则双倍返还定金。合同还约定，被告于2013年9月29日将房屋及产权证（发票）交付原告，原告给付余款33万元。该合同由原、被告签字确认，并由某市场运营管理公司予以见证。合同签订后，经双方协商，将房屋总价款调整为41万元。同日，原告根据约定向被告支付购房定金10万元，被告向原告出具收条一份，并由一建材经营部进行见证，同时在该收条上，双方亦注明收到10万元为房屋款。后被告未依合同约定将房屋交付原告。

法理分析

原、被告签订的房屋买卖合同系双方当事人的真实意思表示，不违反法律强制性规定，应当认定合同成立并生效。合同生效后，原、被告双方均应按照合同履行各自义务。根据房屋买卖合同的约定，被告应于2013年9月29日将涉案房屋及产权证（发票）交付原告，但被告一直未履行该义务，其行为已表明不再履行合同约定义务，当事人可以依照《担保法》约定一方向对方给付定金作为债权的担保。给付定金的一方不履行约定的债务的，无权要求返还定金；收受定金的一方不履行约定的债务的，应当双倍返还定金。原、被告签订的房屋买卖合同也对该规则予以了约定。合同签订后，原告依约向被告支付了定金10万元，并由被告出具了收条，虽然收条上载明的为房屋款，但其金额与合同约定的定金数额相符，交付时间一致，应当认定该笔款项为定金。故原告请求被告双倍返还定金的请求符合约定，也不违反法律的规定，应当予以支持。至于定金的数额，《担保法》第91条规定："定金的数额由当事人约定，但不得超过主合同标的额的百分之二十。"《民法典》第586条第2款规定："定金的数额由当事人约定；但是，不得超过主合同标的额的百分之二十，超过部分不产生定金的效力。实际交付的定金数额多于或者少于约定数额的，视为变更约定的定金数额。"原、被告所签订的合同总价为41万元，定金数额不应超过8.2万元，超过部分应当认定为预付的房款，故被告双倍返还定金的数额应为16.4万元，剩余1.8万元房款，因双方合同解除，被告应当予以返还，故被告共应给付原告18.2万元。

三、定金罚则的适用条件及合同履行后定金的处理

定金罚则通过丧失定金或者双倍返还定金的惩罚手段，以达到制裁违约一方当事人的目的，为了更有利于自身利益的保护，当事人可以根据主合同的具体情况将适用定金罚则的情形作以更明确的约定。如果双方当事人均按约履行了合同义务，则交付的定金可以要求返还也可以抵作一部分价款。

《担保法司法解释》关于定金部分的规定共8个条文，其中与《民法典》的精神吻合，作为审判思路可以继续沿袭的有5个条文：第115条（但要区分拒绝订立合同的原因）、第116条、第117条（其中说理时适用《合

同法》应相应改为适用《民法典》）、第 118 条、第 122 条。其余 3 个条文作为审判思路，不得继续沿袭：第 119 条被《民法典》第 586 条吸收、修改，第 120 条第 1 款被《民法典》第 587 条吸收，第 2 款被《民法典》第 587 条否定，第 121 条被《民法典》第 586 条吸收。[1]

第三节　定金的效力

定金的效力是指定金合同生效后在当事人之间产生的相应权利义务关系。各种类型不同的定金其具有的效力也不尽相同，本节拟结合各类不同定金的特点及其在定金的三个方面的效力上的表现进行阐述。

一、定金的证约效力

定金的证约效力是指定金具有证明主合同存在的效力。因为定金是由当事人依定金合同的约定由一方交付另一方一定数额的金钱，是为担保主合同而订立的，以主合同的存在为前提，具有从属性，因此，没有主合同，当事人之间就不会发生交付和收受定金的事实；反之，当事人之间有交付和收受定金的事实，也证明了他们之间存在合同关系。不同类型的定金，其证约效力的情形也有所不同，在立约定金中，定金的支付与收受视为成立本合同之预约合同，定金返还则证明了主合同成功订立，定金没有返还也可证明主合同的存在；在成约定金中，定金的交付与收受系主合同成立或生效的要件，该事实的发生足以证明当事人之间存在主合同关系；在解约定金及违约定金中，定金的交付与收受的事实更是发生在主合同成立生效之后，完全可以证明主合同关系的存在。

二、定金的预先给付效力

预先给付是指当事人一方在合同规定的给付时间之前履行给付的行为。

---

〔1〕 最高人民法院民事审判第二庭：《最高人民法院民法典担保制度司法解释理解与适用》，人民法院出版社 2021 年版，第 65 页。

《民法典》第587条规定："债务人履行债务的，定金应当抵作价款或者收回……"根据该规定，定金是可以抵作价款的，所谓抵作价款，是指交付定金的一方从依主合同应给付的价款数额中扣除已交付的定金额而给付其余额，由于定金是事前给付的，所以从该意义上讲定金是具有预先支付的效力的。在立约定金中，当事人如成功订立主合同，定金的目的即已达到，定金也即应当返还，但当事人也可约定不予返还而是在主合同履行完毕后将之抵作价款；在成约定金中，当事人交付定金后主合同成立或生效，成约定金的目的即已实现，但定金还不能返还，在合同履行完毕后当事人也可约定将之抵作价款；在解约定金中，如果当事人没有解除合同并实际履行，定金目的即已实现，同样也可约定将之抵作价款；针对违约定金，如果当事人完全履行了债务，没有违约的情形存在，违约定金的目的也已实现，定金可以约定抵作价款。

三、定金的担保效力

定金的担保效力是定金最基本的效力，也是定金目的的根本体现。定金的担保效力表现在两个方面：一是以定金的丧失和双倍返还为代价，给债务人以心理上的压力，迫使其正确履行债务以达到合同履行的目的；二是如果债务人不履行债务，债权人一方可以取得定金或者要求双倍返还定金，对其利益具有一定的补偿作用[1]。定金的担保效力主要是通过定金罚则来实现的，定金罚则是定金制度的最重要的内容，其具体规定为：给付定金一方不履行约定的义务的，无权请求返还定金；接受定金一方不履行约定的义务的，应当双倍返还定金。在不同类型的定金中，其担保效力也是不同的。

（一）立约定金的担保效力

立约定金的担保效力是通过定金罚则实现的，即给付定金一方拒绝订立主合同的，无权请求返还定金；收受定金一方拒绝订立主合同的，应当双倍返还定金。立约定金保留了拒绝订约权的代价，首先，立约定金的罚则规定可以促使订约成功以确保当事人的订约利益；其次，当事人也可通过丧失定金这一较小的损失拒绝订约来避免因客观情况发生重大变化造成的更大的订约不利益，其正是通过赋予当事人保留拒绝订约权而避免了其交易利益上的

〔1〕 宋宗宇、温长煌：《担保法教程》，法律出版社2009年版，第279页。

损失，所以，立约定金也称为犹豫定金[1]。

立约定金适用的前提是当事人拒绝订立主合同，不管拒绝的原因为何均应接受定金罚则的惩罚，只要当事人订立了主合同立约定金的目的即已达到，至于主合同的效力如何以及当事人是否会违反主合同，均不能决定是否适用定金罚则。再有，适用定金罚则后，不管对方损害多少，均以定金额为损害赔偿额，立约定金也具有预定损害赔偿的性质。

以案说法

立约定金的担保效力

【案情介绍】

原告俞某从互联网上看到被告以45万元的价格出售上述楼房的信息，与被告取得联系洽谈购房事宜。同年10月27日，被告收取原告购房定金2万元，立下《收据》一张交原告收执，内容为："今收到俞某交来购买房屋定金贰万元（人民币），房屋总价45万元，其他事宜详见协议"，落款为："某小区3号刘某某"。被告收取原告购房定金2万元后，没有与原告签订房屋买卖书面协议，未将房屋卖给原告。被告表示双方曾口头约定原告在交定金起六日内要签订房屋买卖合同并交清购房款，原告违约在先无权要求返还定金，拒绝卖房给原告。原告则认为当时双方口头约定支付被告第一期购房款40万元的时间是2013年12月20日，余款在2014年7月付清。对此原、被告双方表述各异。

法理分析

笔者认为，原、被告约定以45万元的价格由原告购买被告位于某小区3号的楼房，并由原告向被告先行支付购房定金2万元，是双方真实意思表示，不违反法律和行政法规的禁止性规定，该民事法律行为依法成立并具法律约束力。2万元购房定金，性质属于保证双方在一定期限内签订房屋买卖合同，进行房产交易的立约定金，若一方拒绝签订房屋买卖合同，且无正当理由的，则适用定金罚则的法律规定。被告收取原告2万元定金时所立的《收据》，除说明房屋总价为45万元外，无载明原告应在何时与其订立房屋买卖合同、付清购房款等详细交易内容，从2013年10月27日被告收取定金时至原告起诉前，为期约2个月，原告在合理期限内要求被告进行房产交

---

〔1〕 孙森焱：《民法债编总论》（下册），中国政法大学出版社2004年版，第593页。

易，被告理应履行其所立“收据”中的约定，与原告签订房屋买卖合同卖房给原告。被告无正当理由拒绝卖房，其收取原告的2万元定金需双倍返还。

（二）成约定金的担保效力

成约定金不适用定金罚则，其担保效力主要体现在以下两个方面：

首先，成约定金对主合同的成立或生效起着担保的作用，即当事人约定以交付定金为条件决定主合同的成立或生效与否，需要指出的是，成约定金系主合同成立或生效的必要条件而非充要条件，也就是说，成约定金未交付，主合同不成立或生效，但成约定金的交付并不一定意味着主合同一定成立或生效，因为主合同的成立或生效还须符合《民法典》合同编的相关规定。再有，如果主合同已经履行或者已经履行主要部分，即使成约定金没有交付，主合同仍然成立或生效，因为在此情况下，可以将合同的实际履行视为当事人取消成约定金的积极默示。

其次，在交付成约定金使主合同成立或生效后，成约定金不能返还，其担保效力表现在主合同履行过程中，定金收受方如受到损害，其则可就成约定金求偿，成约定金在此具有了损害赔偿担保金的形式。成约定金不适用定金罚则，也不具有预定损害赔偿的性质。

（三）解约定金的担保效力

解约定金的担保效力也体现为定金罚则，即如果当事人要解除主合同，则将以丧失定金或者双倍返还定金为代价，其实质也是赋予了当事人保留合同解除的权利，而其主要功能是担保当事人不轻易解除主合同。

（四）违约定金的担保效力

违约定金的担保效力内容非常丰富，其效力主要也体现为定金罚则：给付定金的一方不履行约定的债务的，丧失定金；收受定金的一方不履行约定债务的，应当双倍返还定金。关于违约定金罚则的适用，须具备以下两个条件：

1. 债务人不履行约定的债务

适用违约定金罚则首先要求当事人有违约行为，《民法典》均将违约定金的适用条件规定为“不履行约定的债务”，该规定应理解为行为人的行为构成根本违约，债务人不履行约定债务的行为包括如下方面：

（1）债务人根本不履行债务，即没有实施履行合同债务的行为，也即根本违约，包括拒绝履行和履行不能，进而导致合同目的无法实现，当然适用定金罚则。

（2）迟延履行或者其他违约行为。根据《民法典》第 587 条的规定，给付定金的一方不履行债务或者履行债务不符合约定，致使不能实现合同目的的，无权请求返还定金；收受定金的一方不履行债务或者履行债务不符合约定，致使不能实现合同目的的，应当双倍返还定金。迟延履行或者其他违约行为只有构成根本违约致使合同目的不能实现时才能适用定金罚则，合同目的无法实现则合同就没有继续履行的必要，才通过适用定金罚则对守约当事人进行救济；如果迟延履行或者其他违约行为没有构成根本违约，则合同还有继续履行的必要，对其违约行为可以通过其他方式追究其违约责任，无须适用定金罚则。

（3）不完全履行。即没有完全履行合同约定的债务，参考《担保法司法解释》第 120 条第 2 款的规定，应当按照未履行部分所占合同约定内容的比例适用定金罚则。其也以构成根本违约为前提条件，如不完全履行行为没有构成根本违约致使合同目的不能实现，完全可以通过责令其继续履行以实现合同目的，没有启动定金罚则这个惩罚机制的必要。

2. 债务人不履行债务不存在免责事由

参考《担保法司法解释》第 122 条规定："因不可抗力、意外事件致使主合同不能履行的，不适用定金罚则。因合同关系以外第三人的过错，致使主合同不能履行的，适用定金罚则。受定金处罚的一方当事人，可以依法向第三人追偿。"根据该规定，违约定金罚则适用的免责事由为不可抗力、意外事件，不包括第三人过错，由此可知，违约定金罚则的适用实行的是过错原则。该条第 1 句的规定与《民法典》第 587 条关于"致使不能实现合同目的"才能适用定金罚则的规定一致，作为审判思路可以继续沿袭。后 2 句的规定也符合《民法典》精神，作为审判思路，可以继续沿袭。

不可抗力是指不能预见、不能避免且也不能克服的客观现象，《民法典》第 590 条也将之规定为违约责任的一般免责事由，意外事件是指出乎当事人意料的事件，当事人对之无法预料，自然对事故的发生不存在过错，违约定金罚则作为一种惩罚机制，只能对存在过错的违约行为进行处罚，对没有过错的行为的处罚是有失公平的。

关于不履行合同债务是由第三人过错导致的情况，是不能免除违约方的违约责任的，《民法典》第 593 条规定："当事人一方因第三人的原因造成违约的，应当依法向对方承担违约责任……"

第八章

非典型担保

在我国传统担保法领域，根据《民法典》《民法典担保制度司法解释》《九民纪要》等文件的规定，担保方式主要包括抵押、质押、留置等物保以及人的保证、定金等典型的担保方式。随着经济社会的发展，由于担保方内外部程序等原因无法提供典型担保，或是本身不具备典型担保的条件，也或者是为实现出表、改善融资方财务结构等目的，中小企业为满足自身的发展需求从而开辟新的融资渠道，也衍生了多种类型的担保客体来满足企业间的资金融通和商品交流。实践中出现了一些新的担保方式，我们称之为非典型担保。相较于典型担保的局限性，非典型担保展现出其高效便捷的优点，在降低融资成本的同时满足了企业为了加快产业升级的发展需求，于是非典型担保变成了市场主体拓展融资渠道的优先选择。所谓非典型担保又有广义和狭义之分。狭义的非典型担保，是指在交易实务中自发产生，尔后为判例、学说所承认的担保债权实现的担保形式。让与担保为其代表。广义的非典型担保，又叫变态担保或不规则担保，是指包括狭义方式同时包括法律未将其放置于债权担保体系内，甚至于法律对其未加规定，但内在地具有或兼具担保债权的功能，社会交易上将之用于债权担保的制度。典权、让与担保、附条件买卖、买回、代理受领、抵销、融资租赁等均属此类。对于非典型担保合同，当事人以法律、行政法规尚未规定之为由主张无效的，人民法院不予支持。不过，当事人未在法定的登记机构依法进行登记，主张该担保具有物权效力的，人民法院不予支持（《民法典担保制度司法解释》第 63 条）。

值得一提的是，继《民法典》将融资租赁合同、保理合同作为有名合同单独规范，并将所有权保留列入买卖合同之后，《民法典担保制度司法解释》第四章第 63 条至第 70 条对具有担保功能的非典型担保进行了具体规定。其中，让与担保制度与保证金制度此前已经分别被《九民纪要》及《担保法司法解释》作为担保方式加以确认，《民法典担保制度司法解释》延续了相关规定，制度设计上并无显著区别，而融资租赁、所有权保留与保理三项制度，因其具有类似担保的效果，此前在实践中已被大家广泛使用。但是此前无论是成文法还是司法裁判规则，都未明确前述三种制度与担保法律制度之间的关系。此次《民法典担保制度司法解释》在交易实践的基础上系首次将该三类有名合同作为特殊的担保方式确定下来。因此，本章将从非典型担保的类型出发，明确非典型担保的一般规则，从实务角度分析非典型担保的效力认定变化及《民法典》对于各类非典型担保业务的影响。以融资租赁、所有权保留、保理及保证金为切入点，就相关制度及可能存在的问题进行分析，以飨各位读者。

第一节 非典型担保的概念、主要法律特征、发展沿革

一、非典型担保的概念

非典型担保系相对于典型担保而言，实际上是担保类型。与之相对的概念是典型担保，所谓典型担保是指法律所明文规定的，以担保债权实现为直接目的的担保形式。[1]《民法典》中具有典型意义的担保方式：抵押权、质权、留置权、保证和定金。狭义的非典型担保，是指在交易实务中自发产生，尔后为判例、学说所承认的担保债权实现的担保形式。让与担保为其代表。[2]广义的非典型担保，又叫变态担保或不规则担保，是指法律未将其放置于债权担保体系内，甚至于法律对其未加规定，但内在地具有或兼具担保债权的功能，社会交易上将之用于债权担保的制度。典权、让与担保、附条件买卖、买回、代理受领、抵销、融资租赁等均属此类。

非典型担保分为非典型人保和非典型物保，非典型人保包括供应链金融中的到期回购、差额补足责任以及流动性支持等增信措施；所有权保留、融资租赁、保理、让与担保等属于非典型物保的范畴，也是我们本文所要详细分析的非典型担保。

二、非典型担保的主要法律特征

非典型担保的特点与典型担保并无较大差异，其两者存在以下共同点：第一，两者担保的目的相同，即非典型担保也具有担保功能，设立的目的是担保债权能够受偿，因此非典型担保要求被担保的债权存在且有效为前提；第二，债务人或者第三人可提供特定的物或者权利作为担保标的；第三，当债务人届期无法清偿债务时，债权人即可实现合同中约定的担保权利。非典型担保除了具有以上的担保特征外，其与典型担保还存在以下几个方面的区别：

---

〔1〕 崔建远：《对非典型担保司法解释的解读》，载《法治研究》2021 年第 4 期。

〔2〕 参见梁慧星、陈华彬：《物权法》（第 4 版），法律出版社 2007 年版，第 304 页。

（一）非典型担保类型具有开放性

近年来，随着交易市场的多元化，越来越多的担保客体成为非典型担保的对象，为了充分发挥物的效用和担保的功能，非典型担保通过扩张担保财产的范围，如商铺租赁权、银行理财产品收益权以及企业排污权等新生权利，极大地丰富了担保形态。一方面，动产质权在实际生活中容易引发一些风险，主要原因在于质押人将担保物转移给质押权人占有后，质押人无法利用担保物获取收益，质押权人占有担保物的同时还需尽到妥善保管义务，除了禁止使用担保物外，还需要额外为保管该物支付相关费用，这样不仅加重了质押权人的负担，还无法提高担保物的使用率。[1] 另一方面，现代社会科技的飞跃，产生了更多具有可转移性的资源价值，因此人们在担保交易时会选择性价比更高的新兴资源作为担保客体，促成了担保客体的多元化，充分利用社会资源的同时还丰富了市场交易，所以非典型担保增加了担保制度的弹性和灵活性，创造了更多的经济价值。非典型担保具备通过特定的法律关系来担保主债权实现的行为结构，对于非典型担保合同，当事人以法律、行政法规尚未规定之为由主张无效的，人民法院不予支持。[2]

（二）非典型担保实现方式简单灵活

典型担保的实现方式是通过变价实现的，通常将担保物拍卖或者折现的方式变价，需要耗费一定的诉讼时间和流程，债权人的资金空缺无法及时获得填补，其中的时间差会造成债权人在另一处的交易活动无法伸展。而从当前来看，非典型担保的实现方式更多是在双方当事人的合意下完成的，与债权人之间的交易方式更为灵活，有利于债权人掌控担保物的价值，克服了典型担保实现方式的呆板，同时充分利用了物在经济发展中的金融价值。

三、区分典型担保与非典型担保的法律意义

第一，典型担保的构成和效力均由法律明文规定，而非典型担保的情形较为复杂，务必坚持先定性和定位，方能适当地适用法律。

---

〔1〕 王利明：《担保物权制度的发展与我国物权法草案》，载《山西大学学报（哲学社会科学版）》2006 年第 4 期。

〔2〕《民法典担保制度司法解释》第 63 条：债权人与担保人订立担保合同，约定以法律、行政法规尚未规定可以担保的财产权利设立担保，当事人主张合同无效的，人民法院不予支持。

第二，通过对典型担保和非典型担保的梳理、分类，可建立债的保障体系，完善民法理论。

四、《九民纪要》之前关于非典型担保效力的讨论

实务界与学界对于物权法定原则的弊端已有认识，学者多主张通过缓和物权法定原则来承认非典型担保的合法性。基于对实证法的尊重，在物权法定原则之下，解释论视野下的缓和路径大体有以下三条：第一，通过习惯法扩张物权法定的法源范围，进而把习惯中的非典型担保囊括进来，使其摆脱合法性争议。第二，扩张解释物权法所规定的物权类型，把实践中出现的非典型担保纳入其中，以承认其物权效力。第三，限定物权法定原则的效力范围，使得当事人签订的非典型担保协议不发生物权效力而非无效，以最大限度地尊重当事人的交易安排。

五、《九民纪要》以来非典型担保的发展沿革

《九民纪要》中明确："要充分发挥担保对缓解融资难融资贵问题的积极作用，不轻易否定新类型担保、非典型担保的合同效力及担保功能"，并对让与担保进行了规范。《民法典》延续了《九民纪要》的态度，在保留典型担保的前提下，通过扩大担保合同范围的方式，首次提出了非典型担保方式。《民法典》第 388 条明确将"具有担保功能的合同"类型（非典型担保）一并纳入担保范畴，并对担保合同进行了开放式定义，确认了"其他可以登记的担保物权"的存在，实际上相当于赋予非典型担保与典型担保同等的法律地位，为日后创新担保方式提供了法律依据。

第二节　所有权保留

一、所有权保留担保的定义

所有权保留，是指在买卖合同中，根据法律规定或双方当事人之间约

定，买受人先占有、使用标的物，但在双方约定的特定条件成就前，出卖人仍保留标的物所有权，待条件成就后，再将所有权移转给买受人的一种交易方式。

我国大陆首次明确承认所有权保留制度的法律为《合同法》。该法第134条对所有权保留的表述为，“当事人可以在买卖合同中约定买受人未履行支付价款或者其他义务的，标的物的所有权属于出卖人”。依文义解释规则，《合同法》对当事人约定保留标的物所有权作出了严格限制：只有在买受人未履行支付价款或其他义务即买受人违约时，出卖人才能保留标的物所有权，当事人之相关约定方为有效。

德国学者赖纳·斯罗德指出，“这种担保方式（所有权保留）对于当事人双方均有好处。在买受人不践行债务时，出卖人可以取回标的物；买受人则能在不必立即支付买卖价金的情况下获得对标的物的使用，尤其是通过对标的物的再转卖或再加工，买受人往往才有能力来偿还价金债务。由于具有其他担保方式所无可比拟的这些优点，所有权保留的担保方式在交易生活中发挥着重要作用”〔1〕。王泽鉴教授的评价为，“保留所有权之主要功能，虽在于保障债权，但亦深具社会经济意义，盖出卖人之债权既获保障，可借分期付款方式大量出售货物，并可舍弃通常为保全价金而附加之各种苛严条款，其于增加生产，促进经济发展，改善民生，贡献甚巨”〔2〕。

二、所有权保留的性质

笔者赞同担保物权说的观点。史尚宽认为：“担保物权白其制度上观之得分为约定担保与法定担保。前者例如让与担保、所有权保留、质权、抵押权、典权。后者例如留置权、优先权。”〔3〕即史尚宽先生将所有权保留归为担保物权中的约定担保。本书作者也持此观点，孙宪忠认为：“在所有权保留中，出卖人以迟延移转物的所有权为手段，担保其全部获得买价的债权。此时，出卖人手中的所有权就成为其实现买价请求权这一债权的担保物权。”〔4〕

---

〔1〕［德］赖纳·斯罗德：《德国物权法的沿革与功能》，张双根译，载《法学家》2000年第2期。

〔2〕王轶：《所有权保留制度研究》，载梁慧星主编：《民商法论丛》（第6卷），法律出版社1997年版。

〔3〕史尚宽：《物权法论》中国政法大学出版社2000年版，第253页。

〔4〕孙宪忠：《德国当代物权法》，法律出版社1997年版，第345页。

该说认为从所有权保留买卖的经济实质上看，出卖人保留所有权的目的纯粹是保障其价款债权的实现，而非保留标的物所有权本身，但是从形式上看，在价款完全偿付之前，出卖人为法律上的所有权人；而买受人在实质上却与所有权人无异：虽然其对于标的物的权利系基于债的关系产生，为债权，但是其权利又绝不是债权所能包容的。可见，出卖人保留的所有权虽在法律上为完全所有权，但是事实上却相当于担保权。因此，其已跨越了所有权与担保物权的界限，兼具所有权与担保权的属性，故为担保性所有权。甚至有学者将该学说认定为“代表了理论发展的方向和法律实践的趋势”。

三、所有权保留制度下出卖人权利实现方式

所有权保留制度规定在《民法典》第 641 条中，《民法典担保制度司法解释》对其担保功能进行了较为详尽的规定，同时修订后的《最高人民法院关于审理买卖合同纠纷案件适用法律问题的解释》[1] 对关于所有权保留制度的规定也相应进行了调整。

（一）出卖人权利实现方式

关于出卖人权利及行使的方式，《民法典担保制度司法解释》第 64 条第 1 款给予所有权保留的出卖人两种权利实现方式，其一为自行协商行使取回权，其二为协商不成情形下，通过参照“实现担保物权案件”的规定实现权利。

《民法典担保制度司法解释》第 64 条规定：在所有权保留买卖中，出卖人依法有权取回标的物，但是与买受人协商不成，当事人请求参照民事诉讼法“实现担保物权案件”的有关规定，拍卖、变卖标的物的，人民法院应予准许。

出卖人请求取回标的物，符合《民法典》第 642 条规定的，人民法院应予支持；买受人以抗辩或者反诉的方式主张拍卖、变卖标的物，并在扣除买受人未支付的价款以及必要费用后返还剩余款项的，人民法院应当一并处理。该条第 2 款则是在《民法典》第 642 条第 1 款的基础上，明确出卖人可以通过法院诉讼的方式行使取回权。

《民法典》第 642 条规定，当事人约定出卖人保留合同标的物的所有权，

[1] 2020 年 12 月 23 日最高人民法院审判委员会第 1823 次会议修正。

在标的物所有权转移前，买受人有下列情形之一，造成出卖人损害的，除当事人另有约定外，出卖人有权取回标的物：（1）未按照约定支付价款，经催告后在合理期限内仍未支付；（2）未按照约定完成特定条件；（3）将标的物出卖、出质或者作出其他不当处分。

出卖人可以与买受人协商取回标的物；协商不成的，可以参照适用担保物权的实现程序。

毕竟出卖人取回标的物不是其最终目的，实现债权才是最终目标，《民法典》第643条给出了救济渠道。《民法典》第643条规定："出卖人依据前条第一款的规定取回标的物后，买受人在双方约定或者出卖人指定的合理回赎期限内，消除出卖人取回标的物的事由的，可以请求回赎标的物。买受人在回赎期限内没有回赎标的物，出卖人可以以合理价格将标的物出卖给第三人，出卖所得价款扣除买受人未支付的价款以及必要费用后仍有剩余的，应当返还买受人；不足部分由买受人清偿。"

（二）《民事诉讼法》"实现担保物权案件"与"担保物权的实现程序"之间的关联与区别

《民法典担保制度司法解释》第64条第1款中所使用的"参照民事诉讼法实现担保物权案件的有关规定"的表述，不同于《民法典》第642条所使用的"参照适用担保物权的实现程序"的表述。

根据《民事诉讼法》的规定，"担保物权的实现程序"实际上包括两种。一种是通过《民事诉讼法》第十五章特别程序中的"实现担保物权案件"相关规定，向人民法院申请实现担保物权，经审查被法院驳回申请后，仍然可以通过普通程序起诉实现权利；另一种则是直接向法院起诉通过诉讼实现担保物权。

那么上述《民法典担保制度司法解释》的变化是否意味着所有权保留出卖人不能选择第二种方式实现权利，仅能通过第一种，即只有在被法院驳回申请后，才能另行起诉？这一点仍需要法院在未来司法实践中加以明确。笔者认为，当事人可以直接选择两种途径中的任意一种。最高人民法院："通过参照'实现担保物权案件'的规定实现权利"之规定，是为了节约实现担保物权的成本，提高交易效率。

（三）所有权保留担保制度的法律适用的深度思考

所有权保留担保制度主要规定在《民法典》第641条、第642条、第

643 条。

《民法典》第 641 条规范“什么是所有权保留”及所有权保留登记的效力。《民法典》第 642 条规范“出卖人的取回权”及出卖人的取回程序。《民法典》第 643 条规范“买受人的回赎权”。

《民法典担保制度司法解释》第 64 条规定：在所有权保留买卖中，出卖人依法有权取回标的物，但是与买受人协商不成，当事人请求参照民事诉讼法“实现担保物权案件”的有关规定，拍卖、变卖标的物的，人民法院应予准许。出卖人请求取回标的物，符合民法典第 642 条规定的，人民法院应予支持；买受人以抗辩或者反诉的方式主张拍卖、变卖标的物，并在扣除买受人未支付的价款以及必要费用后返还剩余款项的，人民法院应当一并处理。

该解释第 64 条在落实《民法典》第 641 条和第 642 条设计的所有权保留规则的前提下，还增加程序性和实体性的下述规定：“与买受人协商不成，当事人请求参照民事诉讼法‘实现担保物权案件’的有关规定，拍卖、变卖标的物的，人民法院应予准许”（第 64 条第 1 款但书）；“买受人以抗辩或者反诉的方式主张拍卖、变卖标的物，并在扣除买受人未支付的价款以及必要费用后返还剩余款项的，人民法院应当一并处理”（第 64 条第 2 款后段）。对该条规定，崔建远先生认为：出卖人如何取回标的物，买卖双方有商定时依其商定，这符合意思自治原则，且大多符合交易纠纷解决的实际，不涉及公序良俗，在这个意义上说，它值得肯定。但其违背了《民法典》第 642 条首先赋权出卖人享有径直请求买受人返还买卖物的取回权，不论出卖人和买受人就取回买卖物是否达成协议；其次才是尊重出卖人愿意与买受人就取回买卖物进行协商的意思和操作。在立法法的层面，司法解释无权“篡改”或者突破《民法典》的规范设计框架。出卖人基于保留的标的物所有权取回标的物，这是物权（物权追及效力）及其行使效力的表现，在标的物于出卖人特别有意义时最能达到目的。也是所有权保留制度的核心价值所在。买受人同意出卖人取回标的物时是这样，不同意时也应当如此。循此逻辑，出卖人行使取回权，使标的物重回出卖人之手，不应受买受人同意与否的影响。从表面上看，笔者的这种意见似乎不同于《民法典》第 642 条第 2 款关于“出卖人可以与买受人协商取回标的物；协商不成的，可以参照适用担保物权的实现程序”的规定及《民法典担保制度司法解释》第 64 条第 1 款关于“在所有权保留买卖中，出卖人依法有权取回标的物，但是与买受人协商不成，当事人请求参照民事诉讼法‘实现担保物权案件’的有关规定，拍卖、变卖标的物的，人民法院应予准许”的规定。实际情形果真如此吗？如果把《民法典》第642条第2款及《民法典担保制度司法解释》第64条第1款的规定理解为它们确定了买受人与出卖人协商系出卖人取回标的物的前置程序，那么，只有买受人同意出卖人取回标的物时，标的物才能重归出卖人；买受人不同意时，只得“参照适用担保物权的实现程序”，拍卖或变卖标的物，出卖人只能取得一定的金钱，不能取得标的物原物。根据《民法典担保制度司法解释》第64条第1款的字面意思，给人的印象似乎是这种理解。这的确不同于笔者的解释。与此有别的理解是：即使买受人不同意出卖人取回标的物，或不同意出卖人取回标的物的方式，也阻挡不住出卖人取回标的物原物。当然，法律并无强迫出卖人只可取回标的物原物之意，而是赋予出卖人选择权：出卖人有权选择不取回标的物，而选择“参照适用担保物权的实现程序”“拍卖、变卖标的物”，或者选择“取回标的物”的处理方式。对于“参照适用担保物权的实现程序”，“拍卖、变卖标的物”的处理方式，《民法典》第642条第2款使用的措辞是“可以”而非“应当”或“必须”，表明该规定非强制性规定；《民法典担保制度司法解释》第64条第1款的表述是“当事人请求”，作为权利人的出卖人不请求“参照适用担保物权的实现程序”“拍卖、变卖标的物”，而请求买受人返还标的物原物，不违反法律的强制性规定，应当受到法律的肯认和保护。这样，出卖人享有选择权之说确有法律及法理的依据。笔者赞同这种理解，因其最符合物权及其行使的本质特征，可能最有利于出卖人。当然条文本身并没有否定与排除出卖人通过诉讼取回标的物的权利。

第三节 融资租赁

一、融资租赁关系中的担保权的定义与内容

融资租赁是指向承租人转移了与资产所有权有关的全部风险和报酬的租赁形式。在实务操作中，出租人根据承租人的请求，向承租人指定的出卖人，按承租人同意的条件，购买承租人指定的租赁物，并以承租人支付租金为条件，将该租赁物的占有、使用和收益权转让给承租人。租赁期满，承租

人支付事先约定的名义货价，租赁物转让给承租人。融资租赁关系中关于租赁物所有权保留与转移的内容规范具有保障出租人实现债权的功能。《民法典》第735条规定，融资租赁合同是出租人根据承租人对出卖人、租赁物的选择，向出卖人购买租赁物，提供给承租人使用，承租人支付租金的合同。

《民法典》第735条未对租赁物的种类和属性进行限制，也未对知识产权作为租赁物进行限定。根据民法“意思自治”“法无禁止皆自由”的原则进行分析，将不动产、知识产权作为融资租赁的租赁物具备实务上的可能性，这也是立法之初立法者为新型的担保心态预留的法律解释空间。

融资租赁合同的内容一般包括租赁物的名称、数量、规格、技术性能、检验方法，租赁期限，租金构成及其支付期限和方式、币种，租赁期限届满租赁物的归属等条款。融资租赁合同应当采用书面形式。[1]

二、融资租赁合同担保功能的从属性分析

《民法典》明确“担保合同是主债权债务合同的从合同”，因此，在担保合同之外一般还应当存在一个主合同，或者在主合同内规定担保条款。典型担保合同具有明显的上述特点。

但是融资租赁合同作为典型合同，本身具有明显的独立性，不依附于其他合同的存在而存在，所以有人据此认为融资租赁合同不属于担保合同。显然这与立法者的观点相悖，也没有看到担保合同从属性的本质。正是因为融资租赁合同从属性的不显著，才体现出融资租赁合同作为担保合同的非典型性。

担保合同无论是以独立的形式存在，还是以主合同中担保条款的形式存在，其主要目的均为保障特定债权的实现。因此，关于债权债务的内容即为主合同，关于保障债权实现的内容即为从合同，并不能因为将二者结合成一个混合合同，而否定他们的主合同、从合同关系。

在融资租赁合同中，债权债务关系即为出租人根据承租人对出卖人、租赁物的选择，向出卖人购买租赁物，提供给承租人使用，承租人支付租金的关系。虽然租赁期限届满租赁物所有权既可以归承租人，也可以归出租人，但是在租赁期限届满前应当归出租人当无疑问。

---

〔1〕 参见《民法典》第736条。

因此，融资租赁合同中关于租赁物所有权保留与转移的内容规范显然具有保障出租人实现债权的功能，担保权的架构在此设立。据此，在融资租赁合同中，关于债权债务关系的内容可以视为主合同，关于租赁物所有权的内容可以视为从合同，融资租赁合同担保功能的从属性便一览无遗。事实上，在融资租赁合同成为典型合同之前，一般也将其视为买卖合同、租赁合同等结合体的混合合同。

三、《民法典》融资租赁合同章主要条文解读

《民法典》融资租赁合同章引入了2013年11月25日最高人民法院审判委员会通过的《最高人民法院关于审理融资租赁合同纠纷案件适用法律问题的解释》[1]（以下简称《融资租赁司法解释》）10条，新增2条，《民法典》出台前，关于融资租赁的法律规定主要见于《合同法》第14章和《融资租赁司法解释》。《民法典》出台后，相关规定进行了整合，融资租赁合同仍作为合同编项下的一个章节单独列示，由原《合同法》第14章，改为《民法典》合同编第15章。在具体的条款方面，由原14条增加至26条，增加的内容包括：（1）10个条款由《融资租赁司法解释》上升为法律；（2）2条新增条款分别是：第737条（合同无效）、第759条（象征性价款）；（3）9条修订条款，对《合同法》《融资租赁司法解释》的相关条文沿用并修改；（4）5个条款沿用了《合同法》的规定。

《民法典》的融资租赁专章规定了融资租赁及“出租人对租赁物享有所有权”，总体上与《融资租赁司法解释》等规定内容基本相同，对于租赁物，出租人既有解约取回权，也有履约选择权等。从法律适用规则的优先级来看，《民法典》中的融资租赁专章规定优先于其他分章规定。《民法典》虽然将融资租赁纳入了新的担保物权体系，但并不意味着融资租赁的基础逻辑和规则被消灭，融资租赁的基本逻辑和操作模式，并未发生根本变化。具体规范和指引在理念上也有不少变化。下文重点梳理该章中实质性修订的法条，进行逐一解读。

（一）融资租赁虚假意思表示的合同无效

《民法典》第737条当事人以虚构租赁物方式订立的融资租赁合同无效。

---

〔1〕该解释于2020年12月23日最高人民法院审判委员会第1823次会议修正。

根据《民法典》总则编第146条，行为人与相对人以虚假的意思表示实施的民事法律行为无效。以虚假的意思表示隐藏的民事法律行为的效力，依照有关法律规定处理。

在交易实践中，当事人可能会为了逃脱金融监管，如某些不符合金融放贷资质的金融机构以融资租赁的名义来进行金融放贷，或者贷款的利息违反了利率管制的要求，从而选择以虚构租赁物的形式进行贷款，所以这是以虚假的意思表示实施的民事法律行为。

正确认识虚构租赁物之“融资租赁合同”，应从法律关系定性、法律关系效力、担保效力、当事人权利义务关系四个角度进行分析。

第一，法律关系定性是指法院通过查明合同主要条款、履行情况、交易背景等案件事实，依法归纳案涉法律关系性质的司法裁判方法。虚构租赁物，不构成融资租赁法律关系，应定性为借款合同，因此融资租赁合同无效。

第二，法律关系定性与法律效力相互独立，定性不会影响效力。“名为融资租赁实为借贷”如无特别情形，不违反法律、行政法规强制性规定，一般属于有效的民事法律关系，涉及借贷等问题按照相应的法律法规处理。

第三，法律关系定性不会影响被担保债务的同一性。例如，有人为融资租赁的债权提供保证时，若无特别约定，保证人不能仅以法律关系另行定性为由，要求免除己方之保证责任。

保证人缔约时不知道案涉法律关系性质的，除“融资租赁合同”当事人串通骗保，债务人欺诈、胁迫保证人且债权人明知该事实以及债权人欺诈、胁迫保证人外，保证人不能因此免除其责任。

第四，“名为融资租赁实为借贷”不能产生融资租赁的法律效果，法院应适用借款合同的相关法律规定，依法认定借款本金与利率。“名为融资租赁实为借贷”中约定收取保证金、首付款等的，如该款项不构成法定金钱质押的，应当在借款本金中扣除。

在“名为融资租赁实为借贷”中，当事人对借款总额以及还款总额达成了一致的意思表示的，法院应根据相关合同条款和法律规定，参考租赁利率或内部收益率等标准，结合案件的具体情况，判定借款利率。

关于借款期限，应当平衡出借人的可得利益与借款人的期限利益，结合当事人的过错，综合予以认定。

（二）关于承租人的拒绝受领权

《民法典》第740条规定：出卖人违反向承租人交付标的物的义务，有下列情形之一的，承租人可以拒绝受领出卖人向其交付的标的物：（1）标的物严重不符合约定；（2）未按照约定交付标的物，经承租人或者出租人催告后在合理期限内仍未交付。承租人拒绝受领标的物的，应当及时通知出租人。

承租人对于租赁物存在瑕疵或租赁物的交付存在瑕疵时拥有拒绝受领权。

在融资租赁中，存在两个合同和三方当事人，即出卖人与出租人之间的买卖合同、出租人与承租人之间的融资租赁合同。

当租赁物出现严重不符合约定的情况或者租赁物未按约定交付的时候，依照合同相对性原则，由于出卖人与承租人之间并没有直接的合同关系，承租人只能按照合同请求出租人向出卖人行使拒绝受领的权利，而无权直接向出卖人拒绝受领租赁物。

但由于融资租赁合同的特殊性，在买卖合同中，作为买受人的出租人的主要义务就是支付价款，而租赁物是由承租人指定购买的，对其性能和生产要求等，出租人往往缺乏了解，很难对出卖人提供的租赁物做检验和判断。

同时，租赁物的用益权也属于承租人，为了保证租赁物符合要求，便于解决租赁物在使用中出现的问题，实践中，出租人往往将选择由谁来提供何种品质、规格的租赁物的决定权赋予承租人，由承租人与出卖人就租赁物直接进行交流，由承租人负责收货验收。

出租人往往关心的是如何以租金的形式收回全部投资并获得相应利润，并不想参与承租人与出卖人之间就租赁物产生的纠纷。

因此，对由于租赁物的质量瑕疵或交付瑕疵，如租赁物质量不合格或者迟延供货的原因，需要对租赁物行使拒绝受领权的，由承租人行使更为合适。

本条规定赋予承租人直接向出卖人拒绝受领瑕疵给付或者迟延给付的权利，使出卖人与承租人之间建立法律上的关系，故而本条规定突破了合同相对性的约束，属于《民法典》第465条第2款[1]所述的法律另有规定的情形。

---

〔1〕《民法典》第465条：依法成立的合同，受法律保护。依法成立的合同，仅对当事人具有法律约束力，但是法律另有规定的除外。

（三）关于出租人对租赁物所有权的规定

《民法典》第745条规定："出租人对租赁物享有的所有权，未经登记，不得对抗善意第三人。"看出《民法典》选择了登记公示出租人就租赁物的所有权。这也符合《民法典》继受的物权法体系下交易类型化上的"形式主义"立法模式和"物权法定"的基本原则，解决了如将出租人保有的形式上的所有权重构为担保物权，则在同一部法典之中，所有权章将其权能规定得很全面、很完整，但及至融资租赁专章，所有权却又仅起担保作用，失去其他权能所带来的法典内部的体系冲突。也就是说，出租人对租赁物享有的权利仍然定性为所有权，而非担保物权，《民法典》不将其移至物权编。据此，从融资租赁中租赁物登记的角度看，《民法典》走向登记公示租赁物的所有权和租赁权的方向。同时，也看到《民法典》在一定程度上也突破了此前"物权法定"所固守形式理性，兼采了功能主义的立法模式，承认融资租赁合同的担保属性并将融资租赁合同归为担保合同。

自2020年1月1日起施行的《优化营商环境条例》[1] 第47条第2款规定："国家推动建立统一的动产和权利担保登记公示系统，逐步实现市场主体在一个平台上办理动产和权利担保登记。纳入统一登记公示系统的动产和权利范围另行规定。"

2020年12月29日国务院发布《关于实施动产和权利担保统一登记的决定》，其中明确中国人民银行征信中心统一登记范围的担保类型包括：融资租赁；保理；所有权保留。据此，《民法典》及《民法典担保制度司法解释》中关于非典型担保的登记在实际操作层面得到了落实。

上述行政法规和部门规章的颁布实施为逐步建立全国统一的动产与权利担保登记系统奠定了基础。

所以，基于实现优化营商环境、消灭隐形担保的总目标，《民法典》第745条规定出租人对租赁物享有的所有权未经登记不得对抗善意第三人，明确了必须登记才能取得对抗第三人的效力。

除了上述总目标的实现以外，由于《民法典》已经确立了融资租赁中出租人的所有权本质上起到了担保的作用，事实上是担保的具体形式之一，所以，对于融资租赁而言，无论是同一标的物上存在多个融资租赁，还是出现

---

[1] 2019年10月8日，国务院常务会议审议通过《优化营商环境条例》。

融资租赁与抵押权的竞存，都要适用《民法典》第 414 条[1]之规定处理清偿顺序问题。

（四）承租人违约，出租人可以解除融资租赁合同

《民法典》第 752 条规定："承租人应当按照约定支付租金。承租人经催告后在合理期限内仍不支付租金的，出租人可以请求支付全部租金；也可以解除合同，收回租赁物。"

一般而言，针对承租人未依约支付租金的行为，融资租赁合同中都会约定相应的处罚条款。而本条款明确了出租人的两种选择，这两种选择也基本与《融资租赁司法解释》以及司法实践相符，一是让承租人丧失期限利益，回收全部租金；二是选择解除合同，收回租赁物。进一步理解：收回租赁物后出租人是否还能要求承租人赔偿损失？根据《民法典担保制度司法解释》的规定，应该是可以的，但这里的"损失"是否包括全部合同损失，有待进一步探讨。另外，结合《民法典》第 758 条第 1 款的规定："……收回的租赁物的价值超过承租人欠付的租金以及其他费用的，承租人可以请求相应返还。"据此，以租赁物的价值为基准，在诉争过程中，出租人以及承租人双方都有公平且合理的诉求角度可以利用，我们认为是符合逻辑的。

《民法典》第 753 条规定：承租人未经出租人同意，将租赁物转让、抵押、质押、投资入股或者以其他方式处分的，出租人可以解除融资租赁合同。

本条规定出租人一方可以解除融资租赁合同的情形，以承租人违约作为解约的前提条件，针对承租人擅自处分租赁物的行为，这类行为对出租人的租赁物所有权和租金债权的实现均构成严重威胁，属于承租人的严重违约。

出租人对租赁物名义上享有所有权，而本质上这种所有权起到的是担保作用。在出租人与承租人的内部关系上，中途不可解约性是融资租赁合同的一个重要特征。

同时，由于融资租赁合同这一特殊性，在合同条款中通常也会明确规定

---

[1] 《民法典》第 414 条：同一财产向两个以上债权人抵押的，拍卖、变卖抵押财产所得的价款依照下列规定清偿：

（一）抵押权已经登记的，按照登记的时间先后确定清偿顺序；

（二）抵押权已经登记的，先于未登记的受偿；

（三）抵押权未登记的，按照债权比例清偿。

其他可以登记的担保物权，清偿顺序参照适用前款规定。

在合同有效期内，当事人双方无正当、充分的理由，不得单方要求解约或退租。

而融资租赁的交易形式又使承租人通常具有权利外观，因此承租人无权处分租赁物的风险始终存在。融资租赁合同租赁期限届满之前，租赁物由承租人占有、使用，并且实践中为了便于承租人账务处理或获得一定的税收优惠，出租人购买租赁物时往往让出卖人出具以承租人为购买人的税务发票，或将一些融资租赁资产登记在承租人名下。

在此种情况下，承租人可能凭借其对租赁物的实际控制和相关证明材料，在未经出租人同意的情况下，将租赁物转让、抵押、质押、投资入股或者以其他方式处分。

由于融资租赁合同租赁期限届满之前，租赁物归出租人所有，承租人的上述行为显然构成无权处分。

承租人未经出租人同意，将租赁物转让、抵押、质押、投资入股或者以其他方式处分的，侵犯了出租人对租赁物的所有权，符合《民法典》第 563 条第 1 款第 4 项“有其他违约行为致使不能实现合同目的”当事人可以解除合同的规定，出租人有权解除合同。

而在对外关系上，为了消灭隐形担保物权，优化营商环境，根据《民法典》第 745 条的规定，出租人对租赁物享有的所有权，未经登记，不得对抗善意第三人。即在融资租赁合同下，承租人无权处分租赁物的应当依照《民法典》第 414 条关于担保领域权利竞合的清偿顺序的规定依次实现权利：

首先，租赁物上已登记的所有权及其他担保物权，按照登记的时间先后确定清偿顺序；其次，租赁物上已登记的所有权及其他担保物权优先于未登记的受偿；最后，租赁物上的所有权及其他担保物权未登记的，按照债权比例清偿。

（五）融资租赁合同因买卖合同解除、被确认无效或者被撤销而解除后的损失赔偿问题

《民法典》第 755 条规定：“融资租赁合同因买卖合同解除、被确认无效或者被撤销而解除，出卖人、租赁物系由承租人选择的，出租人有权请求承租人赔偿相应损失；但是，因出租人原因致使买卖合同解除、被确认无效或者被撤销的除外。出租人的损失已经在买卖合同解除、被确认无效或者被撤销时获得赔偿的，承租人不再承担相应的赔偿责任。”

融资租赁合同因买卖合同解除、被确认无效或者被撤销而解除的，属于

因融资租赁合同当事人以外的原因导致合同解除，承租人虽无违约行为，但如果买卖合同的出卖人、租赁物系由承租人选择，承租人亦应当对选择的后果负责，即对由此而给出租人造成的损失承担赔偿责任。

需要注意的是，买卖合同如因出租人的过错而解除、被撤销或被确认无效的，承租人对融资租赁合同的解除不承担损失赔偿责任，出租人应自担其责。

由于融资租赁合同解除对出租人造成的损失与买卖合同解除、被撤销或被确认无效对出租人造成的损失往往存在一定的交叉和重合，为保护承租人的合法权益，避免出租人通过在不同法律关系中分别求偿而获得双重利益，本条规定出租人在买卖合同中已经获得赔偿的，应在融资租赁合同的索赔中相应予以扣减。

本条在适用过程中应当注意以下问题：

第一，出租人求偿的适用条件。出租人主张损失赔偿的前提是其对买卖合同的无效、被撤销或被解除均不具有可归责事由，否则，其不享有求偿权。

第二，出租人赔偿损失的抵扣。出租人作为买卖合同的买受人，如其在因买卖合同中导致的损失已经通过买卖合同的救济得到补偿，则此部分受偿金额应当在其以此为由再向承租人主张时予以抵减，以免造成出租人因同一损失而获得双重赔偿。

（六）承租人已经支付大部分租金，但是无力支付剩余租金，出租人因此解除合同收回租赁物，承租人可以请求部分返还租赁物价值

《民法典》第758条规定："当事人约定租赁期限届满租赁物归承租人所有，承租人已经支付大部分租金，但是无力支付剩余租金，出租人因此解除合同收回租赁物，收回的租赁物的价值超过承租人欠付的租金以及其他费用的，承租人可以请求相应返还。当事人约定租赁期限届满租赁物归出租人所有，因租赁物毁损、灭失或者附合、混合于他物致使承租人不能返还的，出租人有权请求承租人给予合理补偿。"

根据《民法典》第752条的规定，承租人不支付租金时，出租人有权解除合同，收回租赁物，这是由出租人享有的租赁物所有权所决定的。

但是出租人所有权是一项受其租金债权严格制约的权利，在融资租赁交易中，与租赁物所有权有关的风险与收益实质上都转移给承租人了，出租人的所有权仅具担保的意义。

因此，当承租人违约时，出租人有权解除合同，收回租赁物，并要求承租人赔偿损失。

融资租赁中租金的本质为还本付息，进而赎回租赁物实现担保物权，因此禁止流质流押情形的发生。

但鉴于出租人对租赁物享有的权利实质为担保物权，仅在形式上表现为所有权，出租人于承租人不能支付租金的情形下，解除融资租赁合同、收回租赁物无须经过人民法院同意，但应当进行强制清算。

租赁物的价值超过剩余欠款的，出租人应当予以返还。因为在融资租赁实践中，损害赔偿金是以相当于残存租金额或者以残存租金额减去中间利息计算的。这样出租人不仅收回了租赁物，而且可以获得一笔相当于残存租金额的损害赔偿金。

而在融资租赁合同完全履行时，出租人仅可取得全部租金及期满后取得租赁物的残余价值。由此可以看出，如果不进行强制清算，出租人中途解约取得的利益，比合同全部履行本应得到的利益还要多。

这不仅不公平，而且由于利益驱动，会使出租人尽量使用解除合同的办法，不利于融资租赁合同关系的稳定。

为了解决上述问题，《民法典》第 758 条规定，当事人约定租赁期限届满租赁物归承租人所有，承租人已经支付大部分租金，但是无力支付剩余租金，出租人因此解除合同收回租赁物，收回的租赁物的价值超过承租人欠付的租金以及其他费用的，承租人可以请求相应返还。也就是说，出租人因收回租赁物而有所得，无论是按所评估的公允价值，还是按公开拍卖的实际所得，都不直接归出租人所有。

这一所得必须与出租人这时的租金债权，即承租人尚未付清的租金及其他费用作比较。只有出租人收回租赁物的所得等于出租人的租金债权的部分时，才归出租人所有，超出租金债权部分，是出租人多得的利益，应返还给承租人，或者充作承租人支付的损害赔偿金，不足部分仍应由承租人清偿。

当事人约定了租期届满后租赁物归属于出租人的，租赁物在承租人处因毁损、灭失或者附合、混合于他物致使承租人不能返还的，因为风险应该由承租人负担，所以承租人应该向出租人补偿租赁物的残值。

（七）承租人支付象征性价款时租赁物归承租人

《民法典》第 759 条规定：当事人约定租赁期限届满，承租人仅需向出租人支付象征性价款的，视为约定的租金义务履行完毕后租赁物的所有权归承租人。

在传统租赁中，承租人的一项主要义务就是于租赁期限届满时，将租赁物返还给出租人。而在融资租赁中，鉴于租赁物对于出租人和承租人的价值不同，合同双方通常会约定租赁期限届满租赁物的归属。

合同双方未约定的，承租人一般可以有三种选择权：留购、续租或退租。其中留购即指租期届满，承租人支付给出租人象征性价款，于租赁义务履行完毕后取得租赁物的所有权。

一方面，在上述三种租赁物的处理方式中，出租人更愿意选择留购这一处理方式。实践中，出租人关心的是如何收回其投入以及盈利，而对租赁物的使用价值兴趣不大，大多数融资租赁交易均把承租人留购租赁物作为交易的必要条件。如果选择另外两种方式处理租赁物，仍面临着租赁物的最终处理问题，出租人并不希望保留租赁设备。

另一方面，融资租赁的域外实践中，通常采取约定支付象征性价款的方式确定租赁期限届满租赁物归属的方式。

在我国融资租赁业务发展的初期对此有所借鉴，也因此保留、发展成为实践中融资租赁合同的通常条款。

所以，这种租赁期限届满，承租人仅需向出租人支付象征性价款的约定，实际上使得在租赁物归属约定不明的情形下，在依照《民法典》第 757 条规定判断顺序之前，承租人即通过支付象征性价款的方式于租金义务履行完毕后取得租赁物的所有权。因此，本条兼顾法律逻辑与融资租赁实际业态作出明确规定。

四、融资租赁关系中的担保权的实现方式

融资租赁合同作为有名合同列入《民法典》合同编，并受到两部司法解释的规范。合同的履行主要由 2020 年 12 月 23 日修正的《融资租赁司法解释》规范，而担保权利的实现则由《民法典担保制度司法解释》规范。

（一）《民法典担保制度司法解释》对融资租赁纠纷的适用范围

融资租赁按照租赁期届满后租赁物是归属承租人还是出租人，可以分为两类。通常认为，租赁期届满后租赁物归属出租人的，应属于普通的租赁合同，不具有担保功能；只有租赁期届满后租赁物归属承租人的，才具有担保功能的属性。

这是否意味着《民法典担保制度司法解释》的融资租赁条款将同时适用于租赁期届满后租赁物归属承租人以及出租人的两种情形呢？仍然存在进一步解释的空间。特别是，《民法典担保制度司法解释》第1条规定“所有权保留买卖、融资租赁、保理等涉及担保功能发生的纠纷，适用本解释的有关规定”，那么租赁期届满后租赁物归属出租人的融资租赁，是否不属于“涉及担保功能”，因而不在《民法典担保制度司法解释》的规范范围内？仍有待司法实践的进一步明确。

（二）出租人的两种权利实现方式

《民法典担保制度司法解释》延续了《民法典》第752条规定的，承租人违约的情况下，出租人的两种权利实现方式：（1）请求支付剩余租金；（2）解除合同收回租赁物。这两种权利实现方式不能并存，出资人只能择一行使。[1]

《民法典担保制度司法解释》第65条规定：“在融资租赁合同中，承租人未按照约定支付租金，经催告后在合理期限内仍不支付，出租人请求承租人支付全部剩余租金，并以拍卖、变卖租赁物所得的价款受偿的，人民法院应予支持；当事人请求参照民事诉讼法‘实现担保物权案件’的有关规定，以拍卖、变卖租赁物所得价款支付租金的，人民法院应予准许。

出租人请求解除融资租赁合同并收回租赁物，承租人以抗辩或者反诉的方式主张返还租赁物价值超过欠付租金以及其他费用的，人民法院应当一并处理。当事人对租赁物的价值有争议的，应当按照下列规则确定租赁物的价值：

（一）融资租赁合同有约定的，按照其约定；

（二）融资租赁合同未约定或者约定不明的，根据约定的租赁物折旧以及合同到期后租赁物的残值来确定；

（三）根据前两项规定的方法仍然难以确定，或者当事人认为根据前两项规定的方法确定的价值严重偏离租赁物实际价值的，根据当事人的申请委托有资质的机构评估。”

根据《民法典》第752条的规定，融资租赁合同中出租人在承租人经催告仍不按约支付租金的，出租人有选择权，既可要求承租人支付全部租金（加速到期制度），也可以解除合同，收回租赁物。

---

〔1〕《民法典》第752条：承租人应当按照约定支付租金。承租人经催告后在合理期限内仍不支付租金的，出租人可以请求支付全部租金；也可以解除合同，收回租赁物。

根据《民法典担保制度司法解释》第 65 条第 1 款的规定，释明出租人在选择要求承租人支付全部剩余租金同时，还可以请求以拍卖、变卖租赁物所得的价款受偿。

根据第 2 款的规定，释明出租人在选择解除合同，收回租赁物时，如承租人以返还租赁物价值超过欠付租金、费用抗辩，需要按照《民法典担保制度司法解释》第 65 条的规则确定租赁物的价值。

出租人请求参照民事诉讼法“实现担保物权案件”的有关规定，以拍卖、变卖租赁物所得价款支付租金是一种实现权利方式，另一种方式为：直接向法院起诉通过诉讼实现担保物权。

（三）出租人使用租赁物清偿债权须经清算程序

在融资租赁合同项下，租赁物由承租人实际占有，出租人享有名义上的“所有权”，可以称之为“形式物权”而非“实质物权”。如果仅从《民法典》的法律条文出发，在合同解除时，出租人可以基于其所有权直接行使取回权，要求承租人返还租赁财产。

《民法典担保制度司法解释》明确具有担保功能的融资租赁合同项下的“所有权”并非物权法意义上完整的所有权，而是受到一定的限制，可以纳入广义的“担保物权”。具体而言：（1）在出租人要求支付剩余租金的情况下，租赁物须经拍卖、变卖才能用以偿还剩余租金；（2）在出租人要求解除合同并收回租赁物的情况下，租赁物价值超过剩余租金及其他费用的，应当扣减。

进一步的问题是，除行使取回权外，出租人的“所有权”需要受到限制，在融资租赁合同的存续期间，出租人的“所有权”的权能是否还应受到其他的限制？例如，出租人的收益、处分等权能是否同样受到限制？这都有待进一步明确，按照法律原理，出租人的“所有权”的四项权能均应受到限制。

五、融资租赁关系中的担保权的法律适用的再思考

《民法典担保制度司法解释》在落实《民法典》第 735 条至第 760 条规定的融资租赁规则的前提下，强调或补充规定，在融资租赁合同中，承租人未按照约定支付租金，经催告后在合理期限内仍不支付，出租人请求承租人支付全部剩余租金，并以拍卖、变卖租赁物所得的价款受偿的，人民法院应

予支持；当事人请求参照民事诉讼法“实现担保物权案件”的有关规定，以拍卖、变卖租赁物所得价款支付租金的，人民法院应予准许（第 65 条第 1 款）。理解该条款，首先，应确定其规范的案型。第一种案型是，承租人违约，但出租人只请求承租人承担违约责任，没有解除合同。第二种案型是，承租人违约，出租人同时请求出租人承担违约责任并主张解除合同。其次，在第一种案型中，《民法典担保制度司法解释》第 65 条第 1 款所谓“承租人未按照约定支付租金，经催告后在合理期限内仍不支付”，属于担保权实行的条件成就；所谓“当事人请求参照民事诉讼法‘实现担保物权案件’的有关规定，以拍卖、变卖租赁物所得价款支付租金的，人民法院应予准许”，意味着最高人民法院承认出租人于此场合享有担保权，并认可和保护出租人行使该权。最后，在第二种案型中，在法律适用的顺序上，不可把《民法典担保制度司法解释》第 65 条第 1 款的规定置于非常优先的位置，它无排斥《民法典》第 745 条前段关于“出租人对租赁物享有的所有权”的规定和第 752 条后段关于“可以解除合同，收回租赁物”[1] 的规定之效，换句话说，出租人援用《民法典》第 745 条前段和第 752 条后段的规定时，承租人无权援用《民法典担保制度司法解释》第 65 条第 1 款的规定对抗出租人的请求。如此把握的根据在于，在出租人对租赁物享有所有权的情况下，只要融资租赁合同被解除，租赁物的所有权就归属于出租人，出租人收回租赁物系所有权效力和行使的体现，法律没有理由不予支持，不应强制“参照民事诉讼法‘实现担保物权案件’的有关规定，以拍卖、变卖租赁物所得价款支付租金”。最佳的方案是赋权出租人可以选择：或是“收回租赁物”，或是“参照民事诉讼法‘实现担保物权案件’的有关规定，以拍卖、变卖租赁物所得价款支付租金”。

在实务中要把握以下几点，第一，《民法典担保制度司法解释》第 65 条第 2 款的规定，体现了效益原则、意思自治原则和公平合理的精神。该条款把本诉和反诉合并处理，是有前提的，即单纯地收回租赁物意味着出租人不当地占有了承租人已付租金的利益，有失权衡；将该利益归还承租人才会使双方的利益衡平。至于承租人不提反诉而是单纯地抗辩，是否支持承租人关于出租人应归还多取得利益的主张，在较长的时期意见不一，最高人民法院

[1] 《民法典》第 752 条：承租人应当按照约定支付租金。承租人经催告后在合理期限内仍不支付租金的，出租人可以请求支付全部租金；也可以解除合同，收回租赁物。

的意旨为必须提起反诉，才能带来本诉、反诉合并审理的效果。第二，《民法典担保制度司法解释》第 65 条第 2 款前段[1]采纳肯定说，有利有弊，可再观察和思考。第三，当事人对租赁物的价值有争议，在另一个层面就是出租人于取回租赁物时到底有没有占有承租人的利益，如何解决?《民法典担保制度司法解释》第 65 条第 2 款后段[2]首取意思自治原则，“融资租赁合同有约定的，按照其约定”。由于如此不涉及公序良俗，属于意思自治范畴，该规定应被赞同。第四，“融资租赁合同未约定或者约定不明的，根据约定的租赁物折旧以及合同到期后租赁物的残值来确定”，符合事物的本来面貌，财会制度等均遵循此律，《民法典担保制度司法解释》第 65 条第 2 款后段第 2 项从之，有其道理。第五，《民法典担保制度司法解释》第 65 条第 2 款后段第 3 项关于“根据前两项规定的方法仍然难以确定……根据当事人的申请委托有资质的机构评估”的规定，应为上策，由中立的第三方“有资质的机构”依其专业知识和技能评估租赁物的价值，容易被当事人接受，符合众人的理念。第六，《民法典担保制度司法解释》第 65 条第 2 款后段第 3 项关于“……当事人认为根据前两项规定的方法确定的价值严重偏离租赁物实际价值的，根据当事人的申请委托有资质的机构评估”的规定，有利于矫正利益失衡。在司法实践中，首先坚持适用《民法典》的规定。司法解释的适用排在第二位。

---

〔1〕《民法典担保制度司法解释》第 65 条第 2 款前段：出租人请求解除融资租赁合同并收回租赁物，承租人以抗辩或者反诉的方式主张返还租赁物价值超过欠付租金以及其他费用的，人民法院应当一并处理。

〔2〕《民法典担保制度司法解释》第 65 条第 2 款后段：当事人对租赁物的价值有争议的，应当按照下列规则确定租赁物的价值：

（一）融资租赁合同有约定的，按照其约定；

（二）融资租赁合同未约定或者约定不明的，根据约定的租赁物折旧以及合同到期后租赁物的残值来确定；

（三）根据前两项规定的方法仍然难以确定，或者当事人认为根据前两项规定的方法确定的价值严重偏离租赁物实际价值的，根据当事人的申请委托有资质的机构评估。

第四节　让与担保

一、让与担保定义、立法沿革

所谓让与担保，是指债务人或第三人为担保债务人履行其债务，将担保物的权利移转于债权人，待债权获得清偿时，担保物的权利复归于债务人或第三人，在债务不履行时，债权人可以就该担保物受偿的非典型担保。以标的物是动产抑或不动产为标准，它分为动产让与担保、不动产让与担保及其他权利让与担保。其他权利让与担保包括股权让与担保、商标权让与担保、专利权让与担保等。

《民法典》虽未明文规定让与担保，但却通过担保合同的范围，为让与担保留下了空间。《民法典》第 388 条第 1 款规定："设立担保物权，应当依照本法和其他法律的规定订立担保合同。担保合同包括抵押合同、质押合同和其他具有担保功能的合同……" 此处 "其他具有担保功能的合同" 即包括让与担保合同等。[1]

2017 年以来，司法实践逐渐意识到让与担保作为当事人重要融资工具的价值，开始朝着承认让与担保效力的方向前进。2017 年 9 月 27 日的最高人民法院民二庭第 4 次法官会议纪要意见认为，让与担保合同是双方的真实意思表示，不违反强制性规定时，应为有效；且可参照最相近的担保物权的规定，认定具有物权效力[2]。2019 年印发的《九民纪要》秉持同样精神，认为让与担保合同有效，仅其中的 "到期未清偿债务，财产归债权人所有" 的条款无效；且在实现让与担保权时，可参照担保物权的相关规定。

因此，随着司法实践中裁判的转向以及《民法典》担保合同范围的扩大，让与担保因 "违反物权法定" 或 "通谋虚伪意思表示" 而被认定为无效或未设立担保权的可能性基本被排除。

---

〔1〕 参见中国审判理论研究会民事审判理论专业委员会编著：《民法典物权编条文理解与司法适用》，法律出版社 2020 年版，第 415 页。

〔2〕 参见贺小荣主编：《最高人民法院民事审判第二庭法官会议纪要：追寻裁判背后的法理》，人民法院出版社 2018 年版，第 19 页。

让与担保有效实现的关键在于让与担保权人是否负有清算义务。以往的司法实践中也以当事人之间是否存在清算规则作为重要标准，判断合同和物权设立的效力。例如，若约定一方不能清偿债务，另一方得以处置其股权的方式优先受偿，则不产生流质的效果，应认为约定有效。

（一）《民法典》下即使当事人约定流押流质，该约定仅产生就担保财产优先受偿的效力

按照《九民纪要》第 71 条的规定，如果当事人间约定流押流质条款，未安排清算规则的，则仅该部分规定无效，但不影响其他部分的效力。《民法典》在延续该等精神的基础上进一步调整了流押流质规则。相较《物权法》“禁止流押流质”之意，《民法典》第 401 条和第 428 条规定，即使当事人之间约定了流押流质，担保权人也仅能就担保财产优先受偿。

参照《民法典》对流押流质规则的调整，在未来的司法实践中，以违反流押流质条款认定让与担保合同无效的可能性趋小；即使约定，也应只能产生就让与担保财产优先受偿的效果。

（二）让与担保实现方式的选择：遵从当事人的交易安排

就担保财产优先受偿的方式包括协议以担保财产折价或拍卖变卖担保财产取得价款（《民法典》第 410 条和第 436 条第 2 款），分别对应归属清算型让与担保和处分清算型让与担保。

究竟为归属清算型还是处分清算型，原则上应遵从当事人间的约定。唯在当事人间无约定时，以何种方式实现权利，《民法典》中未作安排。从当事人间采用让与担保交易安排的初衷来看，是为了避免烦琐的清算程序，尽快实现物的交换价值。由此来看，逻辑上似以归属清算型为原则较妥，但此点仍须留待司法实践发展的观察。

二、物权让与担保

《民法典担保制度司法解释》第 68 条第 1 款关于“债务人或者第三人与债权人约定将财产形式上转移至债权人名下，债务人不履行到期债务，债权人有权对财产折价或者以拍卖、变卖该财产所得价款偿还债务的，人民法院应当认定该约定有效。当事人已经完成财产权利变动的公示，债务人不履行到期债务，债权人请求参照民法典关于担保物权的有关规定就该财产优先受

偿的，人民法院应予支持”的规定，承认了转移物权的让与担保。只要此种让与担保不存在《民法典》第 146 条第 1 款、第 153 条和第 154 条等条款规定的无效原因，就应当承认其法律效力。解读让与担保，重点把握以下几点：首先，债务人与债权人约定将财产转移至债权人名下，在一定期间后再由债务人或其指定的第三人以交易本金加上溢价款回购的，按照《民法典担保制度司法解释》第 68 条的规定，该约定原则上有效，但约定债务人到期不履行回购义务时该财产归债权人所有的，人民法院不予支持，但债权人有权依据《民法典》关于担保物权的规定，使其债权优先受偿，除非此类约定属于虚假的意思表示。其次，在让与物权的担保中，无论当事人所约的财产权利变动经过公示与否，债权人均不能在实质上取得该财产的物权，只可在外观上是该财产的物权人。换句话说，在债权人与担保人（该财产的实质上的物权人）之间，不发生物权变动，但在债权人与第三人之间，只要该财产的物权转移至债权人之手已经公示，该第三人对此合理信赖，即信赖外观上昭示的债权人是该财产的物权人，那么，法律就应当保护这种信赖，应当适用《民法典》第 216 条关于公信原则的规定。在债权人以物权人的身份出卖该财产给第三人，该第三人主张取得该财产物权的情况下，应当适用《民法典》第 311 条第 1 款的规定，发生该第三人善意取得该财产物权的效果。最后在让与担保的物权转移已经公示的背景下，只要债务人不履行债务，那么，债权人对担保人虽不可主张已经取得该财产的物权，但有权依据《民法典》关于担保物权的规定，只能使其债权优先受偿（《民法典担保制度司法解释》第 68 条）。

三、股权让与担保

《民法典担保制度司法解释》第 69 条还承认了股权让与担保：股东以将其股权转移至债权人名下的方式为债务履行提供担保，公司或其债权人以股东未履行或未全面履行出资义务、抽逃出资等为由，请求作为名义股东的债权人与股东承担连带责任的，人民法院不予支持。该条至少含有如下内容：（1）构成股权让与担保，必须具备如下要件：①转让人和受让人达成股权转让的合意；②股权移转已经完成，即目标公司的股东名册上的股东记载已由转让人变更为受让人（《公司法》第 32 条第 2 款），受让人是名义股东，转让人是实际股东；③股权转让的目的是担保主债权的实现，而非终局性质的股权转让，一旦担保目的达到，该股权便回转给转让人。现实中往往出现：

一些公司未设股东名册，如何判断股权的移转呢？这里至少可考虑两条路径，其一，股东会决议确认了股权变动，受让人取代转让人为公司的股东的，即可认定股权已经移转；其二，借用工商登记机制，虽然《公司法》第32条第3款规定将股东的工商登记作为对抗第三人的要件，而非股权变动的生效要件或者实质要件，但可从证据法的视角看待之，即只要举证证明工商登记记载的股东是受让人，就可以认定系争股权变动完成了。（2）既然股权转让只是形式上的，不是实质上的，那么，其法律效力的范围宜局限于转让人和受让人，在股权的受让人不是被担保债权的债权人的情况下，还约束被担保债权的债权人。既然如此，若令受让人这个名义股东与其他股东对目标公司或其债权人就股东未履行或未全面履行出资义务、抽逃出资等承担连带责任，就假戏成真了，对受让人过于严苛。特别是，目标公司明知或应知受让人只是名义股东，且不同于典型的股权代持，应当遵循实事求是原则，不应令受让人与股东承担连带责任。在这里，出现了《民法典担保制度司法解释》第69条与《最高人民法院关于适用〈中华人民共和国公司法〉若干问题的规定（三）》（以下简称《公司法司法解释（三）》）第18条[1]等条款规定的股东承担连带责任至少在表面上存在差异，如何适用法律，值得研讨。首先，这两件司法解释的法律位阶相同，出台的时间相差无几，难以用上位法优先于下位法、新法优先于旧法的规则解决问题。其次，在处理股权让与担保的案件中，《民法典担保制度司法解释》第69条较《公司法司法解释（三）》第18条等条款更为合理，着眼于利益衡量的角度，应当适用《民法典担保制度司法解释》第69条的规定。为达此目的，可以认为《公司法司法解释（三）》第18条等条款系调整一般意义上的股东出资及其相应的法律责任、普通的股权转让、典型的股权代持的规定，为普通法；而《民法典担保制度司法解释》第69条则系专门规范股权让与担保的场合名义股东不宜承受过重负担事项的，属于特别法。特别法优先适用。最后，目标公司的债权人难以知晓受让人系名义股东的事实，其注意义务是查阅目标公司的工商登记，包括股东及其出资情况，从中了解目标公司的清偿能力，以及

---

〔1〕《公司法司法解释（三）》第18条：有限责任公司的股东未履行或者未全面履行出资义务即转让股权，受让人对此知道或者应当知道，公司请求该股东履行出资义务、受让人对此承担连带责任的，人民法院应予支持；公司债权人依照本规定第十三条第二款向该股东提起诉讼，同时请求前述受让人对此承担连带责任的，人民法院应予支持。受让人根据前款规定承担责任后，向该未履行或者未全面履行出资义务的股东追偿的，人民法院应予支持。但是，当事人另有约定的除外。

可否和有无必要揭开公司的面纱；无注意义务查清名义股东和实际股东的情况。在这个意义上，不令工商登记的受让人这个名义股东就实际股东未履行或未全面履行出资义务、抽逃出资等事实向目标公司的债权人承担连带责任，似乎对公示及其功能未尽契合，尽管工商登记只发生对抗效力。如何保护信赖工商登记的目标公司的债权人？可采取以下步骤，分配举证证明责任：（1）该债权人可以请求受让人这个名义股东就股东未履行或未全面履行出资义务、抽逃出资等事实承担责任。（2）受让人有权对抗该债权人的该项请求，但须负举证证明股权让与担保的责任，证明成功的，对该债权人就不承担连带责任。受让人未证明成功的，仍要承担连带责任，原因是缺乏股权让与担保的证据，也表明其有过错，应该就此承受后果。

商标权让与担保、专利权让与担保等，参照股权让与担保的规则处之。

以案说法

债权人通过让与担保方式登记变更为公司股东的，债权人仅为公司名义股东

【案情介绍】

2010年1月8日，和H公司作为甲方，J公司作为乙方，和T公司作为丙方1，吴某作为丙方2，秦某作为丙方3签订《框架协议》，约定……为保障乙方实现债权，丙方同意将其持有的甲方68%股权无偿转让给乙方或乙方指定的公司，待乙方债权全部获得清偿后或乙方认为适当的时机，该68%股权应无条件返还丙方。

法院经审查认为，根据双方协议中的相关内容可以看出，本案中J公司与和H公司、吴某、和T公司、秦某签订《框架协议》，由J公司受让和H公司股权。J公司指定的C公司受让的和H公司股权的行为实际是作为J公司债权实现的担保，构成股权让与担保。因此，C公司应为名义股东，其仅在担保范围内享有优先受偿的权利，并不享有《公司法》规定的股东所享有的参与决策、获得股东红利等实质性权利。[1]

---

〔1〕 案号：（2021）京民申1444号，载中国裁判文书网，https：//wenshu. court. gov. cn/website/wenshu/181107ANFZ0BXSK4/index. html？docId=/Wjkce84V7QuWKogfHYXVe7jAf8ezryY9HuOCJxFaGDW53DrLe1 + FZ/dgBYosE2gUl153oczWwg8A8lfcm2NXf16Wug7sIaOZqbEpWu4A8TDh7Gn3Os/ZPIl39nf6gC9，2022年10月21日访问。

法理分析

让与担保合同，债权人受让债务人的股权，即使经过工商注册登记公示，成为名义股东，也仅在股权担保范围内享有优先受偿权，并不享有股东的实质性权利。

四、确立让与担保规则的意义

《民法典担保制度司法解释》确立让与担保规则，使《民法典》第 388 条第 1 款中段关于“担保合同包括抵押合同、质押合同和其他具有担保功能的合同”的规定落到实处，具有十分重要的实践意义。为避免让与担保出现形式上的股权转让、物权转让与其对价很不相称的现象，甚至对价只有转让股权或物权的百分之几、千分之几，甚至只有象征性的 1 元人民币，把转让股权或物权仅仅当作过渡，当作形式，绝非真正的股权转让或物权转让。处理此类案件，唯有还让与担保的本来面目才符合当事人真实的意思表示，才公平合理。可是，有相当数量的判决、裁决却认定股权实质转让或物权实质转让，使原股权人、物权人丧失巨大利益，显失公平。酿成这种后果的原因可能有种种，缺乏让与担保的法律规定系其中之一，有些裁判者觉得按照让与担保处理欠缺法理依据。《民法典担保制度司法解释》设置让与担保规则，显然有其针对性。

第五节　保　　理

一、保理合同的定义、分类、性质

保理合同是应收账款债权人将现有的或者将有的应收账款转让给保理人，保理人提供资金融通、应收账款管理或者催收、应收账款债务人付款担保等服务的合同。[1]

对应收账款债权人具有追索权的保理构成非典型担保。

[1] 参见《民法典》第 761 条。

（一）保理的分类与性质

按照保理人对债权人是否具有追索权，保理可以分为两类。其中保理人对于债权人具有追索权的保理合同具有担保功能，与之相对，不具有追索权的保理合同性质上仅属于应收账款转让（债权转让）。据此，《民法典担保制度司法解释》第 66 条同一应收账款同时存在保理、应收账款质押和债权转让，当事人主张参照《民法典》第 768 条的规定确定优先顺序的，人民法院应予支持。第 66 条并未区分上述两种不同的保理合同，而统一放在第四章“关于非典型担保”制度之下，可能会在未来实践中造成一定法律适用上的争议。

（二）同一笔应收账款上不同权利的优先顺序

实践中债权人就同一笔应收账款设立质押、签订保理合同或转让债权的情形不在少数，因此有必要就各种权利的优先顺序确立统一标准。《民法典》第 768 条应收账款债权人就同一应收账款订立多个保理合同，致使多个保理人主张权利的，已经登记的先于未登记的取得应收账款；均已经登记的，按照登记时间的先后顺序取得应收账款；均未登记的，由最先到达应收账款债务人的转让通知中载明的保理人取得应收账款；既未登记也未通知的，按照保理融资款或者服务报酬的比例取得应收账款。该条确立了优先顺序规则。基于此，《民法典担保制度司法解释》第 66 条第 1 款规定将保理、应收账款及债权转让并列，统一参照适用《民法典》第 768 条的规定。该解释第 66 条规定同一应收账款同时存在保理、应收账款质押和债权转让，当事人主张参照《民法典》第 768 条的规定确定优先顺序的，人民法院应予支持。但此规定可能存在问题：应收账款设立质权以登记为生效要件，但是债权转让并不以登记为生效要件，如果实践中同一笔应收账款上先行签订质押合同且通知债务人，但未办理质押登记，之后又发生债权转让的，前者从顺位上优先于后者，但理论上债权转让已经对债务人发生效力，而应收账款质押由于尚未办理登记对债务人并无效力。这一问题如何解决仍需要司法机关在未来的司法实践中加以明确。

（三）有追索权的保理项下，债权人与债务人之间的责任区别

《民法典担保制度司法解释》将选择权交还保理人，保理人可以选择起诉应收账款的债权人或者债务人，也可以同时起诉，并应当按照各自与保理人之间的法律关系判断应当承担的责任。

（四）应收账款转让、质押与保理

保理，包括无追索权的保理和有追索权的保理，在民商法意义上，前者就是应收账款转让，后者就是应收账款让与担保。

对于让与担保，《九民纪要》第 71 条规定："债务人或者第三人与债权人订立合同，约定将财产形式上转让至债权人名下，债务人到期清偿债务，债权人将该财产返还给债务人或第三人，债务人到期没有清偿债务，债权人可以对财产拍卖、变卖、折价偿还债权的，人民法院应当认定合同有效……债权人请求参照法律关于担保物权的规定对财产拍卖、变卖、折价优先偿还其债权的，人民法院依法予以支持。"最高人民法院在指导案例 111 号（B 银行广州荔湾支行诉能源公司等信用证开证纠纷案）中就将让与担保参照适用质押进行处理。由此，对于有追索权的保理基本可参照应收账款质押处理。

第一，关于应收账款转让。应收账款转让首先是债权转让，原则上应适用债权转让的规则，就是应收账款转让自通知债务人时对债务人发生约束力。在应收账款债权发生多重转让时，应以债务人收到的顺序进行债权权利排位，虽然在转让人和受让人之间，债权转让都是有效的，但该效力并不必然对债务人有约束力。

债务人对于受让人享有其对转让人的抗辩权，为此，受让人在受让应收账款债权时应与债务人进行债权债务的确认，必要时应要求债务人放弃抗辩权，从而使受让人能够完整取得无瑕疵的应收账款债权。

第二，关于应收账款质押。《民法典》第 440 条规定"债务人或者第三人有权处分的下列权利可以出质……（六）现有的以及将有的应收账款"，第 445 条第 1 款还规定"以应收账款出质的，质权自办理出质登记时设立"。

因此，应收账款质押是登记生效主义，而保理是登记对抗主义。登记是生效还是对抗，在登记的情况下，两者的法律效力并无本质的区别，对于应收账款质押，虽然是登记设立，但要对债务人发生效力，仅有登记还是不够的，必须参照适用应收账款转让的通知生效规则，通知债务人，以有效防止债务人对于转让人或其他第三方的债务履行，对于保理亦应如此，因为保理债务的清偿，债务人并没有查阅动产交易登记簿的规定和习惯，而法律规定的是通知对债务人发生约束力，因此，对于债务人，通知的效力应高于登记的效力，通知+登记才是受让的应收账款具有全面的对抗效力。

二、保理关系中的担保权的适用规则的深度思考

其一，《民法典担保制度司法解释》在落实《民法典》第761条至第769条规定的保理规则的前提下，强调或补充规定："同一应收账款同时存在保理、应收账款质押和债权转让，当事人主张参照民法典第768条的规定确定优先顺序的，人民法院应予支持"（第66条第1款）。崔建远先生认为，《民法典》第768条的规定存在明显的负面结果：（1）《民法典》第768条第三个分号所谓"均未登记的，由最先到达应收账款债务人的转让通知中载明的保理人取得应收账款"，将通知作为保理人取得应收账款债权的生效要件，就混淆了应收账款债权转让的对内效力与对外效力，混淆了两种不同的法律关系；误解了表见让与规则及理论的实质，实非妥当。（2）《民法典》第545条至第549条确立了债权转让合同生效使债权转移至受让人、债权转让通知使债权转移的效力约束债务人的规则，但第768条却另立应收账款债权转移的模式，且多达三种。这给人们理解、把握和运用债权转让规则增添了不少的困难。有无必要，值得三思。（3）《民法典》第768条对应收账款债权转让另设三种模式，出发点是"使得债权交易成本、事先的调查成本、事中的监督防范成本、事后的债权实现的执行成本等各种成本更低，对第三人和社会整体的外部成本也更低"。这是设计者的美好愿望，实际效果值得怀疑。原来，应收账款登记，不采物的编制主义，[1] 而是实行人的编制主义，[2] 且有关信息完全由申请人自己填写，登记机构不予实质性审查。在这样的背景下，保理人为受让货真价实的应收账款债权，需要查阅登记记载，首先要统计有哪些具有保理资质的金融机构（数不胜数），其次要查阅诸家潜在的保理人的名下是否登记有保理人拟受让的应收账款债权（由于登

---

〔1〕 物的编制主义（Realfolium），也称"物的编成主义"或"物的登记方法"。在这种编制方法中，"不动产"这个物在登记簿中处于核心地位。登记簿是以不动产所在的行政区域、地段和地号为序相应设置的。一宗不动产设置一份不动产登记簿页，在该簿页中相应的列明该不动产上应记载的各种物权和法律关系。因此，对不动产登记簿的查询也是按照地段、地号或房屋门牌号进行的。绝大多数国家或地区采取的都是物的编成主义。

〔2〕 人的编制主义（Personalforlium），也称"人的编成主义"，它是指在不动产登记中处于核心地位的不是"物"而是"人"，即不动产所有权人。依这种方法，登记簿簿页第一栏，要列明在不动产登记局的辖区内，属于所有权人的所有的不动产。而其他不动产上的物权如抵押权等均记载其权利受到限制的所有人的名下。

记机构对申请人填写的应收账款的信息不予审查，记载的应收账款难免虚假），最后还要“顺藤摸瓜”地寻觅至应收账款的债务人，“刨根问底”地问询该笔应收账款真实与否（难免碰壁），等等。不难想象，其中的成本不会低。（4）由于登记的应收账款不保证真实、准确，保理人完全信赖此种登记而订立保理合同，受让应收账款债权，难免吃亏上当，于是，顾虑重重，忧心忡忡，特别是确实受让了虚构的应收账款时，更是如此。加上此情此景会影响其他保理人，增加其不安全感，不愿、不敢积极交易，这就谈不上交易安全。《民法典担保制度司法解释》第 66 条第 1 款在同一应收账款同时存在保理、应收账款质押和债权转让的场合类推适用瑕疵不小的《民法典》第 768 条的规定，不能说是明智的选择。

其二，应收账款质押天生地位于物权法的领域，具有优先效力、对世效力；而债权转让则纯属债法范畴，即使充当让与担保功能的债权转让也是如此，对于债务人的约束还要以通知到达为要件，更遑论对一般第三人的约束力了。保理，本来也是引发债的关系的，但考虑到其发挥担保功能的情形，准予保理人受让的应收账款债权可登记，通过登记使保理人就受让的应收账款债权在获得清偿方面优先于第三人对该债权享有的请求权。尽管如此，保理人的这种优越地位终究是基于立法政策而由债权蜕变而来的，认其有与应收账款债权质权平起平坐的地位，正当性不足。既然应收账款债权质权、保理人受让的应收账款债权、普通的债权转让三者存在着差异，法律就各自的法律地位及法律效力区别对待，如普通的债权转让在对外的法律效力上弱些，可能更符合各自的品格。

其三，应收账款债权质权以登记为生效要件（《民法典》第 445 条第 1 款），不登记，质权未设立。与此不同，保理人受让应收账款债权、普通的债权转让登记与否，都不影响债权的转移，登记只不过是对第三人约束的要件。如此，只要应收账款债权质押尚未登记，就不应该适用《民法典》第 768 条第三分句、第四分句关于“均未登记的，由最先到达应收账款债务人的转让通知中载明的保理人取得应收账款；既未登记也未通知的，按照保理融资款或者服务报酬的比例取得应收账款”的规定，来确定应收账款质押优先于保理人受让的应收账款债权、普通的债权。保理人受让的应收账款债权、普通的债权在受偿顺序上适用《民法典》第 768 条的规定，是可以的。

有追索权的保理，保理人可以视情形而请求应收账款债权人返还保理融资款本息或回购应收账款债权，或者向应收账款债务人主张应收账款债权

（《民法典》第 766 条前段），因此，在程序法上，保理人可以任选其中一人为被告；或者一并起诉应收账款债权人和应收账款债务人。这是《民法典担保制度司法解释》第 66 条第 2 款的规定，是符合《民法典》第 766 条规定的文义和规范意旨的，值得赞同。

应收账款债权人向保理人返还保理融资款本息或回购应收账款债权，在实质上等于保理消失，应收账款债务人清偿债务的对象由保理人恢复为应收账款债权人。因此，应收账款债权人有权请求应收账款债务人向其履行应收账款债务。这是《民法典担保制度司法解释》第 66 条第 3 款的规定，法律关系清晰，公平合理，值得赞同。

在有追索权的保理中，应收账款债权人自保理人处取得一定数额的款项（按照应收账款的百分比计算所得），相当于借款；应收账款债权人将应收账款债权转让给保理人，属于一种形态的让与担保。

第六节　保证金担保制度

一、保证金担保制度的概念

在我国司法实践中，“保证金”一词并非指向某一单一的担保方式，而有诸多含义，包括备用金类型的保证金、预付款类型的保证金、租赁保证金、装修保证金、工程质量保证金、定金类型的保证金、保有返还请求权的保证金、信用证开证保证金、银行承兑汇票保证金、按揭贷款保证金、期货交易保证金等。[1] 这些种类繁多的保证金，虽然从广义上看或多或少都具备一定的担保功能，但是其发生担保功能的机理却存在着重大差异。

二、保证金的表现形式与担保功能

在现实生活中流行的保证金主要有两种形式：一种是合同当事人为保证其债权的实现而要求另一方提供的保证金。例如，就工程质量保证金而言，

〔1〕 参见崔建远：《合同法》（第三版），北京大学出版社 2016 年版，第 227～230 页。

主要是指在建设工程中，发包人依约保留部分价款作为质量保证金，承包人在质量保证期间未及时解决质量问题而影响标的物的价值或者使用效果时，承包人就没有权利请求该部分价款。[1] 这种保证金既没有增加债务人的责任财产范围，不属于人的担保范畴；也没有给债权人任何优先受偿的权利，不属于物的担保范畴。另一种是双方在合同成立时候，为保证各自义务的履行而向共同认可的第三人（通常为公证机关）提存的保证金。

保证金也具有类似定金一样的担保合同实现的作用，但其没有双倍返还的功能，而且当事人可以自行约定定金的作用功能（如合同订立的保证、合同生效的条件、合同成立的证明或者合同解除的代价），而这些功能是保证金不具备的。

保证金留存或提存的时间和数额是没有限制的。双方当事人可以自行约定在合同履行前、合同履行过程中皆可。保证金的数额可以相当于债务额，并不像定金那样，其总额不得超过主合同总价款的20%，而且必须是在合同约定时或者合同签订前给付。

《民法典担保制度司法解释》第70条所指的“保证金”，是担保人必须将保证金移交债权人占有或者存入银行指定账户，债权人有权就这一部分金钱主张优先受偿的这种保证金。从理论上看，对于这种保证金的性质有债权质押和金钱质押之争。但是无论是采取债权质押说还是金钱质押说，因为这种保证金发挥担保功能的机理都是债权人就担保人的某些特定财产优先受偿，所以可以说这是一种作为担保物权的保证金。[2]

大多数这种具有担保物权属性的保证金，典型的如信用证开证保证金、银行承兑汇票保证金、按揭贷款保证金、期货交易保证金等，都要求在银行里开设保证金专户。这是因为如果不开设保证金专户，不把钱存在里面的话，就无法和担保人的其他责任财产相区别。

保证金的特定化既非保证金担保取得优先效力的充分条件，也非必要条件。将之作为保证金担保的要件显然不合适，正因如此，《民法典担保制度司法解释》第70条改变了原《担保法司法解释》第85条的立场，删除了“特定化”要件，并明文规定“当事人以保证金账户内的款项浮动为由，主张实际控制该账户的债权人对账户内的款项不享有优先受偿权的，人民法院

〔1〕《建设工程施工合同解释》（法释〔2020〕25号）第17条规定了工程质量保证金及其返还的条件。

〔2〕龙俊：《民法典时代保证金的双重属性》，载《法学杂志》2021年第4期。

不予支持”。

相较于原《担保法司法解释》，《民法典担保制度司法解释》在体例上将保证金担保编排在“非典型担保”部分而非“动产质押”部分。除此之外，还将金钱质押的形式从“特户”“封金”“保证金”统一为“保证金”。当然，这些更多是文字方面的调整。相对而言，《民法典担保制度司法解释》将保证金担保制度进一步细化和完善，主要变化体现在两个方面：

首先，原《担保法司法解释》第 85 条规定，保证金担保以“债权人占有”为设立要件，《民法典担保制度司法解释》第 70 条将“占有”修改为“实际控制”，并将“实际控制”方式具体化为两种实践中常见的方式：

（1）设立专门的保证金账户并由债权人实际控制；

（2）将资金存入债权人设立的保证金账户（见下图）。

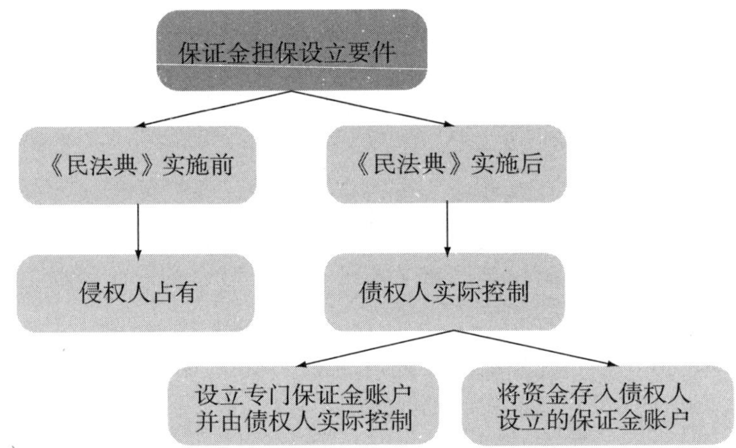

其次，规定保证金账户内的款项浮动，不影响债权人对账户内的款项享有优先受偿权。根据最高人民法院指导案例 54 号的裁判主旨，当事人依约为出质的金钱开立保证金专门账户，且质权人取得对该专门账户的占有控制权，符合金钱特定化和移交占有的要求，即使该账户内资金余额发生浮动，也不影响该金钱质权的设立。

《民法典担保制度司法解释》再一次重申该观点，并在肯定保证金担保成功设立的基础上，进一步规定保证金账户内的款项浮动，不影响债权人对账户内的款项享有优先受偿权。

《民法典担保制度司法解释》第 70 条“设立专门的保证金账户并由债权人实际控制，或者将其资金存入债权人设立的保证金账户”的规定，对应的就是前述的两种"控制"方式。值得说明的是，该条将"债权人实际控制账户"和"直接存入债权人的账户"相并列，表明该条中的"控制账户"采取的是狭义用法，实际指的是订立账户控制协议这一种控制方式。然而无论是订立账户控制协议还是直接存入债权人的账户，债权人都直接获取了保证金的控制权，本质上并无差异。[1]

第七节　所有权保留、融资租赁与保理关系中担保权登记制度及效力对抗规则

一、我国当前的动产担保登记制度

我国动产担保登记制度起始于《海商法》《民用航空法》和《担保法》的施行，定型于《物权法》的实施。目前尚未建立起完善统一的担保物权登记制度，而是构建了由各自管理机构负责登记的分散式动产担保登记体系：

航空器抵押登记由民航管理部门负责，船舶抵押登记由海事管理部门负责，动产抵押、非上市公司股权质押登记由市场监督管理部门负责，上市公司股权质押登记由证券登记结算机构负责，知识产权质押登记由相关知识产权登记机构负责。

《民法典》与《民法典担保制度司法解释》一并对所有权保留出卖人、融资租赁出租人以及保理人的权利经登记产生的对抗力进行了明确，但未明确登记机关。

2020 年 12 月 29 日国务院发布《关于实施动产和权利担保统一登记的决定》，其中明确中国人民银行征信中心统一登记范围的担保类型包括：融资租赁；保理；所有权保留。据此，《民法典》及《民法典担保制度司法解释》中关于非典型担保的登记在实际操作层面得到了落实，但是关于每一种非典型担保方式具体如何进行登记，仍然需要登记机关进一步明确。

---

〔1〕 龙俊：《民法典时代保证金的双重属性》，载《法学杂志》2021 年第 4 期。

二、非典型担保的登记制度的建立及进步

对于所有权保留、融资租赁、应收账款转让、保理、让与担保等非典型性担保措施来说，也并非所有的非典型担保措施都没有相应的登记制度。例如，对于融资租赁来说，为了保护出租人对租赁标的的所有权，最高人民法院早在2014年就出台《融资租赁司法解释》，规定以出租人办理动产抵押登记的方式来限制承租人随意处分租赁物并产生对抗第三人的效力。

自2019年开始，我国针对担保物权登记制度也做了诸多制度改进，在建立全国统一的动产担保系统方面，中国人民银行征信中心的动产融资平台已经为应收账款质押、租赁登记、保证金质押等担保权益登记提供了完备的全国性登记系统。同时自2019年4月开始，上海和北京的动产抵押登记已试点在该平台进行动产抵押登记，抵押权人和抵押人不再需要去当地工商部门经形式审查后才能办理动产抵押登记，可以直接在该平台提交登记材料进行登记。

此外，我国目前已建立的全国工商企业信息查询系统，事实上已起到了动产抵押全国范围的公示及查询作用。工商部门在办理企业动产抵押登记后，会将动产抵押登记信息录入该系统，并进行公示，任何人都可以通过该系统查询到企业的动产抵押信息。

三、典型担保中的登记效力对抗规则（物权）

典型担保包括人保和物保，人保由于债权的相对性和相容性，不存在所谓登记对抗的问题，物保包括登记生效（如不动产抵押和登记生效型权利质押）和登记对抗的物保，也有与登记无关的物保（如动产质押为转移占有和控制、留置为动产占有和控制）。

（一）典型担保中适用登记对抗的主要有动产抵押（包括浮动抵押）和转移占有型权利质权

《民法典》第403条规定："以动产抵押的，抵押权自抵押合同生效时设立；未经登记，不得对抗善意第三人。"

《民法典》第441条规定："以汇票、本票、支票、债券、存款单、仓单、提单出质的，质权自权利凭证交付质权人时设立……"该规定虽然没有

直接规定登记对抗的规则，但对于其中记名并可挂失的权利凭证，实务中有需经登记方可具有对抗的效力，因为记名可挂失的权利凭证，即使权利人将权利凭证交付质权人，仍存在向权利人挂失并提取相应财产权益的可能，而支付人（如银行存单的银行）对此并无过错，自然不能承担质权人质权消灭的过错责任，由此造成质权消灭的损失只能由质权人向出质人追偿，也就是质权对支付人实质上消灭。存单的核押即该类质权登记对抗的典型，经过核押的存单就不能再受理存款人的存单挂失。

（二）登记对抗的物保权利冲突规则

《民法典》第414条规定："同一财产向两个以上债权人抵押的，拍卖、变卖抵押财产所得的价款依照下列规定清偿：（一）抵押权已经登记的，按照登记的时间先后确定清偿顺序；（二）抵押权已经登记的先于未登记的受偿；（三）抵押权未登记的，按照债权比例清偿。其他可以登记的担保物权，清偿顺序参照适用前款规定。"所谓其他可以登记的担保物权，清偿顺序参照适用前款规定，第一，这里的可参照适用的担保物权，是限于法律规定的典型担保物权，还是包括非典型担保物权，比如保理、所有权保留、融资租赁，笔者认为，应该包括非典型担保物权，因为对于典型担保物权，有的是登记生效，登记才能设立担保物权，该清偿顺序完全看登记顺序，有的是占有生效，依占有顺序确立分配顺序，只有动产抵押都是登记对抗效力。第二，非典型担保物权是限于有登记对抗效力的保理、所有权保留、融资租赁，还是包括其他可登记的非典型担保物权，如果是后者，这里的登记又指的是所有的可登记的担保物权，还是限于法律、行政法规规定的登记，有学者认为应该是限于法律、行政法规规定的登记，未有法律、行政法规授权的登记，难以取得物权效力（严格依《民法典》第115条的规定，物权只有法律才能创立）。笔者认为这里的登记指的是所有的可登记的担保物权，因为《民法典》第388条对担保权的设立方式持开放态度，其他可登记的非典型担保物权具有可存在的空间。

四、非典型担保未登记的效力及登记对抗规则的确立（合同）

非典型担保主要包括让与担保、所有权保留、融资租赁担保、保理、应收账款转让，《民法典》对其中的所有权保留、融资租赁担保、保理进行了规定，基本统一了担保功能的权利公示和优先保护的规则，就是登记具有公示效力，登记可以对抗第三人，有利于未来建立统一的动产担保制度。

非典型担保主要受《民法典》合同编规制，当然也不排除物权编有关登记规则对其的规制作用。

《民法典》第403条的规定确立了动产抵押的登记对抗原则："以动产抵押的，抵押权自抵押合同生效时设立；未经登记，不得对抗善意第三人。"

《民法典》第641条第2款是对于保留所有权模式登记对抗原则的规定："出卖人对标的物保留的所有权，未经登记，不得对抗善意第三人。"第745条是对融资租赁模式登记对抗原则的规定："出租人对租赁物享有的所有权，未经登记，不得对抗善意第三人。"《民法典》第768条虽未明确规定保理模式的登记对抗原则以及保理人在受让取得的应收账款上的权利的性质，但通过与第414条的体系解释，大抵可以得出如下结论：保理人就受让的应收账款上所取得的权利，未经登记，不得对抗第三人。这些规则与《民法典》第403条的规定一脉相承，我们可以得出结论，民法典在典型担保和非典型担保领域确立了统一的登记对抗原则，为日后建立统一的动产抵押、权利质押及其他担保措施登记制度留下了发挥空间。

《民法典担保制度司法解释》第54条规定的动产抵押合同订立后未办理抵押登记，动产抵押权的效力，适用于非典型担保。

（一）所有权保留未登记的效力及登记对抗规则

1. 出卖人保留所有权的登记具有对抗效力

《民法典》第641条规定："当事人可以在买卖合同中约定买受人未履行支付价款或者其他义务的，标的物的所有权属于出卖人。出卖人对标的物保留的所有权，未经登记，不得对抗善意第三人。"

2. 所有权保留与物权转移登记的对抗效力

在分期付款买卖中，买卖双方当事人在合同中约定标的物所有权保留条款的，此时标的物所有权转移是否办理了产权转移登记手续，直接影响所有权保留的效力。如甲将价值20万元的汽车卖给乙，约定分2期将款付清后该汽车的所有权即归乙所有，而在交付汽车时，甲将汽车的产权过户到乙的名下，但乙未按约定付款，此时，该合同中的保留条款是否具有对抗效力。笔者认为，虽甲、乙在买卖合同中约定了所有权保留条款，但标的物汽车所有权的转移以过户登记为要件，因此，甲将汽车产权过户到乙的名下，从法律意义上看，汽车的所有权已归乙所有，故甲、乙所约定的所有权保留条款当为无效条款，甲所主张的所有权保留不予支持。当然，乙未按合同约定履行义务，甲可依据合同追究乙的违约责任，并主张乙偿还尚未付清的价款。

3. 所有权保留与抵押权的对抗效力

所有权保留与抵押权的对抗效力，可分为两种情形：

（1）先押后卖。即所有权人在同一标的物上设定抵押权后再进行保留所有权的买卖，该所有权保留是否具有对抗抵押权的效力。《民法典》第 406 条规定，抵押期间，抵押人可以转让抵押财产。当事人另有约定的，按照其约定。抵押财产转让的，抵押权不受影响。抵押人转让抵押财产的，应当及时通知抵押权人。抵押权人能够证明抵押财产转让可能损害抵押权的，可以请求抵押人将转让所得的价款向抵押权人提前清偿债务或者提存。转让的价款超过债权数额的部分归抵押人所有，不足部分由债务人清偿。

由此可以看出，若所有权人将抵押物买卖通知抵押权人并告知买受人时，则可约定所有权保留，并对已经存在的抵押权发生对抗力，抵押权人仅能对出卖人所得价款享有优先受偿权。受偿的顺序按照登记的先后顺序依次受偿。未登记的所有权保留不得对抗登记的抵押权。

（2）先卖后押。即所有权人在同一标的物上进行保留所有权买卖后再设定抵押权的，该所有权保留的对抗效力如何确定。在这种情况下，所有权保留中买受人享有物权期待权。根据《民法典》第 414 条的规定，如果所有权保留登记在先，应当具有对抗设立在后的抵押权，反之亦然。

4. 所有权保留与质权的对抗效力

在所有权保留买卖中，质权的有效成立需以质物移交占有为生效要件，因此，出卖人已将标的物交付给买受人占有，不具备设定质权的要件。因而，买受人在未取得标的物所有权之前，亦有可能设定质权，而买受人在未取得标的物的所有权之前而设定质权，其质权的效力属待定状态，若出卖人予以追认或买方其后履行了全部义务，并取得了标的物的所有权，则质权有效，并具有对抗所有权保留的效力；反之，则质权无效，不具有对抗所有权保留的效力。参照《民法典》第 414 条及第 415 条同一财产既设立抵押权又设立质权的，拍卖、变卖该财产所得的价款按照登记、交付的时间先后确定清偿顺序。如果所有权保留登记在先，应当具有对抗设立在后的质权，反之亦然。

5. 所有权保留与留置权的对抗效力

在所有权保留的买卖中，因买受人的原因而发生第三人的留置权时，所有权保留的对抗效力如何确定。留置权为法定担保物权，具有对抗标的物所有权的效力，参照《民法典》第456条同一动产上已经设立抵押权或者质权，该动产又被留置的，留置权人优先受偿。登记的所有权保留具有典型担保物权的效力。因此，第三人的留置权应当具有对抗所有权保留的优先效力。

（二）融资租赁出租人对出租物所有权的登记具有对抗效力

《民法典》第745条对融资租赁出租人对出租物所有权的登记规定："出租人对租赁物享有的所有权，未经登记，不得对抗善意第三人。"该条规定了租赁物物权的登记公示，经由公示租赁物上的权利现状，切断第三人作为租赁物受让人或抵押权人的"善意"，使后者无法取得无权利负担的所有权或抵押权，从《民法典》的规定以及参照域外法制度的安排，并未能得到租赁物登记和将融资租赁合同归为担保合同的必然因果关联，实际上两者解决的是不同的矛盾，租赁物登记解决融资租赁交易中出租人不能通过占有公示租赁物所有权可能造成的交易秩序混乱，而将融资租赁合同归为担保合同实则确认了融资租赁担保功能和其担保适用规则。

（三）保理合同的登记对抗规则基本适用动产抵押的登记对抗规则

《民法典》第768条规定：应收账款债权人就同一应收账款订立多个保理合同，致使多个保理人主张权利的，已经登记的先于未登记的取得应收账款；（1）均已经登记的，按照登记时间的先后顺序取得应收账款；（2）均未登记的，由最先到达应收账款债务人的转让通知中载明的保理人取得应收账款；（3）既未登记也未通知的，按照保理融资款或者服务报酬的比例取得应收账款。

（四）关于所有权保留买卖、融资租赁等合同中，出卖人、出租人的所有权未经登记不得对抗的"善意第三人"的范围及其效力

《民法典担保制度司法解释》第67条规定："在所有权保留买卖、融资租赁等合同中，出卖人、出租人的所有权未经登记不得对抗的'善意第三人'的范围及其效力，参照本解释第五十四条的规定处理。"

《民法典担保制度司法解释》第54条规定："动产抵押合同订立后未办理抵押登记，动产抵押权的效力按照下列情形分别处理：（一）抵押人转让抵押财产，受让人占有抵押财产后，抵押权人向受让人请求行使抵押权的，人民法院不予支持，但是抵押权人能够举证证明受让人知道或者应当知道已经订立抵押合同的除外；（二）抵押人将抵押财产出租给他人并移转占有，抵押权人行使抵押权的，租赁关系不受影响，但是抵押权人能够举证证明承

租人知道或者应当知道已经订立抵押合同的除外；（三）抵押人的其他债权人向人民法院申请保全或者执行抵押财产，人民法院已经作出财产保全裁定或者采取执行措施，抵押权人主张对抵押财产优先受偿的，人民法院不予支持；（四）抵押人破产，抵押权人主张对抵押财产优先受偿的，人民法院不予支持。”

本条对应于《民法典》第403条，“以动产抵押的，抵押权自抵押合同生效时设立；未经登记，不得对抗善意第三人”，对于动产抵押，非经抵押登记不得对抗善意第三人，改变了原《物权法》第188条仅对正在建造的船舶、航空器等特殊动产认定抵押登记产生对抗善意第三人效力的规定；动产先抵后租、但未办理抵押登记的，租赁关系不受影响，即对《民法典》第403条的体现；对于第三、四种情况，否认了抵押权人对抵押财产的优先受偿权。

如何界定善意第三人的范围，存在不同理解。我们认为，准确理解善意第三人的范围，应把握以下几点：一是这里的第三人不包括抵押权人、质权人、留置权人等担保物权人，因为担保物权人之间的顺位，根据《民法典》第414条、第415条确立的规则确定即可，无须考虑彼此之间是否为善意，否则有悖于建立统一的可预测的优先顺位规则的目的。二是这里的善意第三人主要是指已经取得对标的物占有的买受人或者承租人，因为在第三人是普通债权人的情形下，基于物权优先于债权的民法理论，无论第三人为善意还是恶意，抵押权人都是可以对抗的，而已经取得占有的买受人或者承租人要么已经取得物权，要么取得了具有一定物权效力的债权，因此，只有在第三人为恶意的情形下，抵押权人才能对其主张权利。三是有必要进一步区分第三人是买受人还是承租人：在第三人为买受人时，涉及抵押权是否对买受人有追及效力，即抵押权人能否向买受人主张抵押权的问题；在第三人为承租人时，涉及租赁合同是否因标的物已经抵押而受到影响，即抵押权实现时是否须“带租”拍卖的问题。

值得注意的是，为落实民法典消除隐形担保的目的，笔者认为，如果抵押人的其他债权人已经申请人民法院对标的物采取了查封、扣押措施，也应认为未经登记的抵押权人不能向其主张优先受偿。此外，在抵押人进入破产程序后，由于抵押人的其他债权人既有可能是善意的，也有可能是恶意的，认定未经登记的抵押权具有对抗效力将可能带来不公平的结果，也与破产程序追求债权人公平受偿的理念相冲突，因此，未办理抵押登记的抵押权人主张优先受偿的，人民法院亦不应予以支持。

第八节　非典型的非典型担保

除《民法典》及《民法典担保制度司法解释》列明的所有权保留、融资租赁、保理、让与担保、保证金质押等非典型担保之外，《民法典担保制度司法解释》第 63 条仍给其他未列明的非典型担保留下了空间。第 63 条规定："债权人与担保人订立担保合同，约定以法律、行政法规尚未规定可以担保的财产权利设立担保，当事人主张合同无效的，人民法院不予支持。当事人未在法定的登记机构依法进行登记，主张该担保具有物权效力的，人民法院不予支持。"

该条延续自《九民纪要》第 67 条，核心要旨是不论担保财产是否完成登记，甚至是否允许登记，当事人之间签署的担保合同均以有效为原则，但担保的物权效力仍应根据《民法典》规定的登记规则进行判断。

《民法典》第 388 条肯定了非典型担保合同的效力，《民法典担保制度司法解释》第 1 条对非典型担保合同进行了非穷尽式的列举，本条则对非典型担保合同效力和物权效力做了概括式的解释，延续了《九民纪要》第 66 条关于担保关系的认定的规定，"当事人订立的具有担保功能的合同，不存在法定无效情形的，应当认定有效。虽然合同约定的权利义务关系不属于物权法规定的典型担保类型，但是其担保功能应予肯定"，以及第 67 条关于约定担保物权的效力的规定，"债权人与担保人订立担保合同，约定以法律、行政法规未禁止抵押或者质押的财产设定以登记作为公示方法的担保，因无法定的登记机构而未能进行登记的，不具有物权效力。当事人请求按照担保合同的约定就该财产折价、变卖或者拍卖所得价款等方式清偿债务的，人民法院依法予以支持，但对其他权利人不具有对抗效力和优先性"。相较而言，本条解释将登记的公示方法适用于非典型担保，但根据文义来看，在非典型担保的场景，亦必须有法定的登记机构进行登记，才存在公示的可能性，亦方存在发生物权效力的可能性，故在法定的登记机构依法进行登记是非典型担保发生物权效力的必要条件。

这一条款体现了我国法律对担保合同的效力愈加宽松的态度。对于未来可能出现的各种类型担保，当事人的意思自治将得到更大的尊重。

第九章

多人担保与混合担保

第一节　人的担保、物的担保、多人担保、混合担保的概念

一、人的担保和物的担保的概念

担保物权通常称为物的担保。严格地说，物的担保与担保物权仍然有一定的区别。担保物权中所说的物并不限于有体物。在担保物权中，还存在着权利质权、优先权等以无体物（权利）为标的物的情况。但由于担保物的典型形式是动产和不动产，所以一般认为，它是与人的担保相对应的一种形式。

所谓人的担保，是指自然人或法人以自身的资产或信用担保债务的履行的一种担保制度。人的担保最早起源于古代的“人质”，即债务人以人身作为保证。但近现代意义上的人的担保，主要是指以第三人的信用以及全部财产作为债权实现的担保。人的担保的典型方式是保证。人的担保属于债权请求权担保。在这种担保中，担保权人不能直接支配担保人的特定财产，而只能在债务人不履行债务时，请求担保人承担担保责任。

二、人的担保和物的担保的区别

（一）用于担保的财产或者信用不同

人的担保通常以第三人的一般责任财产及信用财产做担保，或者说是以债务人不履行债务时的第三人的全部财产做担保；而物的担保则是以特定的财产做担保，其中包括动产、不动产和权利等。人的担保是增加可供清偿的一般责任财产，如果保证人在债务人不清偿债务时，具有足够的代债务人清偿的财产能力，人的担保将对债权的实现起到可靠的保障。但是，由于一般责任财产具有浮动性、不稳定性，因此，在债务人不履行债务时，保证人可能没有足够的财产承担债务。这样，债务不能得到完全履行的危险仍然存在。而物的担保不受个人财产变动的影响，所以，比人的担保更加可靠。

（二）主体不同

人的担保的主体只能是债务人以外的第三人，而物的担保的主体则包括债务人和第三人。

（三）法律效力不同

人的担保本质上仍然是一种合同关系，其产生的是一种债权，不具有优先受偿性。债权人所享有的对保证人的请求权只能与其他债权人按比例分配保证人的财产。而物的担保产生的是一种物权，具有优先受偿性。正因为如此，一般认为，当两种担保同时存在时（混合共同担保），物的担保在法律效力上一般优先于人的担保。

高圣平先生主张，物的担保责任与人的担保责任之间的关系，主要涉及债权人与保证人、物上保证人之间以及保证人与物上保证人之间的关系，与公益无涉，因此，宜由当事人自由约定。如当事人约定物的担保责任或人的担保责任优先，抑或物的担保责任与人的担保责任平等，则均无不可。如当事人没有相反约定，宜采“物的担保责任与人的担保责任平等说”。[1]

其理由是：保证对于主债务具有补充性，但对担保物权并不具有补充性，因此，保证人对物上保证人无法主张先诉抗辩权。此外，基于公平理念，债权人究竟先就担保物实行其担保物权或向保证人请求清偿，有其选择的自由，物上保证人与保证人的地位并无差别。

三、多人担保、混合担保的概念与种类

多人担保，是指债权人以其同一债权作为被担保债权，与二个以上的担保人（债务人、物上担保人或保证人）分别订立担保合同而形成的担保关系。多人担保包含同一债权有数个性质相同的独立担保，如有两个以上的物的担保（担保物权），或者有两个以上的人的担保（保证），也包含混合担保。在这里，混合担保是由多个独立的、担保人相互间没有意思联络的担保关系构成的担保。《民法典》以“被担保的债权既有物的担保又有人的担保”来表述混合担保。理论上，学者对混合担保的称谓有多种，如“混合共同担保”“物的担保与保证并存”“担保物权与人的担保的并存”，也有学者使用“混合担保”这个称谓。

〔1〕 高圣平：《物权担保新制度新问题理解与使用》，人民法院出版社 2013 年版，第 436 页。

一般而言，同一债权由数个担保人担保的或者数种担保形式，具体情形可以区分为以下五种：（1）同一债权有数个性质相同的独立担保。如有两个以上的物的担保（担保物权），或者有两个以上的人的担保（保证）。（2）同一债权有数个性质不完全相同的独立担保。如部分担保为物的担保，另一部分担保为人的担保。（3）同一债权有数个性质不相同的独立担保，但担保人均为同一个人。如物上担保人对同一债权提供保证担保，同时又提供物的担保。（4）同一债权有数个担保人提供担保，但债权人与各担保人经共同意思表示而只成立一个"担保人为多数"的担保。如两个以上的担保人与债权人订立一个保证合同。（5）同一债权有数个独立的担保，且同时存在以上全部或者部分情形的。如同一债权有数个担保，其情形包括以上（2）、（3）和（4）。同一债权由数个担保人提供担保，并不都是混合担保，如上述情形（4），这种情形下的担保，担保人虽为多数人，但只有一个担保关系，各担保人依照其担保关系，对债权人或者承担连带责任，或者承担按份责任，是一种典型的共同担保，不属于混合担保。再者，《民法典》第 392 条（混合担保规则）以"被担保的债权既有物的担保又有人的担保"来表述混合担保，凸显同一债权的数个担保之性质的差异，那么上述具体情形（1）所称同一债权的数个性质相同的担保，就被排除在外；而上述情形（1）项下的数个担保，债权人如何实现债权以及担保人之间的利益平衡，均有适用《民法典》第 392 条（混合担保规则）的条件和必要。应当注意到，《民法典》第 392 条（混合担保规则）不仅涉及担保物权和保证之间的关系之处理，而且涉及为同一债权设立的两个以上担保物权相互间的关系的处理，尤其是自物担保物权和他物担保物权之间的关系。在讨论混合担保问题时，即使不存在人的担保，也会发生同一债权有两个以上的担保物权时债权人如何行使权利以及物上担保人的利益如何平衡的问题。这必然会涉及《民法典》第 409 条（抵押权及其顺位的放弃）和第 435 条（质权的放弃）的解释及其适用。若将混合担保仅限定于"被担保的债权既有物的担保又有人的担保"而不包括上述具体情形（1），混合担保规则的解释和适用将有相当的局限性。由此，《民法典》第 392 条（混合担保规则）所称"被担保的债权既有物的担保又有人的担保"，应当包括上述具体情形（1）、（2）、（3）和（5）。不论混合担保的具体情形有何不同，其背后的理论基础或者制度逻辑没有实质性的差别。

上述（1）中，实务中经常出现的情况：

1. 共同抵押

按份共同抵押：若两个以上的抵押人在设立抵押权时，分别或者共同与债权人约定各自仅对特定的债权数额承担担保责任，为按份共同抵押，债权人行使抵押权时，只能按照约定的份额行使抵押权。

连带共同抵押：若两个以上的抵押人在设立抵押权时，未与债权人约定债权人行使抵押权的顺序与份额，为连带共同抵押，债权人行使抵押权时，不受顺序与份额限制，可以就其中的任一抵押权行使担保权，也有权对所有抵押权同时行使担保物权。

2. 共同保证

共同保证是数人就同一债务人的同一债务共同担保的保证。为保证的种类之一。共同保证的共同保证人与债权人之间约定按份承担保证责任的，应按约定的份额承担保证债务，即各保证人仅就自己的份额负保证责任。如果法律没有另外规定当事人又未约定或约定不明确的，则视为各保证人负连带保证责任。债权人对于共同承担连带保证责任的保证人中的一人或数人有履行全部保证债务的请求权，各保证人均有履行全部保证债务的义务。

（1）的情形已在本书第二章、第四章论述，在此不再赘述。

本文所称混合担保是一个比较宽泛的概念，具体包括上述（1）、（2）、（3）和（5）所述同一债权有数个担保的情形。数个担保以其种类或者性质，可以区分为两类：物的担保和人的担保。物的担保，是指担保物权，即抵押权、质权和留置权、所有权保留、让与担保、融资租赁合同担保、保理合同担保等。人的担保，不限于保证，是指将其他有关人的一般财产作为债权实现的总担保，主要形式有保证、连带债务、并存的债务承担以及抵销。

第二节　多人担保、混合担保的责任顺序

一、混合共同担保责任顺序理论的演变

混合担保的责任顺序，是指在混合担保的情况下，各担保人之间承担责任的顺序。在同一债权债务关系下，涉及的担保主要有：

债务人提供的物的担保、第三人提供的人的担保、第三人提供的物的担

保如上述担保同时存在，在债权人实现担保权时，是否应当就某一担保形式优先受偿，且优先受偿后对其他担保人是否享有追偿权，在理论上经过以下两个发展阶段：

（一）认为物的担保优先阶段

该理论认为，物的担保因具有物权上的追及效力、不可分性及物上代位性、优先受偿性等法律特性，相比较人的担保的不可追及和不稳定性，更易达到担保目的。因此，立法在最初倾向于物的担保优先于人的担保，即债权人应当先向物的担保人主张权利，在不能受偿的范围内，再向保证人主张权利。1995 年《担保法》采此观点。

后经学界对于物权和债权关系的理解逐渐深入，认为物权优于债权仅发生在义务主体相同而权利主体不同的情形中；而混合担保中，担保义务主体不一致，并不适用物权优于债权的原则。因此，该学说渐渐被摒弃，此后立法中也不再强调物的担保优先于人的担保。

（二）认为物的担保与人的担保平等

该理论于 2000 年在《担保法司法解释》中确立，直到 2020 年《民法典担保制度司法解释》中，仍被立法者持续采纳。该理论认为，物的担保与人的担保是否存在优先，事实上是债权人、债务人与担保人之间意思自治的范畴，应当由当事人之间自行约定；当事人未予约定的，债权人有权自行决定实现权利的顺序。

需要特别提及的是，如当事人之间无相反约定，“物的担保与人的担保平等”仅体现在第三人提供的物的担保与人的担保之间；债务人提供的物的担保，因债务人是本位债务承担者，第三人提供的担保仅为替代责任，因此，债务人自己提供的担保天然优先于第三人提供的担保。这并非“物的担保与人的担保平等”原则的例外。

这一条规定分为两类情形三种情况：

1. 当事人之间就如何实现债权有约定的，债权人应当按照约定实现债权，按照约定实现担保物权。

2. 当事人之间就如何实现债权没有约定的或者约定不明的，分两种情况：（1）债务人自己提供物的担保的，债权人应当先就该物的担保实现债权；（2）第三人提供物的担保的，债权人可以就物的担保实现债权，也可以要求保证人承担保证责任。

3. 提供担保的第三人承担担保责任后，有权向债务人追偿。

物保与人保并存时，应对《民法典》第 392 条作“物保相对优先”理解。债权人滥用选择权时，应承担不利后果。

《民法典》第 392 条被担保的债权既有物的担保又有人的担保的，债务人不履行到期债务或者发生当事人约定的实现担保物权的情形，债权人应当按照约定实现债权；没有约定或者约定不明确，债务人自己提供物的担保的，债权人应当先就该物的担保实现债权；第三人提供物的担保的，债权人可以就物的担保实现债权，也可以请求保证人承担保证责任。提供担保的第三人承担担保责任后，有权向债务人追偿。

附图：混合担保责任顺序立法变迁[1]

1995 年《担保法》第 28 条（废止）	2000 年《担保法司法解释》第 38 条（废止）
同一债权既有保证又有物的担保的，保证人对物的担保以外的债权承担保证责任。	同一债权既有保证又有第三人提供物的担保的，债权人可以请求保证人或者物的担保人承担担保责任。 …… 同一债权既有保证又有物的担保的，物的担保合同被确认无效或者被撤销，或者担保物因不可抗力的原因灭失而没有代位物的，保证人仍应当按合同的约定或者法律的规定承担保证责任。
2007 年《物权法》第 176 条（废止）	**现行有效《民法典》第 392 条**
被担保的债权既有物的担保人又有人的担保的，债务人不履行到期债务或者发生当事人约定的实现担保物权的情形，债权人应当按照约定实现债权；没有约定或者约定不明确，债务人自己提供物的担保的，债权人应当先就该物的担保实现债权；第三人提供物的担保的，债权人可以就物的担保实现债权，也可以要求保证人承担保证责任。	被担保的债权既有物的担保又有人的担保的，债务人不履行到期债务或者发生当事人约定的实现担保物权的情形，债权人应当按照约定实现债权；没有约定或者约定不明确，债务人自己提供物的担保的，债权人应当先就该物的担保实现债权；第三人提供物的担保的，债权人可以就物的担保实现债权，也可以请求保证人承担保证责任……

《民法典》第 392 条（混合担保规则）的核心问题为债权人如何实现债权。混合担保规则构造了债权人实现债权的界限分明的三个规则：（1）债权

[1] 注：表中划线部分为作者为直观呈现变化进行的提示。

人按照约定实现债权的规则。不论混合担保的具体情形，只要债权人和担保人有实现债权的顺序之约定，被担保债权届清偿期未受清偿的，债权人应当按照约定实现债权。（2）自物担保物权实现在先的规则。不论混合担保的具体情形，只要债权人和担保人没有实现债权的顺序之约定，被担保债权届清偿期未受清偿的，对该债权由债务人自己提供物的担保，债权人应当先实现自物担保物权。（3）债权人自主决定实现债权的规则。不论混合担保的具体情形，只要债权人和担保人没有实现债权的顺序之约定，被担保债权届清偿期未受清偿，债权人自主决定对物上担保人或者保证人实现债权，既可以物上担保人提供的物的担保实现债权，也可以请求保证人承担保证责任。不论债权人如何实现债权，混合担保项下的各担保人之间的利益冲突都是显而易见的，以物上担保人或者保证人的求偿权作为缓和各担保人之间事实上的利益冲突的工具。

二、多人担保、混合担保中担保人的免责及承担责任顺序

担保人基于债权人放弃其他担保权而免责，这是学界关于担保人免责达成的基本共识。但是对其他担保人的免责范围，则因责任顺序的不同而产生了不同的认识。1995 年《担保法》规定，保证人在债权人放弃物的担保的范围内免责。而 2006 年立法对于物的担保和人的担保的顺位还停留在“物的担保责任优先”上，因此放弃物的担保意味着放弃了多少物的担保，就免责了多少。后该理论因学界对物的担保是否较人的担保具有优先性的认知发生的变化而逐步被改变。

2006 年《物权法》中，对“放弃物的担保”后的免责范围，解释为物的担保对应的优先受偿权益，该表述一直沿用《民法典》。在《民法典》要求债权人就债务人自己提供的物的担保优先于其他担保予以实现的前提下，债权人就债务人物的担保优先受偿的权益即抵押物的价值。但如债务人与其他担保人之间就担保权实现的顺位进行约定的，或者以各自担保的份额进行约定的，则按照顺位和份额对应的权益来认定其他担保人的免责范围。

理论上，即使混合担保的各担保人缺乏意思联络，人们也多以混合担保的各担保人对债权人承担连带责任为由，认为债权人可以请求保证人或者物的担保人承担担保责任。将混合担保的各担保人的责任定位为连带责任，主要是为债权人有权选择行使担保物权或主张保证债权提供理论支持。在我国

法律中，“可以”“也可以”的请求权表达方式，通常可被理解为不真正连带责任，债权人可以同时请求各债务人（物上担保人和保证人）履行担保责任，以致同时起诉物上担保人和保证人。

这里有一个混合担保制度设计上的基本假定：混合担保的物上保证人和保证人地位平等，债权人向其主张担保利益时没有先后之别，除非当事人另有约定或者债务人自己提供物的担保。在此情形下，债权人放弃他物担保物权或其他担保利益，包括放弃物的担保和人的担保，担保利益的全部放弃和部分放弃，对其他担保人（保证人和物上担保人）的利益是否会产生影响以及产生何种程度的影响？相对于债务人提供的物的担保，保证人或物上担保人对债权人承担补充责任，不发生担保人和债务人分担责任的问题；但在保证人和物上担保人地位平等的情形下，保证人和物上担保人是要分担其应当承担的担保责任份额的。故债权人放弃任何一种担保利益，对其他担保人都会产生不利益的影响。故自物担保物权的放弃，不影响保证人和物上担保人的补充责任；保证人和物上担保人在债权人放弃自物担保物权而丧失优先受偿利益的范围内不承担担保责任。但如此做法无法扩张适用于债权人放弃他物担保物权或其他担保利益的场合。有学者注意到这个问题，我国民法没有规定债权人放弃物上保证人或保证人提供的担保时，其他担保人在被放弃的担保范围内可以免除担保责任。债权人放弃他物担保物权或其他担保利益的，以保证人和其他物上担保人的平等地位为条件，损害的是其他担保人基于物的担保利益而享有的求偿权或代位权，其他担保人应以债权人放弃物的担保或其他担保利益而应当分担的份额范围内免除担保责任。这是《民法典》第392条（混合担保规则）应当予以规范但有所疏漏的地方。对于这个问题，债权人放弃物的担保，保证人的责任依照《民法典》第700条（保证人的求偿）的规定，在其所失代位权利益范围内相应免除。物上担保人对债权人承担的担保责任与保证人对债权人承担的保证责任性质相当，可以类推适用《民法典》第700条（保证人的求偿权）的规定，物上担保人“享有债权人对债务人的权利”，当债权人放弃他物担保物权或其他担保利益时，物上担保人在其所失代位权利益的范围内相应免责。

附图：担保人免责的立法变迁

1995 年《担保法》第 28 条（废止）	2000 年《担保法司法解释》第 38 条（废止）
同一债权既有保证又有物的担保的，保证人对物的担保以外的债权承担保证责任。 债权人放弃物的担保的，保证人在债权人放弃权利的范围内免除保证责任。	债权人在主合同履行期届满后怠于行使担保物权，致使担保物的价值减少或者毁损、灭失的，视为债权人放弃部分或者全部物的担保。 保证人在债权人放弃权利的范围内减轻或者免除保证责任。
2007 年《物权法》第 194 条（废止）	**现行有效《民法典》第 409 条**
债务人以自己的财产设定抵押，抵押权人放弃该抵押权、抵押权顺位或者变更抵押权的，其他担保人在抵押权人丧失优先受偿权益的范围内免除担保责任，但其他担保人承诺仍然提供担保的除外。	债务人以自己的财产设定抵押。抵押权人放弃该抵押权、抵押权顺位或者变更抵押权的，其他担保人在抵押权人丧失优先受偿权益的范围内免除担保责任，但是其他担保人承诺仍然提供担保的除外。

在司法实践中，准确把握“混合担保中担保人的免责及承担责任顺序”还应注意以下几个问题：

（一）抵押权顺位的变更

《民法典》第 409 条规定抵押权人可以放弃抵押权或者抵押权的顺位。抵押权人与抵押人可以协议变更抵押权顺位以及被担保的债权数额等内容。但是，抵押权的变更未经其他抵押权人书面同意的，不得对其他抵押权人产生不利影响。

债务人以自己的财产设定抵押，抵押权人放弃该抵押权、抵押权顺位或者变更抵押权的，其他担保人在抵押权人丧失优先受偿权益的范围内免除担保责任，但是其他担保人承诺仍然提供担保的除外。

准确理解抵押权顺位的变更制度需要把握以下几点：

须两个抵押权人之间签订变更抵押权顺位的协议。鉴于抵押权顺位变更不涉及抵押人利益，无须征得其同意。

抵押权顺位的变更，要征得利益可能受到顺位变更影响的其他抵押权人的书面同意，否则，对该抵押权人不发生效力。

（二）成立在先的动产质押优先于登记在后的动产抵押

《民法典》第 415 条规定：同一财产既设立抵押权又设立质权的，拍卖、变卖该财产所得的价款按照登记、交付的时间先后确定清偿顺序。

在同一动产上同时存在抵押权和动产质权，在确立清偿顺序时，既要考察是否完成了公示，也要考察公示的先后顺序。具体来说：一是质权有效设立、抵押权也办理了登记的，应当根据公示先后来确定清偿顺序；质权设立在先的，质权人先受偿。抵押权登记在先的，抵押权人先受偿。质权和抵押权同一天设立的，视为顺序相同，按照债权比例清偿。二是质权有效设立，在抵押权未办理抵押登记的情况下，有效设立的质权优先于抵押权得以清偿。三是质权未有效设立，抵押权未办理抵押登记的，此时抵押权已经有效设立，故抵押权人优先受偿。

（三）动产购买价款抵押担保的优先权不能对抗留置权

《民法典》第416条规定："动产抵押担保的主债权是抵押物的价款，标的物交付后十日内办理抵押登记的，该抵押权人优先于抵押物买受人的其他担保物权人受偿，但是留置权人除外。"

准确理解该条应注意把握以下几点：1. 动产抵押担保的主债权是抵押物的价款。2. 动产价款的抵押权完成登记后，其效力优先于抵押物上的其他抵押权。3. 即使动产的价款抵押权完成登记，如果同一动产之上还存在留置权，留置权效力优先。但需要注意审查留置权是否符合法律规定。

（四）浮动抵押标的物确定前，对于包括一般债权人在内的第三人无对抗效力[1]

浮动抵押标的物确定前，浮动抵押权人对未特定化的标的物无控制力和支配力，因此浮动抵押权仅具有合同效力，仅对抵押人有效，而对于包括一般债权人在内的第三人均无对抗效力。一般债权人申请法院查封抵押人的财产并以之受偿，浮动抵押权人不得以该财产已设定浮动抵押权为由对抗财产执行。在该财产上设立的抵押标的"固定化"的普通抵押权、质权以及其他标的物固定的优先权，均优先于浮动抵押权。

（五）质权人可以放弃质权的后果

质权的放弃，又被称为质权的抛弃，包括相对抛弃和绝对抛弃。所谓质权的相对抛弃，是指质权人为出质人的特定无担保债权人的利益而抛弃其质权。此种抛弃仅于质权抛弃人和受抛弃利益的特定无担保债权人间发生效力，于其他质权人的利益并无任何影响；质权的抛弃人和受抛弃利益之债权

---

[1] 曹士兵：《中国担保制度与担保方法》（第三版），中国法制出版社2014年版，第307页。

人得就质权抛弃人对质押物变卖所得价金的可分金额，按照其各自债权额比例受偿。质权的绝对抛弃，是指质权人以消灭质权的意思放弃质权。此种抛弃通常需要质权人向出质人为抛弃的意思表示，即质权人的债权变为无担保债权。同时，质权人放弃质权，不得有损于其他利害关系人的利益，这也是诚信原则的基本要求。特别是当质权所担保的债权有其他担保人时，质权人有关质权的任何处分行为，将直接影响担保人的利益。

《民法典》第435条规定：“质权人可以放弃质权。债务人以自己的财产出质，质权人放弃该质权的，其他担保人在质权人丧失优先受偿权益的范围内免除担保责任，但是其他担保人承诺仍然提供担保的除外。”

此条规定了质权放弃的效力。在同一债权既有债务人以自己的财产设定的质押担保，又有其他担保人（包括人保和物保）的场合，由于债务人是本位上的债务承担者，其他物的担保人及保证人仅是代替其承担责任，在他们承担责任后仍然对债务人享有求偿权，因此，在债务人自己出质的情况下，若先处理该质押财产清偿债务，就可以避免日后的求偿权诉讼。同时，在质权人放弃质权时，其自然会丧失优先受偿权，这无疑会加大其他担保人的担保责任，显然不甚公平。为了避免这种情况的发生，本条规定，其他担保人在质权人丧失优先受偿权益的范围内免除担保责任。但是，如果其他担保人自愿承受质权人放弃质权所产生的不利影响而承诺愿意继续提供担保的，则意味着其同意接受质权人放弃质权的不利后果。

第三节　多人担保、混合担保中担保人之间的内部求偿

对于混合担保的内部求偿，立法过程和司法实践中都存在着不同理解并进行反复论证。2000年《担保法司法解释》中首次明确了担保人之间的内部求偿关系：“当事人对保证担保的范围或者物的担保的范围没有约定或者约定不明的，承担了担保责任的担保人，可以向债务人追偿，也可以要求其他担保人清偿其应当分担的份额。”但在2007年《物权法》出台后，未明确混合担保人之间内部求偿关系。在法的适用上，虽然《物权法》第178条规定“担保法与本法规定不一致的，适用本法”，但由于《物权法》未明确否定混合担保各担保人内部求偿关系，也没有新的规则，因此，《担保法》及

《担保法司法解释》中规定的、《物权法》却未规定的内容是否属于"不一致"，是否要统一适用新法，在实践中有不同观点。在2021年《民法典》出台前，司法实践对于混合担保人的内部求偿关系存在泾渭分明的"肯定说""否定说"两种观点，且大多裁判采纳肯定说的观点。

然而2021年《民法典》及《民法典担保制度司法解释》，最终对混合担保人的内部求偿作出了相对否定法律评价：原则上，担保人只得向债务人追偿；例外则是基于担保人在担保合同中约定可以相互追偿。这里的"约定追偿"更加注重各担保人在提供担保时的意思联络：

（1）合同中明确约定了可以相互追偿：按照约定，且无须前置向债务人追偿；

（2）合同中未明确约定可以相互追偿，但约定了连带共同担保责任：前置向债务人追偿，追偿不能的，承担担保责任的担保人可以请求由其他担保人按比例分担；

（3）未约定可以相互追偿，也未约定承担连带共同担保责任，但在同一份合同上签字的：前置向债务人追偿，追偿不能的，承担担保责任的担保人可以请求由其他担保人按比例分担。

这种选择事实上会诱发道德风险：如债权人有权选择任一担保并实现担保权，那么如多个担保人中的一位向债权人进行利益输送，债权人因此未向其主张担保权，而仅向其他担保人主张担保权的，其他承担了担保责任的担保人既在事实上大概率无法从债务人处获偿，又无法在担保人中内部求偿，只能承担相应风险。

附图：混合担保各担保人之间的内部求偿立法变迁

2000年《担保法司法解释》第38条（废止）	2007年《物权法》第176条（废止）
当事人对保证担保的范围或者物的担保的范围没有约定或者约定不明的，承担了担保责任的担保人，可以向债务人追偿，也可以要求其他担保人清偿其应当分担的份额。	提供担保的第三人承担担保责任后，有权向债务人追偿。

续表

现行有效《民法典》第 392 条	《民法典担保制度司法解释》第 13 条
提供担保的第三人承担担保责任后，有权向债务人追偿。	同一债务有两个以上第三人提供担保，担保人之间约定相互追偿及分担份额，承担了担保责任的担保人请求其他担保人按照约定分担份额的，人民法院应予支持；担保人之间约定承担连带共同担保，或者约定相互追偿但是未约定分担份额的，各担保人按照比例尺分担向债务人不能追偿的部分。 同一债务有两个以上第三人提供担保、担保人之间未对相互追偿作出约定且未约定承担连带共同担保，但是各担保人在同一份合同上签字、盖章或者按指印，承担了担保责任的担保人请求其他担保人按照比例尺分担向债务人不能追偿部分的，人民法院应予支持。 除前两款规定的情形外，承担了担保责任的担保人请求其他担保人分担向债务人不能追偿部分的，人民法院不予支持。

保证人的追偿权，又称保证人的求偿权，是指保证人在承担保证责任后，可以向主债务人请求偿还的权利。保证人承担保证责任，对债权人与保证人之间的关系而言，形式上属于清偿自己的债务，但对主债务人和保证人之间的关系而言，实质上仍然属于清偿他人（主债务人）的债务。于是，自然有保证人承担保证责任后向债务人追偿的必要。《民法典》第 700 条规定：保证人承担保证责任后，除当事人另有约定外，有权在其承担保证责任的范围内向债务人追偿，享有债权人对债务人的权利，但是不得损害债权人的利益。

保证人行使追偿权必须具备以下几项要件：

必须是保证人已经对债权人承担了保证责任。此处所谓对债权人承担了保证责任，包括保证人代债务人向债权人为主债关系中的给付义务的清偿，或向债权人承担损害赔偿责任，保证人向债权人为代物清偿或以物抵债，或抵销，或提存。保证人的追偿，必须限于自己有所给付，致使有偿地消灭主债务人对于债权人的责任。假如自己毫无给付，仅因其尽力致使主债务消灭，如说服债权人，使债权人免除主债务人的债务，则不得向主债务人追偿。

必须是主债务人对债权人因保证而免责。如果主债务人的免责不是由保证人承担保证责任的行为引起的，那么保证人就没有追偿权。再者，在保证人的给付额高于主债务人的免责额时，如以价值超过主债务数额之物抵债或者代物清偿，则保证人只能就免责额追偿，在保证人的给付额低于主债务人的免责额时，保证人只能就给付额追偿。

必须是保证人没有赠与的意思。这是保证人的追偿权的消极要件，保证人在行使追偿权时不必就此举证。

《民法典担保制度司法解释》第13条规定："同一债务有两个以上第三人提供担保，担保人之间约定相互追偿及分担份额，承担了担保责任的担保人请求其他担保人按照约定分担份额的，人民法院应予支持；担保人之间约定承担连带共同担保，或者约定相互追偿但是未约定分担份额的，各担保人按照比例分担向债务人不能追偿的部分。

同一债务有两个以上第三人提供担保，担保人之间未对相互追偿作出约定且未约定承担连带共同担保，但是各担保人在同一份合同书上签字、盖章或者按指印，承担了担保责任的担保人请求其他担保人按照比例分担向债务人不能追偿部分的，人民法院应予支持。

除前两款规定的情形外，承担了担保责任的担保人请求其他担保人分担向债务人不能追偿部分的，人民法院不予支持。"

第四节　《民法典》下对"多人担保"的担保人的建议

基于《民法典》对混合担保的责任顺序与内部求偿均以尊重当事人之间的约定为原则，作为担保人在提供担保时，应当对于担保有关的约定进行审慎核查。

一、如对担保责任承担的顺序有所要求的，建议在协议中就排定债权人实现债权时各担保权之间的顺位予以明确

结合裁判实践，我们认为司法实践对"明确"的认定标准较高，甚至需

要明确至具体顺位。而在金融机构借款担保合同中普遍存在的“无论债权人是否拥有其他担保，且无论其他担保是何状态，债权人均可要求担保人按照本合同的约定在其担保范围内承担担保责任”条款，在实践中往往因其不够明确，而在裁判中存在较大争议。

即使无法在协议中就担保权之前的顺位予以明确，建议至少达到确定或限制混合担保时债权人是选择人的担保优先还是选择物的担保优先的程度。

条款示例（优先人保）：如有主合同债务人为主合同项下债务履行提供物的担保，债权人有权选择实现担保权的顺序，先行要求保证人承担连带责任保证责任，保证人放弃债务人自身物保的先诉抗辩权。

二、风险提示

为避免混合担保中不能内部求偿而引发的风险，建议在合同中直接约定可以相互追偿；如不宜在合同中直接约定相互追偿的，应当要求与其他已知的担保人重新在同一份担保协议上进行签署。

参考文献

1. 国务院法制办公室主编：《中华人民共和国担保法注解与配套》（第三版），中国法制出版社 2014 年版。

2. 郭明瑞：《担保法》，法律出版社 2010 年版。

3. 陈本寒：《担保物权法比较研究》，武汉大学出版社 2003 年版。

4. 国家法官学院案例开发研究中心编：《中国法院 2012 年度案例：借款担保纠纷》，中国法制出版社 2012 年版。

5. 国家法官学院案例开发研究中心编：《中国法院 2013 年度案例：人格权纠纷（含生命、健康、身体、姓名、肖像、名誉权纠纷）》，中国法制出版社 2013 年版。

6. 陈发源：《动产担保制度精要》，知识产权出版社 2015 年版。

7. 中国法制出版社编：《中华人民共和国担保法配套解读与案例注释》（第二版），中国法制出版 2015 年版。

8. 高祥主编：《独立担保法律问题研究》，中国政法大学出版社 2015 年版。

9. 董学立：《担保法理论与实践》（第一辑），中国法制出版社 2015 年版。

10. 郭明瑞、房绍坤、张平华主编：《担保法》，中国人民大学出版社 2005 年版。

11. 蔡永明主编：《比较担保法》，北京大学出版社 2004 年版。

12. 李国光主编：《担保法新释新解与适用》，新华出版社 2001 年版。

13. 高圣平：《金融担保创新的法律规制研究》，法律出版社 2017 年版。

14. 马俊驹、余延满：《民法原论》，法律出版社 2005 年版。

15. 郑立、王作堂主编：《民法学》，北京大学出版社 1995 年版。

16. 李双元、温世扬主编：《比较民法学》，武汉大学出版社 1995 年版。

17. 陈本寒主编：《担保法》，武汉大学出版社 1997 年版。

18. 余延满：《合同法原论》，武汉大学出版社 1999 年版。

19. 覃有土主编:《商法学》，中国政法大学出版社 2000 年版。

20. 赵万一主编:《商法学》，中国法制出版社 1999 年版。

21. 高圣平:《动产抵押登记制度研究》，中国工商出版社 2007 年版。

22. 丁南:《担保物权释论》，中国政法大学出版社 2013 年版。

23. 李媚一:《罗马法上的担保物权实现制度及其现代意义》，中国政法大学出版社 2021 年版。

24. 李林启等:《实现担保物权非讼程序及适用实证研究》，中国政法大学出版社 2021 年版。

25. 程啸、高圣平、谢鸿飞:《最高人民法院新担保司法解释理解与适用》，法律出版社 2021 年版。

26. 董学立:《中国动产担保物权法》，法律出版社 2020 年版。

27. 申惠文:《民法典担保制度司法解释适用指南》，法律出版社 2021 年版。

28. 王利明主编:《中国民法典学者建议稿及立法理由——债法总则编、合同编》，法律出版社 2005 年版。

图书在版编目（CIP）数据

民法典担保制度适用实务全书／史国政主编．—北京：中国法制出版社，2022.12
ISBN 978-7-5216-3054-1

Ⅰ.①民… Ⅱ.①史… Ⅲ.①担保法-法律适用-中国 Ⅳ.①D923.25

中国版本图书馆CIP数据核字（2022）第199003号

责任编辑：韩璐玮（hanluwei666@163.com）　　封面设计：杨泽江

民法典担保制度适用实务全书
MINFADIAN DANBAO ZHIDU SHIYONG SHIWU QUANSHU

主编/史国政
经销/新华书店
印刷/保定市中画美凯印刷有限公司
开本/710毫米×1000毫米　16开　　印张/34.5　字数/482千
版次/2022年12月第1版　　2022年12月第1次印刷

中国法制出版社出版
书号 ISBN 978-7-5216-3054-1　　定价：128.00元

北京市西城区西便门西里甲16号西便门办公区
邮政编码：100053　　传真：010-63141600
网址：http：//www.zgfzs.com　　编辑部电话：010-63141787
市场营销部电话：010-63141612　　印务部电话：010-63141606

（如有印装质量问题，请与本社印务部联系。）